한국주거문화사

우정(宇庭)문고

이 중 근 (李重根)

고려대 대학원 행정학 박사
경희대 · 광운대 명예경영학 박사
인제대 명예교육학 박사
순천대 명예공학 박사
건국대 이사장(前)
주택산업연구원 제 4대 이사장(前)
한국주택협회 제 4대 회장(前)
우정학원 이사장(현)
부영그룹 회장(현)
경희대 아태국제대학원 운영재단이사(현)
대한노인회 부회장(현)
우정(宇庭)교육문화재단 이사장(현)
민주평화통일자문회의 서울부의장(현)

주요 저서 및 논문
"주택재개발사업의 활성화에 대한 연구"(1999)
"임대주택정책의 효과에 관한 연구"(2003, 고려대 박사학위논문)
"임대아파트 입주가구의 주거 만족도 결정요인에 관한 연구"(2003)
《임대주택정책론》(개정판, 우정문고, 2013)
《6 · 25 전쟁 1129일》(우정문고, 2013)

한국주거문화사

2013년 8월 15일 발행
2013년 8월 15일 1쇄

저자_ 李重根
발행처_ 우정문고
주소_ 서울시 중구 세종대로 9길 42 부영빌딩
전화_ (02) 3774-5621
팩스_ (02) 3789-5333
전자우편_ woojungmungo@gmail.com

제작 · 공급_ (주)나남
주소_ 413-120 경기도 파주시 회동길 193
전화_ (031) 955-4601 (代)
전자우편_ post@nanam.net

ISBN_ 979-11-950890-2-4
책값은 뒤표지에 있습니다.

한국주거문화사

이중근 저

우정(宇庭)문고

우리의 역사문화는 수천 년 동안 오랜 전통과 역사성을 지니면서 많은 주거문화의 유구 등의 문화유산들이 민족정서를 반영하면서 전국에 걸쳐 널리 분포되어 있다. 특히 우리 선조들이 남겨놓은 문화유산들이 소중한 이유는 후손들이 이를 보고 느끼면서 우리 생활의 풍토에 맞게 발전시켜 보존, 관리를 하고 더 나아가 이를 문화인으로서 독특하게 창조하는 능력이 무엇보다 우월했기 때문이다.

역사문화 속에 인류가 쌓아놓은 역사의 본질을 정립해서 명쾌하게 답하기는 어렵지만 '역사'는 단순히 흘러간 '과거' 또는 한편의 글로 남긴 '기록'이라고 흔히들 말한다. 이러한 내용은 과거와 현재의 역사문화를 연결하는 '소통의 장'이라고 할 수 있다. 즉, 우리 고유문화를 수천 년 동안 보존하고 창조한 기술력이 다른 나라와 달리 탁월한 능력으로 차별화하면서 지금까지 내려온 배경에는 우리 민족만의 독창적인 역사문화 의식의 뿌리가 존재하였기에 가능했다.

과거 역사 속에서 비추어 볼 때 우리 민족은 주변의 지정학적인 여건 속에서 타민족을 지배하려 하지도 또 침략하려지도 않았다. 주어진 자연환경 속에서 영향을 주고받으면서 생존전략을 위해 때로는 함께 공생하기도 하고 때로는 살아남기 위한 도전과 응전을 반복하기도 하였다. 이러한 생존전략 등을 위해 환경에 대처하고 적응하기 위해 한국인이 가장 먼저 안전한 물리적 공간으로 창조해 만든 것이 수혈주거인 '움집'이다.

주거에 미친 영향으로 일명 텃자리와 집의 생활양식은 전통적으로 우리 민족 고유의 민속신앙과 관습을 바탕으로 함께 공존하면서 계승, 발전하여 왔다.

삼국시대에 이르러 중국의 영향을 받은 풍수지리 사상, 도참사상, 유(儒)·선(仙) 사상 등 문화적 배경의 영향을 받았으면서도 중국의 주거문화와 다르게 독창적으로 발전시킨 것이 우리 주거문화의 특징이다. 시대의 변천에 따라 고려시대의 화려한 귀족주거, 조선시대의 유교적 가치를 반영한 신분계층에 따른 주거문화 그리고 동족마을 등 취락형태의 발전과 개항에 따른 서구문물의 파생은 외래 주거문화의 주거편입 등에 이르게 되었다.

최근에 와서는 핵가족화에 따른 가구분리와 도시문화의 형성으로 아파트문화를 꽃피운 가운데 서구식의 난방을 위한 라디에이터 등이 있으나 우리 아파트 생활양식의 난방은 전통적인 주거문화인 온돌, 좌식문화를 보여주듯이 우리는 보편적 가치의 정체성을 추구하면서도 독창적인 주거문화를 창조하며 그 영역을 확장하고 있다.

과거나 현재에도 우리나라의 주거문화는 역사성을 부여하면서 오늘에 이르기까지 사회적 배경에 영향을 미치고 있다. 최근 가장 큰 사회적 이슈는 주거인 '보금자리'이다. 우리의 현 사회적 갈등의 요인 중 주거문화가 빈부격차 갈등의 중심에 있고 집 없는 저소득층의 소외감 등의 갈등은 갈수록 전세가의 폭등과 더불어 사회적 안전망 통합을 저해하는 실정이다.

현대 보금자리에서 대중적 인기와 지지를 받는 아파트 문화에서 과거 우리의 선조들이 살았던 전통 주거문화는 주변의 자연환경과 인문학적 환경 속에서 영향을 서로 주고받으면서 발전되었기에 한국인의 주거문화사 전개에 따른 옛 조상들의 삶의 지혜를 조명하고 활용하는데 그 의미가 있다.

먼저 우리 선조들은 가장 안전한 안위와 '삶의 질'을 위해 집자리의 선정과 취락의 입지조건, 사상적 배경과 영향 등 과거 자연환경 속에 함께 공존하며 '집'을 물리적 공간인 은신처 등으로 활용하였기에 현장답사 및 자료정리를 통해 선사시대부터 현대 주거문화까지를 이 책에 정리하였다.

서양의 주거가 대부분 석조건물 형태인 반면 우리나라 주거문화는 농경문화를 근본으로 했던 사계절의 변화 속에서 적응키 위해 자연친화적인 주변의 자원을 재료로 활용한 목조건물의 형태로 발전되어왔음을 유구 및 현존하는 건축물을 통해 알 수 있다. 그러나 주변의 잦은 외침과 수난의 역사로 주거문화의 중심에 있는 목조건물이 그리 많이 남아 있지 않은 것이 특징이다.

이러한 주거문화 속에서 유구와 건축물 중심의 현지답사를 통해 자료 등을 수집하여 누구나 이 책을 활용하여 대중적으로 이해할 수 있도록 전문성 있는 용어 등을 가급적 생략하고 알기 쉽게 내용을 정리하였다.

수년간에 걸친 시간과 노력을 거듭하면서 현지답사, 사진촬영 등을 통해 보다 더 독자들의 이해를 돕고자 노력을 다했으나, 해석 등에 있어 다소 미진한 부분이 있으며, 책의 사진 역시 아마추어 수준을 벗어나지 못해 수천 장에 이르는 사진 중에서 이를 선정하여 정리를 반복하였으나 화질과 촬영기법이 다소 부족해 구성 등에 많은 어려움이 있었음을 밝혀둔다. 또한 자료와 참고문헌 등의 정리에 다소 미진한 부분이 있으나 향후 보완하고 수정하는 것을 전제로 일단 초판을 간행하게 되었다.

현재 주택사업에 관심 있는 저자는 학구적 연구학문을 위한 자료보다는 선조들의 지혜와 과학이 담긴 공간과 가장 한국적인 과학원류의 문화들, 과거 활용되었던 도구와 주거공간들의 기술성이 우수성을 보여, 이것이 현대와 전통 주거문화를 접목시키는 방향으로 연구되어 한국 주거문화사의 뿌리를 연구하는 데 조금이라도 보탬이 되었으면 한다.

그동안 책으로 출간되어 나오기까지 많은 분들의 도움이 있었다.

특히 저자와 함께 현지답사에 많은 시간을 할애해 주고 미흡한 사항에 대해서는 재답사, 원고정리와 자료수집에 많은 도움을 준 이상열 박사님께 진심으로 고마움을 표한다.

마지막으로 이 책이 출간되기까지 마무리할 수 있도록 도와준 부영가족 여러분께 진심으로 고마움을 표하고, 또한 정성으로 도와주고 격려해준 반려자 나길순 님께 따뜻한 마음을 전한다.

2013년 8월

李建根

한국 주거문화사

차 례

선사시대의 주거문화   제 6 장

청동기 · 철기시대의 주거문화 　제 7 장

삼국시대의 주거문화 　제 8 장

조선시대의 주거문화　　　　　제 11 장

제1절 한민족의 기원과 주거

1. 한민족의 형성 기원

인류가 이 지구상에 처음으로 출현한 시점은 약 3백만 년 전으로 추정된다. 최초의 인류는 아프리카의 남동부에서 발견된 화석인 오스트랄로피테쿠스였다. 이들은 간단한 나무도구 등을 사용하였고 직립보행인으로 활동하며 도구를 만들어 생활하는 구석기시대 호모하빌리스(능인) 와 호모에렉투스(원인) 들이다.

베이징인과 자바인도 이에 속하였고 이들은 살아가면서 지혜가 발달하여 불을 사용하는 방법을 알게 되어 음식 등을 익혀 먹었다. 이때는 주로 사냥과 채집활동을 통해서 식량을 구하였고, 구석기시대의 중반에는 호모사피엔스가 출현하면서 이에 속하는 현생인류의 조상으로 추정되는 네안데르탈인이 활동했다. 이들은 다양한 종류의 석기를 만들어 사용하고 시신을 매장하는 풍습도 있었다. 이후 진정한 의미의 현생인류인 호모사피엔스사피엔스(슬기슬기사람: 고인) 가 구석기시대 후기 약 4만 년 전에 출현하게 되었다.

선사시대에는 인류가 문자를 사용하지 않아 기록을 찾아보기 힘들지만 현존하는 유물과 유적을 통해서 고고학, 인류학, 고생물학 등 인접 학문의 도움을 빌려 추론할 수밖에 없다. 우리 민족의 형성시기도 선사시대인 구석기시대 후기로부터 약 70만 년 전부터이다. 이들은 지리상으로 자연환경상 만주지방과 한반도를 중심으로 동방 문화권에 속해 인종학상 신체적인 특질, 몽골반점, 담황색의 피부 등이 황인종에 해당하며, 언어학상으로는 몽골, 만주, 퉁구스 어파 등을 포함하는 우랄 알타이어족에 가까운 관계에 있다고 볼 수 있다. 그리고 이 시기에 우리 구석기인들도 세계 인류문명과 같이 비슷한 생활을 하였을 것으로 추정되며, 대표적인 유적지로는 평남 상원 검은모루동굴, 함북 웅기 굴포리, 경기도 연천 전곡리, 충남 공주 석장리, 충북 단양 수양개, 제천 창내 등이 있다.

이런 유적지에서 출토된 구석기인들이 사용한 석기, 사람과 동물의 뼈화석, 각종 도구들이 당시의 구석기인들의 생활상을 말해준다. 이들은 이러한 도구를 이용하여 사냥과 채집생활을 하면서 주로 동굴 속에서 거주하고 강가에서 어로생활을 하면서 막집 등에서 살았다. 특히, 유적지에서 출토되는 집자리에서 기둥자리 등은 구석기 후기부터 나타나는 현상으로 불을 활용한 흔적이 남아 있고 주거지의 규모는 최소 3~4명 또는 10여 명이 거주할 정도의 크기로 보인다. 이때 구석기 초기 유럽의 경우에도 에스파냐의 북부, 프랑스 남부 일대에서 현생인류인 크로마뇽인이 남긴 동굴벽화 등이 많이 발견되는 것으로 보아 우리 구석기시대와 같은 생활상을 보여준다.

신석기시대에는 시베리아와 연결되는 빗살무늬 토기인이 중국의 동북지방에서 이주하여 농경생활을 하였으며, 청동기시대에는 민무늬토기 문화를 도입한 예맥(濊貊)인이 한반도에 청동기 문화를 가지고 들어왔다. 이때 주인인 빗살무늬토기인은 예맥 퉁구스족에 의해서 혼혈화되거나, 북쪽 또는 남해의 도서지방으로 이동한 것으로 추정되며 이로써 고아시아족으로부터 퉁구스족으로 전환되기 시작하였다. 이들은 남쪽 한강 이남에서 원래의 유목생활에서 정착 농경민화가 되어 북쪽의 유목 퉁구스족과는 점차 문화적 차이를 보이기 시작하여 한민족이라 할 수 있는 통일체를 형성하게 되었다.

이 통일체도 대체로 한강을 경계로 지역적 차이를 보인다. 서력기원 전후에 남부의 농경 예맥족은 '한족'(韓族)이라는 이름으로 북부와 분리되는 현상이 나타나고, 한족은 다시 진한(辰韓), 변한(弁韓), 마한(馬韓)의 부족국가로 분리되어 후에는 신라, 백제, 가야 등의 기반이 되었다. 이 한족은 지역에 따라 남방으로부터의 이주민과 부분적으로 혼혈이 이루어졌다고 보인다. 즉, 남서 도서지방에 오키나와를 포함한 동남아시아의 복장제(複葬制)인 일차장(一次葬)과 이차장(二次葬)의 장례제도가 남아 있는 것, 제주도의 삼성혈(三姓穴) 설화, 수로왕비(首露王妃)의 아유타국인설(阿踰陀國人說) 등은 남방인과 그들의 문화가 한반도 남부에 상륙하였음을 입증한다(김원룡, 1980, 재인용).

통일신라시대에 접어들면서 한강을 경계로 하는 문화의 남북 차이와 낙동강과 소백산맥을 경계로 하는 동서의 차이는 점차 한민족으로서의 공통된 특성이 되었다. 현재와 같이 압록강, 두만강 이남이 한민족화된 것은 고려 이후의 일이다. 그리고 한민족의 민족적 성격이 명확한 지역개념과 함께 확립된 것은 조선 초이다(장보웅, 2001: 63~64). 우리 민족은 동아시아 대륙 동쪽에 위치하면서 인접지역의 여러 종족들과 일찍부터 서로 교류하고 농경문화를 이룩하면서 생활하였다. 통일신라시대에 접어들어 오랫동안 분열된 민족이 정치·사회·문화적 통일성을 바탕으로 하고, 언어학상 신라어를 중심으로 우리 한민족의 어휘인 한국어의 기틀을 마련하여 민족문화의 실질적 형성의 모태가 되어 찬란한 문화를 꽃피웠다.

삼국통일 후 나·당 전쟁을 통해 서로 막연하게나마 동족의식을 가졌던 우리 민족은 보다 강한 하나의 민족성으로 응집력을 보여주었고, 밖으로는 외래의 문화를 받아들여 우리 문화의 폭을 더 넓혀 나갔다. 통일신라 후기에 다시 우리 민족은 후삼국시대로 분열되었으나 후삼국을 통일하고 고려를 건국한 태조 왕건은 민족융합정책으로 지방세력을 흡수해 자주성을 회복하였고, 우리 고유 한국어는 개경을 중심으로 확고한 터전 위에 마련되어 오늘에 이르렀다.

조선시대에 이르러 두만강과 압록강을 국경으로 하여 우리의 영토가 가시적으로 확정되었다. 또한 우리 민족의 자각을 일깨우는 유교사상과 한글창제에 따른 교육 등을 통해 정신·기술적 문화를 크게 진작시켜 민족문화의 확고한 기반을 마련하였다. 또한 역사적으로 볼 때 우리 민족은 한사군의 침입으로부터 시작하여 크고 작은 역사적 운명의 수난시대의 연속에 있었다. 그러한 가운데도 그들의 지배 속에 흡수되거나 동화되지 않고 자국어를 잊지 않고 굳건하게 지키며 살아온 민족도 세계사에서 찾아보기 쉽지 않다. 이러한 고유의 한국어는 우리 민족문화의 전통을 현재까지 독창적으로 계승, 창달하면서 계속 이어져오고 있다.

2. 한국인의 주거 발생 배경

이 지구상에 살아 있는 모든 동식물은 자연환경 속에 자유스럽게 그대로 놓여 있다. 그러나 이러한 자연환경에서 생물체들은 살아가는 데 있어 꾸준한 도전과 응전의 반복 속에 그들이 처한 환경에서 살아남기 위해 여러 가지 종류의 자기방어책을 마련한다. 그 중 인간이 가장 안전한 물리적 공간으로 창조해 만든 것이 '집'이다.

태초에 이들의 주거형태는 당시 각종 추위, 더위, 비바람, 눈, 사나운 짐승 등 따위를 피하기 위해 한 곳에 정착하지 않고 무리를 지어 떠돌아다니면서 은신처로 자연동굴을 선택한 것으로 추정된다.

구석기시대 후기에서 신석기시대로 전환되는 과정에서는 자연환경의 변화가 있었다. 빙하기가 지나고 기상의 변화로 다시 따뜻한 시기가 도래했다. 이러한 환경의 변화에 적응하기 위해 도구를 제작하여 이용하는 등 생활상에서도 많은 변화가 있었다. 즉, 농경생활이 시작됨에 따라 농경기구의 발달과 더불어서 주거생활도 함께 개선되었다. 이 시기에는 부족사회가 이루어졌고, 부족은 혈연을 중심으로 구성되었다. 주거생활의 모습은 움집으로, 바닥은 원형 모서리가 있는 사각형으로 중앙에는 음식을 익히기 위한 취사와 불씨를 보관하고 난방을 하기 위한 화덕이 있었다.

이러한 주거형태는 이른바 자연적인 현상이 아닌 물리적 인공을 가한 수혈주거로 인간이 최초로 만들어 지은 집의 출현으로 볼 수 있다. 신석기시대 이후 청동기, 철기시대로 전환되면서 일상생활에 쓰이는 생산도구들이 다양하게 변화하고 이에 따른 농경의 생산적 경제도 활발하게 발전되었다. 당시 집터 유적은 한반도 전역에서 발견된다. 그리고 집터의 형태도 구석기, 신석기시대보다 더욱 발전된 모습으로 바뀌어 갔다.

한반도의 지정학적 측면에서 수혈주거는 움막집에서 시작하여 북서풍을 막아주는 양지 좋은 곳의 야산과, 물이 풍부하고 식량을 구하기 용이한 평야지대에 자리 잡았다. 이는 우리나라 전통적 가옥의 형태와 마을을 이루고 사는 배산임수(背山臨水) 취락의 형태로 발전하였고 오늘날 농촌마을의 자연취락구조와 비슷한 것으로 보아 여기서 유래된 것으로 보인다. 당시 농경생활이 급속하게 발전되면서 거처 없이 이동하는 시대에서 점차 정착생활로 확대되면서 식량의 보존과 취사에 따른 불의 보존, 추위 및 더위 등을 방지하기 위한 은신처의 고착 등이 필요했던 것이다.

기존의 움집에서 볼 수 있었던 중앙의 화덕이 한쪽으로 옮겨지고, 식량 등을 보존하기 위한 장소도 별도로 구덩이를 파서 마련하였다. 그리고 움집의 형태를 유지한 지상가옥도 이때 나타나기 시작했다. 청동기, 철기시대가 도래하면서 움집의 집터도 기능적으로 변화했다. 즉, 움집의 깊이가 얕아지고, 북쪽지방의 경우에는 방안의 공기를 따뜻하게 하기 위해 온돌식 난방이 주거문화로써 자리 잡고, 남쪽지방에는 겨울철이 짧고 따뜻한 기간이 오랫동안 지속되는 관계로 시원한 생활을 하기 위해 바닥의 재료를 나무로 만든 마루를 사용하였다.

이러한 현상은 과도기를 거치면서 주거이동을 통한 생활양식의 전파 등에 의해 온돌과 마루가 서로 조화를 이루어 살림집의 기본형태인 한옥으로 나타났다. 그들은 이러한 주거에 안주하지 않고 점차 지능과 지혜가 발달하면서 집의 형태도 인간의 다양한 욕구에 따라 편리하게 개선되고, 오랜 기간을 걸치면서 구조적으로 많은 발전을 거듭했다. 오늘에 이르러서 집은 과거에 단순한 자연의 위협으로부터 피난처의 역할을 했던 주거의 개념이 아닌 가족들이 편안하고 단란하게 쉴 수 있는 공간의 쉼터로 자리 잡았다.

이러한 주거문화 발전과정은 유구한 역사 속에서 전통적인 풍속 및 관습을 바탕으로 음양오행설(陰陽五行說)에 의한 풍수(風水), 도참(圖讖) 사상과 유

(儒), 불(佛), 선(仙) 사상 등 사회·문화적 영향을 배경으로 변천되었다. 이러한 일련의 과정을 정리해보면 구석기시대의 수렵, 어로, 채집생활은 주거이동생활로 자연동굴을 이용하였고, 신석기시대 후기에 인공주거의 출현으로 움집이 나타났다. 청동기, 철기시대에 이르러 농경사회가 시작되면서 정착생활이 이루어지면서 반움집 등 마을이 형성되었다.

고대국가 시대에는 지상주거의 출현으로 온돌과 마루가 발달했다. 고려시대에는 문벌귀족의 등장과 고려청자의 사용 등 화려한 귀족주거가 나타났고, 조선시대 때는 유교적 가치를 중요시하는 신분계층에 따라 전기에는 양반계층의 사대부 주거와 중기 씨족마을 형성, 후기에는 부농주거와 서민주거가 나타났다.

그리고 개항(1876) 이래 외래문물의 도입과 식민지 지배에 의해 일시적 주거문화가 파생되었다. 해방 이후 50~60년대 판잣집과 재건주택이 형성되었고, 70년대에는 새마을운동의 일환으로 농촌을 중심으로 슬레이트, 함석 등이 빠르게 확산되어 초가지붕이 국적 없는 집들로 개조되었다. 80년대 이후 규모의 경제에 따라 소득이 증가하고 핵가족화에 따른 가구분리와 도시인구의 집중에 대한 해결수단으로 아파트 문화가 꽃피우게 되었다. 이러한 과정 속에서 일부 서양문물과 문화를 받아들이기는 하였으나 우리 민족은 생활양식, 전통문화의 보존 등 보편적 가치를 추구하면서 세계사에서도 볼 수 없는 독창적인 주거문화를 창조하였다. 이렇듯 우리 민족의 주거는 오늘에 이르기까지 지정학적 특성과 밀접한 관계를 가지면서 어느 민족의 그것과 구별되는 특수성을 지닌 것이라고 할 수 있다.

제 2 절 한국인의 주거 의미

우리 민족은 '집'에 대해서 예부터 현재까지 다양한 의미를 부여했다. 과거 선사시대에는 수렵, 어로 채집생활을 하면서 비, 바람을 막아주고 추위와 더불어 무더위 등을 피할 수 있는 생존전략으로 자연동굴 등을 은신처로 이용하였으며, 당시에 환경으로 미루어보아 빙하기인 관계로 자연에 놓인 환경 그 자체를 그대로 이용할 수밖에 없었다.

이러한 빙하기가 지나고 온난한 기후가 도래되면서 새로운 환경에 적응하기 위한 각종 도구의 발달은 농경생활을 앞당겼고, 주거생활의 변화도 급속하게 진행되면서 인간은 자연동굴의 은신처에서 나와 농경생활에 의한 식량 등을 생산하여 저장하는 등 이에 필요한 주거도 곧 정착생활을 유도했다. 이때 인공을 가하여 땅을 파서 만든 일종의 수혈주거인 움집이 바로 우리 선조들이 손수 만든 최초의 '집'이다.

이런 일련의 과정을 거치면서 인간의 지능과 지혜가 발달하여 집은 단순한 방어의 피신처에서 자연환경 요인들과 더불어 변화되어 지역에 따라 특성을 지닌 주거형태로 나타난다. 그 지역의 자연·물리적인 현상과 기후, 재료 등은 주거형태의 모습을 각기 다르게 토착 주거문화를 생성시켰다. 최근에 와서 우리말들은 다중적 의미로 집에 대해서 다양하게 표현하는데 이를 세부적으로 구분하여 살펴보면 ① 지붕의 재료에 의한 초가집, 기와집, 샛집, 굴피집, 너와집, ② 벽재료에 의한 토벽집, 흙돌집, 귀틀집, ③ 집의 쓰임새에 따른 막살이집, 오두막집, 해막집, 우데기집, 주막집, ④ 구조적 측면에서 삼량집, 사량집, 오량집, 칠량집 등이 있다.

그리고 신분계층의 지배가 엄격했던 전통사회의 주거문화는 종법제도에 의한 가문을 중시하는 종택, 소종택과 중인주거, 서민주거로 지칭되었다. 용도와 구조에 따라 단독주택, 연립, 다세대·다가구·원룸, 공동주택, 주상복합 건물 등의 용어를 흔히 사용한다.

'집'의 의미는 바람과 비 그리고, 혹한을 막고 안전하게 살기 위해 지은 물리적 공간의 보금자리 건물이다. 한국의 전통주거의 의미에는 특히 사상적 중심이 된 유·불·선 사상이 깊숙이 자리 잡고 있다.

공간의 내·외적 환경의 기능은 가정에서 조상에게 제사를 지내는 가묘제와 조상의 위패를 모시는 곳으로 사당도 지었다. 그리고 집의 공간구조도 사랑채, 안채, 행랑채, 곳간, 외양간과 부엌, 대청, 마루 등으로 구분한다. 또한, 집의 의미는 집만의 공간을 단순히 의미하는 것이 아니라 집을 둘러싼 내·외부의 공간까지도 포괄적으로 포함한다. 집의 탄생에 있어서도 집짓기 시작부터 집들이 과정까지, 그리고 집안의 신(神)들에 대한 존재와 이를 다스리는 과정 등은 단지 거주하는 좁은 공간 속에서 일어나는 행위뿐만 아니라 각종 환경을 둘러싼 영역의 통과의례적 활동까지도 포괄한다.

우리 민족은 다른 국가보다 독창적이고, 지리적 여건과 기후와 조화를 이루는 기능적 의미의 집인 한옥으로 역사성을 지니면서 거듭 발전했다. 즉, 시대의 변천을 거치면서 삶의 그릇을 담는 우리 민족의 주거문화는 전통적 민족의 혼과 가치를 반영하면서 선조들의 다양한 지혜가 담긴 공간문화를 창조했다. 이러한 공간적 특성은 자연과 조화를 이루면서 절제된 생활 속의 양식을 담고 있음을 나타낸다. 특히 우리 전통주거는 규모 면에서 웅장하고 화려하지 않으면서도 선조들의 지혜와 과학성을 담고 있다.

주거의 외관의 모습이 부드럽고 아담하게 지어진 초가집은 자연 속에 동화처럼 자연과의 융합된 순수함과 소박함을 느끼게 한다. 또한 집의 구조에 따른 쓰임새의 재료 등은 인위적으로 가공된 산출물이 아닌 자연상태에서 얻어진 그대로 자연의 멋을 덧칠하거나 은은한 장식으로 가식적이지 않고 절제된 생활 속의 탈기교화를 보여준다. 그리고 우리의 생활양식에 사상적 중심역할을 하였던 유·불·선이 전통적 주거문화 형성에도 직접 영향을 주었음에도 불구하고 어느 사상에 편향적인 모습을 보이지 않고 모든 사상을 포괄 수용하여 심리적으로 넉넉함을 느낄 수 있는 포용력이 담겨 있다.

위와 같이 전통 주거문화는 자연과 융합하여 순수하면서 소박함, 탈기교화, 넉넉함과 모든 종교를 초월한 포용력, 부드러운 곡선에 의한 유연성 등 공간적 설계를 형성시키면서 발전되었다. 집은 과거 자연동굴을 이용하였던 것이나 오늘날 주택이나 호화별장에 이르기까지 자연적 재해 및 인위적 위협으로부터 보호받는다는 은신처로서의 의미는 같다. 그러나 현재에 이르러서는 집이 과거의 단순한 은신처 개념이 아닌 경제적 재화인 부(富)의 수단, 사회적 신분으로 대별되는 상징성, 사회적 갈등의 이슈, 정치적으로 이용되는 등 다차원적 특징으로 사회현상을 반영한다.

　이러한 현상은 과거 한옥에서 나타나듯이 조선시대의 당상관 이상은 집을 지을 때 큰 솟을대문, 행랑채, 안채, 사랑채 등을 지을 수 있었는데 이것은 사회적 신분으로 거주인의 상징성을 나타내는 현상이었다. 그 예로 왕이 머물렀던 왕궁, 안동 하회마을의 유성룡 가(家), 경주 양동마을의 월성 손씨 가(家)와 여강 이씨 가(家) 등이 있으며, 이러한 인식은 해방 이후에도 대통령 관저, 청남대, 국무총리 공관, 지방장관 관저에 영향을 미쳤다. 이승만 박사가 미국에서 귀국하여 잠시 머물렀던 이화장은 조선시대 인조의 셋째 아들 인평대군(1622~1658)이 살던 터로 해방 후 집이 없던 이승만 대통령을 위해 지인 33명이 마련해준 곳이며 프란체스카 여사가 여생을 보낸 곳이다. 중국 상해에서 독립운동을 하다 귀국하여 김구 선생이 머물렀던 경교장 등도 이를 말해주고 있다. 그리고 김대중 대통령의 야당총재 시절 자택이 있던 곳의 동교동, 김영삼 대통령의 상도동, 김종필 총재의 청구동 등은 한 동네에 위치하고 있으면서 그 동네 자체가 모두 정치 지도자의 집주인 상징으로 국민들 사이에서 모두 여겨지고 인식되었다.

　이러한 현상은 우리나라의 현상만으로 국한되는 것은 아니다. 외국의 경우 엘리자베스 여왕의 윈저 가(家), 미국의 캘리포니아 주 남서부의 할리우드 주변의 유명 여배우, 사업가들이 많이 거주하는 호화로운 고급주택 단지인 비버리힐즈 가(街)가 그 예이다. 그리고 최근 미국 경제 전문지 〈포브스〉(2005년 3월)가 소개한 세계 억만장자들의 저택도 그렇다. 리야드에 있는 사우디아라비아 왕자(알 왈리드 빈 탈랄 알)의 집은 방이 317개, 엘리베이터가 8대, 텔레비전 세트가 5백 개, 축구장 등이 있는데 건축비용이 1천 3백억에 달한다. 세계 제일의 부자인 마이크로소프트 빌 게이츠 전 회장의 미국 시애틀 저택은 2천 평 규모의 최첨단 시설로 방문자의 취향에 따라 조명, 음악이 달라지는 구조로 감정가액이 1천 4백억 원으로 평가된다. 이들의 집은 호화주택이라는 개념을 넘어서 '꿈의 궁전'으로 불린다.

우리나라의 경우 종합부동산세 신설과 각종 세금 부과자료로 이용하기 위해 건설교통부(한국감정원)에서 전국에 걸쳐 세대의 개별주택, 공동주택(아파트제외) 가격을 조사하여 발표하는데 외국의 경우와는 비교되지 않으나 서민들의 정서상으로 볼 때 가격으로 보아 '꿈의 궁전'으로 여겨질 정도이다. 이와 같이 각 나라의 민족마다 가치관, 생활양식, 경제력 등으로 만들어진 집의 구조와 역할, 기능 등이 빠르게 진행되어 주거공간으로써 개념이 아닌 성공과 부의 상징인 '문화적 산물'이 되고 있다.

인간의 보편적 실체관계에서 여러 가지 욕구 중 삶의 본질은 쉼터의 역할인 집의 안식처 공간이 으뜸일 것이다. '집이 없는 사람에게는 애국심을 바라지 말라'는 경구가 있듯이 주거권으로 인한 사회적 갈등을 유발하는 소외감 등은 사회적 이슈가 됨으로써 주거권에 대한 불평등의 심각성을 말해준다.

일찍이 우리나라를 포함한 1996년 터키 이스탄불에서 개최된 "UN 제 2차 인간정주회의"(Habitat, Ⅱ)를 통해서 모든 인간은 적절한 주택에 거주할 권리가 있고, 인간의 정주환경, 특히 저소득층과 소외계층의 주거안정 및 주거권 보장이라는 국제적 결의와 합의를 도출한 바 있다. 이러한 주거권의 문제는 갈수록 도시화의 팽창에 따른 인구문제 등 여러 분야의 환경에 영향을 미치며 악화되고 있다.

다행히 최근 국민소득이 높아짐에 따라 주거의 욕구수준과 생활양식의 변화에 따라 일부에서는 주거권에 대한 개념이 소유의식에서 거주개념으로 변화되고 있다. 이러한 현상은 향후 주거권에 대한 가치관의 변화로 '집'의 의미도 재정립될 것으로 보인다. 갈수록 전통 주거문화도 현대에 와서 시대의 변화에 따라 기술적 혁명에 의해 모든 영역에서 영향력이 현저히 줄어드는 실정이다. 그동안 우리 전통 주거문화가 지닌 옛 선조들의 지혜가 담긴 한국의 집 의미를 도외시한 바가 있으나 이제는 우리 것을 다시 한 번 돌이켜 보아야 할 시점으로 여겨진다.

한국 주거문화에 미친 환경적 요인

제 2 장

제 1 절 자연환경적 요인

1. 한반도의 지형 형성 배경

한반도의 지형은 주거문화의 형성과도 밀접한 관련성을 지닌다. 지형의 위치, 기후, 토양 등은 지각변동에 의해서 형성되었는데 우선 한반도의 지형은 북서 태평양 대륙 쪽에 위치하고, 화강암과 편마암이 주류를 이루는 것으로 보아 한반도는 비교적 안정되고 오래된 역사를 지니고 있음을 알 수 있다.

지질시대를 통하여 한반도에서는 비교적 안정된 상태가 오래 계속되었지만 몇 번의 지각변동이 있었고, 이는 주로 중생대에 집중되었다. 중생대 초 트라이아스기에 있었던 송림운동이라 부르는 조산운동(造山運動)은 주로 북한지역에 영향을 주어 평남지향사를 육화(陸化)시켰고 또 이들 지층이 완만한 습곡을 받게 했다.

쥐라기 말에 있었던 대보조산운동은 한반도 지사상(地史上) 가장 강력했던 지각변동으로 한반도 전역에 걸쳐 일어났다. 습곡운동, 역단층운동, 변성작용을 동반한 이 운동은 기존의 지질구조를 크게 교란시켰으며, 대보화강암이라 불리는 화강암의 대규모 관입을 수반했다. 한반도에서는 쥐라기 말 이전과 이후의 지각운동이 전혀 다르게 나타난다. 즉, 쥐라기를 포함하여 그 이전의 지층은 습곡, 역단층 등 압축구조장(壓縮構造場)의 지각변동이 있었고 지층이 매우 교란되었다. 그러나 백악기 지층부터는 이와 같은 습곡, 역단층작용을 거의 받지 않고 지층의 층위도 심한 교란을 받지 않고 정단층운동에 의해 약간 기울어진 정도에 불과하다.

백악기 말에서 신생대 초에 걸쳐 일어난 불국사 운동은 한반도 동남부, 즉 영남지방을 중심으로 일어났으며, 화산분출, 정단층 운동 및 불국사 화강암의 관입을 수반했다. 대보화강암이 전국적 분포를 보이는 대신에 불국사 화강암은 영남지방을 중심으로 한반도 동남부에 한정되어 있어 이들 각 운동의 미친 범위를 알 수 있다. 불국사 운동 이후에 한반도에는 지층을 크게 교란시킨 지각운동은 없었다.

제4기의 화산활동은 백두산을 중심으로 비교적 넓은 용암지대를 형성한 다음 마천령산맥을 따라 남쪽으로 연장되어 칠보산, 울릉도, 제주도로 연결되는 화산호(火山弧), 이른바 한국호(韓國弧)를 이루었다. 한반도에는 방향이 다양한 지질구조선들이 있으며, 이들은 지질분포와 산맥의 방향을 좌우하고 있다. 과거에 한반도의 지질과 지형을 연구한 학자들은 이들 지질구조선 중에서 세 방향의 것을 가려내 다음과 같이 이름을 붙이고 산맥과 관련을 지었다. 랴오둥방향은 동북동-서남서 방향의 것으로 북한지방 및 남만주 산지에서 많이 볼 수 있다. 함경, 강남, 적유령, 묘향, 언진, 멸악산맥이 이 방향으로 배열되어 있다. 중국방향은 북북동-남남서 방향의 것으로 한반도 중남부지역과 남중국 육괴에서 탁월하게 나타난다. 한반도에서는 추가령구조곡(楸哥嶺構造谷)을 포함하여 그 이남지역에 주로 분포하며 옥천지향사, 대보화강암대와 광주, 차령, 노령, 소백산맥이 이 방향으로 배열되어 있다. 한국방향은 북북서-남남동 방향의 것으로 마천령, 낭림, 태백산맥이 이 방향의 산계이다.

이들 각 방향의 지질구조선의 형성기원을 랴오둥방향은 송림운동, 중국방향은 대보운동, 한국방향은 불국사 운동과 대비하기도 한다. 이들 세 방향의 지질구조선이 모두 백악기 지층까지 변위시켜 방향의 성격이 정해진 뒤에도 지각변동에 의해 변위가 계속 이루어졌음을 알 수 있다.

남동부에 형성된 중국방향의 양산단층(영해-경주-양산-부산)과 한국 방향의 울산단층(경주-울산)은 최근의 연구에서 단구면의 변위, 활단층노두(活斷層露頭) 등이 밝혀짐으로써 지금도 미량이지만 변위가 계속되는 활단층임이 인정된다(제29차 세계지리학대회 조직위원회, 2001: 27~29). 한반도는 지질구조상 생성시기에 활발한 지각운동이 있었으나 과거 영남지방을 중심으로 불국사 변동 이후 별다른 지각변동은 없었다. 최근에 와서 일본열도 부근에서 시작하여 조금씩 지각변동이 일어나고 있어 한국도 지질구조상 완전한 안전지대는 아닌 것 같다. 한국의 지질구조는 산맥방향으로 배열되고 있으나 산맥 등은 일제강점기 시대에 일본 학자들의 급조된 식민지사관에서 출발하고 있다. 낭림산맥과 태백산맥을 일컬어 한반도의 등뼈로 비유하는데 이것은 잘못된 지질의 분류이고 한국 지질의 역사를 왜곡시켰다고 볼 수 있다.

백두대간이 최초로 나타난 문헌은 10세기 초 고려 승려 도선이 지은《옥룡기》(玉龍記)로서 "우리나라는 백두(산)에서 일어나 지리(산)에서 끝났으니 물의 근원, 나무줄기의 땅이다"라고 표현되어 있다. 백두대간을 의미하는 대간(大幹)이라는 용어를 국내에서 최초로 사용한 문헌은 이중환의《택리지》(1751)로서 "대간은 끊어지지 않고 옆으로 뻗었으며 남쪽으로 수천 리를 내려가 경상도 태백산에 까지 통하여 하나의 맥령(脈嶺)을 이루었다"라고 표현되어 있다. 그리고 백두대간과 백두정간이라는 말을 처음 사용한 문헌은 이익의《성호사설》(1760년경)로서, 백두산을 우리나라의 조종산이며 대간이 시작하는 산으로 보았으며 '백두대간'(白頭大幹)이라는 용어를 사용하였고 산맥상황도 나름대로 제시하였다. 이를 보다 체계화한 것은 1770년경(영조) 여암 신경준의 '산경표'로서 백두대간에 대해서 그 용어뿐만 아니라 백두산에서 지리산에 이르는 산맥연결의 상태, 관계, 순서를 알기 쉽도록 일목요연하게 표로 제시하였다.

백두대간의 산지체계 인식은 수계가 연속적인 것과 같이 산계도 연속되어 있음을 강조함으로써 한반도의 지리적 일체감을 인식할 수 있으며 경관측면에서 첨봉이나 능선 및 생활권역의 연결통로로서 주요 고개를 중요시하고 고도가 높은 산의 능선일수록 위계가 높은 기본줄기로 보았다. 줄기의 의미로 연결된 선을 설정하고 폭을 가진 띠의 형태인 산지개념이므로 지질구조, 지형의 형성과정과 변화 등은 고려하지 않았으며 인문적인 생활영역을 구분하는 분수계 체계를 중시하며 국토의 일체감 측면에서 백두산과 지리산을 연결하면서 백두산의 상징성을 한반도 전역으로 전파한다고 인식하였다.

현재의 산맥식 표기의 출현은 현행 산맥체계는 일본인 지질학자 고토분지로(小藤文次郎)가 1903년 발표한 《한국산악론》에 기초를 두고 있으며 그 후 1904년, 야쓰쇼에이(失津昌永)가 이를 바탕으로 《한국지리》를 저술하면서 사용되기 시작하여 1908년 한국에서 나온 대동서관 편집의 《대한 지지교과서(고등소학 대한지지)》에 산맥식 표기가 그대로 채택된 이후 자연스럽게 도입·사용되었다. 따라서 현행 산맥체계에 비해 백두대간 표기는 고려 초에 등장한 이후 20세기 초까지 약 1천 년간 사용되었다고 볼 수 있다.

산맥식 표기의 특징은 지질구조선에 의한 산맥체계이며 지도상에 산맥을 표기하면서 산계(山系)나 산맥(山脈)의 용어를 사용하였다. 두 방식 표기의 장단점으로는 백두대간 체계는 지표분수 체계에 따라 분류하였고, 현행 산맥체계는 지질구조 체계에 기반을 두고 있다. 백두대간을 지키기 위한 백두대간 보호에 관한 법률이 2003년 12월 31일 공포(법률 제 7038호)되어 일정한 유예기간을 걸쳐 2005년 1월 1일 시행되었다. 이 법은 백두대간의 보호에 필요한 사항을 규정하여 무분별한 개발행위로 인한 훼손을 방지함으로써 국토를 건전하게 보전하고 쾌적한 자연환경을 조성함을 목적으로 제정 이유를 밝히고 있다.

'백두대간'이라 함은 백두산에서 시작하여 금강산, 설악산, 태백산, 소백산을 거쳐 지리산으로 이어지는 큰 줄기를 말한다(법 제1조 1항)라고 정의하고 있다. 또한 '백두대간 보호지역'이라 함은 백두대간 중 특별히 보호할 필요가 있다 인정되면 제 6조의 규정에 의하여 산림청장이 지정, 고시하는 지역으로 보호규정을 제시하고 있다. 백두산을 어미산(根, 母, 始), 백두대간을 몸체(幹, 身)로 표현하여 백두산과 백두대간의 계를 인체의 모일체(母一體) 관계와 나무의 근일간(根一幹) 관계로 표현하였다. 신경준의 산경표(山經表)를 중심으로 표기의 특징은 백두대간은 백두산에서 태백산, 소백산, 지리산에 이르기

한국의 백두대간 (태백산 : 2007)

까지 기복은 있으나 단절되지 않는 큰 줄기로 표기되어 있다. 그리고 백두대
간을 대분수령(大分水嶺)으로 한반도 북-남주향(北-南走向)의 대산맥축(大山脈
軸)으로 나타냈다. 강줄기와 산줄기의 흐름을 근간으로 만들어진 우리 고유의
총 15개 산맥개념을 계급화(位階性)하여 대간, 정간, 정맥으로 분류하고 전국
의 산줄기를 1대간(大幹), 1정간(正幹), 그리고 13개의 정맥(正脈)으로 규정
하고 다시 나뭇가지처럼 뻗은 기맥(岐脈)을 기록했다. 이 중 제1급의 산맥을
백두대간으로 제2급의 산맥인 장백정간, 나머지 13개의 산맥을 최하위 정맥
으로 표기하였다. 그리고 대간, 정간, 정맥에서 다시 갈라져 나온 산맥으로
내(川)를 이룬 능선으로 기맥(岐脈)을 기록했다.

　총 13개의 정맥은 ① 청북정맥, ② 청남정맥, ③ 해서정맥, ④ 임진북예성남정
맥, ⑤ 한북정맥, ⑥ 한남금북정맥, ⑦ 한남정맥, ⑧ 금북정맥, ⑨ 금남호남정
맥, ⑩ 금남정맥, ⑪ 호남정맥, ⑫ 낙동정맥, ⑬ 낙남정맥으로 이루어져 있다.

　즉, 백두대간의 산지체계는 수계(水系)가 연속적인 것과 같이 산계(山系:
mountain chain)도 연속되어 한반도의 지리적인 일체감으로 경관에서 능선 및

산자분수령(山自分水嶺 : 북한강 2010)

생활권역의 연결 통로로 주로 고개 등을 중요시 했다. 또한 고도가 높은 산 능선일수록 위계가 높은 산줄기로 분류하였다. 그리고 실제 지형과 일치하는 자연스러운 선의 성격과 풍수지리적 한국지형과 산계의 이해에 편리한 장점을 지녔다.

백두대간과 정맥정간은 산 이름을, 해서정맥과 호남정맥은 지역의 이름을, 나머지 11개 정맥은 강 이름에서 따와 산줄기의 이름을 정했다. 따라서 이름만으로도 강의 위치와 지역을 쉽게 파악할 수 있게 되었다. 대부분의 산줄기의 이름을 강에서 따온 이유는 노년기 산지의 애매한 줄기의 이어짐을 역으로 물의 흐름에서 찾았기 때문이다. 이는 김정호의 대동여지도 발문에 "산줄기는 분수령에 따르기 마련"이란 뜻이 있다. 이는 '산자분수령'(山自分水嶺)을 명문화하는 줄기가름의 대원칙 때문이다.

즉, 산은 스스로 물을 나누는 기준점이 된다. 물을 가른다. 곧 "산은 물을 넘지 못하고 물은 산을 건너지 못 한다"라는 뜻이고 강과 산은 서로 상반되는 개념으로 산은 오르면서 줄기가 하나로 합쳐지고 강은 오르면서 점점 갈라진다. 나무의 뿌리와 가지, 줄기가 펼쳐지는 것과 같다. 하나의 산은 여러 개의 능선이 있다. 능선을 따라 오르게 되면 정상이 있다. 정상에서 보면 두 능선 사이에는 계곡이 하나 있고 두 계곡 사이에는 능선이 하나 있다. 이와 같이 산이 없이 시작되는 개울이나 강은 없고 강을 안고 있지 않는 산은 없듯이 산과 강은 하나의 불가분의 관계인 유기체이다.

백두대간의 특징은 산과 강에 기초하여 산줄기를 형성하고 산줄기는 산에서 산으로만 이어지고 실제 지형과 일치하는 자연스러운 선을 가지고 있다. 또한 경관상 잘 보이는 무단절의 분수령 중심으로 하천, 산줄기 등의 파악이 쉽고 따라서 산지 이용계획과 실천에 편리하며 풍수지리적 한국지형과 산계(山系)의 이해에 편리하다. 한편 산맥의 체계는 지하 지질구조선에 근거하여 땅 위의 산을 분류하고 산맥선이 중간에 강에 의해 끊어짐을 알 수 있으며 실제 지형과 불일치하는 가공된 지질선이 있고, 또한 국제관행에 부합된다.

이는 산맥의 형성원인과 관련성이 높다는 데 의의가 있다. 이와 같은 사실 내용에 비추어 볼 때 예부터 사용해 오던 백두대간의 산지체계식으로 한국지리도 모두 바꾸어서 표기되어야 할 것이다.

2. 한반도의 지형특성과 주거

1) 한반도의 지리적 위치

한반도는 아시아 대륙의 동쪽 중심부에서 태평양 연변의 일본열도를 향해 남쪽으로 뻗어 내렸다. 우리는 백두산과 여기에서 발원하는 압록강 및 두만강을 한반도와 아시아 대륙의 경계로 간주한다. 우리의 국토가 한반도로 정해진 것은 조선 초였다. 한반도의 모양은 대륙으로 뛰어오르려고 웅크린 호랑이에 비유된다. 영일만의 장기반도는 호랑이의 꼬리에 해당하며, 1903년에 세워진 이곳의 등대는 '호미등대'(虎尾燈臺)라고 불린다.

우리나라의 면적은 22.1만 ㎢이다. 국토가 넓지 않지만 그리 좁은 것도 아니다. 우리나라와 면적이 비슷한 나라로는 영국, 루마니아, 시리아, 우루과이, 뉴질랜드 등이 있다. 경도와 위도의 범위는 동경 124°~132°, 북위 33°~43°이다. 섬을 제외한 반도부의 경우 남북 간의 최장거리는 함북 온성에서 전남 해남까지 1,012㎞, 동서 간의 최단거리는 서한만에서 영흥 원산만까지 164㎞이다.

압록강과 두만강을 경계로 대륙과 접한 부분은 이들 하천이 구불구불 흐르기 때문에 약 1천 3백 ㎞에 이르는데, 거의 만주와 접해 있고 러시아의 연해주와 접한 부분은 두만강 하류의 17㎞에 불과하다. 한반도의 동남단에서 대한해협을 건너 일본의 쓰시마 섬(對馬島)까지는 약 50㎞, 큐슈(九州)까지는 약 2백㎞이다. 부산의 태종대에서는 쓰시마 섬이 보인다.

우리나라는 중위도에 자리하여 기후가 대체로 온난하다. 사계절이 뚜렷한 것도 우리나라 기후의 두드러진 특색이다. 기후의 이러한 특색은 아시아 대륙과 태평양 사이에 자리한 우리나라의 위치에 기인한다. 한민족은 계절의 변화에 대한 감각이 뛰어나고 다채로운 세시풍속을 이어왔다. 계절의 변화는 우리의 생활에 활력을 불어넣는다.

한반도는 아시아대륙과 일본열도를 잇는 육교의 구실을 했다. 이와 같은 위치의 특수성으로 인해 한민족은 일찍부터 중국에서 각종 문물을 받아들이고 또 그것을 일본으로 전할 수 있었다. 그러나 다른 한편으로는 양쪽에서 압력과 도전을 끊임없이 받았다. 근세의 예를 들면 19세기 말에는 일본과 러시아가 한반도를 발판으로 하여 각각 아시아대륙과 태평양으로 진출하기 위해 각축을 벌였고, 결국 일본은 우리나라를 강점했다. 1945년의 광복 후에는 다시 외세에 의해 북위 38°선을 경계로 국토가 분단되는 비운을 맞았고, 곧 6·25 전쟁을 치렀다. 그리고 1953년 휴전 이후에는 남한과 북한이 군사분계선을 경계로 대치하는 중이다.

공산권이 붕괴된 후에도 남한과 북한 간에는 긴장이 계속되다가 21세기에 들어서야 화해의 싹이 트기 시작했다. 한민족은 역사적으로 많은 수난을 겪는 가운데서도 정체성을 확고하게 지켜 왔다. 한반도는 중원에서 멀리 떨어져 있으며 산이 많다. 한민족이 정체성을 지켜올 수 있었던 까닭은 일찍이 이러한 한반도를 차지했다는 것과 무관하지 않다. 사실 한민족의 정체성과 잠재력은 한반도에서 형성되었다.

남한은 6·25 전쟁을 계기로 서양문물과 본격적으로 접하게 되었지만 전쟁의 폐허 위에서도 지리적 이점을 살려서 해양으로 진출, 세계 유수의 교역대국으로 성장했다. 짧은 기간에 이룩한 이와 같은 성장은 흔히 기적이라고 일컬어진다. 지리적 위치의 의미는 고정된 것이 아니라 국력과 시대적 상황에 따라 변화한다(국사편찬위원회, 2002: 39~41). 한반도의 지형도 일제 강점기 시대에 일본학자들에 의해서 많이 왜곡되고, 교육화되었다. 식민지 사관에 의하면 한반도의 지형은 대륙으로 뛰어오르는 모습이 호랑이가 아닌 나약한 토끼와 같다고 비유되었다.

---

2) 한반도의 산지·하천·평야지형

(1) 산지

우리나라는 다른 나라와는 달리 전국토가 대부분 산지로 형성되어(70%) 산이 많고, 산은 예로부터 신성시되어 왔다. 산의 이름 중에는 백(白), 신(神), 천(天), 왕(王), 봉(鳳)과 같은 글자가 들어간 것이 많다. 그리고 깊은 산속에는 삼국시대 이래 많은 사찰이 들어섰다. 그래서 금강(金剛), 조계(曹溪), 보현(普賢), 부용(芙蓉), 연화(蓮花), 국사(國師) 등과 같은 불교 계통의 산 이름도 적지 않게 있다. 사찰의 이름 앞에는 '오대산 월정사', '가야산 해인사', '지리산 실상사', '속리산 법주사'와 같이 산 이름이 붙어 있다.

국토의 약 70%가 산이지만 신생대에 들어와 격렬한 지각변동을 겪지 않아 높은 산은 많지 않다. 한반도의 지역별 고도분포를 살펴보면 〈그림 2-3〉과 같다. 한반도와 만주를 통틀어 가장 높은 백두산(2,744m)도 해발고도가 3천 m에에 미치지 못한다. 높은 산은 한반도의 지형적 골격을 이루는 태백, 소백, 낭림, 함경, 마천령 등의 산맥을 따라 분포한다.

〈그림 2-3〉 한반도의 고도 분포도

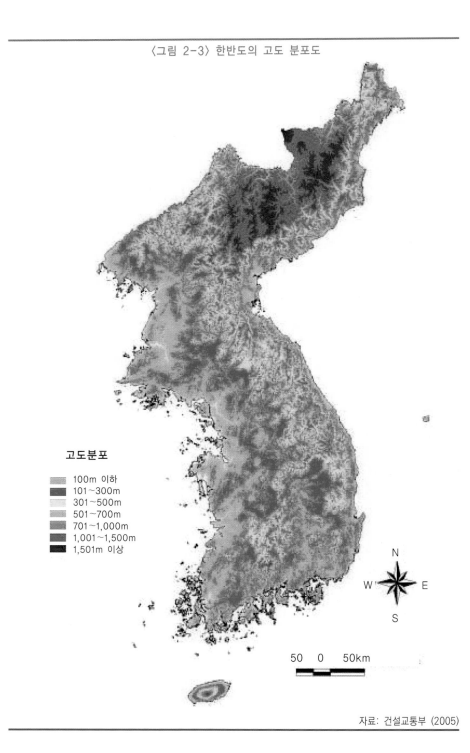

고도분포

100m 이하
101~300m
301~500m
501~700m
701~1,000m
1,001~1,500m
1,501m 이상

50 0   50km

자료: 건설교통부 (2005)

(2) 하천·평야

압록강, 두만강, 한강, 낙동강, 대동강, 금강은 길이가 4백 ㎞를 넘는 우리나라의 6대 하천이다. 두만강을 제외한 이들 하천은 서해와 남해로 흘러든다. 하천은 오늘날 수자원으로서 매우 중요한데, 우리나라의 하천은 유량의 변동이 심하다. 여름에 집중호우가 많이 내릴 때는 큰 홍수가 일어나는 반면에, 장마가 시작되기 전에는 유량이 극도로 줄어들어 농업용수의 확보가 어려워지기도 한다. 유량의 변동이 심한 까닭은 강수가 여름에 집중되고, 세계의 큰 하천들과는 달리 유역면적이 좁기 때문이다.

한반도의 주요 하천 및 고지대는 〈그림 2-4〉와 같다. 서해와 남해로 유입하는 하천들은 조석(潮汐)의 영향을 받는다. 하구둑이 건설되기 전에 낙동강은 삼랑진까지, 금강은 부여까지 강물이 밀물에 밀려 역류했다. 한강에서는 김포 수중보가 건설된 후에도 난지도까지 강물이 역류하는데, 그 이전에는 마포 상류의 서빙고까지 조석의 영향이 미쳤다. 하천 하류의 만조구간에서는 밀물과 썰물에 맞추어 어선과 그 밖의 선박들이 오르내렸다. 육상교통이 발달하지 않았던 과거에 큰 강은 내륙수로로 매우 중요하였으며 한강은 서울, 대동강은 평양, 금강은 부여와 공주의 젖줄이었다.

강은 상류지역의 산에서 베어낸 나무를 뗏목으로 엮어 실어내는 데도 이용되었다. 한편 강은 나룻배를 타야 건널 수 있었기 때문에 육상교통에는 큰 장애물이었고, 주요 나루터에는 도진취락(渡津聚落)이 발달되었다. 우리나라 평야지대인 김해, 나주, 김제, 만경, 논산, 예당, 평택, 김포, 평양, 재령, 안주, 박천, 용천 등의 넓은 평야는 서해나 남해로 유입하는 큰 하천을 끼고 그 하류에 발달되어 있다. 이들 평야에서 중요한 부분은 주민들이 '들'이라고 부르는 지형, 즉 하천의 토사가 쌓여 이루어졌고 거의 논으로만 이용되는 충적지 또는 범람원이다. 평야의 충적지는 모두 구릉지나 산지로 둘러싸였다.

구릉지도 고도가 낮고 지면의 경사가 완만하면 평야의 일부로 볼 수 있다. 그러나 그러한 지형은 기반암의 풍화토로 덮여 있고, 논, 밭, 과수원, 목장, 임야 등 토지이용이 다양하여 논만 분포하는 충적지, 즉 들과는 경관이 사뭇 다르다. 구릉지의 논은 대개 '고래실'에 계단식으로 조성되어 있다.

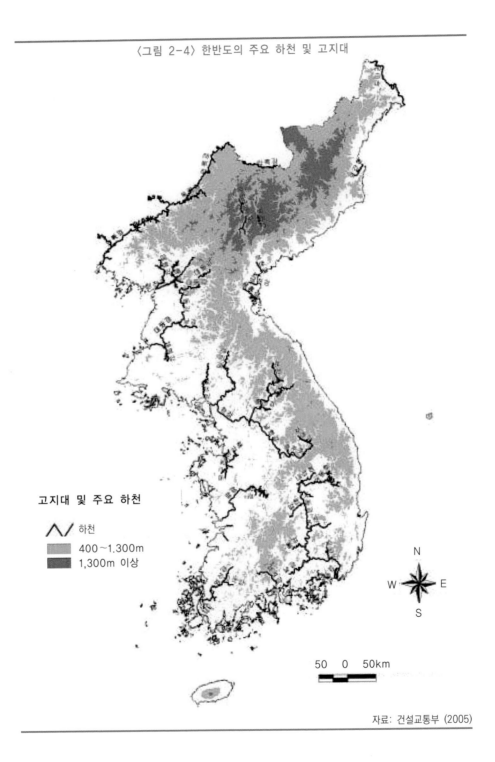

고지대 및 주요 하천

/\/ 하천
▨ 400~1,300m
■ 1,300m 이상

N
W　E
S

50　0　50km

자료: 건설교통부 (2005)

한반도의 지형은 지질적 기반을 형성하는 화강암, 편마암, 석회암 등으로 이루어져 있고 기후 및 자연환경의 요인에 의해 산림자원이 부족한 현실 속에서도 목재에 의한 전통 주거로 사용되었고 서민주거 등에서는 부분적으로 주요부분에 걸쳐 사용하였다. 목재부분의 상태를 오래 보존하기 위해 주로 건축물의 기초가 되는 초석과 기단, 그리고 성(城) 및 담장 등을 쌓는 데 화강암 등을 널리 사용하였다.

또한 주변의 환경이 산, 하천, 강, 구릉지, 분지 등으로 형성되어 한민족은 예부터 자연스럽게 자연에 순응하면서, 주거의 선택에서도 집 뒤에는 비, 바람, 추위 등을 막아낼 수 있는 나지막한 산, 앞에는 생활을 영위하는 데 가장 중요한 식량 등을 얻기 위해 강과 하천이 흐르는 배산임수의 집자리를 선정하였다. 과거의 옛 선조들 사이에 풍수지리 사상이 성행했던 연유도 여기에 있었다.

3) 지형적 영향에 따른 주거문화

한반도의 지형은 고생대 이전에 형성된 지괴로 지각운동을 받지 않고 오랜 침식활동으로 인해 평탄했던 신생대 제3기의 비대칭적 융기로 백두대간을 중심으로 동해안 쪽은 급경사를, 서해안 쪽은 완만한 지형인 하천, 강 등 평야지대를 이루고 있다. 이런 지형을 경동지형이라 하며 경동지괴와 유사한 의미를 가진다. 한반도의 전체 70%가 산지로 이루어져 지형 자체가 주거문화에 많은 영향을 주었다.

지형적 영향은 자연스럽게 음양오행론을 바탕으로 땅의 형성과 지질적 여건, 물의 순환이치 등 풍수지리학에 대한 접근을 넓히게 했다. 지형적 특성을 이용한 가장 적합한 집터로는 산을 등지고 추운겨울에 북서풍을 막아주는 방풍과 보온 역할을 하는 동시에 낮에는 일조량과 수열량이 많고 땔감 등이 풍부한 곳을 '배산'이라 하고, '임수'는 집 앞으로 강과 하천이 흐르고 우수(雨水)와 오수(汚水) 등 언제나 배수가 잘되고 평야지대가 있는 곳으로 이러한 특성을 가진 땅이 건강한 택지로 선택되었다.

배산임수의 주거특성으로 가장 기본적인 원리는 동쪽으로는 좌청룡, 서쪽으로는 우백호로 혈상을 좌우에서 보호하는 산의 용세를 말한다. 그리고 남쪽에는 넓은 평야로 앞이 가려지지 않고 멀리서 가려주는 산줄기가 있어야 하는 주작(朱雀)과 북쪽에는 산이나 언덕이 추위의 바람을 막아주는 현무(玄武)가 있어야 좋은 집터라는 뜻이다. 이와 같이 지형적인 한국의 자연조건은 풍수지리가 성립되는데 인간의 삶에서 주요한 원리로 살아 움직이는 인간의 주거공간 형성의 기본이 되고, 즉 죽은 자의 위폐공간에까지도 여러 가지 유형으로 영향을 미치고 있다.

풍수란 흔히들 장풍득수(藏風得水)에서 유래를 찾고 있으며 땅에는 정기가 살아 움직이고, 인간도 같이 서로 상생하면서 살아간다는 것이다. 몸속의 동맥에서 흐르는 피처럼 일정한 길을 따라 움직이는데 이 정기가 맺힌 곳이 혈(穴)로써 이곳에 집을 짓거나 도읍을 정할 경우 대대로 번창하고 부귀영화를 누릴 수 있다.

우리가 보통 산에 오르다 보면 자신도 모르게 지관이 아니면서도 이곳은 "양지가 바르다, 바람을 안고 있으니 아주 아늑하고 산세가 아름답다. 그리고 앞이 툭 터져 있어 시야가 넓고 전망이 좋아 시원스럽다"라는 말은 보고 느낀 대로 감정의 표현을 무의식에 말하게 되는데 우리 민족은 생활 속에 어느 정도 자생 풍수가 자리 잡고 있음을 알 수 있다. 여러 풍수 중에서도 가장 중요하게 여기는 것도 바로 산의 지세인 형상이기 때문이다. 이러한 지세는 정기에 의해서 혈(穴)이 생성되고, 물의 흐름과 바람의 방향도 결정되기 때문이다. 중국의 황하강이나 세계 4대 문명 발상지는 모두 큰 강을 중심으로 득수(得水)에서 풍수가 시작되었으나 우리나라의 경우에는 전 국토의 70%를 산이 차지하고 있어 자연환경상 풍수는 장풍(藏風)인 산을 중심으로 발달되어 왔다.

영조 27년(1751) 청담 이중환이 저술한 《택리지》는 임진왜란과 병자호란으로 국토가 유린되어 백성들의 민심은 매우 불안했고 토지제도 문란 등의 시대적 배경 속에서도 살기 좋은 땅을 찾으려는 노력으로 기술된 인문지리서로 팔도총론에서 국토의 역사와 지리를 서술했다. 한반도를 팔도로 나누어서 그 지역의 산맥과 물 흐름 등을 서술하고, 여기서 사람(양반)들이 살기 가장 좋은 곳으로 가거지(可居地)의 4가지 선정기준을 정했다. 길지에 해당하는 지리(地理), 비옥한 토지와 물자의 유통을 중시하는 생리(生利), 풍속의 중요함을 강조한 인심(人心), 집 근처에 정서를 함양할 수 있는 산수(山水) 등을 열거하고 있다.

이처럼 지형적 자연환경은 직접이든 간접이든 주거환경은 물론 일상생활에도 풍수지리설에 의한 크고 작은 영향은 오늘에 이르기까지 적지 않은 영향을 미치고 있다.

3. 한반도의 기후특성과 주거

한반도는 지리적으로 중위도에 위치해 봄, 여름, 가을, 겨울의 사계절이 뚜렷하게 나타나는 온대성 기후의 특징을 가졌다. 또한 북반구 극동지역에도 접하고 있어 북서풍 기류에 의해 대륙성 기후와 해양성 기후의 특성도 함께 나타난다. 그리고 한반도는 남북의 길이가 길기 때문에 좁은 국토이면서 특히 여름보다 겨울의 기온차가 심하게 나타난다. 동서 간에 있어서는 지형적인 백두대간의 영향으로 겨울철에 3~4℃ 정도의 기온차를 나타낸다. 이러한 기후적 특징을 보다 구체적으로 살펴보면 다음과 같다.

1) 계절적인 기후·기온 및 강수량

한국의 연평균 기온은 북서 계절풍의 영향으로 겨울에 매우 춥기 때문에 같은 위도에 위치하는 다른 지역에 비해 낮다. 연평균 기온이 가장 높은 곳은 제주도의 서귀포(15~15.5℃)이고, 남쪽지방에서는 목포, 무안, 해남 지방이 14.5~15℃로 높다. 연평균 기온이 가장 낮은 곳은 남한에서는 대관령(9℃)이며, 북한의 개마고원에서는 삼수(2.1℃), 풍산(2.2℃), 갑산(3.3℃) 등이 낮은 값을 보인다.

일반적으로 고도가 높아질수록 기온이 낮아지기 때문에 세계의 등온선도는 해면경정(海面更正), 즉 관측지점의 고도를 해면의 높이로 낮추어 환산한 기온

〈그림 2-5〉 우리나라의 연평균 기후

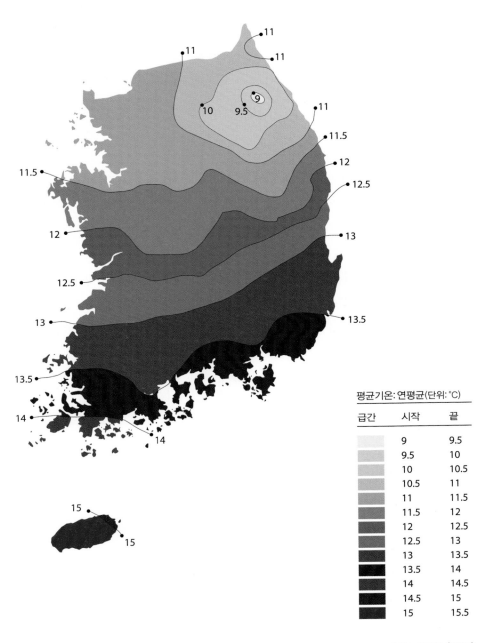

평균기온: 연평균(단위: ℃)		
급간	시작	끝
	9	9.5
	9.5	10
	10	10.5
	10.5	11
	11	11.5
	11.5	12
	12	12.5
	12.5	13
	13	13.5
	13.5	14
	14	14.5
	14.5	15
	15	15.5

자료: 기상청 (2004)

값으로 그린다. 그러나 우리나라의 등온선도는 해면경정을 거치지 않고 기상 관측지점에서 측정된 대로 사용한다. 등온선의 분포를 보면 포항, 대구, 전주를 연결하는 등온선 이남의 지역은 연평균 13℃ 이상을 보인다. 12℃의 등온선은 속초 북쪽에서 동해안을 따라 남하하다가 안동 부근에서 서쪽으로 방향을 바꾸어 추풍령 남쪽을 거쳐, 대전 북쪽을 지나 서해안의 안면도로 빠진다. 남한지방의 연평균 기온은 〈그림 2-5〉와 같다.

그리고 10℃의 등온선은 함흥에서 남쪽으로 향해 철원 부근까지 남하하여 대동강 하류지방으로 이어지고, 8℃의 등온선은 성진 북쪽과 개마고원을 연결하며, 동해안에서는 해안선과 평행하여 내려오다가 낭림산맥을 가로지른 후 신의주 북쪽으로 다시 북진한다. 등온선이 북한에서는 개마고원을 중심으로 방사상으로 퍼지고, 남한에서는 태백산맥을 중심으로 산악지대에서 남쪽으로 깊숙이 휘어 있다.

겨울이 시작되는 11월부터는 시베리아 고기압의 발달로 북서 계절풍의 영향을 받아 전국적으로 기온이 빠르게 내려간다. 개마고원에서는 11월 평균기온이 -4℃ 내외로 낮아지고, 12월에는 -14℃ 내외로 급강하한다. 12월에는 중부지방까지도 빙점 이하로 떨어진다. 전국적으로 가장 추운 1월에는 남해안과 제주도, 울릉도 등의 섬 지방을 제외하면 전국이 영하로 기온이 내려가는데 남부 내륙지방과 중부지방은 -1~-5℃이고, 평안북도의 후창, 자성, 강계와 함께 개마고원의 삼수와 갑산은 -18℃이다. 중강진은 -20.8℃로 가장 낮아 한국의 극한지로 알려져 있다. 남북 간의 기온차는 25℃를 넘는다.

여름기온은 태양고도가 높아지고 낮이 길어짐에 따라 점차 기온이 올라가 6월이 되면서 여름이 시작된다. 6월의 평균기온은 개마고원을 중심으로 북부지방(14~18℃)을 제외하면 대부분의 지방에서 20~22℃의 분포를 보인다. 7월에 들어서면 역시 개마고원을 제외한 지방에서 25℃ 내외로 기온이 상승하면서 본격적인 더위가 시작된다. 장마가 끝나고 전국이 고온다습한 북태평양기단의 지배를 받는 8월은 대부분 지역에서 맑은 날씨가 계속되면서 일사량이 증가하여 더위가 절정에 이른다.

8월 하순에 접어들면서부터는 점차 시베리아 고기압이 발달하기 시작하여

〈그림 2-6〉 서울 강수량 년별 값

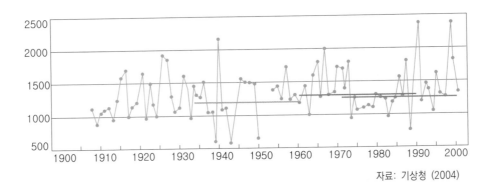

자료: 기상청 (2004)

한여름의 기압배치가 무너지고 북상했던 장마전선이 다시 남하하여 일시적으로 초가을 장마가 나타나기도 한다. 가을이 시작되는 9월 상순부터는 시베리아 고기압에서 떨어져 나온 이동성 고기압의 영향을 받아 기온이 내려가고 하늘이 맑아지며, 쾌적한 날씨를 맞는다. 이동성 고기압이 중국대륙 쪽에서 연달아 동진해 올 때에는 동서방향의 고압대가 형성되어 맑은 가을 날씨가 오래 계속된다. 10월 이후에는 때때로 시베리아 고기압이 발달하여 서고동저형 기압배치가 나타나며, 북서 계절풍이 불어오면서 겨울이 시작된다.

최난월과 최한월의 평균기온 차를 기온의 연교차라 하는데 북쪽으로 올라갈수록, 내륙으로 들어갈수록 커진다. 제주도는 연교차가 21.4℃로서 가장 작고, 북부 내륙지방의 중강진은 43.5℃로서 가장 크다. 서울과 거의 같은 위도인 북미대륙 서안의 샌프란시스코는 연교차가 8.5℃이고, 서울보다 북쪽에 위치하는 런던의 경우에도 13.4℃에 지나지 않는 것을 보면 우리나라의 기온의 연교차가 상대적으로 크다는 것을 알 수 있다.

연 강수량의 전국 평균치는 1,190㎜이다. 이 값은 이웃 일본의 1,700㎜에 비하면 상당히 적은 편이지만 온대 국가인 프랑스의 770㎜, 미국의 750㎜에 비하면 많고, 세계의 평균치인 750㎜보다도 많은 편으로서 한국은 습윤기후 지역에 속한다.

연 강수량은 지역에 따라 차이가 크며(500~1,700㎜) 남쪽에서 북쪽으로 갈

44

수록 적어진다. 한반도에서 강수량이 가장 많은 지역은 남해안으로 최고 1,700㎜ 이상이고, 가장 적은 지역은 개마고원 북동부로 500~600㎜이다.

강수량의 분포는 기압배치나 지형과 밀접한 관계를 가진다. 한반도에서 강수량이 가장 많은 지역은 남해안과 그 배후의 산간지방이다. 배후에 산지가 많은 남해안지방은 1,400㎜ 이상으로 많고, 집중호우로 인한 수해가 빈번한 편이다. 남해안과 지리산 주변의 산간지방에 강수량이 많은 까닭은 지형조건 이외에 장마전선이 한반도에 상륙한 다음 북진과 남하를 반복하면서 오래 머무는 한편 한반도가 태풍의 영향을 많이 받기 때문이다. 이러한 영향을 받는 대표적인 지역으로는 1,700㎜ 이상의 강우가 내리는 경상남도의 남해와 거제를 들 수 있다. 연평균 강수량을 보면 〈그림 2-6〉과 같다. 남한에서 연 강수량이 가장 적은 지역은 경상북도의 칠곡, 의성, 선산 등 낙동강 상류에 해당하는 내륙지방으로 1,000㎜에 미치지 못하며, 울진, 영덕, 포항 등 동해안지방도 1,100㎜ 이하이다. 서해안의 저지대도 강수량이 주변의 산간지방보다 적다. 서해안에서 일찍부터 천일제염이 발달할 수 있었던 것은 넓은 갯벌의 발달과 더불어 강수량이 적고 일조량이 많기 때문이다.

한국의 강수량은 거의 전국적으로 여름에 집중되는데 강수량은 주로 장마와 태풍에 의해 좌우된다. 한국의 우기는 6~9월의 4개월이며, 일부 도서지역 이외에는 이 기간에 연 강수량의 60% 이상이 내린다. 그 중에서도 장마철인 7월의 강수량은 연 강수량의 약 30%에 이른다. 장마의 출현시기는 북태평양 고기압의 확장과 더불어 장마전선이 북상해오는 시기와 관련된다. 대체로 6월 하순부터 7월 하순까지가 장마철이다. 장마전선은 북태평양 고기압과 한대 고기압 사이에 형성되는 한대전선이라고 알려져 있다. 장마전선의 너비는 약 300㎞로 넓게 형성되고, 때때로 양자강 유역에서 발달한 저기압이 2~3일을 주기로 잇달아 동진해 오면서 강우량을 증가시키기도 한다.

시베리아 고기압의 영향을 받는 겨울의 강수량은 연 강수량의 10%에 못 미치므로 겨울은 건조하다. 농사 위주의 경제체계에서는 봄가뭄만이 파종에 큰 지장을 주었으나, 산업사회인 오늘날에는 생활용수 및 공업용수의 수요가 증가함에 따라 겨울가뭄이 심각한 사회문제로 대두된다. 시베리아 기단은 한랭 건조하나 강력한 북서계절풍이 서해상을 통과하면서 수분을 공급받은 후 한반도로 상륙할 때는 태백산맥과 노령산맥의 서쪽에 많은 눈을 내리게 한다. 영동지방의 폭설은 주로 시베리아 고기압에서 분리되어 나온 이동성 고기압이 한반도의 북쪽을 통과할 때 동해를 거쳐 북동풍에 실려 나타나는 경우가 많다. 한국에서 적설량이 가장 많은 곳은 울릉도(최대 적설량 293.5㎝)이다(제29차 세계지리학대회 조직위원회, 2001: 43~49 요약).

울릉도 지방은 눈이 많이 오는 지역이라 어느 지역에서도 볼 수 없는 독특한 '우데기'와 같은 가옥구조를 이루는 것이 특징이다. 이러한 기후적 특성은 주거환경에 직간접적으로 많은 영향을 미친다. 특히 우리나라와 같은 지형에서는 습한 기후와 강수량의 불규칙한 차이에서 오는 계절적 환경의 변화로 기온의 차이가 남북, 동서에 걸쳐 심하게 나타난다. 기후와 기온은 각 지방에 따라 주거유형도 매우 다양하게 변화시키고, 겨울이 길고 추운 북쪽지방은 온돌의 주거기능이 발달하였고, 더운 날씨가 길고 추운 날씨가 짧은 남쪽지방에서는 시원하고 통풍이 잘되며 생활하기 편리한 마루기능이 발달했다.

이 두 기능은 오랜 역사 속에서 서로 교류하는 동안 보완적 기능이 필요해 서로 결합하는 구조로 발달하면서 기후와 자연환경에 적합하고 생활환경을 잘 반영된 형태로 발달하였다. 그리고 지역적인 기후는 식생하는 토양의 특성에도 나타나 여기서 얻어지는 자연의 산출물은 집의 구조와 지붕재료에도 영향을 미쳐 샛집, 굴피집, 너와집 등으로 벽의 재료에 따라 토벽집, 귀틀집, 겨울철의 폭설에 의한 울릉도 지방에서 통행에 지장을 주지 않기 위해 벽 주면에 싸리 등의 발을 엮어 둘러쳐 생활에 불편이 없도록 한 우데기 설치 등은 기후적 자연환경을 반영하는 대표적 특징이다.

2) 기후적 영향에 따른 주거문화

기후 특성을 구체적으로 살펴보았듯이, 한반도는 중위권에 위치하고 있으면서 온대에서 아한대까지 폭 넓게 나타난다. 계절의 변화도 사계절이 매우 뚜렷하고 연교차가 큰 해양성 기후와 대륙성 기후의 특성을 지닌다. 여름과 겨울 간에 걸쳐 반년 동안 여름에는 해양에서 육지로 고온다습한 북태평양 고기압의 영향으로 남동풍, 남서풍 등의 바람이 불어 푄현상이 일어나고 내륙분지 등에서는 초고온을 나타낸다. 이러한 기후현상은 생활양식에서부터 주거문화의 지역적 특성을 만드는 배경이 된다. 그리고 인간은 자연환경에 적응하기 위해 독특한 주거형식을 발전시켜 나아갔다.

특히 기후적 영향은 다른 자연환경이 인간에게 미치는 요인 중 가장 큰 비중을 차지하고 있다. 계절적으로 일어나는 기후에서 더위, 바람, 추위, 비에 대응하기 위한 방법은 각 지방마다 서로 다른 특징을 가지고 있다.

북부지방은 기후적 특징이 남부지방에 비해서 겨울기간이 길기 때문에 이에 대한 환경조건에 대응키 위해 고구려시대부터 온돌기능을 이용한 주거공간이 자리 잡게 되었다. 주거공간의 특징도 추운 환경에 생활하기 쉽도록 활동의 영역을 가능한 한 곳으로 모아 편리하도록 적합한 집적공간을 이루는 주거형태로 나타났다. 즉, 모든 주거공간이 혹독한 추위에 견딜 수 있고, 열효율을 보다 효율성 있게 높이기 위한 구조로 만들어졌다. 생활공간의 형태도 모두 폐쇄적으로 이루어져 있다. 남부지방처럼 주거공간이 분산형이라면 북부지방의 특징은 부대시설 등이 없는 살림집이 하나의 공간 속에서 생활에 불편이 없도록 기능적으로 서로 연결된 주거의 특징을 보여주고 있다.

관북지방에는 정주간이 있는 田자형의 겹집이 많다. 겹집이 많은 이유는 관북지방이 다른 지방에 비하여 대륙성 기후의 영향으로 매우 춥기 때문에 부엌과 벽이 없이 바닥의 차이로만 공간을 구분한다. 정주간은 부뚜막에서 나오는 열기로 열효율을 높여 침실의 공간과 식당 및 거실로 이용하는 다목적의 특성을 지닌다. 정주간은 이외에도 겨울기간 동안 외부에서 작업상 필요한 공간이 없어 실내에 일할 수 있도록 작업공간으로도 이용되었다. 강원도 지방은 관북

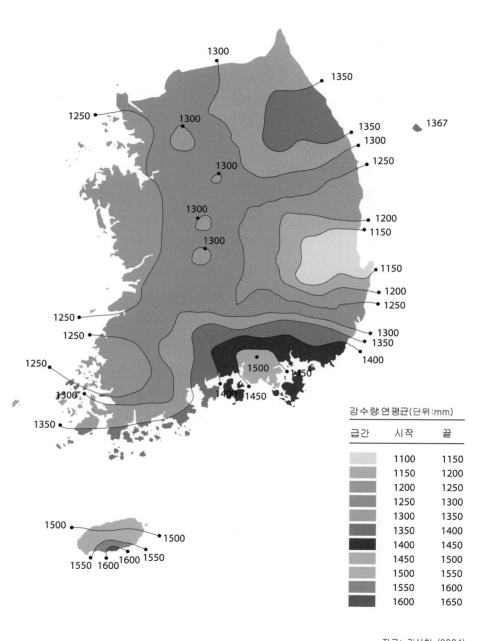

〈그림 2-7〉 우리나라의 연평균 강수량

1300
1350
1250
1300
1350
1300
1367
1250
1300
1300
1300
1200
1150
1300
1150
1250
1250
1200
1250
1250
1300
1350
1250
1400
1500
1450
1250
1400
1450
1300
1350

강수량 연평균(단위:mm)

급간	시작	끝
	1100	1150
	1150	1200
	1200	1250
	1250	1300
	1300	1350
	1350	1400
	1400	1450
	1450	1500
	1500	1550
	1550	1600
	1600	1650

1500
1500
1550 1600 1600 1550

자료: 기상청 (2004)

지방보다 겨울철의 기간도 조금 짧고 추위도 덜한 관계로 겹집의 특성을 유지하면서 안마루가 중앙에 위치하여 두 개의 침실을 분리시켰다. 지붕의 형태는 참나무를 쪼개어 만든 너와, 참나무 껍질을 벗겨서 만든 굴피집 등이 있으나 남부지방은 북부지방에 비하여 온난한 기후를 배경으로 겹집이 아닌 홑집이 많다.

남부지방은 넓은 마당과 여러 채의 집으로 분산하여 구조를 이루고 여름철에 무더위 등을 시원하게 보내기 위해 통풍이 잘 통하는 가옥구조로 마루가 발달되었다. 살림채가 소규모이고, 바람이 잘 통하는 홑집은 넓은 공간을 마당으로 이용하고 출입을 편리하게 하기 위한 툇마루 형태로도 발달되었다.

눈이 많은 울릉도 지방은 겨울철에 해양성 기후로 눈을 이겨낼 수 있는 가옥구조로 귀틀벽과 우데기가 주거특색의 주요인이 되었다. 귀틀벽은 일명 투막집이라고 부르며, 지붕에 눈이 많이 내려 눈의 무게를 지탱하기 위해서는 구조상 단단한 귀틀구조가 필요했다. 눈이 쌓이면 통행이 어려워 방과 방 사이에 통과하는 통로에 방해가 되지 않도록 지붕의 처마 끝에 여러 개의 기둥을 집 주위에 세우고 이엉을 엮어 둘러치고 재료는 싸리 등으로 이용한 민가의 방설설비인 우데기가 설치되었다. 제주도는 온난한 기후지만 바람이 많이 부는 관계로 새로 엮어 지붕을 덮고 강한 바람에도 날리지 않도록 굵은 줄로 촘촘히 묶어 대비한다.

우리 주거문화는 과거 고대사회에서부터 삼국의 통일, 고려, 조선시대의 과정을 거치면서 정치·사회적 배경으로 주거이동이 시작되었고, 이러한 주거이동은 곧 각 지역문화에 영향을 미치며 전파되었다. 그리고 북쪽지방의 온돌, 남부지방의 마루가 결합하여 하나의 주거형태로 나타났는데 이런 배경 뒤에는 기후적 특징으로 사계절이 뚜렷한 특성 속에서 봄, 겨울 등 모든 계절을 이겨내는 것을 고려한 동시에 한국 주거문화의 고유한 특성으로 발전되었다.

제2절 인문환경적 요인

1. 음양오행의 풍수 및 도참사상

1) 풍수지리 사상의 영향

널리 이용되는 풍수사상에 대해서 과연 무엇이 풍수인지 한마디로 정의하여 말하기는 어렵다. 여러 문헌조사 등에서 나타난 풍수는 그 유구한 역사성에서 부터 시작하여 오늘에 이르기까지 후손들에게 영향을 미치면서 살아 있는 사람들의 주거선정 및 취락의 입지 그리고 죽은 자의 위폐공간까지 포함한다는 점에서 우리 생활과 밀접한 관련이 있다. 그리고 우리의 생활양식은 전통적으로 민속신앙과 함께 과거나 현재도 풍수와 깊은 관계 속에서 계승, 발전하여 왔다. 또한 풍수는 자연환경과 분리하여 생각할 수 없듯이 산세(山勢), 지세(地勢), 수세(水勢) 등으로 대별할 수 있는데 이는 인간생활의 행복을 길흉화복(吉凶禍福)으로 연결시킨다.

우리의 전통적 민속신앙이 하나의 사상으로 자리 잡은 풍수지리는 옛 선조들이 살아가면서 시대와 생활의 변화에 따라 새로운 모습으로 탄생되곤 했다. 그동안 우리 조상들의 지닌 삶과 가치관 형성에 많은 영향을 주었던 생활풍속의 원시적 민속신앙과 유·불·선의 정신은 삶의 정서에 깊숙이 자리 잡고 우리를 지배했다. 이러한 사상은 인간과 자연의 상호유기적 연관성을 지니면서 문화적 산물의 상징으로 주목받게 되었는데 이에 대한 시대적 배경과 시작은 여기서 연유되었다고 볼 수 있다. 풍수지리는 중국 황하유역을 배경으로 동양 사상과 체계를 이루면서 수천 년간 전래된 동양의 텃자리 학문이다. 사회적 동물인 인류는 생활을 영위하기 위해 당연히 집단적 텃자리가 필요했고, 인류는 외부로부터 방어와 내부의 안정을 도모하면서 생활을 영위하기 위한 좋은 입지조건들을 원했다.

인류역사에서 가장 대표적인 집단적 텃자리로는 이집트, 메소포타미아, 인

도, 중국으로 이 4대 문명 발생지는 나일강, 유프라테스강, 티그리스강, 인더
스강, 갠지스강, 황하라는 물줄기들을 입지조건으로 삼고 있다. 4대 문명 발
생지에서 보듯 득수(得水)는 인류생활을 영위케 하는 텃자리의 필수조건이었
다. 황하지역의 경우는 장풍(藏風)이라는 원리를 필요로 했고 여기에 득수(得
水)라는 공통조건을 덧붙이게 된다. 바람을 감추고 물을 얻는다는 장풍득수
(藏風得水)를 줄인 말로 풍수(風水)가 황하의 풍토를 배경으로 시작되었던 유
래를 여기서 알 수 있다.

풍수라는 용어가 문헌에서 발견된 최초의 기록은 25~222년 사이에 존재했던
중국의 후한(後漢) 시절 청오자(靑鳥子)가 지었다는 《청오경》(靑鳥經: 최초의 풍
수서)의 구절에서 발견된다. "음양부합천지교통(陰陽符合天地交通) 내기맹생외
기성형(內氣萌生外基成形) 내외상승풍수자성(內外相乘風水自成)"이라는 청오경
구절에서 풍수라는 글이 눈에 띄나 당시 풍수라는 용어는 사용되지 않았던 시절
로서 이는 누군가가 후일 첨가한 글자인 것으로 보인다. 풍수라는 용어가 함께
기록된 문헌은 4세기에 쓰여진 《금낭경》(錦囊經)이다. 금낭경 이전 풍수의 용
어로 불렸던 것을 살펴보면 주나라(周: 기원전 11~8) 《주서》(周書)에는 터잡이
용어인 상택(相宅)이 나온다.

《주서》에 나온 '태보주공상택'(太保周公相宅)이라는 기록은 태보가 주나라 왕
을 위하여 집터를 잡아주었다는 풀이로서 상택이 존재하면 당연히 상지(相地)가
역시 통용되고 있었음을 알 수가 있다. 오늘날까지 풍수라고 일컫는 텃자리 학
문의 원래 명칭은 상지(相地)였음을 알 수 있고 여기서 상택과 상지라는 용어의
상(相)은 길상(吉相)과 흉상(凶相)을 가리킨다. 상택(相宅)은 길한 집과 흉한
집이라는 길흉택(吉凶宅)을 뜻하며 상지(相地)는 명당터와 흉당터를 구별하는
길흉지(吉凶地)의 텃자리 개념인 것이다. 이렇듯 길지(吉地)와 길상(吉相)을 추
구하는 상지(相地), 상택(相宅)의 목적은 모두 승생기(乘生氣)에 있다.

생기(生氣)를 올라탄다(乘)는 이러한 성립은, 생기(生氣: 生命之氣)는 지표면
아래에서 흐르는 지기(地氣: 地中之氣) 중 하나로서 사람의 경우 땅 위에서 생활
을 영위함을 당연히 올라 탈 수밖에 없기에 승생기(乘生氣)로 표현한다. 상지라
고 일컬어졌던 풍수의 목적이 승생기라는 점에 모든 학설들은 오늘날까지 공통

된 일치를 보여준다. 상지의 목적인 승생기를 달성하려면 생기가 서린 자리에 입지하여야 하고, 이러한 생기의 입지점을 발견하려면 먼저 생기의 특성을 알아야 했다. 생기(生氣)의 특성은 진(晉)나라 시대 곽박(郭璞: 276~324)이 저술했던 《금낭경》에서 확연히 드러난다. '기승풍즉산'(氣乘風則散)의 생기는 바람을 타면 흩어지고, '계수즉지'(界水則止)는 물줄기를 만나면 멈춘다.

이것이 생기의 2대 특성이고 바람에 흩어지기(風則散)와 물을 만나면 멈추는(水則止) 생기의 특성을 이용하여 길지의 입지점을 찾으려는 상지(相地)는 비로소 활용할 수 있게 되었는데, 그 원리는 바람을 감춘다는 장풍(藏風) 원리와 물을 얻는다는 득수(得水) 원리였던 것이다. 이를 풍수라고 하였던 고위지풍수(故謂之風水)로 《금낭경》은 밝히고 있다. 이후 상지라 불려온 명칭은 장풍득수라는 풍수용어에 의하여 그 자리를 내놓게 된다. 이는 오늘날까지 풍수라고 부르는 명칭의 유래이기도 하다(장영훈, 2000: 9~11).

풍수는 오랜 역사를 두고 걸쳐 오면서 다르게 변천되어 왔다. 그 지역의 자연환경에 따라 지형적 특성, 기후 및 기온 등에서 보듯이 우리의 경우 전 국토의 70%가 산지로 형성되어 있어 장풍득수 측면에서 볼 때 득수(得水)보다는 장풍(藏風) 쪽에 가까운 생활풍토로 우리 민족은 영향을 받으면서 생활을 영위한 것으로 보인다. 또한 우리의 풍수는 중국의 영향을 어느 정도 받기도 하였지만 자연적 조건 등이 중국 등과 다른 면이 많아 우리 풍토에 맞는 자연발생적 자생풍수의 특성을 갖고 있다고 볼 수 있다.

여기서 풍수에 대한 기본 골격을 이루는 주요 내용을 간략하게 살펴보면 사신사(四神砂)와 조신사(朝臣砂)로 나눌 수 있다. 장풍(藏風)에 해당하는 사신사는 좌청룡(左青龍), 우백호(右白虎), 전주작(前朱雀), 후현무(後玄武)로 구성되어 있는데, 이는 풍수에 있어서 명당 자리를 전후좌우에서 지켜주는 상징적 동물을 일컫는다.

후현무의 상징은 거북이 모양의 영적인 동물로 혈자리의 뒤편에 위치하면서 주산(主山)과 부모산(父母山)의 역할을 한다. 즉, 후산(後山)이면서 형세는 거북이 모양이 동물인 현무가 머무는 듯 하면서 머리모양은 쳐들지 않고 들이대는 형태가 풍수상 좋은 혈자리로 분류된다.

전주작(前朱雀)은 풍수의 방향에서 전산(前山)에 해당되며 전주작과 후현무는 서로의 음양조화가 있어야 하며 주작이 춤을 추면서 다가올 듯한 형세가 좋은 혈자리로 분류된다. 혈자리의 전주작, 후현무는 밀접한 조화관계를 가지고 있어야 한다. 전주작이 후현무보다 크다고 할 때는 서로의 조화와 균형을 상실해 좋은 명당자리가 되지 않기 때문이다. 한양의 경우 전주작이 남산이라면 후현무는 경복궁의 뒷산인 북악산이다.

좌청룡, 우백호는 명당의 자리에 앉아서 볼 때 좌측이 청룡, 우측이 백호이다. 이는 보통 산줄기나 물이 해당한다. 《금낭경》에 "靑龍蜿蜒(청룡완연), 白虎蹲踞(백호준거)"라는 말이 있는데 이는 청룡은 살아 움직이듯 꿈틀거리는 형세이어야 하고, 백호는 엎드려 편안하게 앉아 있는 모습의 형세가 길지(吉地)이고 명당이라고 분류한다. 만약 서로의 형세가 바뀌어 백호가 엎드려 있지 않고 꿈틀거리듯이 달려들면 백호의 맹수기질로 보아 최악의 풍수상으로 흉지가 된다. 그리고 청룡이 움직이지 않고, 길게 누워 있듯이 있으면 사룡(死龍) 또는 병룡(病龍)이듯이 형세가 명당으로서 다하여 이곳도 최악의 풍수상이 된다. 우백호는 음양에서 음(陰)으로 여자와 재물을 뜻하고 좌청룡은 양(陽)으로 동쪽과 남자로 상징되어 벼슬과 인물로 대별되기에 어느 것 하나 형세가 중요하지 않을 수 없었다. 전주작, 후현무가 서로 조화와 균형을 이루어야만 좋은 명당과 혈자리가 되듯이 좌청룡, 우백호도 서로 조화 및 균형이 강조되어야 하고, 사신사의 각각 형세가 중요하며 이러한 형세가 모두 조화와 균형을 이루면 양택, 음택의 길지이고 혈자리였다.

길흉의 척도가 되는 득수(得水)는 물 흐름의 줄기이지만 물은 산자분수령(山自分水嶺)에서 보았듯이 '물은 산을 건너지 못하고 산은 물을 넘지 못한다'라는 이론에 비추어볼 때, 득수의 개념은 산과의 밀접한 관계에 있음을 알 수 있다.

즉, 풍수는 산수(山水)이듯 산은 음양에서 음(陰)이고 물은 양(陽)으로 서로 조화를 이루는 형세가 길흉을 결정짓는다고 한다. 득수(得水)는 물줄기가 혈자리로의 들어오는 입구라 할 수 있고, 파구(破口)는 혈자리에서 볼 때 빠져나가는 끝 지점이라 할 수 있다. 여기서 득수는 장풍의 개념으로 생기를 흘러

보내지 않고 모아둘 수 있는 형세를 지니고 있어야 하는데 파국의 형세라 좋지 않아, 생기가 바로 빠져나가 버리면 생기가 흩어지게 되어 좋은 명당이 될 수 없듯이 파구(破口)가 중요하다고 할 수 있다.

사람으로 비교한다면 득수는 입이고 파구는 항문에 해당하는데 아무리 좋은 영양가 있는 음식을 섭취하더라도 위에서 소화가 되어 장 기능에서 흡수되어야 하는데 흡수되지 못하고 장 기능과 연결된 항문의 기능이 온전치 못하고 열려 있다면 몸의 신진대사와 연결된 영양분이 모두 항문으로 빠져나가듯이 풍수지리에서 파구(破口)는 중요한 의미를 지니고 있다.

(1) 주거와 풍수

풍수의 본질에서는 우주의 만물을 만들고 변화시키는 힘을 기(氣)라고 부르고, 그 힘은 음(陰)과 양(陽)이라는 두 개의 서로 다른 성질을 가지고 활동한다고 보고 있다. 음양론(陰陽論)은 음양의 양은 천(天), 해, 양, 남자, 노출된 것, 적극적인 것이고, 음은 지(地), 달, 여자, 감추어진 것, 정적인 것, 소극적인 것이다. 또한 음양이 서로 결합하여 서로 다른 다섯 개의 성질, 즉 목화토금수(木火土金水)의 오행(五行)의 기본글자는 木, 火, 土, 金, 水이다. 글자대로 풀이한다면 나무, 불, 흙, 쇠, 물의 형질(形質)이라는 뜻이다. 오행의 기본성질은 다음과 같다.

목(木)이란 용출(湧出)하는 힘이다. 봄은 목기가 강한 계절로, 영어로 봄은 스프링(spring)인데, 스프링과 같이 튀어 오르는 성질은 목을 대변하는 것이다. 목은 모든 것을 성장시키는 몸의 난기(暖氣)를 의미하며 목제품 전부를 가리킨다. 오성(五星)으로는 신성(辰星)을 나타내며, 오기(五氣)로는 바람(風), 오방(五方)으로는 동방, 오시(五時)로는 봄, 오상(五常)으로는 인(仁), 오지(五志)로는 기쁨(善), 오장(五臟)으로는 간(肝), 오색(五色)으로는 청(靑), 오음(五音)으로는 각음(角音), 오미(五味)로는 신맛(酸), 오체(五體)로는 긴 것, 오성(五性)으로는 곡직(曲直)을 나타낸다. 화(火)는 퍼지는 것을 주된 운동으로 한다. 식물도 처음에 통으로 줄기를 유지할 때까지는 목으로 보고 가지를 뻗는 단계가 되면 화의 단계로 본다. 화(火)는 모든 것을 왕성하게

54

만드는 여름의 열기(熱氣)를 의미하며 빛의 현상을 가리킨다. 오성(五星)으로는 형성(熒星)을 나타내며, 오기(五氣)로는 열(熱), 오방(五方)으로는 남방, 오시(五時)로는 여름, 오상(五常)으로는 예(禮), 오지(五志)로는 기쁨(喜), 오장(五臟)으로는 심(心), 오색(五色)으로는 적(赤), 오음(五音)으로는 치음(齒音), 오미(五味)로는 쓴맛(苦), 오체(五體)로는 뾰족한 것, 오성(五性)으로는 염상(炎上)을 나타낸다. 토(土)는 공정무사한 중(中) 작용을 한다. 토의 성질로써 목, 화의 무제한적인 생장을 제한한다.

음양론과 오행론이 결합되어 음양오행설로 발전한 것이다. 이러한 음양오행의 법칙은 자연뿐만 아니라 인간에게도 적용된다고 생각하여 인간의 운명을 예견하는 철학적 체계로 자리 잡게 되었다. 한편, 우주만물을 생성, 변화시키는 기(氣)라는 힘이 땅 속을 흘러 다니며 땅 위에 것들을 움직이게 한다고 생각하였는데, 땅 위에 모든 생물을 태어나게 하고 자라게 하는 힘을 생기(生氣)라고 불렀다. 이러한 생기는 아무 곳에나 있는 것이 아니라 특별히 모이는 장소가 있어서 인간이 그 장소를 이용함에 따라 복(福)을 받기도 하고 해(害)를 받기도 한다고 믿었다. 따라서 사람들은 살아가면서 가능하면 해를 받지 않고 복을 받을 수 있도록 자연을 이용하는 방법을 찾게 되었고, 자연의 모습을 구별하여 생기를 얻을 수 있는 장소를 가려내게 되었다. 이렇게 음양오행설을 바탕으로 자연의 모습을 구별하여 인간의 운명과 대응시키는 생각을 풍수사상(風水思想)이라고 부르게 된 것이다.

다만 음양오행에 따라 자연을 인식하는 초기적인 지식들이 민간에 퍼져 있었던 것으로 보인다. 신라의 승려 도선은 풍수에 능하였다고 하는데, 도선이 저술했다고 전해지는 《도선비기》에 따르면 풍수는 국가 운명까지도 좌우하며, 특히 집짓기와 관련된 부분이 많다. 도읍의 결정, 취락의 형성, 집터와 집 모양의 결정, 무덤자리의 결정 등 땅의 선택과 이용에 큰 영향을 준 사상이다.

풍수사상과 방법이 널리 퍼지게 된 것은 고려시대부터로 보인다. 《고려사》에는 태조 왕건의 집터와 관련된 설화가 기록돼 있는데, 그의 아버지 제건(帝建)이 돼지의 뒤를 따라가 돼지가 누운 송악 동남쪽에 집터를 정하였고 이곳을 도선사(道詵師)가 "삼한을 통합할 인물이 나타날 길지"라고 하였다. 고려를 세운 태조 왕건은 집터가 좋았기 때문에 새로운 왕조를 세울 수 있었다고 믿었으며, 그가 후손들에게 교훈으로 남기기 위해 만들었다고 하는 "훈요십조"에도 풍수와 관련된 내용이 있다.

즉, 제2훈에서 도선선사가 지정하지 않는 곳에 함부로 절을 짓지 말라고 경계하, 제5훈에서는 고려 태조가 고려를 세운 것은 삼한지역의 산천이 도와주었기 때문이라 하였으며, 제8훈에서는 차령산맥 이남의 지세가 반역형이므로 그 고장의 사람을 등용하지 말라고 당부하였던 것이다.

그러나 이 부분은 왕건 사후에 "훈요십조"를 변조시켰다는 양설이 있다. 이렇게 국가의 발전과 쇠퇴까지 풍수사상에 의한 것으로 이해하였기 때문에 고려시대에는 풍수전문가인 지리박사나 지리생(地理生)과 같은 관직을 두기도 하였다. 또한 수도를 결정하는 일도 풍수에 의존하였기 때문에 그에 따라 도읍을 서경(西京)으로 옮기려는 움직임이 끊이지 않았으며 마침내는 묘청(妙淸)의 난까지 일어나게 되었다.

풍수사상은 개인의 집터와 건물의 형태를 결정하는 데에도 영행을 주게 되었다. 《고려사》에는 "도선비기에는 '산이 드물면 높은 집을 짓고 산이 많으면 낮은 집을 짓는다. 산이 많은 것은 양(陽)이요, 산이 드문 것은 음(陰)인데, 높은 집은 양이요 낮은 집은 음이다. 우리나라는 산이 많아, 만일 높은 집을 지으면 자손이 쇠퇴하게 된다'고 기록했다. 따라서 태조 이래 궁궐 안에 집을 높게 짓는 것을 막았을 뿐 아니라, 심지어 일반에게도 이를 금지시켰다"라고 기록되어 있다.

조선시대에 들어와 풍수사상은 더욱 발전된 체계를 갖추고 민간에까지 널리 전파되어 무덤자리를 선택하고 사용하는 일에서부터 취락이나 도읍, 건축에 이르기까지 많은 영향을 미쳤다. 조선을 개국한 태조 이성계의 설화에도 집터와 관련된 내용이 보이며, 심지어 그의 왕비인 신의왕후 한씨와 신덕왕후 강씨의 출생지(出生地)도 풍수학적으로 미화되어 그들의 운명이 좋은 집터에서 기인되었다고 인식되었다. 조선조 명문가로 출세한 사람들은 대부분이 그렇다고 해도 좋을 만큼 조상의 무덤자리나 집터도 풍수상 좋은 터라고 보고 있다.

조선조에서는 국가의 도읍과 왕조의 흥망이 풍수와 관련이 있다고 보았으며, 양반들은 조상의 묘나 집터를 잘 써서 가문을 발전시키려 하였고, 심지어 서민들까지 풍수 전문가의 자문을 구해 집터와 집 모양을 결정하였던 것이다. 그러나 상류층에 비해 사회적, 경제적 능력이 부족하였던 서민이 집터를 선택하기란 매우 어려웠다. 무덤자리와는 달리 집터는 생산조건이나 사회적 조건 등을 갖추어야 하기 때문에 농경지나 취락과 독립되어 선택하기는 어려웠다.

따라서 집터를 풍수학적 방법에 따라 선택할 수 있는 계층은 극히 제한될 수밖에 없었다. 그렇다 하더라도 좋은 집터를 이루기 위해서는 우선 풍수상으로 좋은 터에 집을 지어야 한다는 생각을 일반적으로 가졌다. 즉, 조선조에 이르러 풍수사상은 민간신앙으로서 확고한 자리를 차지했고, 주거에서도 그 방법이 폭넓게 적용되었다. 조선 후기에 이르러서는 일반인이 이해하기 어려운 풍수의 이론과 민간에 널리 퍼진 민간신앙을 결합하여 좋은 집을 짓기 위한 방법을 설명한 책들이 실학자들에 의해 만들어졌다. 홍만선의 《산림경제》(山林經濟, 1715), 서유구의 《임원경제지》(林園經濟志, 1827), 이중환의 《택리지》(擇里志, 1766) 등이 그 대표적인 예라고 할 수 있다.

이러한 책들이 비록 풍수사상에 뿌리를 둔 것이기는 해도 일부에서는 현실에 바탕을 둔 과학적 방법이 설명되고 있으며, 집터의 선정에서부터 건설과정에 이르기까지 주거에 대한 전반적인 내용을 담고 있다. 즉, 실사구시(實事求是)와 이용후생(利用厚生)을 도모하려 했던 조선 후기 실학자들의 생각이 풍수사상과 결합하여 보다 과학적인 주거계획의 방법이 만들어 질 수 있었다(백영흠·안옥희, 2003: 100~105 요약). 이와 같이 풍수의 구성과 본질은 '산'(山), '수'(水), '지'(地)와 음양오행설이다.

풍수설에서 가장 중요한 길지(吉地)는 이를 선택하고 이용하는 데 길흉화복과 연관되고, 즉 인간의 운명을 좌우하는 요인이라 인식되면서 생활풍수로 자리 잡게 되었다. 특히 음택과 양택 중 모두 중요성이 시대를 달리하면서 발전되었으나 양택은 살아 있는 사람들에게 집터를 선택하는 데 있어서 이중환의 《택리지》에서는 3가지의 주요인을 선택조건인 생리(生理), 인심(人心), 산수(山水)로 분류하는데 토지의 생산성인 경제적 조건, 근린생활과 사회적 조건, 주변지역 자연환경 조건 등을 서술하고 있다.

이러한 풍수사상도 시대의 변화에 따라 경제사회적, 인문·사회적 조건, 또는 교육적 여건 등의 현실적 가치를 추구하는 방향으로 조선 후기부터 주창되었다. 본디 풍수사상은 양택에서 출발한다. 그러나 조선시대에 이르러서 풍수사상은 다른 모습으로 변화되어 양택과 음택 모두에 적용되기 시작하였다. 조선시대는 유교를 기본으로 하는 정책 중심으로 인해 유교사상의 중심인 효(孝)의 사상은 살아 있거나 죽어서도 조상 및 부모에 대한 지극한 정성이 계속되었기에 자연스럽게 음택에까지 풍수사상이 접목되었다. 사실상 이 시점부터 풍수사상은 비판받기 시작하고 왜곡된 측면이 있었다고 볼 수 있다.

이후 이런 가치관의 변화는 농업사회에서 산업사회를 거쳐 지식정보화 시대에 이르면서 풍수의 세계관도 굳이 과학적 측면을 표방하지 않더라도 물질만능주의에 자유롭지 못한 자신의 삶을 보다 풍요롭게 변화시키는 시대를 맞이하고 있다. 즉, 풍수든 과학이든 이를 가리지 않고 우리의 실생활에 유익하다고 생각되면 이를 이용하는 것이 현실이다. 그리고 오랜 역사의 생활 속에서 경험적 지혜로 자리 잡은 풍수와 민속신앙 등이 현대의 검증 가능한 과학적 지식이 서로 융화되어 인간의 삶의 영역에 있어서 한 분야의 측면에만 왜곡되지 않고 보편적 사상으로 보다 넓은 측면으로 확장되었으면 한다.

2) 음양오행 사상과 풍수지리

음양오행설은 우주가 생성될 때 음과 양이라는 2가지의 특성으로 삼라만상을 상대적 특징의 관점에서 구분하는 방법이다. 즉, 자연의 섭리를 설명하는 동양사상 이론이다. 이러한 이론에서는 살아가는 사람들의 주거와 관련이 있는 양택과 사후(死後)의 유택인 음택까지 영향을 미치고, 한방의학과 대체의학까지 기초이론 학문으로 자리 잡고 있다. 음양을 삼라만상에서 인간을 하나의 개체로 적용시켜 인체의 생리(生理), 병리(病理)에 대한 원리로 진단, 치료 등까지 모두 음양오행 이론으로 설명된다.

이 한방의학은 고대 중국에서 의학자들이 응용하였다. 또한 음양오행설은 여기에 그치지 않고 역학의 기본적 체계가 되었으며 현재의 역학에도 영향을 미치고 있다. 한편 오행설은 순환과 상생(相生), 상극(相剋)의 관계도 가지고 있으며, 즉 하나의 사물 간에는 서로가 돕는 상생과 서로 밀어내는 상극관계도 존재한다고 보고 있다. 전통사상으로서 음양오행설의 크고 작은 영향력은 주거 등에 걸쳐 다양한 영향을 미쳤으며 현재도 각 분야에서 과거와 마찬가지로 과학적 검증과 관계없이 민속적인 신앙으로 여겨지고 있다. 이를 보다 구체적으로 개념을 정리해 보면 다음과 같다.

(1) 음양오행의 사상

오랜 역사를 두고 시대를 거치면서 음양오행설은 만물의 생성과 변화를 설명하는 사상으로 음양은 근본이 원래 음지와 양지로 표기되었다. 이를 역학에서 받아들여 그 기본원리로 삼고 있다. 풍수서로는 과거로부터 현재까지 전해져 내려오는 것 중 《청오경》, 《금낭경》, 《호순신》, 《명산론》 등이 있다. 이 4가지가 가장 권위 있는 풍수서로 간주된다. 특히 음양오행설과 관련이 깊은 풍수서는 《청오경》이다. 청오경의 내용 중 음양부합(陰陽符合), 천지교통(天地交通)이라는 말이 있는데 즉, 음양이 서로 맞아 떨어지면 하늘과 땅이 서로 통한다는 뜻이다. 이 구절에서 나타나듯이 음양의 개념이 확실하게 명시되고 있으며 음양과 오행은 풍수의 체계로 자리 잡게 되었다.

오행(五行)은 목(木), 화(火), 토(土), 금(金), 수(水)라는 5개의 요소로 구성되어 있는데, 이러한 오행의 작용은 상생(相生)과 상극(相克)이라는 두 개의 길(吉), 흉(凶) 작용을 낳는다. 여기서 상생(相生)은 상(相)대를 생(生)하여 준다는 좋은 길(吉)의 결과가 된다. 반면 상극(相克)은 상(相)대를 해친다는 극(克)이며 이는 흉(凶)에 해당된다. 오행상생의 관계는 다음과 같다.

목생화(木生火)는 나무는 불을 지피는 데 쓰는 재료이기 때문에 상생이 된다는 뜻이고, 화생토(火生土)는 불은 재를 남기기 때문에 이를 흙으로 비유하여 화생토라는 상생이 성립된다는 것이다. 토생금(土生金)은 흙 속에서 금속이 나온다는 것이고 금생수(金生水)는 금속성분이 발견되는 땅에서 물이 용출되는 현상에서 보듯이 금생수를 말함이다. 수생목(水生木)은 나무는 물이 있어야 자랄 수 있다는 이론으로 상생관계가 되는 것이다.

다음은 상극관계에 대한 해석이다.

수극화(水克火)는 물로 불을 끄는 데 사용되기에 이를 극(克)한다 하여 수극화라 하는 것이고, 화극금(火克金)은 불이 금속을 녹여 형체를 극함에 화극금의 성립이다. 금극목(金克木)은 금속성의 도끼나 칼로서 나무를 자르거나 베니 이것이 금극목이며, 목극토(木克土)는 오행설이 활용되었던 중국 황하는 치수(治水)정책이 전개되었던 지역으로서 나무라는 말뚝이 흙 속으로 들어가 흙에 못질하듯 파괴의 극(克)에 견주어 목극토라는 개념이 성립된 것이다. 또한 나무는 흙에서 영양분을 빼앗아 버리기도 한다. 토극수(土克水)는 황하의 치수공사 시 흙과 나무로 쌓은 방책을 물줄기를 막아버려 오행(五行) 중 수행(水行)의 흐름을 극(克)하는 현상에서 이를 토극수라 하였다. 그리고 흙은 물을 혼탁하게 하거나 흐름을 막기도 한다.

오행에서는 상생과 상극을 따지고 음양은 조화(調和)와 부조화(不調和)로서 길흉들이 정해지는데 음양조화는 만물을 형성시키고, 음양부조화는 만물을 상생할 수가 없다. 이렇게 만들어진 만물들은 오행이라는 성질을 함유한다. 음양이 재료를 만드는 원인이 될 때 만들어진 재료의 특성들 상호 간의 작용은 오행으로서 상생과 상극의 작용이 길흉의 결과를 빚어낸다는 것이 음양오행설의 정체인 것이다. 만물은 음양조화로서 생겨나는 것이지 오행이 직접 만물을 만들 수는 없다.

이에 대한 일례를 들면 한 집안의 구성원에 있어 아버지는 양이며 어머니는 음에 해당된다. 아버지와 어머니의 잠자리 음양조화에서 자식들이 태어난 것이다. 이렇게 태어난 자녀는 오행에 해당되고, 형제들 간의 사이가 좋은 것은 상생에 해당되며, 사이가 나쁜 성격이 충돌하는 형제 사이는 상극이라는 성립이다. 이러한 비유에서 우리는 음양은 조화로서 만들어진 만물의 개체 하나인 특질이 서로 상대에게 그 영향을 끼치는 작용요인이 오행이란 것을 알 수 있다.

여기에는 다음과 같은 가설 또한 성립된다. 오행이라는 자식이 성장하면 결혼하여 결국 음양조화나 부조화라는 현상을 성립시키며, 음양으로 비유되었던 부모 역시 처음에는 오행이라는 자식에서 성장한 음양이 아니었는가 하는 사고가 그것이다.

결국 음양과 오행은 한 개체 속에 모두 내포된 것으로서 떨어질 수 없는 것이며 동양철학은 음양오행을 천지(天地)의 대상으로 하여 십간(十干)과 십이지(十二支)로 분류시켜 놓았다. 십간(十干)의 분류는 하늘을 상징하는 것이고, 십이지는 땅을 상징하는 것으로 십간십이지는 하늘과 땅이라는 상하(上下)의 개념에 따른 음양과 오행의 설정임을 알 수가 있다. 천지(天地)라는 상하(上下)의 개념이 다시 사방팔방(四方八方)이라는 방향의 설정인 팔괘(八卦)가 끼어들게 되었는데, 방위라는 팔괘에 음양과 오행이 결부되자 이를 팔괘오행(八卦五行)이라고 부르게 되었다.

팔괘음양오행(八卦陰陽五行)이라고 칭해야 하지만, 팔괘오행의 경우는 곤란한 측면이 있다. 오행은 음양오행설이라는 특유의 흐름에 맞춰져 있어 자연스럽게 칭할 수도 있으나 팔괘오행의 경우 이와는 별도로 다른 분류의 해석들을 내세우기 때문에 팔괘오행이라 부르는 것은 다른 이론에 비추어 볼 때 오류는 있지만 그래도 어느 정도 수긍하는 측면이 있다.

팔괘오행 중 음양배열은 십간이나 십이지의 음양배열처럼 양음양음이라는 순서배열이 되는 특징을 알 수 있듯이 이는 방위의 길흉을 활용하기 위한 실제적 배열이 된다. 가령 아버지는 건(하늘/≡), 어머니는 상대적으로 곤(땅/≡≡)임에서 양(−)은 남자며, 음(--)은 여자임이 드러난다. 이러한 음양조화에서 생겨난 자식들이 나머지 태(연못), 리(불), 진(우뢰), 손(바람), 감(물), 간(산)이라는 식구배열인 것이다.

자식의 배열에는 장남, 장녀, 그리고 막내아들, 막내딸까지 있게 되고 이를 실제적으로 활용할 수 있는 음양배열을 팔괘오행은 택하게 되니 정형적인 십간십이지 배열을 여기서 버린 것이다(장영훈, 2000: 47~49). 이와 같이 태어난 생년, 월, 일, 시를 간지로 환산하여 사람의 운명을 예측하는 방법이 바로 사주팔자로 이를 통상 명리학(命理學)이라 부른다. 동양의 한자 문화권에 속하는 한국, 중국, 일본은 이에 대한 공감대가 형성되어 있고 아직도 그 풍습은 살아있다. 과거 음양오행설은 동양의 사상으로 지배하기도 하였다.

우리나라에서 사주팔자에 대한 최초의 공식적 기록은 《경국대전》에 나타나 있다. 《경국대전》에 의하면 중인들이 응시하는 잡과가 있는데 음양과라는 시

<표 2-1> 팔괘오행의 분류

구분	☰ 乾	☱ 兌	☲ 離	☳ 震	☴ 巽	☵ 坎	☶ 艮	☷ 坤
팔괘오행	건	태	리	진	손	감	간	곤
오 행	금	금	화	목	목	수	토	토
음 양	양	음	음	양	음	양	양	음

자료: 장영훈 (2000)

험을 통해서 사주팔자 보는 사람을 과거시험으로 채용하여 왕실의 궁합, 왕자, 공주 출산의 택일 등 길일(吉日)을 잡고 왕과 대신들 사이의 사주팔자도 보게 하였던 것이다.

(2) 음양오행의 패러다임

음양오행 사상은 당시 궁궐과 일반 서민들에게 이르기까지 사회적 전반에 걸쳐 영향을 주었다. 음양오행을 기반으로 하는 명리학은 신분계층과 남녀차별 등을 배제하는 사상으로 풍수지리와 같은 맥락을 같이 하기 때문이다. 또한 음양오행 사상은 크고 작은 사회변란을 야기하기도 하였다. 조선왕조를 전복시키려고 기도했던 중국 출신의 승려 운부(雲浮), 《정감록》 등이 있다.

사주팔자의 구성원리는 철저하게 음양오행의 우주관을 바탕으로 한다. 만물은 음 아니면 양으로 이루어져 있고, 그 음과 양에서 다시 수, 화, 목, 금, 토 오행(五行)으로 분화되고, 오행이 다시 만물을 형성한다는 설명체계이다.

조선시대에는 출생 후에 이름을 지을 때에도 오행에 따라 지었다. 이름을 지을 때에는 그 사람이 출생한 연, 월, 일, 시를 먼저 확인한 다음, 만세력(萬歲曆)을 보고 네 기둥을 뽑는다. 그리고 사주팔자를 뽑는 것이다. 그 사람의 사주팔자를 보고 불이 너무 많은 사주 같으면, 뜨거움을 식히기 위해서 이름을 지을 때 물 수(水)자를 집어넣는다. 사주가 너무 차갑다면, 차가움을 완화하기 위해서 불 화(火)자를 집어넣는다. 만약 사주에 목(木)이 너무 많으면 목을 제거 하여야 하기 때문에 쇠 금(金)변이 들어간 글자를 이름에 집어넣는 식이다.

반대로 사주팔자에서 목(木)이 너무 약하면 목을 보강하기 위해서 나무 목(木)변이 들어간 글자를 사용하거나, 또는 목을 생(生)해주는 물 수(水)자를 집어넣는 경우도 있다. 불이 많은 사주팔자에는 물이 들어간 이름자를 지어주면 불을 어느 정도 약화 시킬 수 있다고 생각한 것이다.

그래서 사주팔자를 아는 사람은 상대방의 이름만 보고도 그 사람의 성격을 대강 짐작할 수 있다. 이름을 지을 때 오행의 과불급(過不及)을 고려하는 방식은 오늘날까지도 한국 사람들이 사용하고 있는 방식이기도 하다. 현재 한국에서 돈을 받고 활동하는 대부분의 작명가들이 이름을 지을 때 고려하는 1차적 요소는 그 사람의 사주팔자를 보고 오행의 과불급을 확인하는 일이다.

족보의 항렬을 정할 때에도 오행의 원리에 따랐다. 조선시대는 대가족 제도이고 대가족 제도에서 위아래를 구분하는 기준은 항렬을 정해놓고 이름을 짓는 방법이었다. 예를 들어 할아버지의 항렬이 나무 목(木)변이 들어가는 식(植)자라고 하면 아버지 항렬은 불 화(火)변이 들어가는 글자 중에서 정한다. 영(榮)이나 영(煐)자가 그 예이다. 나의 항렬은 흙 토(土)변이 들어가는 글자 중에서 항렬을 정한다. 예를 들면 규(圭)자이다. 나의 다음 항렬은 쇠 금(金)변이 들어가는 글자 중에서 항렬을 정한다. 예를 들면 종(鍾)자의 경우 쇠 금(金)변 다음 항렬은 물 수(水)변이 들어가는 글자 중에서 정한다. 다음은 영(泳)자이다. 이러한 로테이션 법칙은 오행의 상생순서(相生順序)이다. 오행의 상생순서는 수생목(水生木), 목생화(木生火), 화생토(火生土), 토생금(土生金), 금생수(金生水)이기 때문이다. 수생목(水生木)에서 수(水)는 목(木)을 도와주는 작용을 하기 때문에, 수를 부모로 보고 목을 자식으로 보았다. 산을 보는 풍수에서도 마찬가지이다. 조선시대 민사소송 사건의 60%가 산송(山訟)에 관계된 사건이라고 한다. 산송(山訟)이라 함은 명당을 서로 차지하기 위한 소송사건을 일컫는다. 그만큼 풍수가 생활에 밀착되어 있었음을 말해준다. 풍수에서는 산의 형태를 오행의 형태로 분류하여 설명한다. 수체(水體)의 산은 물이 흘러가는 모양이고, 화체(火體)의 산은 불꽃처럼 끝이 뾰족뾰족한 산을 의미하며 그 예로 전라도 영암의 월출산이 있다. 종교인들이 기도를 하면 기

광주광역시 임곡동 용진산(2007)

도발이 받는 산이라고 한다. 목체의 산은 끝이 삼각형처럼 된 산으로서 문필봉이라 불렸다. 이러한 산은 집안에 많은 학자를 배출하고 있음을 명문가 종갓집 등에서 확인할 수 있다. 금체(金體)의 산은 철모를 엎어 놓은 것처럼 생긴 산이다.

이런 산세에서는 장군이 나온다고 한다. 토체(土體)의 산은 책상처럼 평평한 모양을 한 산으로 제왕이 나온다는 산이다. 박정희 대통령 할머니 묘 앞에는 토체의 산이 안산(案山)으로 포진하는데, 한국의 지관들은 대부분 박정희 대통령이 토체의 산정기를 받았으므로 대통령이 될 수 있었다고 생각한다.

한국의 옛 전통 장날을 정할 때에도 이와 같은 5가지 형태의 산의 모습을 따라서 정하였다. 장이라고 하는 것은 경제행위가 이루어지는 곳이자, 조선시대 각 지역의 정보교환이 이루어졌던 곳이다. 예를 들어 그 지역의 주산(主山) 모양이 수체일 경우에는 1일과 6일이 장날이다. 숫자 중에서 1과 6은 수(水)를 상징하기 때문이다. 만약 주산의 모양이 화체일 경우에는 2일과 7일, 목체일 경우에는 3일과 8일, 금체일 경우에는 4일과 9일, 토체일 경우에는 5일과 10일이

전남 영암 월출산(2007)

장날이다. 즉 장날을 정할 때 원칙 없이 아무렇게나 정하지 않았다는 사실이다.

날짜가 오행의 원리에 따라 질서정연하게 배치되었음을 알 수 있다. 처음 방문하는 지역일지라도 그 부근의 주산이 금체라는 사실을 알면 장날이 4일과 9일임을 추정할 수 있다.

풍수에서 또 하나 중요한 부분이 바위이다. 바위는 일반 주택의 터를 볼 때는 살기로 간주되지만 사찰 터나 기도원 터와 같은 종교 건축에서는 매우 중요한 요소로 간주된다. 바위는 기도의 효험과 직결된다고 보기 때문이다. 바위와 기도발(祈禱發)은 밀접한 상관관계를 지닌다. 기도에서 나오는 초월적인 힘이 바로 기도발이 아닌가 싶다. 권력이 총구에서 나온다면 종교의 힘은 기도발에서 나온다.

범인은 기도발을 체험하였을 때 비로소 신앙심을 갖기 마련이다. 그렇다면 어떻게 해야 기도발을 체험할 수 있는가. 풍수에서는 기도가 잘 되는 특별한 장소가 있다고 주장한다. 그러한 장소는 암벽이나 바위로 둘러싸인 곳을 말한다. 보통 악산(惡山)이라고 여겨지는 곳들이 여기에 해당한다. 예를 들면 논산의 대둔산, 영암의 월출산, 합천의 가야산, 서울의 북한산 같은 산들이 험난한 바위가 돌출된 악산(惡山)들이다.

일반인이 볼 때는 악산이지만 수행자의 안목에서 보자면 고단백질이 농축된 보양산(補陽山)이다. 왜냐하면 바위에는 영적(靈的)인 자양분을 제공해 주는 고단백질이 펄펄 녹아 있기 때문이다. 그렇게 보는 근거는 동서와 고금을 막론하고 영적인 고단자들이 거주했던 수행터는 모두 바위로 둘러친 장소였다는 점을 알 수 있다(국립제주박물관, 2003: 24; 32). 현재도 과거의 사상이 녹아 있는 모습으로 보여 주고 있다. 특히 음양오행설은 봄, 여름, 가을, 겨울 사계절 자연의 법칙에 의한 흐름 속에서 우주 만물을 구성하는 5가지 요소로 이루어진 水, 火, 木, 金, 土 형태로 나타나 작용된다는 것이다.

(3) 음양오행론이 건축에 미친 영향

음양오행론이 건축에 미친 영향은 풍수지리와 내외법 등에서도 크게 작용하였지만 한편 건축의 색채사용에도 기본원리로 작용하였다. 즉 동방을 뜻하는 청(靑), 서방의 백(白), 남방의 주(朱), 북방의 현(玄), 중앙의 황(黃), 이상 오색이 단청의 기본색으로 사용되었다.

한국의 전통건축에서 단청은 권위건축에 쓰였고, 궁궐이나 일반사찰 등에서 주로 나타난다. 그러나 일반 민가건축에는 나무를 그대로 노출한 자연색으로 마감하였다. 이런 점은 기타의 재료들 예컨대 벽, 담장, 기와 등의 구조체를 이루는 재료 그 자체의 색으로 나타나는 점과 같은 맥락임을 알 수 있다.

이는 곧 한국건축의 색채사용이 음양오행론의 큰 영향을 받고 있으며, 자연과의 융합성에 큰 의미를 두고 있음을 알 수 있다.

또 음양오행론은 자연환경과 건축의 형태해석에도 깊이 작용하였다. 《고려사》(高麗史) 권28 "충렬왕 3년 7월조"에서 "관후서(觀候署)에서 이르기를 도선비기(道詵비記)에 의하면 산이 별로 없을 때에는 고루(高樓)를 짓고 산지에서는 평옥(平屋)을 짓는다 하였다. 산지는 양(陽)이고 평지는 음(陰)지 이기에 고루는 양이고 평옥은 음이다. 우리나라가 산이 많은 지형이라 양인데 만약 여기에 양인 고루를 짓는다면 이는 서로 상충이 되어 좋지 않으니 음인 평

경복궁 근정전 (단청: 2006)

옥을 지어야 하는 것입니다"라고 한 것은 음양오행론이 건축조형의 기본원리로
작용하였음을 말해 준다(주남철, 2002: 13). 음양오행 사상이 주거에 미친 영
향 중 가장 영향력이 크게 미친 궁궐로 경복궁을 그 예로 들 수 있다. 건축물
은 크게 5개의 공간으로 나뉘며 궁궐의 배치는 남북 중심축 위에 중요건물을
배치하고 그 좌우에 부속건물을 대칭으로 배치한 다음에 전체를 행각으로 둘
러 폐쇄적이고 독립적인 공간을 형성하였다. 근정전에서 교태전에 이르는 건
물배치는 태극도설(太極圖說) 및 천문도(天文圖)의 5제좌(五帝座)를 응용한 것
이다.

즉, 교태전은 왕비의 침전으로 왕과 왕비가 거처하면서 왕세자가 태어나면
왕위에 오르기 때문에 '교태'(交泰: 太極)라 이름을 지었다. 음과 양이 결합하
여 새로운 생명을 잉태하는 곳인 왕비의 침전에 어울리는 이름이다. 교태전의
정문이 음양을 뜻하는 양의문(兩儀門)인 것도 그 때문이다. 또 음과 양이 우주
만물의 기본구조라면 오행(五行: 木, 火, 土, 金, 水)은 기본 구성요소로 이
문 밖으로 우주의 세계가 열림을 뜻한다. 그러므로 음양 다음에 오행을 배치

① 경복궁 강녕전 향오문(2006)
② 부석사 일주문(단청:2006)

하는데 강녕전을 비롯한 5채의 건물은 오행을 상징한 것이며 강녕전의 정문이름이 향오문(嚮五門)인 연유도 여기서 유래된다. 강녕전 일곽의 5채와 그 남쪽에 위치하고 있는 편전인 만춘전, 천추전, 사정전 일곽의 3채를 합하여 8괘를 상징한다.

천문도의 별자리와 관련지어 보면 근정전은 북극성(천체 운행의 중심으로 인간 사회의 왕에 비유됨), 사정전 일곽의 편전 3채는 3광지정(三光之庭), 강녕전 등 5채는 5제좌(五帝座) 순으로 배치되어 천문도의 별자리를 그대로 모방하고 있다.

즉, 경복궁은 음양오행설 및 역리사상을 기본으로 하고 있음을 알 수 있다.

음양오행론의 사상과 풍수는 고대에서부터 현재까지 많은 분야에 걸쳐 우리 생활에 많은 영향을 미쳐왔다. 특히 사후에 유택으로 선택한 곳이 음택(陰宅)이고 살아 있는 동안 주거의 생활근거지인 양택(陽宅)으로 크게 대별할 수 있는데 사실상 살아 있는 동안이나 사후(死後)나 모두 중요시 되었다.

그 중에서도 살아 있는 동안 실제 생활과 관련이 깊은 주거형식에서 우리 옛 선조들은 음양오행론과 적합한 곳을 선택하여 영원히 무한한 삶의 가치를 으뜸으로 생각하며 구현하려고 하였던 것이다. 지난 과거 풍수사상은 전통적 민속신앙의 사상으로 우리 생활에 자리매김하는 과정 속에서 변질되거나 왜곡되는 역기능적인 면도 없지 않았다. 현대의 지식정보화 사회에서는 물질문명이 지배하고 과학적으로 검증된 과학의 힘에 의한 그를 믿고 따르는 합리성이 사상의 지혜를 현대의 과학이란 틀 속에 함께 하나의 그릇으로 담기에는 매우 어려울 것이다. 반면에 이러한 요인들이 우리의 삶을 살아가는 데 있어 일상 주류를 이루고 있다.

우리는 오랜 역사의 전통사회에서 우리 생활양식과 가치관을 지배해온 동양 생활에 보다 더 가치추구에 구실을 할 수 있을 것이며, 그리고 편익에 따라 일반적으로 움직이는 합리적 사고는 지혜와 슬기롭게 서로 융합하여 그 틀 속에서 서로의 가치가 공존하면서 지속 발전될 수 있을 것이다.

3) 도참사상

도참사상은 미래의 길흉화복에 관한 예측을 준거로 커다란 대자연의 섭리 앞에서 무력하게만 느껴져 생기는 미래에 대한 염원 등을 갈구하며 삶을 영위하는 데 으뜸으로 생각되어 크게 성행하였다. 도참사상은 미래를 암시하는 징조인 도(道)와 참언(讖言)으로 예언의 뜻인 '참'을 개념으로 천문, 지리, 역학, 도교, 불교 등과 관련을 가지면서 크게 번성하였다. 도참사상은 주변의 인접 사상들과 관련을 가지면서 삼국시대 초기에 풍수지리로써 민중들 사이에 주류를 이루었다.

이처럼 한반도에 도참사상을 중국의 체계화된 풍수사상을 바탕으로 하여 최초로 전한 사람은 신라의 승려였던 도선(道詵: 827~898)으로 알려져 있다.

도선은 중국의 풍수사상을 배워《도선비기》라고 하는 풍수에 관한 책을 남겼다고 하는데, 이 책은 신라 이후 고려나 조선시대에 이르기까지 풍수에 대한 원전 역할을 하였다고 한다. 풍수 사상이 승려에 의해 전파될 수 있었고 절을 짓는 데에도 적용된 것으로 보아 불교사상과 마찰 없이 민간신앙으로 자리 잡게 되었다고 생각된다(강영환, 2000: 75). 도선의 풍수가 가장 강한 힘을 발휘한 것은 말할 나위도 없이 고려시대이다. 도선의 입적 후 5년 뒤 효공왕 7년(903)부터 왕건은 궁예의 군사를 거느리고 나주 지방을 공략한다. 훗날이기는 하지만 결국 나주 오씨를 장화왕후로 취하고 이 지방 사람인 최지몽, 윤다, 경보 등을 포섭한 것을 보면 그는 분명 도선의 풍수지리설을 접했던 것이 확실하다. "태조의 훈요(訓要)는 모두 도선의 비기에 의한다"는 이능화(李能和)의 표현대로 도선설은 고려 왕업 경영원리의 원천이 되었다. 게다가 고려조에 들어와서 그가 대선사(大禪師)에서 왕사(王師)로, 거기서 다시 국사(國師)가 되는 과정을 밟는 데에서 알 수 있는 것처럼 막강한 영향력을 끼쳤음에 틀림없다. 고려시대에 이르러 풍수사상은 절정을 이루는데 이는 고려를 건국한 왕건이 도읍부터 풍수에 의거하였기 때문이다.

특히 수도인 개경은 수도 입지 선정에서 도선의 풍수가 축약되어 드러난 곳이라 할 만하다. 백두산의 맥을 이어 받은 오악산의 지기가 개경의 주산이자

진산인 송악으로 이어져 개경의 양기(陽基)를 열게 되는 것으로 그 내룡(來龍)의 맥세는 대단한 바가 있다. 또한 전형적인 장풍극의 형태를 갖추었음을 알 수 있다, 특히 곡사화기(曲射火器)가 없던 근대 이전의 전쟁에 있어서는 장풍지의 군사 지리적 유지점은 재언의 여지가 없을 것이다. 그러나 문제가 없는 것은 아니다.

손자의 "지피지기(知彼知己), 승내불태(勝乃不殆), 지천지지(知天知地), 승내가전(勝乃可全)"의 단계로 적과 아가 비슷한 병력으로 전술적 대치를 하는 상태라면 확실히 유리하지만 전략적 측면에서는 재고의 여지가 있다. 분지상 지세에서는 기동성의 저하는 물론 손자가 말하는 위지(圍地)가 되어 버리기 때문에 적이 소수의 병력으로 게릴라적인 소모전을 획책하든가 혹은 대규모의 월등한 병력으로 침공하는 경우 매우 위험할 수도 있기 때문이다. 결국 개경과 같은 장풍국의 땅은 전술적 유리점과 전략적 불리점을 공유하고 있는 지역이라 할 수 있다.

개경은 송악산을 현무, 즉 진산으로, 내성(內城)과 외성(外成)을 내외 청룡과 백호로, 주작현(朱雀峴)과 용추산(龍秋山)을 주작으로 한 완벽한 사신사를 갖춘 도읍이지만 국란에 임해서는 개경 사수를 할 수 없는 전략적 취약성을 드러냈던 곳이기도 하다. 또한 개경은 장풍국의 일반적인 지세에 따라 주변 산세가 너무나 조밀하고 국면이 관광(寬廣)치 못하며 또 북쪽 산 제곡(諸谷)에서 흘러나오는 계곡수는 모두 중앙에 모이기 때문에 하계 강우기에는 수세가 거칠고 분류(奔流)가 급격하여 순조롭지 못한 결점이 있다. 이 역시 도선 풍수의 특징인 명당 기피현상의 결과인지는 모르지만 여기에 대한 대비가 있다는 것이 또한 도선 풍수의 장점이기도 하다.

즉 위와 같은 역세의 수덕을 진압하고 지덕을 비보함에 있어서는 도선의 산수순역법(山水順逆法) 내지 비보사탑설을 응용하여, 광명사(廣明寺)와 일월사(日月寺)는 이상 제수(諸水)의 합류점에, 개국사(開國寺)는 개경의 내수구(內水口) 위치에 건설하여 이 사찰들로써 수세를 진압하고자 하였다.

이는 매우 합리적인 판단으로 하천의 범람이 우려되는 취약지점과 합류점에 사원을 건설함으로써 인공 건조물에 의한 하천의 측방침식(側方侵蝕)을 억제하는 한편, 승려들로 하여금 평소 하천을 감시하게 하는 동시에 유사시 노동력으로 대처케 할 수 있는 좋은 방안이라 여겨진다. 도선 풍수의 비보사탑설은 잘 살펴보면 이런 합리성을 갖는 경우가 의외로 많다.

고려 풍수에 끼친 도선의 영향은 더 말할 것이 없을 정도다. 그것은 고려 풍수의 두 대가로 불리는 김위제와 묘청이 모두 도선 계통의 인물임을 자처했던 데서도 잘 드러나는 사실이다. 특히 묘청은 도선의 《태일옥장보법》(太一玉帳步法)이라는 풍수지리 술서를 읽고 주체의식 발휘의 촉진제로 삼았다고 피력한 바 있거니와, 고려에서 국란이 일면 도선을 추앙케 되는 한 이유도 도선의 독자적 풍수사상과 고려의 주체의식이 연합한 까닭이었을 것이다.

즉, 풍수는 절망에서의 구원을 위한 활력소였으며 끈질긴 생명력의 밑거름이 되었다. 그 대표적인 예가 바로 묘청의 난이다(이용범, 1988: 56~61 재인용).

남경 천도를 주장한 김위제도 도선의 풍수설을 배웠다고 하는 것을 보면 도선 풍수는 어떤 혁명적 기운을 내뿜는 위력이 있었던 모양이다. 물론 그것은 자칫 비술의 냄새를 풍기는 사이비 신비주의로 빠질 위험성이 농후하기는 하지만 우리나라의 역사에서 이성계를 도운 무학, 조선 후기의 홍경래, 동학의 전봉준, 김개남, 손화중 등이 한결같이 풍수와 관련된 것을 보면 혁명적 또는 개벽적 성격을 가지고 있었던 것은 분명하다(최창조, 1999: 174~175). 조선의 개국에서도 개성에서 한양으로 천도하는 과정에서 다시 충청도 계룡산으로 도읍을 정한 다음 궁궐의 기초공사까지 마쳤다가 중도에 파기하고, 무학대사의 자문에 의해 다시 한양으로 도읍을 정하게 되었다.

음양오행 사상은 삼국시대에 유행하였으나 통일신라 이후에는 이러한 사상을 기본으로 하여 새로운 사상이 싹트게 되는데 도선의 풍수도참설이 크게 유행하기 시작한다. 도참사상에 나타난 상징으로 광화문 앞에 해태상을 설치한 이유는 관악산의 화기(火氣)를 꺾기 위해서이고, 동쪽의 흥인지문을 넉자로 표기하고 정문 앞에 옹성을 쌓아 동쪽을 돋우었다. 사실 조선건축의 이념은 유교사상을 기초로 출발하였기에 도참사상은 갈수록 쇠퇴하여 갔다.

그러던 중 1592년 임진왜란이 일어나면서 전국은 황폐화되고 백성들의 민심도 흔들리게 되었다. 또한 붕당으로 인한 정치적 혼란은 국력을 쇠락시키는

72

광화문 해태상(2006)

등 백성들은 토탄에 빠지자 도참사상은 다시 크게 성행하게 되었다. 조선말에는 이러한 민심을 수습하기 위해 대원군은 경복궁을 무리하게 중창하고, 조선왕조의 역성혁명을 미화하기 위한 정책들은 모두 도참사상의 크고 작은 영향을 받았다.

도참사상은 길흉화복을 예언, 암시하거나 약속하는 신비·미신적 성격이 짙은 사상체계로서 풍수지리설과 결합하여 조선시대의 정치, 사회 및 일상생활에 이르기까지 커다란 영향을 미쳤다. 현재 생활 속에 남아 있는 풍습은 장승, 성황당, 당산, 산신 등의 촌락신이 마을을 지켜주고, 이 밖에 다양한 가택신들이 가정을 지켜준다고 믿는 민간신앙 등을 들 수 있다.

특히 집에 대한 민중들의 생각을 알아볼 수 있는 민간신앙으로는 가택신에 대한 의례를 들 수 있다. 가택신의 존재는 집안에서 이루어지는 굿이나 과정에서 치러지는 건축의례에서 흔히 볼 수 있다. 일반적으로 집에는 사람뿐만 아니라 사람을 지키는 신들도 살고 있다고 믿었는데, 지역에 따라 그 명칭에 차이는 있지만 대청의 성주신을 우두머리로 하여 안방의 삼신, 부엌의 조왕신, 외

순천 낙안 읍성마을 장승(2006)

양간의 마대지신, 도장(고방)의 도장지신, 변소의 측신, 대문의 구틀지신, 마당의 노적지신, 장독대의 장독지신, 우물의 용왕신 등이 있다고 믿었다 이 중 특히 집 전체를 관장하는 성주신은 모든 가택신을 대표하여 그들을 거느리는 최고신으로서, 가장을 보호하며 가족과 가문 전체의 길흉화복을 관장한다고 믿었다. 민간에서 성주신을 받드는 여러 가지 상징물로는 백지에 돈과 실을 꿰어 묶은 형태나 여러 겹으로 접은 한지, 쌀이 담긴 단지, 성주굿에 사용된 무당의 옷, 베나 헝겊 또는 종이 오라기 등이 가장 보편적인 형태이다.

성주신이 설치되는 장소로는 대들보나 중도리를 받치는 동자주, 대청마루의 한쪽 구석, 선반, 안방의 시렁 위 등이 있다. 그러나 이러한 신체(神體)는 성주신의 영이 깃든 상징물이거나 성주신에게 바치는 제물로서, 집의 건물 자체, 특히 주 건물인 살림채를 신체로 보는 견해가 일반적이다. 이러한 가택신은 일정한 건물이나 공간에 거처하며 각각의 역할을 가지고 있는데, 이들이 가족과 가문으로서의 집을 보호하고 그들의 길흉화복을 관장한다고 믿었기 때문에 주기적으로 의례의 대상이 되었다.

함평 나산 화합 장승(2006)

신들이 거처한다고 믿는 건물이 신전이듯이 주택 또한 가택신들의 거처로서 신전의 의미를 지니고 있었다(한옥공간연구회, 2004: 30~32). 지금까지 역사적으로 볼 때, 한민족의 민간신앙에서 도참사상처럼 널리 퍼져 전통사상으로 자리 잡은 예는 도참사상을 빼놓고 논할 수 없는 것으로 보여진다.

2. 유·불·선(도교)의 사상

1) 유교적 사상

우리나라에 유학이 들어오게 된 시기는 삼국시대로 전해진다. 그리고 유학은 고대국가 시대 왕권을 강화하기 위한 수단으로 활용되었다. 삼국시대 때 인접 국가와 가장 활발하게 정치, 사회, 문화 등을 활발하게 교류했던 국가는 고구려와 백제였다. 특히 일찍이 고구려는 372년 소수림왕 때 국립대학인 태학을 세웠으며 지방에는 경당이 건립되었다. 태학에서는 오경박사가 역사와 문학을 가르친바 있다.

또한 백제는 일본에 가장 많은 영향을 끼친바 있으며 《일본서기》에 왕인 박사가 《논어》, 《천자문》을 전하였다는 기록이 있는 것으로 보아 유학이 이때 전래된 것으로 보인다. 통일신라 후 신라에서는 당나라에서 유학하던 최치원이 과거에 급제하여 명성을 떨쳤으며 원효대사의 아들인 설총은 "화왕계"를 지어 군주의 도덕성을 강조하고 이두를 창시하였다.

고려시대에는 불교가 정치적, 사회적으로 주도적이었지만 기타 행정, 문물정비 등에서는 유교가 토대를 이루었다. 광종의 과거제도 실시, 성종 때 종합대학인 국자감 설치, 그리고 유교사상을 기반으로 정치적 이념을 반영한 김부식의 《삼국사기》(三國史記)가 편찬되었고 고려 후기 원나라에서 주자학이 들어오면서 불교는 타락으로 인해 인심을 얻지 못하고 많은 유학자들을 중심으로 주자학이 급속히 파급되었다. 안향이 최초로 주자학을 들여온 후 고려 말 사회모순을 개혁하고자 정몽주, 이색, 정도전 등은 활발한 정치이념을 전개하였다.

조선시대 유교(儒敎)는 대표적인 사상으로 공자사상을 중심으로 하여 《사서오경》(四書五經)은 유교의 기본경전으로 4서는 《대학》, 《논어》, 《맹자》, 《중용》을 일컫고, 5경은 《시경》, 《서경》, 《역경》(易經), 《춘추》, 《예기》(禮記)로, 이를 경전으로 하여 정치도덕을 실천하는 유학을 바탕으로 하는 이념으로써 우리의 전통사상과 융화하여 독자성을 유지하면서 토착화되어 정치, 경제, 사회, 문화, 생활관습 등 사회사상 전반에 많은 영향을 미쳤다. 유교는 수기치인(修己治人)의 학문이다.

성리학은 이황(李滉: 1501~1570)과 이이(李珥: 1536~1586)에 이르러 꽃피우게 된다. 그러나 임진왜란과 병자호란 양대의 난이 일어난 후 조선은 전 국토의 황폐화, 민심의 이반현상, 부정부패의 만연, 양반 계급질서 붕괴의 시작 등 사회·경제적으로 어려운 환경에 처하게 되었다. 또한 정치적으로는 몇 갈래의 정파로 나뉘어 붕당정치를 주장하며 대립이 심각해지자 이에 대한 반성으로 새로운 학문을 갈구하게 되었다. 그것이 바로 실학사상이다. 실학사상은 실사구시의 학문으로 경세치용(經世致用)과 이용후생(利用厚生)의 학문을 담고 있으며 이익(李翼: 1681~1763), 박지원(朴趾源: 1737~1805), 정약용(丁若鏞: 1762~1836) 등이 사회 전반적인 면에서 실제상황과 연계하여 활발한 활동을 하며 많은 저서를 남겼다.

(1) 유교사상이 비주거에 미친 영향

유교적 사상이 주거에 나타나기 시작한 시대는 그 이전에도 있었으나 조선시대에 이르러 유교적 이념과 생활양식이 모두 반영된 주거문화가 나타났다. 우선 숭유억불정책으로 유교사상은 정치적 안정과 도덕적 가치인 인(仁)의 정신과 예의실천을 사회규범으로 설정하고 다양하게 국가를 운영하는 통치수단으로 사회 전반에 걸쳐 영향을 미치게 되었다. 특히 유교사상이 조선시대 주거에 미친 영향은 전반적으로 영향을 미쳤다. 《경국대전》에서 가사규제 등을 통해 사회를 규제하였듯이 규제와 장려 속에서 건축의 형태는 비주거 및 주거 건축물로 크게 분류하여 나누어서 살펴보면 유교적 특성을 각각 지니면서 탄생되고 발전했다. 비주거형 건축물의 유교건축은 그 범위가 매우 넓다. 즉 다양한 건축물이 존재하고 이는 불교건축이 탑을 포함한 사찰건축(목조건축)으로 국한되는 것과 큰 대조가 된다.

조선시대 공간구성과 구조는 주거용 건물도 중요한 의미를 지니고 있지만 가례에 대한 중시가 오히려 주거보다 우선시되는 경향이 강하게 나타났다. 국가차원에서 관리하는 종묘(1395), 성균관(1398), 향교 등이 있고 가묘, 정려, 서원, 사우, 재실 등이 조상에 대한 숭배개념과 제례와 관련하여 건축된 건물들이다. 이와 관련된 유교 건축물의 구성유형을 살펴보면 다음과 같다.

우선 유교 건축물은 불교 건축물처럼 화려하거나 사치스러운 면보다는 소박하고 간결, 절제된 모습으로 나타난다. 그리고 사대부가의 건축물과 더불어 유교의 건축은 성현을 모시는 문묘 중심의 건축으로써 종교건축의 의미가 함께 담겨진 건축으로 이루어져 있다. 공공성이 드러나는 건축물은 유교의 주종인 성균관과 지방의 향교이다. 성균관은 조선의 건국 후 최고의 학문기관으로 태조 7년(1398)에 창건되었다. 성균관은 임진왜란 때 소실되었던 것을 선조 때 다시 중건하여 옛 모습 그대로 유지되고 있다. 건물의 특징은 앞쪽에 문묘

① 풍기 소수서원(2006)
② 전남 장성 필암서원(2006)

(文廟)로 제향공간이 있고 후면에는 강학의 공간으로 전묘후학(前廟後學)의 배치구조를 지니고 있다. 관학의 성격을 지닌 향교(鄕校)는 인재양성 및 유교의 이념을 보급하는 곳으로 전국의 고을마다 설립된 교육기관이었다.

성종 17년(1488)에 이르러서는 전국에 걸쳐 일읍일교(一邑一校)로 지방에 거의 향교가 설치되었다고 볼 수 있다. 향교도 성균관과 마찬가지로 전묘후학의 건물 배치구조를 지니고 있다. 보통 지방의 향교는 산의 구릉지 등에 입지조건을 형성하고 있는 것이 보통이나 성균관처럼 평탄한 평지에 배치된 곳도 있다. 함평, 나루, 정읍의 향교 등이 있다.

서원으로는 조선 중기부터 건립되기 시작하면서 중종 38년(1543)에 주세붕이 설립한 백운동서원이 그 효시이다. 서원은 당초의 목적대로 성리학을 위한 학문기관으로서 성격을 지니고 설립되었으나 향촌사회의 문중 중심, 붕당정치 등을 조성하여 서원의 폐단은 설립목적에 반하여 조선 후기에 와서는 이러한 폐단을 제거하기 위해 유림들의 반대를 무릅쓰고 대원군은 서원철폐를 단행하기에 이르게 되었다. 서원의 건물배치 등은 향교 등과는 달리 전면에 강학구역, 후면에 제향구역의 전학후묘(前學後廟)의 배치구조가 모든 서원에서 나타난다. 지금까지 남아 있는 대표적인 서원 건축물로는 경상도 안동의 도산, 병산서원, 풍기의 소수서원, 호남의 장성에 위치하고 있는 필암서원 등이 있다.

조상의 신위(神位)를 모시기 위해서 사대부가의 집안뿐만 아니라 서민들의 집에까지 가묘(家廟)를 설치하였다. 유교의 덕목으로 하는 인(仁)과 예(禮)는 효(孝)의 사상의 기본으로 유교사상이 조선의 중기에 이르면서 본격적인 체계로 성숙되었다. 일찍이 《경국대전》의 "봉사조"에 기준을 마련하였으나 고려 말 불교의 융성은 조선조에까지 계속되어 유교사상이 국시임에도 조선 중기에 꽃을 피우기 시작하였다.

《경국대전》에 문무관 6품 이상은 3대(부모, 조부모, 증조부모), 7품 이하는 2대(부모, 조부모), 서인은 1대(부모)에 한해서 봉사(奉祀)토록 제도화하였다. 특히 사대부가의 경우에는 집을 지을 때 맨 위 좌측에 별도의 건물을 지었는데 이를 설치하도록 강제규정인 관계로 감찰하는 기관까지 두고 점검하였다. 그만큼 유교의 근본이라 할 수 있는 웃어른 및 조상에 대한 효 사상이 지배하던

종묘(2006)

시대라 가묘는 선현들에 대한 매우 중요한 기능적인 공간 역할을 하였다. 지금도 사대부가의 집에는 별도의 가묘가 남아 있고, 서민들의 집에는 장소가 협소하여 별도의 신위를 모시지 못하고 대청마루 한 켠에 자리를 정하여 안치하기도 하였다.

종묘는 조선왕조의 역대 왕과 왕비, 그리고 추존된 왕과 왕비의 신주를 봉안하고 제사를 받드는 곳이다. 태조 4년(1395)에 창건되어 임진왜란 때 전소되어, 광해군부터 재건되었으며 그 후 몇 차례 증축을 거쳐 현재의 모습으로 남아 있다. 이곳에서 지내는 제사는 왕조의 조상들에게 제사를 올리는 여러 제사 중 가장 규모가 크고 중요한 제사이기에 종묘대제라고 한다. 종묘의 규모는 정전(국보 제227호)과 영녕전(보물 제821호)으로 나누어져 있다. 종묘의 건축물은 유교 건축물로는 건축의 가치가 뛰어나고, 6백 년이 지나도록 이어져 내려오는 제례행사 등은 1995년 유네스코에서 문화적 가치가 인정되어 세계문화유산으로 등록되었다. 그리고 2001년에는 '종묘제례', '제례악'이 국내 최초로 유네스코 인류구전 및 무형유산 걸작으로 선정되어 등록되었다. 특히

〈종묘 제례악〉은 동양에서 남아 있는 유일한 고전악(古典樂)이기도 하다.

지금까지 비주거형인 건축물은 성현의 신위를 모신 문묘 중심의 조성된 건축으로 성균관 및 향교, 옛 조상에 대한 숭배사상인 제례의 쓰임새로 조성된 건축물은 당시의 살았던 백성들은 유교적인 영향으로 자신의 거주문화보다 충과 효가 중시된 상황에서 비주거형인 문묘, 향교, 제례, 정려 등의 건축문화가 우선적으로 발달하게 되었다. 이러한 비주거형의 건축물과 비교 시 주거형 건축물은 어떤 특성을 지니면서 발달하여 왔는지 비교해 보면 알 수 있다.

(2) 유교사상이 주거에 미친 영향

유교사상에 의한 주거형태는 주로 조선시대 사대부가에서 찾아볼 수 있다. 사대부가의 공간구조는 외부와 내부로 나누어 볼 수 있는데 철저하게 폐쇄적 공간을 이루고 있다. 그리고 조선사회는 신분사회 계층이기에 주거형태도 신분으로 연결되어 권위적 상징을 지녀야 했다. 조선의 정치, 사회, 경제 분야에 걸쳐 근간을 이룬 유교사상이 조선사회를 지배했고 그 지배자가 바로 사대부 계층이었기 때문이다. 시대의 윤리를 반영한 주거공간을 외부공간과 연계시켜 보면 가계 계승방법인 위계질서에 의한 증가를 중심으로 발전되었음을 알 수 있다.

내부공간의 구성은 사랑채, 안채, 행랑채, 곳간, 사랑마당, 안사랑마당, 뒷마당, 담장 등으로 되어 있다. 먼저 대문을 형성하는 담장은 높은 담으로 화려하게 장식하여 밖에서 내부공간을 볼 수 없도록 하였고 대문은 양반들이 드나들기 쉽게 솟을대문을 설치하여 사대부가의 권위를 상징하였다. 솟을대문을 지나면 행랑채가 있는데 이는 대문채와 연결하여 사랑방 주인의 잔심부름을 하거나 손님을 맞이할 때 먼저 나가 여부를 묻는 역할 등을 하였다. 또한 이곳은 마구간 등이 함께 위치하고 있어, 짐승을 기르고 허드렛일 등을 주로 도맡아 할 수 있었다. 그리고 외부의 염탐이나 공격으로부터 방어적인 기능도 수행하였다.

사랑채의 공간은 다른 구조와는 차별화되도록 설치되었는데 주로 가장(家長)이 생활하면서 외부의 손님들을 맞이하고 접대하면서 서로 학문적 교류와

경주 최씨 고택 사당(2007)

풍류를 즐기면서 지내는 공간이다. 주변의 공간은 연못이나 정원 등이 잘 가꾸어져 있고 누마루가 설치되어, 밖을 보면 경관이 수려한 곳에 위치하여 인격도야에도 도움이 되도록 하였다.

사랑채와 철저하게 격리된 안채는 누구나 함부로 드나들 수 없는 공간으로 안방마님의 생활공간이었다. 구조는 안마당을 중심으로 침실, 대청마루, 부엌, 창고 등이 있고 대청마루를 중심으로 양쪽에 방이 있고 안방은 주로 지체 높은 안방마님의 시어머니가 기거하였다.

유교의 근본이념이 가장 폐쇄적으로 나타나는 공간이 바로 사랑채와 안채와의 격리된 공간인데 안채 공간에서 유교의 윤리를 보여준다고 볼 수 있다.

또한 사대부가를 비롯한 서민들까지도 조선시대에는 유교의 효(孝)는 살아 있거나 사후(死後)에도 중요시하여 살아서는 부모에게 유교의 가르침에 의해서 정성스럽게 모셔야 하며 사후에는 제실을 지어 제사를 지내면서 선현들을 받들어야 했다. 제실의 기능을 가묘(家廟) 또는 사당이라 하는데 집을 지을 때 가장 먼저 자리 잡아 지어야 하는 신성의 곳이다. 이는 《경국대전》에서 강제하는 규정으로 되어 있어, 사대부가의 가묘설치 여부는 감시의 대상이기도 하였다.

유교의 주거공간은 《경국대전》에서 철저하게 '기사규제'를 했다. 이는 오늘날의 '건축법'에 해당하는데 이러한 규제정책에도 불구하고 사대부가에서는 규정대로 지키지 않고 시행된 경우가 많았다. 배흘림기둥, 기둥 등의 화려한 장식, 처마의 부연의 장식 등은 당시 신분사회에서 권위의 상징물로 여겨지고 기사규제의 범위를 벗어났다. 조선시대에는 사실상 교통, 통신의 발달이 원활하지 못해 중앙에서 일선기관까지 행정통제가 미치지 못한 점 때문에 화려하고 대궐 같은 집들이 건축되었으리라 생각한다.

조선 후기에 이르러서는 사회 전반에 걸쳐 새로운 변화로 주거문화도 영향을 받기 시작하였다. 조선 중기 이후 성리학 사상이 실사구시의 학문으로 전개되면서 후기에 이르러 서양의 새로운 문물들이 청나라를 통해 조선에 유입되지만 그동안 전통적 농업사회에만 의존하던 방식이 새로운 기술과 접목되면서 경제적 생산력의 증가와 함께 이를 관리하기 위한 저장 곡식 등의 창고와 주거공간은 협소하기에 이르렀다. 당시 직접 농업에 종사하던 계층은 하류계층으로 사대부가의 주거공간처럼 넓지 못해, 경작에서만 얻어진 곡식을 최소한으로 보관하기 위해서 보다 넓은 공간이 요구되었고, 또한 규모의 경제 확대로 농민계층에도 문화현상이 나타나 농민들이 중농, 부농계층으로 성장할 수 있었다. 부(富)의 성장은 신분계층에서부터 주거문화에까지 영향을 미쳐 이에 걸맞은 주거문화를 탄생시켰는데 이를 부농주거라 한다.

한편 조선 후기에 개항시대를 맞이하면서 서구의 문물은 새로운 가치관을 형성시켰고 조선시대의 사회를 지탱하던 봉건적 신분사회 질서는 점차 붕괴되어 갔다. 이러한 시대에 농업기술의 확대와 경제력은 점차 증가되어 자영농의 농민계층에 의한 부농주거는 전국에 걸쳐 사대부가의 화려한 주거를 모방 및 가미하면서 다양한 주거공간으로 발전되었다.

지금까지 유교사상의 영향을 받고 지어진 집들은 여러 가지 제한적 요인에 의해서 위계질서가 있었음을 알 수 있다. 이러한 주거형태는 거주자의 신분을 강하게 반영하는 모습으로 나타났고 곧 주거형태는 개개의 주거에 국한되지 않고 가족공동체 중심의 가부장제적 형태로 변모해 갔음을 알 수 있다. 즉,

장손, 종가 중심으로 형성되었고 이러한 변화는 다시 양반계급 사회의 중심인 씨족 또는 동족마을을 형성하는 모습으로 발전되어 갔다.

이들 구성원들은 경제·사회적으로 서로 도우며 지역 공동체 생활을 영위하였는데 그 대표적 사례는 현재까지도 이어져 내려오고 있다. 안동 하회마을, 경주 양동마을이다. 이에 대비되는 주거가 서민주거인데 주로 상민(서민), 노비 등이 거주하는 민가이다. 반가(班家)에 비해 서민들이 거주하는 민가(民家)는 비교가 되지 않을 정도로 형편없었다. 그리고 조선 초기의 읍성 형태를 고스란히 간직한 전남 순천 낙안읍성은 당시 서민들의 전통적 주거형태의 옛날 그 모습을 그대로 간직하고 또 이를 새롭게 고증해 재현되어 당시의 세시풍속과 통과의례를 지키면서 우리 한민족의 전통적 주거 속에서 삶을 살았던 전형적인 농촌마을의 성격을 지녔음을 알게 한다.

한편 유교사상에 의한 주거문화는 사회 신분질서에 의한 제도화된 형태로 나타나 조선 후기까지 계속되었다. 서구문물의 유입과 더불어 봉건사회의 신분질서 붕괴는 사대부가의 전유물로만 여겨졌던 상류주택은 자영농민의 증가와 신분사회의 약화로 경제의 규모에 따라 지역적으로 사대부 계층과 같은 주거형태를 가미시키면서 부농주거들이 발전되었음을 알 수 있다.

---

2) 불교적 사상

(1) 불교사상의 이해
최초 인도에서 성립된 불교는 중국을 통해서 우리나라에 전래되었다. 당시 고구려, 백제, 신라는 고대국가로서 발전하고 있었으며 불교가 전래된 지 오래되었으나 사회·문화적으로 바로 받아들이기에는 부담스러운 측면이 없지 않았다. 중국의 대륙과 접한 고구려가 맨 처음 불교를 받아들이게 되었는데 소수림왕 2년 때였고 이어서 백제는 침류왕 원년에, 신라는 법흥왕 14년에 국가로부터 공인받아 널리 파급되었다. 고대국가 성립시기부터 우리 민족의 전통적인 무격신앙 등이 있었으나 불교는 이러한 이질적인 태생적 문화와 갈등을 일으키거나 이를 배제하지 않고 포용력 있게 받아들였다.

한반도에 국한되었던 폐쇄적인 우리 문화는 다양하고 새로운 불교문화를 접하면서 고대국가의 토대를 구축하는데 있어 선도적 역할을 수행하였다. 초기 불교의 수용은 일반 백성들까지 받아들이지는 못하고 왕실의 보호 아래 발전하였다. 특히, 삼국 중에서 고구려, 백제는 불교를 순조롭게 받아들였으나 이와 달리 신라는 지리적 위치로 다른 인접국가와 사전 문물교환 등의 교류가 활발하지 못하여 불교의 공인도 가장 늦게 이루어졌다. 호족세력의 강력한 반대에도 불구하고 이차돈의 순교로 신라는 불교를 받아들였다.

불교의 수용은 고대국가에 내외적으로 많은 영향을 주고받게 했다. 백제는 고승, 건축가, 예술가 등이 일본에 건너가 일본문화 형성에 기여하였다. 그리고 각 고대국가는 그동안 국론의 분열, 대립 등으로 사회적 전반에 걸쳐 이질성이 있었으나 불교를 통한 국민정신 통일에 기여함으로써 훗날 삼국통일의 정신적 기반을 형성하였다. 또한 고대국가 시대에는 중국으로부터 문자를 전래받은 바도 있다.

통일신라 이후에는 불교가 더욱 성행하면서 사원 등 많은 건축문화가 발달했다. 원효, 의상과 같은 고승 등이 많이 배출되었다. 원효는 불교의 사상을 새롭게 정립하고 체계화하여 정토신앙 및 화쟁사상을 전개함으로서 대중교화에 독창적 사상을 구현하였다.

신라 후기에는 많은 승려들이 중국과 자주 왕래하면서 그동안 관념적인 교종의 모순을 극복하기 위해 중국의 선법(禪法)을 도입하여 불교를 새로운 방향으로 전개시켰다. 그리고 고려시대에는 불교가 더욱 융성하여 나라를 보호하고 국운을 번영하기 위한 호국불교의 성격을 지니고 귀족적 형태로 나타났다. 불교에 대한 국민적 관심으로 정신적 지주가 되었던 불교는 사회적으로 많은 변화를 일으켰다. 왕자와 귀족들이 출가하는 풍속이 생겼다. 문종의 아들 의천은 천태종을 이끌면서 선교의 일치를 주장하였고, 고려시대 무신의 난 이후 불교는 많은 변화를 가져왔다. 그동안 나라의 왕실과 안녕만을 기원하면서 호국적 성격을 벗어나지 못했던 귀족불교는 이에 대한 반성에서 출발하게 되는데 당시 선종의 수선사(修禪寺)와 천태종의 백련사(白蓮寺)가 그 사찰이다. 지눌이 개창한 수선사는 지금의 순천 송광사이고 백련사는 현재 강진에 자리 잡고 있다. 후에 조계종을 탄생시켰고 이에 근본의 도량이 되는 정혜쌍수의 사상은 제자들에 의해서 계승 발전되었다.

또한 고려시대 불교는 귀족불교로 사회적인 지지를 받는 데는 한계가 있었다. 당시 농민과 서민들의 지지를 받고 출발한 조계종은 왕실의 지원은 받지 못했으나 무신정권의 지원을 받아 융성하였다. 그리고 고려시대에 불교는 사회 전반적인 부문에 많은 영향을 주었다. 또한 우리 역사상 가장 찬란한 도자기 문화를 꽃피울 수 있었던 그 장인정신은 곧 뛰어난 고려청자를 만드는 데 고려인들에게 정신적으로 맑고 깨끗한 오묘함을 그릇에 담는데 기여하였다. 문화적으로는 고려의 목판 인쇄물, 금속활자의 발명과 그 사용은 세계 최초였다. 이러한 측면에서 고려의 불교는 여러 분야에서 많은 활동을 보여주었지만 한편으로는 왕족과 귀족세력에 의해서 권력을 휘두르고 횡포하는 승려들이 있었으며 사찰에서는 부(富)를 축적하고 타락하는 등 많은 역기능도 함께 있었다. 이러한 역기능은 결국 부작용이 많아 고려 말기에 와서 신진 유학자들의 비판대상이 되어 조선이 건국되면서 불교는 한층 더 위축되고 배척되었다.

(2) 건축에 불교가 미친 영향

고대국가 시대부터 통일신라 이후까지 주거에 대한 불교의 영향은 전반적으로 많은 영향을 미친 것으로 역사 연구가들은 주장하고 있으나 이에 대한 발굴조사 등을 통한 유적 등은 거의 찾아보기 힘들고, 다만 문헌상 부분적으로만 언급되는 실정이다. 지금 남아 있는 유적지도 대부분 불교와 직접 관련이 있는 사찰과 탑 위주로 남아 있을 정도이다. 이에 대한 구체적 건축문화를 보면 불교는 통일신라와 고려시대를 거치면서 전통적 지배이념과 국민의 사상으로 자리 잡았으며, 또한 이 땅에 찬란한 불교문화를 융성시켰다. 그리고 오랜 역사를 통해 건립된 수많은 사찰, 불상, 탑 등은 오늘날 불교신앙의 구심점인 동시에 한국의 독특한 문화관광자원으로 아낌을 받고 있다.

한국의 사찰은 크게 평지가람형(平地伽藍型), 산지가람형(山地伽藍型), 석굴가람형(石窟伽藍型)의 3가지 유형으로 분류된다. 평지가람은 불교가 국가의 중심사상으로 기능하던 시대에 도시나 지역의 중심에 건립되었던 사찰로 서구

부석사 무량수전(2006)

(西歐)의 성당이나 교회처럼 지역사회의 중심적 기능을 수행하던 곳이었다.

　반면에 도회지에서 멀리 떨어진 곳에 입지하는 산지가람과 석굴가람은 선종 (禪宗), 풍수지리설, 민족 고유의 산악숭배 신앙 등의 영향을 받아 조성된 사찰유형으로 조선시대 배불정책(排佛政策)은 사찰의 이러한 입지유형을 더욱 강화시켰다(제 29차 세계지리학대회 조직위원회, 2001: 69). 우리나라 불교는 도입 초에 왕실의 이해와 호국이라는 이념 등으로 큰 기반을 갖게 되고 막대한 국가재정의 투입과 백성들의 열의에 찬 참여의식에 의하여 대규모의 사찰 건축물들이 곳곳에 자리 잡게 되었다.

　건축활동은 불교 도입 이전에 비하여 배로 늘어난 상태였다. 불교는 불교적 건축물의 조영을 요구하였으므로 새로운 형태의 건축이 유행했는데 그 대표적인 예가 탑파(塔婆)의 양식이다. 신라의 황룡사 9층탑과 같은 거대한 목조건물의 완성은 새로운 경험이었고 삼국사회는 곳곳에 거대한 사살과 탑파를 조영하였고 백제사회는 그 여세를 일본에까지 전파함으로써 새로운 건축물의 조영을 그 땅에 이룩하도록 하였다. 또한 통일신라 사회는 막강한 재정을 앞세

위 찬란한 불국사, 석굴암과 같은 걸작을 탄생시켰으며 그 외에도 많은 걸작들을 완성하였던 것이다.

고려사회가 건국되면서 그 신흥의 기운을 타고 미륵대원(彌勒大院)과 같은 건축물이 완성되었고 곳곳에 건축물이 이룩되었다. 나라가 필요로 하는 집과 국본을 지키려는 염원 사지(寺祉) 건축물들이 건립되었다(노무지, 1992: 148~149). 현재 남아 있는 목조물의 건축으로 대표적인 사찰은 안동의 봉정사 극락전과 영주 부석사 무량수전이다. 그리고 충남 예산의 수덕사의 대웅전 등이 가장 대표적인 건축물이다. 특히 부석사 무량수전은 우리나라 최고의 불교의 멋을 자랑할 수 있는 건축물로 기둥의 배흘림과 귀솟음, 처마의 안정된 곡선미를 자랑한다. 또한 불교의 영향에 의한 건축문화는 거의 절집이나 다름없다.

당연히 이곳에서도 많은 스님들이 거주하기 때문에 주거 겸 사찰의 형식을 갖춘 복합건물로 볼 수 있다. 조선시대에는 절집의 특징이 마당 중심이라 할 수 있다. 뒤에는 대웅전이 건립되고 앞에는 다락집을 배치된 반면에, 마당의 측면 한쪽에는 선방, 반대쪽은 신도들이 사용하는 요사채를 배치한다.

그 이유는 민가에서는 사랑채 쪽으로 출입하고 부엌을 제일 안으로 삼지만, 절집에서는 요사채 쪽으로 들어오고 선방을 안쪽으로 둔다. 마당은 절의 중심으로 다양한 공간구조를 가지며 대중집회의 장소 내지 마당 측면에 탑을 중심으로 탑돌이 행사 등 여러 가지 쓰임새로 이용되었다.

또한 불교문화는 다양한 조경문화에도 영향을 미쳤는데 다원(茶園)이라는 독특한 형식의 연못과 화단 조경양식, 정원양식 등이 있으며 불국사의 9품 연지가 사찰정원의 으뜸으로 꼽히고 있다. 불교의 사상은 유교, 도교와는 달리 인간의 존재가 생로병사(生老病死)와 괴로움으로 이루어진 것으로 현실의 세계는 모두 무상한 것으로 모든 존재를 무아로 보고 있다. 극락정토 사상에 근거해 세계관을 현세에 조화시키고자 하였는데 그러나 이보다 더 중요한 것은 부귀영화, 생로병사 등에 집착하는 것은 모두 헛된 것으로 보았다. 인간의 존엄성을 중시하며 주택도 호화롭게 치장하고 장식하는 것도 헛된 것이며, 자연속에서 자신의 성찰을 통한 깨달음으로 자연과 함께 있는 그대로 유지하고 자비를 실천하면서 살아가는 것이 당연한 것으로 받아들이는 정신은 불교의 사상이 가져다준 절집의 특성 중 가장 큰 영향이라 할 수 있다.

3) 도교적 사상

(1) 도교의 사상적 특성

예부터 우리나라는 도교를 고유신앙인 신선사상으로 여기며 민간신앙으로써 여러 분야의 생활문화에 영향을 주면서 널리 보급, 전파되었다. 그러나 도교는 고대 중국으로부터 전래되었다는 설과 본래부터 자생적으로 발생된 우리 고유의 사상적 문화란 양설이 있다. 도교의 흔적은 이러한 전래설을 부인할 수 있는 흔적과 자료들이 많은 곳에서 발견된다. 우리나라의 지형적 특성을 보면 평야나 하천보다 산지가 전 국토의 70%를 차지해 대자연 환경이 우리에게 미친 영향은 예나 지금이나 마찬가지로 크다. 우리의 풍수사상도 중국의 득수(得水)보다 장풍(葬風)의 영향을 받아 발달되었듯이 산악풍수와 관련을 갖고 있다. 이러한 환경은 신라시대 화랑제도에서 찾아볼 수 있다. 이때 화랑도는 풍류도라고도 부르며 상무적 기풍으로 전국의 명산대천과 이름난 강과 바다를 찾아다니며 심심의 수련을 쌓으며 이를 인재양성의 지도이념 내지 기본사상으로 삼았다. 신라의 통일 후 당나라와 활발한 문물교류가 시작되면서 중국의 도교와도 서로 교류하면서 서로 영향을 주고받은 것으로 볼 수 있다. 또한 고구려, 백제 사회에서도 도교사상은 많이 나타난다.

고려왕조(918~1392)에서는 삼국시대와는 달리 도교가 성행했던 뚜렷한 예들을 많이 찾아볼 수 있는데 고려는 불교국가임에도 불구하고 건국 초기 왕실에서 도교를 애호하였다. 태조(太祖)의 등극과 관련해 유행했던 갖가지 도참(圖讖) 및 비기(秘記)들이 중국의 창업 제왕들이 당대의 저명한 도사들로부터 부명(符命)을 받았다는 설화였다는 것과 관련지어 생각할 때, 건국을 전후하여 태조와 당시의 도류(道流)들 사이에는 일정한 교감이 있었던 것으로 보인다.

태조는 즉위 후 본래 불교행사였던 팔관회(八關會)의 내용을 도교적 면에까지 확대하여 천신(天神)과 오악(五嶽), 명산대천(名山大川)에 대한 제사를 시행하였고 재위 7년에는 초성처(醮星處)로서 구요당(九曜堂)을 설치하였는데 이는 태조가 왕권확립의 차원에서 도교를 끌어 들였던 것으로 보인다(국립제주박물관, 2003: 172). 고려의 도교는 왕건 이후에도 계속되었는데 도교의례를 담당하는 기관을 설치하기도 하였고 예종 때에는 청연각에서 도덕경을 강론하기도 하였다. 고려 말에는 조선의 건국에 참여하지 않은 문인들은 대자연 속에 은거하면서 도가적 문학작품 등을 남겼다.

조선시대에는 정치이념으로 유교를 숭상하여 고려시기 도교의 성행에 따라 설치되었던 복원궁, 태청관 등 15개소에 달하는 재초의례 처소는 모두 폐지된다. 태조(太祖)는 즉위 전에 도교에 대한 관심이 있어서 태백금성(太白金星)을 제사하기도 하였으나 원년에 예조(禮曹)의 건의에 따라 모든 초례(醮禮) 장소를 폐지하고 소격전 한 곳만을 남겨 두도록 하였다. 이후로 소격전은 임진왜란 이전까지 존속한 조선조의 유일한 국립 도교기관이 된다.

태조 3년에 천도(遷都)에 대한 논의가 매듭을 짓지 못하자 태조가 친히 소격전에서 가부를 점쳐 결정하였던 것을 보면 조선 초기에는 그런대로 소격전이 전조(前朝)의 유풍(遺風)을 이어 기능을 발휘했던 것 같다. 그러던 중 소격전은 세조(世祖) 때에 이르러 소격서(昭格署)로 개칭되는데 이것은 소격서가 이제 그 종교적 기능성을 존중받기보다 단순히 국가의 행정적인 한 관서로 전락했음을 의미한다. 그러나 소격서에서는 여전히 고려 때와 마찬가지로 왕실 및 국가의 재난을 해소하고 복을 빌기 위한 각종의 재초의례를 거행하였다.

태종(太宗) 때 소격전의 책임자 김첨(金瞻)은 태일성(太一星)에 대한 초제를 시도하였으며 태종을 권하여 국신(國神)을 제사하도록 하기도 하였다. 그러나 소격서는 중종(中宗) 때에 이르러 조광조(趙光祖)를 위시한 신진사인(新進士人)들의 강력한 혁파(革罷) 주청(奏請)에 의해 일단 폐지되고 만다. 중종은 이후 기묘사화(己卯士禍)를 통해 조광조 등을 숙청하고 소격서를 부활시키나 결국 임진왜란 이후 폐지되어 한국의 공식적인 도교기관은 종언을 고하게 된다(국립제주박물관, 2003: 174~175).

조선 후기 권선서를 중심으로 한 민간도교가 유행할 무렵, 민간에는 또 다른 흐름의 민간도교 사상이 형성되고 있었다. 조선 후기에는 임진왜란과 병자호란 등의 외침(外侵) 및 집권층 내부의 심한 당파적 갈등으로 말미암아 왕권 및 유교적 세계관에 대한 회의가 대두하기 시작하였다. 이때 일부 몰락한 반체제적 사족계층들은 도참(圖讖), 비기(秘記) 등의 도교적 예언 형식을 빌어 왕조의 운명을 비관적으로 진단하고 새로운 세계의 도래를 주장하였다.

《정감록》 등을 중심으로 한 참위설(讖緯說)적인 민간도교 사상의 한 조류는 조선 후기 왕권의 동요와 더불어 민간에 더욱 유포되어 갔고 급기야는 홍경래의 난(洪景來亂)과 같은 대규모 반란운동의 배후이념으로서 기능하기도 하였다. 조선 말기에 이르러 왕조통치의 한계가 극점에 달하면서 이러한 반항적 민간도교 의식은 기존 질서의 해체와 재통합을 목표로 하는 민중종교의 이념에 수용되어 이른바 신종교 운동으로 표출되었다. 1860년 수운(水雲) 최제우(崔濟愚)에 의해 성립된 동학(東學), 1901년 증산(甑山) 강일순(姜一淳)이 영도한 증산교(甑山教) 등은 조선 말기 이후 창립된 수많은 민중종교들 중에서 대표성을 지니고 오늘날까지 존속, 발전하고 있다. 이들 신종교는 옥황상제, 관제 등 도교의 신을 숭배하기도 하고, 부주(符呪)를 사용하고, 지상, 신선을 강하게 지니고 있다. 특히 증산교의 경우 교주를 천사(天師)라고 부른다거나 해원(解冤)을 중요한 교의(教義)로 삼고 있는 점 등은 중국의 원시 민간도교 경전인 《태평경》(太平經)의 사상과 관련이 있다.

조선 말기 이후 오늘에 이르기까지 한국도교는 크게 3가지 방면을 통해 명맥을 유지하고 있다. 첫째로 동학, 증산교 등 신종교를 비롯하여 불교, 무속 등 다른 종교 속에 수용된 형태를 통해서 오늘날 동학은 천도교(天道教)로, 증산교는 증산도, 대순진리회(大巡眞理會) 등으로 개칭(改稱)하여 포교를 계속하고 있으나 여전히 도교적 요소를 강하게 지니고 있고, 한국의 불사(佛寺)에는 칠성신(七星神), 산신(山神) 등이 함께 모셔지고 있으며 무속에서는 옥황상제, 관제, 칠성신, 산신 등을 주요 숭배대상으로 삼고 있다. 둘째로 향촌에서는 민속의 형태로 도교가 잔존한다. 조왕신(竈王神), 산신, 성황신(城隍神) 등에 대한 숭배와 관련된 민속이 아직도 향촌생활에 흔적을 남기고 있다. 셋째로 개인 혹은 소규모 계파(系派)의 형태로 도교수련의 기풍이 전하고 있다. 이러한 형태가 현대에 와서 전국적인 규모의 수련단체로 발전한 케이스로는 한국연정원(韓國研精院), 국선도(國仙徒) 등을 들 수 있다. 이들은 모두 조선시대에 그 계파의 뿌리를 두는데 최근 사회 일반으로 확산된 기공·양생의 붐을 조성하는 데에 큰 역할을 했다(국립제주박물관, 2003: 178~179).

한국의 도교문화는 오랜 역사성을 가지고 다른 종교와 서로 교류되면서 흡수되기도 하였지만 독창적으로 그 본류는 지금까지 맥을 이어오고 있다. 한국역사에서 유교사상과 불교사상은 사실상 우리 민족문화의 형성을 이룩하는 데 양대 산맥을 이루었다. 이런 양대 문화 속에서도 우리문화를 크게 몇 가지로 대별하면 도교사상도 그 영역에 포함시켜, 즉 유·불·선 사상으로 분류한다. 도교는 우리 역사에서 유교와 불교처럼 정치적으로 그 중심세력을 담당하면서 왕권세력이나 귀족세력으로 힘을 얻어 크게 번창하거나 조직화하여 세력을 규합하여 정치이념화하지는 못했다. 다만, 우리 한민족의 잠재적인 전통적 신앙과 사상 속에 녹아서 지배한 것으로 보인다.

(2) 주거에 미친 도교영향

예부터 도교사상은 우리 생활과 밀접한 관계를 유지하면서 토착문화로 자리잡고 단군신화에서 동학사상에 이르기까지 그 영향력은 계속 이어졌다. 우리 민족의 도교사상은 다른 종교 신앙에 비하여 결사체인 하나의 조직화 내지 제도화되지 못하고 유교, 불교와 함께 조화를 이루면서 그 속에 녹아들어 다른 문화의 밑바탕에 깔려 나타났다.

고대국가 이전부터 자연 발생적으로 이루어진 도교사상은 신라시대의 수도자적인 자세로 전국의 명산대천을 찾아 심신을 수련하면서 화랑도의 기사도 정신을 발휘하였던 것처럼 자연에 순응하면서 자연과 함께 공존하는 지혜를 터득하였다. 자연의 숭배사상은 그 어느 사상보다 도교적 사상에서 많이 나타난다. 특히 도교사상은 우리 주거문화에 있어서 음양오행설, 삼재사상(三才思想), 풍수사상, 유교사상, 불교의 불가사상 등과 더불어 시대를 반영하면서 계승, 발전했다. 이러한 사상의 틀 속에서도 한국인의 주거에 있어 주변 환경과 관련이 있는 정원문화에 많은 영향을 미치면서 주거의 주(主)에 인공 축조 등 이에 부수되는 종(從)인 정원문화의 기본바탕을 이루고 있다.

한국의 정원문화는 도교적 사상으로 인접국가의 중국, 일본 정원문화와는 다

보길도 부용동정원(2007)

른 배경을 가지고 있다. 중국의 정원은 인공적 경관의 비중이 크고 실경보다 크
게 꾸며 권위적 특징을 지니고 있으며 일본의 경우에는 실경보다 작게 아기자기
하게 추상적으로 꾸며 강한 인공의 색채를 풍기는 것이 특징이다.

그러나 우리의 조경은 자연과 인공의 조화에 의한 정원으로 자연스러우며 소
박한 정서를 담고 있다. 우리 민족은 이와 같이 도가의 사상을 자연주의적 심성
으로 자연스럽게 받아 들여 우리의 전통적 자연관과 전통정원에 영향을 끼친 바
가 크다. 전통정원의 유형으로 궁원, 사원, 능원 등 관가정원과 민가의 정원 등
이 있으며 민가정원으로는 저택정원, 별당정원, 별서정원 등이 있다.

한국의 정원은 지형, 지세 및 입지조건에 따라 정원의 유형을 달리하는데
이는 자연 등의 지세를 허물거나 지형을 변형시키는 것보다 자연의 지형 등을
그대로 이용하여 조성하고, 자연을 훼손하는 것을 금기시하여 모든 것을 손상
시키지 않고 그 지반 등을 그대로 사용하였다.

이에 대표되는 신선사상으로는 조선시대의 삼신산, 십장생, 별서정원 등이
있다. 이에 대한 내용을 보면 신선사상에서 말하는 삼신산과 십장생은 불로장

성북동 성락원 별서정원(2006)

생을 상징하는 상징적 경관으로 연못 등의 가운데에 섬을 '신선이 사는 산'이라
고 하여 '선산'(仙山)으로 칭하는 것도 신선사상에서 유래되었고 신선사상의 표
현이며, 전남 진도 보길도 윤선도의 부용동 정원은 자연물에 대해 그 형태에
어울리도록 명칭을 정하였고, 광한루 정원에서 정자의 명칭을 삼신산의 이름
을 정한 것 등이 그 사례이다.

　우리나라의 신선사상의 '삼신산'은 여러 형태로 나타난다. 연못 등의 중앙에
섬을 하나 설치하거나 3개를 설치하는 경우도 있는데 대부분 중앙에는 섬을
한 개를 놓아 음양설의 '천원지방'(天圓地方)을 상징한 반면, 안압지는 3개의
섬을 설치하여 '삼신산', 즉 신선사상을 반영하였다. 남원의 광한루는 신선이
살고 불로장생한다는 영주, 봉래, 방장 등 삼신산이 조성되어, 그 곁에는 돌
자라가 떠받치는 형상을 하며 이는 동해에 사는 어마어마한 돌자라가 삼신산
을 등에 업고 있다는 신선사상을 잘 반영하는 것을 알 수 있다.

　십장생은 해, 산, 물, 돌, 구름, 불로초, 사슴, 거북, 소나무, 학으로 조경
문화에서 신선사상의 반영으로 주로 정원의 담장이나 굴뚝 등에 그림으로 표

성북동 성락원 정원(2006)

현되어 나타난다. 아미산의 굴뚝은 육각형으로 벽면에 십장생과 십장생 이외
의 동물 등의 문양이 배치되어 있고, 자경전 담에 한 면을 한단 앞으로 나오게
하여 굴뚝의 중앙에 십장생 무늬를 조형전으로 만들어 배치하였다. 이는 십장
생의 조경문화로써 그 대표적인 사례이다.

　도가사상의 대표적인 정원은 별서정원인데 오늘날 별장의 형태이다. 별서정
원은 귀양 시 머물던 곳으로 주거기능과 함께한 경우도 많았다. 그 사례를 살펴
보면 대표적으로 다산 정약용이 순조 때 유배생활 중 조성한 다산초당원(茶山草
堂苑), 고산 윤선도가 귀의한 뒤 조성한 부용동 정원(芙蓉洞庭苑) 등이 있다.

　이들 별서정원은 관직에서 물러나거나 유배생활 중에, 속세를 떠나 자연 속
에서 ‘유유자적’(悠悠自適), ‘안빈낙도’(安貧樂道)의 삶을 추구하면서 나타난 도
가사상의 주거문화 속에 녹아 있는 정원들의 모습이다. 이외에도 별서정원으
로 서울의 성북동 성락원, 전남 담양 남면의 소쇄원, 독수정원림, 임대정원림
과 전남 진도 의신면 소재 운림산방원림, 경남 함안 칠원면 소재 화환정국담
원 등이 있다. 이러한 정원은 지역별 차이를 보인다. 경상도 지방은 별서정원

이 담장으로 둘러싸여 연못의 여백의 공간이 없고 모두 연못으로 채워져 폐쇄성을 띠며 호남지방의 경우에는 별서정원이 조경 등을 중요시된 주(主)가 되고, 연못은 종(從)으로써 그 일부를 차지한다.

　또한 자연환경과의 경계를 자연스럽게 이루고 둘러싸인 담장 등을 찾아볼 수 없어 주위 경관이 시원스럽고 개방적 특징을 지닌다. 시대적 배경에 따라 차이는 있지만 현세에 대한 욕망들을 벗어나 현실을 도피하면서 스스로의 고답을 추구하며 자연이란 모태 속에 무위자연을 벗 삼아 인간의 모든 우환과 고뇌를 근본적으로 해결할 수 있다는 자연에의 귀의(歸依) 사상을 의미하듯이 즉, 자연주의 삶을 추구하는 전통사회의 자연관으로 여겨진다.

전통주거 형성 의례와 공간구성 제 3 장

제 1 절 전통주거 탄생과 의례순서

전통주거의 집짓기 의례와 공간구성에 있어서 우리 민족은 어떠한 형식에 구애받지 않고 집을 설계하여 건축하지 않았다. 좋은 집터로 선정하는 입지조건, 주거공간의 위치나 방향, 주거의 형태, 주거의 방위 등에는 음양오행 사상의 영향에 의한 풍수사상의 원리가 숨어 있다. 특히 건축과정에서 집터를 정하고 터를 닦는 날의 지정, 나무를 베고 다듬는 날의 지정, 주초를 놓을 때, 기둥을 세우고 마룻대를 놓는 날의 상량제 등에 대해서는 풍수 전문가에게 자문을 구했다. 또한 이러한 건축에 앞서 거주하는 자의 운세와 관련 여부, 자재로 쓰이는 기둥의 나무는 거꾸로 사용하지 않고, 집을 짓기 시작할 때 먼저 대문과 담장을 먼저 짓지 않는 등 원칙과 금기사항을 지키면서 집을 지었다.

조선시대 중·후기에 이르러서는 풍수지리 사상이 일반 백성들에까지 널리 전파되어 주거입지의 선정에서부터 건축과정 등에 이르기까지 많은 영향을 미쳤다. 주거가 과거에는 단순한 은신처 기능의 역할만 했으나 생활의 근거지와 사회적 지위 등의 상징성으로 나타나게 됨에 따라 점차 풍수사상에 따라 입지를 선정하고 집의 탄생을 위한 일련의 과정을 지키면서 집을 지어 생활을 영위함으로서 현세에 있어 삶의 행복을 추구하고자 하는 인식에서 비롯되었음을 알 수 있다.

1. 명당잡기와 개토시: 토신제

1) 집터 명당잡기

우리 민족은 오래 전부터 여러 생활환경 요인 가운데 의·식·주(衣食住) 3가지를 예로 든다. 이 중에서도 주(住)를 중요시하는 이유는 외부로부터 보호되고 안정된 삶을 살아가는 데 가장 기본이 되는 터전이기 때문이다. 이러한 삶의 터전인 집터는 아무 곳이나 선정하여 집을 짓는 것이 아니다. 위치와 방향, 형태, 집짓기의 시기 등을 사전에 정하였다. 이는 그곳에 사는 이들의 운명과도 좌우됨에 따라 집을 지을 사람과 땅을 보는 지관이 함께 현장을 확인하고 집터를 고르는 등 신중을 기했다.

이처럼 좋은 명당은 집터뿐만 아니라 음택인 묘지에까지도 널리 활용되었다. 흔히들 좋은 집의 명당은 자연환경의 조건으로 가장 최적이라 할 수 있는 배산임수가 있고, '바람을 만나면 흩어지고, 물을 만나면 머문다. 그리고 '물'을 얻을 수 있어야 하고, 바람을 가두어 두어야 한다'는 장풍득수(藏風得水)가 있다. 이중환의 《택리지》에는 다음과 같은 몇 가지를 삶의 터전으로 가장 최적기로 열거하고 있다. ①지리(地理: 땅, 산, 강, 바다 등에 대한 형이상학적인 이치)가 좋아야 하고, ②생리(生利: 그 땅에서 생산되는 이익의 가치)가 좋아야 하며, ③인심(人心)이 좋아야 하고, ④아름다운 산과 물이 있어야 한다. 이 4가지에서 하나라도 모자라면 살기 좋은 땅이 아니라고 말한다.

지리는 비록 좋아도 생리가 모자라면 오래 살 수가 없고, 생리는 좋더라도 지리가 나쁘면 이 또한 오래 살 곳이 못된다. 지리와 생리는 좋으나 인심이 나쁘면 반드시 후회할 일이 있게 되고, 가까운 곳에 소풍할 만한 산수가 없으면 정서가 화창하게 하지 못한다. 그래서 먼저 수구를 보고, 그 다음으로 들(평야)의 형세를 본다. 그리고 다시 산의 모양을 보고, 다음에는 흙의 빛깔을, 다음은 조산(朝山: 앞에 멀리 있는 높은 산)과 조수(朝水)를 본다. 무릇 수구가 엉성하고 널따랗기만 한 곳에는 비록 좋은 밭의 이랑과 넓은 집 천 칸이 있다 하더라도 다음 세대까지 내려가지 못하고 저절로 흩어져 없어진다. 그러므로 집터를 잡으려면 반드시 수구가 꼭 닫힌 듯하고, 그 안에 들이 펼쳐진 곳을 눈여겨보고 구하여야 한다. 그러나 산중에서는 수구가 닫힌 곳을 쉽게 구할 수 있지만, 들판에서는 수구가 굳게 닫힌 곳을 찾기 어려우므로, 반드시 거슬러 흘러드는 물이 있어야 한다. 높은 산이나 그늘진 언덕이나, 역으로 흘러드는 물이 힘 있게 판국을 가로막았으면 좋은 곳이다. 막은 것이 한 겹이어도 좋지만 세 겹, 다섯 겹이면 더욱 좋다. 이런 곳이라야 완전하게 오래 세대를 이어 나갈 터가 된다.

무릇 사람은 양명한 기운을 받아서 태어난다. 그러므로 양명한 빛인 하늘이 조금만 보이는 곳은 결코 살 곳으로 적합하지 않다. 이런 까닭에 들이 넓을수록 터는 더욱 아름답다. 해와 달과 별빛이 항상 환하게 비치고, 바람과 비가 차고 더운 기후가 고르게 알맞은 곳이면 인재가 많이 나고 병 또한 적다. 사방의 산이 높아서 해가 늦게 돋았다가 일찍 지고, 밤에는 북두성도 보이지 않는 곳은 집터로 피하려 한다. 이런 곳은 양명한 빛이 적고 음랭한 기운이 쉽게 침입하여 혹 잡귀가 모여들기도 한다. 또 조석으로 산안개가 있는 경우 질병이 들기 쉽다. 이 때문에 산골에 사는 것이 들에 사는 것보다 못하다는 것이다. 큰 들판에 낮은 산이 둘린 것은 산이라 하지 않고 모두 들이라 한다. 그것은 하늘빛이 막히지 않고, 수기(水氣)도 멀리 통하기 때문이다. 높은 산중이라도 들이 펼쳐진 곳이라야 좋은 터가 된다.

무릇 조종(祖宗)되는 산 모양은 다락집이 치솟은 형세라야 좋다는 감여가(堪輿家)의 말이 있다. 주산(主山)이 수려하고 단정하며, 청명하고 아담한 것이 으뜸이다. 뒤에서 내려온 산맥이 끊어지지 않으면서 들을 건너 갑자기 높고 큰 봉우리로 솟아나고, 지맥이 감싸 돌면서 골판(洞府)을 만들어 궁내에 들어온 듯하며, 주산의 형세가 온중(穩重)하고 풍대(風大)하여 겹집(重屋)이나 높은 궁전 같은 곳이 다음이다.

그리고 사방으로 산이 멀리 있어 평탄하고 넓으며, 산맥이 평지에 뻗어 내렸다가 물가에서 그쳐 들판 터를 만든 곳이 그 다음이고 가장 꺼리는 것은 산의 내맥(來脈)이 약하고 둔하며 생생한 기색이 없거나, 산 모양이 부서지고 비뚤어져 길한 기운이 적은 곳이다. 땅에 생생한 빛과 길한 기운이 없으면 인재가 나지 않는다. 그러므로 산 모양을 살피지 않을 수 없다. 무릇 시골 살이는 물 한가운데나 물가를 가릴 것 없이, 토질이 사토(砂土)로서 굳고 촘촘하면 우물물도 맑고 차다. 이와 같은 곳이면 살 만한 곳이고 만약 붉은 찰흙과 검은 자갈, 또는 누런 질흙이면 이것은 죽은 흙이나 다름없다. 그 땅에서 나는 우물물에는 반드시 장기가 있는데 이와 같은 곳은 살 만한 곳이 못 된다.

무릇 물이 없는 곳은 사람이 살 곳이 못 된다. 산에는 반드시 물이 있어야 한다. 그러나 물은 반드시 흘러오고 흘러감이 지리에 합당해야만 비로소 정기를 모으게 된다. 그러나 집터는 묘터(陰宅)와는 다르다. 물은 재록(財祿)을 맡아 큰 물가에 부유한 집과 유명한 마을이 많다. 비록 산중이라도 또한 시내와 간수(澗水) 물이 모이는 곳이라야 여러 대를 이어 가며 오랫동안 살 수 있는 터가 된다. 무릇 조산에 돌로 된 추악한 봉우리가 있던지, 혹 비뚤어진 외로운 봉우리가 있던지, 무너지고 떨어지는 듯한 형상이 있던지, 또한 엿보고 넘겨보는 모양이 있거나 이상한 돌과 괴이한 바위가 산 위나 밑에 보이던지, 그리고 긴 골짜기로 된 충사[沖砂: 대지를 듯한 사(砂). 란 것은 그 터의 전후와 좌우에 보이는 산과 물의 형태]가 전후좌우에 보이면 좋은 집터가 될 수 없다.

산은 반드시 멀리 있으면 빼어나 보이고, 가까이 있으면 맑고 깨끗하여 한 번만 보아도 기쁨을 느끼며, 울퉁불퉁한 밉살스런 모양이 없어야 길한 것이다. 조수는 물 너머의 물을 말하는 것이다. 작은 냇물이나 작은 시냇물은 역으로 흘러드는 것이 길하다. 그러나 큰 냇물이나 큰 강이 역으로 흘러드는 곳은 결코 좋지 못하다. 큰물이 역으로 흘러드는 곳은 집터나 묘터를 논할 것 없이 처음에는 비록 흥성하여도 오래 되면 패망하지 않는 것이 없다. 그러므로 이런 곳은 경계해야 하고 흘러드는 물은 반드시 산맥의 좌향(坐向)과 음양 이치에 합치되어야 한다. 또 꾸불꾸불하게, 길고 멀리 흘러드는 것이 좋고, 일직선으로 활을 쏘는 듯한 곳은 좋지 못하다.

이런 까닭에 장차 집을 지어서 자손 대대로 전하려고 하면 지리를 살피지 않을 수 없는데, 이 6가지(수구, 들 형세, 산 모양, 흙 빛깔, 물길, 조산 조수)가 긴요한 내용이다(이중환, 2004: 135~139)고 말하고 있다. 그리고 집터 찾기에서 향후 건물의 배치는 위치와 방향을 최우선적으로 검토하였다. 이는 풍수방법에 의해서 좌향이 정해지고 양택의 구성의 구성 3요소를 고려하게 되는데 이를 삼묘(三墓)라고 하고 안방, 부엌, 대문은 임의로 배치구조를 결정하는 것이 아니라 반드시 풍수 전문가에 의해서 결정하도록 한 경우는 좋은 집터 구하기 일환으로 당시의 풍수에 의한 집터의 중요성을 알 수 있는 대목이다.

집터의 명당 잡기도 시대의 변천에 따라 변하고 있다. 고대의 농업사회에서는 개발되지 않는 자연조건에서 결정되기 때문에 큰 문제점은 없으나 산업사회를 거치면서 경제개발 정책에 의한 전 국토의 개발로 자연의 모습은 찾아볼 수 없고, 인위적 지형으로 변모된 모습으로 택지 등이 나타나고 있다. 지금이나 과거 집을 짓기 위한 집터의 택지선정은 어려움 있었으리라 생각된다. 과거의 사대부가에서는 어느 정도 신축성 있게 선정할 수 있었지만 서민들의 집터 구하기는 어려웠으리라 보이며 지금도 도시계획에 의거 여전히 제약을 받고 있다.

조선의 풍수사상은 실학사상에 의해서 많은 변화의 작용을 하는데 이중환의 《택리지》에서 특히 중요한 지리적 조건을 제시하고 있는 곳으로 토지의 생산성과 위생적인 요인을 고려하도록 하고 있는 이는 경제적 가치를 창출할 수 있는 지리적 입지조건을 갖추고 있기 때문이다. 실학사상에 의한 영향을 미친 풍수사상도 실사구시의 학문과 접목되어 나타난 결과의 산출물로 여겨진다.

풍수사상에 의한 집터 구하기는 단순히 집터 하나만의 기준보다 다른 부수적인 설치인 대문, 담장, 정원 장독대, 외양간, 우물, 뒷간, 창고 등의 배치도 중요한 요인이 되었다. 즉 창고는 위치상으로 감시가 용이한 곳에 배치하고 위생적 처리를 용이하게 하기 위해서 배치되는 뒷간, 발효음식 및 관리를 위한 장독대의 위치선정 등은 전체 주거공간의 살림채와 함께 배치되는 외부공간요소로 현실생활의 편리함과 밀접한 관련을 갖고 있었음을 알 수 있다. 집터 잡기의 명당은 과거나 현재 모두 택지선정에서 이러한 요인들을 감안해

서 입지조건으로 선정되었고 이에 따라 전통의례의 집짓기의 모습은 조상들의
지혜와 슬기가 담긴 하나의 문화로써 자리매김하면서 현대의 한 축을 이루는
과학적 요소를 가미한 좋은 터 잡기 조건으로 여겨진다.

2) 토신제와 집터 다지기

집짓기에서 산세와 지세에 알맞은 좋은 집터를 고른 다음 하는 일은 집을 짓기
위해서 처음으로 땅을 파는 일이다. 이때 먼저 지신(地神)에게 의례를 올리고
나서 집을 짓기 시작한다. 이러한 의례형식은 집을 짓는 과정 속에서 불미스
러운 일이 일어나지 않도록 방화, 방재 등 재앙의 안전사고 예방과 관련된다.
또한 잡귀 등 부정한 잡귀도 들어오지 못하게 하는 방편의 일환이기도 한다.
토신제는 지방에 따라 각각 다르게 나타나지만 토신에 대한 고사는 집 주인 또
는 대목이 주관하면서 목욕 등 마음가짐을 가지런히 하고 정성을 들여 의례를
올리는 방법은 거의 같다고 볼 수 있다. 이러한 토신제는 신(神)에게 집지을
땅을 이용하겠다는 것을 알리는 내용으로 지신에게 예를 갖추어 올리는 의식
이다.
　조선 중기 농업과 일상생활을 광범위하게 기술한 《산림경제》에 의하면 개토
에 대해 다음과 같이 기술한다.

　집터의 겉흙을 긁어내고 네모지게 한 자 두 치 깊이로 파냈다가 잘게 부수어 다시
　본대대로 메워 둔다. 이튿날 아침 이 자리의 흙이 움푹하게 가라앉았으면 좋은 땅
　이 아니며 반대로 솟아올랐으면 양기가 흐르는 증거이니 매우 길하다.

　그리고 조선 후기 농업정책, 자급자족의 경제, 실학적 농촌 경제의 총서인
《임원경제지》에 의하면 개토에 대해 다음과 같이 기술한다.

　새로운 집터를 선정한 경우 산이 거칠고 수목이 울창하면 개황법(開荒法)을 써서
　잘라내야 한다. 3년 뒤에 뿌리가 썩으면 파낼 것이나 만약 3년을 기다리지 못한다
　면 뿌리 둘레를 2~3자 깊이로 파내서 뿌리를 완전히 제거해야 한다.

또한 《임원경제지》에는 터다지기의 중요성과 그 방법에 관하여 다음과 같이 기술하고 있다(강영환, 2000: 172).

집을 지음에 있어서 기초에 가장 유의해야 하는 사실은 사람마다 다 알고 있다. 그래서 여유 있는 집에서는 과다한 비용을 아끼지 아니하고, 혹은 숯을 가지고 다지고, 혹은 소금을 가지고 다지면서 남산 속에 견고하게 세웠다고 생각하나 얼마 지나지 않아서 동쪽이 무너지고 서쪽이 내려앉는데, 그 까닭은 다른 데 있지 않고 먼저 대(臺)를 다지지 않은 데 있고, 주춧돌을 놓음에 법도가 없었던 데 있다. 무릇 집을 영조함에 있어 먼저 건물 세울 땅을 살펴 정한다. 그리고 큰 나무 절구[원주: 속명은 원달고(元達古)]를 가지고 사방을 빙빙 돌며 두루 다진다. 땅이 이미 굳고 단단하게 되었으면 다시 주춧돌 놓을 곳을 살펴 정한다. 그리고 말구유 형상과 같이 곧게 땅을 파는데 깊이는 반 길 정도가 좋다. 먼저 굵은 모래를 일곱 내지 여덟 치 채우고 물을 많이 뿌린 다음 나무달구를 가지고 여기저기 세게 다진다. 달구머리에서 땅땅 소리가 난 뒤에야 비로소 손을 멈춘다. 그런 뒤 다시 모래를 붓고 물을 뿌린 다음 앞에서와 같이 다져 나간다. 대략 반 길의 깊이라면 반드시 예닐곱 차례로 나누어 다져야만 비로소 돌처럼 견고해진다.

집터를 정한 후 집을 본격적으로 짓기 위해서는 우선 토신제를 올리고 집터 다지기가 시작된다. 집터 다지기는 기초공사로 향후 집의 수명과도 직결되므로 기반공사의 일종으로 철저하게 다져야 하는데 당시 농업사회에서는 집주인만의 힘에 의해서는 집을 지을 수 없었던 상황이었다. 서로 상부상조하는 협동의식이 강한 공동체 생활에 익숙한 나머지 그 마을에 사는 모든 사람들이 노동력을 합하여 집터를 다지고 다졌다. 어떻게 보면 노동요이면서도 즐거운 마음으로 참여하여 축제 분위기 속에서 호박돌 같은 무거운 돌 등으로 서로 박자를 맞추면서 규칙적인 화음 속에서 집터 다지는 소리가 구성지게 노랫말들이 이어지면서 계속하여 집을 지을 수 있는 단계에 이르기까지 단단하게 다지고 또 다졌다. 이렇게 개토 시의 의례도 집주인이 집을 짓겠다는 의식이므로 아무 날이나 정하지 않고 풍수에 의해서 택일하였고 집주인의 지운(地運), 나이, 운세 등도 고려하여 토신제를 올렸다.

주춧자리는 기둥이 들어설 중요한 자리이기 때문에 매우 단단하게 다지는 한편, 주술적 의례도 병행했다. 다지기 전에 주춧자리를 한 자 정도 파고 숯과 고춧가루, 소금, 재 등을 넣고 다지는 일이다. 모두 민간에서 액을 물리치는 데 효험이 있다고 믿는 재료들이다. 또한 앞소리꾼은 노랫말에 "아들을 나면 효자, 딸을 낳으면 열녀"가 되게 해 달라고 기원하는 내용을 담아 부른다. 집터 다질 일이 생기면 동네 사람들이 저녁밥을 먹고 그 집으로 모여든다. 낮에는 각자 할 일을 하고 저녁시간을 이용하는 것이다. 전기가 없던 시절이라 마당 한가운데 모닥불을 피워놓고, 때로 밤이 거의 새도록 터를 다지는 일도 있었다. 집 주인은 막걸리와 떡을 밤참으로 준비한다.

강원도의 집터 다지는 소리는 후렴이 "에호리 지경이요"인 반면, 호남의 전남지방은 "얼럴럴 상사도야"이고, 경상도나 충청도는 대부분 "어허라 지점이야"이다(최상일, 2002: 294~295). 이러한 집터 다지는 노랫말 소리는 각 지방마다 다르게 나타났다.

2. 정초 및 입주(立柱)의례

1) 주초 시 정초의례

집터 다지기에 대해서 살펴본 봐와 같이 가장 기본이 되는 집짓기에 있어서 집터 다지기가 갈무리 되면 풍수사가 정해 놓은 좌향에 따라 기둥을 세울 수 있는 주춧돌을 놓게 된다. 또한 주춧돌을 놓는 시기도 풍수사가 정한 날짜에 시행되고 주춧돌의 역할은 기둥의 평형을 유지하는 데 기본이 되므로 서로 대칭이 잘 되도록 설치하여야 한다.

기둥설치에 있어서 가장 중요한 것은 집이 오래도록 지탱되고 고택으로 유지되기 위해서는 기둥의 뿌리가 썩지 않도록 하는 역할과 기능을 담당하게 되므로 주춧돌의 품질 역시 기둥과 함께 중요한 요인이 되었다.

정초의례도 터다지기와 마찬가지로 택일을 풍수가 정하여 시행하였다. 정초의례의 가장 기본이 되는 것은 집터 다지기도 중요하지만 집터를 다진 위에 정초를 올려놓기 위해서는 기단을 튼튼하게 조성해야 한다. 예부터 우리 조상들은 집에 신이 있다고 믿으면서 즉, 기단은 신이 거처하는 것을 받쳐 놓은 곳으로 인식했다. 그리고 기단의 유형은 주거의 기단 외에 매우 다양한 형태를 이루고 있다. 천단(天壇), 지단(地壇), 월단(月壇), 선농단(先農壇), 사직단(社稷壇), 선잠단(先蠶壇) 등이 있다.

특히 집을 짓는 데 쓰이는 재료는 자연암반 등의 자연기단과 흙을 쌓아 만든 성토기단 등과 같은 인공기단으로 분류할 수 있다. 이외에도 돌을 쌓아 만든 축석기단, 벽돌을 쌓아 올린 전축(塼築) 기단, 기와를 쌓아 만든 와축(瓦築) 기단 등이 있다. 여기에 주춧돌을 올려놓는데 다른 말로는 초석, 기초 등으로 표현한다. 주춧돌 역시 모양에 따라 다양하게 표현되는데 연화와 거북 등의 모양은 길상과 무고와 장수를 비는 상징성을 내포한다. 부석사 무량수전의 주춧돌의 모양은 연화꽃 모양을 하고 있어 특이한 주춧돌이라 할 수 있다. 창덕궁 인정전(仁政殿)의 기둥은 자연의 돌을 둥글게 인공적으로 다듬어 사용하였고 또 다른 창경궁의 주춧돌은 사각으로 잘 다듬어서 사용하였다.

그러나 초석을 인공적 힘을 가하여 다듬지 않고 자연상태의 것을 그대로 사용하는 것이 자연의 순리에 순응하고, 재앙도 면한다는 의미를 지니고 있어 예부터 가장 일반적으로 사용되고 일반주거 등에 널리 쓰임새로 이용되었다.

2) 기둥의 입주 의례

터 잡기에서 개토와 정초의 과정을 거쳐 입주(立柱)는 다져진 주춧돌 위에 기둥을 바르게 세우는 작업을 말한다. 입주의례도 다른 의례와 같이 풍수사 또는 지관에 의해서 날짜를 정하여 시행한다. 주춧돌 위에 기둥을 세우는 입주의례는 크게 2가지로 구분하여 시행했는데 성주신의 뼈대 만들기를 위한 치목(治木)과 입주(立柱)로 대별된다.

공사가 시작되면 대목은 설계된 대로 목재를 다듬어 기둥과 도리, 보 등 건축부재를 만들게 된다. 쓰임새에 따라 목재를 가공하는 작업을 대목들은 치목이라 하고 치목에 의해 만들어지는 부재는 구조재인 동시에 의장재가 되기 때문에 잘못 가공되면 건물의 구조적인 안정성과 의장성에 심각한 피해를 주게된다. 따라서 대목들은 '치목'을 중요한 공정으로 인식한다. 나무껍질이 붙은 '겉목'은 자귀로 다듬고, 먹줄로 자르거나 파낼 위치를 표시하여 톱이나 끌, 대패로 다듬는다. 소규모의 주택은 한 사람의 대목이 먹줄을 긋고 가공하는 일을 모두 하지만, 여러 명의 대목이 참여하는 큰 공사에서 먹줄을 긋는 일은 설계자이자 그들의 우두머리인 도대목에게 맡겨졌다. 대목들의 세계에서 먹줄치는 일은 일종의 작업지시로서 그만큼 위계가 높은 일로 인식되었다. 목재로 사용될 나무를 베는 시기는 목재의 강도나 변형, 부식 등과 관계가 있어 중요하게 인식되었다. 《산림경제》에 의하면 치목에 대한 나무 베는 시기와 관련된 다음과 같은 기록이 있다.

소나무를 벌목하는 데에는 길일을 택해야 한다. 그래야 나무가 트지 않고 뒤틀리지 않는다. 소나무를 벌목하는 날은 쾌청한 날이어야 한다. 비가 온다든지 하여 껍질이 물을 먹게 되면 나쁘다. 또 오경(五更) 때에 소나무 껍질을 벗기면 흰 개미가 살지 못한다. 집 짓는 재목으로는 소나무를 으뜸으로 친다. 기타 재목들은 좋다고 하더라도 헛간을 짓는 데 쓰이는 정도에 불과하다. 4월과 7월에 날을 받아 벌목하면 벌레가 먹지 아니하고 또한 질기다. 버드나무 잎이 늘어지거나 뽕나무 오디가 떨어질 즈음, 나무에 열매가 열어 마침 익으려 하는 시기를 틈타 나무를 베면 아주 좋다. 이 시기를 놓치고 나무를 베면 물에 한 달 가량 담가 두든지 불에 그슬려야 벌레가 생기지 않는다.

그러나 대부분의 대목들은 치목하는 날을 특별히 정하지 않았다고 말한다. 아마도 목재시장이 일반화되면서 시장을 통하여 목재를 구입하게 되자 벌목의 시기가 무의미해진 것으로 생각된다. 또한 경제력이 없었던 민간에서는 벌목을 통하여 재목을 구하는 것이 어려웠기 때문에 해체되는 다른 건물로부터 목재를 구하는 경우도 많이 있었다. 따라서 건설과정으로서의 '치목'의 의미가 점차 약화되었던 것으로 보인다. 그럼에도 불구하고 어떠한 방법으로 목재를 구입하든지 간에 목재를 선택하거나 벌목하는 시기는 여전히 중요한 일로 인식되어 있었다.

이와 같이 목재의 선택이나 벌목시기는 재료의 의장적 성능이나 구조적 성능과 관련되어 있음을 알 수 있다. 그러나 이러한 현실적 성능만으로 목재의 선택과 벌목시기가 중요하게 인식되었다고 볼 수는 없다. 《산림경제》의 "선택편"에는 '나무 베는 데 좋은 날'이 특정한 길일로 택일되어야 한다고 설명하는데, 그 길일은 목재의 현실적 성능보다는 《주역》과 음양오행의 이치를 기반으로 하는 철학적 사고에서 결정된 시기를 의미하기 때문이다. 또한 대목의 역할에서 살펴보았듯이 부정한 나무를 꺼리는 것은 재료의 구조나 의장적 성능과는 무관하다. 즉, 집의 부재로서의 목재를 마련하는 일이 중요하게 인식된 것은 현실적 이유를 초월한 배경을 가졌던 것이다.

조선 후기 실학자인 서유구의 《임원경제지》에는 위와 관련하여 다음과 같은 금기사항이 기록되어 있다.

집의 부재에는 구부러진 것, 벌레 먹은 것, 자연히 죽은 나무, 마른 뽕나무, 단풍나무, 대추나무를 모두 꺼린다. 벼락을 맞은 나무도 꺼린다. 특히 사당이나 절, 관청을 짓다가 남은 나무, 배를 만들다가 남은 나무, 신수(神樹)와 사당나무(祠木) 및 짐승이 깃들였던 나무가 집에 들어오는 것을 꺼린다.

집짓기 의식의 신화적 체계에서 집은 성주신의 신체이며, 목재는 집의 골격을 형성하는 부재로서 성주신의 뼈대를 의미한다고 해석하였다. 아버지인 하늘로부터 받은 신체의 뼈대이기에 신성하게 여겨졌던 것이다. 전남지역의 대목들은 다른 집을 헐어 목재를 사용할 때에는 여러 집의 목재를 섞어 쓰는 일을 금했다. 한 집의 목재를 새로운 목재와 섞어 쓸 수는 있지만, 이 경우에도 머릿대만큼은 새로운 목재로 사용해야 한다고 말한다. 또한 안채를 뜯어 행랑채에 사용하는 일을 금했다고 하는데, 안채가 주인을 의미하므로 안채의 재목이 행랑채에 사용되는 것은 목재의 격이 강등되기 때문이라고 한다. 이러한 인식에서 보이듯이 목재는 신격체의 일부로서 신성하게 다루어진다. 인체의 용모가 골격에 따라 결정되듯이 신체의 뼈대를 선택하는 일은 좋은 신체를 만들어 내기 위한 신선한 의식의 일부로 인식되었다.

각종 부재가 완성되면 주추 위에 기둥을 세우는 작업이 시작된다. 선사시대의 움집에서는 땅 속에 기둥을 박아 경사지게 세우고 삼각형의 꼭짓점에서 끈으로 묶어 비교적 간단한 기술로 안정된 구조체를 만들 수 있었다. 그러나 수직의 벽체를 세워야 하는 지상주거에서는 정확하게 수직의 기둥을 세우는 일이 구조체의 안정성을 좌우하는 중요한 일이었기에 하나의 기둥이라도 수직을 유지하지 못할 때에는 건물이 기울거나 무너지는 사례를 충분히 경험했기 때문이다. 기둥을 세우고 수직으로 세워졌는지를 시험하게 되는데, 이를 '다림 본다'라고 하며 기둥 몸체에 사방으로 먹줄을 긋고 기둥머리에서 추를 내려 먹줄과 일치하는가를 보는 것이 다림 보는 방법이라고 한다. '기둥이 기울면 집이 기울게 되고, 집이 기울면 집안이 망하게 되는 것'이라는 대목들의 표현에서 볼 수 있듯이, 기둥은 가세(家勢)나 가운(家運)을 지탱하는 상징물로 여겼다. 따라서 단지 구조적 이유에서만이 아니라 가운의 상징물로서 반드시 하늘을 향하여 수직으로 세워야 했다. 입주는 단순히 기둥을 세우는 작업만을 말하는 것이 아니라, 기둥의 머리에서 도리와 보를 결합시켜 건물의 뼈대를 형성하는 작업이 포함되어 있다. 대목들은 입주하는 날을 '집 세우는 날'이라고 하는데, 이는 건물의 뼈대가 이 단계에서 형성된다는 것을 의미한다.

목재를 사용하여 건물의 뼈대를 형성시킴에 있어서 대목들은 일정한 목재사용의 원칙을 가지고 있었다. 즉, '세우는 나무는 가지 쪽이 위를 향하도록 하며, 뉘는 나무는 가지 쪽이 안을 향하도록 하는 것'이다. 다시 말하면 기둥이나 서까래, 문설주와 같이 세워 사용되는 목재는 가지 쪽이 위를 향하도록 배치하며, 도리나 보와 같이 뉘어 사용되는 나무는 가지 쪽이 안을 향하도록 배치한다. 이러한 원칙이 언제 어떻게 만들어진 것인지는 자세히 알 수 없으나 한반도 전역에 걸쳐 적용되었던 것으로 조사되었고, 심지어 중국 연변에서 활동하는 조선족 대목들도 이러한 원칙들을 지켰다.

《산림경제》에 다음과 같은 금기사항이 기록되어 있는 것으로 보아 이미 조선 후기 이전부터 지켜져 온 것으로 생각된다. 집 지을 때 기둥에 쓰는 나무를 뿌리 쪽이 하늘로 향하도록 거꾸로 쓰면, 사는 사람들을 괴롭히는 일들이 계속될 것이므로, 솥뚜껑으로 나무를 두드리며 거꾸로 사용하였더라도 좋다고 자꾸 외쳐야 겨우 길함을 얻을 수 있고, 사는 사람은 두고두고 온포(溫飽)하여야 길함을 얻을 수 있다는 것이다.

즉, 목재의 사용에서 '위로의 지향성'과 '안으로의 지향성'을 알 수 있다. 나무의 성장방향이 뿌리에서 가지 쪽으로라는 것을 고려하면 목재의 가지 쪽은 성장, 발전, 번영을 의미한다. 따라서 수직부재의 가지 쪽을 위로 향하게 하여 나무의 성장처럼 가운이 번창하기를 기원하고, 수평부재의 가지 쪽을 안으로 향하게 하여 외부의 복을 집 안으로 끌어들인다는 의미를 가진다. "기둥을 거꾸로 세우면 집안이 망한다"라든지, "삼대가 원수져야 문골을 거꾸로 세운다"라는 대목들의 표현은 이러한 인식의 체계를 잘 반영한다. 민간신앙의 신화적 인식체계에서 '입주'는 모태 내의 성주가 발육하는 상징적 과정으로 해석된다(강영환, 2000: 179~183).

그리고 집을 지을 때 쓰이는 나무의 수종도 매우 중요하지만, 나무를 베어서 바로 쓰임새로 사용하는 경우도 있지만 집을 지을 시기가 상당한 기간 여유있게 나무를 벌목하는 경우가 있다. 이때 벌목하여 사용될 나무는 양지 바른 곳에서 말리지 않고 그늘진 곳에 보관하여 서서히 말려 나무의 수액을 제거하는 방법을 이용하였다. 음지가 아닌 양지에 보관할 경우 나무의 결이 바로 균열이 생겨 기둥감으로 적절치 못하기에 항상 음지에서 보관하면서 관리하게 되었다. 또한 나무의 껍질을 벗기지 않고 자연의 상태 그대로 입주(立柱)에 필요한 나무로 관리하였다. 이것은 자연의 섭리에 순응하는 의미도 담겨 있음을 알 수 있다. 또한 입주에 사용되는 기둥의 모양은 형태에 따라 배흘림기둥, 민흘림기둥 등이 있다. 배흘림기둥의 모양은 기둥의 중간이 배가 불룩한 특징을 보이고, 민흘림기둥은 위쪽은 좁고 아래 부분은 넓은 모양을 이룬다.

또한 단면의 모양에 따라 두리기둥(원주)과 육각기둥, 방형기둥, 팔모기둥, 사모기둥 등이 있으며 이 중 두리기둥의 형식을 취하는 건축물로는 궁궐, 사찰, 사당 등이 있으며 이는 웅장하고 보다 장엄한 위계질서를 나타내는 형태를 갖추었다. 팔각기둥은 고구려의 쌍영총, 경주 석굴암 등에 사용된 바 있으며 지금 널리 많이 사용되고 있다. 그리고 모기둥은 민가와 같은 일반 건축물 등에 사용되었다.

3. 상량 및 집들이 의례

1) 상량의례

상량의례는 집짓기에 있어서 가장 중요한 의례이다. 즉 상량은 기둥머리에 보와 도리가 결합되면서 구조틀의 정상에 마룻대를 얹는 작업이다. 건물구조의 최상위에 놓여지는 '상량'(上樑)은 집의 구조를 결정짓는 중요한 기능을 하고 있다. 지붕의 재료에 따라 상량이 달라지는데 특히 기와집인 경우에는 상량을 비롯한 서까래 등이 튼튼한 재료를 사용하여야 과중한 무게를 받쳐줄 수 있기에 지붕의 경사도 다른 지붕과 달리 경사도는 보다 완만하게 하고 더 길게 되도록 하여야 한다. 그러나 초가집이나 너와집 등은 재료 등에서 기와집보다 가벼운 것을 사용할 수 있고 경사도는 기와집보다 경사도가 낮다.

집짓기의 여러 통과의례 중 가장 중요한 행사로써 상량이 올라가면 집의 모두 완성되는 것으로 여겨 그만큼 집의 상징적인 의미를 지닌다. 이를 기념하고 축원하기 위해 상량고사를 지낸다. 이때 양끝에 하얀 광목천으로 매어 올리며 대목을 위해 돈을 올려놓는다. 그리고 올려놓은 돈은 대목이 차지한다. 상량문이 작성될 때 주요 내용은 대체로 상량 년·월·일, 집의 좌향(坐向), 주인의 출생일, 간지(干支)와 천상(天上)의 일월성신(日月星辰)이 보살펴 주고 오복(五福: 壽, 富, 康寧, 德, 終命)을 누리게 해달라는(應天上之三光, 備人間之五福) 축원구를 적는다. 따라서 부(富)와, 수(壽)는 물론 만세(萬歲) 뒤의 자손도 만인(萬人)의 칭송을 받고 공명(功名)도 떨치기를 바라는 문구(文句)를 적어 넣기도 한다(윤원태, 2004a: 57). 한편 상량문의 앞과 뒤에는 구(龜)와 용(龍)이 표기되는데 거북과 용은 수신(水神)으로서, 화재를 피하는 것을 의미하고 대규모의 건축 공사 시에는 대목들의 역할이 크기 때문에 공사에 참여한 그들의 이름도 함께 써 넣기도 한다.

그리고 '상량제'의 의례는 각, 지방마다 다르게 제물을 준비하는데 주로 대추, 배, 막걸리, 시루떡 등이 있다. 의례는 제일 먼저 집주인이 술잔을 올리고 공사의 마무리와 향후 부귀영화를 누릴 수 있도록 성주신에게 기원한다.

장성 삼서 대곡리 한송정(漢松亭) 상량문 (2006)

집주인의 상량의례가 끝나면 동네 웃어른이나 친지들이 술잔을 올리기도 하고 서로 덕담을 나누며 축제 분위기를 연출한다. 상량고사가 끝나면 '마룻대'를 올려야 하는데 이때 양쪽 끝에 하얀 광목천으로 매어 올리는데 주인은 돈을 올려놓아 그동안 상량이 올라가기까지 고생한 대목을 위로하기 위해서이다. 이러한 의례와 건축적 의미를 통하여 보여 지듯이 마룻대는 주택의 건축부재 중에서 가장 중요한 부재로 인식되어 있다는 것을 알 수 있다. 상량고사에서 마룻대를 진설하고 의례를 치르듯이 마룻대가 의례를 통하여 성화(聖化) 됨으로써 신격화되고 있다. 민간에서는 가택신의 우두머리인 성주신을 '상량신'이라고도 부른다. 즉, 마룻대는 상량신의 신체이며, 준공 후에는 가택의 수호신인 성주로 변하게 된다. 그러나 마룻대만을 성주신의 신체로 보기는 어렵다.

앞의 여러 과정을 통하여 설명된 바와 같이 성주신의 신체는 집 전체를 의미하고 있다. 다만 마룻대는 목구조의 부재 중에서 가장 윗자리에 있는 부재이며, 이 부재의 설치를 통하여 구조체가 완성되었다고 보기 때문에 신체의 가장 중요한 부분으로 인식되었을 가능성이 높은 것이다. 굳이 비유하자면 마롯대는 인체의 머리와 같이 인체를 대표하는 것으로 보인다. 즉, 이 부재의 설치를 통하여 집이 완성되며, 집이 완성된다는 것은 곧 성주신이 탄생한다는 의미를 가지는 것이다(강영환, 2000: 188).

2) 갈무리 후 집들이 의례

집들이는 집을 새로 신축하여 새로운 집으로 이사 가는 경우와 다른 집에서 살다가 새로운 집으로 이사 가는 경우 또는 살고 있는 집이 노후되었거나 재난 등으로 새로 개축 또는 재축하여 미리 손 없는 날의 길일(吉日)을 정하였다가 이사 가는 날 지내는 의례이다. 집들이 형식은 자신의 가족들만이 행하는 것이 아니고 새로 이사 온 것을 알리는 의미도 있고 이사 와서 모든 일들이 번성과 평안을 바라는 의미에서 이웃, 친척, 지인 등을 초대해서 큰 잔치를 베푸는 전통의례이다.

지방마다 차이는 있지만 영·호남지방에서는 풍물패도 합세하여 흥을 돋운다. 마루에서 한바탕 놀고 나서 상쇠는 "마루 구석도 네 구석, 방구석도 네 구석, 정지 구석도 네 구석, 삼사 십이 열두 구석, 좌우 잡신 잡아다 맞아들이세"하는 덕담을 늘어놓는다. 이들은 부엌에 들어갔다가 집 주위를 한 바퀴 돌고 나서 거리제를 지낸다. 주인과 마을 사람들은 한데 어우러져서 춤을 추고 노래를 부르며 즐긴다. 집들이에 초대를 받은 사람은 운수가 불길처럼 일어나라고 성냥 따위를 가져간다.

경기도 옹진군 백령도에서는 이를 '들차지'라 한다. 주인은 미리 잡은 날 저녁에 이웃을 불러 밥과 콩나물 그리고 강투(바다풀의 한 가지)를 함께 버무린 비빔밥을 대접한다. 손님들은 성냥이나 국수방망이(뭉치), 술 따위를 건넨다. 집을 지을 때 마을 사람들이 정한 날에 모두 모여서 하루 일을 도와준다. 주인은 목수들이 손을 떼는 날, 개를 잡는다. 조선 후기의 의관으로 당시 대표적인 홍만선의 종합농서로 영조 42년(1766)에 《산림경제》를 증보한 유중임(柳重臨)의 《증보 산림경제》의 집들이 고사내용을 보면 다음과 같다(김광언, 2000: 279~280).

새 집에 들어가거나 이사할 때에는 좋은 날을 받는다. 집을 다 지으면 향촉(香燭), 술(酒醴), 깨끗한 물 한 사발, 버드나무 가지, 푸성귀 한 잎(靑菜一葉)을 마련하고 천지가신(天地家神)에게 제사를 올리면서 다음의 말을 세 번 읊고 두 번 절한다. "천지의 음양신과 해와 달과 별님이 두루 살피심이여, 상서로운 기운이 집 안에 깃들기를 바라옵니다. 여섯 신령에게 이르시어, 향불이 만년 동안 꺼지지 않으며, 집을 영원히 다스리어 악령(惡靈)이 들지 못하고 물이나 불이 침범하지 않게 하소서. 문신이 집을 보호하여 잡귀를 물리치고, 태을에 명하시어 가문을 지켜주고 술술 풀어지게 하소서."

이 뒤에 집들이 제사를 지낸다. 제물과 정화수를 마련하고 가신이나 조왕신에게 빈다. 버드나무 가지를 정화수에 찍어 문이나 기둥 그리고 여러 곳에 뿌리면서 이렇게 읊조린다. "천지의 음양이며 일월 성광이여, 잡귀를 물리치고 궂은 일이 좋은 일이 되도록 도와주시며, 우리 태상노군 위하듯이 슬슬 풀어지게 하소서."

새 집에 들어갈 때에는 택일한 날, 길시(吉時)에 남이 먼저 들어가 불을 붙인 뒤에 짐을 옮겨야 좋다. 이날 재물을 들이는 것은 좋으나, 밖으로 나가는 것은 나쁘다. 금이나 은으로 만든 기물(器物)을 들고 들어가야 하며, 빈손으로 들어가면 불길하다. 마당에 향촉을 피우고 식구들은 반드시 돈이나 비단 등을 손에 쥔다. 장남은 오곡이 담긴 그릇을, 어머니는 거울을, 대주는 가신을 모시고 차례로 안마당에 들어가서 자리를 펴고 늘어놓는다. 다시 향을 피우고 예를 올리며 만복이 깃들기를 축원한다.

집짓기 과정에서 새집의 집들이는 다른 의례와 달리 '불'과 관련성이 깊다. 우리의 세시풍속을 보다 구체적으로 살펴보면, 예부터 '불'에 대해서 매우 각별한 의미를 부여한다. 이는 오랜 선사시대부터 불을 보존하는 데 많은 어려움이 있었다. 인위적으로 어렵게 만든 불씨는 당시의 주거생활에서 가장 중요한 요인으로 일상생활에 있어서 음식을 만드는 일, 겨울철에는 따뜻하게 난방 효과 등 없어서는 안 될 필수요인이었기에 이사 가는 날 이삿짐 가운데서도 제일 먼저 챙기는 것이 불씨였다.

이전에 살던 곳에서 아궁이의 불씨를 화로에 옮겨 꺼지지 않도록 정성스럽게 다른 이삿짐과 함께 옮겼던 것이다. 또한 불씨는 모든 액운을 불태우고 모든 가사활동에 있어서 불길처럼 요원하게 가정의 발전과 융성을 기원하는 의미도 있으며 집들이에 참석하는 사람들도 성냥 등을 가지고 가는 연유도 여기

에 있다. 또한 집들이 하는 날 처음으로 집에 들어가는 순서도 남자가 먼저 정
문으로 들어가고 여자들은 뒷문으로 들어가는 등 다소 의례상 복잡하기도 하
였지만 향후 집안의 발전, 재물을 담고 있다고 믿고 있었기에 집짓기의 마지
막 통과의례까지 마다하지 않고 의례를 지냈던 것이다.

제 2 절 전통주거의 내부 공간구성

1. 삶의 공간 배치

거주공간의 분류에서 가장 중요한 방의 배치는 전통주거에서 방은 폐쇄공간으로 열린 공간의 대청 등과는 대칭되는 개념으로 구조적 공간으로 여러 공간을 기능적으로 설치하고 위치, 통풍, 방향 등을 고려하고 공간을 배치하였다. 그리고 생활의 다용도로 설치되는 내부 공간구조의 방의 유형에는 안방, 웃방, 건넌방, 사랑방, 큰사랑, 작은사랑, 안사랑, 별당 등의 구조를 이루면서 배치되고 있다. 구조와 배치에는 당시 사회의 사상적, 사회적, 종교적 이념에 의해서 달리하고 있다.

　우리의 옛 주거는 자연이 주는 여건에 영향을 받아 지방에 따라 특색 있는 살림집의 형태로 발전되었다. 조선시대까지는 一자형 평면구조가 주류를 이루었으나 ㄱ자, ㄷ자 등의 평면으로 다양하게 진일보하게 된다. 평면의 구조가 ㅁ자형의 집들은 강원도 태백산맥 일대, 경기도, 서해안, 충청도 지방에 분포하고 ㄱ자형 평면의 집은 광활한 평지 등에 자리 잡고 一자형도 함께 나타난다.

　ㄱ자형은 한옥에서 평면구성의 대표적 특징으로 다양하게 나타난다. ㄱ자형의 안채, 一자형의 사랑채, 一자형의 안채에 ㄱ자형의 사랑채가 배치된다. 내부 공간배치에서 우선 안방의 경우 안주인의 일상거처로 직계존속 이외는 출입할 수 없는 공간이기에 주거공간에 있어서 중심의 가장 안쪽에 배치된다.

　조선시대의 상류주택은 양반으로서의 권위를 지키기 위해 가족의 일상생활이 밖으로 노출되는 것을 꺼려 주거 내의 건물과 공간들은 높은 담장으로 가리는 경우가 많았고, 집안 하인들의 거처는 대문 근처에 두어 외부에 대해 방어적 형태를 취하였다. 또 하인들의 생활영역과 안채, 사랑채와 같은 주인의 생활공간은 담장과 문으로 막아 격리시켰다.

　조선의 대가족제도는 가장을 중심으로 여러 세대가 한 가족을 이루어 자연히 많은 공간이 필요하였으므로 주택은 담으로 둘러싼 여러 개의 채로 구성되

안동 하회마을 북촌댁 큰사랑채(2006)

었다. 사랑채, 안채, 안사랑채, 행랑채, 별당 등의 용어는 모두 공간 상용자에 따른 주택공간의 명칭이다. 또한 유교의 삼강오륜은 사회적 지위뿐만 아니라 상속, 활동범위, 교육, 가족 내 지위 등에서 남녀 간에 차등을 두게 하였다.

이러한 경향은 조선 중기 이후 사회적 기풍으로 정착되었고 남녀의 지위 차등과 내외사상 등은 주택의 평면을 구성하는 기본개념이 되어 공간분화 과정에서 안채와 사랑채를 따로 두어 남녀를 격리시켰다. 유교사상이 주택에 미친 영향 중 또 하나는 가계의 계승권이 장자에게 주어지는 출생순위의 권위이다.

조선 초기에는 후기에 비해 장남과 차남의 구별이 그다지 강하지 않았으나 유교사상이 가족생활에 영향을 미치면서 삼강오륜의 장유유서는 장자의 위치를 부권 계승자로서 확고하게 하였다. 이러한 사상은 주택건축에도 영향을 미쳐서 안채와 사랑채를 나뉘게 했고, 장남을 위한 작은 사랑이 사랑채에 따로 배치되기도 하였다.

사랑채는 사랑방, 대청과 누마루, 침방과 서고 그리고 사랑마당으로 구성되어 있다. 그 중에도 사랑방은 주인의 일상 거처일 뿐만 아니라 내객의 접대 및 문객들과의 교류가 이루어지는 공간이다. 사랑채는 가문의 위용을 나타내기 위해 정성들여 꾸며지며, 집안에서 제일 높은 기단 위에 건축되고, 대청 앞에는 가문의 권위를 나타내는 편액을 붙인다. 사랑방 옆에 붙어 있는 침방은 주인의 일상 취침공간으로서 태종조에 부부별침을 명한 이후로 상류주택에서 지어졌다(주거학연구회, 2004: 77~79). 안채는 사랑채에서 중문을 통과하면 바로 나오는데 대부분의 사대부가에서는 중문을 중심으로 내외담을 설치하여 사랑채와 구분시켰다. 주로 안채는 안방마님이 관리하고 직계 존비존속 등 이외의 남성들은 출입이 통제되었다. 행랑채는 마구간 등 허드렛일들을 도와주는 하인들이 거주하는 공간으로 활용되었다. 사랑채는 행랑채와 사랑채의 중간에 위치하도록 배치하여 안채를 보호하고 행랑채를 통제하는 기능도 갖추고 있었다. 사랑채와 안채의 배치는 매우 중요한 위치이기에 음양사상에 의해서 거처를 마련하였다.

이와 같이 집의 내부구조 배치는 최초의 전통사회 주거에서는 나타나지 않는다. 오랜 역사를 거치면서 나타나는 현상으로 볼 수 있다. 원시사회는 계급사회가 아닌 사회였기에 주거란 단순히 자연에 놓인 상태에서 그 위험을 보호하는 은신처의 역할을 하는 데 그쳤다. 현재도 주거의 물리적 측면에서 보면 집의 기본적 기능은 인간의 몸을 보호하는 은신처 역할은 지금도 공통된 시각으로 볼 수 있다. 그러나 역사와 함께 주거는 함께 발전하면서 주거도 사회적 신분을 상징하는 경우가 많았다. 가사의 규제 등에서 나타났듯이 이는 궁궐을 제외한 사대부, 서민주거 등 모두 사회적 규제의 대상이었다. 특히 서민주거는 상류주거보다 심하게 규제의 대상이었다. 이러한 사회제도에 따른 주거공간 배치는 함께 수반되기 마련이다. 집의 구조도 시대의 배경에 따라 발달하게 되었는데 그 사용의 기능과 집 주인의 사회적 신분에 따라 위계(位階)가 다르듯이 건물의 명칭도 기능과 거처하는 자에 따라 다르게 불렀다.

2. 부엌·구들 및 굴뚝 설치

1) 부엌 설치

부엌은 정지라고도 한다. 하나는 조리를 주된 목적으로 하고, 방에 불을 지펴서 추위를 녹여 보금자리를 마련하기 위한 아궁이 구실도 함께 한다. 사실상 주거의 공간에서 없어서는 안 될 필수적인 생활공간 요소이다. 이러한 부엌의 공간을 영남지방에서는 아궁이, 또는 부뚜막을 지칭하여 부엌이라고 하고 부엌을 포함하는 공간은 정지라고 부른다. 부뚜막이 있는 부엌과 취침공간으로 사용되는 방은 칸막이로 구획되지 않은 채 오랫동안 하나의 공간으로 존재해 왔다. 일부 지역에서는 오늘날까지도 부엌 안에 취침공간을 두는데, 북부지역의 겹집에서 볼 수 있는 정주간의 모습은 벽체로 구획되기 이전의 부엌과 방의 관계를 잘 보여준다. 정지는 주로 먹을 것과 관련되어 있는 공간이다. 먹을 것이 풍부하게 지속적으로 공급된다는 것은 생존과 관련된 복으로 여겼다. 부엌을 지칭하는 조(竈)는 먹을 것이 있는 곳을 표현하는 것으로, 반드시 풍수로부터 그 위치를 지정받아야 하는 중요한 곳이다. 또한《산림경제》는 전원생활에서의 보건위생과 경제와 정서생활을 위한 전문적인 지식을 수록한 책으로서 박물지(博物志)의 성격을 띠고 있다.

특히 조선 전반에 걸쳐 사농공상(士農工商)이라 하여 경제면을 경시하여 왔던 시대에 농가(農家)를 위한 경제서가 나왔음은 중요한 의미를 지닌다. 이 4권 4책을 1767년(영조 43년)에 유중임이 16권 12책으로 증보(《증보산림경제》)하였다. 1책 권1이 "복거(卜居)편"이다. "복거편"은 32항목으로 되어 있는데, 집의 위치와 택지의 조건 및 환경 등에 대한 논의, 풍수설과 도참사상에 많은 근거를 두었다. 아궁이를 만드는 데 좋은 날을 기술하고 있어 아궁이를 만드는 날을 특별히 받을 정도로 정지 안에서 아궁이는 중요하게 인식되었다. 정지는 취사, 난방, 조리와 관련된 행위가 이루어지는 공간이며, 이러한 행위를 통틀어 부엌살림이라고 한다. 부엌살림은 여성에게 맡겨진 행위이므로 남성이 부엌에 출입하는 것이 금지되기도 했다. 부엌을 여성의 공간으로 인식

118

남산골 한옥마을의 부엌(2006)

하는 태도는 방위의 개념에서도 보인다. 동쪽은 남성을 상징하고 서쪽은 여성을 상징해 주거영역 또한 동쪽의 남성영역과 서쪽의 여성영역으로 구분되기도 한다.

창덕궁 대조전(大造殿)에는 대청을 중심으로 좌우에 큰 방이 딸려 있는데, 임금의 방을 동쪽에 배치하여 이를 '동온돌'이라 하였으며, 서쪽의 왕비의 방을 '서온돌'이라 불렀다. 《삼국지》"위지 동이전 변진조"에는 "집의 부엌을 설치하는데 있어 대부분 서쪽에 시설된다"는 기록이 있다. 이로써 이미 상고시대부터 부엌의 위치가 특정한 방위, 즉 서쪽으로 결정되었음을 알 수 있다. 그리고 부엌을 서쪽에 두는 또 다른 이유는 밥을 풀 때는 주걱을 자연히 집안 쪽을 향하게 되는데, 이것은 주걱질을 집안 쪽으로 하면 복을 불러들인다고 여겼기 때문이다. 우리나라에서 부엌이라는 말이 처음 나타난 문헌은 1481년에 나온 《두시언해》 초간본으로 여기에는 '브억'(ㅎ)으로 표기되어 있다.

이 말은 1632년에 발간된 중간본에서 '브□'으로 바뀌었고 이보다 60년쯤 뒤에 나온 1690년의 《역어유해》에서는 '부억'이 되었다. 따라서 브억(ㅎ) → 브□

→ 부엌으로 변화한 것으로 보인다(백영흠·안옥희, 2003: 70~71).

　부엌의 공간에서 여인네들의 일상적 부엌살림이란 부엌에서 쓰는 온갖 세간 또는 식생활과 관련된 여러 가지 집안일이라 할 수 있다. 부엌세간 중에서 가장 대표적인 것은 솥이다. 솥은 크기에 따라 두멍솥, 가마솥, 중솥, 옹솥으로 구분된다. 두멍솥은 잔치 등 한꺼번에 많은 양의 음식을 삶거나 끓일 때 주로 쓰는 큰 가마솥으로 다른 말로 용가미라고도 부른다. 가마솥은 밥을 지을 때 쓰거나 그 밖에도 사랑채나 건넌방에 걸어두고 마소의 여물을 끓이는 데에도 사용한다. 그리고 중솥에는 밥을, 옹솥에는 국을 끓인다.

　입택의례에서 가장 먼저 불씨를 안치시키듯이 집을 새로 짓거나 이사할 때 부뚜막 위에 솥을 거는 것을 살림살이의 시작으로 삼았다. 새색시가 시집을 오면 가마에서 내리기 전에 가마 앞에 중솥의 솥뚜껑을 열어놓고 신부로 하여금 왼발로 디디게 했다. 이 풍습은 '무쇠처럼 튼튼해서 병나지 말라'는 뜻도 있으나, 앞으로 일생동안 밥을 지으며 살아갈 사람과 일종의 상견례를 치르는 의미로도 이해할 수 있을 것이다.

이외에도 부엌과 관련된 이야기들은 수없이 전해져 내려온다. 내외 구분이 엄격했던 우리 고유 사회에서 부엌은 완전한 여성의 공간이었기에 여성사(女性史)의 근원을 이루는 곳이었다고도 하겠다(이심, 2003: 60~61). 부엌은 취사공간 이외에 다양한 공간으로 활용되게 설치되었다.

상류계층이 아닌 서민계층의 부엌은 공간이 협소하여 여러 공간을 만들기 어려워 부엌의 벽에 대못 등을 박아서 소반, 채 등을 걸어두고 그릇을 보관하기 위해서 대나무 등을 쪼개 만들어 물빠짐이 좋게 엮어서 살강을 매어 그릇을 엎어두기도 한다. 그리고 상류주택의 대갓집에서는 안채와 떨어진 곳에 반빗간(飯嬪間)을 설치한다. 이곳은 취사행위 이외 허드렛일도 하기 때문이다. 그리고 식사공간으로도 활용된다.

2) 구들 및 굴뚝 설치

옛 집의 바닥구조는 온돌 또는 구들이라고 부른다. 우리나라는 계절적 기후의 변화가 뚜렷하기에 집을 짓고 나서 내부시설인 구들은 우리의 고유 난방법으로 매우 중요시되었다. 구들의 원리는 아궁이에 불을 지피면 방바닥에 놓인 구들장을 따라 그 열기가 순환되면서 방 전체를 따뜻하게 한다. 방의 공기를 데우는 구들장은 불을 지펴서 달군 돌로 열이 방출되면서 열의 전도, 대류 등으로 생기는 전도열 때문이다. 구들장의 두께가 두껍기 때문에 빨리 식지 않고 아침까지 그 열기는 전해진다. 이러한 열기가 오래 보존되는 이유는 구들 설치 시 구들 밑에 빈 공간에 '개자리'가 있는데 이곳에서 빠르게 열이 빠져 나가지 못하게 구조적으로 만들었기 때문이다.

구들 주요부분의 내부구조에는 아궁이와 고래가 있고 그 외적 부분은 굴뚝으로 형성되어 있다. 이러한 주요부분이 처음 시공 시 어떻게 설치되었느냐에 따라 땔감으로 쓰이는 연료와 집안의 방 보온이 결정된다. 따뜻한 구들의 기능은 단순한 실내공기의 보온기능도 있지만 옛 조상들의 잔병을 없애주는 기능도 함께 지니고 있다. 궂은 날씨가 계속되면 몸이 찌뿌듯하거나 감기 기운이 있어 몸이 추워 한속이 있는 경우 뜨끈뜨끈한 아랫목 구들장에 지지고 나면 개운한 감을 느끼면서 마음도 가벼워진다. 한편 여름철에는 불을 지피지 않으면 구들이 온돌기능이 아닌 냉돌기능으로 변하여 누워서 더위를 식히는 피서 역할도 한다. 구들의 설치는 누구나 하는 것이 아니다. 구들 설치도 기능적인 요인이 많아 놓는 사람이 따로 있다. 이를 설치하는 데는 사용되는 재료, 위치잡기, 개자리 파기, 고래뚝 쌓기, 방하 메우기 등이 있다.

구들을 놓는 일은 시대와 지역, 종류에 따라 다르고 또 구들에 사용하는 재료와 놓는 사람에 따라서도 각양각색이다. 구들은 많이 놓고, 사용되어 오고 있지만 불이 나거나, 고루 덥지 않거나, 너무 쉽게 식거나, 연료가 지나치게 들거나, 잘 더워지지 않거나, 꺼지거나(가라앉거나), 불이 잘 들이지 않거나 하는 일들이 비일비재하고, 아궁이에서 굴뚝 끝까지 열기의 흐름을 정밀하게 속도와 흐름이 조절되게 놓는 것은 쉬운 일이 아니다.

구들돌은 구들을 놓는데 가장 중요한 재료이며 화성암(火成岩), 중류문암(中流紋岩), 석영조암(石英粗岩)이 변질된 갱화석(坑火石)이 좋다. 넓으면 넓을수록 좋고 갈라지거나 금이 없어야 하며 하원석(河源石)이나 화강암도 무방하나 청석, 깻목돌, 마사질 암석은 사용하지 않는다.

잘 꺾일 수 있는 돌은 구들을 놓은 뒤에 깨지면 다시 고쳐야 하므로 일이 어렵게 되고, 지나치게 경도(硬度)가 큰 돌은 가열로 폭발하거나 구열이 되어 오래 구들을 사용하지 않아도 수리를 하게 된다. 넓고 두꺼운 구들장은 이맛돌(구들개 자리를 덮는 돌)로 사용해야 함으로 반드시 있어야 하며 미리 골라 놓아야 한다(최영택, 1989: 107~108). 먼저 아궁이와 굴뚝의 위치를 정하고 구들개자리, 고래의 줄 수, 고래개자리의 위치 등을 정한다.

방하(榜下) 메우기는 하방 밑(下榜下)을 다소 파고 발로 밟아 다지고 진흙 반죽을 놓고 돌로 쌓고 구들과 집 외부를 돌과 진흙을 쌓아 막는다. 이때 집안에는 통구들의 방과 방 사이의 하방 밑은 막지 않으며 아궁이와 굴뚝으로 통하는 부분이 되는 곳은 막지 않는다. 아궁이 및 굴뚝이 두 개 이상 있을 때에도 각각 그 자리는 막지 않는다. 특히 하방 목재 부분에는 진흙을 붙여 화재가 나지 않도록 하여야 한다.

개자리 파기 및 쌓기는 아궁이 바닥, 구들개자리, 고래개자리, 굴뚝개자리

강원 고성 왕곡마을 굴뚝(2006)

의 깊이가 거의 같게 파고 진흙을 깔고 잘 다진 뒤에 구들개자리, 고래개자리
를 먼저 돌과 된 진흙반죽으로 쌓고 건조시킨다. 구들개자리와 고래개자리 사
이는 구배가 되게 다듬어서 밟아 다져 고래둑을 쌓을 수 있게 한다. 구들설치
가 끝나면 이에 부수되는 부뚜막, 아궁이, 굴뚝 등을 설치하여야 한다. 구들
난방시설의 보완을 위해서는 아궁이와 굴뚝의 기능은 나무 등을 태워 연소시
키는 공간으로 위치 및 설치구조가 적합하게 이루어져야 한다. 구들과 마루는
한 지붕 밑에 공존하는 옛 주거의 구조적 특징이다. 관북지방은 대륙성 기후
의 영향을 가장 심하게 받는 지역이다. 기후적 영향으로 일찍부터 가옥의 구
조도 가장 폐쇄적인 田자형의 겹집으로 이루어졌다. 추위를 극복하기 위해서
자연스럽게 구들문화가 발달하게 되었다. 구들의 문화는 단순히 방 안의 온기
를 위한 것만이 아니었다.

우선 온돌을 설치하기에 앞서 부엌의 부뚜막을 빼놓을 수 없다. 부뚜막에서
굴뚝에 이르기까지 아무 생각 없이 설치되고 사용되지 않았다. 오랜 세월동안
우리 조상들의 지혜와 과학성이 담겨 있다. 부엌의 부뚜막에서는 집안 식구들

강원 삼척 대이리 너와집 굴뚝(2006)

의 밥을 짓고 겨울철에 따뜻한 물을 데워서 세숫물로 이용하는가 하면 다용도로 쓰이고 그 불은 방안을 따뜻하게 만드는 데 활용된다. 구들의 다기능적 요인은 우리 민족의 의·식·주 생활에서 가장 많은 영향을 전반적으로 지배하였으며 한민족의 주거문화를 형성하는 데 난방원류의 기술원천과 그 틀을 마련하였고 오늘날에도 한옥에서 그 맥의 원류가 면면히 이어져 내려오고 있다.

3. 마루 및 창 배치

1) 마루배치

우리나라는 지정학·기후적으로 다른 나라와 비교 시 사계절이 비교적 뚜렷하게 나타난다. 이러한 환경에서 주거공간 구조를 이루는 특징은 지역에 따라 다르게 배치된다. 온돌의 기능이 겨울에 추위를 막아주는 난방효과 역할을 한

남산골 순정황후 윤씨 친가 대청마루(2006)

한다면 마루는 더운 여름철에 습도가 많은 남부지방 등에서 냉방기능의 역할
을 한다. 즉 다른 공간과는 달리 열린 공간이다. 이러한 마루는 지역에 따라
특징과 기능을 조금씩 달리 칭한다. 대청은 주로 중부지방에서 칭하고, 전면
또는 사방이 열려 있고 마당과 방을 연결하는 전이공간이다. 또한 제사 등을
지내는 의례공간의 역할도 한다.

안청은 영남지방에서 사용되는 명칭으로 벽과 문으로 구획되고 곡물을 저장
하는 도장의 역할을 한다. 마래는 남부지방에서 벽과 문으로 구획된 것으로
고광은 제주도 지방에서 마루널이가 깔려 있고, 곡물수장 공간으로 안마루는
강원도, 북부 영남지방에서 사용되는 명칭으로 곡물을 수장하는 도장의 역할
과 집중식 주거형에서 주로 나타나는 것으로 여름에는 식사와 취침공간의 기
능도 가진다.

이와 같이 마루는 조선시대의 유교적 사상에 의해서 의례적 공간의 성격이
강하고 벽과 문으로 구획되어 있으나 방과 연결되는 전이공간으로 설치되고
마당을 향해서 배치된다. 또한 마루는 여름철의 습기를 막아주는 유용한 장소

의 생활공간(취침과 식사하는 공간) 제사 등을 지내는 의례공간, 곡물을 수장하는 도장공간 등으로 이루어진다.

여러 기능을 가진 마루는 사회적인 신분계층에 따라 사용하는 방법도 서로 다른 기능을 한다. 상류계층의 주택에서는 제사 등을 지내는 의례공간으로 활용되었고 서민계층의 주택에서는 곡물 등을 수장하는 도장의 역할을 하였다. 한편 마루는 모양과 쓰임새에 따라 몇 가지로 구분된다.

보통 대청마루는 바닥을 마루널로 꾸민 넓은 방을 의미하며, 건물의 실질적인 중심부로 집 전체를 대상으로 하는 의례와 격식의 공간으로 사용된다. 쪽마루는 출입이 잦은 방 앞에 덧붙여 설치한 것으로, 형태상 한 조각이나 두 조각의 통널을 가로대어 제작했다. 대청마루와 쪽마루가 집의 한 부분으로 고정된 것인 데 비해 뜰마루는 이동식으로 집의 기본적 구조와는 별개로 공간을 연장하기 위해 만들어졌다. 쪽마루와 마찬가지로 방과 방을 오갈 때 디딤돌로 오르내려야 하는 불편함을 해결할 수 있으며, 여기에다 이동식으로 제작하여 필요한 경우 양쪽 방문 앞에 적절히 배치할 수 있는 장점이 있었다. 툇마루의 경우는 방 앞쪽에 퇴 칸을 두어 거기에 마루를 구성하는 것으로 한옥의 주요한 특성으로 꼽힌다. 이밖에 누마루는 다락같이 한층 높게 만든 마루로 다락방 혹은 정가라 불렸다. 누마루는 우리나라 남쪽지방에서 땅의 습기를 피하기 위해 지어진, 오두막의 정형화되고 발달된 유형으로 원두막에서 이와 같은 살림집의 원초형을 볼 수 있다.

우리가 흔히 시골에서 볼 수 있는 원두막은 마루의 일종으로 이는 문헌상 백제 때부터 나타난 것으로 전해진다. 1488년(성종 19년)에 명나라 사신으로 우리나라를 다녀간 동월(董越)은 우리나라의 풍토를 부(賦)로 읊었는데, 그가 지은 〈조선부〉(朝鮮賦)에는 "백제에서는 땅의 습기를 피하기 위해 땅으로부터 뚝 떨어진 높이에 마루를 설치한 집을 짓고 사다리에 의지하며 오르내린다"고 기록되어 있다고 전한다. 간란(干欄)은 원두막이 확대, 정리된 형으로 마루만으로 이루어진 집을 일컬으며, 이 마루는 한옥에서는 대청으로 남게 되었다.

이처럼 마루는 지역의 특성, 한옥의 구조변화에 따라 적절히 조화를 이루며 다양한 모습으로 변화, 발전했다. 마루는 주거문화의 변화에 따라 오랜 세월이 흐른 후 구들과 함께 공존하게 되었고, 또 온돌과의 공존은 마루가 다양하게 제작될 수 있었던 결정체이기도 했다(이심, 2003: 50~51). 우리나라의 면적은 좁은 가운데에도 지형이 남북으로 길게 위치해 아열대에 속하면서도 세계적으로 기후의 변화가 매우 심하다. 여름에는 비가 많이 오고 겨울에는 몹시 춥고 건건한 날씨를 보낸다. 이러한 기후의 편차는 집의 구조와 재료 그리고 입지 등에도 영향을 미친다.

예부터 북부지방에서는 겨울 지내기를 위해서 구들이라는 기능이 발달되었고 중부지방 이남에서는 여름나기를 위한 대청마루가 발달되었다. 우리의 옛 전통가옥은 그래서 이중구조 방식을 한 지붕 아래서 함께 볼 수 있다. 무더운 여름철을 지내기 위한 시원한 냉방의 대청과 추운 겨울의 보온을 위한 온돌기능이 이를 말해 준다. 위에서 살펴본 것처럼 마루와 온돌이라는 이질적 요소가 단일 레벨의 융합된 구조로 상류주거와 서민주거 모두에서 나타난 시기는 임진왜란 이후로 보고 있다. 15세기 이전에는 구들의 기능이 상류주거보다 서민주거 위주로 발달되었기에 쉽게 융화되지 않았다. 당시 상류계층은 판자 등을 바닥에 깔고 남부지방 마루의 기능과 비슷한 기능을 유지해오다 임진왜란으로 인해 남과 북의 주거이동이 대폭 이루어지면서 남부지방에서 여름나기 시원한 마루와 북부지방에서 겨울에 난방효과가 뛰어난 구들의 기능이 우리나라 풍토에 적합하여 서로 이질적 기능이 융합되었다.

그러나 상류계층에서는 여전히 난방기능 위주로 이용하였고, 차후에 이르러서 취사기능으로 전환하였다. 그러나 마루와 구들의 만남은 어느 지역에나 적용되었던 것은 아니고 지역의 기후적 특징에 의해서 좌우되어 북부지방의 경우 대청마루 등 보다는 쪽마루 위주로 발전되어 갔다. 아무튼 구들과 마루의 만남은 좌식생활에 영향을 주면서 전통가옥의 대표적 특징으로 내부공간의 일부로 정착되었음을 알 수 있다.

2) 창 배치

전통가옥에서 문은 집의 정면 중앙과 뒤쪽 등 필요에 따라 여러 곳에 설치된다. 그리고 집의 내부구성을 이루고 있는 집의 구조에는 또 다른 문이 존재 하는데 이를 창(窓)이라고 한다. 쓰이는 용도에 따라 그 명칭도 각각 다르게 칭한다. 그리고 창문의 모양, 무늬 등도 다양하게 나타난다. 이런 유형은 상류계층의 창문과 서민계층의 창문에서도 다르게 나타난다. 주로 서민계층의 창문의 재료나 모양은 대나무 껍질을 벗겨 그 댓살을 이용하여 서로 엇지게 가로질러 죽창살을 만든다. 그러나 사대부 계층에서는 여러 가지 무늬를 창조하면서 다양한 이중창이나 겹창의 형태를 설치한다. 창과 문은 고정된 주거에서 개방성과 폐쇄성을 자유자재로 조절하고 움직이는 유일한 구조로 집의 눈이라 할 수 있다.

창의 개념은 창호의 한 부분으로 통풍, 채광 등의 용도로 주로 사용되었다. 우리나라의 경우에는 창과 문의 개념이 정확하게 정의되어 있지 않다. 한옥의 구조가 양옥과는 달리 벽들이 창과 문으로 혼재되어 있기 때문이다. 창의 유형을 살펴보면 봉창, 눈꼽재기창, 들창, 고창, 광창 등으로 나눌 수 있다. 우리나라의 대표적인 창이라 할 수 있는 봉창은 창틀 없이 벽을 뚫어 설치된 것으로 채광 위주의 기능을 지닌다. 광창은 봉창에서 한 단계 발전된 창으로 방벽이나 문 옆에 작은 창틀을 제작하여 방 안에서 밖을 내다보도록 설치하고 눈꼽내기창은 밖의 동정 등을 살피기 위한 창으로 설치되었다. 교창은 들창이라고 하는데 다른 창들은 고정되어서 여닫지 못하지만 들창은 들어서 개폐가 가능토록 하였다. 주로 대청마루 등에 설치하여 여름철에 들어 올려놓고 고정시켜 놓으면 앞마당과 뒷마당 간의 공기의 대류현상을 일으켜 시원함과 함께 앞마당과 뒤뜰의 풍광도 한눈에 들어와 즐길 수 있다.

개방하고, 특정 기간 동안 반투명체인 발을 드리워 은은한 정서를 그대로 묻어나게 한다. 한편 창호는 시대가 흐름에 따라 출입이나 채광, 환기, 조망 등의 기능뿐 아니라 건물을 치장하는 의장의 의미도 갖는다. 문살이 대표적인데 세(細)살, 아(亞)字살, 용(用)字살, 완(卍)字살, 귀갑(龜甲)살 등 다양한

남산골 한옥마을 창(2006)

문양으로 밋밋한 집의 얼굴에 고운 치장을 덧붙였다. 또 지역에 따라 살의 밀
도도 달라진다. 한반도 북쪽으로 갈수록 문살의 밀도가 적은 정(井)자 형을,
남쪽으로 갈수록 밀도가 높은 주(州)자 형을 이용했다.

　이는 일조량과 관련하여 북쪽에서는 보다 많은 빛을 방안에 들이기 위함이
요, 남쪽에서는 빛을 적게 들이기 위해 종이의 면적과 살의 비율을 조절한 일
상의 지혜이다. 상류계층은 바깥쪽에는 여닫이를 두어 차폐성을 높이고, 안쪽
으로는 세련된 무늬의 살창을 미닫이로 두어 의장성을 높이는 방법을 사용했
다. 즉 분합이 덧문이 되고 그 안쪽에 미세기(미닫이)가 설치되는데, 명장지
(明障紙) 홑겹만 달기도 하고, 사창(紗窓)을 덧달아 이중창이 되게도 하였으
며, 맹장지(盲障紙)를 더 달아 삼중창을 구성하기도 했다.

　한국의 창은 빛을 중화시키는 종이를 사용하여 여름날 문이나 창을 열어 또
같은 세살에서도 살의 단면형태를 쐐기형으로 하고 마무리를 둥글게 돌린 정
피살(혹은 쟁피살)을 사용하여 호사를 부리기도 했다. 특히 궁궐에서는 창문의
유형도 둥근 만월형으로 하였는데, 이 창문은 경복궁 집옥제(集玉齊)의 경우

는 바라지창으로 되어 있고, 창덕궁의 상량정(上凉亭)은 담장의 편문처럼 만들어져 있다.

  예로부터 창문과 창살의 무늬는 바라보는 이의 눈에 큰 영향을 주며, 집의 표정이라 하여 다양하게 표현되었다. 그래서 격조 있는 집의 경우 20가지에 달하는 창문의 종류를 구사하기도 했다(이심, 2003: 54~55). 창문은 자연에서 얻어진 재료를 사용하기에 수축이 있어 일정한 기간이 지나면 창문이 문틀과 서로 맞지 않는 경우가 있다. 설치 시에는 정확하게 틈과 틈이 없이 제작되었지만 틀과의 사이에 틈이 생기게 된다. 또한 당초에 정교하게 제작하지 못해 생기는 경우도 있다. 이때 틈새에 문풍지를 달아서 문틈이나 창틈으로 들어오는 바깥의 차가운 공기를 차단하기도 하고 실내의 공기를 환기시켜주는 작용도 한다.

  또한 문풍지는 추운 겨울에 밖에 나가지 않고서도 추운 겨울의 바람결을 방안에서 느낄 수 있다. 문풍지가 우는 소리(떨리는 소리)를 들으면 밖의 추운 날씨를 알 수 있기 때문이다. 이 소리를 들으면서 방안에서는 이불의 두께 등을 조절하면서 추위를 감지하고 생활하는 지혜를 가졌다.

제 3 절 전통주거의 외부 공간구성

1. 조상숭배 사당 배치

집의 탄생을 위한 전통 통과의례에 의해서 주생활을 영위하는 살림채인 본채가 완성되면 이에 대한 부속채의 역할을 하는 공간구조들이 필요하게 되었다. 서민계층의 경우와 상류계층으로 구분할 수 있는데 이는 경제력과 사회적 신분에 따라 그 공간의 크기, 쓰임새, 기능 등이 매우 다양하게 나타났다. 주로 대문, 담장, 마당, 행랑채, 사당 등으로 지칭되었다. 이러한 부속채는 주거공간 속에서 보조기능을 하였기에 살림채보다 격이 낮은 종속적 역할을 하는데 그쳤다. 한편, 공간구조는 상류계층과 서민계층으로 규모나 구조적 측면에서 확연히 다르게 나타난다. 그 중에서도 사당(祠堂)은 다른 부속채와는 달리 매우 신성시되어 다르게 다루었다.

이처럼 조상숭배에 대한 사당에 대해서 보편화되기 시작한 것은 중국으로부터 유학이 들어오기 시작한 고려 말부터이다. 고려시대에는 불교가 융성하여 시행치 못하였다. 그러나 조선의 건국에 따른 정치이념이 유교를 숭상하게 되자 조선 초기부터 급속하게 시행되었다. 사당은 집짓기의 시작부터 먼저 위치를 정하여 다른 살림채 및 부속채보다 높은 자리에 건립되었다. 그리고 주변을 담으로 쌓거나 외부인이 출입하지 못하도록 출입문을 달고 평소에는 닫아 두었다. 즉 사당이라 함은 삶의 기반을 이루고 사는 살림채의 공간 속에서 죽은 자(死者)의 조상과 현재 존재하는 후손이 공존하는 곳으로 여기며 섬기었다. 조선시대 초기 상류층 가옥에는 사당이 거의 있었으며 만약 사당을 설치하지 아니한 사대부 집안은 문책을 당하기도 하였으며 점차 중기 이후부터(선조)는 서민들도 상류계층과 마찬가지로 대청의 모퉁이 등 적당한 곳에 신주를 모시게 되었다. 사당에 모시는 신주는 삼년상이 지나면 모시게 되었고 모시는 기간도 비록 조상이 땅에 묻혔으나 그 혼은 상당기간에 걸쳐 존재하는 것으로 믿고 4대 선조인 고조부까지 위패를 모시고 대(代)가 바뀌면 차례로 조상의

강릉 선교장 사당(2007)

위폐를 철거하였다.

　사당의 제사도 역대 왕들을 모시는 종묘와 일명 사당 또는 가묘(家廟), 그리고 불천위(不遷位) 등으로 구분할 수 있는데 일반 서민이나 상류계층에서 가묘를 따로 지을 때는 살림집의 동북(東北) 쪽에 짓는 것이 원칙이고 사당을 마련할 만한 경제적 여유가 없는 경우 사당 대신 감실을 가정에서 사용하게 되었는데 이때 4감(龕)을 설치하고 4대조의 봉사로 서편부터 제1감: 고조고비(高祖考妣), 제2감: 증조고비(曾祖考妣), 제3감: 조고비(祖考妣), 동편에 제4감: 고비(考妣)의 위폐를 모셨다. 그리고 종묘(宗廟)제도는 성리학의 유입으로 고려시대보다 조선의 건국과 더불어서 그 틀을 갖추게 되었다. 태조 이성계는 한양에 도읍을 정한 후 궁궐 왼쪽에 종묘를, 오른쪽에는 사직을 건립하고 조상에 대한 숭배와 천지신명에게 풍년을 기리는 제례 등을 올렸다.

　조선의 유교사상은 정치, 경제, 사회에 걸쳐 근본으로 여겨 조선시대 초기부터 상류계층에서부터 서민계층에 이르기까지 사당을 짓도록 하였으며 조선중기에 이르러 유교사상이 민중들에게 뿌리를 내리자 효(孝)를 강조하면서 더

나주 도래마을 사당(2006)

욱 강권하였다. 사당은 상류계층처럼 별도의 건물을 짓지 못한 서민들의 경우
에는 대청마루 뒤의 위에 상부를 밖으로 내고 위패를 모셨다. 사랑은 조상이
살아 계신 듯 여기며 매일 아침마다 몸을 깨끗이 하고 사당에 문안을 드리며
음식도 함께 올렸다. 또한 집안의 길(吉)이 있거나 중요한 중대사 등이 있을
시에는 사전에 사당 앞에서 보고하였고, 먼 길을 떠나거나 되돌아왔을 경우에
도 마찬가지로 보고하였다.

그만큼 당시 사회에서는 사당을 신성시했고 중요시했다. 또한 생활이 어려
워 굶더라도 신주단지와 향로촛대는 지니고 이사를 다녔다. 재산분배의 과정
도 남녀 균등하게 하는 것이 아니고 조상에 대한 제사 등을 고려하여 가부장적
중심의 장손에게 재산을 많이 분배하였다. 이는 사후(死後)를 대비하여 조상
에 대한 제사권을 중요시 여긴 데서 유래되었다고 볼 수 있다.

사당의 존재는 단순히 제사의 기능만 지니는 것이 아니고 살아 있는 자들의
정신적 지주의 역할도 하였다. 살아 있는 육신은 없으나 망자(亡者)인 조상의
혼은 남아 있는 것으로 여겼기에 살아 있는 자의 후손의 집처럼 비슷하게 한

켠에 만들어 놓고 마치 살아 있는 사람처럼 제를 올리면서 일정한 기간 동안 위패를 모셨다.

이와 같이 우리 민족의 주거공간은 단순히 삶을 영위하기 위한 단순한 주거 개념뿐만 아니라 삶과 영혼의 공간 속에서 동시에 함께 공존하는 공간으로 여겨졌다. 이러한 공간은 하나의 틀 속에서 이중적 성격도 가지고 있었다. 이와 같은 특징은 주변 국가들과 비슷한 점도 있으나 우리 민족처럼 종가(宗家)나 종손(宗孫)에 의해서 계승되는 점은 우리만이 지닌 독특한 전통사상이며 제례문화라 볼 수 있다.

2. 우물 및 장독대 배치

1) 우물배치

우물은 집터 선정에서도 가장 중요한 요인 가운데 하나이다. 태고시대부터 취락의 형성도 강가 주변에 자리 잡았듯이 옛 선조들이나 지금의 경우에도 삶을 영위하는 데 있어서 물은 불가분의 관계이다.

흔히 땅속에서 솟구쳐 오르는 물의 자리는 시암, 새암, 샘터, 옹달샘, 샘 등 넓은 의미로 불린다. 예부터 집안에서 의·식·주에 필요한 우물은 삼국시대에 이미 집집마다 있었다고 전한다. 따라서 우물을 파는 도구나 기술도 그때부터 발달되었을 것으로 추측할 수 있고 예로부터 우물은 그 위치가 상당히 중요한데, 이는 사람의 혈맥에 침을 놓을 자리가 따로 있듯이 우물 또한 지하수맥의 숨통이 따로 있다고 여긴 탓이다.

우물이 집 바로 앞이나 뒤에 있으면 집안에 재앙이 생기고 질병이 따른다거나, 우물가에 구기자나무를 심으면 장수하고 길(吉)하다는 말들은 우물의 위치를 신중하게 정하는 마음가짐을 잘 나타낸다. 옛 사람들은 물맛이 좋아야 복덕을 구할 수 있다고 하여 물맛이 나쁘면 우물을 다시 파는 수고를 감수할 만큼 정성을 기울였다. 우물을 파고자 할 때에 도 반드시 길일을 택했던 우리

논산 윤중 고택 우물(2007)

조상들은 우선 그 자리에서 물이 나올 것인지의 여부를 판단했는데, 그 방법에 대해서는 《산림경제》에 다음과 같이 기술되어 있다.

먼저 우물을 팔 자리에 물동이를 놓고 물을 길어와 부은 다음, 밤중에 물동이를 들여다본다. 맑은 하늘에 수없이 많은 별이 물동이 안에 가득한 것 중에서 뚜렷이 빛나는 큰 별이 있는 곳, 그 자리에서는 차고 단물이 나올 것이라고 점쳤다. 또 우물을 팔 자리에 그릇을 놓아두고 밤 동안 그릇 안에 이슬이 맺혔다면 그 자리에서 물을 얻을 수 있다고 판단했다.

이렇게 정성을 다해 얻은 우물은 가족과 마을의 생명력을 지속시켜 주고 그정기가 변치 않는다고 믿었다. 이처럼 우물은 대단히 중요하기 때문에 때로는 집을 짓기 전에 미리 우물부터 파보는 경우가 있었다. 지하수가 신선하고 잡물이 섞이지 않았는지의 여부가 집터를 정하는 데 결정적인 역할을 한다. 수양버들이나 향나무가 짙게 드리워진 마을의 공동우물은 아낙들의 휴식공간이자 모든 소문의 진원지이기도 하다.

강진 김영랑 생가 새암(2006)

또한 갓 시집온 새색시의 말 못할 고민도 우물가의 빨래터에서 해결된다. 우물은 사람이 앉아서 그냥 사용할 수 있는 야트막한 박우물과 두레박을 이용해서 물을 퍼 올리는 두레우물, 그리고 박우물은 지하수위가 낮은 곳에 흔하며, 우물바닥에서 지표까지 돌담을 쌓는데 한쪽은 물이 흐를 수 있도록 낮게 쌓는다. 두레우물은 돌을 쌓은 위에 목재나 판석으로 우물 틀을 만들고 우물틀 귀퉁이에 물동이를 놓을 수 있는 자리가 마련되면 빗물이 들지 않도록 네다리 기둥에 지붕을 얹기도 한다.

박우물은 얕기 때문에 바가지가 없어도 손바닥이나 넓은 잎을 사용할 수 있으나 두레우물은 두레박이 없으면 사용할 수 없다. 용두레우물은 두레박이 달린 두렛대가 설치된 우물로서 우리나라 북부지방에서 널리 쓰인다. 이는 기중기와 같은 지렛대의 원리를 이용한 것으로 고구려 벽화에도 나타날 정도로 유래가 깊다. 함경북도나 평안북도와 같은 북부지방은 날씨가 추워 겨울에도 얼지 않은 물을 구하려면 깊은 지하수를 찾아야 하는데, 여기에 긴 줄을 다루는 불편을 없애기 위해 용두레를 고안한 것으로 보인다.

강릉 선교장 우물(2006)

　이와 같은 방법은 심한 가뭄이 들었을 경우 농작물 해갈용으로도 사용되었으며, 사용방법도 인력에서 점차 동력으로 바뀌었다. 우물은 끊임없는 생명력을 상징한다. 옛 사람들은 우물신(神)이 있어서 물을 마르지 않게 한다고 믿었다. 그러므로 우물에는 늘 맑은 물이 넘쳐야 하며, 그래야만이 그것을 먹는 식구들이 무병장수한다고 믿어 우물신을 정성스레 모셨다. 우물은 대개 집에 있는 우물과 마을에 있는 공동우물로 나뉜다.

　이와 같이 우물도 외적 공간구성 요소로써 중요한 위치를 차지하였다. 여러 가지의 유래에서 찾아볼 수 있듯이 우물에 대한 고사는 물론 용과 관련되어지는 용우물(龍井)과 고려의 태조 왕건, 조선건국 찬양 등에 얽힌 사연이 깃든 사실적인 묘사, 실화 및 신화가 《삼국사기》, 《삼국유사》, 《고려사》, 《기념물》 등에서 서술하는 내용들이 많다.

2) 장독대 배치

집의 구성은 내부공간과 외부공간으로 크게 대별할 수 있다. 외부공간의 기능은 내부공간에서 못다 이룬 주거기능의 일부를 외부에 배치 및 설치하여 보조적 기능을 담당한다. 장독간은 마당과의 공간배치에 있어서 하나로 이루어지는 것이 보통인데 마당 앞에 설치하여 둔다. 대지가 넓은 가옥에서는 뒷마당 동편 쪽에 배치하고 대지의 규모가 작은 집에서는 앞마당 동편 쪽에 배치한다.

옛 조상들의 장독대 설치는 여러 외부 공간 중에서도 사당 다음으로 신성시 되었다. 우리나라의 지형 및 기후의 자연환경 조건은 사계절이 뚜렷한 관계로 음식의 저장보관 등에 있어서 어느 시기를 기준으로 하여야 부패되지 않고 장기간에 걸쳐 음식을 보관하면서 먹을 수 있는지 많은 고민을 하였던 것이다. 기온의 일교차 및 연교차는 음식이 잘 썩는 특징을 지니고 있어 음식을 보관할 때 발효시키는 방법이 가장 적절하였던 것이다. 발효시킨 음식은 주로 햇빛이 잘 드는 남향과 통풍이 잘 드는 곳에 장독간을 마련하였다. 이는 지표면에서 적당한 높이로 시설하고, 표면은 넓은 돌을 이용하여 받침대 역할을 하였다. 장독간은 주식(主食) 이외의 식생활에 부식으로 쓰이는 것을 만들어 위생적으로 옹기 및 질그릇 등에 간장, 된장, 고추장, 젓갈류, 김치, 소금 등을 보관하는 전통적 창고의 일종이며 그 이외에도 떡 등을 만드는 시루, 자배기, 소줏고리 등을 놓아두고 언제든지 사용할 수 있도록 근접거리에 설치하였던 것이다.

장독간의 설치는 적당한 장소만 선정되면 어렵지 않게 설치된다. 평평한 지표면에 넓적한 돌을 장독의 받침대로 사용하기도 하고 냇가의 고운 돌을 주어다 바닥에 쌓아 설치하기도 한다. 장독간의 설치유형 및 장소, 부르는 이름도 지역에 따라 다르게 나타난다. 맛의 고향이라 부를 수 있는 전라도 지방은 '장광'이라고 부른다. 경상도 지방은 '장독간', 제주도는 '장항굽', 중부지방은 '장독대' 등으로 칭한다.

장독대의 개념은 평지에서 어느 정도 기단을 쌓아 설치하거나 평지보다는 높은 곳에 위치하고 있어 '장독대'라 칭하는 것으로 보인다. 장독간으로 부르

경주 양동마을 장독대(2007)

는 경상도 지방은 장독을 보통 안집의 안마당에 설치하여 기단을 쌓는 일이 없
고 별도의 인위적인 것을 가하지 않기 때문에 장독간으로 평범하게 부르는 것
으로 보인다. 그러나 전라도의 경우에는 특이하다.

전라도 사투리에서 기인되었는지도 몰라도 상류계층이나 서민계층에서도
'장광'으로 부른다. 그리고 설치단계에서도 정성을 들여 설치하는데 양지바른
담장 아래 또는 햇빛이 잘 드는 집의 측면이나 뒤편 등에 설치한다. 기단의 형
성도 막돌 등으로 주위를 쌓고 강가의 냇돌로 채워서 빗물 등이 잘 빠지도록
깔끔하게 설치한다. 상류계층의 가옥에서는 장광을 설치하고 주위에 담을 두
르고 장광의 문까지 설치하여 누구나 함부로 드나들지 못하게 철저히 통제하
는 기능도 지녔다. 사실상 통제기능보다 장독에 대한 관리에 있어 지극한 정
성에서 비롯된 것으로 보인다.

지금도 전라도 음식이 타 지역에 비하여 맛으로 유명하게 된 연유도 장독을
지극정성으로 관리한 측면에서 장맛이 비롯된 것으로 보인다. 전라도 순창 고
추장, 전주비빔밥 등은 우리나라를 대표하는 음식이다. 이 또한 장류에서 기

아산 외암마을 장독대(2006)

인된 것으로 해석되며 장류는 오래되면 오래 될수록 맛이 진하여 일명 '진간장'
이란 말도 여기에 있다. 옛말에 며느리를 맞이할 때 '그 집의 장맛을 보고 고
른다'는 속담도 있고, '장맛이 변하면 집안에 흉한 일이 생긴다' 등은 그만큼
가정에 있어서 중요한 식품이었다. 장류의 기능은 음식의 재료에만 사용되는
것이 아니고 조선시대에는 일반 백성들이 두통과 한열, 감기 등에 치료하기
위해 복용함으로써 의료기능으로도 사용되었다.

장부의 구제품목에 간장이 등장하고, 어려운 사람에게 쌀, 베, 소금, 간장
따위를 주었다는 《조선왕조실록》의 기록이 있다. 예컨대 태종 17년에서 성종
13년에 이르는 65년 사이에 간장으로 어려운 사람을 구하였다는 내용이 8번이
나 등장함에도 된장은 보이지 않는다. 심지어 세종 때(16년 10월 9일) 좌승지
신인손은 "흉년 구제에 간장 같은 것이 없습니다. 여러 도(道)로 하여금 환상
법(還上法)을 행하게 하소서" 아뢰었다. 곡식처럼 국가에서 백성에게 봄에 꾸
어주었다가 가을에 거두어들이자는 말이다. 다른 신하들의 반대에 황희 정승
도 황해도 감사 시절의 경험을 들어가며 같은 이야기를 하였다. 하는 수 없이

140

나주 도래마을 장독대(2007)

임금은 "흉년을 만난 고을부터 시행하라"는 명을 내렸다. 그러나 절간에서 양식이 떨어진 사람들에게 된장을 주어서 살려냈다는 이야기를 흔히 듣는다. 정부가 가난한 사람들에게 간장만 주고 된장을 뺀 것은 알 수 없는 일이다.

우리네 된장에 관한 가장 오랜 기록은 3세기의 중국사서 《삼국지》 "위지 동이전"에 실린 "고구려 사람들은 발효식품을 잘 만든다"는 내용이다. 407년 평안남도 덕흥리 무덤 묘지명에 "된장을 한 창고나 담가 먹었다"고 적혀서, 5세기에 된장이 중요한 식품이었음을 알려준다. 신라 신문왕은 된장을 혼인예물의 하나로 썼다. 일길찬 김흠운의 딸을 아내로 맞기로 하고, 먼저 이찬 문영과 파진찬 삼광을 보내 기일을 정하였다. 대아찬 지상이 가져간 납채는 다음과 같다. 폐백 15수레, 쌀, 술, 기름, 꿀, 간장, 된장, 포, 식혜 135수레, 벼 150수레이다(《삼국사기》 신문왕 3년 2월). 된장의 역사가 오랜 만큼 맛 또한 뛰어나 고려의 '임로장'(林盧醬)은 중국에까지 이름이 퍼졌다. 우리 사신이 후당(後唐)의 장종에게 직접 바친 일도 있다. 11세기의 《신당서》에서는 된장을 '발해의 명산품'으로 꼽았다(김광언, 2000: 209~210).

조선시대에 민가에서 뿐만 아니라 궁궐에서도 장독대의 관리는 남달랐는데, 대궐 곳곳에 장독대를 만들어 두고 이를 관리하는 상궁을 특별히 임명하여 '장고마마'라 하여 우대하였다. 장독대에는 여러 가지 모양과 크기의 옹기들이 자리한다. 옹기는 크게 질그릇과 오지그릇으로 나뉘는데, 질그릇은 잿물을 바르지 않고 구워내 겉면에 윤기가 없는 그릇으로 짙은 잿빛 시루나 물동이 등이 여기에 속한다. 오지그릇은 질그릇에 오지잿물을 발라 구워낸 반질거리는 그릇으로 김장독이나 간장독, 항아리 따위를 말한다. 우리나라 옹기의 역사는 아득한 옛날 석기시대부터 시작되었다고 할 수 있다. 진흙을 빚어 만든 그릇이 옹기의 시초인 셈이다.

이러한 옹기가 본격적으로 나타난 것은 신라토기를 거쳐 고려시대에 이르러 약 7백 년 쯤 전으로 추정하고 있다. 청자, 백자가 우아하고 화사한 귀족적인 그릇이었음에 반해, 옹기는 투박하지만 여러모로 쓸모 있는 서민용 그릇이었다. 그러나 세월이 흐르는 동안 청자와 백자는 주변에서 차츰 사라졌고, 옹기는 우리네 삶에 보다 가까이 다가와 삶의 애환을 폭넓고 깊이 있게 담아내었다 (이심, 2003: 144). 장독대에 놓이는 옹기의 종류는 매우 다양하다. 간장, 된장 등을 담아두기 위한 큰 독, 아래 위가 좁고 배가 불룩 나온 형의 항아리, 둥글넓적하고 입이 쩍 벌어진 자배기 등이 있다. 이러한 옹기를 만들기 위해서는 양질의 흙과 도공의 기능이 요구되고 지방에 따라 다르게 나타나고 용기에 대한 부르는 명칭도 다르게 표현된다.

일반적으로 다섯 말 이상인 경우를 독이라고 하며 이런 독을 주로 장독의 쓰임새로 사용하고 장독대의 배치방법도 규모가 큰 것은 뒤쪽에 배열하고 작은 규모의 장독은 맨 앞에 두었다는 연유는 작은 것부터 차례로 배열함으로써 이를 이용하는 데 편리하고 관리하는 데도 용이하기 때문이다. 또한 장독대는 햇볕이 잘 들고 통풍이 잘 되어야 하기 때문에 배열에도 각별히 고려하였던 것이다. 매일매일 장독을 닦아 청결함은 물론이고 윤기가 나도록 유지하였다. 그 집안에 시집 갈 규수가 있는 경우 그 집안의 장맛은 물론이거니와 장독대를 보고 집안의 살림솜씨까지도 파악할 수 있어 혼사의 결정에도 많은 영향을 끼쳤다고 한다.

이와 같이 장독대의 기능은 다양한 측면을 내포하고 있다. 주식(主食)인 쌀, 보리, 조 등에는 여러 가지의 영양소가 있어 신체의 기능유지는 어느 정도 할 수 있으나 여기에 없는 영양소는 부식(副食)인 보리, 콩, 고추, 소금 등을 재료로 만든 된장, 간장, 고추장 등이 무기질, 단백질 등을 보충하는 역할을 하였는데 이는 장독대만이 가지고 있는 특성이라 볼 수 있다. 예부터 장독간은 성역으로 여기며 관리하는 연유를 보면 위와 같은 요인들이 장독대에서 이루어지기 때문이다. 메주, 물, 소금 등이 들어가 장이 만들어지는 발효의 숙성과정은 옹기라는 항아리와 결부되어 나타나지만 장독대의 위치 등 여러 가지의 자연현상에 이루어지는 것으로 생각되었다.

그러나 이러한 현상은 여러 상황으로 보아도 인식되지 않고 이를 헤아려 볼 수도 없지만 신비스럽게 일어나는 오묘한 맛은 신을 초월하듯 힘을 가진 것은 무엇인가? 바로 옛 선조들은 장독간에도 신이 있다고 생각하였던 것이다. 과거시험을 준비하는 자, 밖에 나아가 장사하는 사람 등에게 잘 되기를 바라면서 보름달 아래 정화수를 떠놓고 빌기도 하였던 것이다. 이렇듯 우리 선조들은 장독간과 이를 구성하는 공간요소인 옹기 및 장 담그는 것 등에 대해서 큰 의미를 부여하고 신성시하였던 것이다.

3. 담장 및 대문 배치

1) 담장배치

집짓기에서 살림집 등을 마무리하면 이어서 담으로 둘러치고 담 사이에 대문을 함께 배치한다. 담장은 일정한 공간을 구획함으로써 경계의 의미를 담는데, 다른 말로는 울 또는 울타리라고도 한다. 담장의 기능은 여러 가지로 분류할 수 있지만 밖으로부터 안에 있는 사람, 오랜 농경생활에서 가장 중요시되고 노동의 가치로 으뜸인 가축 등을 보호하고, 주거생활에 있어서 안을 들여다보지 못하도록 사생활 보호를 위해서 담장을 쌓기도 한다. 그리고 외부의 추위나 바람 등을

① 아산 외암마을 돌담(2006)

② 제주도 성읍마을 생울타리(2006)

막아주고 외부 침입자로부터 집을 안전하게 보호하는 기능도 가지고 있으며 또한 외부로부터 들어온 기(氣)를 가두어 두고 혈(穴)도 보호하는 풍수학적 기능도 지니고 있는 것으로 생각하고 배치하였다.

조선시대에 이르러서는 살림집 안에서 사당을 짓게 되면 신성시되는 사당의 주변에 담장을 쌓아 제사공간으로 역할을 하기도 하였다. 이와 같이 주거공간 내에서도 행랑마당, 사당마당 등에 담을 치는 것도 두 공간 사이의 경계를 구분 짓는 위계질서의 기능도 가지고 있었다.

담장은 재료에 따라 돌담, 흙담, 흙돌담, 그리고 공법에 의한 홑담, 맞담으로 구별되기도 한다. 흙을 물에 다져서 조금씩 쌓아 올려지는 토담, 이에는 볏짚 등을 짧게 잘라서 섞어 함께 반죽하여 쌓아올리면 더욱 단단한 담이 된다. 이는 주로 서민주거의 담장에서 찾아볼 수 있으며 쓰이는 흙 재료는 황토를 사용할 경우 비바람 등의 오랜 세월이 지나도 쉽게 훼손되지 않는다. 또 하나의 방법으로는 반죽에 작은 돌이나 기와 등을 사용하여 담장을 쌓은 맞담 등의 유형으로 다양하게 설치되었다. 농업사회의 시작은 주거의 이동사회에서 정착사회로 전환됨에 따라 가축의 힘에 의한 농사는 매우 중요한 자원이기에 보호할 필요성과 추수기에 거두어들인 곡식 등을 저장하고 보관하기 위해서는 일정한 장소가 필요하고 또한 이를 지키기 위해서는 보호장치의 일환으로 담을 둘러쳤을 것이다. 그리고 더 나아가 사생활을 보호하기 위해 한 단계 발전된 모습으로 전개되었으리라 보인다.

담장의 설치도 지역적 특색을 지니고 있다. 제주도의 경우 돌이 많아 순수하게 돌로만 쌓아올려 만든 돌담이 있는가 하면 산간지방의 마을에도 돌담이 많은 것이 특징이다. 전라도 지방과 경상도 지방의 내륙지역에는 토담 및 흙돌담이 많으나 해안지방에 가까운 곳일수록 대부분 돌담이 차지하고 있다. 담장도 상류계층과 서민계층으로 구분되어서 설치되었는데 일종의 신분상징 수단으로 이용되기도 하였다. 상류계층은 담장에 장식을 치장하기도 하였는데 담장에 꽃그림을 넣어 만든 꽃담도 있다. 꽃으로 화려하게 장식한 경복궁의 자경전 꽃담이 대표적이다. 이는 왕실가족의 다산(多産)을 기원하는 의미도 담고 있다.

안동 하회마을 흙담과 흙돌담(2005)

　사대부가의 대표적인 담의 특징은 대부분 흙돌담의 공법인데 돌은 막돌이 아닌 일정한 크기로 돌을 다듬어서 쌓아올리고 담장 위에 기와를 얹어 마무리 하였다. 당시 담장의 재료, 크기, 형태 등 결정짓는 사회 신분계급에 의해서 좌우되기도 하였지만 부(富)와 연결된 경제력도 작용되었다.

　한편 서민계층에서는 사회신분에 비추어 볼 때 사대부가처럼 사생활 보호 및 곡식저장에 따른 도난방지, 가축 등의 보호 등에 있어 많은 것을 소유하지 못해 담장에 대한 관심이 그리 많지 않았다. 다만 거처에 대한 물리적 경계의 의미만 갖고 자연상태에서 주어진 나무 등을 이용하였다. 생나무, 마른나무 등이 주로 담을 둘러치는 데 사용되었는데 이엉을 엮듯이 만들어 지표면을 반 자 정도 파서 묻고 중간에 큰 나무 등의 목책을 세워서 이를 중심으로 설치하였다. 이러한 울타리를 흔히 '바자울'이라 하였다. 그리고 살아 있는 나무를 이용하여 울타리를 형성하는 형태도 있는데 싸리나무, 가시 있는 탱자나무 등을 촘촘히 심어서 자연과의 조화를 이루는 가운데 이를 도가적 의미도 있는 일명 '생울타리'라 하였다. 생울타리는 경제적 여유가 있는 선비집 등에서 만들

강진 하멜 체류지 병영마을 담장(2006)

었다. 또한 담장을 회칠로 치장하는 경우도 있었는데 주로 사대부가에서 사용
되었다.

이외에도 산사(山寺)에서는 담장을 대부분 설치하지 않았지만, 깊은 산중이
아닌 나지막한 구릉지 등에서는 법당과 격리시켜 정숙을 요하는 경우에는 담
장을 설치하는데 이는 연꽃 등을 넣어서 담장을 둘러치기도 한다. 전남 영광
불갑사의 담장이 그 대표적이다.

우리나라 담장의 특징은 가장 폐쇄적이다. 이는 역사의식에서 비롯되었다고
볼 수 있다. 그동안 역사에서 볼 때 침략에 의해서 전국토가 유린되고 가정이
해체되는 등 피해의식이 많았던 역사였다. 사적 자치의 보호개념도 있지만 실질
적으로는 가족단위의 보호를 위한 안전망에서 폐쇄적 기능으로 전환되었는지도
모른다.

담장의 높이는 시대적 사회를 대변한다. 담의 높이가 크면 그만큼 사회적으
로 평화롭지 못하고 불안정하였다는 것을 의미하고 담이 낮은 경우에는 당시
사회가 안정되었다는 것을 의미하기도 한다. 그러나 우리나라의 담장이 시대

에 따라 변천되기도 하였지만 담장이 주는 의미가 꼭 역기능만 있는 것이 아니라 한편으로 오히려 우리 민족성을 엿볼 수 있는 아름다움도 담장에 담겨져 있다. 즉, 사생활 보호, 침입자의 차단 또는 권위의 상징 등의 측면도 나타내지만 서민계층의 주거문화 속에 묻어 있는 담장은 높지도 않고 낮지도 않을 정도로 나지막하게 쌓아 폐쇄적 공간을 어느 정도 반개방형으로 설치하여 이웃과 담 너머 대화를 소통의 장으로 이용하기도 하고, 서로의 맛있는 음식을 교환하는 장소로도 이용되었다.

이는 길거리나 집안에서 대화를 나누는 것보다 더 정겹고 아름답게 보였다. 한국의 담장은 대부분 인위적 설치보다 자연의 지형과 구배를 가능한 이용하여 설치함으로써 자연과의 조화를 이루었고, 돌과 흙을 섞어 가며 쌓았던 흙돌담은 세월이 흐르면 훼손되기 때문에 볏짚으로 이엉을 엮어서 덮어주면 꾸불꾸불한 담장의 모양이 마치 지붕처럼 보여 곡선의 아름다움을 돋보이게 만들어 우리 민족의 소박함과 순박함을 동시에 보여주는 음양의 조화라 할 수 있다.

조선시대 하멜 일행이 억류되었던 강진 병영마을의 담장은 우리나라 담장과 차이를 보여 당시 억류된 일행이 쌓지 않았나 추측된다.

2) 대문 배치

집짓기에서 주된 가옥이 완성되면 이에 보조하는 가능으로 부속채의 시설로써 우리 선조들은 대문에 큰 의미를 두었는데 주거생활에 있어서 그 영역 안으로 출입하는 입구를 흔히들 대문이라 하였다. 대문의 명칭도 재료에 따라 다르게 표현한다. 대문의 상징과 의미는 여러 가지 측면에서 엿볼 수 있는데 특히 풍수학적으로는 집의 내부로 기(氣)가 출입하는 공간으로 여겼고 좋은 기(氣)를 수반하는 복(複)도 있고 또한 악(惡)한 기(氣)의 액운도 출입하는 심리적 의미의 특성도 내포하는 것이 바로 대문이다.

따라서 집을 지을 때 이러한 요인을 감안하여 집안으로 들어오는 첫 관문에 해당되는 대문은 외부의 좋은 기를 받아들이고 액운은 들어오지 못하게 차단하기 위해 가옥을 중심으로 이를 대비하여 대문의 크기와 위치를 정하였다. 또한

아산 외암마을 참판댁 솟을대문(2006)

대문은 인체의 입과 같은 기능을 지니고 있어, 옛 선조들은 대문, 안방, 부엌의 3가지를 주거기능에서 가장 중요하게 여겨 양택삼요(陽宅三要)라 하였다.

담장을 배치하기 전 풍수가에 의해서 대문의 배치를 정한 다음 담장이 완료됨에 따라 정해진 위치에 대문이 설치된다. 대문의 기능은 우선 사람들이 드나드는 통로로써의 주기능 역할을 한다. 그러나 과거 옛 선조들에게 대문은 단순히 통로의 기능보다 외부의 낯선 세계와 통제기능도 있었고, 가정 내에서 아이를 출산한 경우에는 대문을 통해서 금줄을 쳐 금기사항을 알려 스스로 출입을 자제하는 관습적 통제기능도 함께 지니고 있었다. 대문의 위치는 보통 안채나 살림채 등에 있어서 방향이 풍수학적으로 정문방향은 지향하고 추녀방향으로 배치하였다.

이러한 방향은 복이 들어오는 길목이고 집안의 자손번창을 기원할 수 있기 때문이다. 또한 매년 한해의 풍년과 행운을 불러드리기 위해 소박한 마음으로 입춘대길(立春大吉), 개문만복래(開門萬福來) 등의 입춘방(立春榜)을 대문에 붙여 기원하기도 하였다. 대문은 담장과 함께 집을 보호하는 시설물로써 여러

전남 나주 솟을대문(2006)

가지 문 주변에 걸쳐 금기사항이 많이 만들어졌다. 사실상 대문을 배치하는 불문율 같은 의미를 담고 있다.

특히 서유구의 《임원경제지》에 기록된 문(門)에 관한 내용을 살펴보면 문이 벽보다 높으면 관재수가 많으며 문을 허좌(虛坐)로 내면 재난을 부른다. 뒷간이 대문을 대하면 잔병이 그치질 않고 창고의 입구가 문을 향하면 집이 물러나고 병을 얻는다. 방앗돌이 문에 있으면 집이 담 밖으로 나가고 문 앞에 바로 집이 있으면 집안에 남는 곡식이 없다. 문 입구의 물구덩이는 집이 무너지고 외롭다. 큰 나무가 문에 있으면 전염병을 부른다. 담장머리에 문이 부딪치면 사람 입에 오른다.

교차하는 길목에 끼인 대문에는 사람이 살지 못한다. 바른 길이 바로 문에 부딪치면 집에 노인이 없다. 대문을 향해 물이 쏟아지면 집안은 흩어지고 사람은 귀머거리가 된다. 종교건물이 문을 대하면 병이 잦다. 문안에서 물이 나오면 재산은 흩어진다. 문이 우물물에 부딪치면 집에 귀신을 부른다. 정문 앞에는 버드나무를 심지 마라. 대문 좌우에 신당을 모시면 3년에 한 번 곡을 한다.

안동 하회마을 솟을대문(2006)

　대문 또한 담장과 같이 주거의 외부를 표현하는 매체로서 신분을 상징하는 수단으로 사용되었다. 《삼국사기》 "옥사조"(屋舍條)에는 품계에 따라서 중문(重門)이나 사방문(四方門)을 금지하는 내용을 볼 수 있다. 사방문은 사방으로 난 문을 의미하는데, 당시의 상류계층에서는 궁궐처럼 사방에 문을 두었던 것 같다. 중문은 학자에 따라서 이중(二重)으로 설치된 문으로 해석되기도 하고 솟을대문으로 해석되기도 하지만, 누문(樓門)으로 해석하는 것이 일반적이다. 여하튼 대문의 형태나 규모, 장식 등이 신분의 상징으로 인식되었다는 것만은 의심의 여지가 없다.

상류계층에서는 담장과 문이 공간화되어 '대문간'을 이루기도 하고 '대문채'를 이루기도 하였다. 이러한 방법은 '대문채'를 머슴이나 하인의 거주공간, 또는 수장공간으로 사용하려는 의미도 가지고 있지만, 주거 전체를 대문과 담장으로부터 하나의 건물로 보이게 하려는 의도로 보인다. '솟을대문'은 담장보다 높게 지붕을 설치한 문으로서 담장과 높이를 맞추는 '평대문'과는 구별되며, 조선시대의 상류계층에서는 보편적으로 사용되었다(강영환, 2000: 247~249).

안동 하회마을 사립문(2006)

이외에도 문의 특징을 구체적으로 살펴보면 사랑채에서 안채로 들어가기 위한 중문, 안채의 부엌과 연결된 정지문이 있다. 그리고 지역에 따라 특이한 특징으로 양쪽에 기둥을 세우고 서너 개의 통나무를 가로질러서 대문으로 기능을 유지하는데 일명 '정살문'(정낭)으로 표현하고 있다. 또한 마을 경계에 세운 것은 이문(里門), 도시 성벽의 문은 성문이고, 기둥이나 지붕 따위의 시설이 없이 담과 담 사이를 조금 터놓기만 한 것은 트임문이다. 전라남도 담양에 있는 소쇄원의 오색문이 대표적이다.

신라와 백제 국경에 있던 나제통문(羅濟通門)은 바위를 뚫어서 내었다. 충신이나 효자를 기리는 현판이 걸린 문은 정문(旌門)이고, 성문 가운데 누(樓)를 올리지 않고 작은 틈만 낸 것은 암문(暗門)이다. 문은 구조나 형태, 그리고 재료에 따라서도 달리 부른다.

기둥을 한 줄로 세운 것은 일주문(一柱門), 앞뒤 두 개씩 세운 것은 사주문(四柱門)이고, 궁궐이나 상류가옥에서 샛문으로 이용하는 작은 문은 일각문(一角門)이다. 이 문은 담장의 일부를 이루는 까닭에 아기자기하게 꾸미고,

상방(上方)도 무지개꼴로 깎는다. 또 문을 끼고 있는 좌우 양쪽 담에 무늬를 놓아 꽃담을 꾸미기도 한다. 좌우 양쪽의 행랑채 지붕보다 높이 지은 것은 솟을대문이다. 본디 초헌이나 사인교(四人轎), 가마 따위가 드나들게 하려고 높이 세웠지만, 점차 권문세가나 부유한 가문의 상징으로 바뀌었다. 대문 자체뿐만 아니라, 문턱까지 높아져서 문턱에 바퀴자국을 따라 홈을 파놓기도 한다. 안동시 풍천면 하회리에 있는 양진당은 겸암(謙庵) 류운룡(柳雲龍, 1539～1601)이 살던 집으로 풍산 류씨 대종가이다. 1500년대에 세워진 것으로 추정된다. 하회 북촌(北村)을 대표하는 가옥으로 안채는 임진왜란 때 소실되어 그 후에 다시 지었다 한다.

이 건물은 ㅁ자형의 안채와 一자형의 행랑채로 구성되어 있다. 사랑채의 구조는 정면 5칸, 측면 2칸의 팔작지붕이다. 높은 축대 위에 건물을 세우고 주위에 난간을 둘러 마치 누각(樓閣)과 같은 인상을 풍기고 있다.

솟을대문에 대비되는 것은 평대문이다. 농가의 평대문에는 흔히 헛간이나 뒷간이 이어 달린다. 솟을대문이 상류가옥의 상징이라면 평대문은 중류가옥의 전형인 셈이다. 한편, '내외관습'에 따라 상류가옥에서도 사랑채로 향하는 문은 솟을대문으로 세우고, 부녀자들이 드나드는(안채로 향하는) 문은 평대문으로 꾸민다.

솟을삼문도 있다. 사당이나 재실 또는 종묘의 출입문 가운데, 한 칸의 지붕을 좌우보다 높이 세운 문이다. 높이가 좌우와 같은 문은 '평삼문'이다. 그러나 곳에 따라서는 이들을 가리지 않고 모두 신문(神門)이라 일컫는다. 신문의 중앙 칸은 신도(神道)로 쓰고, 좌우의 문으로 제주(祭主)가 드나든다. 양쪽에서 돌을 쌓아올리다가 이맛돌을 무지개처럼 짜 맞춘 문은 무지개문이다. 널로 짠 것은 널문 또는 널판문이라 한다. 흔히 성벽의 누문은 무지개문으로, 가정의 부엌이나 곳간문은 널로 짠다. 철갑문은 적의 총알을 막기 위해 널 판문을 두껍게 짜고 바깥쪽에 철갑편을 촘촘하게 박아놓은 것이다. 전라북도 전주시의 풍납문이 좋은 보기이다.

농가의 전형적인 문은 사립문이다. 가느다란 채나 댓가지를 얽어서 문짝을 만든다. 열었을 때에는 혼자 힘으로 서지도 못해 작대기로 받쳐야 한다.

이를 삽작문이라고도 한다. 싸리로 엮는 일이 많아 '싸리문'이라고도 한다는 말은 옳지 않다. 농가의 뒷간처럼 거적을 드리운 문은 거적문이다.

여러 개의 나무판을 결에 맞추어 잘라내어 2개, 4개, 6개, 8개 혹은 그 이상의 널쪽으로 짜 맞추고 국화정, 곽두정, 세발쇠 등으로 꾸민 문은 당판문이다. 문고리는 빗장을 쓰지 않고 베목에 둥근 쇠고리를 달거나 바탕쇠 위에 고리를 붙인다.

이 문은 흔히 곳간이나 찬광 또는 사당에 세운다. 널쪽으로 짜 맞춘 문은 널문이다. 널빤지 한 짝으로 문을 달지만, 보통은 나뭇결에 따라 두세 장의 널을 잇대어 문을 만든다. 그리고 문짝이 뒤틀리거나 벌어지지 않도록 뒤쪽에 띠방을 덧대고 무쇠 못을 박는다. 널문은 부엌이나 헛간, 찬광 따위에 단다. 부엌문의 빗장은 바깥쪽에 붙이며, 드나들기 편하도록 문지방을 초승달꼴(月初)로 깎는다. 퇴와 퇴 사이에 있어, 흔히 사랑채에서 안채로 드나들 때 이용하는 문이 편문이다. 충청남도의 서해 도서 일대에서는 시부모가 거처하는 안방과 부엌 사이 또는 안방과 며느리방 사이에 이 문을 달아 내외벽으로 삼는다. 비바람을 가리기 위해 외벽에 덧붙이는 것이 널로 짜 맞춘 빈지문이다. 근래까지 도회지의 가게에서 문을 닫을 때 여러 죽을 문턱에 차례로 끼워서 벽으로 삼기도 하였다(김광언, 2000: 73~76).

문들 중에서도 좀더 특히 특징을 지닌 사례를 살펴보면 우선 문(門) 중에는 이 문을 통과하면 영원히 늙지 않는다는 불로문(不老門)도 있다. 창덕궁 금마문 옆 담장을 끊어서 다듬은 초석 위에 큰 돌을 깎아 세웠는데 특이한 모습을 지니고 있다. 처음 설치 시에는 문을 달았으나 지금은 문을 달았던 돌쩌귀 자리만 남아 있다.

4. 마당 및 정원조성

1) 마당조성

주거공간의 벽체나 내부구조상의 집의 둘레를 전체 또는 부분적으로 둘러싸인 편평하게 닦아 놓은 빈 외부 공간의 땅을 흔히 마당이라고 한다. 바닥은 흙으로 잘 다져 있으며 비가 오거나 장마철에는 빗물이 잘 빠지도록 물매가 잡혀있는 구도로 되어 있다. 마당의 어원은 '마'는 맛, 맏, 묻과 관련되어 땅의 의미로 사용되고, '당'은 장(場), 즉 장소의 의미를 포함하고 있다. 따라서 마당은 집의 외부공간의 장소적인 개념의 의미뿐만 아니라 삶의 생활과 활동을 담은 역할을 하는 곳이다.

특히 우리 민족에게 마당은 살림채에서 지내는 만큼이나 중요한 생활의 터전이었다. 주거 내부 공간의 모든 방들이 잠을 잘 수 있는 휴식의 야간 공간이라면 마당은 삶이 숨 쉬는 공간으로의 활동하는 중심공간이다. 내부공간의 방이 좁았던 우리 전통가옥 구조상에서는 마당의 필요성을 더욱 높여주었고, 한편으로 자유스러운 정신적 여유와 계절에 관계없이 마당은 정원으로써의 기능도 함께하는 독립된 생활의 터였던 것이다. 또한 마당은 기능적 면에서 외부공간에서 내부공간으로 동선을 연결하는 통로, 가옥에 대한 채광이나 통풍의 역할 마당 모퉁이에 정원을 조성하여 정서함양, 밭 등을 일구어 채소를 생산하여 자급자족하는 공간, 지신밟기 행사, 전통혼례 공간 등으로 복합적인 여러 기능으로 쓰이는 것이 보통이다.

마당이 배치되는 장소에 따라 부르는 명칭도 달라지는데 상류주거의 경우 주거공간을 중심으로 사랑채 앞 공간을 '사랑마당', 사랑채를 지나 안채로 들어가면 바로 '안마당', 뒤에 있는 경우 '뒷마당' 또는 '뒤안' 그리고 행랑채의 행랑마당 등으로 구분되어 있다. 마당이 사대부가의 주거처럼 세부적으로 구분되지만 서민주거의 경우에는 공간의 영역이 넓지 않고 협소하여 구체적으로 앞에서 담과 대문의 설치는 집터의 '혈'이 빠져나가지 못하도록 하기 위해 마당 조성에 심혈을 기울이고 풍수학적 측면에서 풍수사가 배치하기도 하였다.

강원 고성 함정균 가옥 앞마당(2007)

즉, 마당은 대문을 통해서 혈자리의 양기를 받아들이는 넓은 공간으로 작용하였다. 집터의 혈자리에 양기를 흩어지지 않게 보존하기 위해서 대문과 담장의 설치가 필수요건이듯이 양기를 담아두기 위해서는 우선 앞마당의 공간에 물리적인 요인들이 들어차 있으면 안 되는 것으로 인식되었다. 마당 가운데 자연적인 수목이든 관상용이든 큰 나무가 마루 앞, 집 뜰 가운데 등에 식재되어 있으면 질병과 재앙이 뒤따르고 재물이 모이지 않고 흩어진다는 말이《산림경제》에서도 잘 나타나고 있다. 이와 같이 마당을 가능한 양기를 받아들이는 공간과 때로는 일상생활로 수장 및 작업공간으로만 활용될 수 있도록 하여야 한다.

이외에도 마당의 기능은 수장된 창고 등에서 곡식을 건조시키거나 가을추수에서 거두어들인 노적 등을 쌓아두고 겨울철 가축의 먹이 등에서 필요한 사료 등을 쌓아 두기도 하는 공간으로 그 중요성이 매우 큰 존재였다. 또한 마당은 앞마당의 존재만 중요한 것이 아니고 집 뒤의 뒷마당 또는 기능도 역할이 크다. 살림채에 붙어 있는 마당으로 좁은 공간을 이용하여 겨울철에 필요한 땔

태안 상옥리 가영현 가옥 앞마당(2005)

감 등을 보관하기도 하고 농사철에 필요한 농기구, 식품 등을 보관하는 공간으로 활용하였다.

일상생활에서 필요한 기구나 식품들은 과거 농업사회에서 없어서는 안 될 중요한 생활필수품으로 은폐된 공간에 보관함으로써 관리적 측면에서 틈새공간으로 활용되었다. 이러한 공간의 활용도를 높이고 바람직한 마당의 구비조건은 일상생활의 공간터전이기에 통풍과 해광이 가장 중요하고 습기가 없고 장마철이나 우천 시 물빠짐이 용이하도록 배수시설이 잘 되어 있어야한다. 그리고 바닥은 경사진 곳을 피하고 평탄하고, 단단한 땅이 좋고 모양은 둥글거나 네모형으로 구부러진 형태나 비틀어진 형태의 마당을 피해서 배치하는 것이 풍수학적인 측면에서도 좋은 자리이다. 특히, 우리나라의 마당공간의 대부분의 집터가 구릉지대 등에 자리 잡고 있어 주거공간 다음의 생활공간 영역으로 마당에서는 내부공간(방)에서 못다 이룬 주거기능의 생활공간이 외부에서 그 일부가 이루어지는 그 공간이 마당이다.

그리고 농촌마을에서는 마당의 공간이 협소할 경우 마을 전체가 함께 이용

조선시대의 타작도(打作圖): 마당
단원(檀園) 김홍도(金弘道)의 풍속화. 보물 제527호. 국립중앙박물관 소장

할 수 있는 마당을 조성하는데 보통 마을 한가운데 위치하여 마을 공동체 작업
공간으로 활용되고 또는 개인이 이용하기도 하는데 주로 늦은 봄 보리타작과
가을 추수기에 이용한다. 그리고 외부공간으로 마당이 차지하는 그 영역은 매
우 크다.

위 그림의 내용은 당시의 땅이 많은 선비 집에서 소작인에게 땅을 나누어
주고 추수할 때 날을 미리 정하여 추수관(감독관)을 보내어 추수를 관리 감독
케 하는데 소작민들은 이 추수관을 주인처럼 대하며 극진히 모시고 1년 농사
한 곡식을 결실을 보는 추수과정으로 흥겹게 추수하는 모습이다.

더욱 흥미로운 것은 추수관의 비껴쓴 갓이며 아무렇게나 벗어 논 신발과 무료하여 졸린 모습이 곧 잠이 들 것 같은 표정과 소작인들의 어떤 기대감이 표현된 듯하고 또한 타작 일에 열중한 건장한 젊은이들의 신바람까지 엿보게 하여 보는 이의 마음 또한 기쁘게 하고 나이든 노인은 자기에게 어울리는 일인 양 흩어진 낟알을 쓸어 모으는 모습도 놓치지 않고 표현하였다. 이 작품은 당시 농경시대의 원시적인 타작법을 보여준다. 그리고 낟알 하나까지 모으는 노인의 모습처럼 당시의 생활형편이 얼마나 어려운가를 알 수 있고, 이는 검소한 정신과 곡식의 중요성을 내포하는 작품이라 할 수 있다.

그 밖의 마당의 영역 안에서 외양간, 마구간, 샘(우물), 장독간, 작은 연못, 정원, 담, 대문 등이 배치되고 설치된다. 사찰의 경우에도 공간구성 유형을 보면 마당이라는 공간의 중심성을 기준으로 탑을 배치하고 탑돌이, 각종행사 등이 사찰마당에서 이루어지고 있다. 우리 민족은 사실상 주거공간보다 활용하는 가치나 삶의 터전은 제2의 주거공간으로 마당의 역할이 더 큰 기능을 한 것으로 생각되어진다.

2) 정원조성

우리나라는 전 국토의 70%가 산지를 이루고 있어 우리 옛 조상들은 자연과의 조화를 이루면서 아름다운 정원을 조성할 수 있는 여건을 갖추고 있었다. 우리의 전통정원은 단순히 감상적 공간으로 구성된 것이 아니고 자연과 함께 은일적인 정신세계를 그리는 생활공간으로 자리 잡았다. 이러한 정원의 조성 동기나 사상적 배후는 정원의 유형에 따라 다르게 나타나는데 대부분 공통적으로 유교·불교·도교사상과 풍수지리 사상 등이 적지 않은 영향을 서로 미치면서 계승 발전하였다.

한국정원의 발생배경은 자연숭배 사상에서 찾을 수 있다. 외국의 조경처럼 인위적으로 조성되는 것이 아니고 자연의 지세 및 구배를 그대로 원용하고 조성하였다. 마을 어귀에 마을의 수호신처럼 역할을 하는 당산나무, 오랜 세월 속에 지탱하는 늙은 노거수 등에 대해서 신비로움과 경외감을 갖고 숭배하였다. 심지어는 큰 바위나 노거수 밑에 소원을 염원하듯 신격화하여 제를 지내는 등 자연숭배 사상이 지금도 마을의 정신적 지주인 성황당 등이 있다. 자연숭배 사상에서 한 단계 이론적으로 발전된 모습이 음양오행 사상과 풍수사상이다. 과거의 자연숭배 사상보다 구체적이고 이론적 사상도 갖추고 있어 급속하게 백성들에게 전파되어 조경 설치의 위치, 수목 등이 풍수사상에 의해서 결정되었다. 특히 음양오행 사상에 의한 연못 등의 설치에서 방형(方形), 즉 방지(方沚)가 발견되기도 하는데, 이는 음양오행 사상이 반영된 것으로 보인다. 연못의 둘레는 모두 직선형태의 사각모양을 취하고 있는 것과 연못 등 정원의 구조물은 곡선형태를 보이는 것도 같은 맥락에서 이해할 수 있다.

연못의 형태의 네모모양은 땅을 상징하는 음이고 정원을 이루고 있는 연못의 중앙에 조성된 둥근 섬은 하늘을 상징하는 양으로 고대 우주관을 반영하여 설치하였던 것이다. 동아시아 국가는 당시 음양오행 사상이 널리 전파되었으나 우리나라에서만 조경 등에 반영되어 나타난 현상은 우리 민족 특유의 미의식에서 발현되었고, 직선적 구조를 이루는 연못의 형태에는 북방민족의 기마정신이 깃들여 있는 모습을 알 수 있다. 정원문화의 오행사상은 고려시대에서 조선시대에 이르기까지 조경형태로 계승 발전되었다. 조경에서 풍수학적 접근은 음양오행 사상에 근본을 두고 발전된 사상체계이다.

풍수사상에 의한 조경의 방법은 위치, 방향, 수목의 수종 식재시기 등에 있어서 여러 가지 제약요인이 많았다. 풍수사상은 가옥을 중심으로 결정되는데 우리나라는 70%가 산지형태로 이루어져 있어 득수에 의한 접근보다 장풍에 의한 배산임수의 형태를 갖추고 있다. 이는 평지보다 구릉지 형태로 주거를 중심으로 앞에는 정원, 뒤뜰에는 후원이 자리 잡고 있어 자연적인 형태로 정원이 형성되어 풍수지리에 의한 정원이 자연스럽게 조성된 것이다. 후원의 경우 뒷산에 의한 숲의 형성과 대나무 숲 등이 대표적 조경의 일종이다.

풍수사상에 의한 조경은 앞에서 열거하였듯이 조경에도 그대로 적용되고 있다. '길흉화복'은 풍수사상의 근본이듯이 정원배치를 위한 조경은 수목의 선택을 중요시한다. 옛 선조들은 식재일시, 식재장소(방위) 등을 함부로 다루지 않고 신중을 기했다. 주거가 완벽 길지(吉地)가 아니면 비보풍수로 보충하였

고창 인촌 선생 생가 민가정원(2006)

다. 지력의 쇠약에 따른 지형은 나무를 심어 혈을 보하였다. 자연의 훼손을 방지하고 최소화하면서 풍수적인 결함을 보완하였다. 주택에 보통 과실수의 복숭아, 매화, 대추, 치자, 살구나무 등을 식재하는데 이는 동서남북의 방향에 따라 좌청룡, 우백호, 전주작, 후현무의 사신수의 사상에서 연유되었다. 한편 《산림경제》에 의하면 집의 좌향에, 흐르는 물과 우향에 길다란 길이 있고 앞에는 연못, 뒤에는 언덕이 없는 경우 즉, 배산임수의 풍수적 혈자리가 부족한 동쪽에 복숭아, 남쪽 서쪽에 치자나무, 북쪽에 살구나무, 벚나무 등을 식재하여 풍수의 사신수사상으로 대신할 수 있다고 믿었기에 권장하였다. 그리고 집의 서쪽 언덕에 대나무 숲이 푸르면 재물이 불어나고 문 앞에 대추나무가 있으면 또한 좋다고 전해지고 있다. 이외에도 도교와 유교사상이 정원형성에 영향을 미쳤다. 특히 유교사상은 조경뿐만 아니라 한국의 주거문화 형성에 재정립한 시기라 할 수 있다. 조선시대의 주택은 상류계층을 중심으로 발전됨에 따라 유교 및 도교사상이 함께 정원문화에 나타나 있다.

유교사상을 국시로 삼고 있는 조선시대는 주거의 화려함보다 오히려 정원문화가 더 발전된 모습을 보이고 있다. 선비들의 학문도량과 귀향 등에서 세속을 탈피하고 은일사상과 함께 자연주의 삶을 추구하면서 정원문화에 깊은 영향을 주었는데, 그 대표적인 사례로 별서정원, 십장생 등이 있다.

유교사상에 의한 정원문화는 도가적 특징과 함께 나타나기도 하고 독자적으로 조성되기도 하였다. 유교학습의 근본도량인 향교, 서원 중심으로 전개되었고 조선 중기부터 별서정원의 특징이 많이 나타났다. 특히 조선시대의 주거문화는 사대부 계층으로 남녀유별, 장유유서, 조상숭배 사상이 강조되어 공간구성이 영역별로 나누어져 일상생활의 제약이 있었다. 사랑채, 안채, 행랑채 등으로 엄격하게 구분됨에 따라 정원문화도 각 채에 따라 발달했다. 지금까지 우리나라에 영향을 미친 사상적 특징을 유형별로 나누어 보면 궁궐조경, 별서정원, 마을조경, 민가조경, 사찰조경, 서원조경 등으로 분류할 수 있다.

(1) 민가조경
전통민가의 조경은 3가지 유형으로 서민민가, 중류민가, 상류민가로 구분할 수 는데 서민민가는 당시 사회가 신분사회인 관계로 주거의 규모가 매우 협소하여 별도의 정원조성은 기대할 수 없었고 앞마당 및 안마당 하나로 구성하고 있어 자급자족을 하기 위한 채소 등을 공급하기 위한 채전(菜田) 중심과 실용적인 실용정원으로 형성된 특색을 보이고 있다.

중류민가는 앞마당, 뒷마당, 사당마당으로 구성되어 있어 이러한 공간을 중심으로 정원을 설치하였는데 서민민가의 채전(菜田)에 위락기능의 형태를 취하면서 실용정원과 휴식 여유공간을 만들어 놓은 관상정원의 특성을 지니고 있다.

상류민가는 서민, 중류민가와는 다른 모습으로 공간이 구성되는데 사랑채의 사랑마당, 안채의 다양한 주거공간과 함께 여유 있게 정원을 조성할 수 있었다. 정원은 사대부 계층에 걸맞는 안마당, 행랑채의 행랑마당, 별당마당, 후정 등 다양한 공간으로 이루어져 위락공간, 위계성을 나타내는 정원인 관상정원, 실용정원, 과수원 및 생산 녹지공간 등 복합적 기능을 배치하였다. 주로 마당에 수조(水曹)와 화목 등을 배치하고 후원에는 과일나무, 대나무 숲 등으로 원림(園林)을 조성하였다. 민가형 정원의 특색은 마당이라는 공간을 중심

담양 소쇄원(별서정원)(2005)

으로 정원이 형성되었다. 그리고 자연의 상태인 앞뜰이나 뒤뜰을 인위적으로 변경시켜 조성한 것이 아니고 자연에 순응하며 절제된 모습을 보인다.

(2) 별서정원

별서는 주거공간의 살림채와는 별도로 경관이 수려한 곳이나 한적한 곳에 별장과 비슷한 개념이다. 조선시대에 중앙정치에서 붕당이나 여러 정치적인 사건과 연류되어 물러나게 됨에 따라 자연과 함께 지내면서 별서(별장)에서 생활하였다. 조선시대 중종 때 조광조의 문하생인 양산보의 별서정원인 소쇄원(전남 담양 소재)과 독수정원림(전남 담양 소재), 부용동원림(전남 완도 보길도), 화환정 국담원(경남 함안 소재) 등이 대표적이다.

별서정원의 특징은 풍수지리적 영향을 받아 자연경관이 수려한 곳에 위치하고 있으며 대부분 연못을 조성하였는데 그 중앙에는 둥근 섬을 두고 있는데 이는 음양오행 사상과 도교사상의 영향을 받았던 것으로 보인다. 별서정원은 영남지방과 호남지방과의 차이가 있다. 영남지방 별서정원의 특색은 주위에 담장이 둘러싸여 있어 거의 여백이 없는 관계로 연못의 자체구획으로 설정되어 연못이 모두 정원으로 구성된 느낌을 준다. 호남지방의 경우에는 별서정원의 원림은 자연의 상태를 그대로 원용하고 연못 등의 주변에 담을 이용하지 않고 경계가 자연스럽게 이루어져 있어 개방적이면서 자연과의 친화적 기능을 하고 있어 연못이 조경의 요소로 비중을 차지하고 있는 분위기를 자아내고 있다.

(3) 마을조경

우리나라 국토는 70%가 산지로 형성되어 풍수지리 사상에 의하여 주거의 입지선정이 배산임수에 의한 공동체식의 마을 단위로 형성되어 대부분 정주하였기에, 주거의 뒤에 위치하고 있는 산은 주택의 개별단위로 작게는 후원이고 마을의 단위로 보면 마을조경을 이루고 있는 것이다. 또한 마을이 풍수상 적정하지 못한 경우에는 마을 어귀 등에 나무를 심어서 풍수를 보완하는 비보책을 강구하기도 하였다.

특히 경상도 안동 하회마을은 풍수상으로 최적지의 마을로 낙동강의 강줄기가 감싸고 건너편 산기슭에는 병풍처럼 부용대가 있으며 강가의 주변에는 솔숲들이 우거져 있다. 마을의 상당에는 소나무의 노거수가 자리 잡고 하당에는 굴참나무 노거수가 있다. 그리고 마을 중앙에는 수령 5백여 년이 된 거대한 느티나무가 세월을 말해주듯 동구나무로 버티고 서 있다. 이러한 노거수들은 마을 단위의 정원인 조경은 동시에 마을의 안녕과 자손들의 번창을 기원하는 상징성으로 자리 잡고 있다. 그리고 지금도 각 마을마다 존재하는 당산나무도 집단적으로 취락이 형성된 마을에는 대부분 어귀나 중심부 등에 마을의 수호신처럼 자리 잡고 있다. 이를 일명 당산나무라고 불린다. 이는 산이나 언덕을 당산(堂山)이라 하여 마을 주민들이 신성시하며 여러 가지 방법을 통한 의식의례가 있었다. 당산나무도 주거의 외적인 공간구조의 틀 속에서 살펴보면 마을의 입구나 중심에 위치하고 있어 마을 전체 공간에서 중심을 이끄는 대표적 역할을 하였다. 지금도 노거수로 남아 그 존재를 확인할 수 있다.

당산나무는 취락 형성시기에 당시 이주하면서 거처를 위한 집을 짓고 나서 마을을 대표하기 위한 나무와 풍수사상에 의한 비보책의 일환으로 크게 2가지로 대별해서 식재한 것으로 추정된다. 그리고 당산나무에 대한 여러 가지의

경북 예천군 감천면 석송령(2005)

설화 등이 오래 전부터 전래되어 내려오고 있다. 설화 속에는 마을의 공동체
의식을 통한 결속강화와 살아가는 이들에게 흥미를 주고 동식물들을 함부로
다루지 말고 훼손하지 않도록 하는 삶의 지혜도 숨겨져 있다.

　당산나무의 대표적인 특징이 영험담(靈驗譚)인데 당산나무가 미래에 대해서
예견하거나 농업사회에서 가장 중요한 길흉에 대해서 미리 예견한다는 것이다.

　또한 변란, 사변 등을 예측하여 미리 울거나 혈흔을 나타낸다는 것이다. 그리
고 징벌담(懲罰譚)으로는 당산나무는 매우 신성시하고 의례도 지내기도 하는데
이를 함부로 가지를 꺾는다던가 그 아래서 용변을 본다든가 하면 징벌을 가한다
는 것이다. 어느 마을에서는 이러한 사례를 사전에 방지하기 위해서 신의 몸인
나무에 함부로 접근하지 못하도록 금줄을 여러 줄로 돌려놓고 금지시키는 곳도
있다. 당산나무도 어떻게 보면 마을주민을 위한 실(失) 보다 득(得)이 훨씬 더
많은 것으로 보인다. 보통 당산나무 아래는 여름에 휴식을 취하기 위한 시정
등이 마련되어 있어 시원한 휴식의 공간으로 이용하고 정서적으로 안정감을
주고 있다.

전남 강진 하멜 체류지 병영마을 은행나무(2005)

　　경상북도 예천군 감천면 천향리 804번지 천연기념물 제294호인 석송령은 소나무의 한 품종이며, 가슴 높이의 줄기 둘레가 4.2m, 키가 10m에 이르는 큰 나무로서, 나이가 약 6백여 년으로 추정된다. 일명 반송(盤松) 또는 부자나무라고도 불리며 현재도 마을의 단합과 안녕을 기구하는 동신목으로 보호받고 있다.

　　전하는 말에 의하면 약 6백여 년 전 풍기지방에 큰 홍수가 졌을 때 석관천(石串川)을 따라 떠내려 오던 것을 지나가던 과객이 건져 이 자리에 심었다고 하며, 그 후 1930년경에는 당시 이 마을에 살던 이수목(李秀睦)이란 사람이 영험 있는 나무라는 뜻으로 석송령(石松靈)이라는 이름을 짓고, 자기 소유의 토지 6,600㎡를 상속 등기해 주어 이때부터 이 나무는 수목으로서는 드물게 토지를 가진 부자나무가 되었다고 한다.

　　전남 강진군 병영면 성동리에 있는 은행나무는 마을의 수호신 역할을 하고 있다. 이 은행나무는 수령이 8백여 년으로 추정되며 높이 30m 둘레 6.75m로 아름다움을 갖추고 있다. 특히 이 은행나무는 천연기념물 제385호로 지정되어 있다. 1656년부터 1663년까지 병영에 머물렀던 하멜이 쓴 표류기에 기록된 것으로 전한다. 당시 네덜란드 고향을 그리워하며 이 은행나무를 동경했다고 한다.

전라남도 담양군 담양읍 강쟁 2구 두곡마을의 뒤쪽에 당산나무가 자리 잡고 있다. 이곳 주민들은 매년 정월 보름이 지나면 마을회관에 모여 화주(化主)를 정하고 정월 말일 밤에 '토지지신신위'(土地之神神位)란 위폐를 모시고 '당산제'를 지낸다. 제사 다음날 아침에는 마을회관에서 음식을 준비해 놓고 마을노인들을 모셔 음식대접을 한다. 제가 끝난 후에도 마을 곳곳에 놓인 황토나 당산나무에 둘러친 금줄은 그대로 두나, 마을 입구나 화주집 대문에 쳐 둔 금줄은 모두 걷는다.

당산나무에 얽힌 영험으로는 옛날에 강쟁 1구에 사는 사람이 당산나무 주변의 밭을 벌고 있었는데 당산나무 그늘이 져 농작물에 피해를 주고 있어 밭쪽으로 뻗은 가지를 베어냈는데 그 뒤로 시름시름 앓다가 죽었다고 한다. 또한 당산신이 영험이 있어 사람들의 소원을 잘 들어준다고 하는데 아들이 없는 사람이 둘이나 자청해서 화주가 되어 제를 정성껏 올렸더니 모두 아들을 얻었다고도 한다. 이와 같이 당산나무는 예나 지금이나 길흉 등에 있어서 민속신앙으로 자리 잡고 있으며 또한 마을 지킴이를 하고 있다.

5. 뒷간 배치

집짓기의 내·외부 공간설치에서 다른 공간에 비하여 뒷간은 살림채 및 사랑채에서 가능한 가장 멀리 떨어진 곳에 위치하는 것으로 생각하고 설치하였다.

뒷간은 주거생활 가운데 없어서는 안 되는 생리적인 공간으로 필수적이다. 다른 공간은 없어도 이에 비슷한 공간으로 대체하여 사용할 수도 있고 불편하기는 하지만 인내하면서 살아가곤 했다. 그러나 예부터 우리나라를 비롯하여 뒷간이 없는 나라는 거의 없었을 것이다. 흔히들 뒷간은 서각(西閣), 측간(厠間), 측실(厠室), 정방(淨房), 측소(厠所), 모측(茅厠), 해우소(解憂所) 등으로 불렸다. 뒷간의 측간 유래는 아마도 집을 짓고 나서 당시 풍수지리상 살림

경주 양동마을 뒷간(2006)

채와 가까운 곳이 아닌 위생상 멀리 떨어진 한쪽에 자리 잡게 됨에 따라 측
(廁)자를 붙인 것으로 보인다. 뒷간은 순수한 우리말로써 사람의 인체 구조학
상 이목구비 등을 기준으로 볼 때 일상생활에 있어서 보고, 판단하는 중요기
능들이 앞에 자리 잡고 있음을 알 수 있다. 그러나 생리적 현상을 나타내는 인
간의 생리구조가 유일하게 뒤에 자리 잡고 있는 것이 항문이다. 이러한 기준
으로 볼 때 뒷일을 보기 위해서 만든 시설이 뒷간으로 부르게 된 연유로 해석
되어진다.

또 다른 기록에 의한 뒷간이라는 이름을 전하는 내용을 보면 뒷간이라는 이
름은 조선시대 1459년(세조 5년)에 간행된 석가의 일대기인 《월인석보》에 처
음 나타난다. "음욕이란 즐거움은 적고 괴로움을 받음이 많으니 '뒷간'에 핀 꽃
같아서, 이를 곱게 여기면 몸이 더러워진다"는 내용이다.

놀랍게도 오늘날 맞춤법 그대로이다. 뒷간은 말할 것도 없이 '뒤에 있는 방'
이라는 뜻이다. 우리 겨레는 오랜 옛날 시베리아에서 불어오는 찬바람을 등지
고, 따뜻한 남쪽나라를 찾아 내려왔다. 따라서 언제나 앞은 남쪽이고 뒤는 북

이었다. 앞이나 남쪽은 광명·봄·부활을, 북쪽은 어둠·겨울·죽음을 나타낸다. 《삼국유사》에도 "대궐 북쪽 뒷간 속에서 두 줄기 연꽃이 피어났다"는 내용이 있다. 즉 나라가 위태롭다는 뜻이다.

옛말에서도 뒤는 북쪽을 가리켰다. 1445년(세종 29년)에 《용비어천가》에서 북천동(北泉洞)을 '뒷샘골'이라 부르고, 1527년(중종 22년)에 최세진이 지은 《훈몽자회》에서도 북(北)을 '뒤 북'이라 새긴 것이다.

뒷물을 하는 공간도 북수간(北水間)이라 한다. 따라서 우리는 냄새나고 더러운 뒷간을 집 뒤쪽에 두었다. '뒷간'이라는 말은 이렇게 나온 것이다. 일본에서도 뒷간을 뒷집(背屋)이라고도 적었다(김광언, 2000: 277~278). 해우소는 '근심을 터는 곳', '근심을 해결하는 곳'으로 절에서 사용하는 뒷간이다. 깊은 산중에서 참선을 행하고 중생을 위한 고행의 스님들도 뒷일을 못보고는 근심은 어찌할 수 없었지 아니 한가 생각된다. 특히 절간의 해우소 옆에 다리가 있는 경우 이 다리마저 해우교(解憂橋)라 하였다. 경기도의 도서인 섬 지방 백령도 연평도에서는 뒷간을 일명 서각(西閣)이라 부른다. 이곳 역시 살림채를 중심으로 볼 때 살림채는 풍수상 남향에 배치되기 때문에 불멸감 등으로 인해 통풍이 잘되는 서쪽에 위치하기 때문에 붙인 명칭이다.

뒷간은 다른 공간보다 상징성을 갖고 있으며 또한 독특한 장소적 특성을 가지고 있다. 이러한 특성 때문에 우리 조상들은 풍수사상으로부터 위치선택을 중요하게 여기며 설치하였고, 특히 뒷간신은 다른 신에 비하여 포악하고 늙지 않은 여신이기에 좋은 날을 받아서 건립해야 하는 것으로 믿어왔다. 뒷간에는 여러 형태가 있는데 주변의 자연조건과 생활양식에 따라 차이가 있다.

구들난방을 이용하여 재가 많은 집에서는 잿간을 만들고, 재를 많이 내지 못하거나 퇴비를 빨리 많이 내야 하는 집에서는 수거식 뒷간을 짓고, 일부 산골에서는 돈통시(똥돼짓간)을 만들었으며, 어촌 마을에선 조류를 이용한 해안 측간을 만들기도 했다. 아궁이에서 불을 때면 나오는 재를 쌓아 놓는 곳이 곧 잿간이다. 재가 많이 나오는 집에서는 뒷간을 따로 두지 않고 잿간 한 구석에다 볼일을 볼 수 있도록 돌멩이로 발판을 만들어 놓았다. 볼일을 본 뒤 재를 뿌린 후 삽으로 떠서 잿간 한쪽에 던져 쌓으면 그만이었다. 이러한 서민들의

제주도 똥돼지 뒷간(2007)

잿간과 달리 양반집 잿간은 누각형식으로 지어 놓고 위층에서 볼일을 본 후 재를 뿌리면 아래층에서 꺼내 다른 잿간에 쌓아두는 식이었다. 이렇게 분뇨에 재 또는 왕겨, 석회, 톱밥 등을 뿌려 주는 이유는 냄새를 차단하는 효과도 있지만 인분에 산소를 공급하는 매개 역할을 하기 때문이다. 이러한 첨가제들은 분뇨에 섞여 수분을 낮추는 동시에 똥 속에 있는 호기성 박테리아에 산소를 공급해 주고 보온, 보습에 소금기를 희석시켜 주는 역할까지 한다.

산중에 있는 절의 해우소는 산비탈이라는 지형을 잘 활용한 뒷간이다. 대부분 산비탈에 세워진 사찰은 법당과 요사채 영역의 끝부분에 해우소를 두고 그 밑에 채마밭을 두는데, 해우소 하단부 입구는 채마밭과 바로 연결되어 거름으로 꺼내 쓰기 좋다. 이렇게 비탈 위에 2층 누각구조로 만들면 통풍이 잘 되어 산소공급과 보온효과가 높아 자연발효가 쉽고 냄새도 안 난다. 그러나 재래식 뒷간의 가장 일반적인 형태는 수거식이다.

지금이야 산골이나 뒷산에 가면 낙엽이나 희나리, 죽은 나무, 간벌목들이 많지만, 난방·취사용으로는 나무밖에 없던 옛 시절에는 땔감을 구하기가 쉽지 않았다. 그래서 서민들은 어렵사리 구한 땔감을 매우 소중히 여겼다. 땔감이 부족하고 재가 귀했으니 똥 외엔 거름이 마땅치 않던 일반 농가에선 보다 위생적인 잿간보다는 인분을 손쉽고 빠르게 거름으로 처리하는 수거식 뒷간이 많을 수밖에 없었다. 그런데 수거식의 경우, 오줌과 똥이 분리되지 않으면 구더기도 많이 생길뿐더러 수분이 많아 산소공급이 원활치 못해 미생물 분해가 더뎌지고 냄새가 많이 난다. 그래서 옛 어른들은 대부분 뒷간 입구에 오줌통을 따로 놓거나 실내에 요강을 두어 똥과 오줌을 원천적으로 분리했다. 제주도나 깊은 산중에는 돼지를 이용한 똥돼짓간이 오랜 역사를 가지고 애용되어 왔다. 일명 '돗통시'라고도 하는데, 뒷간 아랫부분에 분뇨통 대신 돼지우리를 두어 인분을 돼지의 먹이로 활용한 것이다. 돗통시는 2층 누각구조로 되어 있어 계단이나 사다리를 타고 올라가 볼일을 보는데, 안에 장대를 세워 놓고 일을 볼 때 돼지가 접근하지 못하도록 했다(http://www.sfoc.org/cnil/cultureni/2001/05; 이동범, 2001: 1).

대궐에서는 어떠한 방법으로 뒤처리를 했는지 살펴보면 고려시대에는 임금도 뒷간에서 일을 보았고 조선시대에 이르러서는 뒷간은 존재하지 않고 '매우틀'을 사용하였다. 매우틀은 임금이 정사를 보는 장소와 편전 및 침전에 두고 사용하였다. 매우틀 안에는 냄새 등을 흡수하기 위해 여물 같은 것을 깔아 놓았고, 높이는 21㎝로 매우틀 위에는 위생적 요인을 감안해서 우단을 덮어 놓았다. 매우(梅雨)는 한자어로 똥오줌을 말하는데 매(梅)는 큰 것 즉 대변, 우(雨)는 작은 것, 소변을 일컬었다. 조선시대에 임금들을 모두 매우틀을 사용한 것만 아니라 요강을 사용한 것으로 《조선왕조실록》에 전하는 것을 보면 '매우틀'과 '요강'을 병행해서 사용했던 것으로 추측된다.

뒷간에 대해서는 많은 일화 등이 전해지고 있다. 뒷일이라 그런지 뒤탈도 많았던 것으로 여겨진다. 이외에도 집짓기에 있어서 부속시설인 뒷간은 여러 가지 얘깃거리들이 많다. 여러 가지의 용도로 쓰이는 것과 이에 얽힌 민속신 등이 존재하여 밤늦게 드나들 경우 움츠러들고 혼자 가기에는 두려워 가족을 동행하는 사례가 많았다.

이러한 연유는 뒷간신이 무서운 관념으로 굳어져 그렇게 느꼈을 것이다.

《산림경제》에 의하면 우리나라의 경우 "뒷간에 갈 때 외부에 사용 중이라는 표지가 아닌 음성으로 서너 걸음 떨어진 곳에서 두서너 번 기침소리를 내면서 가면 자연히 뒷간귀신이 피하게 된다고 한다"는 기록이 있다. 그리고 아울러 뒷간을 지을 때는 반드시 좌향으로 잡아야 하고 오래된 뒷간의 사용이 어려워 다시 새로운 뒷간을 지을 경우에는 헌 뒷간은 반드시 철거하고 남은 인분(人糞)은 물을 채운 다음 처리하게 되는데 이때 "인분(人糞)을 치운다 하지 않고 물을 퍼낸다"고 말해야 좋다는 것도 기록하고 있다. 특히 강원도 지방에서는 뒷간을 지을 때 이러한 요인들을 감안해서 제물 및 부적을 갖추어서 정중하게 아무런 일이 없도록 고사를 올렸다.

살림채를 형성하는 모든 내부공간과 외부공간의 구성들에서 집짓기의 전통 통과의례는 모든 신(神)들에게 집안의 가족에 무병장수와 평안하기를 바라면서 빌고 더 나아가 집안의 번영까지도 기원하는 데 반하여 뒷간귀신만은 유일하게 이롭게 하는 것보다는 해롭게 하는 경우가 많아 잘 받들지 않으면 노여움을 받을 수 있기에 뒤에 탈이 없도록 기원하는 것은 다른 집안의 신들과의 많은 대조를 이루고 있다는 또 다른 특징이라고 볼 수 있다.

예부터 집들의 유형을 분류하면 구조, 지붕재료, 벽재료, 쓰임새 등으로 분류할 수 있는데 우리나라는 작은 나라임에도 불구하고 지역에 따라 다양하게 나타나는 특징을 보이고 있다. 지정학적으로는 아열대에 속하면서 남과 북이 길게 뻗어 있고 사계절이 뚜렷하게 나타나기 때문이다. 이러한 자연환경에서 주거생활을 영위하는 사람들에게 미치는 영향은 더위, 추위, 비바람 등에서 찾아볼 수 있듯이 환경에 대응하기 위한 방법으로 각 지방마다 집의 구조와 지붕재료 등을 달리할 수밖에 없는 유형을 보이고 있다. 이를 더 구체화하면 구조에 의한 기와집, 초가집, 샛집, 너와집, 굴피집 등이 있고 벽재료에 의한 경우에는 토벽집, 귀틀집 등이 있고 쓰임새에 따라 막살이집, 오두막집, 움막집, 주막집 등으로 나눌 수 있는데 이는 지역적인 주변환경이나 기후적 조건에 따라 가장 많은 영향을 받았다.

제1절 주거구조에 의한 유형

우리의 주거문화는 서양식과는 달리 예부터 나무를 이용한 목재구조이다. 목재구조와 양식은 당시의 사회제도와 문화, 집을 짓고 사는 주변의 자연조건 등의 환경에 의한 시대적 배경 요인이라 할 수 있다. 목재의 선택은 주변에서 쉽게 얻어 사용할 수 있는 이점은 있으나 내구성 연한이 짧아 수명이 짧은 단점을 지니고 있다. 그리고 집을 건축하는데 쉬운 측면도 있으나 오량가, 칠량가 이상 건축 시에는 기간이 많이 소요되는 문제점도 있다. 그러나 목조의 구조는 서양의 조적이나 콘크리트의 양식과는 달리 주거의 이주나 이전 시 해체가 용이하고 다시 사용할 수 있는 재생의 효과는 우리 건축양식에서만 그 기술성을 찾아볼 수 있다.

또한 집의 탄생을 위한 명당 터 잡기 → 개토 → 정초 → 입주(立住) → 상량 → 집들이 등의 전통의례 순서에 의해서 이루어지는데 이러한 과정은 집의 완성에 앞서 집의 틀을 갖추는 데 있어서 결과보다 과정을 중요시하는 하나의 문화적 특성도 지니고 있다. 이는 주거와 풍수의 밀접한 관계 속에서 민속신앙에 기반을 둔 종합예술이다. 집을 구성하는 형태의 구조는 가사(家舍)의 규제와 지역에 따라 가구(架構)를 달리 정하여 집을 만들었다.

이런 가구〔架構: 양주일형지가(兩柱一衡之架)에서 '架'와 구조라는 뜻의 '構'가 결합된 집의 구조를 의미하는 낱말〕의 방법구조는 규모와 형식에 따라 다르게 나타나는데 이는 기둥(柱), 도리(道理), 보(梁) 등의 기본 부재결구의 형식이다. 기둥(柱)은 곧 부재들에 의해서 지탱할 수 있고 이 기둥(柱)에 의해서 보(樑)와 도리(道理)가 결합되면서 골조가 완성됨에 따라 상량식을 갖게 된다.

이때 건물의 꼭대기인 용마루 쪽에서 처마 밑으로 내려진 각각의 서까래는 도리 위에 걸치게 되고 도리는 다시 지붕의 육중한 하중이 보와 기둥으로 전달되어 건축물의 안정성 유지에 기능한다. 이러한 도리에는 주심도리, 외목도리, 들도리, 민도리, 중도리 등이 있는데 이는 집의 크기와 사회적인 신분계층에 따라 상류계층, 중류계층, 서민계층 등과 관계가 있고 도리의 개수에 따라서는 삼량집, 사량집, 오량집, 칠량집 등으로 나뉜다.

1. 삼량집 · 사량집

1) 삼량집

집의 구조에서 가장 작은 규모의 집으로 삼량집이란 '삼량가'(三樑架) 라고도 부르며 가구(架構) 의 구조가 기둥과 기둥 사이가 좁고 보의 길이도 짧다.

　이는 도리(道理) 에 서까래의 길이를 감안하여 만들었기 때문이다. 삼량가의 특징은 기둥과 기둥 사이에 대들보 하나를 얹어서 도리가 안정감 있게 앉도록 보의 끝을 파내어 이를 결구시킨 다음 그곳에 주심도리를 건다. 이때 주심도리는 앞뒤 기둥에 각각 걸치게 되므로 두 개가 되고 대들보의 중앙에 대공을 세워서 종도리를 받는 역할을 한다.

　이와 같이 기둥 위에 결구시킨 두 개의 도리와 대공이 받치는 종도리 한 개를 합쳐 세 개의 도리로 이루어지며 그 위에 처마 끝까지 건너지른 나무인 서

낙선재 행랑채(2005)

까래를 얹게 됨에 따라 구조가 만들어지는데 지붕은 우진각 지붕, 또 맞배지붕 형태로 나타난다. 이는 주로 소규모인 농촌 서민주택의 초가삼간 집이다. 그리고 중상류의 주택의 행랑채 등에도 주로 나타나는데 과거 서민주거 살림집에서 널리 쓰이는 가구구성의 기본형이라고 볼 수 있다.

또한 가구구성으로 보아 단순하기에 많은 재료 등이 들어가지 않으며 오래된 재목들을 사용하지 않고 쉽게 주변에서 재료를 얻을 수 있으며 주거를 짓는 데도 고난도의 숙련된 기술성을 요하지 않았기 때문에 일반적 상식으로 누구나 손쉽게 지을 수 있는 집이다.

2) 사량집

삼량집보다 집의 규모에 있어 한 단계 기술이 진보된 것으로 '사량가'(四樑家)라고도 한다. 가구(架構)의 구조는 고주(高柱) 사량집, 평(平) 사량집으로 그 유형을 나누어 볼 수 있다. 평 사량집은 앞과 뒤의 기둥에 대들보를 건너지르게 하고 기둥 위의 보를 도리가 앉도록 꾸미고 앞뒤의 기둥에 각각 주도리를

남산 한옥마을 오위장 가(2005)

걸고 다시 대들보 위에 종보를 얹어 꾸민 다음 그곳에 중도리를 건다. 이때 종도리는 존재하지 않고 도리가 모두 네 개로 결구되는 특징을 가진다. 고주 사량집은 평 사량집과는 달리 고주(高柱)를 쓴 것이 특징이다. 삼량집보다는 규모가 크고, 건축의 기술적 숙련성은 삼량집보다 높다.

주로 서민집이나 중·상류의 행랑채에 볼 수 있던 삼량집보다 사량집은 중류서민들이 거주하는 집에서 대부분 나타난다.

앞의 사진은 조선시대 말에 오위장을 지낸 김춘영의 집으로 1890년대에 지어진 것으로 추정된다. 종로구 삼청동 125-1번지에 있던 것을 이곳에 그대로 옮겨왔다. 전반적으로 서민주택의 양식을 보이고 있으나 서민 중에는 경제적으로 윤택한 중상류층 집안의 양식을 보이고 있다.

2. 오량집 · 칠량집

1) 오량집

시대의 변천에 따라 건축기법의 난이도가 점점 발달된 모습으로 변해가는 과정이다. 오량집의 가구(架構) 구성은 무고주 오량가(無高柱五樑家), 일고주 오량가(一高柱五樑家), 이고주 오량가(二高柱五樑家)로 분류할 수 있다.

무고주 오량가는 앞기둥과 뒷기둥에 대들보를 얹어서 양편에 홈을 파고 고정시켜 주도리를 거는 방법이며, 양 기둥의 앞쪽 평주 사이의 앞쪽으로 고주 하나를 더 세우는 방법이 일고주 오량가이다. 이는 주로 살림채인 상류주거에 많이 쓰인다. 규모가 큰 사대부가에서 도리 두 개를 추가하면 칠량집이 된다.

보편적으로 오량집의 가구는 앞쪽과 뒤쪽의 기둥과 대들보를 건너지르게 얹어 꾸민 두 개의 주도리와 그 위에 종보를 건너지르게 얹어 꾸민 중도리 두 개, 마룻대 공위에 있는 종도리(마룻대) 한 개로 하여 도리에 서까래를 걸치게 하는 방법을 사용한다.

오량집의 지붕은 합각지붕 또는 팔작지붕 형태로 나타난다. 오량집은 주로

경북 안동 충효당(2005)

양반가의 상류주택에서 쓰이므로 규모에 따라 지붕의 물매를 급경사가 이루어 지는 방법과 완만하게 처리하는 방법이 있다.

앞기둥과 뒷기둥 사이에 건너지르는 대들보를 3등분 하고 1/3 되는 곳에 중대공을 각각 배치하는 삼분변작법이고 대들보를 4등분 하여 1/4 되는 곳에 중대를 설치하는 것이 사분변작법인데 처마의 물매각도에 따른 분류이기도 한다. 서민주거와 상류주거의 행랑채에서 주로 사용되는 삼량집과 비교해보면 구조가 비슷하다. 다만 주도리 위에 중도리 두 개가 추가됨에 따라 오량집이 되는데 이는 '삼량가'에서 목공의 기법이 발전되어 단순하게 규모만 확장된 것임을 알 수 있다. 오량집은 살림집에서는 현재 찾아보기 힘들고 하회마을의 충효당 등이 남아 있다.

2) 칠량집

목공의 기법이 삼량가, 사량가, 오량가 등에서 보다 고도화된 것으로 양반가나 민가 등에는 찾아보기 힘들다. 칠량집의 가구(架構) 구조는 이고주 칠량가(二高柱七樑家), 일고주 칠량가(一高柱七樑家)로 분류할 수 있다.

칠량가는 오량집에 도리(道理) 두 개를 추가하여 서까래를 얹어서 만든 집이다. 또 여기에 도리 두 개를 추가할 경우 구량집 등으로 이어진다. 도리의 수가 많아질수록 상류주택에 해당하고 특히 대가(大家)집이 이러한 구조를 이루고 있다. 현존하는 칠량집에는 경복궁 근정전(景福宮 勤政殿), 구례 화엄사 각황전, 밀양 영남루, 봉정사 극락전 등에 찾아볼 수 있다. 현존하는 집들 중에서 규모 등에 있어 많은 차이를 보이며 도리의 수와 건축의 규모에 비례하는 경우도 있으나 그렇지 않는 경우도 있다. 도리 수의 증가는 건축기술에 있어 높은 숙련성을 요구하는 방법이기에 쉽게 구량집, 십량집의 건축을 할 수 없었던 것으로 보인다. 구량집의 대표격인 부석사 무량수전과 수덕사 대웅전 외에는 거의 찾아보기 힘든 것으로 보아 당시의 선조들의 장인정신에도 어느 정도 한계가 있었던 것으로 보인다. 또한 도리의 수가 증가하면 건축의 규모도

봉정사 극락전(2006)

같이 절대적으로 비례치 않는 것으로 나타나는 특징으로 인해 당시 도공들의 기술이나 자연환경에서 얻어진 재료 등이 오히려 이러한 가구(架構)구조에 영향을 주었음을 알 수 있다.

즉 칠량집은 도리의 수가 7개로 결구된 가구구조이며 살림집에서는 거의 찾아보기 힘들고 불교의 사찰이나 궁궐 등의 대형 건축물에서 주로 이용되었고 칠량집에서도 앞뒤의 툇간이 있는 이고주 칠량집이 대부분 주류를 이루고 있다.

제 2 절 지붕재료에 의한 유형

1. 기와집 · 초가집

1) 기와집

재료에 의한 지붕의 유형은 지정학적 위치와 기후적인 자연환경의 요인에 기인한다. 자연환경의 요인은 이에 그치지 않고 식생활과 문화적인 특성에도 영향을 주면서 그 형태와 기능에 큰 차이를 두고 나타난다. 우리의 주거문화는 예부터 자연의 동굴에서 추위, 비, 바람, 더위 등 짐승들의 위협 등에 대응하기 위한 주거의 안전보호 개념에서 시작하여 차츰 주거생활의 지혜가 발달하여 기능적으로 수혈주거, 귀틀집, 초가집, 기와집 등의 유형을 거치면서 현재의 주거모습을 보이고 있다. 집의 기능 중에서도 삶을 영위하는데 가장 기본의 틀이 되는 것은 벽과 지붕의 재료이다.

이는 지역적 환경과 기후적 영향이 크기 때문이다. 지붕의 재료와 형태는 오랜 기간을 두고 재료에 따라 기와집, 초가집, 샛집 등으로 구분되고 지붕의 형태는 맞배집, 우진각집, 팔각집 등이 있다. 이러한 전통적인 주거형태는 당시의 정치 · 사회 · 문화적 배경에 의해서 때로는 신분계급에 의한 중 · 상류 주거문화로 기와집 등이 있고, 초가집 등과 같이 민가의 대표적이기도 한 서민 주거로 대별되기도 한다.

중 · 상류사회에서 주로 나타났던 기와집은 지붕에 기와를 올려 만든 집으로 사회적 신분계층 및 부(富)를 상징하는 주거로 상징되었다. 전통가옥으로 자리 잡은 기와집은 신라시대부터 수천 년 이어져 내려온 가옥이다. 통일신라시대 서라벌(경주)에서는 초가집은 거의 없고 기와집으로만 형성되어 있었고 음식을 만드는 데도 나무를 사용하지 않고 숯을 사용하였다는 기록이 있는데 이는 당시의 어느 정도의 국력이 왕성했는지와 상류계층의 호화로운 사치와 경제적 규모를 알 수 있다.

경주시 경주 최씨 고택 (2007)

이 같은 생활은 서라벌에서는 가능하였겠지만 그 외의 지역까지 기와집으로 형성되었으리라고 생각되지 않는다. 기와집은 다른 집들과는 달리 이를 짓는 데 들어가는 비용이 만만치 않기 때문이고 당시 골품제도 등 사회적 신분이 엄격한 관계로 기와집은 누구나 소유할 수 있는 것이 아니었으며 이를 규제했기 때문이다.

주로 양반집과 중인집에서 나타나는 살림채와 사랑채는 팔각지붕의 형태를 이루고 행랑채는 맞배지붕을 형성한다. 초가집과 기와집을 비교하는 것은 상대적 개념인데 예부터 조상들의 전통적인 주거는 초가집과 기와집이다. 초가집보다는 늦게 존재했던 주거기능으로 자리 잡은 기와집은 초가집에 비해 여러 가지의 장단점과 공통점을 가지고 있다.

우선 기와집은 재료가 무겁기 때문에 기둥, 벽체, 보 등이 튼튼해야 한다. 한 번 지은 기와집은 초가집처럼 매년 이엉을 엮어 지붕을 새로 얹는 일이 없어 사실상 반영구적인 주거형태를 갖춘다. 그리고 강수량, 비, 바람, 추위 등에도 견딜 수 있도록 다기능적인 특징을 지니고 있으며 내구성 또한 콘크리트

집과 비교할 수 없을 정도로 수백 년을 지탱해 오고 있다.

또한 건축물로써 우수성과 내적, 외적인 미(美)는 누구도 모방할 수 없을 정도로 장인정신이 뛰어난 우리 선조들의 지혜로 이루어졌다. 특히 계절의 구분이 뚜렷한 기후환경 속에서도 자연을 거스르지 않고 이에 순응하는 지혜를 담고 있으며 용마루와 추녀는 어머님의 따뜻한 품처럼 포근하게 감싸주는 느낌의 유연한 곡선을 지니고 있다.

초가집의 아름다운 선의 곡선은 처마 아래로 지향하면서 곡선을 이루나 기와집의 경우에는 처마의 끝부분이 위로 어머님의 버선모양처럼 쳐들어 있게끔 하여 지붕의 면적이 주고 있는 장중함으로 인해 다소 아래로 처지는 형태를 보다 날렵하고 가벼운 느낌이 되는 기법(技法)으로 처리한다. 우리의 전통가옥인 기와집이나 초가집 모두 아름다운 곡선을 이루는 데 비하여 서양의 주거양식은 모두 직각 또는 삼각형 및 사각형의 형태를 이루고 있어 단조로우며 강직성 및 무거운 중량감과 압박감을 자아내고 있다.

그러나 우리 전통가옥의 유연한 곡선은 그 시대를 함께 살아온 삶 속에 있어서 여유와 심성들이 녹아 있고 이는 기다리는 인내심과 순박함을 내포하고 있다. 서양의 양옥은 지붕이 평면을 이루고 있으나 우리의 기와지붕은 최상부에서 과학적 방법에 의해서 지붕의 경사를 완만하게 하여 물매를 낮게 만들어 빗물의 누수를 막아주고 강렬한 태양광선에 대하여 실내온도를 조절하는 기능도 갖고 있다. 또한 기와구조를 보면 암키와를 얹고 흙과 함께 수키와를 얹어서 마친 다음 용마루, 내림마루, 귀마루 등을 만들어 마루 끝에 취루나 용두를 얹어서 장식하기도 하는데 이는 외관상 독특한 형태의 아름다움을 갖게 되어 의장효과도 더해주고 있다. 이와 같이 기와집은 규모나 신분에 따라 규제를 받으면서도 그 제한된 틀 속에서 계속 발전하며 우리 민족의 전통가옥으로 주류를 이루고 있다.

2) 초가집

초가집이란 짚(볏짚, 조짚), 새(억새, 떠풀새풀) 등의 재료로 이엉을 엮어서 만든 지붕을 총칭해서 말한다. 이를 보다 구체적으로 분류하면 샛집, 까치구멍집 등으로 세분화할 수 있다. 여기서 초가집은 논에서 농사지어 곡식을 탈곡한 후 남은 부산물의 볏짚만을 재료로 이용한 것을 지칭한다.

원시시대 수혈주거(움집)를 거쳐 신석기시대에 이르러 지상 주거공간이 만들어지면서부터 그 역사가 시작되었을 것으로 보인다. 물론 당시에는 볏짚이 아닌 자연에서 쉽게 채취할 수 있는 억새풀이나 갈대 등을 이용하여 이엉을 엮지 않고 지붕 위에 두텁게 깔아 나뭇가지 등으로 눌러 놓거나 칡넝쿨로 동여매어 바람에 날아가지 않게 하였을 것이다. 그러나 농경 정착생활이 이루어지고 초기의 국가사회가 형성되는 철기시대부터는 평야를 중심으로 벼농사가 시작되었으며, 이때부터 농사의 부산물인 볏짚을 이용하여 지붕을 이기 시작한 것으로 보인다.

《삼국지》"위지 동이전 한조"에 보면 오늘날 영남지방 일대로 추정되는 진한

아산 외암마을 초가집(2006)

순천 낙안읍성 초가집들(2006)

과 변한지역에서는 "오곡과 벼를 재배하였고 누에를 쳐서 옷감을 만들었다"라고 되어 있기 때문이다. 따라서 이 시기의 유적지 등에서도 농경생활에 필요한 농사도구들이 많이 발굴되고 있어 농사활동이 활발히 이루어졌음을 알 수있다. 그리고 《후한서》 "동이전"에 보면 마한인들은 흙으로 방을 꾸민 것이 가옥의 형태라고 하여 이미 마한시대에 흙집이 있었다는 기록과 함께 《삼국지》에는 부여 동북 1천 리 밖에 읍루라는 나라의 촌락이 산림 사이에 촘촘히 있고혈거생활을 한다고 적혀 있다. 또 마한인들은 집의 지붕을 풀이나 볏짚으로엮었으며 흙으로 집과 방을 꾸몄다고 되어 있다.

특히 《신당서》에는 구체적으로 표현하기를 신라 변경 사람들이 여름에는 초가집에 살고 겨울에는 황토방에서 살았다는 기록을 한 것으로 보아 흙으로 지은초가는 여름에는 시원하고 겨울에는 따뜻한 이상적 생활공간이었음을 알 수 있다. 그 때문에 예부터 우리 선조들은 흙집을 짓고 살아 왔다는 것을 알 수 있다. 하지만 《구당서》 "동이전 고려조"에는 "사는 곳은 반드시 물 좋은 산골짝 오목한곳에 모여 살며 지붕은 모두 띠를 덮는데 오직 사찰과 궁궐, 관청만이 기와를

없었다"라고 기록되어 있다. 이로 미루어 보아 6~7세기까지는 거의가 초가를
짓고 살았으나 특별한 건물에는 당시에도 기와로 지붕을 얹었던 것으로 보인다.
　현재의 초가(흙집)들은 삼국시대 이후 주거건축이 발달되면서부터 일반 서민
과 가난한 농민들의 가옥으로써 토담으로 된 오두막집과 앞퇴가 있는 목조 초가
가 일반적으로 지어지기 시작했을 것으로 추측된다. 또한 조선시대에 접어들면
서 특정한 건물과 지체가 높거나 살림이 넉넉한 중인들을 제외하고는 대다수의
백성들이 초가를 지어 살아온 것으로 초가는 우리나라 주거의 대표적인 주거형
태임에는 틀림이 없다. 이것은 초가가 기와집에 비해 집의 구조가 간편하고 경
제적 부담이 없으며 집짓기가 간편하고, 농사의 부산물인 볏짚을 이용하여 지붕
을 쉽게 이을 수 있었기 때문이다. 이와 같은 초가의 지붕에 사용하는 볏짚은
속에 공간이 있어 그 안의 공기가 여름철에 뜨거운 햇볕을 막아주며, 겨울에는
집안의 온기가 바깥으로 빠져나가는 것을 막아주는 기능도 갖추고 있다.
　이러한 볏짚은 띠풀(샛집)에 비해 수명은 짧으나 비교적 매끄러워서 빗물이
잘 흘러내려 물매(지붕의 경사각도)가 샛집 지붕보다 지붕을 낮게 만들어 누구든

지 손쉽게 지붕을 이을 수 있었다. 특히 초가지붕은 짚 자체가 지닌 특성 때문에 따스하고 포근한 느낌을 주며, 한 해에 한 번씩 이엉을 엮어 덧 덮어주므로 매년 새집 같은 모습을 보여주면서 깨끗한 이미지를 준다(윤원태, 2003: 29~30). 초가집은 신라, 고려, 조선시대의 시대별 과정을 거치면서 신분사회에 의한 계급 사회는 주거도 규모 또는 유형, 형태 등에서 엄격한 제한을 받았다.

초가집도 《세종실록》에는 '서민의 가옥을 10칸으로 규제한 것에 그치지 않고, 같은 범위 안에서 루(樓)를 3칸, 칸의 길이를 8척으로 세부의 제한까지 가했다'고 기록하고 있다. 이런 점에서 오늘날에 이르기까지 흔히 사용되는 '초가삼칸의 표현'도 세부적으로 규정을 정한 서인가사(庶人家舍)에 근거한 것임을 확인할 수 있다. 《대전회통》에는 세부규정을 없애고 '서인의 가사를 총괄하여 열 칸이 넘지 못하도록 제한하였다'라고 한다.

대군에 비하면 1/6이고, 왕실의 종친과 2품의 벼슬아치에 비하면 1/4밖에 되지 않은 공간이다. 대지보다 비율이 줄어들지 않았지만, 품계의 높고 낮음에 따라 거주공간의 규모에서 현저한 차이가 있었음을 뜻한다(오홍석, 2003:

경북 봉화 소천면 분천리 까치구멍집 측면(2006)

303). 이러한 초가삼칸은 세 칸의 집을 의미하는데 이를 활용하는 면에서는 사대부 양반들이 소유한 대규모의 기와집에 미치지는 못하지만 좁은 공간 속에서도 다양하게 활동하였다. 즉 초가집은 대부분 볏짚을 사용하는 관계로 빗물 흘림을 용이하게 하고 다용도로 사용하기 위해서 보통 45~60° 정도의 완만한 경사각을 이루는 지붕의 특성을 지니고 있다.

집에서 사육하는 닭, 오리 등이 농산물을 마당에 말리는 경우 어렵게 마련한 곡식 등을 먹는 등 피해가 많아 이를 바쁜 농사일로 지킬 수도 없어 초가집의 지붕은 보다 안전한 공간과 햇볕이 잘 드는 이점 등이 있어 널어 말리는 공간으로 이용하게 되었다. 한편으로는 서민들이 사는 초가집은 협소한 주거공간으로 마당이 넓지 못하여 지붕을 가사노동의 연장선에서 사용하기도 하였다. 그리고 초가집의 뒷마당은 사실상 밭의 역할도 하였다.

마당 귀퉁이에 호박 또는 박을 심어서 넝쿨이 지붕 위에 자리 잡게 되면 한여름에 우산처럼 펼쳐지는 호박잎, 박 넝쿨의 잎 등이 초가집 지붕에 내리 쬐는 햇빛을 어느 정도 차단하여 여름철에 시원한 감을 더해주고 밭이 부족한 주거공간에서 호박, 박 등을 생산할 수 있어 가사노동의 연장선으로 이중효과적인 역할도 하였다. 그리고 초가집의 지붕의 유형 중 까치구멍집의 겹집인 경우 용마루를 기존의 초가집보다 짧게 하여 좌우의 양 끝의 짚을 안으로 우겨 넣어서 용마루를 틀어 까치가 드나들 만한 정도로 구멍을 내어 집안에 햇빛이 들어오게끔 함으로써 내부공간을 밝게 하고 연기를 밖으로 빠져 나올 수 있도록 하여 평면구성의 폐쇄성으로 인한 혼탁한 공기와 함께 배출시키는 일종의 환기통으로써 위생적 기능에서 옛 우리 조상들의 삶의 지혜를 알 수 있는 대목이다.

그 대표적 사례로 경북 봉화군 소천면 분천리에 자리 잡은 까치구멍집이 있다. 이 건물은 깊은 산골마을에 위치한 정면 3칸, 측면 2칸으로 전면에 외양간 1칸이 덧붙여 구조를 이루고 있다. 이 까치구멍집은 강원도 지방의 남부와 경상도 지방 북부지역의 건물구조가 복합적으로 나타나고 있다. 또한 이집은 서민주거의 대표적인 중요한 자료로써 가치가 있다.

2. 샛집 · 너와집

1) 샛 집

샛집은 초가집의 범주에 넣기도 하지만 지붕의 재료가 다르고 주로 산간지방 또는 들 주변에서 얻을 수 있는 일종의 야생의 풀을 지붕으로 이용한 집을 말한다. 풀로 쓰이는 새는 억새풀의 종류로써 지방에 따라 서로 다르게 나타나지만 지붕으로 쓰이는 재료는 억새, 갈대, 왕골, 세골 등의 여러 종류들이 쓰임새로 사용되었다. 사용된 재료는 초가집의 볏짚에 비해 연장수명이 뛰어나 지붕의 수명은 재료에 따라 약간 다르지만 보통 20~30년간을 유지한다.

초가집의 볏짚처럼 매년 이엉을 엮어 지붕을 새로 바꾸는 번거로움이 없어 편리하였다. 반면에 샛집은 재료의 채취, 지붕잇기, 물매의 경사도 등에서 차이가 있었다. 샛집은 재료에 의해서 기둥에 미치는 무게의 하중이 크게 작용되므로 매우 튼튼하게 지어야 하며 초가집의 물매는 완만하게 하여도 그 기능

을 유지하는 데 문제는 없으나 샛집의 물매는 겨울의 폭설이나 여름철의 빗물 흘림이 용이하지 못해 지붕의 물매는 초가집보다 약간 급한 60~65° 정도의 급경사를 이루는 모양을 하고 있다.

샛집도 햇빛이 잘 드는 남향의 경우는 재료 자체가 지니는 수명을 다할 수 있었지만 북향 쪽의 그늘진 곳은 습기로 인해 썩은 경우가 많아 부분적으로 교체할 경우도 있었다. 샛집의 지붕형태는 우진각 지붕, 맞배지붕, 상투지붕 등으로 분류할 수 있는데 우진각 지붕이 일반적이다. 때로는 맞배지붕, 상투지붕, 까치지붕도 이루고 있다. 지붕의 유형별 형태를 보면 맞배지붕의 형태는 入자 모양의 지붕으로 평면이 두 개의 긴 네모꼴로 이어져 왈(日)자 모양으로 측면에서 볼 때 나타나는 형태이다.

우진각 지붕은 지붕의 평면이 사면의 형태를 이루고 좌우면의 지붕은 삼각형 모양을 이루고 앞, 뒤의 지붕모양은 사다리꼴의 형태를 이루고 있다. 이러한 우진각 지붕은 어떤 형식에 얽매이지 않고 자유롭게 나타나는데 초가집이나 샛집 등에서 가장 많이 지어진 지붕의 모양이다. 상투지붕은 살림채에서는 나타나지 않으나 뒷간, 잿간 등에서 주로 사용되는 외부공간으로 단순한 구조에서 볼 수 있다. 샛집의 특징에 있어서 초가집은 용마루에서 처마에 이르기까지 곡선이 주는 부드러움과 소박한 이미지를 주고 있으나 샛집은 물매의 기능상 용마루가 높고 지붕의 전체가 주는 이미지는 매우 우람하고 세련되지 못할 뿐만 아니라 엉성한 느낌을 준다. 지붕의 재료인 억새풀은 지붕을 우람하게 만들고 조금은 거칠게 보이지만 단열효과가 뛰어나 여름에는 시원하고 겨울철의 폭설 혹한기에도 따뜻하게 지낼 수 있는 재료이다.

지붕재료가 초가집의 짚처럼 유연성 있게 부드럽지 못한 갈대나 억새풀은 잘 부러지기 쉬운 특성을 지니고 있어 이엉을 엮어 지붕을 만들기 힘들어 가파른 경사구조를 이루고 있으나 한편 눈이나 빗물이 바로 스며들지 못하도록 하는 장점을 지니고 있다. 지붕의 재료엔 여러 종류가 있으나 띠풀, 억새풀 등 중에서도 억새풀은 오래도록 수명을 유지할 수 있고 벌레와 습기에 강해서 주로 이용하였다. 억새는 벼과에 속하는 여러해살이풀이다. 갈대는 습지에서 뿌리가 곧게 뻗는 반면에 억새는 옆으로 뻗는다. 몸체의 길이는 1, 2m 정도이다. 억새의 전체는 지붕을 덮는데 사용하고 뿌리는 한방에서 이뇨작용으로 쓰인다. 우리의 옛 샛집과 비슷한 형태로 일본의 산간지방에서도 나타나는데 이를 일본에서는 '합장집'이라 부른다.

이는 지붕을 억새풀로 두 손바닥으로 합장하듯 하여 급경사지게 하여 여름철의 빗물과 겨울철의 폭설을 이겨내도록 위함이다. 그리고 우리처럼 전통 민속가옥으로 여기고 있다. 여기서 유래되었는지 역사의 기록에는 나타나지 않지만 예부터 전해 내려오는 말과 이를 추정하기를 우리의 샛집도 일본의 전통 가옥같은 이미지를 지니고 있기에 1592~1598년(선조 25~31년) 7년여에 걸친 "임진왜란 때 왜군들이 전투에 패하면서 패잔병들이 깊숙한 지리산과 소백산으로 숨어들어가 주변에서 얻기 쉬운 재료인 억새풀들을 채취하여 일본의 산간지방에서 널리 쓰였던 형태의 임시거처인 샛집을 짓고 살았다"고 한다. 사실상 샛집도 주변에 많이 남아 있지는 않지만 지금의 지리산 산자락에 자리 잡고 있는 남원시 운봉읍 주촌리, 주촌면, 고기리, 회덕리 등에 옛 모습 그대로 전통을 계승하면서 산재하고 있어 어느 정도 신빙성을 더해주고 있다.

현재 남원시 주천면 덕치리에 남아 있는 샛집은 전라북도 민속자료 제35호로 지정되어 보호받고 있다. 이 초가집은 억새풀로 지붕을 이은 샛집으로 조선시대 일반가옥 양식을 하고 있으며 6·25 전쟁 때 불타 소실되었으나 1951년 다시 복원하였다. 복원하기 이전에 원형은 1895년 박창규 씨가 처음 건립하였다고 한다.

안채, 사랑채, 헛간채 등으로 구성되어 있고 이 지역에서는 구석집이라 부르고 있다. 이 집의 특징은 종전에 논이 자리하고 있었으나 어느 풍수가에 의해서 말을 듣고 이 집을 지었다고 한다. 즉 풍수지리가 가미된 집으로 집 앞은 논밭으로 펼쳐지고 너머로 지리산 자락의 봉우리들이 펼쳐져 경관이 아름다운 곳이다. 그리고 이 집에서 조금 떨어진 오른쪽에 1~2채 정도 남아 사람이 살고 있으나 관리가 잘 되지 않아 허술한 편이다.

주거문화는 시대적 변천에 따라 주변환경에 의해서 많은 변화를 주고받으며 발전하게 된다. 샛집은 주로 산간지방에 위치하면서 토속적인 특징의 이미지와 고유의 개별성을 지니고 있다.

2) 너와집

너와집은 능애, 느에, 널기와집, 돌기와집, 너새집 등으로 불리기도 하는데 산간지대인 화전민들이 나무의 널판을 이용하여 지붕의 재료로 사용한 집을 말한다. 신분사회가 엄격하던 시대에 상류계층은 의식주 측면에서 걱정 없이 풍요로운 삶을 영유할 수 있었으나 하층민인 일반 백성들은 주거 등을 비롯한 사회적 많은 신분상 제약을 받는 관계로 일상생활은 매우 어려웠다. 어려운 삶을 영위하기 위해서 들로 산으로 헤매던 중 깊은 산악지대에서 화전을 일구며 먹을거리를 구했던 것이다. 이런 깊은 산중에서는 은둔생활이나 다름없어 평야지대보다는 사회적인 제약 등이 심하지 않았기에 많은 백성들이 화전민 생활을 하였다.

나지막한 산이나 들에는 억새풀이나 갈대 등이 있어 샛집을 지을 수도 있었지만 산악지대에는 이러한 재료 등을 채취하여 집을 지을 수 없었기에 주변에

삼척시 도계읍 신리 너와집(2005)

주로 널려 있는 소나무, 참나무 등을 베어서 널판을 만들어 사용하였다. 이를 '너와'라 한다. 너와의 크기는 일정치 않으나 보통 길이 40~60㎝ 정도의 토막을 내어서 두께는 4~5㎝, 가로 20~30㎝, 세로 40~60㎝ 정도를 도끼로 쳐서 쪼갠 모양이 기와지붕에 사용한 기와처럼 크기의 널빤지를 만들어서 지붕을 덮었다. 지붕을 이을 때에는 용마루 쪽에서부터 조금씩 물려 나아가면서 널따란 나무를 30㎝ 정도의 너비로 가로놓고 이를 지탱하면서 촘촘하게 붙여 엮어 나아간다. 수명은 보통 10~20년이다. 너와인 널빤지가 비, 바람 등에 날리는 것을 방지하기 위해 무거운 돌을 얹어 놓거나 '너시래'라는 통나무를 올려놓기도 한다.

너와집의 재료는 종류에 따라 수명이 연장되기도 하는데 소나무 중에서는 암소나무를 많이 사용한다. 송진성분이 많이 있으면 부식을 방지할 수 있어 송진이 많은 것을 재료로 사용하는데 이는 더 오래 사용할 수 있었기 때문이다. 너와집은 산간지방의 화전민 지역에 분포되어 지역적으로는 북쪽지방의 개마고원을 중심으로 함경도, 평안도 지방과 울릉도에 이르기까지 널리 산재

삼척시 도계읍 신리 너와집: 측면(2006)

되어 있다.

　지붕의 형태는 북한지역과 남한지역과 비교 시 구조 등에 있어 다르게 나타
난다. 너와집은 샛집, 초가지붕과 같이 우진각 지붕 또는 합각지붕 등 비슷한
모양으로 구분되어 나타난다. 또한 집의 구조가 기와집, 초가집처럼 내부공간
과 외부공간으로 나누어 주거생활을 영위하게끔 어느 정도 구분하고 있으나
너와집의 특성은 하나의 지붕 아래 부엌, 방, 창고, 마루와 가축을 사육하는
외양간 등이 모두 함께 존재하면서 공간의 배정도 적절하게 하여 채독, 불씨
보관 장소, 벽난로, 통나무로 만든 김칫독 등을 만들어 이용함으로써 좁은 공
간 속에서 지혜와 슬기가 담긴 생활이다.

　해발이 높고 깊은 산간지역의 주변에서 재료를 채취하는데도 무제한으로 얻
을 수 있는 것도 아니고 지역·기후적 영향이 다른 지역보다 훨씬 혹한지역인
관계로 따로 구분하여 내부공간을 분산 설치하는 것보다 한 곳으로 모아 집중
형의 구조를 이루면서 생활하였다. 이러한 생활은 산간지방의 화전민 생활방
식에 있어서 인력의 힘보다 화전을 일구기 위해서는 가축의 힘이 중요시되고,

자연상태의 추위와 사나운 맹수로부터 가축을 보호하고 열 효율성을 높이기 위한 차원에서 기인된 요인이다.

화전민들이 대부분 거주하는 너와집은 당시의 역사적 사회상으로 볼 때 일반 백성들의 고단한 삶의 모습과 배고픔, 굶주림을 알 수 있다. 열악한 환경 속에서 생활고를 해결하기에 바쁜 상황 아래서 경제적 여유조차 없었기에 한 지붕 아래 좁은 공간이지만 모든 것을 해결하고 자급자족하였다. 너와집의 기능은 여러 가지 특성을 지니고 있다. 지붕의 재료인 널빤지는 건조한 계절에는 마르기 때문에 너와 사이에 틈새가 생긴다. 건조한 여름철 방바닥에 누워 있으면 낮에는 파란 하늘이 보이고 밤에는 별이 보일 정도로 자연 속에서 정취를 느낄 수 있고 여름철에는 틈새로 불어오는 바람이 들어와 시원하게 만든다. 그리고 아궁이에서 불을 지피면 굴뚝으로 미처 빠지지 못한 연기는 그 틈새로 빠져 나가는데 이때 연기가 마치 집이 불이 난 듯한 모습을 보였다고 한다.

이처럼 연기와 눅눅한 습기 배출이 잘되는 환기작용도 한다. 여름철 우기 시에 듬성듬성한 틈새사이로 빗물이 샐 것 같아 보이지만 나무의 특성상 습기를 흡수하여 자연스럽게 팽창됨으로써 그 틈새가 없어지고 빗물이 새는 것을 방지하는데 효과도 있다. 그리고 한서 심한 산악지대인 관계로 겨울철에는 폭설이 많이 내려 너와집을 덮어 방안의 따뜻한 온기가 밖으로 빠져나가는 것을 방지하는 단열효과도 뛰어나다. 위와 같이 너와집은 산간지방의 화전지역 등에 대표적인 가옥으로 원시적인 느낌을 주며 '너와 100년'이란 말이 있듯이 반영구적인 집으로 당시의 백성들이 살아가는 모습과 과학성이 뛰어난 우리 선조들의 지혜와 슬기를 엿볼 수 있다.

3. 굴피집 · 겨릅집

1) 굴피집

굴피집도 너와집과 마찬가지로 나무를 재료로 사용한다는 점에서 지붕의 재료는 동일하다. 재료는 굴참나무 껍질인 '굴피'를 말려서 처마 위에 기와처럼 얹어 만든 집이다. 굴피집은 산간지역의 화전민촌 등에서 볼 수 있는 서민들의 집으로 굴피(참나무, 상수리나무)의 쓰임새에서 너무 어린 나무는 굴피로써 얇고 너무 오래된 나무는 껍질이 딱딱하여 재료로 적당치 못하다. 굴피는 최소한 20년 이상 된 나무를 선정하여 채피하는 것이 껍질도 부드럽고 잘 벗겨져 가장 적당하다. 채피하는 시기는 7~8월 중으로 나무에 물기가 있는 처서(處暑) 전후에 바로 하는 것이 좋다. 처서 이후에는 물이 더 이상 오르지 않아 껍질이 잘 벗겨지지 않기 때문에 굴피를 벗긴 나무는 3년 정도 지나면 다시 껍질이 재생되므로 나무에는 지장이 없다.

다시 껍질이 생성되면 반복해서 사용한다. 굴피를 벗기는 작업은 보통 길이가 100~120㎝ 정도의 간격으로 상하로 칼집을 벗겨 나아가는데 굴피의 한 장 크기는 120 × 60㎝이다. 이렇게 만든 굴피는 응달진 계곡에 흐르는 물 속에 담궈 눅눅하게 만든 다음 다시 꺼내어 평평하게 평면으로 펼쳐 여러 겹으로 쌓아 올려 맨 위에 무거운 돌을 올려놓아 굴피에 남은 수액을 제거하는 효과도 있으므로 한동안 말린다. 말린 굴피는 고무와 같이 탄력이 있고, 잘 썩지 않는 특성을 가지고 있어 물이 잘 스며들지 않아 가볍고, 질겨서 옛말에 '기와 만 년, 굴피 천 년'이란 말이 전해내려 올 정도로 수명이 반영구적이다.

지붕을 잇는 방법은 지붕의 처마 쪽에서부터 용마루 쪽으로 보통 두 겹으로 끝부분이 겹치도록 하고 비늘 모양으로 이어간다. 지붕이 비, 강풍에 날리거나 들떠 일어나는 것을 막기 위해 '너시래'라는 직경 12㎝ 정도의 나무토막으로 눌러 지붕 끝의 추녀나 서까래 등에 붙들어 맨 후 무거운 돌을 올려놓고 고정시킨다.

굴피집은 지붕이 나무껍질로 형성되어 있기에 어떻게 보면 각설이 타령에서

삼척시 신기면 대평리 굴피집 원경(2007)

주인공으로 나오는 각설이의 누더기옷처럼 더덕더덕 붙어 있어 지저분한 이미
지를 준다. 그러나 고려시대 이전부터 사용되기 시작한 굴피집은 여름철에 비
가 오거나 습한 경우에 굴피의 재질이 자연적으로 수축됨으로써 틈새의 열린
공간을 막아주어 비나 습기를 막아준다. 다만 겨울철의 혹한기에는 굴피의 재
료가 가진 특성 때문에 건조하게 되면 틈새에 빈공간이 생겨 난방효과에 불편
한 점도 있으나 겨울철을 지내는 동안 눈 등이 내리면 재질의 수축에 의해서
보온기능도 있어 큰 어려움은 없다. 너와집과 같이 굴피집도 화터, 외양간 등
이 한 지붕 아래 존재함으로써 비슷한 공간을 구성하고 있다.

　굴피집은 원시형 산간지붕으로 오랜 역사성을 지니고 있으며 주변의 자연환
경에 대처하면서 자연에 놓여진 재료를 지붕의 쓰임새로 사용하여 강원도 지
방의 강릉, 양양, 평창, 삼척시 신기면, 대아리 등지에서 주로 나타난다. 자
연환경에 적응하기 위해서 굴피집 사람들이 사용하는 두등불, 화터, 코쿨, 채
독, 나무 김치통, 설피, 주루박 등의 생활용품 등은 평야지대에 사는 초가집
의 일반 민가와는 다른 양상을 보이면서 그들만의 독특한 생활양식의 주거 패

삼척시 신기면 대평리 굴피집 근경(2007)

턴을 보여주고 있다.

삼척시 신기면 대평리 사무곡에 위치한 굴피집은 남쪽으로 뻗쳐 있는 길다란 골짜기를 따라 올라가다 두 갈래길이 나오는데 지금은 사람이 살지 않는 골짜기에 벽은 흙, 지붕은 슬레이트인 집이 나온다. 이 집의 위에 길을 따라 약 4㎞ 이상 올라가야 굴피집을 만날 수 있다. 8부 능선쯤에 단 한 채의 굴피집이 자리 잡고 있다. 과거 이곳은 화전민촌으로 형성되어 많은 집들이 있었으나 정부의 새마을운동 관련 화전정리사업의 일환으로 인해 어느 정도 정리되었지만 10여 년 전까지도 몇 집이 남아 밭을 일구며 살았다. 그러나 지금(2013)은 모두 철거되고 정상홍 씨만 이를 홀로 지키고 있다.

그러나 이곳도 현대문명에 밀려 전깃불, 우물 등이 없어 생활하기에 매우 불편하다. 물을 나르기 위해 십 리 가까이 떨어진 골짜기까지 내려가야 하는 어려움이 있어 추운 겨울 동안은 인근지역(삼척)에 사는 자녀들 집에 주로 머물고 봄부터 가을까지는 밭농사 관계로 이곳에서 지낸다고 한다. 그리고 정상홍 씨 집은 계속 굴피를 사용한 굴피집으로 남아 있는데. 주변에 참나무 등이 아직도 많이 남아 있어 굴피를 재취하는 데 큰 문제는 없다고 한다. 단지 처서 이전까지 채취해야 하는데 채취한 나무는 2~3년이면 다시 속껍질의 새살이 돋아나 죽지 않고 계속 채취할 수 있으며 지금도 마당 한 켠에 6겹의 굴피껍질을 벗겨 위에 큰 돌로 눌러놓고 있다.

집의 구조는 두개의 방, 부엌, 툇마루와 별도의 잿간, 화장실 등으로 2동(棟)이 있다. 지금도 화티, 설피 등의 옛 도구 등이 많이 남아있고, 집의 방향은 동남향으로 다른 굴피집과 같이 전면으로 드나들지 않고 측면에 방이 있어 측면의 툇마루로 드나드는 조건을 갖추고 있다. 그리고 주변에는 옛 굴피집터가 아직도 흔적이 곳곳에 남아 있다.

2) 겨릅집

재료로 대마(大麻) 껍질을 벗기고 난 속 줄기를 이용하여 짚, 굴피, 갈대 등 재료를 대체하여 이은 집이다. 또는 이를 '저릅대집' 라고도 한다. 대마는 원래 목화가 우리나라에 들어오기 까지는 옛 우리 조상들이 즐겨 입던 옷의 주류를 이루는 옷감으로 이용되었다. 여름철 습도가 많은 무더위에 삼베옷으로 시원하게 쓰이는 대마는 원래 중앙아시아가 원산지이다. 열대지방과 온대지방에 걸쳐서 분포되어 있는 섬유식물로 널리 재배한다. 대마의 길이는 지역의 지방에 따라 차이는 있지만 3~6cm²까지 자란다. 지붕의 재료로 쓰이는 줄기는 곧게 자라 횡단면이 둔한 사각형이며 잔털이 있고 속이 빈 녹색을 띠고 있다. 줄기의 섬유는 삼베옷 이외에 로프, 그물, 모기장, 천막 등의 다양한 재료로도 사용된다.

대마의 열매는 향신료의 원료로 쓰이고 한방에서 변비 등 약재로 쓰이기도 한다. 삼의 잎과 꽃에는 테드라히드로카나비놀(THC)을 주성분으로 하는 마취의 물질을 함유하고 있어 담배 등을 만들어 흡연하면 중독증세를 일으키는데 이를 '대마초'라 한다. 이러한 대마는 기원전 2세기 무렵 중앙아시아에서 재배하여 우리나라는《삼국사기》에서 대마에 대한 기록이 있는 것으로 보아 기원전 1세기 무렵에 들어온 것으로 추측된다. 전국토의 70%가 산지인 우리나라는 주로 산간지역의 화전민(火田民)이 대부분 대마를 많이 재배하여 그 대마의

정선군 동면 백전리 물레방앗간 겨릅지붕(2005)

겨릅으로 지붕을 이었다.

　대마는 산지 외에도 평야지대인 남부지방에서도 재배한다. 그러나 중부나 남부지방에서는 강원도의 산간지방처럼 지붕의 재료로 많이 쓰이지 않고 주로 경계를 표시하고 밭에 농작물을 재배하는 데 가축들이 들어가지 못하도록 하는 울타리의 재료 등으로 다양하게 이용하였다. 겨릅대는 줄기 속이 비어 있기 때문에 다른 지붕재료보다 매우 약하여 다루는 과정에서 조심해야 한다. 겨릅집의 특징은 안방과 윗방이 처마 쪽에서 보면 안으로 깊숙이 들어간 '흙퇴방'을 만들어 놓은 것이다.

　처마는 겨릅의 특성을 감안하여 서까래 위에 산자를 펴고 그 위에 겨릅을 펴고 지붕 위에 이엉을 편 후 새끼를 엮어 서까래에 묶어 비, 바람에 견디게 하였으며 새끼의 재료인 짚이 없는 경우에는 긴 통나무를 여러 개 가로질러 놓아 비, 바람에 지붕이 날아가지 못하게 방지하였다. 겨릅집은 볏짚으로 만든 초가집보다는 수명이 2~3년 정도 길고 볏짚에 비해 대롱같이 생긴 속대는 물빠짐이 빠른 장점이 있다. 방이나 마루에서 천장을 쳐다보면 파란하늘이 보이지만 비가 와도 빗물이 새지 않는 신통한 기능을 가지고 있다. 재료의 특성상 단열재로서 겨울에는 따뜻하게 보온의 역할을 하고 여름에는 습기에도 잘 적응하고 시원하다.

겨릅집은 강원도 동해안 삼척지역에서 주로 많이 분포했으나 지금은 지붕의 재료로 이용하지 않고 어업 생산물의 오징어 건조대, 생선을 말리는 발을 만드는 곳에 많이 사용하고 있다.

제 3 절 벽재료에 의한 유형

1. 토벽집 · 흙돌집

1) 토벽집

인류는 최초 자연에 놓인 상태를 주거지로 이용하여 맹수, 추위, 바람, 더위 등을 피하기 위하여 은신처로 동굴 등을 이용했다. 차츰 시대의 변천에 따라 인간 지능의 발달로 수렵, 어로사회에서 농경사회를 맞이하게 되자 주거의 변화도 움집에서 반움집 등으로 발전하였다. 이러한 인공주거는 겨울철의 추위를 어느 정도 막을 수 있었으나 사계절이 뚜렷한 기후 영향으로 위생적 요인 및 습기와 통풍에 한계로 인해 주거조건으로 적합하지 못하여 지상주거로 나타나기 시작하였다.

최초의 지상주거는 어떠한 유형으로 탄생되었는지 정확하게 정의할 수는 없지만 우리나라의 지형적 위치나 기후환경의 특징에 의해서 살펴보면 지역마다 다르게 나타나고 있다. 크게는 남부지방과 중부지방, 북부지방으로 나누어 볼 수 있는데 북쪽지방에서는 일찍이 구들(온돌)이 있었던 것으로 보인다. 고구려 옛 터전에 발굴되었던 구들시설들로 인해 지상주거 형태의 가옥이 출현되었다고 볼 수 있다. 이러한 구들시설은 추운 북방 환경을 이겨내기 위한 주거유형이다. 구들시설의 보완을 위한 벽체는 보다 견고하고 두께도 상당히 두꺼웠으리라 생각된다. 지상에 노출된 지상주거는 한파, 비, 바람 등을 피하기 위해 구들과 벽체가 서로 유기적인 관계에 있다. 구들시설이 필수적인 보온의 기능이었다면 벽체는 이러한 온기를 보존하는 부수시설로 벽의 두께는 가히 짐작하고도 남음이 있다. 남쪽지방은 북쪽지방에 비하여 기후적인 조건이 따뜻하여 당시 온돌기능은 발달하지 않았고 무더위를 피하기 위한 대청, 마루 등의 주거형태가 나타났다. 역사의 변화에 따라 서로 인적, 물적 교류가 시작되고, 민족의 통일 등으로 북쪽의 주거문화와 남쪽의 주거문화가 함께 공유되

안동 하회마을 토벽집(2005)

면서 서로 구별되지 않는 온돌과 마루가 결합된 주거로 나타났다.

벽체가 북부지방과 같이 두껍고 완벽한 시설보다는 시원하게 보낼 수 있는 구조였기에 벽체는 어느 정도 겨울철에 이겨낼 수 있을 정도로만 구축되었으라 생각된다. 이러한 벽체는 벽의 재료에 따라 토벽집(토담집)과 귀틀집으로 나뉜다. 토벽집은 주변 자연의 흙, 나무, 짚, 돌 등의 재료를 서로 섞어 흙을 발라서 만든 집이다. 토벽집은 한국의 민가에 있어서 대부분을 차지한다. 이러한 연유로는 흙, 돌, 짚 등의 재료가 주변에서 가장 흔하고 구하기 쉽고 많은 노동력을 요하지 않으며 자연석 등을 그대로 이용하기 때문에 재료를 구하는 데 시간이 길지 않기 때문이다.

그러나 토벽집을 만들 때는 비, 바람에 벽이 훼손되기 쉽다. 흙의 자체가 지니고 있는 특성이 약하여 토벽집을 짓는데 흙의 재료 선택이 중요시 되었고 단일한 재료로 벽을 구축하는 것보다 여러 재료를 섞어서 사용함으로써 서로 이질적 요인에 의해서 응집력이 강하게 나타나 섞어 사용한다. 흙의 재료에는 황토가 가장 적합하다.

황토는 물반죽을 하여 시용할 경우 다른 흙에 비해 향후에도 돌처럼 단단하고 내구성, 견고성이 강하다. 특히 여름철 장마 등에 의하여 벽체가 빗물에 씻기어 훼손되는 것도 방지되고 다른 흙보다 내구성이 월등하게 뛰어난 장점이 있다. 우리 선조들은 토벽집을 지을 때 이를 이용하기도 하였다. 토벽집의 시공은 우선 나무로 적당히 거푸집(나무틀)을 만들고, 흙벽을 올리는데 시멘트의 양생기간이 필요하듯이 이에 알맞은 크기의 면적과 높이를 감안해서 그 틀을 만든다.

보통 거푸집 공간에 흙, 돌, 볏짚을 적당하게 비율에 맞추어 섞은 다음, 인력을 가하여 반죽이 잘 되도록 오랫동안 밟는다. 잘 만든 흙반죽을 거푸집에 넣고 빈 공간이 없도록 긴 서까래 등으로 다지면서 넣고, 일정한 시간이 흐르면 거푸집을 떼어내고 마른 것을 확인한 다음 단계별로 나누어서 그 위에 다시 조금씩 만들어 나아간다.

토벽집은 황토든 아니든 오랜 세월이 지나면 훼손되는 단점도 있다. 이로 인해 비, 바람 등으로부터 벽을 안전하게 보호하기 위해 처마가 다른 집의 유형보다 깊다. 그리고 자연친화적으로 흙벽을 두껍게 만들었기에 겨울에는 보온이 잘 되어 구들과 함께 어우러져 따뜻하고 여름에는 시원하다.

2) 흙돌집

환경친화적인 집의 구조를 이루는 흙돌집은 많은 비용을 수반하지 않고 인력도 많이 필요하지 않아 손쉽게 벽체를 형성하는 데 지상주거 형태로 토벽집과 비슷한 특징을 지닌다.

우리나라의 기후 및 지형적인 환경의 틀 속에서 자연의 상태에서 가장 많이 널린 것이 흙, 나무, 돌 등이다. 주변에서 가장 흔하고 구하기 쉬운 재료를 이용해서 집을 짓는 것이 주거문화의 특징인데 추운 북부지방보다 기온이 비교적 따뜻한 남부지방에서 토벽집은 흙과 짚 등의 재료로 벽을 구성하는데 비하여 흙돌집은 큰 돌과 작은 돌의 균형을 맞추어 나아가면서 흙과 결합된 상태로 벽체를 형성한다.

순천 낙안읍성 흙돌집(2006)

토벽집의 벽체 쌓기는 나무로 제작한 거푸집을 만들어서 흙, 볏짚, 아주 작은 돌 등을 반죽하여 넣고 위에서 인공의 힘을 가하여 밟고 다지는 등 일정한 시간차를 두고 쌓아 올려간다. 그러나 흙돌집은 거푸집이 필요 없고 시간차를 두고 쌓기보다는 계속 이어서 쌓고 마무리한다. 흙 돌집의 특징은 토벽집과 마찬가지로 견고성 및 내구성을 보완하기 위해 황토를 이용하는데 이질적 요인들의 결합성 때문에 사용한다. 다만 흙돌집은 맨 아래 기초 부분은 다듬어진 큰 돌을 사용하고 벽체 위로 알라갈수록 작은 돌을 사용한다. 이는 벽체의 무게중심을 아래로 떨어뜨리기 위한 것이다. 흙돌집은 토벽집보다 여름철 비, 바람에 훼손이 덜 된다는 점이 장점이다.

그러나 겨울철 혹한기에는 보온성이 조금은 떨어진다. 흙돌집은 남부지방 평야지대에서는 대부분 짓지 않고 주변에 돌이 많이 산재한 산간지방이나 구릉지대에서 지어졌다. 그 대표적인 사례가 전남 순천 낙안 읍성마을이다. 낙안 읍성의 기와집 이외의 서민들이 거주하였던 초가집은 거의 벽체가 흙돌집으로 이루어져 있다. 토벽집과 마찬가지로 벽체의 훼손을 방지하기 위해서 처마가 다른 구조의 집보다 깊은 것이 또 다른 특징이다.

낙안 읍성마을의 경우 담의 구조에서도 나타나듯이 전혀 흙을 사용치 않고 순수한 돌로만 담장구조를 이루었다. 흙돌집이 주어진 환경에 충실하고 있음을 알 수 있다.

충청도 외암마을의 경우도 담장이 모두 순수한 돌담으로 형성되어 있고 부수적인 외부공간은 흙돌집으로 형성되어 있다. 호남지방의 경우 부속적인 외부공간은 대부분 이러한 현상을 보이고, 주거형태는 벽체의 전체부분에 있어서 절반은 흙돌로 형성하고 나머지 부분은 토벽으로 형성하는데 이는 '창'을 내기 위해 편의상 이루어진 것으로 보인다.

2. 귀틀집

귀틀집은 산간지방을 중심으로 거주하는 화전민들이 주변의 목재 등을 이용하여 짓고 살던 전통적인 원시주거의 형태이다. 이러한 원시주거는 토벽집과 마찬가지로 움집생활의 주거환경에서 습기 등의 한계가 있어 지상주거가 출현하면서 나타나기 시작하였다. 주로 남부지방에서는 민가의 형태로 구조를 이룬 토벽집과는 다르게 추운 북방지역에서 많이 나타난다. 지역적으로 보면 산림이 울창한 북부지방의 개마고원과 낭림산맥, 강원도의 산간지역, 지리산을 중심으로 소백산맥 일부와 울릉도 등에 주로 분포되어 있다.

귀틀집은 원시주거로 《삼국지》"동이전 변진조"에서는 "나무를 가로로 얽어 쌓아올려 집을 짓는데 모양은 감옥을 닮았다"고 기록되었고, 이는 곧 주변지역에서 흔히 얻을 수 있는 통나무 재료를 우물 정(井)자 모양으로 쌓아올려 나무 사이에 서로 엇물리게 하고 네 귀가 잘 들어맞도록 고정시켜 나무와 나무 사이 벌어진 틈에 진흙을 발라서 완료하는데 일명 투망집, 틀목집, 방틀집 또는 말집이라고도 불린다.

귀틀집의 지붕은 맞배지붕의 형태를 이루며 기둥이 없다는 것이 하나의 특징이다. 다만 지붕구조에서 천장에 사용되는 마룻대를 바치는 동자기둥 하나

만이 있다. 지붕의 재료는 너와집과 마찬가지로 너와를 사용한다. 흙집에 비해서 산간지방의 잦은 폭설에도 벽체가 통나무 구조체를 형성해 매우 튼튼하고 견고하여 주로 눈이 많이 오는 지역에서 지어진다. 귀틀집은 우리나라에서만 나타나는 전통 원시주거가 아니고 만주, 시베리아, 북미 대륙의 로키산맥, 북유럽 스칸디나비아 반도 등의 일대까지 널리 분포한다. 이들 지형도 환경이 기온차가 심하고 눈이 많이 내리는 지역임을 알 수 있다.

  내부공간은 주거로 사용되는 두 개의 방만 귀틀집으로 구성된다. 정지나 외양간 등의 부속공간은 널벽으로 마무리한다. 이는 귀가 크면서도 곧은 나무를 주변지역에서 손쉽게 구할 수 없기 때문이다. 귀틀집도 자연의 상태에서 얻은 재료에 의해서 이를 가공하지 않고 그대로 사용한다는 점이다. 다만 일정한 간격으로 자르고 정교하게 맞추기 위해 홈을 파는 정도이다.

  자연의 재료를 그대로 이용하고 정교한 기술이나 도구 없이 짓는 관계로 조금은 투박하게 보이지만 매우 튼튼하고 겨울철의 온기가 잘 빠지지 않아 추위에 강하다. 또한 벽의 구조와 지붕의 구조가 자연의 재료로만 이루어져 공기

순환에 의한 습도조절도 잘 된다. 이러한 귀틀집의 이점으로 인해 우리나라의 산간지방과 여러 나라에 이르기까지 널리 퍼져 오늘에 이르기까지 전해 내려온다.

현재 귀틀집은 강원도 지방에만 존재할 뿐 거의 사라지고 없는 실정이다. 강원도 지방에서도 과거 산간마을에서 화전민촌에 있었던 곳에 2~3가구 정도만 계속 살아가면서 지키며 복원된 모습으로만 남은 실정이다. 먼저 강원도 양양군 서면 내현리 빈지골의 귀틀집은 인적이 드문 산기슭에 자리 잡고 있다. 인근에는 마을이나 집들은 거의 없고 다만 도시인들이 듬성듬성 펜션 등을 지어 숙박업을 하고 있다. 현재(2013) 집주인인 이영구 씨는 여기서 자라 이곳에서 늙었고, 자녀들은 모두 도회지로 출가시키고 집 주변의 밭농사 등으로 생계를 유지한다고 한다. 최근에는 귀틀집 생활이 어려워 자식들이 귀틀집 바로 아래 지어준 양옥에서 늙은 부부가 함께 지낸다고 한다. 그러나 현재도 귀틀집에서 소와 가축을 키우고 있다.

과거 태풍 루사 등으로 산사태가 있었음에도 불구하고 이곳을 비켜가 지금도 집을 유지할 수 있었다고 한다. 귀틀집의 지붕은 굴참나무의 껍질로 이었다. 귀틀에 필요한 굴참나무는 아직 주변에 많이 남아 있어 이를 사용하는 데는 불편이 없다고 한다. 다른 집보다 귀틀집의 숫자는 그리 많이 남아 있지 않다. 강원도 양양에서는 유일한 귀틀집으로 통나무 사이를 진흙 대신 황토로 채웠고, 굴뚝도 굴피로 만들어 원형 그대로 보존 관리하고 있다.

제 4 절 쓰임새와 계층에 따른 유형

1. 막살이집 · 오두막집

1) 막살이집

인간의 지능의 발달과 함께 주거도 더불어 발전했다. 자연동굴의 생활에서 인공주거인 움집생활, 반움집생활, 지상주거로의 발전은 수혈주거에서 탈피한 주거혁명이라고 간주할 수 있다. 농경생활의 변화는 혈연에 의한 공동체의식으로 집단화되면서 여러 무리들이 모여들고 주거의 구성도 집단취락의 형성을 가져오게 되었다. 움집의 개별주거 생활에서는 맹수나 외적의 공격에 의해서 피해의식이 많았으나 지상주거의 집단취락 형성으로 인해 어려운 환경하에서도 집단적으로 공동대처할 수 있고 생존의 방법을 함께 터득해 나아갔다.

이때부터 움집보다는 위험성이 덜 느껴지는 지상주거가 급속히 발전하면서 안전과 열효율성을 위해 벽체의 재료가 두꺼우면서 견고해지고 담장의 설치 등으로 사생활 보호에까지 이르게 되었다.

지상주거에서 막살이 집은 벽재료에 의한 토벽집과 같이 가장 초라하고 많이 거주했던 민가의 일종이다. 산악지대인 산촌 등에서는 너와집 또는 귀틀집 등은 그 수명 또한 반영구적인 주거공간이었으나 막살이 집은 주로 농촌지역에 분포되어 초가집의 형태를 이루었다. 1950~60년대 서울의 산동네 무허가촌 집과 같이 재료상에 차이는 있지만 기능적인 면에서는 서로 비슷한 것으로 그냥 살아가는데 조금은 불편하더라도 아무렇게나 살기 위한 집으로 심지어 막집이라고도 불렀다.

부농(富農)도 아닌 대부분 빈농이 살았던 막살이 집은 바닥이 흙이고 화로 놓는 자리가 있었으며 곡식의 저장, 잠자리 등이 구분되지 않고 모두 한 지붕 아래 공간에서 이루어졌다. 이렇다보니 집의 형태나 규모도 매우 작아 보잘 것이 없어 이런 의미를 붙여서 '오'자를 맨 앞에 넣어서 오막살이집이라고도 하

용인시 한국민속촌 막살이집(2007)

였다.

집의 구조는 흙벽집과 같이 벽체가 흙벽으로 되어 있고 지붕의 구조는 초가집으로 매년 이엉을 엮어 교체하고 집을 지을 때도 기본적 틀과 형식에 의해서 축조되지 않았기에 다른 집들에 비해서 그 수명도 오래가지 못했고 오래도록 머물기 위한 거처보다는 임시로 거처하는 곳으로, 생활이 나아지면 보다 나은 주거로 이동하기 위한 막살이집의 형태로 보아 상향주거의 전이단계로 보여진다.

위 그림의 가옥은 전형적인 초가삼간의 형태로 나지막한 산 어귀에 자리 잡고 있으며 견고하게 지어진 것으로 보기에는 허술한 측면이 있다. 즉, 임시적인 일상생활과 연계되어 평소 벌 등을 양봉하던 곳으로 일명 벌꿀집이라고도 하는데 막살이집으로 보인다. 또한 이 집은 민속촌이 형성되기 이전부터 실제 원주민이 살았던 곳으로 현재 중요 민속자료로 보존되고 있다.

2) 오두막집

오두막집은 보통 '원두막집'이라고 한다. 살림을 하는 집으로 보기보다는 늦은 봄에서 이른 가을까지 재배하는 참외, 수박, 포도, 복숭아 등이 수확될 무렵 당시 생활의 빈곤에 시달린 일반 백성들은 먹을거리가 없어 이런 과일 및 채소밭에서 몰래 서리를 하는 사례를 방지하는 데 이용되었고 한편으로는 과일을 판매하는 곳으로도 이용되었다. 원두(園頭)라는 말은 원래 참외, 오이, 수박 따위를 통틀어 이르는 말이다. 특히 수박, 딸기 등은 현장에서 따 먹기 쉬워 서리를 막기 위해 원두막을 지어 지켰다.

집의 구조와 형태는 고상주거형을 띠는데 네 개의 기둥을 일정한 간격으로 세워서 지상으로부터 쉽게 오르내릴 수 있도록 사람의 키 평균치 보다 약간 높게 1.5~2m 정도의 높은 곳에 나무를 가로 세로로 촘촘히 엮어 구조화하여 그 위에 마루를 깔아 만든 집을 말한다. 지붕의 구조는 보릿짚이나 볏짚 등으로 이엉을 엮어 만든다.

사방은 보릿짚이나 밀짚을 엮어 상하의 개폐식으로 구조화시킨다. 이러한 고상주거의 오두막집은 간혹 살림을 하면서 거주하기도 하지만 대부분 비거주형 오두막집이다. 오두막집의 특성은 집단취락형이 아니고 필요에 따라 지어진 것으로 외딴 곳의 논이나 밭의 언저리에 위치해 주거지로 적합하지 않는 습지지역과 들짐승 등의 침입을 막기 위한 구조로 만들어졌다.

원두막은 농촌지역에서 흔히 볼 수 있는 것으로 농번기에 잠시 쉬는 공간으로 활용할 뿐만 아니라 무더운 여름철에는 잠을 자는 공간으로도 이용되었다. 최근에 와서는 각 지방의 명소에 설치하여 옛 향수를 느낄 수 있도록 테마 관광용으로 지어져 있다. 한편 옛 것을 그대로 고증하여 밭의 언저리 또는 산마루 등에 설치된 모습도 볼 수 있다.

① 충북 영동 원두막(2006)
② 평창 봉평 원두막(2006)

2. 움막집 · 주막집

1) 움막집

지표면 아래로 파 내려가 주거형태를 이루는 움막집(수혈식 주거)은 움집이라고도 하며 인류의 최초 인공주거라고 볼 수 있다. 구석기시대의 수렵, 어로 채집생활에서는 계절적 주거이동이 있었으리라 추정되지만 자연의 동굴 등을 이용하였을 것이다. 그러나 구석기 후기에 이르러 한반도에서도 인공주거인 움막집의 자리가 공주 석장리 등에서 발견됨에 따라 그 시대를 앞당겨 보는 시각도 있다. 신석기시대에 이르러서는 움막집의 구조체도 초기의 나뭇가지나 막대 등을 이용한 원추형 움집에서 각형, 말대형 등으로 발전되었다.

움집은 신석기시대 농경사회가 발달하면서 주로 바닷가와 큰 강 주변 등지에서 작은 취락형태의 무리를 지어 압록강, 두만강, 대동강 등지에 주거입지가 형성되었음을 보여준다. 움집의 특징은 벽과 지붕이 분화되어 집의 바닥이 지표 아래에 있기 때문에 추운 겨울에는 보온의 효과가 있어 견딜 수 있었다.

특히 북쪽지방의 집터 자리에서는 구들시설로 보이는 큰 돌, 진흙, 타고 남은 재 등이 확인되고 있어 움집에는 구들도 함께 존재하여 겨울 난방에 대응하였던 것으로 짐작할 수 있다. 또한 바닥에는 마른 짚이나 동물의 가죽 등을 깔아서 사용한 것은 여름철에 장기간의 장마 등으로 나타나기 쉬운 습기를 방지하기 위한 장치로 보인다.

신석기시대 이후 청동기시대에도 움집의 주거는 계속 되었으나 움집에서 가장 중요한 깊이가 점점 줄어드는 반움집의 형태로 나타났다. 그리고 신석기시대에는 움집의 크기가 직경 5~6m, 면적 20~40㎡의 범위 내에서 지어진 집터자리가 대부분이었으나, 지역에 따라 차이는 있지만 40~50㎡로 집터자리가 훨씬 커졌다. 대표적인 움집의 주거유적으로는 충남 공주시 장기면 석장리에서 약 2만 년 전의 구석기시대 움집으로 긁개, 찌르개, 타제석기 등 3천여 점의 유물이 출토되었고 강원도 양양군 손양면 오산리의 신석기시대 주거유적은 기원전 6000~5000년 전에 동해안 내륙 쪽에서 낚시도구, 생선뼈 등이 출토됨

연천군 전곡리 선사유적지 움집(2007)

에 따라 주요생활이 어로 중심이 것을 보여준다.

또한 서울 강동구 암사동에 기원전 5천~1천 년 전으로 추정되는 신석기시대의 유적이 아차산성의 강 건너 보이는 한강 모래사장에서 발굴되었다. 주거유적에서는 농경생활과 관련된 공동 저장시설로 보이는 수혈유구와 야외 화덕자리가 발견됨에 따라 공동체의 생활모습도 보여준다. 이외에도 울산광역시 옥현지구 청동기의 반움집터, 검단리 6주식 집자리, 충남 부여 초촌면 송국리의 청동기시대 움집 등이 계속 발굴되고 출토됨에 따라 당시의 취락구조와 주거문화를 보여준다.

---

2) 주막집

옛 주막집은 각 고을마다 거의 존재하였다. 농촌마을의 형성은 풍수상 배산임수 지역에 자리 잡고 있어 뒤에 산이 있고 앞에는 소하천 또는 강이 흘렀다. 당시 통행은 도보 또는 말을 이용하였으나 대부분의 사람들은 며칠씩 걸어서 목적지

214

에 이르게 되었다. 이때 가고자 하는 방향에 이르면 긴 고개를 넘어야 하고 강을 건너야 했다. 머나먼 길을 달려온 나그네들은 적당한 숙박업소도 없는 터라 강나루나 고개자락에는 어김없이 주막들이 자리 잡고 있었다. 바로 이곳은 지친 몸에 막걸리 한 사발을 마시며 누구나 쉬어갈 수 있는 쉼터였다.

먼 길을 오면서 여러 가지 들은 얘기, 그리고 주막에서 만난 사람들과의 얘기를 통해 서로 정보를 교환하던 역할도 하였다. 하루 해가 저물어 목적지까지 갈 수 없는 경우에는 하룻밤을 지내기도 하였다. 주막집은 양반들만이 독점으로 이용하는 기생집 같은 곳은 아니었다. 고을의 남의 집에서 새경을 받고 일하던 머슴, 보따리 장사를 하는 행상인, 상인, 천민, 양반에 이르기까지 모두 모여 왁자지껄하면서 그들만의 애환과 소박한 이야기를 나누면서 술잔을 기울이고 마음을 달랬던 곳이 주막집이었다. 별도로 떨어져 술만 파는 주막집과 숙박도 함께 하면서 술을 제공하는 곳이 있었다. 그러나 대부분의 주막집은 인가(人家)로부터 떨어져 외딴 곳에서 술과 숙박을 겸했다. 규모는 보통 본채와 떨어져 있고 행랑채와 붙어져 있는 경우가 많았다.

먼 거리를 가는 나그네가 말을 타고 온 경우에는 마구간을 이용토록 하며 하룻밤 동안 관리해 주기도 하였다. 한편 주막집은 강나루 언덕이나 큰 고개자락에 위치하고 있어 금방 찾을 수 있었다. 주막의 기둥 등에 주점(酒店)이란 글씨를 써서 '청사초롱'처럼 걸어놓거나 벽에 부착하여 주막집이라는 것을 표시하는 방법을 사용했다.

주막집의 명칭은 정형화된 이름이 아니었고 누구나 쉽게 부르고 여러 가지 이름으로 불려졌다. 고개자락에 위치하면 '진고개집', 그 옆에 당산나무가 있으면 '당산나무집', 강가에 있으면 '나무집', 큰 다리 옆에 있으면 '큰다리집', 주모(主母)의 나이가 많아 허리가 굽었으면 '꼬부랑할머니집', 욕을 잘하면 '욕쟁이집' 등으로 다양하게 불렀다.

신윤복의 풍속화에서 보듯이 '달이 환하게 밝고 바람도 시원한 밤에 술잔 들고'라는 그림 옆의 글을 보면 갓을 쓴 양반 세 사람과 하인들과 주막집에서 술을 마시는 모습은 당시 사회가 어려운 국면에 처해 금주령이 내려져 쫓기는 듯 술을 몰래 마시는 관리들의 장면을 풍자한 듯 보인다. 주막집의 풍경은 당시 엄격

조선시대의 주사거배(酒肆擧盃): 주막
혜원(惠園) 신윤복(申潤福)의 풍속화. 보물 제135호. 성북동 간송미술관 소장

한 신분사회에서 찾아볼 수 없는 곳으로 천민에서 양반까지 함께 세상 돌아가는 일들을 비판하기도 하였는데 특히 서민들의 애환과 향수를 달래주는 장(場)으로 이용되기도 하였다.

주막에 손님이 많이 붐빌 때는 마치 풍성한 잔칫집마냥 흥청거리기도 했다. 한양에서 과거라도 있으면 과거를 보러 가는 손님들로 주막은 만원을 이루었다. 주막에서는 돈만 낸다고 하여 특실에 들어가 상석(上席)에 앉지는 못했다. 지위나 권세가 낮으면 천금을 낸다 해도 구석방이나 마룻방으로 밀려나게 되었다. 양반이 판을 치고, 양반 중에도 권세나 부리는 자가 특실에 들어 거드름을 피우는 것이다. 그래서 하잘 것 없는 작자들도 고관대작의 일가친척처럼 거드름만 잘 피우면 특실손님으로 대접받는 형편이었다.

주막에서 있었던 재미있는 이야기를 하나 소개하면, 정승 맹사성(孟思誠)은 고향이 온양(溫陽)이어서 시간만 있으면 고향을 자주 찾았다. 워낙 청렴 온화한 분이라서 언제나 촌부(村夫) 같이 차리고 넌지시 다녔다. 어느 날 상경길에 비를 만나 용인의 어느 주막에 들었다. 상노(床奴)만 데리고 있어 루(樓) 한 귀퉁이에 자리를 정해 주었다. 때마침 한양으로 과거를 보러 가는 촌양반이 돈냥이나 있었든지 상좌(上座)에 앉아 거드름이 대단했다. 그냥 그대로 말 없이 지냈으련만 촌양반이 심심했든지 수작을 걸어왔다. 그러나 맹(孟)정승은 지그시 참고 촌늙은이를 자처했다. 그의 수작은 '공'자와 '당'자를 붙여 문답을 하여 말이 막히는 쪽에서 술을 한 턱 내기로 하자는 것이었다. 조선시대 이긍익(1736~1806)이 지은 《연려실기술》 "지리전고(地理典故)편" 3권에 전하는 내용이다. 주막에서 있을 법한 재미있는 옛 사람들의 이야기이다(배도식, 1993: 35~36).

"무슨 일로 한양 가는공?" 맹(孟)정승이 먼저 물었다. "과거보러 가는당." "그럼 내가 주선해줄공?" "실없는 소리 말랑당." 촌양반은 맹(孟)정승을 무척 아니꼽게 생각했던 것이다. 며칠 후 맹(孟)정승이 궁중의 빈청(賓廳)에 앉아 과객을 면접하고 있었는데, 그 자가 문안을 드리러 왔다. "어떤공" 하고 맹(孟)정승이 물었더니, 그 자는 아찔해 하며 얼굴이 흙빛이 되었다. 일국의 정승을 희롱한 죄는 죽어 마땅하다. 그 자가 그 자리에 엎드려 하는 대답이 걸작이었다. "죽을지어당." 그 후 맹(孟)정승은 그 자를 벌주지 않고 벼슬을 주었다 한다.

앞에서 주막집의 특징 등을 살펴보았는데 이외에도 주막집에서 흔히 일어나는 일들이 많이 있었다. 주막을 밥이나 술을 파는 곳으로 여기는 경우가 많았으나, 늦은 시간 날이 저물어 갈 수 없는 나그네들에게 잠자리에 들 수 있도록 배려도 해주었는데 다만 술을 사 먹어야 재워 주었다. 이는 주막집의 오래된 규정처럼 굳어져 내려온 관례였다. 주막집의 특징이 여러 계층의 사람들이 모이는 장소이기에 각 고장의 새로운 소식들을 주고받는 과정 속에서 새로운 사실들을 알게 되어 소문, 풍문 등의 진원지가 되기도 했다.

주막집은 계층별로 다양한 사람들이 이용하였지만 짚신에 괴나리봇짐을 옆에 두고 소박한 서민끼리 모여서 구수한 막걸리 한 사발을 들이키면서 자신들의 삶에 대한 자조타령과 시대적 배경을 원망하고 천민에서 양반계층에 이르기까지 소박한 정서가 짙게 묻어 있는 곳이기도 하다.

경북 예천군 풍양면 삼강리 주막(2005)

조선 중기에 이르러서는 주막집들이 그리 흔하지 않고 먼 여행을 떠날 시에
는 두 필정도 말을 거느리고 여정에 필요한 술, 땔감, 말꼴 등을 준비해서 주
막집 등에서 머물곤 했다고 한다. 당시 사회는 임진왜란과 병자호란으로 전
국토가 유린되고 국가의 존망마저 위태로운 시기로 궁핍한 생활을 면하기 위
한 하나의 통신수단과 방법이 주막집이었다.

그러나 과거의 옛길과 고향의 강은 산업사회로 접어들면서 찾아볼 수 없도
록 옛길 고개는 길다란 터널로 바뀌었고 나룻배가 오가던 강나루는 2차선, 4
차선의 철근 콘크리트 다리가 놓여 옛 정취를 느낄 수 있는 주막집은 이제 더
이상 거의 찾아볼 수 없다.

현재 경북 예천군 풍양면 삼강리에 '삼강주막'이 자리 잡고 있는데 내성천
낙동강, 금천의 세 강줄기가 합쳐지기에 삼강으로 불린데서 유래되었다. 그러
나 세월의 무게를 이기지 못해 초가집에서 슬레이트 지붕으로 바뀌어 이 시대
마지막 주막집으로 자리 잡고 있다. 향후 예천군에서 재축하였다.

3. 가랍집·우데기집

1) 가랍집

조선시대 계층구조는 신분계층에 따라 다시 주거계층으로까지 확대되어 나타난다. 지배계층인 양반, 중간계층의 중인, 피지배계층의 양인과 천민으로 구분된다. 양인의 경우는 대부분 농업에 종사하고 상업, 공업 등에도 종사하기도 하였다. 그러나 같은 피지배계층이면서도 천민은 주로 노비계층으로 분류된다.

노비계층은 다시 솔거노비(率居奴婢)와 외거노비(外居奴婢)로 구분되는데 솔거노비의 경우에는 사대부가(양반집)의 집에 함께 기거하면서 농사일 및 각종 허드렛일을 도맡아 하였기에 자유로운 독립성이 보장된 주거생활 공간을 형성하지 못하고 양반들의 주거 내에서 제한된 생활공간만 지녔다. 이들의 주거공간은 양반집의 행랑채 또는 대문간채에 부속되어 사역뿐만 아니라 외부로부터 집주인을 보호하는 기능을 함께 했다.

그러나 외거노비는 이와는 달리 솔거노비와는 다른 독립성을 지니면서 주거생활을 영위하였다. 양반집의 내부에 생활공간이 있지 않고 양반가의 주변에 존재하면서 독립된 주거공간을 지녔다. 주거공간은 크지 않은 부엌, 방 1칸 정도의 2칸 또는 3칸 규모의 단순한 주거형태의 초가로 구성되었다. 한편 이들은 별도의 사유재산이 허용되지 않아 양반집의 소작인으로 사회, 경제적 생활을 양반집에 전적으로 의존할 수밖에 없어 사실상 주거공간과 독립된 주거형태를 갖추고 있었을 뿐 양반집에 예속되어 있었다.

외거노비도 주인집 외부 주거공간의 보호기능을 함께 갖춘 형태로 존재하였고, 신분계층에 의한 분류로 볼 수 있지만 그 기능이 주거기능과 외부로부터 주인집을 보호하는 기능도 지니고 있어 그 기능이 중첩되어 주기능은 주거기능이라기보다 주인집의 종속적인 보조기능을 하고 있음을 알 수 있다.

그리고 주로 이러한 주거는 반가의 주변에 초가집 형태로 지금도 남아 있는데 보통 '가랍집' 또는 '호지집'이라고 부른다. 현재 정읍의 김동수 가옥 주변에

전북 정읍시 산외면 오공리 가랍집(2007)

두 채 정도가 남아 있고, 안동 하회마을의 양진당, 충효당 주변, 경주 양동마을 등에 조그마한 규모의 초가집 형태로 약간 남아 있는 실정이다.

---

2) 우데기집

우데기집은 경상북도 울릉군 울릉도에 유일하게 강설 등에 대비한 집의 구조이다. 울릉도는 본래 행정구역이 강원도에 속했으나 1907년 경상남도에서 관할하다가 1914년 경상북도에 편입되어 지금에 이르고 있다. 위치는 동경 130° 54' 북위 37° 29'에 위치하고 있으며 위에서 내려다보면 전체 모양이 5각형이다. 2회에 걸쳐 화산작용이 일어남에 따라 칼데라 기형의 나리분지와 중앙에 화산의 형태를 이룬다. 분지는 나리분지와 알봉분지로 울릉도에서 가장 큰 평지와 취락이 형성되어 밭농사를 중심으로 주민들이 생활한다.

특히 나리분지는 해발고도 250~300m 높이에 약 45만 평의 넓은 삼각형 모양으로 울릉도의 북면에 위치하고 있다. 이 나리분지에 울릉도의 흙냄새, 나

울릉도 나리분지 우데기집 (2007)

무냄새가 흠뻑 풍기는 투막집(귀틀집) 또는 너와집에 싸리 등으로 벽을 두른 우데기집이 자리 잡고 있다.

이러한 집들은 개척민들이 들어오면서 만든 육지에서는 볼 수 없던 독특한 집이다. 특히 울릉도와 제주도는 자연 생태환경이 육지등과 지리적 차이가 많아 주거형태도 각각 다르게 발달된 모습을 보인다. 이러한 요인은 환경적 요인에서 찾을 수 있는데 기후의 영향으로 울릉도는 우리나라에서 가장 많은 눈이 내려 일상생활에 불편을 많이 주고 외부통행이 어려워 살림채가 겹집으로 이루어져야 함에도 불구하고 유일하게 주거의 배치가 모두 ㅡ자형인 홑집으로 마구, 헛간 등이 부속공간으로 함께 붙어 있다.

투막집과 너와집의 형태는 울릉도의 자연환경에서 흔히 얻을 수 있는 나무 재료인 솔송나무, 단풍나무, 너도밤나무를 우물 정(井)자 형태로 교차해 쌓아 틈새는 흙으로 채우고 지붕은 통나무를 얇게 또는 넓게 쪼개어 널빤지 모양으로 지붕을 이어 우진각형을 이룬다.

벽을 억새 등으로 둘러 만든 집은 구조의 변화에 따라 달리 부르는데 일명

울릉도 나리분지 우데기집 내부구조 (2007)

'투막집'(귀틀집), '너와집', '우데기집' 등으로 부른다. 이러한 형태의 집 구조
는 개척민들이 정착했을 시에는 방과 정지 한 칸 정도의 2칸 형의 소규모 구조
로 생활을 하였으나 차츰 경제규모가 발달되고 가족체계의 분화에 따라 더 넓
은 공간구조가 필요하게 됨에 따라 3칸 형 내지 4칸 형으로 발전했다. 이와
같이 규모가 커진 것은 현재 잔존하는 건물구조로 미루어 판단된다. 강원도
지방에서도 이와 비슷한 투막집이 나타나는데 울릉도의 투막집과 다른 구조에
서 차이를 보인다. 폭설과 방우에 대비한 싸리, 갈대 등으로 엮어 담의 형식
으로 둘러친 우데기가 없고 홑집이 아닌 겹집으로 되어 있다. 현재는 경상북
도에 속하지만 본래 강원도 지방에 편재되었고, 지리상으로도 가까워 강원도
산간지방의 귀틀집과 너와집에서 거주하던 사람들이 울릉도에 건너가 자연환
경에 적합하도록 육지와 접목시켜 탄생시킨 독특한 주거문화라 볼 수 있다.
개척민들이 울릉도에 거주하기 시작한 것은 약 1백 년 전으로 추정한다. 조선
시대 때는 작은 도서지방에 백성들이 거주하지 못하게 통제하였기에 조선 말
쯤에 이주한 것으로 보인다.

222

다른 지방에서 보이지 않는 우데기란 투막집 주위의 귀틀벽(통나무를 뉘어 쌓아 만든 내력벽 구조)의 지붕처마를 따라 안쪽에 여러 개의 기둥을 세우고 이를 지탱하면서 수수깡, 싸리, 억새(芽)로 이엉을 엮어서 사람들이 드나드는 출구를 제외하고 폭설, 강우, 차양 등에 대비해 벽을 감싸듯이 두른 것이다. 우데기는 비, 바람의 방풍막 역할도 있으나 눈이 내부공간으로 들어오지 못하도록 하는 방설벽이 주요기능이다. 방설벽 사이에는 조그마한 공간의 출입문이 있어 사람들이 통행할 수 있다. 즉 투막집의 벽은 내벽이 되고 우데기는 외벽이 된다.

울릉도는 우리나라 위치상 겨울철에 기후적 영향을 주는 시베리아 기단으로 인해 건조한 편이나 강한 북서 계절풍이 서해상을 통과하면서 수분을 공급받은 후 우리나라를 통과하는 경우 백두대간의 줄기인 설악산, 태백산, 오대산, 소백산 등에 집중적으로 눈이 많이 내린다. 강원도와 경상도 지방의 일부 영동지방은 시베리아 고기압의 기단에서 떨어져 나와 북쪽지방을 통과할 때 동해를 거쳐 북동풍에 실려서 나타나는 경우가 많은데 이 경우 울릉도 지방이 가장 많은 강설량(최대 293.5m)을 나타낸다.

이러한 기후적 특성에 대비하기 위한 방법의 일환으로 '우데기'와 같은 독특한 주거문화를 창조해냈다. 특히 울릉도 내에서도 다른 곳에 비해 많은 폭설의 양(量)이 나리분지에 집중되어 우데기집도 이곳에 가장 많이 분포되어 있다. 특히 이곳은 눈이 많이 내릴 경우 사람의 키보다 많은 약 3m 이상으로 방문 앞까지 들어차 주위는 물론 인근 이웃조차 돌아볼 수 없을 정도로 불편을 초래하였다.

우데기는 폭우·폭설에 의한 벽을 보호한다든가 교통두절로 이웃집 간의 통행을 위한 구조기능이 아니다. 제1차적으로 우데기의 쓰임새는 투막집 안에서 폭설로 인해 고립되었을 경우 가족들의 일상생활에 자유로운 활동성을 돕는 역할을 한다. 우데기의 공간 폭은 1.2~1.6m 정도로 비교적 넓어 월동기에 필요한 것들인 가축사료, 연료, 식량, 장독 등을 보관하는 저장공간이 된다.

또한 실내에서 간단하고 일상적인 제작 및 가공 등의 작업공간으로도 활용한다. 제2차적인 목적의 쓰임새는 여름철에 처마에서부터 지면에 닿도록 억새풀로 만들어 설치된 벽이 강렬한 햇빛을 차단하는 차양(遮陽) 등의 기능으로

울릉도 나리분지 우데기집 측면(2007)

시원하게 하고 아울러 비바람 등이 들이닥치는 것도 막아주는 방우(防雨) 역할이다. 이외에도 개척민들의 전통주거 양식으로 구조가 마당보다 높게 흙을 돋아 설치하는데 이를 토방이라 한다. 이는 방설, 방우 등에 대비한 설비구조이다. 토방 위 주춧돌에 놓인 벽의 구조가 통나무 구조로 마당과 똑같이 평면으로 구조화될 시 긴 겨울철의 폭설과 여름철의 빗물 등이 쉽게 흘러들어 재료의 성질상 벽이 썩기 쉽기 때문에 목재의 훼손을 방지하기 위한 것이다. 겨울의 폭설과 여름의 비바람, 작렬하는 태양을 차단하는 차양 등의 효과도 있지만 한편으로는 계절에 관계없이 이러한 시설은 일상생활에 편리함을 제공하고 사계절 언제나 설치된 점도 하나의 특징이다.

특히 우데기집의 구조에서 벽은 통나무, 지붕은 널빤지, 외벽은 억새 등으로 둘러싸여 있어 겨울철에 단열성이 뛰어나 따뜻하고 여름철에는 습도조절이 가능해 시원하다. 이와 같이 우데기가 울릉도 지방에서만 찾아볼 수 있는 특이한 가옥구조로 쓰이게 된 것은 즉, 지역의 자연환경에 적응하며 다양한 우리 조상들의 삶의 지혜와 과학 기술성이었음을 알 수 있다.

신분계층의 시대별 주거문화

제 5 장

제 1 절 시대적 형성배경

한국인의 주거가 어디서부터 시작되었는지는 시대적 배경에 의해서 추론해 볼
수 있다. 선사시대 이전의 주거형태는 추위와 비, 바람을 피하기 위해 자연동굴
등을 은신처로 여기며 생활했던 것으로 문헌 등 발굴된 자료에 의해서 밝혀졌
다. 이러한 자연동굴 등을 이용한 은신처는 한국인의 주거라고 규정하기에는 어
렵다.

　　주거의 형태를 갖춘 시기는 신석기시대로부터 시작되었다고 볼 수 있다. 한반
도에 구석기인들이 들어와 한국인의 계통을 이루고 다양한 석기 등의 기술발전
으로 수렵, 어로, 동물 등을 사냥하면서 무리를 지어 이동생활을 하였던 것으로
보인다. 식량조달을 위해서 단순한 사냥의 방법 등 한반도에서 새로운 기후변화
가 시작되면서 빙하가 녹아서 해수면이 형성되고, 풍부한 수산자원 등은 식량조
달방법에 있어 쉽게 얻을 수 있게 되었다.

　　이때부터 주거이동의 생활에서 정착생활로 전환되기 시작하였다. 자연상태
에서 채집 위주의 구석기인들을 정복한 신석기인들이 새로운 토기의 개발과
정주생활에 의한 농경생활을 통해 생산적 기반을 확대하면서 식량 등을 저장

225

하기 위한 공간 등이 필요해짐에 따라 주거문화도 자연 상태에 놓인 자연동굴에서 탈피해 인공주거인 움집으로 변하게 되었다. 한국인의 최초 주거탄생이라 할 수 있다. 움집의 형태는 원형으로 지반을 약간 파서 기반을 조성한 다음 저장고, 불씨를 보관하고 난방을 위한 노(爐)를 만들고 원뿔형의 지붕을 만들었는데 지붕의 재료는 서까래 위에 갈대나 풀을 얹어 지붕을 덮었다.

움집은 구석기시대 자연동굴의 주거에서 한 단계 발전된 모습으로 반지하의 형태를 취하기는 했지만 내부의 난방시설 등을 갖추고 있어 당시 주거생활에 가장 중요한 추위를 피할 수 있었다. 움집형태의 주거는 발전을 거듭하면서 삼국시대 북방의 고구려 구들기능과 접목되면서 새로운 모습으로 제2의 한국인 집이 탄생했다. 단순히 잠만 자는 기능 이외에도 여러 채의 주거공간을 형성하기에 이르게 되었는데 본채, 작은 창고 형태의 부경, 서옥제의 풍습에 의한 서옥 등에서 이를 알 수 있다.

이러한 주거공간의 구조는 비록 고구려에만 나타나는 현상이 아닌 백제, 신라에서도 비슷한 유형의 주거가 형성된 것으로 여러 문헌에서 확인되고 있다. 통일신라시대에 이르러서는 주거공간의 분화현상이 나타났다. 정치, 경제, 사회 등의 발전에서 정치적으로는 새로운 사회질서를 다스리는 지배계급이 등장하고, 경제적으로는 규모의 경제가 확대됨에 따라 기존의 주거공간은 시대적 배경에 비추어 볼 때 기능을 다하지 못해 규모, 형식 등에서 무질서하게 확산되었다.

이러한 요인은 사회적으로 지배계급과 피지배계급 간의 갈등은 사회적 부작용으로 나타나 국가 차원에서 규제하기 시작했다. 《삼국사기》의 "옥사조"에 의하면 가옥의 넓이와 크기, 기단, 지붕의 장식, 두공, 담장의 높이와 대문, 단청 등을 여러 분에 걸쳐서 열거하고 있다. 특히 당시 사회는 신분 계급사회로 신분에 따라 이를 차등을 두어 규제하였다.

신라시대 골품제도에 의한 4두품 이하 백성들은 가옥의 크기와 넓이가 15척(尺)을 넘지 못하고 모든 장식 등을 금하였다. 이러한 규제정책은 고려시대에도 계속되었다. 조선시대에 이르러서는 개경에서 한양으로 수도를 이전하는데 개경보다 한양의 택지가 협소하여 주거에 어려움을 겪었다. 《경국대전》에 의하면 조선시대에는 지금까지의 각종 규제보다 훨씬 구체적이고 강화된 특징을 지니고 있었다.

대군(大君), 공주, 옹주, 종친, 3품 이상, 3품 이하, 서인(庶人) 등의 등급에 따라 규제하였는데 건축물뿐만 아니라 택지(宅地)도 함께 규제하였다. 규제대상 속에서도 한국의 주거문화는 자연환경과 인문환경 요인의 영향을 받으면서 꾸준하게 발전했다. 그러나 고려와 조선시대의 몽고의 침입, 거란과 홍건적의 침입, 임진왜란 등으로 전 국토가 유린되고 피폐화되어 거의 남아 있는 주택들이 없는 실정이다.

고려시대 이전의 건물들은 유구 등에 의해서 알 수 있을 정도이고 가장 오래된 주택으로는 충남 아산시 맹씨 행단, 사찰로는 안동 봉정사 극락전, 풍기 부석사 무량수전 등이 고려시대의 것으로 남아 전한다. 그러나 주택 및 사찰도 중수 등을 거치면서 완전하게 보존된 것으로는 볼 수 없다. 그러나 조선시대의 주택은 전기, 중기보다 후기의 것이 사원, 향교 등과 함께 많이 남아 있다. 특히 민가보다 사대부가의 상류주택 중심으로 보존되어 내려오고 있는 실정이다. 한국인의 주택은 사상적 지배사상으로 입지조건 및 위계성 등에 많은 영향을 받았다.

또한 전통적 농업국가에서 출발한 우리 사회는 사회적 문화에 의한 계층적 신분사회를 형성했고 그 영향은 주거 분야에까지 영향을 미치게 되었다. 조선시대에 이르러서는 더 한층 강화된 사대부의 신분계층도 더 세분화되어 여러 주택의 형태로 나타났는데 남북 간의 지형적 특성에 의한 지역별 주거형태와 계층적 주거형태인 3가지 유형으로 재편성이 이루어졌다. 즉 상류주거, 중류 (중인)주거, 서민주거이다.

1. 선사 ~ 신라(통일)시대

한반도의 주거형성의 배경에는 한국 민족형성의 계통인 구석기시대에 타제석기를 사용한 구석기인들로 수렵·어로생활을 유지하며 이동하면서 자연동굴과 바위 등을 일시적으로 이용한 것이 있다. 구석기시대보다 더 발전된 모습으로 마제석기를 사용한 신석기인들은 농경생활을 하게 되어 정착생활을 위한 수혈주거 (움집) 형태가 발굴되는데 이는 한국 인공주거의 탄생이라 할 수 있다.

청동기·철기시대에 이르러서는 청동과 철을 사용하게 되어 타 부족을 정복한 국가로써 부족연맹체 고대국가 정착의 면모를 갖추게 되었는데 주거는 대부분 하천 연안 등에서 취락단위를 형성하였다. 이러한 취락형태의 발생은 오늘날의 농촌 취락구조와 같은 특징으로 발전되었다고 볼 수 있다. 한국인의 인공주거인 움집은 부족장들의 통합을 이루면서 대규모의 국가체제를 갖춘 사회를 이루어 사유재산제도가 발달하여 여러 가지 사회적 분화를 가져왔다. 지배계급과 피지배계급의 등장은 곧 신분계층의 분화로 이어지고 중국으로부터 불교의 전래는 중앙집권적 국가를 이루면서 귀족, 평민, 노비 등의 계층으로 나누어졌다.

삼국 중 고구려는 일찍이 북방문물을 다른 국가보다 지형적인 입지로 인해 빠르게 받아들여 독특한 구들의 주거를 발달시켰다. 상류계층은 지붕에 기와를 사용하였고 일반백성들은 초옥(草屋)이었다. 백제는 남쪽지방에 위치하여 기후 등이 온난해 다른 삼국 국가들보다는 특정한 주거가 발달되지 않았다. 또한 여러 자료에는 고구려와 서로 인접되어 고구려의 주거와 크게 다를 바 없이 비슷한 것으로 기록되어 있다. 최근에 몽촌토성, 풍납토성에서 유구 등이 발굴됨에 따라 이곳들이 백제의 궁 또는 읍성의 자리였음이 드러났다.

삼국시대의 주거는《삼국사기》,《후한서》,《삼국지》등의 기록에 남아 있는 내용에 바탕하여 시대별로 살펴보면 다음과 같다.

먼저 880년 9월 9일, 신라 제49대 임금 헌강왕은 신하들을 데리고 서라벌이 한눈에 보이는 월상루(月上樓)에 올라 사방을 둘러보았다. 시야에 들어오는 집들은 모두 기와집이었다. 그리고 땔나무 대신 숯을 사용해 밥을 짓는다는 소문은 태평성대가 따로 없다는 느낌을 주었다. 신하들은 이 모든 것이 임금이 정치를 잘한 덕택이라고 칭송하였고, 임금은 내심 흡족해 하면서도 신하들 덕택이라며 짐짓 겸손을 부렸다. 그러나 왕족과 귀족들이 화려한 기와집에서 안락한 생활을 찬미하던 바로 그때 절대 다수의 농민들은 극심한 굶주림과 생활고로 몰락의 길을 걷고 있었다. 때문에 헌강왕이 흡족해 했던 때로부터 9년 뒤인 889년 전국의 농민들이 폭동을 일으켰고, 이는 신라의 멸망을 재촉하는 계기가 되었다.

근대사회 이전은 신분제 사회이기 때문에 신분에 따른 사회적 차별도 당연하게 받아들여졌다. 그리고 역사를 거슬러 올라갈수록 지배층과 피지배층 간의 격차는 더욱더 커졌다. 삼국 중 특히 신라에서는 골품제(骨品制)라는 신분제도를 통해 신분 간의 차별을 법으로 엄격히 정해 놓았다. 이 같은 신분차별은 사회생활 구석구석에 적용되었기 때문에 집도 예외가 될 수 없었다. 방의 크기, 지붕과 대들보의 재료, 계단의 종류와 크기, 담장의 높이와 재료, 장식품의 종류와 재료, 출입문의 종류, 마구간의 크기 등 주거생활의 모든 것이 신분(진골/6두품/5두품/4두품 및 백성)에 따라 규제를 받았다. 특히 통일신라시대 서라벌에는 '금입택'(金入宅)이라 불리는 진골 귀족의 대저택이 39개나 있었다. 또한 사계절이 바뀔 때마다 빼어난 경치를 자랑하면서 귀족들의 놀이장소가 된 '사절유택'(四節遊宅)이 있었다는 기록도 있다.

고구려도 궁궐과 사원, 그리고 관청과 귀족들의 집에만 기와를 이을 수 있었다. 백제의 경우 기와나 벽돌 만드는 기술이 다른 나라보다 훨씬 발달하여, 기와를 전문으로 다루는 와박사(瓦博士)가 있었다. 그리고 그 기술을 일본에 전해주기도 한 것으로 보아 왕궁과 귀족저택의 화려함은 다른 나라에 못지않았을 것이다. 그러나 일반 백성들의 집이 이와 같을 수는 없었다. 그나마 반듯한 초가집이라도 지을 수 있는 사람은 지방 세력가들로 한정되었다. 대다수 백성들의 집은 간단한 초가집이나 움집이었다. 더구나 밭갈이할 땅도 없이 떠돌이 구걸로 하루하루 목숨을 이어간 유랑민들은 짚풀더미를 대충 둘러친 초라한 막집에서 사는 것이 고작이었을 것이다. 이런 상황에서 큰 비라도 내린다면 곳곳의 민가가 휩쓸리고 이재민이 속출하는 것도 당연했다. 이처럼 불안정하게 생활하는 하층민이 광범위하게 존재한 상황에서 경주의 귀족들이 화려한 기와집을 짓고, 숯으로 밥을 짓고. 또 국왕과 신하들은 태평성대나 가무로 세월을 보냈다. 당시 신라가 망하지 않았다면 그것이 오히려 더 이상한 노릇이었을 것이다.

삼국시대에 기와집과 초가집, 그리고 움집 등이 있었다는 사실은 유물이나 유적을 통해서 쉽게 파악할 수 있다. 그러나 그러한 집의 내부에서 어떻게 생활하고 있었는가를 알기는 쉽지 않다. 다만 후대의 경우에 비추어 막연하게 추정할 뿐이다. 그런데 고구려 고분벽화에는 당시의 집 구조를 파악할 수 있는 소중한 그림들이 그려져 있다. 귀족의 집만 보이기 때문에 아쉬움이 있긴 하지만, 당시 가옥구조를 생생하게 파악할 수 있어서 무척 다행스럽다. 특히 동수(冬壽)라는 인물의 무덤을 통해 당시 귀족집의 내부구조를 자세히 엿볼 수 있다.

동수는 서기 337년 고구려로 망명한 중국인이다. 망명한 뒤에도 고구려의 관리로 중용되어 지금의 황해도 안악지방을 근거지로 20여 년 동안 귀족으로 살다 죽었다. 그를 장사 지내기 위해 화려한 무덤이 만들어졌다. 무덤은 몇 개의 큰 방으로 이루어졌는데, 벽과 천장에는 생전의 활동과 관련한 수많은 사건과 인물들이 그려져 있다. 그 중에 주인공 부부의 관(棺)이 놓인 방에 딸린 곁방 벽면에는 그의 집 구조와 살림살이를 사실적으로 그려 놓았다(한국역사연구회, 2004: 49~51).

이와 같이 주거형성 배경에 대해서 정리해 보면 타제석기를 만들어 사용했던 구석기인들은 자연지형을 그대로 이용한 자연동굴, 마제석기를 만들어 사용한 신석기인들은 농경사회의 시작으로 반움집 형태의 지상주거를 탄생시켰다. 그리고 청동기·철기시대에는 여러 도구 등을 사용했던 시기로 농경사회의 정착은 마을 단위의 공동협력이 필요하게 됨에 따라 주거평면의 다양화 및 대형화로 집단 취락형태의 마을이 탄생하게 되었다. 고대국가시대로의 진입은 여러 부족연맹체가 하나의 통합을 이루면서 국가가 탄생되고 씨족사회의 중심에서 가족단위로, 그리고 사유재산 등이 발생됨에 따라 사회적 체계분화가 일어나 귀족, 평민, 노비 등의 계층으로 나뉘어졌다.

또한 중국과 활발한 문물교류 등은 일상생활의 새로운 변화를 일으키고 더 나아가 주거문화 형성에도 많은 영향을 끼쳤다. 선사시대부터 고대국가에 이르기까지 한국인의 주거 형성배경에는 시대의 변화에 따라 인문적 환경과 자연환경 요인에 의해서 발전되었음을 알 수 있다.

2. 고려시대

고려시대의 주거형태는 통일신라시대와 별다른 특징은 없었던 것으로 보인다. 고려의 건국은 외부세계에서 침략에 의한 통일이 아니고 한반도의 내부에서 일어난 통일이기에 정치, 사회, 문화의 이질적인 요인을 통합하는 데 의의가 있었다. 그러나 기존의 주거문화는 경주에서 개경으로 도읍이 옮겨져 북부지방에 맞는 구조형태의 주거형성이 더 발전되었으리라 추측된다.

고려는 왕실불교, 불교국가라 할 수 있어 불교사상은 사회 전반과 주거문화에도 영향을 미쳤으리라 추정된다. 고려사회는 지배계층이 문벌귀족으로 대농장 등을 소유하면서 호화생활을 하였다. 호화생활 속에는 자연스럽게 주택에도 칸 수, 장식, 재료, 색채 등에서 사치스럽게 치장한 것으로 《고려사》, 《동문선》 등의 자료에 기록되어 있다.

그러나 주택이라는 속성은 왕조의 변화와는 무관하게 진행되므로 통일신라시대의 주택과 큰 차이는 없었을 것이다. 한편 귀족계급의 저택에서는 궁궐과 다름없는 격식과 치장이 사용되었다. 중국의 사신인 서긍(徐兢: 1091~1153)이 쓴 《고려도경》(高麗圖經)이 있어 1123년 당시 개경의 모습을 단편적으로 볼 수 있다. 이 책에서는 "기민거애누삼차하제"(基民居隘陋參差下齊)라 하여 고급주택에서 오막살이집에 이르기까지 격차가 심한 모습을 그리고 있으며, "제처민거십수가공일취락"(諸處民居十數家共一聚落)에서는 10여 호가 한 부락을 이루는 모습을 알 수 있다. 일반 백성들의 주거모습을 총괄적으로 표현하는 대목에서는 산등성이 지세에 따라 집을 지어 벌집과 개미굴처럼 되어 초가로 지붕을 잇고 간신히 비바람을 막는 정도이며 규모는 커야 삼량집을 넘지 못한다고 하였다.

난방에 대해서는 "와탑조"(臥榻條)에 "약민서즉다위토탑 지위화갱와지"(若民庶則多爲土榻 地爲火坑臥之)라 하여 흙으로 바닥을 만들고 그 밑으로 불을 때는 구조를 표현하고 있으나 오늘날의 온돌과 같은 것인지는 불분명하다. 그러나 문맥의 의미로 보아서는 방의 일부에 토단을 만들고 난방을 하는 고구려 형식인 것으로서 방 전체를 온돌방으로 만드는 방식은 아닌 것으로 추측된다.

그러한 정황을 간접적으로 유추할 수 있는 것은 땔감에 대한 기록인데 땔감을 성(城) 밖의 산에서 채취하는데 음양설 때문에 채취를 금지하는 곳이 많아 큰 나무가 울창한 숲이 많다고 한 것으로 보아 도성 내의 전체 가옥에 온돌난방을 유지한다는 것은 생각하기 어렵고, 주로 취사용에 사용되는 것으로 해석할 수 있기 때문이다.

그동안 확인된 고려시대 구들 유구로는 미륵사지 부근 제3호 건물터 및 10호 건물터와 감은사지의 온돌을 들 수 있다. 건물터에서 발견된 토기와 도자기, 기와 등의 출토품으로 온돌 유구가 고려시대의 것으로 추정되었고, 유구에서 보이는 고려시대 온돌의 특징은 초기에는 실내에 아궁이가 있고 연도는 두 줄 내지 세 줄의 고래가 길게 벽면을 따라 배치되어 'ㄱ'자 또는 'ㄷ'자 형태로 고래가 형성되는 고구려식 장갱(長坑)이 사용되다가 중기 이후에는 방 전체에 구들을 놓고 방 밖에 아궁이를 두고 불을 때는 형식으로 변화된 것으로 보인다. 따라서 고려시대의 온돌은 고구려식의 장갱(長坑)이 주로 사용되었고 이것은 입식생활의 한 모습인 것을 알 수 있는 것이다.

1378년에 작성된 《불설대보부모은중경》(佛說大報父母恩重經)에는 주택 한 칸이 그려져 있다. 맞배 기와지붕에 포식 공포를 사용하였고, 전퇴를 두고 실내에는 휘장을 두르고 침상의 전면 쪽에도 휘장을 걸쳐 놓아 침상의 구조는 알 수 없다. 그림은 자녀를 위해서 고생하는 부모의 은혜를 그리는 내용에 맞춘 삽도라는 성격 때문에 건물의 격식에 과장된 모습이 보이나 침대식 생활의 모습을 보여준다. 도성 내에 부유한 저택은 10여 호에 하나 둘 정도이나 널찍한 터에 기와지붕으로 만들었다고 하므로 대문을 두고 안마당과 부속채를 거느린 저택을 의미하는 것으로 보인다. 그리고 이와 같은 대저택에서는 주택 내에 불당(佛堂)까지도 갖춘 예가 있으므로 불당의 장엄을 위해서는 단청과 각종의 고급장식을 베풀었을 것이다.

"별궁조"(別宮條)에는 왕의 자제(子弟)나 왕모비(王母妃)의 자매가 거처하는 귀족계급의 저택을 별궁(別宮)이라 하였고, 궁실(宮室)의 표현 중에는 '전당후침'(前堂後寢)과 중앙에 당(堂)을 두고 양측에 방(房)을 두었다는 설명이 있어 기본적인 주택의 구성은 조선시대에 보이는 주택과 흡사한 것을 알 수 있어 18

세기 초에 정선(鄭敾)이 그린 〈인곡정사도〉(仁谷精舍圖)에서 고려시대 주택의 한 모습을 상상할 수 있다. 생활모습을 표현한 것에서는 주택에 발과 휘장을 사용하며 격식에 따라 화려한 문양을 수놓은 것에서부터 그 종류가 허다하다는 것과 평상에 걸터앉아 휴식을 하며 그 위에 자리를 깔고 소반을 올려놓고 마주 앉아 식사하는 것으로 기록한다.

이와 같은 정황을 종합하면 다수 하층민의 주거양상은 매우 곤궁한 살림살이에 불과하나 귀족계급의 주택에서는 침대와 의자가 사용되는 입식생활과 좌식생활이 공존하며 특히 후기에는 원(元)나라와의 밀접한 교류로 인하여 주택에 의자식 생활이 성행되는 것으로 볼 수 있다. 난방방법에는 화로가 사용되고 서민은 방의 일부에만 취사용 열기를 이용한 온돌이 사용되었을 것이며 중기 이후에는 실내 전체를 온돌로 만드는 방법이 도입되었을 것이다. 따라서 상층계급과 하층민의 주거양상이 이질적인 형태로 분리된다는 점은 유교를 근본이념으로 하는 조선시대와는 비교적 크게 차이가 있는 것으로 볼 수 있으며 주택에서 진퇴를 두거나 중앙에 마루 또는 당(堂)을 두고 양측에 방을 두는 것이 주택의 보편적인 평면구성이었을 것이다.

목조건축으로는 불교를 국교로 하는 시대적 배경에서 고려 초기에는 왕실과 귀족의 지원으로 개경을 중심으로 한 사찰이 건립되었으나 무신의 난 이후로는 사회적 환경의 변화에 따라 이전의 교종에서 선종으로, 개경 중심에서 지방화로 교리적 색채가 바뀌는 경향을 보인다. 특히 후기에는 원나라의 영향으로 라마교가 들어와 경천사지 10층 석탑과 같은 탑파의 조영에도 외형적인 변화가 이입되었다. 그러나 왕성했던 사찰 조영이 있었음에도 불구하고 현존하는 고려시대 목조건축은 손꼽을 정도의 소수에 불과하고, 고려시대의 화려한 건축기술의 흔적을 남긴 사지와 석탑, 부도 등의 석조물에서 건축적인 면모를 추정하는 실정이다.

고려시대의 목조건축으로 남아 있는 것으로는 안동의 봉정사 극락전, 부석사 무량수전, 수덕사 대웅전이 잘 알려진 주심포식 건물이고 여러 번에 걸친 중수과정을 겪으면서 당초의 모습을 얼마나 간직하고 있는가에 대해서는 특히 다포건축 쪽에 의문의 여지가 많은 것이 사실이다. 당시대의 건물로서 비교

고찰할 유례가 적다는 점과 변형과정에 대해 알려진 내용이 별로 없다는 문제성(대한건축학회, 2003b: 379~382)을 지니고 있다는 것이다.

고려의 시대적 배경에 의한 주거는 문벌귀족사회의 성격으로 호화스럽고 사치스러운 형태로 발전되었으며 고려 초에는 중국과의 문물교류에 의한 송나라의 영향을 받았고 고려 중기 이후에는 몽골에 의한 원나라 영향을 받았다. 특히 고려는 고구려의 문화를 계승한 국가로써 일찍이 고구려 때 구들기능이 발달되어 고려시대에 이르러는 더 한층 발전된 모습으로 전파되었다. 상류계층은 중국인들과 마찬가지로 의자, 침상 등을 사용한 입식생활을 하였고 서민들은 구들기능에 의한 좌식생활을 한 것으로 보인다.

다만 고려의 통일은 외세와의 협력 없이 자주적인 통일로 정치, 경제, 사회적으로 민족의 통합성 내지 자주성에 힘을 얻어 급속하게 발전되어 갔다. 이때 주거문화도 본격적으로 구들, 마루의 전국적인 교류의 확대 전파는 조선시대 임진왜란 이후로 추정되지만 고려에서는 구들과 마루의 교류가 부분적으로 이루어졌을 것으로 추정된다. 종전의 경상도 지방의 경주지역은 온난화로 마루의 기능이 발달하였고 북부지방의 개경은 구들의 기능이 발달한 것으로 보아 고려의 통일은 주거문화에도 직간접적으로 교류가 있었을 것으로 보인다.

3. 조선시대

고려시대의 문벌귀족사회에서 조선시대의 사회는 유교를 이념으로 사대부 계층의 양반사회로 개편되었다. 특히 유교사상은 사회의 위계질서를 강조해 이는 주거문화에도 직간접적으로 영향을 주었다. 신분에 의한 계급사회는 사회적 지위를 구분는데 이에 대한 신분제도는 '양반'(兩班), '중인'(中人), '이교'(吏校), '양인'(良人), '천인'(賤人)의 5계급으로 분류하고, 《택리지》에서도 같은 5계급으로 나눈다.

조선시대의 지배계급에 속한 양반계층은 문관과 무관으로 나누어 과거 등 시험과 관리임용에 있어 특권을 가졌다. 중인은 오늘날의 기술직과 일반사무를 맡아보는 단순직이다. 이는 관료계층과 평민계층의 중간으로 지방의 군영 등에 속한 장교 등이다. 양인은 평민계급으로 국가의 경제적 생산자 계층으로 공무, 납세, 군역 등 각종 의무를 진 계층이었다.

천인은 최하위 신분계급으로 공노비와 사노비로 구분되는데 공공기관에서 일하는 노비는 공노비, 양반 등 계층의 개인이 소유하고 있으면 사노비라 하였다. 이러한 신분사회는 사회영역에만 그치는 것이 아니고 주거문화에도 계급적 특징이 적용되었다. 사회적인 제도 이외에도 자연환경 요인, 풍수사상 등이 결합되어 나타났다. 음양오행과 풍수사상은 조선의 건국과 더불어 한양의 도읍에도 영향을 주었고, 주택의 입지선정, 배치구조, 좌향, 동족마을, 전통마을의 형성 등에 결정적 영향을 미쳤다. 이외에도 인문환경의 유교, 불교, 도교적 사상에 의한 영향을 많이 받았다. 특히 상류계층의 주택은 유교의 근본이념인 조상숭배 사상과 남녀유별, 장유유서 등이 주택의 배치는 물론 주거공간의 내부 및 외부에 성별 지위에 따라 공간분화까지 구분하게 만들어 사용하게 했다.

또한 주택은 물리적 기능보다 가정생활의 전통적 개념을 우선시하여 가부장적인 대가족 제도는 주택의 내·외적 공간분화를 촉진시킨 계기를 만들었다. 사랑채, 안채, 행랑채, 사당, 별당 등 여러 채의 주거공간들이 지어져 상류계층은 대저택을 소유하게 되었다. 주택은 상류계층뿐만 아니라 궁궐의 대군(大君), 공주, 옹주, 왕의 친족에 이르기까지 《경국대전》에 가사규제 내용을 두었지만 잘 지켜지지는 않았다. 이러한 영향 아래 조선시대 주거는 전기에는 《태조실록》, 《경국대전》, 《대전회통》, 《세종실록》 등에 의한 새로운 가사제도가 제정되어 엄격하게 규제되었다. 그러나 후기에 이르러서는 봉건사회와 신분사회 질서의 붕괴에 따른 가사규제는 약화되었다.

조선시대의 모든 생활에 유교사상이 근본이 되고 가부장적인 대가족 제도가 남존여비 사상과 남녀구별 의식을 가져와 주거공간 분화에 따른 계층 간의 사대부 주거를 발생시켰고 중기에 이르러서는 임진왜란 이후 사회질서의 붕괴와 사회 이반현상이 주거문화에도 변화를 일으켜 선비들이 고향으로 낙향하여 후진을 양성하기 위해 서원을 세우고 같은 마을에 같은 혈육들이 모여 사는 씨족마을의 형성배경이 되었다.

　후기에는 젊은 학자들이 실학사상을 일으켜 근대적 사고로 실사구시 학문이 전개됨에 따라 서구의 새로운 기술의 도입으로 부농주거의 발달 및 서민주거의 발달을 가져왔다. 사실상 봉건주의적 사상개념이 후퇴하고 양반사회인 신분사회질서가 붕괴됨에 따라 주거문화에도 새로운 질서로 재편성되었다.

제 2 절 계층별 시대적 주거변천

1. 신라(통일)의 계층별 주거

사회적 신분계층에 의한 주거계층의 분화와 함께 가사의 규제는 신라시대가 효시라 할 수 있다. 신라의 통일은 정치, 경제, 사회적인 이질적 요인을 사회적 통합으로 승화시켰고 모든 사회체계 등이 이때 정비되었다. 어느 민족이나 고대국가시대에는 지배계급과 피지배계급으로 양분되는데 지배계급에 의한 국가체제는 피지배계급을 기반으로 권력과 부(富)를 챙길 수 있었다. 신라는 불완전한 통일을 이룩하였지만 최초 한국인의 민족통일이기에 지배계층의 상류층은 승리자의 전리품(戰利品)이듯 무엇이든지 이룰 수 있었다. 사회 각계에서 일어나는 일들은 제도적 장치의 미흡으로 규제되지 못해 사회적 문란까지 야기해 문제점으로 드러났는데 특히 주거 분야에서는 진골귀족의 '금입택', 계절에 따라 바뀌는 경치로 유명한 '사절유택'등은 당시 상황을 감안해 볼 때 주택의 규모와 사치가 어느 정도였는지 알 수 있는 대목이다.

이러한 주택에 대한 사회적 비판과 귀족들의 정치적 입지의 확장을 제어하고 왕권을 강화하기 위한 방법으로 흥덕왕 9년(834)에 가사제한(家舍制限) 규제제도를 마련하였던 것으로 보인다. 《삼국사기》 권33 잡지 제2 "옥사조"의 내용을 살펴보면 신라시대의 골품제에 따른 최상위계급인 진골에서 최하위계급인 백성에 이르기까지를 등급별로 차등화하여 규제했음을 알 수 있다.

실의 폭과 넓이에 있어서 진골은 최대 24척(尺), 백성은 진골의 전반수준인 15척(尺) 이내로 규제하고, 기와 및 박공장식은 진골에서부터 백성까지 모두 현어나 막새기와(고급기와)를 금지하고 있어 이는 궁궐에서만 가능했던 것으로 추측된다. 건축재료와 계단 설치, 담장은 계급에 따라 차등화된 규제를 하고 있으며 진골의 금, 은 유석금지는 당시 주택건축에 대한 지나친 사치와 화려함을 제한하기 위한 제도였던 것으로 보인다. 이외에도 대문 규정은 6두품이하에서는 사방문, 솟을대문 등을 규제하고 있고, 말의 숫자도 진골은 제한이 없으나 6두품 5필 이내, 5두품 5필 이내 백성들은 2필 이내로 제한하고 있다. 이 문헌으로 볼 때 주택건축 전반에 걸쳐 두루 규제하고 있음을 알 수 있다.

이외에도 공아(供牙), 화두아(化斗牙) 등의 용어가 등장하는데 오늘날 공포의 포(包), 두공(斗供)을 의미한다. 이러한 공포의 주심도리, 큰보, 허첨차, 주두, 장여 등은 서로 연결하여 삼량가구, 오량가구 등의 가구법을 말하는데 이는 집의 크기를 결정하는 기법이 된다. 가구법은 크기와 규모에서 당시 거주하는 사람들의 사회적 지위를 상징하기도 하였다. 또한 재료와 장식은 서민 주거에 있어서는 지붕의 재료인 기와 등이 금지였고, 집을 치장하는 오채(五彩), 단청, 현어 등은 궁궐, 사찰, 상류계층에만 허용하고 있어 당시의 사회적 신분 지위와 권위 등의 상징성을 보여 주고 있음을 알 수 있다.

〈표 5-1〉 삼국사기 옥사조의 가사제한

구 분	진 골	6두품	5두품	4두품~백성
실의 폭과 너비	24척 이내	21척 이내	18척 이내	15척 이내
기 와	막새기와 금지	막새기와 금지	막새기와 금지	막새기와 금지
지붕구조	부연 금지	오량구조 및 공포 금지		우물반자 금지
지붕장식	현어 금지	현어 금지	수두 금지	수두 금지
건축재료	금, 은, 유석 금지	백랍 금지	동랍 금지	산느릅나무 금지
채 색	단청 금지			
기단 및 계단	삼중계 금지	건계 및 이중계 금지		
석 재	다듬은 돌 금지			산석 금지
담장구조, 높이	양동, 석회칠 금지	높이 8척 이내	높이 7척 이내	높이 6척 이내
대 문	-	중문, 사방문 금지	대문, 사방문 금지	
발과 병풍장식	비단 자수의 금지			
침상 재료	대모, 침향 금지	회양목 금지		
말의 수	-	5필 이내	3필 이내	2필 이내

자료: 대한건축학회 (2003a)

2. 고려의 계층별 주거

신라시대와는 달리 도읍의 성격부터 고려는 다른 지형을 형성하고 있었다. 서라벌이 평지형의 도읍이라면 개경은 산지형의 도읍지다. 특히 고려의 건국과 더불어 신라 말에 성행하기 시작했던 풍수사상은 고려의 도읍에도 크게 영향을 미쳤다.

사회계층은 문벌귀족사회로 사회신분 계급 주거문화가 중앙집권적 사회로 인한 귀족정치는 자연스럽게 주거문화도 신분에 의한 계층제의 특징을 지니게 되었다. 이러한 영향 속에서도 궁궐 이외의 주거문화는 고려 중기까지 통일신라시대와 별 차이를 보이지 않는 가운데 발전되어 갔다.

특히 구들과 마루의 만남은 하나의 주거공간 속에서 다른 구조의 기능들을 모두 동시에 갖추게 됨에 따라 오늘에 이르기까지 계승 발전되어 우리 주거문화의 특성으로 자리 잡게 되었다. 특히 고려시대는 그 어느 시대보다 불교중심의 사상이 호국불교 내지 왕실불교로 성장하게 되어 불교건축들이 아무런 규제 없이 호화스럽게 나타나게 되었다. 궁궐과 사찰에서만 나타나는 단청은 일반 백성들의 집에서는 찾아볼 수 없고, 강력한 규제의 대상이었다.

《고려사》의 기록에는 성종 때 재상이었던 최승로(崔承老)가 왕에게 올린 상소가 있는데, 호족들의 사치스러운 주택건설을 지적하면서 신라시대의 가사규제와 당나라의 제도를 예로 들면서 가사규제를 지키게 명하라고 하였다.

그 가사제한의 내용이 무엇이었는지는 아직 밝혀지지 않고 있기 때문에 고려 주택의 모습이나 신라와의 비교는 불가능하다. 한편 《고려사절요》에 기록된 귀족들의 집 치장은 그 규모가 2백여 칸에 이르는 것도 있으며, 화원이나 연못, 정자, 괴석과 폭포의 설치, 금, 은의 치장 등 신라왕궁을 연상시키는 사치의 극에 달하고 있어 이에 따른 백성들의 폐해를 지적하고 있다. 여하튼 이러한 기록들과 고려시대에 있어서 누정(樓亭) 건축이 폭발적으로 증가한 사실로 미루어 안압지와 같은 원림형 주택이 귀족계급에서 일반화되었음을 추정할 수 있다.

《동문선》에 실린 이인로(李仁老: 1152~1220)의 "공주동정기"(公州東亭記)에서 보는 바와 같이 "빈루를 세우고 남향으로 몸채를 높이 짓고 서편과 남편에 행랑채를 14칸 지었으며 갱의실과 부엌과 겨울용 욱실(燠室)과 여름용 양청까지 마련하였다"는 기록으로 보아 주거 내에도 누정이 계획되었을 가능성을 배제할 수 없다. 주거 내에 누정이 계획되었다면 누정과 함께 정원이 필수적이었을 것이며 이로써 정원계획이 발달하였을 것으로 믿어진다.

고려시대 귀족계급의 주택이 통일신라의 주거를 한층 더 고급화시켰다고 본다면 서민계층에서는 발전으로 추정되는 증거들이 잘 보이지 않는다. 서민주택에 대해서는 중국의 사신으로서 고려를 다녀간 서긍의 《선화봉사 고려도경》에서 짤막하게 묘사될 뿐이다.

그는 "일반 백성들의 집은 마치 개미굴이나 벌집 모양으로 보이고 지붕을 따로 덮었는데 겨우 두 서까래를 넘을 정도였다. 부잣집은 기와를 덮었는데 열 집에 한 두 집이 그러하였다"고 기록하였다. 이는 중국사신으로서의 우월감에서 과장해 표현한 것이라고 평가되기도 하지만 당시 서민계층의 주거상황을 그대로 묘사했다고 생각된다(대한건축학회, 2003: 77~78). 고려의 사회도 통일신라 말 사회와 마찬가지로 지배계급의 사치가 극에 달한 것으로 여러 문헌 등에서 나타난다. 청자기법에 의한 기와 제작, 담장의 화초무늬 등은 당시 귀족들의 주거의 치장을 짐작할 수 있다. 그리고 고려사회의 전반에 걸쳐 풍수사상이 만연했는데 주택이나 사찰 등을 건립하는 데 입지선정 및 배치구조에서 풍수의 해석에 따라 양택지를 선정하는 등 사상적 영향을 크게 받았다. 양택의 혈자리가 다한 경우에는 건축의 규범이나 비보책으로 인용되기도 하였다. 이는 조선시대에까지 영향을 미친다.

3. 조선의 계층별 주거

조선시대의 건국이념은 유교 중심으로 신진사대부가 그 중심이었다. 유교사상은 정치, 사회 등에 있어서 위계질서가 중요시되는 신분에 의한 계급사회였다. 이는 주거문화에도 그대로 반영되어 나타났다. 조선시대 신분사회의 계급구조는 정치, 경제, 사회를 이루는 척도였다. 계층별 주택에 있어서 법적인 규제의 대상은 궁궐을 제외한 모든 주택이었고, 대상자는 왕친 및 모든 백성들이었다.

그 이전의 가사규제와 다른 점은 가대(家垈)와 가사(家舍) 규제를 동시에 했다는 것이다. 가대(家垈) 규제가 추가되어 실시된 배경에는 조선의 건국에서 찾아볼 수 있는데 당시 개경에서 한양으로의 천도에는 여러 가지의 제약 등이 수반되기도 하였지만 큰 제약 중 하나는 택지난이었다. 궁궐조성 후 한양 주변에 여분의 토지가 많지 않아 가대(家垈) 규제까지 이르렀던 것이다. 가대의 기준은 부(富)로 오늘날 평(坪) 및 제곱미터(㎡)에 해당한다. 집터의 규모에 대한 내용은 《태조실록》, 《경국대전》에서 전한다. 태조 4년 가대(家垈) 제한에 대한 《태조실록》 규정에는 정1품은 35부(負), 서인(庶人)은 2부로 정1품의 경우 1,365평, 4,512.4㎡이며 서인은 78평, 257.8㎡이다.

《경국대전》의 가대제한은 대군(大君), 공주(公主)는 30부(負), 서인은 2부로 대군과 공주는 1,170평, 3867.7㎡이고, 서인은 78평, 257.8㎡이다. 《태조실록》과 《경국대전》에 기록된 가대제한은 서로 다르게 기술되어 건국초기에 작성된 《태조실록》보다 성종 때 완성된 《경국대전》과 비추어 볼 때 가대제한이 완화된 것으로 이해할 수 있다. 조선시대 주거의 영향은 유교사상에 의해서 기인되는데 가부장적 제도, 종법제도, 가례의 보급, 가묘의 설치의 권고 등은 주택의 형성과정에서 명분을 중시한 공간구조, 배치구조, 방향 등의 영향을 주었다.

이러한 주택은 인문적 요인과 자연환경 요인이 복합적으로 파생되어 지역적 특성으로 나타난다. 함경도지방, 평안도지방, 중부지방, 남부지방, 제주도지방형 등으로 구분할 수 있고, 신분사회계층에 따라 상류주택, 중류주택, 서민주택으로 나누어 재정립하게 되었다. 그리고 경제적 기반에 의한 계층구조 형성도, 집권계층에 의한 토지겸병도 사회구조상 상류계층과 하류계층이라는 극단적인 계층구조를 형성했다.

그러므로 주거에서도 상류주거와 민가의 형성으로 발전했고, 조선 후기에 이르러서는 경제구조의 혼란과 사회적 변동에 편승하여 나타난 부농계층의 형성으로 주거에 있어서도 약간의 변화상을 보여준다. 이와 같은 조선시대의 경제구조에 따른 주거상황은 경제적 부의 편중으로 말미암아 상류주거와 서민주거의 심한 차이를 나타내며, 그 결과 동일지역 내에서도 기후나 지역적, 자연적인 요인 외에도 신분제도에 따른 경제적 요인에 의해 평면 및 양식적인 면에서 크게 차이를 나타내면서 발달했다고 할 수 있다(이영재, 2004: 59).

한편 사회적 신분제도에 의한 계층별 주거변화는 현재에서 과거로 올라갈수록 신분계층의 차별화가 심화되었음을 알 수 있다. 이러한 신분제도는 조선시대 후기에 이르러 서구문물의 유입과 봉건사회 붕괴에 따라 마무리되지만 그 원천은 뿌리가 깊다. 사회적 신분계급에 의해서 제도적으로 확립된 시기는 삼국시대의 국가체제 형태로 접어들면서 본격화되었다.

특히 신라의 골품제도에서 주거란 단순히 은신처가 아닌 사회적 권력과 권위를 상징하는 전유물로 여겨졌다. 삼국시대에는 주거뿐만 아니라 의복도 사회적인 신분계층에 따라 철저하게 구분하였다. 삼국은 모든 관리에게 등급에 따라 색깔을 구분한 공복(公服)을 입도록 하였다. 복식에서 주거에 이르기까지 귀족과 일반 백성들 사이에 모든 면에서 차이가 있었음을 알 수 있다. 고려에 이르러서는 불교미술의 발달과 중앙집권체제에 의한 귀족사회로 전환되면서 통일신라와 큰 차이는 보이지 않으면서, 문벌귀족집단은 중국의 송, 원나라의 영향을 많이 받으면서 문물교환 등에서 우리 문화보다 선진화된 문물을 접하지만 이는 일부 상류층에만 국한됨으로써 사치스럽고 호화로운 귀족주거가 발달했다. 조선시대에는 유학을 국가의 근본사상으로 삼고 전제군주국가로써 전형적인 관료사회인 문관으로 구성된 동반(東班)과 무관인 서반(西班)의 상류계층인 양반사회로 양분되어 구성되었다.

가대(家垈), 가사(家舍), 규모와 장식 등의 제한은 조선시대의 신분제도에서 엄격하게 통제되어 주거뿐만 아니라 사회 전반적 영역에 이르기까지 많은 영향을 주었다. 조선시대의 가사규제의 변화는 다음과 같다. 최초의 가사규제는 세종 13년(1431)에 주택 총규모에 대해서 규제하고 주초석 외에는 다듬은 돌을 사용하지 못하고 화공, 단청도 사용하지 못하도록 하였다. 세종 22년(1440)에는 주택의 규모뿐만 아니라 정침, 익랑, 루, 행장, 주고 등에 걸쳐

광범위하게 규제하였다. 특히 영조척을 사용토록 하였다. 세종 31년(1449)에
는 주택의 내부공간에 대해서 구체적으로 규제하는데 사랑채, 행랑채, 광, 퇴
루, 장, 기둥 등 규제대상이 한층 더 확대되었다.

예종 원년(1469)에는 초공에 이르기까지 규제하였고 성종 9년(1478)의《성
종실록》권95 9년 8월 신해년에 고주장, 과량장, 배량장, 누주장, 주길이, 량
길이 등에 대해서 규제하고 있으며 고종 2년(1865)《대전회통》에서는 주택 총
규모가 변하지 않고 초석과 화공, 초공을 사용하지 못하도록 규정했다. 이와
같이 조선시대의 가사제한의 규정은 총 6차례에 걸쳐 시대적 배경을 달리 하
면서 변천되었음을 알 수 있다. 이런 신분계층에 의한 주거문화의 특성은 기
록상으로 다른 시대에 비하여 많은 기록이 남아 있다.

제 3 절 신분계층의 주거유형

1. 상류주거

1) 상류주거의 형성배경

상류주거의 특징은 제도적 가사의 규제에 의한 주거의 배치, 평면구조, 내·외부 공간의 구성의 3가지 측면에서 결정된다. 상류주거의 등장은 문헌에 기록되지 않았다고 하더라도 정복국가의 시대에 지배계급과 피지배계급의 형성에서부터 시작되었으리라 추정된다. 다만 발굴조사 등에서 유구 등이 발견되지 못하고 각종 문헌 등에 기록되지 않아 전해지지 않을 뿐이지 기록으로 전하는 신라시대의 "옥사조"보다 훨씬 이전에 상류주택이 존재하였던 것으로 생각된다.

우선 문헌 등에 의한 자료에 의해서 상류주거를 살펴보면 다음과 같다. 신라시대의 사회형태는 진골에서부터 백성에 이르기까지 골품제도는 신분제도로써 당시 매우 엄격하게 적용되었다. 진골계통과 6두품 등은 지배세력으로 정치, 경제, 사회 전반에 걸쳐 생활이 매우 호화로운 것으로 알려져 있다. 신라 말에는 도읍이었던 경주가 밥을 짓는 데 나무를 이용하지 않고 숯을 이용하여 밥을 지었다고 하니 당시의 생활이 얼마나 사치스럽고 호화로운지 알 수 있는 대목이다.

이러한 곳에 반드시 함께 부수되는 것이 주택이다. 당시의 주택에 대한 "옥사조"의 기록을 보면 가사제한 규정으로 실의 폭과 너비에 대해서 규제한다. 이는 주택의 길이 등에 의한 규모의 제한으로 '진골 24척 이내' 등 사회계급에 따라 차등화하였다. 또한 지붕의 구조에서 고급기와의 금지, 지붕장식, 건축재료, 석재 등 상류계층에서 일반백성에 이르기까지 차등을 두어 제한하였다. 신라 이외에도 백제의 경우 일본과의 문물교환 등이 활발하여 고구려와 함께 고대국가의 면모를 일찍부터 갖춘 나라로써 신라의 주거문화 못지않게 지배계급의 상류계층은 화려하였으리라 추정된다.

최근에 남아 있는 상류주택의 경우 규모나 칸수 등의 척도를 매겼는데 지붕의 구조에 따라 사실상 결정짓는다고 볼 수 있다. 지붕의 구조가 초가집 또는 기와집의 여부에 따라 상류주택으로 적용하듯 당시 백제는 기와만 전문으로 만드는 와박사 제도가 있었다. 이러한 점으로 보아 상류주택이 존재했던 것으로 추정된다. 고구려도 귀족계층은 기와집을 짓고 살았던 것으로 전해진다. 이후 상류계층의 발전은 면적을 산정하는 기준으로서 칸수가 보편화되었음을 알 수 있다. 면적단위로 칸을 사용한 것은 이미 고려시대부터 보인다. 앞서 고려시대의 각종 기록에서 살펴 본 바와 같이 칸의 표현이 보편적으로 등장한다. 칸이라는 용어는 네 기둥으로 한정된 공간, 또는 면적을 의미한다. 기둥의 규칙적 배치로서 일정한 규모의 칸이 반복적으로 배열되고 이를 칸막이 혹은 창호로 구획함으로써 공간을 형성한 것이다. 따라서 한 건물의 면적은 칸수로 쉽게 계량될 수 있었다. 다만 한 칸의 규모를 보다 크게 할 수 있기 때문에 칸의 척도를 제한했던 것이다. 이는 또한 한 건물 안에서 칸을 단위로 하는 다양한 평면구성이 이루어졌음을 의미하기도 한다.

조선시대의 주택에는 기능별로 다양한 건물과 공간이 분화되었음을 알 수 있다. 가사규제에 등장하는 용어만도 정침(正寢), 익랑(翼廊), 서청(西廳), 내루(內樓), 내고(內庫), 사랑(舍廊), 행랑(行廊) 등 다양한 공간, 또는 건물이 나타났으며, 제한기준이 다르게 적용된다. 여기에서 정침, 익랑, 서청, 내루, 내고 등이 한 묶음으로 제한된 것을 볼 때 이는 살림채에 해당하는 공간, 또는 건물이라고 추측된다. 반면에 사랑과 행랑이 각기 다른 기준으로 제한되었다는 점에서 이는 별동의 건물이었을 가능성이 높다. 즉 최소한 살림채와 사랑채, 행랑채가 별동으로 건립된 주택의 모습을 상정할 수 있는 것이다. 이는 현존하는 조선시대 상류주택에서도 흔히 볼 수 있는 모습으로서 최소한 15세기 이전부터 이미 이러한 주택형식이 만들어졌음을 시사해 준다.

조선시대의 주거에서는 수직적 규모의 제한이 나타난다. 기둥의 높이를 제한함으로써 건물의 수직적 규모를 제한한 것이다. 신라시대의 가사규제에서는 높이에 대한 제한이 없었다. 또한 평면적으로도 작은 규모였기에 높은 건물이 필요하지 않았을 것이다. 그러나 조선시대에는 루의 건축이 보편화되고 건물의 평면규모도 커졌기 때문에 높이를 제한할 필요가 있었을 것이다.

특히 조선시대 상류계층에서는 주택 안에 루(樓)를 두는 것이 보편화되었다. 전체 주택 칸수 안에서 루의 칸수를 제한한 것을 보면, 루를 크게 짓는 것이 보다 권위적 요소였음을 알 수 있다. 루란 바닥이 지면에서 들려진 건축이므로 다른 건물보다 높게 지을 수 있었다. 루의 높이를 제한한 것은 이러한 고루(高樓)의 난립을 염려했기 때문이었다(강영환, 2004: 152~153).

조선시대에 이르러 외적 공간구조의 분화현상이 본격적으로 시작된 것으로 보이는데 세종 31년(1449) 정월 갑신년에 가사규제에 관한 내용을 담았다. 정침, 익랑, 서청, 내루, 내고, 사랑, 행랑 등이 있고 사랑채와 행랑채에서 장(長), 광(廣), 기둥에 대한 규제규정이 있는데 대군(大君)의 경우에만 다르게 적용되었고 다른 계층은 동일하게 적용되었다. 한편 간장(間長), 퇴주(退柱) 등이 보이는데 이는 계층에 따라 매 칸의 정면 길이, 퇴주의 높이 등이 다르게 제한됨을 알 수 있다. 성종9년(1478)에는 고주의 높이, 대들보의 길이, 건물정면 1칸의 도리의 길이, 루의 높이에 규제를 적용했다. 조선 후기 고종 2년(1865) 《대전회통》에 의하면 주택의 장식제한으로 초석과 화공에서 잘 다듬은 돌과 쇠서틀의 장식을 규제했다.

이러한 규제내용은 신라시대와 비교 시 부분적으로 완화된 특징을 보이지만 전체적으로 볼 때 구체적이고 포괄적으로 시대 배경에 따라 변천되는 모습을 알 수 있다. 그리고 주거의 계층적 분화현상은 인문환경 요인으로 유교사상에서 찾아볼 수 있다. 가부장적 대가족 제도는 위계질서를 위한 외적 공간의 분화와 대가족을 수용하기 위한 내적 공간구조는 사랑채, 안채, 행랑채, 사당 등으로 그 영역이 구획되었다. 이는 사대부가의 성리학 규범 실천의 일환으로 상류주택을 재정립시키는 데 요인으로 작용되었음을 알 수 있다.

상류주택의 형성배경에는 국가차원에 이를 공급하기 위한 장려보다 규정에 의한 규제적 측면이 많았다고 볼 수 있다. 그 만큼의 규제가 심하게 나타났다는 것은 주택의 규모가 궁궐의 건축물보다 크고 화려함이 앞선다면 그것은 왕실의 도전으로 볼 수 있기에 왕권강화 차원에서 규제를 강화했던 것으로 추정된다. 그러나 이러한 규제 속에서도 상류주택은 발전을 거듭하면서 조선시대에 대표적 주택으로 자리 잡았다.

---

2) 상류주거의 공간구조

상류주거의 형성과정은 시대성에 따른 계층성에서 찾아볼 수 있다. 시대의 변천에 따라 상류주거가 발전되어 왔듯이 조선시대에 주택의 재편성에 의해서 상류주택, 중인주택, 서민주택으로 크게 분류되었다. 상류주택은 양반계층의 주택으로 지역적 영향에 의해서 어느 정도 차이는 있지만 유교문화의 영향이 실질적 영향을 미쳤다. 조선시대의 상류주거는 우리나라의 주거문화에서 그 중심에 있었고, 그 사례도 지금 전국의 각처에 많이 남아 있는 실정이다. 시대의 변천에 따라 상류주거 유형, 공간분화 등에 많은 변화된 모습을 보인다. 특히 17세기 후반에 이르러서는 조선사회의 중요한 전환점이 도래한 시점으로 사회계층의 신분제의 붕괴이다.

신분사회의 붕괴는 정치, 경제, 사회 전반에 걸쳐 영향을 미쳤고 주거문화에도 변화를 일으켰는데 모든 권력과 부가 상류계층에 집중되었으나 사회제도의 변화는 경제적 계층 분화를 가져왔다. 경제적 기반에 의한 일반 백성들의 부의 축적으로 인해 중상계층의 부농주거가 상류계층의 주거와 비슷한 형태로 나타났고 18세기 중반에는 전후좌우에 툇간이 등장하였다. 그리고 홑집의 형태가 겹집으로 변화되었다. 한정된 건축재료의 특징도 사용이 다용화되었고 주택의 구조에도 많은 변화를 가져왔다. 상류주거의 공간구조는 조선시대 주택을 중심으로 평가하는 데 공간의 구성은 내부공간의 구성과 외부공간 구조로 분류할 수 있다. 내부공간 구조는 남성중심의 활동으로 전개되는 일상적인 사회적 공간이라 할 수 있는데 사랑채, 누마루 공간, 별당, 후원 등의 개방적 공간으로 구성되어 있다. 그리고 여성중심의 가정적인 거처인 일상 생활공간 구성으로는 안채, 부엌, 건너방, 별당 등으로 남성중심의 개방적 공간이라기보다는 폐쇄적 공간으로 구성되어 있는 것이 특징이다. 이외에도 휴식공간으로 정원, 연지 등이 있고, 조상을 모시는 제사적 공간으로 가장 중요시 하는 사당, 생활터전으로 잘 공간은 행랑채, 사랑마당, 안마당 등이 있다.

상류주택의 공간구조는 배치방법 등에서도 분화구조를 이루는데 이는 유교사상이 당시 지배적 사상으로 남녀구별에 따른 분화, 사회적 신분제도에 따른 상하구별의 공간분화 등으로 동일한 공간상에서도 또 다른 배치구조를 보이는 것이 상류주택의 특징이다.

공간구조 형태에서 제일 먼저 '고샅길'과 인접한 것이 대문간과 함께 배치된 행랑채이다. 상류주택의 경우 대문간채는 초헌 등이 드나들기 쉽도록 높은 솟을대문을 지닌다. 솟을대문을 지나면 행랑마당과 사랑마당으로 병행해서 사용하는 마당이 나오는데 행랑채는 사랑채와 비교 시 상하 구별이 뚜렷한 채(棟)를 형성한다. 행랑채는 마구간, 곳간, 하인들이 거처하는 방 등으로 이루어져 있고 사랑채는 대청 및 누마루 등으로 구조화되어 있으며 외부로부터 찾아오는 손님들을 맞는 장소로 이용되기도 하고 학문 등을 토론하고 연구하는 주요한 공간이다. 사랑채는 주로 남성중심의 생활공간으로 안채와는 구별되는 몇 가지 특징을 지닌다. 사랑채의 앞마당과 옆 공지 등은 화계를 설치하기도 하고 방지 같은 연못을 만들어 화려한 정원을 조성하는 사례가 많았다.

안채는 사랑채와 대별되는 개념으로 사랑채에서 중문을 통과하면 안채가 나타나는데 내외에 담을 쌓아 사랑채와 격리된 주거공간을 형성한다. 집안의 안방마님을 비롯한 여성들의 공간으로 안방, 건넌방, 대청마루, 부엌, 장독간 등으로 일상생활의 가사노동의 장소 및 거처공간이라 할 수 있다.

공간의 형태에서 사랑채가 개방적 공간구조의 특성이 있다면 안채는 친척 이외에는 남자들의 출입이 통제되는 공간으로 폐쇄적 구조를 이루어 당시 엄격한 유교사상을 바탕으로 한 사회상을 잘 반영한 공간배치 구조라고 볼 수 있다. 사랑채와 별당채는 상류주택에서 규모가 있는 집안에서 구조를 갖추었는데 사랑은 유교사상을 기반으로 하는 조상숭배 의식에서 4대의 신위를 모시는 공간으로 안채 및 사랑채의 뒤쪽 가장 높은 위치에 자리 잡았다. 별당은 집주인의 사용에 따라 각각 달리 부르기도 하는데 주로 안주인의 마님이 사용하는 공간으로 이용되었다. 안채, 사랑채와 떨어진 공간에 배치하는 경우가 보통이지만, 멀리 떨어진 나지막한 산 어귀에 자리 잡기도 한다.

상류주택의 공간구조는 위에서 살펴본 바와 같이 대 문간채(행랑채), 사랑채, 안채 등의 채(棟)로 분화되고, 채(棟)는 다시 칸(間)으로 세분화된다. 즉 안채는 안방과 대청마루, 건너방, 부엌 등의 칸의 변화로 분화되고, 사랑채는 큰 사랑방, 작은 사랑방 대청, 침방 등으로 분화된다. 이러한 공간구조는 유교사상에 의한 위계질서를 내포한다. 같은 공간의 구조 속에서도 사당, 사랑채, 안채는 상위개념의 배치구조를 이루고 사당은 더 높은 최상위개념의 배치구조를 지닌다. 행랑채는 하위개념의 배치구조를 이루어 최상위, 상위, 하위 등 위계질서의 연속성으로 유교사상의 기본이념을 철저히 반영한다.

또한 주거공간을 둘러싼 담장은 신분사회의 양반계층으로 주거문화에 철저하게 반영되어 권위, 일상생활의 노출에 따른 사생활 보호 등 폐쇄적 공간구조를 보여준다. 특히 같은 구조의 틀 속에서도 배치구조가 비대칭, 비정형성을 띠면서도 전체의 구조와 조화를 이룬다는 것이다. 이외에도 상류주거는 기단, 주춧돌, 기둥, 보, 도리, 벽체, 처마, 기둥 등에서 규모 및 재료장식 등에서 중인주거, 서민주거와 비교되지 않을 정도로 많은 차이점을 보여주는데, 특히 남아 있는 유적이나 자료를 통해 배치구조, 형태 등에서 확연하게 구별된다. 이러한 구별은 내·외적 공간구조가 시대성을 반영하면서 배치 등에서도 큰 차이를 나타내면서 발전되었다.

3) 상류주거의 유형

상류주거는 우리나라의 역사를 통해서 볼 때 남아 있는 주거는 조선시대의 것을 제외하곤 그리 많지 않다. 이러한 이유는 건물 자체가 갖는 특성에서 기인한다. 대부분의 자연환경과 밀접한 관계에 있는 전통가옥은 그 가구법이 석조 등이 아닌 순수한 목조방식으로 이루어졌기 때문이다. 외적 환경요인으로 과거 우리 역사를 뒤돌아 볼 때 한국인은 무력에 의한 크고 작은 잦은 외침으로 전화(戰火) 및 파괴되었고, 한 시대가 멸망하고 새로운 시대가 열리면서 도읍의 영속성은 계속되지 못했고 또 다른 장소를 새로운 도읍으로 정하는 관계로 기존의 도읍들은 쇠락을 가져와 전통가옥 보존에 어려움이 많았다.

또한 일부는 재료 자체가 불에 약해 화재로 전소되었다. 이런 과정 속에서도 상류주거는 일반서민, 중인주거보다 전국에 걸쳐 지금까지 상당량이 보존되어 있다. 특히 상류주거의 유형은 다른 주거형태와 달리 사랑채, 안채, 사당 등으로 구성되고, ㅁ자형 배치형태를 보인다. 가옥의 배치구조와 방향 등은 풍수사상의 영향을 받아 지역별로 또 다른 특징을 보여준다.

(1) 전남 보성 이용욱 가옥

이용욱 가옥은 전남 보성군 득량면 오봉리 243번지에 위치하며 중요민속자료 제159호로 지정되어 관리되고 있다. 이 집은 일명 강곡마을 중앙에 위치하는데 나지막한 산을 뒤로 하고, 여인네들이 거처하는 활동공간으로 내당(內堂)이라 하는 안채, 남자들이 거처하고 손님 등을 맞이하는 공간인 사랑채, 바깥 출입문과 연결되는 대문간채, 곡식 등을 저장해두는 곳간채(광채), 사랑채에서 안채로 연결되는 중간문채, 조상의 신위를 모신 사당 등 총 6채(棟)인 독립된 공간으로 규모 있게 이루어져 있다.

대문간채 밖에는 연못 등을 갖추어 호남지방의 전형적 상류주거의 양반가옥으로 형성되어 있다. 이 집은 1835년(헌종 1년)에 광주 이씨 이진만이 지었다고 한다. 당초 건축 시에는 안채와 사랑은 초가집으로 형성되었으나, 목조건물에 초가집은 세월을 이겨내지 못해 이진만의 손자 이방희가 와가(瓦家)로 개축하였다. 대문간채의 출입구인 솟을대문도 당초 3칸으로 건축되었으나 이방희의 손자 이진래가 1940년 5칸으로 개축하였다고 한다.

사랑채는 이 집에서 가장 오래된 것으로 1835년(헌종1년)에 건축한 것으로 추정한다. 정면 4칸 반, 측면 2칸 크기의 一자 집이다. 전면과 후면 퇴가에는 세 짝의 분합문을 달았고 서쪽으로부터 부엌, 사랑방, 갓방을 배치하였는데 대청에는 고방마루를 설치하였다. 구조는 2고주 5량으로 납도리집이면서 종도리만 굴도리로 기둥은 두리기둥이고, 주초는 둥근 초석이다.

기단은 막돌 허튼층쌓기로 세벌대 정도의 높이로 축조하였다. 지붕의 형태는 합각기와 지붕을 이룬다. 안채 상량문(光武六年 壬寅正月二十九)의 기록으로 보아 1902년에 건립되었음을 알 수 있고, 사랑채보다 큰 안채는 전면 6칸

보성 이용욱 가 대문간채(2006)

(間)에 전후좌우 퇴집이다.

내부공간 배치는 동쪽으로부터 부엌, 큰방, 중앙의 2칸은 대청, 맨 끝이 작은방이다. 그리고 각 공간의 깊이를 한 칸 반으로 매우 깊게 배치하였고 구조는 2고주(高柱) 5량(梁)으로 납도리에 장혀를 받쳤고 기둥의 모양은 사랑채와 달리 네모기둥이고 주초도 네모꼴 형을 이루며 가공된 화강암을 사용했다.

기단은 세 벌대에서 다섯 벌대 정도의 높이이다. 지붕의 형태는 합각으로 물결무늬를 새겼다. 그리고 안채와 사랑 사이에 우물이 있다. 대문간채는 전면 5칸, 측면 1칸인 一자형의 서남형 一자형의 솟을대문으로 함께 배치되었다.

대문간채의 앞에는 연못이 조성되어 있는데 한국적 정원의 모습을 갖추고 장방형 못 중앙에 작은 섬과 버드나무가 있다. 그리고 중간문체 사랑채보다 약간 앞으로 배치되어 있고 안마당의 서쪽방향에는 곳간채를 세로로 배치하고 안채 동쪽에는 다시 1칸을 후퇴시켜 아래채가 배치되었다.

사랑은 사랑채의 뒤편에 위치하고 안채의 약간 위 동쪽에 배치하였다. '연암'(蓮菴)이라는 편액은 불교적 특징을 지니는데 당시 주인이 불자(佛者)로 보

① 보성 이용욱 가 사랑채(2006)
② 보성 이용욱 가 안채(2006)

252

인다. 지금은 사당으로 신위를 모시나 전면이 4칸으로 1칸의 방, 1칸 마루를 둔 2칸의 마루, 그리고 양쪽에 퇴를 두고 아궁이와 벽장을 배치한 것으로 보아 당시 별장으로 사용되었던 것으로 짐작된다. 가옥의 배치구조와 방향 등은 풍수지리 사상의 영향을 받아 지역별로 또 다른 특징을 보여준다.

(2) 정릉동 한규설 가

대한제국의 한성판윤이던 한규설(韓圭卨) 대감이 살았던 저택이다. 중구 장교동에서 성북구 정릉동 국민대학교 안으로 이축하여 1980년 12월 20일에 완공하여 서울특별시 민속자료 제7호로 지정되었다. 한규설 대감은 헌종 14년(1848)에 서울에서 출생하여 1930년에 타계한 조선 말기의 무신이며 애국지사이다.

본관은 청주(淸州)이며, 자는 순우(舜佑), 호는 강석(江石)으로, 부사 승렬(承烈)의 아들이며, 총융사(摠戎使)를 지낸 규직(圭稷)의 동생이다. 일찍이 무과에 급제하여 여러 관직을 거쳐 28세에 진주병사에 발탁되었다. 고종 20년(1883)에 전라좌수사가 되고 이듬해 경상우병사, 1885년 금군별장(禁軍別將)을 거쳐 우포도대장에 임명되었는데, 이 무렵 갑신정변에 연루되었던 유길준(兪吉濬)을 연금형식으로 보호하여 《서유견문》(西遊見聞)을 집필, 완성할 수 있게 해 주었다.

그 뒤 친군우영사(親軍右營使), 상리국청판(商理局總辦), 기기국청판(機器局總辦)을 거쳐 1887년에 형조판서, 이어 한성부판윤에 임명되었고, 그 뒤 다시 우포장, 형조판서, 한성부판윤, 친군장위사(親軍壯衛使), 연무공원관리사무(鍊武公院辦理事務)를 차례로 역임하고, 1894년 총어사(摠禦使), 1896년 법부대신 겸 고등재판소 재판장에 임명되어 사법집행의 공정을 기하려고 노력하였다.

독립협회가 결성되자 그 활동에 호의적 태도를 취하였으며, 1898년에는 독립협회가 주최한 만민공동회의 열기가 고조되는 속에 중추원 의장(中樞院議長)에 임명되고, 다시 법부대신으로서 고등재판소 재판장을 겸임하였다. 그러나 이듬해 정부의 탄압으로 만민공동회의 기세가 꺾이자 독립협회는 해산했고, 이에 따라 본직에서 해임되었다. 1901년 궁내부특진관(宮內府特進官)에 이어

정릉동 한규설 가(2007)

이듬해 다시 법부대신에 임명되었다가 의정부찬정을 거쳐 1905년 의정부 참정 대신이 되어 내각을 조각하였다.

이 해에 일제가 전권대사 이토 히로부미를 앞세워 을사조약을 체결하려고 하자 이를 끝까지 앞장서서 반대하였고, 일제의 갖은 협박에도 굽히지 않자 결국 덕수궁 수옥헌(漱玉軒) 골방에 감금당한 채 본관(本官)을 면직당하였다.

을사조약이 강제체결된 뒤 곧 징계에서 풀려나 중추원 고문, 궁내부 특진관을 역임하였고, 일제에 의한 강제 한일병합 후에는 남작(男爵)의 작위가 주어졌으나 받지 않았다. 이후 칩거생활을 하다가 1920년 이상재(李商在) 등과 함께 조선교육회를 창립하고 이를 민립대학기성회(民立大學期成會)로 발전시켰다. 이 집은 고종 때의 1890년대의 건물로 추정되며, 대지 412평 건평은 61. 58평으로 솟을대문, 사랑채, 별채, 안채 및 사당까지 같은 대지 위에 세워진 조선시대의 전형적 가옥이다.

안채는 간반통에 3칸의 안방과 전면 3칸, 측면 2칸의 대청, 그리고 헌간통에 2칸의 건넌방이 있으며 ㄱ자로 꺾이어 부엌과 찬방이 있다. 사랑채는 ㄱ자형으로 장대석 바른층 쌓기 세벌대기 단위에 육모 뿔대의 초석을 놓고 네모기둥을 세워서 오량집의 가구를 형성하며 처마는 겹처마로 팔각지붕을 이루며 침방, 사랑방, 사랑마루로 구성되고, 사랑방 전면에는 툇간이 있다. 뒤채는 4칸의 광과 부엌, 방, 마룻방들이 ㄱ자로 꺾여 있는데, 용도는 광과 별당으로 사용된 듯하다. 장교동에서 국민대학교 부지 내에로 이축하면서 솟을대문 좌우 행랑채를 복원하였고, 처음에는 있었으나 훼손되어 소멸된 중문간 행랑채와 사이의 담 등은 이곳으로 옮기면서 원형에 가깝도록 복원하였다.

2. 중인주거

1) 중인주거의 형성배경

조선시대의 신분제도는 사회적 배경에 따라 철저하게 구분되었는데 양반, 중인, 상민, 천민 등으로 나누고 신분에 따라 권리와 의무가 뒤따랐다. 중인의 구성에서 인적요인은 의학, 기술 등에 뛰어난 재주가 있는 사람들로 대개 향리, 기술관, 서리, 향리, 서얼 등으로 분류할 수 있다. 오늘날 직업군으로 전문적, 예능적 직업을 말한다. 고려시대의 중인은 사회적 신분상승이 가능하여 상류계층으로 진입하기도 하였다. 조선시대에 비해 모든 면에서 자유스러운 면이 많았다.

조선시대의 신분 계급사회에서 중인은 사회의 중추적 기능을 담당하여 그 어느 계층보다 중요한 위치에 있었다. 즉 중인은 양반과 상민의 중간에 있는 신분층, 전 근대시대를 통해 지배계층과 피지배계층 사이의 중간계층으로 분류되지만 실질적으로는 지배계층이나 다름없었다. 양반계층과 함께 사회체제를 유지해온 중인은 주로 중앙의 여러 기술 관청에 소속되어 종사하며 역관(譯官), 의관(醫官), 율관(律官), 산관(算官), 화원(畵員) 등 기술관원을 총칭하며, 잡직은 잡과 시험에 합격하여 선발된 기술관원이거나 잡학취재를 거쳐서 뽑힌 기술관원으로서 하급관리에 해당하고 한양 중앙에 거처를 두고 살았기에 중인이라고도 하였다.

　중인의 신분도 양반계층과 같이 세습이 이루어졌다. 이들의 직업은 한양과 지방에서 주로 실무업무를 관장하는 것이었고, 물관을 서리(아전), 무관을 군교라 하였다. 한양의 서리를 경아전이라 하였고 지방의 서리를 향리라 하였다. 이들은 행정의 실무를 담당하기에 어느 정도의 세력을 형성하면서 말단 지배계급으로 백성 위에 군림하였다. 그러나 이들은 양반계급으로부터는 차별화되어 육조, 삼사 등 일반관직에는 나갈 수 없었다. 한편 양반들은 중인을 행정 사역인(使役人)으로 인식하고 이들을 신분적으로 얽어매고 관념적, 제도적으로 철저히 차별하였던 것이다.

　양반의 차별대우 아래서 각종 업무를 수행하지만, 그들도 넓게는 지배 신분층의 일부로서 대대로 전해 내려오는 전문적 기술지식이나 행정경험을 통하여 양반 못지않은 능력과 경제력을 가진 사람도 있었다. 중인계층도 사회의 변화에 따라 양반 이하의 계급 중에서는 가장 빠르게 신분상승을 이루었는데, 조선 후기에 이르러서는 청나라와 무역이 활발하게 진행되고 서구문물 등이 조선에 유입됨에 따라 가장 먼저 상업적 자본을 형성하고 사회·경제적으로 부(富)를 축적해 사회적 신분상승을 누렸다.

　이들은 19세기 이후에는 시대적 배경의 변화와 함께 봉건체제에 반발하는 등 사회적 신분체제 붕괴를 위해 대대적 운동을 전개하였다. 근대의 변화에서 가장 민감하게 반응을 보이고 이에 적극적으로 대응한 계층도 중인이었다고 볼 수 있다. 이들은 경제력과 전문성을 바탕으로 사회적 지위를 향상시키고 양반계층 다음으로 부(富)와 권위를 부렸다. 양반사회에서 중인은 당시의 사회적 면에서 승진의 한계는 있었으나 경제적 측면에서는 별다른 제약 없이 성장할 수 있었고 다만 중간계층이었기에 양반의 가사규제의 범위 아래서 서민주거보다는 양호한 양반주거에 가까웠다고 할 수 있다.

　이들은 산간지방이나 농촌지역에 거주하기보다는 양반들의 행정실무 담당 등 집행에 필요한 보조적 수단으로 이용되었기에 읍성 등지에 거주함으로써 상류주거에 비하여 뒤떨어지지만 실용성을 중시하면서 부분적으로 상류주거와 결합된 모습이 서울, 경기지방에 남아 있다. 조선시대 후기에 와서는 국가의 중농주의, 중상주의 정책의 영향으로 어느 정도 재력을 갖춘 상인, 부농들이 등장하게 됨에 따라 자연스럽게 의식주에 많은 변화를 가져왔다.

이러한 변화의 모습은 특히 주거의 변화에도 영향을 미쳤고 부를 확대하여 나아갔고 주거문화의 양상은 양반주거에 그대로 답습하지는 못했지만 이에 비슷한 가옥들이 등장했다. 이때 지어진 도성의 주변내지 읍성주변에 산재한 전통가옥들을 미루어 볼 때 조선시대 중인계층이 건립한 주거로 추정되는데 조선의 중기까지는 엄격하게 구별되었지만 조선 후기에 이르러는 상류주택과 유사하게 발전됨에 따라 구별하기 어렵게 되었다.

2) 중인주거의 공간구조

중인주거의 구조적 고찰 등에 필요한 주거가 상류주거나 서민주거처럼 유구(遺構)가 그리 많지 않아 상류주거나 서민주거보다 찾아보기 힘들다. 중간계층으로 상류와 서민계층의 확연한 구분의 애매성과 인구학적 측면에서도 그리 많지 않았던 인구수도 한 요인이기도 하다. 다만 내부공간 배치와 외부공간 배치를 중심으로 구조적 틀은 상류주택과 별다른 차이를 보이지 않는다.

중인주택의 기단은 화강석 마감의 기단으로서 그 높이는 약 5촌(寸) 정도가 된다. 사랑채의 기단보다 안채의 기단이 한 층 높다. 특히 안채의 경우는 기단과 대청 바닥이 약 3자 정도의 차이를 갖기 때문에 기단 위에 디딤돌을 몇 단 놓는다. 그리고 중인주택의 주춧돌은 네모뿔대의 화강석 주춧돌이 주류를 이룬다.

기둥은 모두 네모기둥으로, 서민주택의 기둥보다는 평균 2~3촌정도 더 굵은 6촌각(寸角) 내지 7촌각 정도의 기둥을 사용한다. 보와 도리는 서민들의 집보다 기둥이 커지고 간살이 넓어짐으로써 자연히 보와 도리의 치수도 증가한다. 보와 기둥, 도리와 기둥의 접합은 서민주택과 마찬가지이며, 도리 또한 모두 납도리이고 굴도리는 찾아볼 수 없다.

대부분 회반죽 마감벽으로 축조법(築造法)은 서민주택과 대동소이하다. 다만 부재(部材)의 크기가 커서 상류주택과 비슷하다. 바닥구조 또한 서민주택과 같고 다만 마루는 거의가 우물마루이고 장마루는 찾아볼 수 없는 것이 하나의 특징이다. 지붕틀의 중인주택은 서민주택보다 간살이 크기 때문에 몸채 즉, 안채와 사랑채는 모두 4량(四樑) 구조와 5량(五梁) 구조로 이루어져 있으며 행랑채는 삼량 구조로 되어 있다. 처마는 서민주택처럼 홑처마 형태를 이룬다. 지붕의 구조는 상류주거와 같이 안채, 사랑채, 행랑채 모두 기와지붕이다. 안채와 사랑채는 팔작지붕이고 행랑채는 상류주거와 같이 맞배지붕이다.

중인주택의 천장은 서민주택과 같으나 삿갓반자만은 없다. 이는 주고(柱高)가 높기 때문에 천장 높이가 높아 그 축조의 필요성을 느끼지 못하였기 때문이다. 그리고 창호는 서민주택보다 다양하다. 살 짜임새로는 아자(亞字) 살, 만자(卍字) 살, 용자(用字) 살, 정자(井字) 살 등이 있고, 또 대청에는 안방과 대청, 대청과 건넌방 사이, 또 마당 쪽으로 난 앞쪽에 모두 분합문(分閤門)으로 하여 필요할 때 접어 들쇠에 매달게 했다. 부엌, 광의 문은 서민주택과 같고 들창이나 부엌의 살창 또한 같다.

대문 또한 서민주택과 마찬가지로 평대문이다. 그러나 중인주택에서는 행랑마당에서 안채로 들어가는 중문(中門)이 있고, 또 사랑채로 들어가는 일각대문(一角大門)이 있다. 대문에 사용되는 철물(鐵物)은 상류주택의 경우와 같다. 중인주택의 담은 토담과 검은 벽돌로 쌓은 벽돌담(甓牆)이 있다. 서민주택에서처럼 울이나 생울은 찾아볼 수 없다. 토담과 벽돌담의 윗부분은 모두 기와로 지붕을 형성하여 빗물이 잘 흘러내리게 하며, 또한 미관상 아름답게 보이게 한다. 굴뚝은 검은 기와로 쌓아 만든다. 보통 몸채에서 떨어진 위치에 독립적으로 세운다. 이러한 굴뚝은 주택의 정원구성(庭園構成)에 중요한 요소가 되었다(주남철, 2003: 203~205). 즉 중인주거의 유형과 특성은 상류주거와 서민주거로 뚜렷하게 나누어져 발전되었다. 또한 상류주거와 서민주거는 서로 어느 정도 영향을 주면서 물리적 공간으로 자리 잡고 사회적 신분제도에 의한 사회·인문적 배경의 영향을 많이 받았다.

그러나 중인주거는 중인계급과 이교(吏校) 계급으로 상류주거, 중인주거, 서민주거의 유형으로 구분하기가 확연하게 매우 어려운 점이 많다. 중간계층의 사회적 신분은 정치·사회적으로 양반계급에 비하여 차별 대우는 받았지만 전문기술이나 말직을 담당하는 행정의 실무자로써 그 업무의 중요성은 매우 컸다.

이러한 연유로 신분적 계층은 뚜렷하게 구별되었으나 경제적 어려움은 서민들과 달리 어렵지 않아 주거생활에서는 양반들의 상류주거와 내·외적 공간배치에서 별다른 차이가 나타나지 않았다. 중인주거는 서민주거와 비슷하거나 이에 동화되기보다는 상류주거와 근접한 관계로 쉽게 중화되어 그리 많게 남아 있지 않은 이유도 여기에 있다.

3) 중인주거의 유형

조선시대 후기에 실학사상 등 실사구시 학문의 영향으로 부농주거와 서민주거의 발달을 가져왔다. 규모의 경제는 많은 사회적 변화에 따라 중인주거의 변화도 여러 측면에서 빠르게 발전되어 갔고 특히 서민주거도 함께 두드러지게 향상되어 갔다. 중인주거의 특징은 양반주거에는 훨씬 미치지 못했지만 사랑채, 안채, 그리고 부속채 등으로 구조를 이룬다. 정원의 경우에도 상류계층은 휴식을 취하는 공간으로 이용되지만 중류주택은 채소밭 내지 과실수 등을 심어 부식 및 간식 등으로 이용하기 위한 실용적 정원의 특징을 지닌다. 또 한켠에는 장독간을 배치하고 그 밖의 마당 등은 생활공간으로 농번기에 곡식을 거두어들이는 타작공간 또는 적치공간으로 활용한다.

농촌 이외의 도시지역인 한양의 경우 중인들이 많이 거주한 곳은 청계천 주변에 기술 관리들이 모여 있었고 운종가 남쪽에서 남산 아래 지역과 인왕산 기슭의 성 안팎에 집단 거주지를 형성하였다. 서울의 살던 중인의 집으로는 삼청동에 있던 오위장 김영춘 가(家)를 예로 들을 수 있다. 좁은 골목길에 면해서 ㄱ자형의 안채와 문간채가 이어지고 따로 작은 사랑채를 독립해서 마련한 집으로, 작은 규모지만 주인 남자의 독립된 공간을 확보하고자 한 의도가 잘 드러나 있다. 이 집은 골목 한가운데 작은 공터를 마련하고 이 공터에 면해서 대문을 두어서 비록 비좁은 골목에 면한 집이지만 독립된 가옥의 분위기를 만들었다. 중인의 집이 도시 안에서 명확한 존재로 자리 잡은 좋은 예라고 하겠다. 유감스럽게 이 집은 근년에 남산골 한옥마을로 이전되면서 골목길의 분위

남산골 한옥마을 오위장 가(2006)

기를 잃고 말았다.

한편 농촌지역에서는 광범위하게 중인계층의 농민주택이 근래까지 잘 남아 있다. 농촌지역의 중인계층 주택의 가장 큰 특징은 독립된 사랑채 또는 사랑방을 갖는다는 점이다. 본래 사랑채는 양반들이 접객과 제사를 위해서 갖춘 부분이었다. 양반주택이 하나의 일정한 형식으로 자리 잡으면서 높은 기단 위에 우뚝 솟은 사랑채를 두는 것은 양반신분의 상징으로 여겼다.

18세기 이후 농민 사이에 경제력을 얻은 사람들이 늘어나면서 양반을 모방한 집을 짓고자 하는 충동은 자연스레 나타났다고 짐작된다. 그러나 여전히 신분적 굴레와 제약이 엄격히 작용하므로 양반을 능가하는 거대한 집을 짓는 것은 허용이 되지 않았다. 결국 이들 경제력을 갖춘 농민들이 자신들의 집에 세울 수 있는 것은 양반주택을 모방한 사랑채였다. 경기도 지역은 다른 곳에 비해서 한양(도성)과 가까워 대지주가 형성되거나 유력한 양반이 포진해 있지 않아 중인계층 농민의 형성이 쉽게 이루어진 곳이다. 이곳에는 튼 ㅁ자형이라고 부른 형태의 중인 농민 가옥이 많이 만들어져 있다. 즉, ㄱ자형의 안채가 있고 가운데 마당을 두고 ㄴ자형의 사랑채 겸 문간채가 조성되어 전체적으로 틈새가 있는 ㅁ자 모습의 주택평면을 이루는 집들이다.

ㄱ자형의 안채는 경기도를 비롯한 한반도 중부 지역에서 가장 흔히 발견되는 살림집의 평면모습이다. 가운데 작은 대청마루가 있고 한쪽에 안방, 대청 반대편에 건넌방을 두고 안방 앞으로 부엌이 놓여 전체적으로 ㄱ자꼴을 이루는 형태다. 이런 안채를 기본으로 하면서 마당 반대편에 대문을 두고 대문 옆으로 3칸 정도의 사랑방이 놓이고 그 반대편에는 외양간이나 헛간이 연결되어 ㄴ자형을 이루면서 연결되어 전체적으로는 튼 ㅁ자꼴을 갖추는 것이다(김동욱, 2001: 233~234).

경기 양평군 양평읍 창대리 203-1 번지에 위치한 '창대리 고가'는 경기도 민속자료 제7호로 지정되어 있다. 이 집은 약 2백여 년 전에 건축된 집으로 조선 후기 경기지방의 전형적 농촌 중류가옥의 모습을 잘 나타낸다. 뒤에는 나지막한 구릉지를 형성하고, 앞에는 크지도 작지도 않는 농경지와 야산이 자리 잡았다. 동네의 규모도 많지 않고 20여 가구로 구성되어 있다. 집의 배치는 동남향으로 배치되었고 사랑채는 정남형으로 전면 3칸으로 온돌방 2칸, 마루 1칸으로 지붕은 '팔작지붕형'을 이룬다. 비교적 잘 다듬어서 만든 석조기단 위에 사다리꼴 주춧돌을 올려놓았다. 대문간채는 솟을대문을 만들지 않고, 평대문으로 배치하였고, 곳간채, 외양간, 부엌 등으로 연결되어 'ㄱ자형'을 이룬다.

안채는 'ㄱ자형'으로 배치하고 정남향에 대청마루는 안방과 직각구조로 꺾여 있다. 대청마루 좌측으로 건넌방이 있고, 그 옆에 헛간이 있다. 안방, 대청, 건넌방까지 전면에 모두 툇마루가 있는데 툇마루는 'ㄱ자형' 집을 모두 연결시켜 다른 가옥에서 찾아보기 드문 특징을 지닌다. 한편 장독간은 안채 뒤 넓은 뜰 담장아래 양지바른 곳에 평지에 구성되어 있다. 그리고 이집은 오래된 가옥이지만 비교적 관리가 잘 되어 중인주거로써 면모를 잘 갖추었다(김동욱, 2001: 233~235). 현재 서울에 남아 있는 중인주거도 사실상 상류주거에 가까워 옛 한양 근교에 분포된 중인주거와 비슷하다. 특히 경기도 지방의 중인주거는 주로 부농으로 경제력을 이룩하여 적지 않는 소작인을 두었던 농가 위주로 남아 있다. 중인 주거의 내부와 외부공간은 서민주거의 확장에 기인하고 상류주거와 별 다른 차이가 없다는 것이 특징이다. 외적 공간의 마당은 제 2의 삶의 터전인 공간으로 활용하였다.

중인주거에서 마당의 활용이 두드러지게 나타나는데 이는 채소밭, 돼지우리, 닭장, 과수원, 장독대, 과수원 등으로 이루어져 주식(主食) 이외의 부식(富食)을 공급받는데 자급자족에 유익한 공간으로 마당을 이용한 우리 조상들의 지혜를 엿볼 수 있다.

3. 서민주거

1) 서민주거의 형성배경

서민주거의 발생은 지배계급과 피지배계급이 발생하기 이전에 모든 사람들은 반지하의 움집형태의 지붕구조를 이룬 주거 속에서 생활을 영위하였다. 이 시대는 계급사회가 형성되지 않아서 누구나 똑같은 형태의 수혈주거가 최초의 지상주택으로써 서민성을 지니고 출발하였다. 선사시대에는 혈연중심의 사회환경이라 주거형태도 모두 비슷한 구조로 되어 구별의 실익이 없었다. 그러나 청동기인들이 청동기를 들고 중국 쪽에서 이주하여 옴에 따라 정복의 지배로 기존질서의 붕괴와 사회적 분화현상이 나타나기 시작하였다. 이는 지배계급과 피지배계급의 형성을 촉발시켰고 규모의 정복국가를 건설하였기에 이에 또 다른 주거문화로 소규모의 군집생활에서 대규모의 군집주거 문화로 변천되었으리라 본다.

지금까지 발굴조사된 내용에 의하면 태양거석문화 즉, 고인돌 등이 그 당시 족장무덤인 것으로 보아 주거형성에서도 구조나 여러 측면에서 살펴볼 때 어느 정도의 계급사회에 의한 구조가 시대적 배경에 따라 발전되었음을 알 수 있다. 역사의 시대를 기준으로 주거문화의 형성을 함께 비교해 구분짓는 것은 어려우나 당시 유구 등을 유추해 볼 때 한반도의 주거형성이 어느 정도 정립된 시기는 통일신라시대를 거쳐 고려시대와 조선시대에 이르러 확연하게 구분되어 나타난다. 당초에는 신분제도가 양인과 천인의 계층으로 고려시대에는 귀족, 양인, 천인의 3계층으로 나누어졌다. 조선시대에 이르러서는 양인은 다시 양반, 중인, 양인으로 구분되고 신분제도는 양반, 중인, 양인, 천인 4계층의 신분으로 분화되었다.

　여기서 양인이라 함은 조선시대에서 분화된 서민계층을 의미하고 조선사회에서 가장 많은 인구수를 점하는 신분으로 국가에 대한 권리보다는 의무가 뒤따르는 등 국가가 관리할 수 있는 신분층이다. 그리고 천민층은 서민층에서 제외되고 주로 노비계층을 일컫는다. 고려시대에는 일반 농민층은 물론 향리 등도 양인으로 분류되었으나 조선시대에 들어와 향리는 중인계층으로 떨어져 나아갔다. 조선시대에 이르기까지 양인은 수공업, 상업 등에 종사하였다. 그러나 양인들은 생산활동에 참여하는 농민들이 대부분이었다. 이들은 자작농을 영위하기보다는 양반의 지주 아래서 토지를 경작하며 사회적 신분제도에 의해서 통제를 받았다.

　농민들의 생활모습은 고려시대보다 조선시대에 더 규제가 강화되었다. 조선의 건국은 농본정책에 기조를 두고 건국의 경제적 기반이었기에 전호(田戶) 수준에 머물렀다. 그러나 조선시대의 농민들은 고려시대의 농민들보다 사회적 지위는 더 높았다. 이앙법 등의 농업기술의 발달에 따른 생산력의 증가는 고려시대보다 크게 향상되었다.

　이러한 생활환경의 증대효과는 주거문화와 연계되어 반가(班家) 와 대별해서 주거는 민가(民家) 형태로 나타났다. 고려시대보다 조선시대는 사회가 안정되고 경제력의 증가로 주거수준도 종전보다 향상되었다. 특히 양반가보다 서민주택은 기후적 지역여건과 경제력의 영향에 의해서 좌우되듯 지역특성에 따라 발전되었다. 유교적 생활문화가 지배하던 사회였기에 상류주택과 함께 서민주택도 제한적으로 영향을 받았다.

　서민들의 주거공간은 양반 주거공간과 비교되지 않을 정도로 매우 열악한 수준이었다. 우선 일상생활의 공간으로 노동공간과 주거공간이 함께 일체화되어 나타났다. 양반가옥처럼 채(棟) 에 의한 칸(間) 이 엄격하게 구분되지 않고 침식이 주가 되는 공간으로 구성되었다. 서민계층의 주거인 민가형태는 사회제도인 신분상으로나 경제적 규모로 보아 다른 계층보다 빈곤하여 주거도 함께 매우 열악한 환경 속에 있었고 빈약한 상태를 면치 못하였다.

이들의 주거는 주로 평면형태로 가장 많이 나타나고 자연환경과도 아주 밀접한 상호 간의 관계에 있다. 특히 민가는 다른 계층의 주거보다 직업과 관련된 농작물의 재배 등 활동에 편리하게 구조적으로 만들어야만 하고 그 지역의 환경에도 효과적으로 대응할 수 있는 주거를 만들어야 했다. 이러한 요인은 건축의 재료에도 영향을 미쳐 손쉽게 주변에서 얻을 수 있는 재료로 다양한 서민주거의 건축문화로 나타났다.

2) 서민주거의 공간구조

서민주거의 공간구조는 상류주거와 중인주거와는 확연하게 구별되는 것으로 외형상 가장 먼저 나타나는 모습이 대문간채에서 보여주는 솟을대문을 설치할 수 없었다. 공간구조는 상류주택처럼 전국에 걸쳐 지붕은 기와, 대문은 솟을대문, 내부구조는 사랑채, 안채, 사랑, 행랑채 등으로 이루어져 있으나 서민주거의 공간은 단일한 구조를 이룬다. 또한 구조를 이루는 재료도 거주하는 주변의 자연환경에 의해서 조달되기 때문에 각 지역마다 서로 다르게 나타난다. 민가의 배치방법은 생활공간의 중심으로 구성되어 있다. 공간구조를 구체적으로 살펴보면 겹집보다는 홑집형태의 一자집, ㄱ자집이 기본구조를 이루고 여기에 부속채를 증축하여 ㄴ자형, ㅁ자형으로 지역에 따라 나타난다.

우리나라의 태백산을 중심으로 영동지방 등에서 혹한 추위를 방지하고 농사일대 중요한 가축 등을 추위나 맹수로부터 보호하기 위해 인축(人蓄)동거로 겹집이 형성되었다. 겹집은 대부분 전자형(田)으로 함경도와 강원도지역에 분포되어 있다. 집의 구조가 전자형의 구조 속에서 부엌, 외양간, 곳간, 정주간 2~3개의 방, 고방 등이 모두 하나의 공간 속에서 이루어져 있다. 거처로 이용되는 방과 방 사이, 방과 고방 사이 등의 구조를 이루는 평면구조는 전자형을 이룬다.

이는 앞에서 언급했듯이 혹독한 추위를 이겨내기 위한 구조이다. 그리고 남

264

부지방이나 중부지방에서 볼 수 있는 대청마루가 존재하지 않는 점이다. 다만 편의상 집의 전후에 조그마한 툇마루를 두는 집도 있는데 이는 방의 기둥과 연결되어 부속되는 개념으로 단순한 기능이다. 一자형 집의 평면구조는 북부지방에서도 비교적 추위가 덜한 해안선 일대의 황해도, 평안남도지방에 주로 분포되어 있다. 一자형의 집의 구조는 우리나라의 가장 원시적 형태로 주로 남부지방의 대표적 평면구조이다. 다만 황해도의 一자형 집과 비교 시 마루에서 차이를 보인다. 남부지방의 구조는 대부분 상류주거나 서민주거 모두 대청마루 내지 일반형의 마루 등이 구조화되어 있다.

그러나 황해도, 평안남도지방에서는 마루가 없는 것이 구별되는 특징이다. 경기도지방은 ㄱ자형 구조가 전반을 이루는데 북부지방의 폐쇄적 공간인 田자형 공간구조에서 다소 개방된 ㄱ자형은 지역의 기후적 영향에 의해서 비롯된 것으로 볼 수 있다. ㄱ자형의 구조는 부엌과 방이 같은 일직선상에 위치하고 일조권을 위해 방향은 남향을 지향한다. 방과 대청 사이에사 대청은 ㄱ에 연계되어 붙어 있는 경우가 많은 것이 특징이다. 그리고 수장 공간은 외양간, 뒷간 등은 별도의 공간구조로 이루어져 있고 장독간은 집의 본채 뒷마당에 배치한다. 추운 지역의 경우에는 겨울철 김장김치의 보온을 위해 장독간 한 켠에 땅을 파고 김칫독을 묻어놓고 선사시대 수혈주거처럼 원추형 지붕구조를 만들어 보관하여 늦은 봄에 꺼내어 사용하였다.

특히 ㄱ자형의 집은 남쪽으로 내려오면서 겨울에는 따뜻하고 여름에는 시원한 집이 만들어졌는데, 형태는 ㄱ자형집의 모습을 하면서 부엌과 방이 남향이 되어 일조일사에 유리한 집이 지어졌다. 경상남북도와 전라남북도 지방의 집은 부엌과 방과 마루가 一자형으로 배치된 점은 평안도 지역과 비슷하지만 마루가 있는 것이 다르다. 제주도의 집은 겹집구조이며 안채는 네 칸으로 구성되는데 정지, 작은 구들, 마루, 큰 구들 순서로 배치되었다.

서민주택인 민가는 생활하기에 충분한 공간을 갖지는 못하였으나 지형적 요인이나 기후적 요인에 따라, 그리고 구할 수 있는 재료에 따라 주택의 형태와 공간 배치가 다르게 나타난다. 생활공간이 작아도 공간 사용상의 구분이 있었으며 기능·합리적으로 생활공간을 지혜롭게 사용하였다.

이상과 같이 한국 전통주택의 공간배치에 대해 상류주택과 서민주택을 중심으로 살펴본 결과, 상류주택은 신분에 따라 규모와 장식에 제한이 있었고 기본적으로 지나치게 큰 규모와 과다한 장식을 금하는 기풍이 있었음을 알 수 있다. 또한 유교윤리가 실천됨에 따라 실내공간은 가족의 일상생활과 의례생활에 적합하도록 정착되었음을 알 수 있다. 상류주택은 내외사상으로 여자들이 사용하는 안의 공간과 남자들이 사용하는 밖의 공간이 구분되었고, 조상숭배의식이 정착되어감에 따라 사당과 같은 의례공간이 집안의 한 구성요소로 자리하였으며, 신분제도의 영향으로 상(上)의 공간과 하(下)의 공간이 구분되었다. 반면에 민가는 조선 전반기나 후반기의 차이가 크지 않았다.

민가는 워낙 규모도 작고, 나무와 흙과 막돌을 이용하여 주택을 지은 까닭에, 남아 있는 것이 드물며 보존도 잘 되어 있지 않지만, 기본적으로 기후의 영향을 많이 받아 지방별 차이가 뚜렷이 나타나는 것이 특징임을 알 수 있다. 그리고 소작인으로서 근근이 생활을 지탱한 경우가 많았기 때문에, 규범적으로 제시된 서인 10칸 내 루 3칸(庶人 十間內 樓三間)이라는 규모도 지니지 못한 경우가 많았다(한옥공간연구회, 2004: 89~93). 서민주거에서 민가의 안방은 잠자리 이외에도 가을철에 수확한 농산물을 보관하기 위한 장소로도 이용되었다. 특히 겨울동안 지내기 위해서 구황식물인 고구마를 윗목에 저장하여 봄까지 먹을 수 있도록 곳간의 역할도 함께 하였다.

또한 옛날에는 전기밥통이 없어 안방의 아랫목은 겨울에 따뜻한 밥을 먹기 위해서 아랫목에 밥그릇과 함께 이불로 싸서 놓아두면 따뜻한 보온밥통 역할도 하였다. 그리고 부엌은 방보다도 다양한 공간으로 자리 잡았다. 기타 기본적인 것 이외에도 물을 보관하는 곳과 땔감용으로 나무를 저장할 곳, 음식물을 일시적으로 보관하는 찬장 등으로 널리 쓰인다. 재래식의 전통적 부엌은 나무를 땔감으로 사용하였기에 연소된 연기는 부엌의 상량, 서까래 등에 연기를 쐬여서 나무가 훼손되거나 썩지 않아 오래도록 지탱해 주는 역할과 집안의 소독을 해주는 기능도 하였다. 그리고 부엌은 온돌기능과 함께 서민주거에서 차지하는 비중이 매우 높다. 서민층의 집들은 19세기에 와서 장족의 발전을 보였다. 서민들의 집은 산간에서나 농촌에서나 일상생활에 밀착되고 주변 자연 환경에 가장 직접적 영향을 받으면서 오랜 기간에 걸쳐 형태가 다듬어지고 기술적 진전이 가해지면서 하나의 일정한 형태를 이루어 낸 것이다.

서민 주택은 오래된 것은 남아 있는 것이 없어서 잘 알 수 없고 18세기 이후의 상황을 어렴풋이 추정해 볼 수 있는 정도이다. 서민 주택은 산이 많은 우리나라 자연 지형에 영향 받아서 산간에 사는 사람들의 집과 농경지가 발달된 평야 지대의 집이 크게 모습이 달랐던 것으로 보인다. 산간에서는 집을 짓는 재료도 주변에서 구할 수 있는 나무에 더 의존하고 지붕 재료도 나무껍질을 이용하는 등 산간의 자연 환경에 더 의존하는 경향을 보였다.

집의 평면은 방을 두 줄로 배열하고 집 안에 부엌과 외양간을 함께 두는 폐쇄적 형태를 취하는 것이 일반적이었다. 이런 경향은 눈이 많이 오고 겨울철이 긴 북쪽지방에서 더 두드러졌다. 반대로 반도 서쪽의 평야지대에서는 방을 한 줄로 배열해서 환기를 좋게 하고 실내가 밝도록 꾸몄다.

이렇게 방이 두 줄로 배열되는 집을 학자들에 따라 양통집이라고 부르고 한 줄로 된 집을 외통집으로 부르기도 하며 어떤 사람들은 앞의 것을 겹집, 뒤의 것을 홑집이라고 부르기도 한다. 겹집은 용어상에 혼란을 일으키기 쉬운 명칭이다. 흔히 양통집하면 집의 뼈대가 완전히 두 줄로 짜인 집을 가리키지만, 지역에 따라서는 이런 집을 겹집으로 부르기도 한다. 그런데 19세기 이후 호남을 중심으로 한 남쪽지역에서는 집의 뼈대는 한 줄짜리면서 내부에서 방이 두 줄로 나누어지는 집들이 많이 나타나고 이런 집을 또 겹집으로 부른다. 따라서 같은 겹집이란 호칭 사이에는 내용에 차이가 생기는데, 앞으로 통일된 명칭으로 조정하는 일이 필요하다.

양통집은 산이 많은 우리나라의 자연조건 때문에 본래는 더 넓게 분포되어 있었던 것으로 짐작되지만, 세월이 흐르고 경제력이 나아지면서 양통집 대신에 외통집을 선호하는 경향이 생겨서 18세기나 19세기로 접어들면서 양통집은 태백산맥 일대나 그 밖에 산간지역에 부분적으로 남고 대체로 외통집이 주류를 이루는 것으로 보인다. 지역적으로 보면 비교적 북쪽의 추운 지역은 온돌이 주류를 이루고 마루는 1칸 정도를 마련하거나 툇마루만을 두는 정도이며 남쪽지방으로 가면서 마루의 비중이 커지는 경향을 찾아볼 수 있다. 양통집 또는 겹집의 경우를 보면, 태백산맥의 줄기를 따라 울진 정도를 경계로 해서 그 위는 온돌이 중심이 되고 아래서는 마루가 중심이 되는 경향을 볼 수 있으며 외통집도 북쪽은 마루가 거의 없고 남쪽으로 가면서 마루비중이 커지는 사례를 많이 볼 수 있다. 그러나 서민의 주택은 지역에 따라 획일적으로 그 평면 유형을 구분 짓기 어려운 점들도 적지 않다. 오히려 집 주인의 경제력이나 신분관계 등이 집의 평면에 더 큰 영향을 주었던 것으로 생각된다.

한편 18세기를 지나 19세기로 넘어가면서 전반적으로 농촌의 경제사정이 나아지는 경향을 반영하며 서민의 주택도 전보다 크게 질적으로 향상된다. 우선 집 짓는 구조기술의 발전에 따라 몸채를 세우고 기둥 바깥쪽으로 툇간을 달아 실내공간을 넓게 잡는 것이 눈에 띈다. 창문도 크게 발전을 보여 실내 공간이 한결 밝고 쾌적해졌다. 그 전까지 서민 주택의 집 창문은 대개 널빤지로 막았다. 마루는 물론 온돌방의 창문도 널빤지로 된 이른바 빈지널문을 달았다.

그 때문에 실내는 창문을 닫으면 캄캄해질 수밖에 없었다. 그러나 19세기에 들어오면서(김동욱, 2001: 236~237) 서민주택들의 변화가 많이 있었다. 외부구조와 내부구조에서 사회 신분적 계층의 붕괴와 더불어 채(棟)의 분화, 칸(間)의 분화가 이루어지는데 특히 외부공간구조인 채의 분화는 서민주거에서 중인주거로 전면 확산되고 상류주거에까지 영향을 미친다. 즉 부농주거이다. 내부구조의 변화도 과거의 상류주택에서나 찾아볼 수 있는 창호 내지 마루 등이 대폭 개선되어 서민주거의 발달을 가져온다. 대부분의 서민주거에 대해 위에서 살펴 본 바와 같이 초가집은 논농사가 많은 평야지대인 벼농사의 볏짚을 이용하고 산간지방에서는 너와집, 강가나 하류의 저습지대에서는 갈대를 재료로 하는 샛집 등으로 주로 분류된다.

우리나라는 지정학적 특성에 의한 사계절이 뚜렷이 구별되는 자연환경에 의해서 집을 짓고 자신을 보호하기 위한 목적에서 주거문화가 출발하였다. 시대가 흐르면서 인간의 지혜는 또 다른 의미를 지니면서 과거 문화와 당시의 문화가 서로 결합해 새로운 문화가 탄생하면서 지역에 따라 다양한 형태의 주거로 발전했다. 이러한 가옥의 구조도 남북에 따라 한서의 차이가 북부, 중부, 남부지방에 따라 다르게 나타난다.

이러한 환경의 요인은 인간이 살아가는 데 인위적 공간을 형성시키는 의미를 담으며 역사와 함께 문화도 변한다는 것이다. 역사의 기록은 승리자의 편에서 기술되듯이 당시의 사회적 기반과 집단형성에 주류를 이루고 지탱한 서민계층의 주거문화는 얼마 남아 있지 않다. 역사적 사실관계가 확인하기 곤란한 이유로 역사의 서술에서 멀어졌기 때문이다.

그러나 지배계층인 상류계층의 문화는 그들의 발자취는 지금에 와서도 기록되고 영속성을 갖고 계승, 발전했기에 서민주거보다 다수의 주거가 잘 보전되어 있다. 주거문화의 보편성을 파악하기 위해서는 당시 역사 속에서 함께한 집단들의 상류계층, 중인계층, 서민계층 등이 어우러져 하나의 공동체의식 속에서 남아 있어야만 이를 연구하는 학자들로부터 보편성을 반영할 수 있는데 그러하지 못한 것이 아쉽다. 또한 남아 있는 민가도 사실상 유구 및 고증에 의해서 복원된 것으로 전통적 민가는 거의 찾아볼 수 없는 현실이다. 사실상 상류주거, 중인주거 모두 한반도의 역사적으로 보면 구석기인들의 은신처인 동굴과 신석기인들의 반움집의 형태인 지상주거에서 알 수 있듯이 처음부터 상류주거가 탄생되지 않았고 서민주거의 형태에서 조금씩 발전하면서 상류주거로 이루어졌기에 주거의 기본은 서민주거에서 기원된 것으로 보인다.

3) 서민주거의 유형

서민주거는 공경대부의 집, 관아, 귀족 또는 상류계층의 집들과는 구별된다. 보통 서민주거를 민가(民家)라고 부르는데 '백성들의 집'으로 좁은 의미를 지닌다. 상류계층의 주택은 구조가 지방에 따라 다르나 이에 쓰이는 재료 등은 동일한 특징으로 나타난다. 그러나 민가의 형태는 지역의 기후, 재료, 입지조건에 의해서 다른 양상을 보인다. 또한 규모나 재료 등에서도 많은 규제를 받았다. 특히 생산활동에 종사하는 일반백성들은 그 지역의 기후풍토 내지 산출물인 재료에 의해서 주거양식이 다르게 나타냈다.

민가는 오랜 우리 민족의 전통 속에서 그 맥을 이어 왔기에 과거의 시대와 달리 발전된 모습으로 변모되지 않았다. 다만 규모와 재료, 공간구조의 분화

보성 오봉리 마을(2006)

등은 다른 변모를 갖추었다. 과거 서민주거의 공간구조는 하나의 채(棟)에 의해 모든 공간이 이루어 졌으나, 조선시대에 이르러 서민주거 양식도 유교정책에 의해서 남녀유별, 남존여비 사상이 깊숙이 스며들기 시작하면서 하나의 채(棟)에서 칸(間)으로 분화되었다. 양반주거처럼 채의 공간이 별채로 구조를 이루는 독립된 공간이 아니고 하나의 채(棟) 공간속에서 연속된 방, 방, 부엌 3칸으로 나눠지는데 이를 보통 '초가삼간'이라 한다.

이러한 채의 공간의 분화구조는 태종 3년 5월에 '부부라도 별침을 하라'는 국법에 의해서 나타난 양상이다. 서민주거의 유형은 여러 형태에서 찾아볼 수 있지만 지붕재료 및 벽체의 재료 등에서 가장 알기 쉽게 겉모습이 표현된다.

볏짚은 농촌사회의 주변에서 가장 쉽게 얻을 수 있는 재료이다. 가을철 추수기가 끝나면 보통 볏짚은 민가의 한 해를 마무리하는 행사로 이엉을 엮어 지붕을 덮고 용마루에 용마를 엮어 최종 마무리를 한다. 바람이 심한 지역은 새끼줄을 꼬아 그물처럼 엮어 덮기도 하고 돌을 달아놓기도 한다. 서민주택의 대부분은 초가집이며 맞배지붕 내지 우진각형태를 이룬다. 초가집과 비슷한

전남 장성 북일면 금곡마을(2005)

특징을 지닌 까치구멍집은 농촌마을보다 태백산맥을 따라 영동지방과 산간지대, 안동지방까지 이르는데, 양식은 초가집과 비슷하다 다만 남부지방의 '一자형'의 집의 구조가 아닌 '田자형'으로 겹집이다.

제주도지방에서는 농사를 짓지 않고 휴경지인 경우 억새풀을 길러서 샛집용으로 사용한다. 지붕구조도 초가집과 같은 유형의 우진각지붕과 맞배지붕을 이룬다. 너와집은 주로 태백산맥 주변의 깊은 화전민촌의 산간지방에서 억새풀 또는 집을 구할 수 없어 소나무 등을 일정한 크기의 얇은 판석형태로 토막을 내어 사용하는데 샛집, 초가집과도 비교되지 않을 정도로 수명이 매우 길다.

지붕의 판자 등이 바람에 날아가지 않도록 돌 등을 올려놓거나 판자와 판자를 기와처럼 서로 엉키게 만들어 여름철에 물이 들이지 않게 하고, 구멍 사이로 통풍작용으로 실내공기의 순환을 돕는다. 굴피집은 어느 정도 자란 상수리나무 껍질을 사용하는데 나무에 물이 올라올 때 벗겨내 산골의 흐르는 물에 돌로 눌러서 담가 놓아 편편하게 만들고 껍질 속에 남은 수분을 충분히 제거한 후 일정한 기간 동안 건조된 다음 지붕을 덮으면 여름철에는 시원한 장점이 있다. 그리고 겨울철에 눈이 내려 굴피를 누르면 습기가 생겨 오므라져 있던 굴피가 편편해져 작은 틈새를 막아 보온의 기능을 한다. 이외에도 마(麻) 껍질을 벗겨 지붕재료로 사용했는데 이를 겨릅집이라 한다.

이 또한 주로 산간지방이나 마 재배가 많은 지역에서 사용되었다. 벽체에 의한 유형으로 토담집은 흙과 돌, 볏짚 등을 넣어서 진흙이나 황토로 벽체를 쌓고 이 위에 지붕틀을 얹어 건립한다. 귀틀집은 주로 화전민촌에서 많이 짓고 살았던 집으로 산간지방에서 나무를 우물 정 모양으로 서로 엇갈리게 포개어 벽체를 만든 집이다. 귀틀집은 강원도지역의 산간지역에 분포되어 있으나 울릉도에서는 '투망집', '우데기집'이라고도 한다.

울릉도지역은 눈이 많이 오기 때문에 귀틀집으로 튼튼하게 지은 다음 우데기를 집둘레에 설치하여 방설, 방풍, 방우 등을 방지하고 여름철의 햇빛 등을 차단하는 차양기능도 지닌다. 우데기의 재료는 옥수숫대를 이용하기도 한다. 서민주거는 이와 같이 주로 주변에서 쉽게 얻어진 재료 등을 사용했음을 알 수 있다. 그리고 신분계층에 의한 유형으로는 일반 백성들의 집은 어염집, 노비 중 솔거노비가 아닌 외거노비의 집을 호지집 또는 가랍집 등으로 불렀다.

이외에도 집의 쓰임새에 따라 최소한의 생활공간으로 살기 위한 농가구조를 이루는 막살이 집, 농촌에서 흔히 볼 수 있는 원두막집으로 수박, 배 등 과일 등의 서리를 막기 위한 것으로 쓰였고, 또한 여름철에는 무더위를 피하고 휴식의 공간으로 이용하기도 하였다. 원두막집은 주로 나지막한 야산이나 밭둑의 언저리에 위치하였다. 마지막으로 광산촌, 나루터나 산 너머 아래 큰 재의 기슭에 자리 잡은 주막집은 옛날에 날이 저물면 술 한 잔 하고 쉬어가는 휴식 공간이었다. 주막집은 단순하게 주모가 술이나 파는 곳으로 여겨지나 여러 가지의 기능도 함께 하였다. 나그네에게 요기할 수 있는 밥을 팔고 잠자리도 제공하였다. 또한 이곳은 각 지방에서 모여드는 장소로 당시의 정치, 사회 등 세상 돌아가는 모든 것들을 서로 알 수 있고 정보의 교환장소 기능도 함께 하였다.

제 6 장

선사시대의 주거문화

제 1 절 구석기시대

1. 시대적 형성배경

한반도에 사람이 살기 시작한 것은 구석기시대이며 신석기시대에서 청동기 시대를 거치면서 우리 민족의 계통이 이루어졌다. 구석기인들이 살았던 유적을 통해 살펴보면 약 70만 년 전부터 이다. 구석기시대는 생활용도로 쓰이는 석기의 발전단계에 따라서 전기, 중기, 후기의 3기로 나누어진다. 전기(70만~10만년)는 하나의 큰 석기를 가지고 여러 가지의 생활도구로 사용하였으나 중기(10만~3만 5천 년)에는 석기의 다듬는 제작기술이 발달하여 큰 몸돌에서 떼어낸 격지돌로 크기는 종전보다 작아지고 하나의 석기가 다목적용으로 사용되지 않고 단일용도의 석기기술로 발전되었다. 후기(3만 5천~1만 년)에 와서는 쐐기 등을 대고 같은 형태의 여러 개의 돌날격지를 만드는 기술까지 이르러 석기의 크기는 점점 작아지면서 보다 정교하게 만들어졌다.

구석기인들은 지능을 지니고 있어 직립인(直立人)으로 동물의 뼈, 뿔로 만든 골각기 도구와 타제석기를 만들어 채집과 사냥도하고 고기도 잡으면서 가족단위의 무리로 이동을 하며 작은 공동체생활을 하였던 것이다. 이때 공동체 생활은 경험과 지혜가 많은 사람 중에서 통솔자를 정하고 생활하였다. 통솔자는 당시에 어떠한 특권이나 권력을 향유하지 않고 단순한 무리 속에서 관리하는 지도자일 뿐이었고 생활방식은 모든 사람들이 평등한 공동체적 생활중심으로 살아갔다.

그리고 경제생활의 규모가 작아서 저장하지 않고 주로 사냥과 고기잡이, 채집을 통해서 식량을 조달하였다. 구석기인들의 생활사에서 가장 큰 변화를 가져온 요인이 있는데 이는 불의 사용이다. 불의 이용은 의식주 생활전반에 걸쳐 혁명적 변화를 가져오게 된다. 구석기시대의 초기에는 급격한 환경변화에 따라 빙하기 시대와 간빙기가 반복해서 나타났다. 이 시기에는 코끼리, 코뿔소 등이 한반도의 북쪽지방에도 사람과 같이 살아갈 수 있었고 사람들의 식량 공급에도 이용되었다. 그러나 구석기시대 후반기 끝 무렵에 빙하시대가 끝나고 지구의 온난화가 되면서 자연환경에 적응하는 방법을 찾았다. 이러한 구석기시대의 과정은 구석기인들이 살아가는 방법은 같은 시대에서도 기후의 변화에 따라 생활의 모습이 다르게 나타났다.

추운 빙하기시대에는 동굴 등을 은신처로 삼고 생활하였으나 불의 사용은 추위를 이겨낼 수 있는 방법으로 활용했고 불을 이용한 수단은 다양화되어 사나운 맹수들을 물리칠 수 있었다. 한편 사냥한 짐승들을 종전에는 그대로 먹었으나 불을 이용할 줄 아는 이후에는 익혀 먹음으로써 위생적 효과를 얻었고, 원시적 형태에서는 완전히 벗어나지 못했지만 생명을 연장할 수 있었고 생활 환경의 영역까지 더 넓혀 나아갔다. 구석기인들의 생활상의 변화에서 불의 사용 다음으로 발전된 기술은 석기의 존재이다.

그리고 구석기시대를 전기, 중기, 후기로 나누어지는데 우선 전기 구석기에는 직접떼기나 모룻돌떼기 기법을 사용하여 주먹도끼, 자르개, 찍개 같은 것은 큰 일에 사용하는 석기를 제작하였다. 한편으로는 격지에 여러 가지 잔손질을 하여 긁개, 찌르개, 홈날, 톱니날 석기 등의 작은 일에 사용되는 석기도 제작하였다. 한반도에서 전기 구석기에 속하는 여러 종류의 석기가 가장 다양하게 출토되는 곳은 전곡리 유적이다(정영화, 1981, 재인용). 전기 구석기의 후반부에 넘어가면 돌 다루는 기술이 발전하여 르발르와(Levallois) 기법을 사용하여 한층 짜임새 있는 석기를 제작했다. 중기 구석기에 이르러 유럽이나 아프리카에서는 르발르와 기법이 폭넓게 보급되나 한국에서는 그 유물이 대단히 적게 발견되고 오히려 주먹도끼나 자르개 같은 석기가 주로 사용되었던 것으로 보인다.

후기 구석기에는 석기를 다듬는 기술이 빠른 속도로 발전하였다. 석기제작 기술은 이전에 쓰이던 직접떼기 기술을 사용하는 한편 간접떼기 기술도 사용하기 시작하였다. 간접떼기 기술은 하나의 몸돌에서 여러 개의 많은 격지를 얻을 수 있는 방식이다. 또한 눌러떼기도 구석기 후기를 나타내는 도구제작 방식으로 이 기법을 이용하여 격지의 날을 가지런히 다듬을 수 있었다. 석기의 종류는 1백 여 종류가 넘었으며 그 대표적 유물은 밀개, 새기개, 뚜르개, 돌칼, 버드나무잎 모양 찌르개 등이다. 이 시기에는 짐승뿔, 상아를 이용한 도구 제작기술이 다양해지는데 뼈주걱, 바늘, 송곳, 차끝지르개, 굼대, 창던 지개, 작살 등이 제작되었다(대한건축학회, 2003b: 17).

이와 같이 인류의 진화는 도구의 발달, 자연환경의 변화 등으로 의·식·주에서 가장 중요한 요인으로 작용했고 그 중에서도 은신처의 기능을 담당한 주거에 가장 중요하게 작용했다. 주거는 단순한 거처가 아닌 생존을 위한 수단 그 자체였을 것이다. 자연적 위험, 사나운 맹수와 혹독한 추위를 이겨내기 위해서 은신처가 요구되었는데 그들은 나무 그늘이나 큰 바위 밑, 동굴 등을 자연스럽게 거처로 이용하였고 도구의 발달과 지능의 발전으로 인해 구석기시대를 밀어내고 새로운 신석기시대로 변화되는 모습이 나타났는데 이는 주거문화, 사회, 경제 분야에 이르기까지 많은 변화를 가져왔다.

2. 주거문화의 특성

한반도 최초 인류의 출현은 구석기인으로 이들이 어떠한 모습으로 주거생활을 하였는지는 흔적을 통한 유구 등을 통해서 알 수 있다. 여러 민족들이 동아시아의 선사문화를 일으켰는데 그 중에서도 동방문화권에 속하며 한반도에 정착한 구석기인들이 독특한 문화를 발전시켜 나갔다.

우리 민족은 황인종에 속하며 언어학상 분류는 알타이어족(튀르크어파, 몽골어파, 만주, 퉁구스어파)과 가까우며 오래 전부터 농경생활을 중심으로 하나의 민족단위를 형성하면서 계승 발전해왔다. 구석기인들의 주거의 생활도 당시의 환경에 비추어 볼 때 간빙기시대에 살았기에 여러 가지의 주거문화가 나타났으리라 추정된다. 현재까지 유적이나 유물로 밝혀진 사실에 의하면 자연재해로부터 위험, 맹수, 혹독한 추위 등을 피하기 위한 일종의 일시적 수단으로 안전하게 생활할 수 있는 피난처인 거처로 자연동굴을 이용한 것으로 알려져 있다. 이외에도 나무 등을 이용하여 원추형식을 기본골조로 하여 여러 형태의 집이 있었으리라 보이지만 유적으로는 거의 찾아볼 수 없고 몇몇 구석기인들이 확실하게 살았던 유적지에서 그 흔적을 가지고 유추해 볼 뿐이다.

그러나 구석기인들이 거주했던 자연동굴에서는 여러 유형의 유물이 쏟아져 나와 당시 생활모습과 주거문화에 많은 것을 제공한다. 구석기인들 당시의 환경에 비추어 볼 때 가장 적절한 곳으로는 자연동굴이 최적의 주거수단인 것으로 보인다. 동굴의 선택은 당시의 경제생활이 수렵이나 채집으로 정착생활이 아닌 먹이에 따라 또는 계절의 변화에 따라 거주지를 옮겨 다니는 이동생활이었다. 그리고 다른 동물들과 마찬가지로 생존과 번식을 위해서 사나운 짐승들로부터 생명의 위협이 많아 자연의 동굴을 선택한 것은 산의 중턱 등에 위치해서 몸을 은폐하는 데 노출위험이 없어 일시 또는 상시 거처하는 공간으로 적합했던 것이다.

또한 계절의 변화에 따른 혹독한 추위, 여름철의 무더위, 홍수 등의 자연재해는 당시의 구석기인들에게 살아가는 데 있어 가장 어려운 생활이었을 것이다. 이러한 동굴의 생활은 외부의 기상변화에 민감하지 않다. 바깥온도와 동굴의 온도차는 기상조건에 관계없이 일정한 온도차를 유지하기 때문이다. 무더운 여름철에는 서늘한 냉방 기능을, 겨울철에는 매서운 바람과 추위를 피할 수 있는 기능을, 여름철이나 겨울철에 긴박하게 일어나는 홍수나 폭설 등으로 자연재해를 피할 수 있는 기능을, 그리고 동굴의 안팎의 비열차(比熱差)에 의한 음식물의 보관 적정 등에서 찾아볼 수 있다. 여름철에 구석기인들이 수렵이나 사냥, 채집 생활에서 얻어진 고기나 과일 등은 계절에 따라 적당한 온도를 맞추지 못하면 부패하기 쉬우나 동굴의 기능은 이를 방지하는 효과의 저장기능도 함께 지니고 있어 인간생활의 주거기능으로 적절했던 것으로 보인다.

3. 주거 유적지

구석기시대 한반도의 전기 구석기시대의 대표적 유적으로는 평안남도 상원의 검은모루동굴, 경기도 연천군의 전곡리 유적 등이 있으며 중기의 유적으로는 강원도 양구 상무룡리 유적, 후기 유적으로는 충남 공주 석장리 유적, 충북 단양의 금굴 등이 있다. 이외에도 구석기시대의 주거로 이용한 유적지 등에서 유구 등이 많이 발견되는데 충북 청원의 검은모루동굴, 함북 웅기 굴포리 유적, 충북 제천 점말동굴, 제주도의 빌레못동굴 등이 있다. 이들 유적지에서는 당시 생활상의 모습을 알 수 있는 석기와 사람, 동물의 뼈 화석, 동물의 뼈로 만든 도구 등이 출토되었다.

한편, 구석기시대의 유적 및 유구 등을 통해서 시대적 배경과 주거의 모습을 알 수 있는데 그 대표적 유적지로 충남 공주 석장리 유적, 경기 연천 전곡리 유적, 충북 제천 점말동굴, 충북 단양 금굴, 제주도 빌레못동굴 유적 등을 들 수 있다.

1) 연천군 전곡리 유적지

전곡리 유적은 구석기시대를 대표하는 유적지로 경기도 연천군 전곡읍 전곡리에 위치한다. 알려지게 된 연유는 1978년 4월에 동두천에 주둔하던 미군 병사인 그렉 보웬(Greg Bowen)이 한탄강에 동료들과 놀러왔다가 우연히 지표 위에 나타난 석기 4점을 채집하여 서울대 김원룡 교수에게 알려 이를 조사한 결과 본격적으로 알려졌고 영남대 정영화 교수에 의해 유럽과 아프리카에서만

연천 전곡리 선사유적지(2006)

발견된 아슐리안 주먹토기(자르고, 찍고 여러 기능을 갖춘 도끼로 프랑스 지방의
생아슐 유적에서 발견되면서 붙여진 이름)로 밝혀지면서 선사시대의 유적지로 널
리 알려졌다.

특히 이곳에서 발견된 아슐리안형 석기들은 약 150만 년 전에 아프리카 직립
원인에 의해서 처음 사용된 것으로 추정할 때 전곡리 주변에 직립원인 또는 네
안데르탈인이 살았던 것으로 유추해 볼 수 있다. 이 유적지가 1970년대 말까
지 발견되기 이전에는 아프리카와 유럽으로 양분하여 구석기시대의 문화계층
에 대한 연구만 있었다. 그동안 동아시아의 구석기 문화는 존재하지 않는 것
으로 세계 고고학계는 알고 있었으나 전곡리의 선사유적지는 구석기시대를 양
분하던 모비스 학설에 정면으로 배치되는 등 세계 고고학계의 정설과 이론을
바꾸는 계기가 되었으며 고대 인류의 문화적 연구에 새로운 지평을 열었다고
볼 수 있다. 이와 같이 전곡리의 유적은 새로운 각도에서 고고학의 연구대상
은 물론 많은 연구들이 다양하게 시도되었다.

그동안 한반도에서는 구석기시대에 대한 자료 미흡 등으로 시대적 배경이 존

278

연천 전곡리 유적지 주변 한탄강(2006)

재하지 않았던 것으로 거의 해석되었으나 수차례에 걸친 발굴조사로 3천여 점의 유물이 쏟아져 나와 채집된 결과 한반도의 구석기시대의 연구가치뿐만 아니라 고인류의 생활양상을 연구하는 데 풍부한 자료로 크게 기여했다.

그리고 이 유적지의 주변환경은 한탄강이 흐르며 이 유적지를 감싸고 돌아가며 지질의 구조는 현무암 지대 위에 분포한다. 경기 변성암류인 편마암과 화강암이 선캄브리아에 형성되어 기반암을 이루며 이 암반층은 신생대 4기로 강원도 철원, 평강 지역에서 60만 년 전후와 30만 년 전후에 분출되어 굳은 현무암이 임진강과 한탄강에 넓게 퍼져 자리한다. 또한 현무암 위에는 구석기시대의 문화층이 있는 적색점토 퇴석층과 사질층의 퇴적물로 형성되어 있는데 일부 점토층에서 석기가 집중적으로 발견된다. 이후에도 한탄강과 임진강 주변에 대한 지질구조 등에 관심을 갖고 계속되고 있다.

2) 파주 가월리 및 주월리 유적

한탄강과 임진강 인접지역으로 연천 전곡리 유적지와도 가까이 있다.

　인접지역인 파주시 적성면 가월리산 95-6 번지와 주월리 부근에서 구석기 유적이 발견되었다. 이 유적지는 전곡리의 유적지와 연계되는 시기로 여겨진다. 출토된 유물의 특성이 양면 가공석기(주먹도끼), 몸돌, 찍개, 소형석기 등은 비슷한 점이 많이 있으며 퇴석층도 기원전 4~5만 년경에 형성된 것으로 추정되는 등 연천 전곡리 구석기 유적과 함께 한반도뿐만 아니라 동북아시아 구석기시대의 중요한 유적으로 다시 한 번 주목받았다. 파주 가월리 및 주월리 구석기 유적은 1988년에 최초 발견되었으며 연면적 41,590㎡로 1994년 12월 21일 사적 제389호로 지정되었다.

경기 파주 가월리 및 주월리 유적지(2006)

3) 공주 석장리 유적

공주 석장리의 구석기 유적지는 충남 공주군 장기면 장암리(옛 석장리)의 금강 북쪽 강둑에 자리하며 구석기시대 유적으로 지정면적 8,334㎡를 1990년 10월 31일 사적 제334호로 지정하였다. 1964년 남한에서 최초로 조사 발굴됨으로써 구석기시대의 존재가 널리 알려지기 시작하였다. 유적지로 발굴되게 된 연유는 1964년 5월 홍수에 의해서 강둑이 넘쳐 무너지면서 구석기시대의 생활모습이 나타나기 시작했기 때문이다.

이곳의 유적지를 본격적으로 발굴, 조사하게 된 시점은 1964년 봄 미국인 대학원생인 앨버트 모어(Albert Mohr)와 부인 엘 샘플(L. L Sample)이었다. 이들은 패총으로 유명한 부산광역시 동삼동 신석기시대의 조개더미 유적을 발굴하고 홍수 등으로 무너진 석장리 금강가를 답사하던 중 무너진 층에서 타제 석기 등을 찾아냈다. 이후 연세대 대학원 사학과와 연세대 박물관 발굴단에 의해서 각각 발굴·조사되었다.

1964년 11월 22일~1974년까지 10여 년간 걸쳐 발굴 및 조사가 이루어졌고 1990~1992년에 추가로 발굴조사가 실시된 결과 구석기시대에 대한 학문적 자료가 거의 없던 시대에 구석기시대의 문화를 우리 역사의 한 페이지에 올릴 수 있는 중요한 계기가 되었다. 당시의 유적은 대부분 시대적 상황에 비추어 볼 때 자연환경상 자연동굴을 주거로 이용하거나 큰 바위 아래 또는 강가 등에 자리 잡았는데 이곳의 유적지는 다른 곳과는 달리 동굴이 아닌 평탄한 곳에 위치해 구석기시대의 주거생활에 여러 가지 시사점을 던졌다. 구석기시대의 생활상을 보면 주거이동 생활로 이동하는 무리는 가족 단위의 씨족생활로 공동체 생활을 한 것으로 추정되는데 이는 석장리의 집자리 유적으로 8~10명 정도의 사람이 거주한 것으로 밝혀져 이를 증명한다.

유적은 1, 2지구로 나누고 제1지구에서는 후기의 집자리 터, 그 아래층에는 여러 층 위에서 사람이 거주한 것으로 알려졌고 석기(타제석기)의 기술도 외날찍개, 양날찍개, 주먹도끼, 돌날석기, 좀돌날 등이 발굴됨으로써 단계적으로 발전된 모습을 알 수 있다. 구석기시대의 전기부터 시작하여 후기까지

공주 석장리 선사유적지(2006)

형성된 문화층으로 발굴·조사되었는데 이는 다양한 문화층이 형성되었음을
말해준다. 특히 후기의 구석기시대에는 평지의 집자리에 속하는 것들이 상세
하게 나타나는데 집자리의 터에 담을 쌓아서 안과 밖을 구별하고 드나드는 문
을 만들었으며 기둥을 세워 움막의 형태를 갖추어 추위와 비바람 등으로부터
보호한 흔적이 있다는 것으로 밝혀졌다.

　집자리 규모는 많은 사람이 함께 거주할 수 있는 공간으로 혈연 중심의 공
동체 생활을 하였던 것으로 보인다. 주거지 내부에서 화덕자리가 발견되었는
데 화덕은 동그랗게 자갈돌을 둘러놓았다. 이는 불을 이용하여 사냥이나 채집
생활에서 얻어진 것을 취사한 것으로 보이며 한편으로 혹한기에 추위를 이겨
내기 위한 난방용으로 사용되었음을 알 수 있다. 또한 집자리 터 앞에는 잔 격
지들이 많이 출토된 것으로 보아 석기를 제조했던 곳으로 추정되기도 한다.

　땅바닥과 벽에 홈을 파서 새겨 놓은 고래상, 물고기 머리를 만들기 위해 돌
을 떼어내서 아가미, 눈, 비늘 등을 새겨 놓았는데 이는 구석기인들이 살아가
면서 그 시대의 생활상을 알 수 있는 귀중한 예술작품 활동을 한 것으로 엿볼

수 있는 장면으로 추정된다. 유적지에서는 사람의 털과 짐승의 털, 불에 탄 곡식 낱알 등 3천여 점이 발굴 출토되었는데 집자리 터에서 나온 머리털을 분석한 결과 지금 우리 인간의 머리카락과 똑같은 것으로 밝혀졌다.

이 유적지는 한반도의 문화 형성기가 구석기 전기, 중기, 후기까지 이어져 내려왔음을 확인할 수 있어 구석기시대부터 사람이 살기 시작했던 것으로 보이며 이는 구석기시대의 전기까지 끌어 올릴 수 있었다.

이와 같이 여러 문화층이 단계적으로 존재함은 동아시아의 구석기문화의 이해에 중요한 자료로 제공된다. 남한지역에서 최초의 구석기 유적지로 전기, 중기, 후기로 이어지는 연속성을 지녀 우리나라 구석기 문화의 단계별 연구에도 귀중한 기준을 제시한다.

주거지 터에서 석기 제작장소가 발견되었는데 이는 석기의 용도와 당시 사회상을 이해하는 데 긴요한 자료를 제공하였고 우리나라 구석기시대의 전기에는 곧선사람들(직립인), 중기에는 슬기사람들, 후기에는 슬기슬기사람들이 살면서 제작기술의 발전으로 석기를 정밀하게 제작하여 실생활에 사용하였음을 알 수 있다. 이처럼 다양하게 공주 석장리 지역에서 구석기 유적이 존재하는 것은 금강을 낀 지역으로 구석기인들의 생활에 적합한 자연환경을 제공함을 알 수 있다.

---

4) 제천 점말동굴 유적

제천 점말동굴은 남한지역에서 최초로 조사된 구석기시대의 동굴 유적이라는 점에서 연구가치가 매우 크다. 유적지는 충북 제천시 송학면 포전리 해발 873m의 용두산 산줄기의 동남쪽 기슭 해발 430m에 위치하며 충청북도 기념물 제116호로 지정되어 관리된다. 동굴 유적지로써는 비교적 높은 곳에 자리 잡았으며 주변 환경은 점말동굴 앞에서 발원된 것으로 보이는 작은 개울이 흐르고 개울 주변에는 참나무, 벚나무, 보리수나무 등이 산재해 각종 열매 등이 풍부했던 것으로 보인다. 높은 병풍바위 아래 부분에 6개의 크고 작은 동굴들이 산재되어 있는데 동굴의 규모는 크지 않고 너비가 2~3m, 길이는 12~13m

충북 제천 송학 포전리 점말 동굴(2005)

로 동굴의 입구가 동남 방향으로 뚫려 있어 햇빛이 잘 들고 통풍이 잘 되는 곳으로 바람을 잠재울 수 있는 아주 아늑한 장소다. 풍수지리상 장풍득수의 동굴 주거지로 당시 선사시대의 구석기인들이 생활하기에 매우 좋은 자연조건을 갖추었다.

이곳은 1973~1980년까지 8차에 걸쳐서 연세대 박물관에서 발굴조사를 실시한 결과 구석기의 전기, 중기, 후기 문화층이 함께 존재한 것으로 밝혀졌다.

각종 유물과 층위퇴적 양상 등으로 볼 때 구석기 전기와 중기(66,000년), 구석기 후기(18,000년)로 추정된 것으로 밝혀져 구석기의 시대별 문화특징을 알 수 있는 유적이다. 동굴유적의 퇴적층에서 털코뿔이, 동굴곰, 짧은꼬리원숭이, 변종 사향노루 동물 화석 등 20여 종과 골기, 석기, 뼈연모 예술품 및 화석 등 풍부한 고고학적 유물이 발견되었고 뼈연모 등은 석기보다 더 많이 구석기인들이 사용되었던 것으로 보인다.

또한 여러 가지 유물 등을 볼 때 구석기시대의 문화의 편년과 당시의 생활상, 기술 발달과정 등을 밝히는 데 중요한 자료가 된다. 이 동굴의 유적지는

충북 제천 송학 포전리 점말동굴 내부(2005)

다른 동굴과 비교해 볼 때 위치나 구조상으로 넓은 면적을 가진 동굴과는 달리 규모로 보아 구석기인들이 밖에서 사냥하여 잡은 짐승들을 동굴의 외부에서 해체 작업하여 먹을 수 있게끔 정리하여 동굴 안으로 반입하여 요리 등을 하면서 생활했던 것으로 추정된다.

동굴의 위치는 사나운 짐승 등은 올라올 수 없는 급경사의 구조를 가져 건강한 현대인도 동굴의 내부를 관찰하기 쉽지 않기 때문이다. 또한 동굴 자체가 지닌 여러 특성으로 여름에는 시원한 바람이 불어 음식물을 저장하여 오랫동안 먹을 수 있는 입지조건도 갖추었다. 이외에도 인근지역으로 분류되는 충북 단양의 금굴 유적은 우리나라에서 가장 오래된 구석기 문화로 구석기 전기부터 청동기시대에 이르기까지 모든 유구들이 발견되어 각 시대의 문화층을 폭넓게 보여준다.

이 유적지는 1980년도 충주댐 건설로 인한 수몰지역에 대한 지표탐사 조사에서 발굴되었다. 동굴의 규모는 높이 8m, 너비 7~10m이며 길이는 85m이다. 단양 금굴의 특징은 선사시대를 반영하는 문화계층이 차례대로 모두 나타나는 드문 동굴의 유적지로 여러 시대를 거치면서 오랫동안 주거로 계속 사용했던 것으로 보이며 출토된 유물 등으로 볼 때 구석기시대의 문화가 중심을 이루었던 유적지이다.

5) 제주도 어음리 빌레못 동굴

어음리 빌레못 동굴은 제주도 북제주군 애월읍 어음 2리에서 1973년 발견된 산중턱 2백 m 정도의 경사면에 자리 잡았다. 총 길이 11,749m의 화산 용암 동굴이다. 동굴의 특징은 주굴 보다는 지굴(支窟)이 많아서 세계적인 미굴로 더 유명하다.

주굴(主窟)의 길이는 2,917m이나 지굴은 주굴의 길이 3배에 달한다.

빌레못 동굴의 특징은 유동성이 큰 표선리(表善里) 현무암층의 용암류 속에서 화산활동에 의해 7~8만 년 전에 만들어 진 것으로 추정된다. 또한 동굴 주위에는 두 개의 연못이 자리 잡아서 평평한 암반을 뜻한 '빌레'라는 제주도 말과 '못'

제주도 어음리 빌레못 동굴(2007)

제주도 어음리 빌레못 동굴 내부(2007)

이 함께 합쳐져서 '빌레못'이라는 이름이 붙었다. 이 동굴 내부에는 높이 28㎝의 규산주(규소와 산소, 수소의 화합물로 이루어진 기둥)와 깊이 7m, 높이 2.5m의 공 모양 형태를 갖춘 굳은 용암이 그 위용을 자랑한다.

또한 땅에서 용출된 높이 68㎝의 용암석순은 크기에서 세계에서 두 번째 큰 것으로 그 자태를 보여준다. 이 동굴은 1971년에 발견되어 3차에 걸쳐 한일 합동조사가 시행되어 구석기시대의 혈거유적이 발견되고 9백m 지점에서는 대륙에서 서식했던 황금곰뼈의 화석과 붉은 사슴, 노루뼈 등의 화석도 함께 발견되었다. 또한 박편도끼 등 석기조각 등 1백여 점이 채집되어 분석결과 제주도의 최초 구석기 중기시대의 유적으로 추정되었다. 이 동굴은 세계적 용암동굴로 다양한 흔적 등을 보여주어 학술적 가치가 높아 1984년 8월 14일 천연기념물 제342호의 자연동굴로써 지정되어 보호되고 있다.

선사시대인 구석기시대를 전체적으로 살펴보면 한반도에서 우리 민족의 기원과 삶의 터전을 자리 잡던 시대이다. 당시 동아시아의 자연환경은 빙하기와다. 빙하기에는 중국대륙, 한반도, 일본, 타이완이 육지로 연결되었고 기원전

10,000년경에 홍적세의 빙하기가 끝나면서 기온이 상승하고 빙하가 녹아 해수면이 높아져 비로소 현재와 같은 지형이 형성되었다.

우리 민족은 지정학적 특성으로 중국과 시베리아의 대륙문화를 수용하고 독자적 문화를 형성하여 일본에까지 전파하였다. 이와 관련된 유적지로는 위에서 살펴본 바와 같이 당시의 주거는 일시적으로 몸을 숨기기 위한 은신처를 주로 동굴과 강가의 언저리 등을 주로 이용하였는데 우선 동굴로는 웅기 굴도리, 상원 검은모루동굴, 제천 점말동굴, 제주도 빌레못동굴 등이 이를 말해준다.

동굴이 아닌 강이나 평야지대로는 연천 전곡리 유적, 공주 석장리 유적 등이 있다. 유물로는 전기 구석기시대에는 주먹도끼 찍개, 찌르개 등이 있고 중기 구석기시대에는 긁개, 밀개, 자르개, 후기 구석기시대에는 돌마치, 새시개 등의 유물이 존재한 것으로 조사되었다. 당시의 사회, 경제생활은 사냥과 채집, 어로생활 등을 하면서 먹는 식량을 구했고 사회생활은 가족 단위의 무리생활을 하였던 것으로 추정한다. 한편 여러 유형의 예술품을 제작하기도 하였는데 이는 생산의 풍요와 안전을 기원하며 깨달음으로 종교적 상징성을 가진 의미를 지닌다고 볼 수 있다.

제 2 절   신석기시대

1. 시대적 형성배경

구석기시대에서 신석기시대로의 변화는 여러 가지의 요인이 있었지만 자연 환경의 변화와 연관되어 추론해 볼 수 있다. 구석기시대에는 빙하기와 간빙기가 반복되는 기후 조건이 매우 열악한 시기였다. 기원전 8000년경 후빙기가 도래되면서 자연환경은 점차 따뜻한 기후조건으로 변해갔지만 여전히 기원전 5천 년대 중반까지는 기후가 아직도 계속 추워 후빙기에 들어서면서 기온의 상승은 빙하를 녹이고 자연환경과 함께 적응하며 살아가던 동물과 식물들은 많은 변화를 일으켰다. 또한 기원전 5500~3000년경까지는 기후가 따뜻하여 상록수와 활엽수 등의 수종이 나타나기 시작하여 오늘날의 산림형태와 비슷한 구조를 이루었다. 한편 과거에는 서해안의 해수면이 현재보다 7m쯤 낮아 주민들이 현재의 해안선보다 앞으로 더 나아가 어로 등의 생활을 하였다.

신석기인들의 초기에는 구석기인들처럼 수렵·어로 채집생활을 하였으나 급격한 자연환경의 변화로 인하여 동물들의 이동의 변화와 식물들의 종(種)의 변화는 당시 신석기인들에게도 생활상에서 주거생활의 변화, 사냥도구의 변화, 토기의 변화 등 많은 역동적 변화를 가져다준 시기였다.

신석기시대의 가장 큰 변화는 주거의 이동생활에서 한 곳에 머물며 지내는 정주(定住) 생활의 안착이었다. 정주생활은 농경생활로 시작되었는데 농경은 소규모의 경작활동이었다. 이러한 농경의 발달은 사냥과 수렵 등에 의한 경제생활에서 차지하는 비중의 범위는 점차 줄어들었지만 수렵과 어로 등은 여전히 식량을 얻는 중요한 수단이었다. 신석기인들의 경제활동과 사회생활의 모습은 신석기시대에 들어서면서 온난한 기후로 바뀌면서 극지방 빙하가 녹아 해수면이 점점 높아져 삼면이 바다로 둘러싸인 해안이 형성되었으며 풍부한 해양자원을 가지게 되었다.

자연히 바다는 신석기인들의 중요한 식량 조달장소였다. 수산자원이 신석기인들의 중요한 식량자원으로 사용된 것은 조개더미가 신석기시대 유적의 대부분을 차지하는 것을 보아도 알 수 있다. 조개더미는 신석기인들이 조개를 식생활하면서 버린 조개껍질과 생활도구로 쌓여 이루어진 생활유적으로 오늘날 생활쓰레기장의 난지도 같은 성격을 지닌다. 한반도의 얕은 해안지역에 거의 분포한다. 특히 동해안보다 간만의 차이가 심하고 강물과 바닷물이 만나는 곳이 형성된 남해안과 서해안에 많이 분포되어 있다.

신석기시대의 대표적 어로기구는 낚시, 어망 등인데 양양 오산리 유적에서는 사슴뿔과 뼈를 갈아 만든 낚싯바늘이 출토되었다. 대동강가 남경유적 31호 집터에서는 3천여 개, 금탄리 9호 집터에서는 6백여 개의 그물추가 군집된 상태로 발견되었다. 그물추는 다량의 어획을 위한 도구로 인구증가 등 사회적 변화와도 연관된 것으로 보인다(대한건축학회, 2003b: 23).

신석기시대에는 자연환경의 변화에 따라 수렵·어로 채집생활은 수요의 감소에 따라 한계에 이르러 이에 대한 대체 식량조달을 위해 보리, 조 등을 경작하기 시작하였다. 원시적 농경문화를 알려주는 벼, 조 등의 곡물과 이외의 농경생활과 관련된 유물들이 출토되었는데 강원도 오산리 유적, 부산 동삼동 유적, 강동구 암사동 유적 등이 있다. 그리고 신석기시대의 대표적 석기로는 마제석기를 들 수 있다. 마제석기는 구석기시대의 타제석기와는 달리 정착생활을 하면서 농경생활에 적합한 석기형태이다. 즉, 돌을 갈아서 만든 마제석기기술의 진보는 신석기시대의 농경 및 사냥 등에서 밀접한 관련이 있는 생활도구의 기능을 담당하였다.

한편 농경생활의 발달은 농경도구 및 토기의 발달을 가져왔고 주거생활도 획기적으로 개선되었다. 특히 정주생활과 농경의 발전으로 식량 등의 저장과 용기가 필요했다. 이러한 필요성에 따라 인공을 가하여 만든 창조품으로 만든 것이 토기인데 융기문토기와 빗살무늬토기이다. 이 2가지의 발명은 마제석기와 함께 신석기시대의 혁명적 문화를 창달하게 했다. 그리고 이러한 농경문화가 지속되고 발전할 수 있었던 것은 원시적 신앙도 함께 한다.

농경생활의 정착에서 인간은 자연의 섭리에 의존하는 경향이 있어 농사를 주업으로 하는 농경생활에 영향을 미치는 자연현상이나 자연물에 정령이 있다고 믿는 애니미즘이 생겨났고 여기에는 풍요를 기원하는 것이 담겨 있었다. 그리고 태양과 물에 대한 숭배사상이 가장 으뜸이었다.

신석기시대의 기본적 사회단위는 혈연을 중심으로 한 씨족사회였다. 씨족사회는 다시 지역공동체로 채집경제 중심이었다. 사회현상도 모계사회 중심에서 부계사회 중심으로 이동하는 전환사회였다. 한편 신석기시대에는 구석기시대의 무리사회와 같이 지배계급과 피지배관계의 계급적 사회가 아닌 연장자나 경험이 많은 자가 부족사회를 이끌어 가는 안정된 평등사회였다.

2. 주거문화의 특성

신석기시대 생활공간의 집자리는 땅을 파서 만든 움집으로 구석기의 후기부터 해빙기를 맞이하면서 빙하권역의 얼음이 녹아 해수면의 급격한 상승을 가져와 바닷물의 흐름과 온도, 염도 등에 의한 플랑크톤이 대량으로 서식하면서 바닷가에는 해산물과 조개류 등이 많이 증가했다. 구석기인들은 주로 사냥 등에 의존하여 식량을 조달한 측면이 강하나 신석기시대에는 자연환경의 변화로 따뜻한 기후에 의해 동식물에 대한 변화가 많았듯이 차츰 신석기인들은 식량의 자급자족을 사냥의 중심에서 강가나 바닷가에서 조개류와 해조류 및 농경 중심으로 이동했다.

신석기시대의 유적에서 강가 또는 바닷가의 어귀에서 흔히 나타나는 패총유적도 여기서 연유된 것으로 보인다. 이러한 경제생활 중심은 곧 주거생활과도 연계되어 나타난다. 이 시대의 주거도 식량조달과 함께 정착된 생활로 인해 주로 강가 및 해안가 등을 중심으로 형성되어 주로 이러한 곳에서 유구 등이 발견되었다. 움집의 특징은 수혈주거로 땅을 반쯤 파거나 완전히 깊이 파서 지표면 위에는 지붕만 형성되는 움집 형태를 이루고 기둥을 수직으로 세워 만들었기에 벽체가 없는 집의 구조로 만들었다. 형태는 원추형 또는 원형 평면 등으로 사람이 만든 최초의 인공주거라 볼 수 있다.

신석기시대의 주거형태는 대부분 일정한 크기의 땅을 파서 인공주거 형태인 움집(혈거주거)으로 나타난다. 그러나 강원도 양양군 오산리에서 발굴된 집터는 움집형태가 아닌 땅의 지표면을 이용한 지상주거 형태로 나타났다. 이와 같이 대부분의 움집형태에서 신석기시대의 지상주거, 인공동굴집은 특이한 형식의 집이라고 할 수 있다. 그리고 대표적 움집형태인 강동구 암사동, 미사리, 궁산리, 지탑리 등이 있다.

지금까지 알려진 예를 종합하여 이 시대 주거의 특징을 살펴보면 주거의 위치가 강이나 해안을 끼고 평지 또는 작은 언덕면에 위치하고 평면은 대체로 모를 죽인 정방형 또는 원형에 가까운 평면으로 그 지름이 대체적으로 4~6m에 가깝다. 중앙부에는 노(爐)를 한 개 두고 보통 냇돌이나 할석을 주변에 둘렀는데, 특수한 경우 진흙둑을 두른 경우도 있다. 이 때문에 돌이나 진흙둑의 잔열(殘熱)을 이용했다.

노(爐) 옆에는 저장구멍을 두었고, 바닥의 깊이는 대체로 40~70cm인데 깊은 경우 120~130cm가 되는 경우도 있었으며 또한 특이하게 지표면 위 평지바닥도 발견되었다. 바닥면은 그냥 다지기도 했으나 보통 진흙을 깔아 다진 곳이 많았고, 진흙과 자갈을 섞어 다진 것과 진흙을 다진 후 불을 지펴 견고하게 한 경우도 있었다. 기둥구멍은 암사동(岩寺洞) 유적과 같이 큰 것 4개를 대각선 모서리에 두어 구조적으로 합리성을 보이는 것도 있었으나, 그렇지 않고 부정형(不定形) 평면으로 많은 구멍이 산만하게 발견되는 경우도 있었다.

대체적으로 벽쪽에 있는 구멍은 안쪽으로 경사져 있어 서까래가 땅에 닿았던 것으로 추측된다. 양양 오산리(鰲山里) 유적과 같이 평지 위에 판석의 초석을 배치한 경우도 있어 이때 벌써 초석의 개념을 건축학적으로 이용했음을 알 수 있다.

출입구는 보통 햇볕을 잘 받는 남향으로 내었고 이 시기에 출토되는 유물로는 돌도끼, 돌창, 화살촉 등의 석기와 빗살무늬토기 및 연석(숫돌), 아망추 등으로 수렵이나 채집에 필요한 도구들이다. 따라서 물고기, 짐승 등을 잡아먹는 수렵생활이 행해지고 농사일은 아직 발달하지 않은 단계로 여겨진다. 또한 집터의 평면으로 보아 지붕이 거의 원추형이었거나 네모지붕이었던 것으로 생각할 수 있다. 구조는 중앙부에 주기둥 4개를 세우고(정상적인 경우) 이 윗부분에 도리를 돌려 서까래를 받치되 서까래의 한 끝은 땅에 닿고 꼭짓점은 서로 맞대어 서까래 위에는 나뭇가지 등을 엮고 풀잎 등을 덮어 비를 막고, 출입구는 경우에 따라서 구조적으로 덧달린 지붕을 한 것으로 보인다. 또한 중앙부의 노(爐)는 음식을 익혀 먹는 취사용도 되고, 겨울에는 방안을 덥히는 난방시설도 되며 방을 밝히는 목적도 겸하였다. 이 시기에 사용한 공구가 석기와 동물 뼈로 된 것이기 때문에 건축재의 가공이 치밀하지 못하여 맞춤과 연결부는 끈을 이용하여 결속한 것으로 여겨진다.

주거형태는 외부로부터의 피해를 최대한 막아주는 가장 원시적 대피공간을 이룩하는 데 큰 목적을 두었다고 볼 수 있다. 한편 내부적으로는 조리와 식사, 휴식과 취침, 생산과 작업 등 가정으로서의 위계와 질서체계를 확립하는 체계적 생활공간을 이룩하는 최소한의 필요시설로 시작되는 것이라 볼 수 있다. 또한 건축기술은 기반과 기초, 기둥과 보, 도리, 서까래와 지붕 등 구조의 초기적 기술을 이루었던 시기로 볼 수 있고, 실내 취온 및 채광시설로서의 노(爐)와 남향 출입구 등의 설비적(設備的) 기술을 원시적으로나마 활용하기 시작한 시기였다고 생각된다(장경호, 2000b: 32~33 요약).

신석기시대의 대표적 강원도 양양군 오산리 유적지와 서울시 강동구 암사동 유적지는 서로 다른 특징을 지닌다. 오산리 유적은 가장 오래된 유적이면서 움집이 아닌 지상주거 형태를 지니고 암사 유적지는 신석기시대의 최대 집단 취락이었다.

3. 주거 유적지

1) 양양 오산리 유적

강원도 양양군 손양면 오산리 선사유적지는 동해안에서 내륙으로 약 3~4백 m 떨어진 곳에 위치한다. 유적지 좌측에는 양양을 관통하는 남대천이 흐르는데 하류로써 모래 퇴적지를 형성했다. 이곳의 지형은 갈대숲이 울창한 쌍호 주변

강원 양양 오산리 8호 주거지 내부구조

에 농지로 이루어져 모래언덕을 파서 1977년 농경지 조성을 위한 쌍호 매몰작업 중 쌍호(雙湖) 가의 사구(砂丘) 위에서 발견되었다. 이곳에서는 과거 해안생활, 채집생활 등을 알 수 있는 결합식 낚싯바늘, 석기류, 덧무늬토기, 두귀달린 항아리, 돌추각종, 토기인면상 등의 유물과 기원전 6천년 이전부터 신석기시대의 사람들이 살았던 집자리도 발견되었는데 출입구 시설을 갖춘 평면철자형 2기로 북쪽부분에는 판석재로 기초한 부뚜막이 확인되었다.

그리고 집자리 바닥은 진흙을 깔아 다졌던 것으로 조사되어 지금까지 알려진 신석기시대의 유적 중 가장 오래된 곳으로 밝혀졌다. 토기모양의 인면상은 당시 시대에 살았던 사람들의 얼굴모양을 제작한 것으로 상당한 희귀성의 예술품으로 알려져 있다. 또한 출토된 목탄 및 유물들의 방사성 측정결과 등을 통해 지금으로부터 8천년 이전으로 거슬러 올라가므로 우리나라 신석기문화의 초기단계에 형성된 중요한 자료가 된다.

이 유적지는 1977년 처음 발견된 이후 1987년까지 서울대 박물관에서 6차례 발굴조사를 실시한 바 자연층위가 6곳으로 1곳의 1층의 경우 청동기시대의 것

강원 양양 오산리 선사유적지(2007)

으로 밝혀졌고 나머지 5곳의 층위는 신석기시대의 것으로 나타났다. 한편 집
터의 모양은 신석기시대의 다른 유적움집과는 달리 바닥이 둥근 형태의 지상
가옥으로 밝혀졌다. 이곳은 우리나라 최고 신석기시대의 집자리 유적지로 사
적 제394호로 지정되어 있다.

　양양지역은 이뿐만 아니라 선사시대의 문화 산물지역이다. 인근지역의 손양
면 도화리의 구석기시대의 유적지 등 다른 지역에서 발견되지 않았던 유물들
이 대거 발견되어 학계의 주목을 받았다. 이곳의 오산리 신석기시대의 주거지
는 다른 지역에서 대부분 움집의 형태로 나타나는데 즉 서울시 강동구 암사동
유적지, 평양 서남쪽 광양만 궁산리 유적지, 황해도 봉산 지탑리 유적, 서울
강동구 미사리 유적 등이다. 그러나 이곳의 유적지는 움집의 형태 보다는 지
상주거형으로 밝혀져 다른 신석기 주거유적지와 다른 특징을 보인다. 이는 정
주형(定住型) 주거 보다는 당시의 자연환경에 의한 계절적 요인에 의해서 정주
(定柱)형이 아닌 이동주거 생활을 한 것으로 추정된다.

2) 춘천시 후평동 혈거유지

강원도 춘천시 후평동 산15-10번지에 위치한 혈거유지(穴居遺址)는 선사시대의 인공 동굴집이다. 신석기시대의 주거형태는 대부분 움집인데 비하여 이곳 봉의산 중턱 산허리 150m에 위치한 인공동굴의 집은 선사시대에 사람이 거주하던 생활유적으로 1962년 성심여대(현 한림대)의 건축공사 중에 발견된 것이다.

당시 세 사람의 뼈가 동굴 가운데 발을 모은 채로 발견되었다. 이 동굴은 내부 바닥이 직경 4m이고, 천장의 높이가 2.1m이다. 또 천장에 불을 사용한 것으로 보이는 그을린 흔적이 남아 있어 처음에는 주거로 사용하다 나중에는 무덤으로 이용된 것으로 보인다. 만들어진 시기는 대체로 신석기시대로 보는 견해는 일치하나 전기. 중기, 후기로 각각 보는 의견도 있다. 특히 인공동굴의 혈거유지에서는 사람 뼈 이외 돌도끼, 돌칼, 돌화살촉, 돌로 만든 고기잡이 도구와 옥, 수정조각 장신구, 그리고 평평한 질그릇 5점 등의 유물이 출토되었다. 여기서 출토된 유물들은 국립춘천박물관에 전시되고 있으며 1972년 12월 16일 강원도 기념물 제1호로 지정되어 있다.

춘천시 후평동 혈거유지(穴居遺址):한림대학교 내(2006)

296

3) 서울시 강동구 암사동 유적지

암사동 유적지는 사적 제267호로 행정구역 상 서울시 강동구 암사동 155번지에 위치하며 아차산성 및 광나루와 마주 보이는 한강의 강변에 자리 잡고 있다.

이곳의 유적은 1925년 을축년(乙丑年)에 여름 장마에 의한 한강이 넘쳐 한 강변의 모래언덕이 훼손돼 수많은 빗살무늬토기 조각이 지상에 노출되면서 검증 결과 신석기시대의 중요한 유적지로 알려지기 시작하였다. 이 암사동 유적지는 1966년 서울대 사범대학에서 발굴조사를 하였고 1967년 대학연합발굴단의 발굴조사에 이어서 1968년 서울대 역사학과, 1972-1975년까지 국립중앙박물관에 의한 제4차에 걸쳐 대규모 발굴조사가 이루어졌다.

이 지역의 발굴성과를 토대로 유적지의 일대를 정부차원에서 관리할 필요성이 제기되면서 선사유적지 공원조성과 야외전시관 계획에 따라 지금까지 발굴되지 못한 발굴지를 1983-1984년에 걸쳐 서울대 박물관에 의한 긴급 발굴조사와 1998년 원시생활 전시관과 제2전시관 조성을 위한 중앙국립박물관의 발굴조사가 실시되었다.

1988년 8월 30일 총면적 78,133㎡를 문화재 보호구역으로 지정하고 발굴조사 된 자료에 의해서 신석기시대의 움집을 복원하였다. 이 유적의 층위는 6개의 자연층위로 조성된 시기는 기원전 5000~1000년 전의 전기 신석기시대로 밝혀졌다. 선사시대인 구석기시대에는 대부분 동굴을 이용한 주거생활을 하였으나 이는 신석기시대 초기까지 이어진다. 그러나 신석기시대에 주거형태의 혁명이라 할 수 있는 진일보한 발전을 하는데 땅을 파서 만든 움집들이 일반적이다. 암사유적지도 당시의 수렵, 채집에 의한 생활모습을 지닌 채 취락생활을 형성한 것으로 보이는 움집터와 빗살무늬토기, 강가의 자갈 등으로 만든 돌도끼, 강가에서 물고기 등을 잡기위한 어로생활의 도구인 그물추와 수렵생활에 쓰인 것으로 보이는 돌화살촉 등이 출토됨으로써 어로와 수렵생활을 한 것으로 보인다.

또한 농경생활과도 밀접한 도구들이 발견되었는데 괭이, 돌낫, 보습 등은 당시의 사회, 경제생활이 농경사회의 시작을 알려주는 중요한 단서를 제공해

강동구 암사동 움집 선사유적지(2006)

준다. 암사 유적지는 서로 다른 시대가 겹쳐서 층별 여러 유물들이 출토되었
는데 특히 주거와 관련된 최하위 1층은 흑색 사질층으로 이곳에서 움집터(수혈
주거)가 발견되었다. 내부에서는 빗살무늬토기, 뼛조각 등이 출토되었으며 움
집의 설치를 위한 기둥자리로 보이는 흔적도 함께 발견되었다.

집터의 형태는 둥근 원형과 방형으로 길이는 5~6m, 깊이 1m 정도의 움집
으로 중앙에는 화덕자리(爐址: 노지)가 위치하는데 길이는 10~30cm 정도 의
타원형으로 주위에 천석과 활석인 돌을 한 줄로 놓아 만들었다.

이러한 화덕의 기능은 추위를 이겨내기 위한 난방역할과 음식 등에 사용하
기 위한 취사에 이용되었다. 주거지의 외부에서는 저장고가 발견되었다. 이는
당시의 사회가 정착생활에 따른 농경생활로 수렵, 어로, 채집, 농사 등으로
구석기시대에 비해 어느 정도 안정된 생활기반이 조성되면서 식량 등을 저장
하고 생활을 영위한 것으로 보인다.

저장고는 모두 4개가 확인되고 이들은 모두 원형으로 직경 2.3m에 깊이
0.34m, 직경 0.9m에 깊이 0.35m, 직경 0.95m에 깊이 0.43m, 직경 0.85m

강동구 암사동 움집 내부구조

에 깊이 0.28m이다. 저장고의 모습은 원형의 수혈로서 외부의 한쪽에 2단의 계단을 만든 출입시설을 갖추었다.

직경은 3.4m, 깊이 1.74m로 바닥은 어깨 면으로부터 1.4m 깊이에서 평탄 해지다가 중앙부에 이르러 장방형에 가깝게 좁아지면서 깊게 만들었다. 암사 동의 움집의 특성은 주변 환경에 비추어 볼 때 한강을 끼고 자리 잡아 생활기 반이 주로 고기잡이의 어로와 밀접한 관련성과 주변의 평탄한 땅을 일구어 밭 농사와 풍부한 물을 이용한 논농사, 주변의 산지(아차산, 남한산성 등) 등에서 나무열매인 도토리 등을 주요 식량을 자급자족하는 등 당시 다양하고 복합적 생활상을 보여준다.

이와 같이 생활상을 볼 때 신석기시대에 나타난 움집의 형태는 한반도 전 지역에서 나타나는데 주로 강가나 바닷가에서 많이 발굴조사 되었다. 특징은 땅 속으로 일정한 깊이로 파고 내려가면 온도의 차가 적어지고 움집의 중앙에 는 화덕자리가 있어 혹독한 추위와 취사 등을 해결하였다. 그리고 지붕을 설 치하기 위해서 기둥을 세웠는데 움집의 측면이 벽으로 대체하고 지붕은 가능한 최대한 지표상으로부터 낮게 구조화하였다. 이는 비, 바람 등으로부터 견디기 위한 안전성의 측면에서 선택한 요인으로 보인다.

구석기인들의 인공동굴 혈거유지가 듬성듬성 발견되었지만 본격적으로 우리 한반도에 최초로 출현한 인간들이 만든 최초의 인공주거라 할 수 있다. 이는 주변 환경에 적응하고 또한 이를 극복하기 위한 경험적 지혜의 축적과 도구의 발달이 있었기에 가능한 것으로 추정된다. 한 시대를 짧게나마 살다간 사람들이 생활안정 및 주거정착이 시작되면서 당시 가장 적합한 최고 주거로 만들어졌던 하나의 출물임을 알 수 있다.

제 7 장

청동기·철기시대의 주거문화

제 1 절   청동기시대

1. 시대적 형성배경

신석기인들의 뒤를 이어서 들어온 사람들이 청동기인들이다. 기원전 1000년경 전후 동·서양에서 북방민족의 남하가 시작되었는데 민족의 대이동은 기원전 700년경 서양에서는 스키타이족이 흑해 북안에 진출하고 동양에서는 예니세이 지방에서 초원의 몽골지방 일대에서 종족들이 화북지방에 침략 등을 통해 주(周)나라가 흔들리고 동주(東周), 춘추전국시대로 역사가 바뀌게 된다.

격동기인 기원전 1000년경의 전반기에 민족이동이 한반도에 새로운 주인으로 이주해 온 사람들이 청동기를 지니고 들어왔다. 이때 만몽지대에 살던 퉁구스족은 중국의 문헌에서 예맥은 바로 이 민족을 말한다. 그들이 소지한 청동기는 한반도의 신석기인들을 지배하고 청동기에 의한 생활의 급 변화를 가져왔다. 이들은 본격적으로 농사를 짓고 가축을 기르는 등 농경생활을 영위하였다. 일본의 강점기 시대에 김해 패총유적에서 청동기와 함께 철기, 석기가 출토되었기 때문에 이를 근거로 한국에는 청동기시대가 존재하지 않았다고 역사를 왜곡시켰다.

즉, 전국시대 말기 중국으로부터의 이민들에 의해 청동과 철이 동시에 한국으로 유입된 것으로 보았던 것이고, 일본학자들은 이 시기를 청동기시대 대신에 금석병용기시대라고 설정하였다. 이런 용어는 해방 이후 얼마간 계속 사용되었다. 그러나 '금석병용기'는 신석기시대로부터 청동기시대로 넘어가는 과도기를 지칭하는 용어로서 아직 청동합금기술이 개발되지 못한 단계이기 때문에 자연동을 두드려 도구를 제작하던 순동시대를 의미한다. 따라서 순동제품이 출토되지 않는 한국에서 금석병용기란 용어를 사용한다는 것 자체에도 모순이 있었다.

그러나 해방 이후 강계 공귀리, 의주 미송리 유적을 비롯한 많은 유적이 발굴 조사됨에 따라 청동기시대의 문화양상에 대한 연구가 활발히 진행되었다. 청동기시대의 상한 연대의 설정은 그리 용이하지 않은데, 한반도에서의 고고학적 자료의 성격 규명만이 아니라, 그것이 주변 지역의 청동기문화와 긴밀하게 연결되어 있기 때문이다. 한국의 청동기문화는 중국의 수원-요령지방, 나아가서는 시베리아 지역의 미누신스크 청동기문화와 깊은 관련을 맺는다. 안드로노보, 카라스크, 타가르기로 이어지는 미누신스크 청동기문화 중 기원전 1200~700년의 카라스크문화는 몽골계의 농경문화로 청동단검, 청동단추 등의 청동기가 대표적이며, 무덤으로는 돌널무덤을 사용하였다. 기원전 700~200년의 타가르문화는 돌로 덮은 나무곽을 무덤으로 이용하였고, 기원전 4세기경에 철기를 사용하기 시작하였다. 이들 청동문화는 기원전 7세기경에 이르러 수원청동문화에 강력한 영향을 미치고, 주(周)를 동천시키기까지 하면서 만주와 몽골 일대에 타가르-스키타이-오르도스 계통의 북방 청동문화를 전파하였다.

요령지방에는 일찍이 카라스크문화의 영향을 받아 비파형의 독특한 청동 단검을 특징으로 하는 문화가 번성하였다. 이 중 대표적 유적인 남산근 유적에서 서주(西周) 말, 춘추(春秋) 초의 청동기가 출토됨으로써 그 연대가 기원전 9~8세기에 해당한다는 것이 밝혀졌다. 한반도 내에서 이러한 비파형의 요령식동검이 발견됨으로써 이 지역과 한반도와의 관련성뿐만 아니라 청동기시대의 상한 설정에 중요한 영향을 미쳤다.

위와 같이 한반도와 두 지역과의 관계를 고려해 볼 때 현재까지의 자료로는 한국의 청동기시대는 대체로 기원전 10세기경부터 시작되었다고 볼 수 있다. 기원전 10세기경부터 청동기의 유입과 생산이 본격화되면서 기원전 3세기에 접어들어 한국식 동검이라 할 수 있는 세형동검이 완전한 형태를 갖추었고 철기가 청동기를 대체하기 시작하였다. 따라서 이를 기점으로 하여 기원전 10세기부터 4세기까지를 청동기시대, 기원전 3세기부터 원삼국시대가 시작되는 서력기원 전후까지를 초기 철기시대로 구분한다. 청동기로는 비파형단검, 부채형 도끼, 날개촉, 손칼, 거친무늬거울, 장신구 등이 있다.

이 중에서 비파형단검은 기원전 9~8세기까지 올라가는 것으로 시간의 흐름에 따라 검 하반부의 곡선이 점차 완만해지는데, 한반도 내에서 출토된 비파형단검은 약간 늦은 시기에 속한다. 부채형 도끼는 자루를 끼울 수 있는 자루투겁부가 있고 날 부분이 부채꼴처럼 넓으며, 단추의 경우 카라스크문화의 특징적인 청동기의 한 종류를 띠며 장신구로 사용되었던 것으로 추정된다. 토기는 크게 한반도 서북지방에서 성행하였던 팽이형 토기, 동북지방의 구멍무늬토기, 남한의 무문토기로 대별된다.

팽이형 토기는 각형토기(角形土器)라고도 불리는데 바닥의 지름이 3~4㎝ 밖에 되지 않는 좁은 납작바닥이고, 아가리 부분은 밖으로 말린 이중이며, 동체부는 아가리 부분보다 부풀어 팽이의 형태다. 이중으로 말린 아가리 부분에는 짧은 빗금이 새겨져 있고, 바탕흙에는 점토에 모래, 활석, 석면 등을 섞었다. 이상과 같은 특징으로 인하여 일반 무문토기와 쉽게 구별되는 팽이형 토기는 분포지역도 청천강 이남, 한강 이북으로 국한되어 있다.

구멍무늬토기는 한반도 동북지방의 특징적 토기이면서 남한지역에까지 영향을 미치는 토기로서 약간 외반된 아가리 부분에 구멍이 돌려져 있고, 입술 부분의 윗 단에는 새김무늬로 장식되어 있다. 이외에도 동북지방에는 그릇의 두께가 얇고 그릇 표면을 간 다음 붉은 칠을 하거나 덧 띠무늬와 음각무늬를 장식한 붉은 간 토기가 출토된다.

남한지역의 무문토기는 납작한 바닥의 화분형태를 기본으로 하고, 동북지방의 영향으로 아가리 부분이 구멍무늬로 장식된 것도 포함된다. 서북지방 팽이

형 토기의 변형으로서 형태는 화분형이면서 아가리 부분이 이중이고 짧은 빗금이 장식된 것이 있으며, 붉은 칠을 하고 표면을 간 둥근 바닥의 긴 단지(紅陶)가 고인돌 등에서 집중 출토된다(국사편찬위원회, 2002: 179~181).

2. 주거문화의 특성

기존의 선주민(先住民)인 신석기인들을 흡수하여 한반도의 새 주인으로써 청동기 제작 및 기술로 독보적 존재로 청동기문화를 전파시켰다. 이들의 집터는 주로 강 주변의 구릉지나 근처에 경사진 사면을 이용하여 장방형(長方形) 움집 등을 짓고 살았다. 한편 이들은 신석기시대인들과는 달리 농경기술의 발달, 인구수의 증가로 사회, 경제발전에도 기여하였다. 청동기시대의 변화는 한반도의 역사를 새롭게 바꾸는 시대였다.

그 무엇보다도 한반도의 경제·사회·문화적 환경에서 가장 빠르게 변화를 일으킨 시대였다. 청동기인들이 이주 시 들고 온 청동기는 사회 전반에 걸쳐 많은 영향을 미쳤다. 특히 청동기는 정복국가를 형성시키고 지배계급과 피지배계급을 형성시켜 사회계층의 분화로 주거형성, 가족집단 등 많은 변화를 일으켰는데 특히 주거에서 혈연중심의 집단이 모여서 하나의 마을단위를 형성하고 공동을 이루었다. 이는 오늘날 농촌마을 형성의 기원으로 발전되었다.

이러한 발전과정은 당시 우수한 청동기 보급에 따른 기술적 요인에서 비롯된 것으로 보인다. 주거의 변화도 구석기시대에는 자연환경을 그대로 이용한 동굴 등을 이용하였고 그리고 신석기시대의 수혈주거인 움집에서 청동기의 전래와 함께 새로운 민족의 이동으로 지상주거가 탄생했다. 주거면적의 규모와 지역도 점차 확대되고, 특히 우수한 청동기의 보급은 농경생활을 빠르게 진일보시켜 규모의 경제도 확대됨에 따라 새로운 사회질서의 재편성 내지 사유재산제도를 가져왔다.

한편 모든 규모의 팽창은 자연스럽게 씨족문화 및 주거문화에도 영향을 미쳐 혈연가구 중심은 마을단위 주거중심으로 변화했다. 주거의 입지조건도 자연환경과 시대의 변천에 따라 급격한 변화로 바닷가, 강가 주변에서 구릉지대로 이동하여 집자리를 잡았다. 종전에는 수렵, 어로시대에서 필요한 식량의 획득이 강가나 바닷가 중심을 생활권으로 여기고 낮은 곳에 자리 잡게 했으나 농경생활의 정착으로 인해 강가나 바닷가보다 더 높은 곳에 경작이 가능한 지역을 찾아 평탄한 평야지대와 주변에 강이 흐르거나 구릉지처럼 낮은 산지 등으로 옮겨 정착생활을 시도하였다. 또한 고인돌 밑에 커다란 움집터(수혈주거지)가 있는 것으로 밝혀졌다. 여기에는 불을 피웠던 자리로 보이는 노지(爐址)와 돌화살촉, 돌칼 등이 출토됨에 따라 집자리와 무덤이 함께 형성된 것으로 보인다.

이는 주거지가 구릉지 등이 있는 강가 주변에 자리 잡은 것으로 보아 평소에는 주거지로 이용하다 사후(死後)에는 무덤으로 사용한 것으로 보인다. 즉 생전과 사후에서 주거개념이 분리되지 않고 평소 생활하며 살았던 터전을 함께 겸용으로 사용 및 이용한 것으로 추정된다. 특히 경기도 파주시 월롱면 덕은리 마을 뒷산에 위치한 지석묘군(支石墓群)이 대표적 유적지이다.

3. 주거 유적지

청동기시대는 농경생활이 본격적으로 시작된 시기로 경제의 규모 확대는 잉여생산물의 저장과 함께 주거문화도 발전했다. 과거 수렵, 어로에서 짐승들을 우리 안에서 기르고 농경에 이용하기도 하고 식용으로 대처하는 등 많은 변화를 가져왔다. 이러한 사회변동은 주거문화에도 확대되어 청동기시대의 집자리의 주거유적지는 전국에 걸쳐 분포되어 있다.

특히 주거생활 유적지로는 울산광역시 울주군 웅촌면 검단리, 충남 부여군 초촌면 송국리, 황해도 송림시 석탄리, 경기도 파주군 월롱면 덕은리와 옥석리 마을 뒤 유적지, 경기도 여주군 점동면 흔암리 유적지, 경기도 파주군 교하면 다율리와 당하리, 울산광역시 남구 무거동 수전(옥현지구) 마을 등은 청동기시대의 취락이 형성된 것으로 대표적 유적이다.

1) 경기도 파주시 월롱면 덕은리 주거지 및 지석묘군

이곳에 위치한 지석묘군(支石墓群)은 거북모양의 고인돌의 유형으로 북방식과 남방식의 중간 형태인 중부 이남에 자리 잡으며 소규모의 지석묘군을 이루었다. 덕은리 산 46-1번지에 위치한 지석묘군은 사적 제148호로 지정되어 있고 지정면적은 1만 2902㎡로 문산천(汶山川) 서안에 있으며 옆 인근 야산의 능선을 따라 약 20여 기가 산재한다. 이 지석묘들은 1965년 국립박물관에 의해서 발굴조사가 되었다.

조사과정에서 지석묘 아래서 규모가 큰 움집(수혈주거)이 발견되어 집자리와 무덤이 함께 존재한 것으로 밝혀져 선사시대인 청동기시대 주거사 연구에 중요한 자료이다. 당시 함께 주거와 무덤이 존재한 것을 추정하면 일반적으로 주거는 하천 주변의 나지막한 평야지대에서 발굴 조사되는 경우가 대부분인데 비하여 극히 이례적으로 야산인 능선 등에 위치해 부족 간의 힘의 논리에 의해서 밀려나 평야지대에나 하천의 인근 지역에서 구릉지대인 이곳으로 옮겨 주

파주시 월롱면 덕은리 주거지 및 지석묘군(支石墓群: 2006)

거생활을 하였던 것으로 생각된다.

주거지 및 지석묘의 방향은 모두 북쪽을 향하고 남쪽의 경사진 곳에 햇빛을 잘 받을 수 있는 장소에 위치한다. 여러 지석묘들 중에서 3기의 지석묘는 같은 방향을 지향한다. 또한 다른 지방의 지석묘는 그 규모나 위치로 보아 그 지역의 지배계급인 부족장의 위엄 등을 갖추었으나 이곳의 지석묘군은 모두가 비슷비슷하여 어느 것이 부족장의 무덤 내지 주거지인지 구분하기가 어렵다.

타 지역의 청기시대의 지석묘들 보다 매우 보잘 것이 없을 정도로 크기가 작고 초라하여 족장이 아닌 일반인들의 가족무덤인 것으로 보인다. 움집은 동서 15.9m, 남북 3.7m, 깊이 40-90m의 반 지하 집터로서 네 벽의 밑바닥에는 기둥구멍이 있고 바닥에서는 불을 피웠던 노지(爐址)가 2개가 있는 것으로 발굴 및 조사되었다. 그리고 청동기시대를 반영할 수 있는 생활 이용품들이 발견되었는데 주로 돌도끼, 돌칼, 공렬토기(구멍무늬토기), 돌화살촉 등이 나왔다. 특히 이 주거지 및 지석묘군 발굴 당시 수습된 숯조각을 측정한 결과 추정연대가 기원전 7세기인 것으로 밝혀졌다.

2) 울주군 웅촌면 검단리 주거 유적지

울주 검단리(蔚州 檢丹里) 유적은 울산지역의 대표적 환호형 집단 주거지로 청동기시대에 조성된 마을유적이다. 1990년 부산대학교 박물관에 의해 발굴조사된 유적으로서 울산 컨트리클럽의 골프장 증설공사 과정에서 확인되었다. 지금은 전체 유적이 땅 속에 묻힌 상태로 보존된 상태다.

이곳은 집자리, 분묘, 제사유구 등을 갖추었는데, 마을 주위를 환호(環濠)가 둘러싼다. 환호의 편면 형태는 장타원형이며, 외겹으로 설치되어 총연장이 298m이다. 전체 규모는 장경 118m, 단경 70m, 내부면적 5,974m²이다. 입구는 남북 양쪽에 각 1개소씩 설치되어 있으며, 환호의 단면은 'V'자, 또는 'U'자 모양인데 가장 깊은 곳은 깊이 1.5m, 가장 넓은 곳의 폭은 2m 정도이다. 아마도 본래는 환호를 파면서 나온 흙들을 내측에 쌓아 보다 깊고 넓게 보이도록 했을 것으로 생각되는데, 지금은 대부분이 유실되어 남아 있지 않다.

울주 검단리 유적지

　이 유적의 유구와 유물은 환호 설치시기를 기준으로 환호 앞시기와 환호 시기, 환호 뒷시기의 3시기로 크게 나눌 수 있다.

　제1기는 중·소형 주거지가 많고 취락의 규모도 작아 마을의 범위가 좁았다. 이 단계에 속하는 주거지 가운데 환호와 중복된 주거지의 대부분이 불에 타 폐기되었는데, 이는 환호 설치와 관계된 것으로 보인다. 제2기는 환호시기로 주거지의 규모가 1기에 비해 커지고, 특히 방형 주거지의 경우 주혈(柱穴) 배치가 4주식과 6주식으로 매우 정형화되는 특징을 보인다. 주거영역이 환호 안쪽과 바깥쪽의 2개 그룹으로 나뉘며 환호 내 주거지가 7동에 그쳐 극소수의 상위계층 사람들만 환호 내부에 거주했을 것으로 추정된다. 이 시기에 외부의 침입에 대비한 본격적 방어시설을 설치한 것이다.

　제3기는 주거지가 많아지고 그 범위가 급격히 확대되는데, 환호가 폐기되고 주거영역이 정상부와 경사면의 2개 그룹으로 구분된다. 대형과 소형주거지 간의 격차가 심해지고 기둥배치가 정연하지 않은 주거지가 많아진다. 이는 급격한 인구증가에 따른 활발한 가옥축조 현상과 관련이 있을 것으로 추측된다.

검단리 유적의 환호는 크기와 내부의 흙 퇴적상태 등으로 보아 환호 안쪽에 토루가 설치되었을 것으로 추정한다. 어쩌면 토루 위에 목책이 설치되었을 가능성도 있다. 따라서 환호는 단순한 경계라기보다는 방어시설로서의 의미가 더 강했을 것이다.

검단리 유적에서는 환호 외에도 수혈(竪穴) 주거지 92동, 굴립주 건물지 1동, 구(溝) 13기, 수혈 3기, 무덤 3기 등 청동기시대의 유구와 삼국시대의 탄요 3기, 조선시대의 민묘와 관련된 시설물 3기 등이 확인되었다. 검단리 유적은 우리나라에서 처음으로 마을유적의 전모를 확인했을 뿐 아니라, 개별적 주거지 연구를 통해 취락의 복원에까지 접근할 수 있는 계기를 마련했다는 점에서 대단히 중요한 유적이라 할 수 있다.

특히 지금까지 우리나라에서 완전한 형태의 청동기시대 마을 터 가운데 하나이다. 여러 유물들이 확인됨에 따라 당시 마을사람들의 생활문화가 농사일과 어로 등에 종사한 것으로 짐작할 수 있다. 울주 검단리 유적지는 사적 제322호(1990년 8월 21일)로 지정되어 있다.

제 2 절 철기시대

1. 시대적 형성배경

청동기시대에 사용되었던 청동기에 이어 기원전 4세기경부터는 철기를 사용했다. 우리나라에서는 철기시대를 전기, 후기로 나누어 구분한다. 전기 철기시대에는 청동기와 철기를 병용해 사용한 시기로 일제 강점기 시대의 일본 학자들은 금속병 용기 시대로 구분하기도 하였다. 그 후 우리나라 곳곳에서 청동기시대와 철기시대를 구분할 수 있는 유적들이 발굴조사 됨에 따라 이를 불식시켰다. 우리나라 철기의 전래는 청동기와 마찬가지로 지리적 위치 등을 감안할 때 북쪽지방으로부터 전파되었다.

동아시아에 철기가 나타나게 된 시기는 춘추·전국시대(春秋·戰國時代)의 말기인 기원전 5세기경에 철을 생산한 것으로 보인다. 그러나 철의 보급이 본격적으로 이루어진 것은 후기 철기시대이다. 초기 철기시대에는 주조된 철제 농기류에 주로 사용되었고 기타 중요한 무기 등은 청동기를 사용하였다. 초기에 사용되었던 유물들이 한반도 전역에 분포된 것으로 밝혀졌다. 널무덤 같은 곳에서 부장품으로 세형동검, 동모, 동축, 동제거울 등의 철제품이 출토되어 이를 말해준다. 이후 기원전 108년 중국 한(漢)나라 무제(武帝)의 침입에 의한 사군(四郡)의 낙랑군의 설치는 철기문화를 유입시키는 계기가 되었고 우리나라 전역에 걸쳐 널리 전파되기 시작하였다.

이러한 철기의 유입은 많은 일상생활에 영향을 미쳤는데 특히 농업생산에 이용되는 철제 농기구의 사용은 농업발전에 따른 생산력의 증대로 경제적 기반을 확립하는 데 기여했다. 당시의 철기시대의 문화양상은 지역에 따라 다르게 나타나는 경향을 보이는데 북부지역, 중부지역, 남부지역 등에서 다소 차이점을 보여준다. 평북 영변 세죽리 유적에서는 신석기, 청동기, 철기시대별로 나타나는 문화계층에서 맨 위층의 철기시대에서 발굴 조사된 집자리의 지상가옥에서 명도전(明刀錢), 포전(布錢), 중국화폐, 철기 등이 출토되었는데 이는 중국과 활발하게 교류했음을 보여 준다. 명도전(明刀錢)은 중국의 북쪽에 자리 잡은 연(燕)나라에서 만든 금속화폐로 연나라와의 교역관계를 말해주는 유물이다. 그리고 남부지방의 경남 창원 다호리 유적에서 출토된 붓과 같은 사서의 기록용으로 쓰이는 도구는 이미 한자가 보급되어 사용하였음을 말해준다.

이외에도 많은 철기들이 주거지와 분묘 등에서 발견되었다. 한반도에 철기의 문화 전래는 가족공동체와 사회구조의 분화로 이어진다. 씨족 공동체사회에서 친족 공동체사회로 철제의 무기에 의한 정복 등은 계급사회를 촉진시켜 부족국가가 출현하는 등 큰 변화를 일으켰다. 이는 지배계급과 피지배계급으로 나타나 씨족사회가 지니던 평등사회와 씨족 공동사회를 무너뜨렸다.

여러 집단과의 연합, 마을과 마을과의 통합 등은 서로의 이해관계에 의한 연합과 서로간의 피를 흘린 정복 등으로 일정지역을 구역으로 하여 성(城)을 쌓고 지배자의 권력을 강화시키는 족장들의 등장은 자연히 백성들을 통치하기에 이르러 하나의 성읍 규모의 부족국가를 탄생시켰다. 철기시대는 규모의 경제도 청동기시대에 비하여 훨씬 증가해 식량 등의 자급으로만 사용되는 것에 그치지 않고 잉여물자는 서로 교역하는 등 수단으로도 활용되었다. 농사는 벼농사 이외 다양한 곡식을 심고 가축은 소, 말, 돼지, 닭 등을 사육하였다. 가축의 사육에 힘입어 인력에 의한 노동력에서 가축의 힘은 농경사회로 진입시키는 계기를 앞당겼고 농업의 생산량은 크게 향상되었다. 즉, 철기시대는 고대국가탄생을 위한 정치·경제·사회적 기반을 다지는 역할을 하였다.

또한 지배계급과 피지배계급 간의 강화, 사유재산제도의 강화 등은 부족연맹체의 연합에서 여러 성(城)들이 규합하여 성읍국가의 형태를 유지하였다. 당시 성읍국가는 족장을 중심으로 한 사회였고 가장 먼저 발전되어 탄생한 것이 고조선이었다. 고조선은 요령지방과 대동강유역을 중심으로 독자적 문화를 형성하면서 발전하였다.

고조선사회에서 나타난 여러 자료에 의하면 철기의 사용은 농업 등 혁기적인 발전에 기여하였지만 인접국가의 활발한 상업, 무역 등도 교류하였다. 당시 고조선사회와 이전 사회를 알려주는 제도로 고조선법인 8조금법이 있다.

이 제도는 사유재산제도, 경제력, 사회 권력에 따른 격차가 발생됨에 따라 이를 위한 제도적 규제를 마련하였는데 형벌 등을 통해 알 수 있다. 이러한 철기 문화를 바탕으로 정치·경제·사회적으로 고대국가를 형성하는 데 기여하였고, 우리나라도 이때 이미 선사시대를 벗어나 역사의 시대로 진입하였다고 볼 수 있다.

2. 주거문화의 특성

초기 철기시대에는 수혈주거 외에도 귀틀집, 고상식 주거 등으로 건축형태가 다양화되기 시작한다. 창고나 감옥 등이 귀틀집 형식으로 축조되었으며 고상식 건축은 김해 부원동 유적, 고문헌, 고분벽화 등을 통해서도 그 사실을 확인할 수 있다. 나무, 풀, 흙 등을 사용한 것이 전시대의 건축이라면 초기 철기시대에는 기와, 전돌 등을 새로운 건축재료로 사용하기 시작하였다. 한편으로는 건축적 축조기법을 다른 구조물 축조에까지 폭넓게 사용하기 시작하였다. 예를 들면 귀틀집 축조기법을 원용한 목곽분이나 수혈주거 모임지붕의 건축구조의 개념을 원용한 전축분 등이다.

결론적으로 초기 철기시대는 수혈주거로 대표되는 주거가 지상화되기 시작하며 귀틀집, 고상주거 등 건축형태의 다양화, 기와, 전돌 등의 새로운 재료의 사용과 함께 간단한 형태의 두공을 사용한 건축구조를 권위건축에 채택하기 시작한 것으로 요약할 수 있다. 이때 사용한 건축구조 기법과 장식기술은 우리나라 전통 목조건축의 모태가 되는 것으로 건축사적으로 중요한 의미가 있다(대한건축학회, 2003b: 80). 청동기시대의 흐름은 철기시대에 이르러서도 큰 틀은 바꾸지 못했다. 여기서 진보된 발전을 거듭하면서 시대적 배경에 따라 역사는 발전되기도 하고 퇴행되기도 하지만 전통적 농경사회는 계속된 발전으로 철기시대초기에는 청동기시대의 후기모습으로 이어졌다.

주거문화에 대한 역사서는 우리기록에는 자세하게 기록되지 않았지만 중국의 기록에는 당시의 생활을 자세하게 기술한다. 《삼국지》"위지 동이전 읍루조"에는 "기후가 추워서 땅을 파고 그 안에서 사는데, 깊을수록 귀하고, 큰 집은 아홉 계단이나 내려간다."라고 하였고, 같은 책 "한조"(韓條)에는 "움집을 짓고 사는 데 그 모양은 무덤처럼 생겼고 출입구는 위쪽에 있다."라고 기록되어 있다. 또한 《삼국지》 "위지 동이전 마한조"에도 이와 비슷한 기록이 나와 있어 움집이 계속되었다는 것을 알 수 있다. 그러나 《진서》 "숙신조"에는 "여름철에는 소거(巢居) 생활을 하다가 겨울에는 혈거(穴居) 생활을 한다"라는 기록이 있다. 여기에서 소거라는 표현은 대부분의 학자들이 고상주거(高床住居: 원두막처럼 기둥을 세워 집의 바닥을 지표에서 들어올려 지은 집)로 해석된다.

즉, 땅을 파고 지은 움집이 아니라 원두막처럼 땅 위에 세운 집이라는 뜻을 가지는 것이다. 또한 《삼국지》 "위지 동이전 진·변한조"에 인용된 위략(魏略) 에는 "둥근 나무를 포개어 집을 짓는데 마치 감옥과 닮았다."라는 기록이 있어 수직으로 된 벽체가 있었다는 것을 알 수 있다. 마치 성냥개비를 사각형으로 쌓아 가듯 통나무를 쌓아 만든 집을 오늘날에는 '귀틀집' 또는 '투방집'이라고 하는데, 이러한 집의 모습은 마선구 제1호 고분벽화에서 볼 수 있으며, 그와 비슷한 모양의 실례는 일본 도다이 사 안에 있는 경장에서도 볼 수 있다.

수직으로 된 벽체가 만들어지고 고상주거가 출현한다는 사실은 땅을 파고 집을 짓는 움집형태의 주거로부터 땅 위에 집을 짓는 지상주거로 발전했다는 것을 의미한다. 이렇게 지상주거가 발전한 까닭은 농경, 정착생활의 시작에서 부터 찾아볼 수 있다. 정착생활에서의 주거는 영구적 생활의 근거지로서 겨울 뿐만 아니라 여름에도 대비해야 하기 때문이다. 또한 주거에서 생활하는 시간이 많아짐으로써 어둡고 오르내리기 불편한 움집에서 지상주거로 발전할 수 있었다고 보인다(강영환, 2000: 58). 초기에는 움집 위주에서 차츰 농경기술의 발달에 따른 규모의 경제도 확대됨에 따라 잉여생산물의 보관을 위한 집안과 집 밖의 창고, 공동작업장, 집회소, 공동의식장소 등의 필요성이 제기되어 종전의 움집보다 튼튼한 건축의 구조물 등으로 기술발전에 힘 얻어 속속 등장했으리라 보인다. 이러한 지상주거도 사회조직의 복잡화, 발달로 공간구성이 점차 확대되어 갔다. 지상주거의 발견은 한반도 어디서나 나타난다.

당시 철기시대의 주거유적으로는 전라남도 승주군 대곡리 도롱 주거지, 전남 승주군 송광면 낙수리 유적, 강원도 춘천시 서쪽에 위치한 작은 섬의 중도(中島) 유적, 강원도 횡성군 둔내면 둔내고등학교 내, 경기도 수원시 서둔동 농촌진흥청 구내 뒤편 야산 구릉지역에 1979년에 발굴 조사된 서둔동 집터 유적, 평안북도 영변군 세죽리 청천강변에 자리 잡은 세죽리(細竹里) 유적, 충남 부여의 부소산성 내(扶蘇山城 內) 움집터, 경남 김해시 장유면 관동리의 김해 아랫 덕정 고상주거 유적, 제주도 제주시 삼양동 반움집 및 고상주거 등 유적이 전국적으로 산재되어 있다.

3. 주거 유적지

1) 춘천시 중도 유적지

춘천시 중도는 소양강과 북한강이 만나는 곳에 모래가 쌓인 퇴적층으로 삼각 주형태를 이룬다. 의암호가 담수를 이루면서 두 개의 섬으로 변했다. 과거 선사시대에는 강가의 하구지역으로 산과 인접해 있어 구릉지역으로 되었음직하다. 이곳에는 선사시대의 사람들이 살았던 신석기, 청동기, 그리고 철기시대에 이르는 유적이 시대적 배경에 따라 나타나는 선사유적으로 주목받는 지역이다.

　이 지역에 대한 발굴 및 조사된 결과에 의하면 움집의 모양이 2가지 유형으로 이루어져 있음이 학술적 고증에 의해서 확인되었다. 북한강과 한강유역에 위치한 움집으로 한강의 암사동 움집, 북한강의 중도 움집으로 대별할 수 있다. 두 곳의 움집은 서로 시대적 배경만 다르게 살았던 사람들의 주거이다. 우선 암사동의 움집은 중도 유적지보다 오래된 신석기시대의 주거로 수렵과 어로를 중심으로 살았던 약 5천 년 전의 움집으로 집자리를 둥글게 파고 기둥을 세워 주변의 산이나 강에서 얻어진 갈대 및 억새 등으로 지붕을 이어 덮고 집의 가장자리에는 추위를 막기 위해 주별을 돌로 조성된 화덕(爐)의 시설을 하였다. 중도 유적지는 신석기시대보다 이후인 약 2천 년 전인 청동기 말기에

춘천시 중도 유적지 (2006)

서 초기 철기시대에 걸쳐 이곳에 정착생활하면서 수렵, 어로 위주에서 탈피하여 주로 농경생활을 영위하면서 강가에서 고기잡이 등을 통해 부식정도 얻었던 것으로 보인다.

움집의 형태는 집자리 모양이 네모서리를 둥글게 다듬은 말각방형(抹角方刑)이고 바닥은 암사동 유적지와는 달리 진흙을 다져 단단하게 만들었다. 여기서도 추운 겨울을 이겨내기 위해 화덕자리가 보이는데 바닥에 강돌을 쌓고 그 위에 진흙을 덮어 보다 반영구적인 모양으로 발전되었다. 그리고 공간의 구성도 신석기시대의 암사동은 중앙에 위치하였으나 공간 활용도를 높이기 위해 중앙의 안쪽으로 치우쳐 위치한다. 한편 화덕자리를 유추해볼 때 난방을 위한 화덕구조와 음식을 만들기 위한 부뚜막이 조성된 화덕자리로 추정하는데 이는 구들기원의 시원으로 학자들은 추론한다.

구들의 고구려, 부여 등 여러 설이 있지만 완벽하게 갖추지는 못했지만 여러 정황으로 보아 근접함을 알 수 있다. 그리고 이곳 강가 옆에 적석총의 무덤이 발견되어 못, 칼, 회색토기 등 여러 부장품이 출토되어 당시 지배층의 족장무덤으로 추정된다. 이곳은 주거문화와 적석총의 족장무덤 등을 통해 알 수 있듯이 산과 강이 서로 인접해 있어 어패류, 곡류, 산림자원 등이 풍부하고 또한 지역의 입지조건이 좋아 선사시대에서 사람들이 정착하며 살아가는 데 가장 적합한 장소였던 것으로 여겨진다.

2) 광주광역시 신창동 유적

이 유적은 광산구 신창동 632-4외 343필지의 영산강 유역의 충적대지(沖積臺地)와 낮은 구릉지대에 위치하며, 유적의 북쪽 1.5km에 월계동 장고분(기념물 제20호)이 있다. 이곳에는 초기 철기시대(기원전 2~1세기)의 늪과 못터, 토기 가마터, 배수시설, 집자리, 독무덤 등 고대농경 문화생활과 관련된 유적이 집중적으로 발굴, 조사된 곳이다. 독무덤은 토착 농경민의 어린이 무덤으로 유적의 서쪽 구릉경사면에 53기가 분포한다. 독의 기본 형태는 평저난형(平底卵形)으로 축약된 구연 등은 무문토기의 가장 보편적 형식이다. 출토유물은 무문토기와 평저장경호(平底長徑壺) 등의 토기류, 청동제 칼자루장식, 돌도끼, 돌화살촉, 땅 파는 도구로 추정되는 철제편 등이 발굴되었다.

늪과 못터는 영산강의 범람에 의하여 형성된 것으로 모두 10개 층으로 나누어지나 크게 3개 단위로 구성된다. 출토유물은 빗, 괭이, 나무뚜껑, 굽다리접시, 검은 간토기 등의 목재류(木材類), 토기류(土器類), 칠기류(漆器類), 석기류(石器類)와 탄화미(炭化米), 탄화맥(炭化麥), 볍씨, 살구씨, 호도씨, 오이씨 등의 씨앗류, 민물조개류, 물고리뼈, 짐승뼈 등이 있다.

토기가마는 지반(地盤)인 황갈색 석비레층을 파 만들었으며 가마바닥은 U자형으로 5~8°의 경사를 이룬다. 등고선 방향과 같은 방향으로 길이 8m, 최대 너비 2m이다. 출토유물은 점토대(粘土帶)토기, 검은간토기, 대접, 두형(豆形)토기, 굽다리접시, 시루, 옹형(甕形)토기 등의 토기류와 철도자(鐵刀子) 1점 등이 나왔다. 구상유구(溝狀遺構)는 토기가마 북쪽에 있는 두 줄이 평행한 도랑과 같은 유구로 장축방향은 남북이다. 석비레 암반층을 파고 상하 2단층으로 이루어져 있으며 유구 안쪽은 V 또는 U자 형이다. 너비 50~70m, 깊이 20

광산구 신창동 늪지와 못터 유적(2007)

~45m, 남은 길이 4.7~7.0m이며, 출토유물은 점토대토기, 옹형토기, 컵형토기, 토기뚜껑, 바리, 가락바퀴 등이 있다.

조상유구(條狀遺構)는 모두 5조로 너비 10~23㎝의 길다란 모래띠가 40~70㎝의 일정한 간격을 유지하면서 서쪽으로 연결되고, 장축방향은 남북이며 교란되어 유구의 형태가 분명하지 않다. 무문토기 3점이 출토 되었다.

집자리는 장방형 움집으로 석비레 암반층을 파고 만들었으며 일부 유실되었다. 바닥의 중앙부는 진흙을 불에 구워 다졌으며 타원형의 화덕을 설치하였다. 장축 방향은 남북이며 길이 430㎝, 너비 320㎝, 깊이 20㎝이다. 유물은 화덕자리 근처에서 연질원저단경호(軟質圓低短頸壺)와 포탄형의 타날문(打捺文) 토기의 북쪽벽가에서 적갈색 연질토기와 함께 출토되었다. 이와 같은 유적 유물은 당시의 생산과 유통, 매장 유적의 일부를 엿볼 수 있어 이 시기 생활양식과 농경생활의 발전, 전파경로 등의 연구에 귀중한 자료이다(광주광역시, 광산구청, 문화관광팀, 2006). 신창동 유적지는 북서쪽으로 흐르는 극락강의 나즈막한 구릉지에 자리 잡았다. 당시 생활상을 보여주는 복합유적지로 생산활

광주광역시 신창동 주거 유적지(2007)

동에 쓰이는 기구, 생활모습, 무덤 등이 이를 뒷받침해 준다.

특히 저습지가 구릉지대 앞에 위치해 당시 물고기, 우렁 등을 잡아 생활하였고늪 바로위에 구릉지에 집을 짓고 농경생활을 영위하였다. 그리고 관련유물들을 추정해볼 때 먹을거리를 생산, 가공, 저장하기 위한 목기, 토기와 같은 생활품, 옷감, 신발을 만들었던 흔적들이 나타나 있다. 또한 농경사회의 전통적 모습을 기리기 위해 풍요와 안녕을 위한 의식을 기원하고 가무를 함께 즐겼던 것으로 보인다. 이러한 생활상의 입지조건을 갖춘 유적지는 호남지방의 곡창지대라 할 수 있는 지역적 여건과 황룡강의 하류와 영산강 상류 지류에 속하는 인접 극락강이 있다는 점이다. 한편 이곳의 여러 유물들이 발굴, 조사되어 당시 시대적 배경을 보여주는 여러 가지 생활상이 중요한 사료적 가치를 지녀 사적 제375호(1992년 9월 9일)로 지정, 관리되고 있다.

3) 제주시 삼양동 유적지

제주시 삼양동 1660-5 외 일대에 걸쳐 자리 잡으며 주변지역은 바다의 해안과 인접에 있고 '읍나물내'라는 소하천이 흐른다. 이곳은 청동기시대부터 철기시대에 이르기까지 다양한 문화층을 이루고 탐라국 형성기의 중요한 마을유적이다. 유적지의 기반은 제주도에서 보기 드문 황색점토층으로 미사양 질토이며 동서로 1.2~1.5㎞, 남북 3만여 평에 이른다.

이 유적지는 1973년도에 고인돌 3기가 발견되어 보고되면서 널리 알려졌다. 유적지는 다시 1996년 토지구획정리사업 지구 내에서 도로기반시설 공사를 추진하는 과정 중에 선사유물이 발견되어 공사를 중단한 후 제주대 박물관에 시굴조사 및 발굴조사 용역을 발주하여, 1996년 12월 30일~1997년 2월 10일까지 13필지 11,165㎡에 대한 시굴조사를 실시하였다. 이어서 발굴조사는 10필지를 5개 구역으로 나누어 1차 발굴조사는 1997년 4월 24일~10월 30일까지, 2차 발굴조사는 1997년 12월 10일~1998년 10월 5일까지, 3차 발굴조사는 1998년 11월 18일~1999년 7월 8일까지 실시되었다.

3차에 걸쳐 발굴조사를 실시한 결과 주거지 중 반움집 형태인 원형주거지 173기, 장방형(長方形) 주거지 17기, 지상주거 형태인 부정형주거지 20기가 확인되었다.

원형주거지 형태는 직경 4m 내외 크기와 건물은 2 × 2칸 규모로 대형주혈이 2m 간격으로, 내부 중앙에 동그란 구덩이를 파 양쪽 끝에 위치한 기둥구멍은 간단한 시설로 보이나 이 기둥구멍은 주 건물의 보조기둥으로 이용하기 위해 파놓은 것으로 보인다. 주거지 이외에도 마을을 구성하는 시설물로 석축담장지 2개도 확인되었다.

지상식 가옥 중 불다짐처리 부정형 주거지 20기 등 총 236기의 유구가 확인되었으며 집터의 내부에서는 토기류인 원형, 타원형, 삼각형 점토대토기, 삼양동식 적갈색 토기, 피수부토기와 청동기류로 마제석촉동검파편, 환옥, 철기류인 손칼 등과 유리구슬, 석기류, 갈돌, 갈판, 마제석검, 석부, 숫돌 등의 많은 유물이 발굴되었다.

제주시 삼양동 주거지 (2007)

　　그리고 곡식류인 보리와 콩 등의 탄화곡물도 수습되었으며 모두 25종의 1천
여 점의 유물이 출토 되었다. 이와 같이 삼양동 선사유적은 다양한 유물들이
문화계층을 달리하며 출토됨에 따라 청동기·철기시대의 주거문화를 한 눈에
알아볼 수 있는 역사적 의미가 있는 유적지로 기원전 1세기를 전후한 대단위
복합마을 유적으로 추정된다.

　　한편 이곳의 삼양동 유적지는 한반도의 대표적인 청동기, 초기 철기시대의
유적지인 동시에 탐라국 형성기 제주 선주민의 문화를 이해할 수 있는 국내 유
일의 마을 유적지로 판명됨에 따라 동북아지역 마을유적을 고증하는 데 역사
적 가치가 있다. 이러한 역사적 가치의 자료에 의하여 국가지정 사적 제416호
(1999년 11월 15일)로 지정되어 본격적으로 복원을 추진했다. 복원된 주거지로
는 원형주거지 12동, 장방형주거지 1동, 고상가옥 1동 등 모두 14동의 국내
최대의 마을유적지로 주거지 등을 원형에 가깝게 최근에 복원하였다.

　　한편 철기시대에 이르러서 주거환경의 변화는 그 이전의 시대와는 달리 주
거문화가 확연하게 대별된다. 즉 주거환경의 모습은 다른 문화보다 훨씬 빠르

320

제주시 삼양동 장방형 주거지 (2007)

게 발전해갔다. 집단취락의 구조를 이루는 유적의 발견과 지상주거의 출현은 주거문화에서 다양한 방법으로 발전되었음을 짐작할 수 있다. 철기시대의 집자리는 신석기, 청동기시대에 이르기까지 함께 발굴되었다. 농경생활의 시작으로부터 완전 정착화됨으로써 시기는 달라도 주거의 모습은 같은 장소에서 문화층의 층위별로 나타나는 것이 하나의 특징이다. 시대의 변천에도 불구하고 집자리의 위치는 변하지 않고 한 곳에서 계속 세대를 달리 하면서 발전한 것으로 보인다.

이는 주거이동 생활이 정착생활로 완전히 자리 잡은 모습을 보여준다. 한편 철기시대의 전기에는 청동기시대와 같이 반움집의 형태로 거주했으나 후기에 이르러 농경생활의 발달과 더불어 생업의 형태로 전환됨으로써 주거의 변화도 규모와 재료, 형식면에서 많은 변화에 이른다. 지상주거의 모양은 땅 위에 원두막처럼 세운 집으로 벽체가 있는 집으로 발전했다. 지상주거의 발생 연유에는 여러 요인이 있지만 철기의 도입으로 농업발전은 물론 주거생활의 정착화 내지 사회전반에 걸쳐서 영향을 받았다. 특히 주거환경의 변화는 철기의 도구를 이용한 건축자재의 가공기법과 목조기술의 향상에 힘입어 위생상 어둡고 불편한 움집에서 지상주거로 변모했다. 이는 땅 속에서 오르내리는 데 이용상 불편함, 그리고 위생상으로 계절에 따른 겨울철의 채광과 여름철의 습기 등은 각종 질병을 유발할 수 있기에 계절별 다양한 주거형태인 겨울에는 보온을 위한 따뜻한 움집을 이용하고 무더운 여름철에는 원두막 같은 시원한 지상주거에서 거주한 것으로 추정된다.

한편 화전민촌 등에서 이용한 산간지방의 귀틀집 형태인 지상가옥도 있었던 것으로 추정된다. 이 시대의 주거에서는 난방과 취사를 위한 구들과 부뚜막이 등장하는데 이는 구들의 최초시설로 보인다. 구들의 형식은 외줄구들로 연기배출 등을 위한 굴뚝 설치는 난방보다는 취사를 위한 구들시설로 여겨진다.

철기시대의 구들은 고대국가의 시대인 부여, 고구려 등에서 나타나는 구들의 시원을 이루는 데 기여한 것으로 추정되는데 이곳의 유적지까지 주거이동이 전래된 모습이 아닌가 여겨진다. 그리고 고상주거의 발달은 바닥과 벽체의 처리에서 나무를 가공하여 판재로 만들어 결구된 구조로 바닥을 마루로 이용하였다는 것이다.

울산광역시 옥현지구 등에서 발굴 조사된 바에 의하면 목탄흔이 남아 있는 것으로 미루어 볼 때 벽체는 판재를 사용한 것으로 추정된다. 이러한 마루의 발달은 고상주거에서 나타날 수 있는 불안전한 위험 등의 요인에 대해서 무게를 덜어주고, 안정감을 더하는 역할을 한 것으로 보인다.

마루의 형성은 고온다습에 따른 주거환경을 개선했다. 마루구조는 갈수록 발전하여 한국의 주거사에서 북쪽지방의 구들문화와 남쪽지방의 마루의 만남이 이루어진다. 지상주거의 출현은 다시 고정되고 안전한 정착생활을 유도해 지상주거에서 흔히 나타날 수 있는 건물의 안전도에 영향을 미치는 폭설, 비, 바람 등에 구조적으로 견딜만한 집으로 발전하여 목조기술의 진보를 가져와 이 시대에서 한반도에 우리의 고유 주거문화로 자리 잡는 계기를 마련했다고 볼 수 있다.

삼국시대의 주거문화

한반도의 주거문화는 선사시대를 걸쳐 청동기시대가 도래되면서 청동기를 가지고 들어온 청동기인들은 사회 전 계층에 걸쳐 많은 변화를 일으켰다. 특히 이러한 사회계층의 분화는 정복국가에서 흔히 발생되는 지배계급과 피지배계급 사회를 출현시켰다. 이어서 철기시대의 등장은 한반도의 사회문화는 물론 주거문화에 이르기까지 선사시대를 완전히 마감하는 계기가 되고 역사의 시대를 앞당기는 시대를 열었다.

이 시대의 지배계급은 강력한 세력을 형성하면서 점차 확장하여 가장 먼저 국가의 형태로 발전시킨 것이 고조선이었다. 승 일연(僧 一然)에 의해 기록된《삼국유사》에 의하면 기원전 2333년에 단군왕검이 건국한 것으로 기록했다. 고조선은 요령지방과 대동강 유역을 중심으로 독자적 문화를 발전시키면서 중국의 요서지방과 경계를 이루면서 연나라와 대립하면서 강한 국가로 발전하였다.

이런 과정 속에서 인접 국가인 중국의 전국시대 이후 전국이 혼란에 휩싸이자 고조선으로 대거 이동하게 된다. 그 뒤에도 진·한의 정권 교체기에도 많은 유이민이 대거 이주를 왔는데 그 중 위만은 많은 무리를 데리고 고조선으로 유입되어 들어왔다. 이들은 고조선을 멸망시키고 새로운 국가를 창설했는데 위만의 집권이 시작된다(기원전 194년). 위만의 집권기에는 본격적으로 청동기시대와 겸용한 철기문화를 본격으로 수용하였다.

철기문화는 강력한 고조선을 만들었고 한나라와 자주 대립했는데 기원전 108년에 한 무제에 의해서 평양의 왕검성이 멸망했다. 한 무제는 고조선지역에 한사군을 설치하고 지배했으나 토착민들의 반발에 토착민과 고구려에 의해서 결국 퇴각한다. 고조선의 사회는 국가체제를 갖추었고 8조금법이 있었다. 사유제산제도의 발달과 규모의 경제력이 발전하면서 위만조선이 집권하던 시기에 사회질서를 유지하기 위해서 형벌과 노비도 발생했던 사회상을 알 수 있다.

기원전 2세기경 남쪽지방에는 진(辰)이 있었으며 여기서 다시 마한, 변한, 진한이 형성된 국가체제를 이루었다. 이러한 원삼국은 발전을 거듭하면서 기원전 1세기경에는 고구려, 백제, 신라의 삼국과 더불어 부여, 동예, 옥저 등이 공존하면서 발전하였다. 이후 소국들은 연맹왕국 단계에 이르지 못하고 고구려, 백제, 신라, 가야로 흡수되었다. 이 시기는 철거문화의 보급에 따른 생산력의 증가로 사회적, 경제적 발전은 물론 정치적으로도 더욱 강해져 다른 집단에 대한 지배세력으로도 확대하여 나아갔다. 이 시대를 고고학계에서는 철기시대의 후기(기원전 1~300년)라고도 한다.

삼국은 더욱 왕권을 강화시키는 정치체제로 발전을 거듭하면서 율령을 반포하여 굳건한 통치체제를 정비하여 나아갔다. 이는 불교의 전래로 인하여 중앙집권적 고대국가를 형성하는 데 기틀을 마련하였다. 《삼국사기》에 의하면 신라, 고구려, 백제 순으로 건국한 것으로 기록하나 철기문화의 도입의 수용이나 한반도 지형의 지리적 위치 등을 볼 때 고구려, 백제, 신라 순서로 고대국가체제를 갖추게 된 것으로 학계에서는 일반적으로 본다. 한편 남쪽 아래에 위치했던 가야는 삼국의 틀 속에 국가체제를 이루지 못한 채 백제, 신라에 의해서 흡수, 통합되었다. 한편 삼국시대에는 각 국가별 특성이 있게 새로운 문화의 창조시대가 열렸다. 특히 신라의 세속 5계와 임신서기석 등에서 볼 수 있듯이 사회적 윤리와 명예를 중시하였다. 찬란한 문화의 정신을 기반으로 외세에 대한 침입을 막아낼 수 있었고 안으로는 정치, 경제, 사회적 측면에서 모든 체계를 정비하면서 발전을 거듭해 민족 대통합을 위한 통일을 이룩할 수 있었다. 삼국시대에는 계층상 신분의 계급이 나타나 개인적 평등사회보다 친족사회 중심인 귀족사회인 신분제 사회를 이루었다. 경제생활은 주로 농업을 기반으로 목축업, 어업, 수공업 등이 발달하였고 선진문물 등을 북쪽으로부터 서로 교류하면서 고대국가의 기반을 튼튼하게 만들었을 뿐만 아니라 멀리 일본에까지 삼국은 여러 분야에 걸쳐 문물을 전파하여 큰 영향을 끼쳤다.

삼국시대의 주거문화는 지형 및 기후적 특성에 의해서 서로 다른 주거문화를 형성시켰다. 크게 북부지방, 중부지방, 남부지방으로 구별할 수 있는데, 북부지방은 고구려의 특징인 구들중심의 주거, 중부지방은 한강유역을 중심으로 한 백제는 고구려의 영향으로 고구려와 비슷한 주거형성, 신라는 남부지방의 따뜻한 기후적 특성에 의한 온돌기능보다 마루기능이 발달한 주거문화가 형성시켰다.

제1절 고구려시대

1. 시대적 형성배경

삼국 중 가장 먼저 국가체제를 정비한 고구려는 《삼국사기》의 기록에 의하면 부여에서 남쪽으로 내려온 주몽이 건국한 것으로 전해진다(기원전 37). 고구려는 지금의 압록강의 지류인 동가 강 유역의(졸본) 지방에 자리 잡았다. 산악지방을 중심으로 세력을 이루어 강이나 평야지대로 이동해 국내성(통구)으로 옮겨 5부족연맹체로 발전했다. 고구려의 발전이 다른 국가들보다 빨랐던 요인은 고조선이 멸망하고 평양 일대에 설치된 한사군 중 군현이었는데, 그 뒤 4백여 년간 군현이 지속되었다. 이러한 군현의 설치는 정치·사회적으로 많은 변화를 일어나게 만들었고 고구려에 흡수, 통합되어 동북아 지역에서 가장 선진화된 철거문화를 받아들일 수 있는 이점을 지니게 한 데서 기인된 것으로 볼 수 있다.

이는 한사군의 지배에 의한 유물 등에서 찾아볼 수 있는데 한 군현과의 교역과 교류를 통한 철제 농기구와 오수전과 같은 화폐 등에서 알 수 있다. 이와 같이 고구려의 문화는 우리 고유의 문화의 독창성보다는 한(漢)나라 등 외래문화의 지배적 구조에서 벗어나지 못한 것으로 볼 수 있다. 특히 고구려는 삼국 중에서 지리적 위치관계로 중국으로부터 불교를 가장 먼저 받아들여 일찍이 고대국가의 기반을 다지고 사원(寺院) 건축이 성행, 발전하는데 기여하였다. 《삼국지》 "위지 동이전"에 의하면 "고구려에는 큰 산과 깊은 골짜기가 많고 평원과 연못이 없어서 계곡을 따라 살며 골짜기 물을 식수로 마셨다. 좋은 밭이 없어서 힘들여 일구어도 굶주림을 채우기는 부족하였다. 사람들의 성품은 흉악하고 급해서 노략질하기를 좋아하였다"라고 기록했다. 이러한 지리적 여건의 취약으로 주변의 부족연맹체를 공격하여 통합하고 더 나아가 산악지대에서 평야지대로 진출했다. 한사군을 몰아내 요동지방까지 그 영역을 넓히고 동쪽으로는 옥저를 정복하여 공물을 받기도 한다. 고구려는 부여의 사회체계와 비슷하여 왕 아래 상가, 고추가 등의 대가제도를 두고 각기 사자, 조의, 선인 등 관리를 거느렸다. 사회의 중대한 범죄자에 대해서는 제가회의를 통해서 사형에 처하고 그 가족은 노비로 삼았다. 고구려는 서옥제라는 제도가 있었는데 남자가 장가를 가게 되면 여자의 집 뒤쪽이나 옆에 집을 지어 같이 일정한 기간 동안 함께 살았는데 일명 데릴사위의 풍속이었다.

한편 고구려의 국경은 한강 이남의 백제로부터 북쪽으로는 전연(前燕)과의 대립각을 세우며 계속 불편한 관계를 유지했는데 광개토대왕 때는 요동을 정벌하고 숙신(肅愼)을 정복하여 요동을 차지했다. 남으로는 백제의 한강 이남을 공략하여 한때는 한강의 주인이 되었다. 이후 정복은 계속되어 장수왕 때는 고구려의 영토가 가장 넓은 지역을 형성하여 전성기 시대를 이룩하였다.

이러한 과정 속에서 6세기 말 중국에서는 남북조의 시대가 마감하고 수(隋)나라가 중원을 통일한다(589). 수나라는 여러 차례 걸쳐 고구려를 공격하는데 30만 대군을 이끌고 고구려 평양을 공격하였으나 을지문덕 장군에 의해서 패하고 이를 계기로 수나라는 618년에 결국 망하게 된다. 수나라가 멸망하자 당(唐)나라가 건국되어 다시 당 태종(唐悰)은 17만의 대군을 이끌고 요하를 건너 공격하였으나 안시성(安市城) 전투에서 크게 패하고 되돌아갔다.

백제는 신라침공을 단행하여 낙동강에 이르는 지역을 확보하였으나 신라는 고구려와 대립각을 세운 당나라 원병을 요청하여 백제를 먼저 치는데 의자왕의 호화롭고 방탕한 생활 등으로 백제는 660년에 멸망하게 된다. 백제공략 이후 신라는 남북의 협공으로 고구려를 공격하는데 고구려도 보장왕 27년(668년)에 멸망한다. 고구려는 지형상으로 논농사 보다는 주로 산간지역의 밭농사가 주류를 이루었고 북쪽지방에 위치해 인접국가의 침략에 항상 최전방 전진기지 역할을 하여 백제, 신라 등이 정치, 사회, 경제적 역량을 키울 수 있도록 안전지대를 만들어 주었다.

고구려인들의 용맹스러운 전투적 정신과 진취적 기상은 고구려의 문화예술 등에서도 나타나듯이 위대한 우리 민족성을 잘 반영한다. 특히 문화적 측면에서 철기문화의 수용으로부터 불교의 전래는 한반도의 새로운 민족문화 형성에 크게 기여한다. 한사군의 침입으로부터 시작하여 전연, 남북조 시대, 수, 당

등과 북방 이민족에 이르기까지 여러 나라와의 교류를 통한 고구려의 문화는 다른 문화를 개방하여 받아들이고 이를 독창적인 우리 고유의 문화로 연결시켰다.

2. 주거문화의 특성

고구려의 주거문화는 지리적 위치와 기후적 특성에 의한 자연환경에 적합한 구조를 갖춘 집을 짓고 생활하였다. 지정학적 위치로 중국과 국경을 접해 자연스럽게 중국뿐만 아니라 서역의 문물까지 수용하였기에 각국의 다양한 문화의 영향을 많이 받았다.

　삼국 중에서 정복국가로 발전하며 수도를 옮기면서 발전한 국가는 고구려와 백제이다. 이 두 나라는 도읍을 옮기면서 새로운 궁궐과 도성을 짓고 축조하여 독특한 유형의 건축문화를 형성하였다. 고구려의 주거유적은 그동안 많이 발굴 조사가 되지 않는다. 주로 유적이 북한지역과 만주 등지에 산재되어 있어 적극적인 발굴 등이 이루어지지 않아 그 유적을 찾아보기에는 그 한계가 있다. 현재까지 발굴 조사된 유적지로는 고구려 후기의 것으로 보이는 대표적 유적인 중국의 길림성 집안에 있는 동대자(東坮子) 유적, 평남 북창군 대동강 기슭에 자리잡은 대평리 유적, 자강도 시중군 노남리 유적, 자강도 중강군 토성리 유적 등이 있고, 사찰건축으로는 평양시 역포리 구역 무진리 정릉사지(定陵寺址), 평양시 대성구역 청암리 성 안에 있는 금강사지(金剛寺址) 등이 있다.

　고구려 주거에 대한 문헌을 고찰하면 우리나라 문헌보다 주로 중국의 문헌에 자주 등장한다. 《후한서》 "동이 읍루조", 《후한서》 "동이전 변진조", 《진서》 "사이전 숙신조", 《삼국지》 "위지 동이전 고구려조", 《신당서》 "동이전 고구려조", 《구당서》, 《삼국사기》, 《삼국유사》 등에서 이를 알 수 있다. 특히 중국의 문헌은 고구려 주거에 대해서 다음과 같은 내용을 언급하는데 수혈주거, 귀틀집, 고상주거, 부경(桴京), 서옥(婿屋), 초가지붕, 구들 등이 기록으로 전해 내려온다.

《후한서》"동이 읍루조"는 수혈주거에 대해서 언급하는데 일반 서민들의 주거형태는 "깊이 땅을 파서 기둥을 세우고 도리를 내어 서까래를 걸쳐 지붕을 만들고 풀이나 흙 등으로 지붕을 이었다"고 한다. 이는 이미 수혈주거 형태의 집을 짓는 기술이 목조기술로 전환되었음을 알 수 있다. 특히 도리를 내어 결구시킨 방법은 건축기술을 한 단계 발달시킨 방법이다. 그리고 《후한서》"동이전 변진조"에 의하면 "나무를 횡으로 놓아 감옥처럼 만들어 통나무를 우물정 (井) 자(字) 모양으로 벽을 쌓아 집을 만들었는데 기둥은 없다"고 하였다. 이는 주로 볏짚이나 억새풀 등을 구할 수 없는 산간지방의 화전민들이 만든 귀틀집의 일종이다. 이는 우리나라의 경우 북부지방에서 남부지방에 이르기까지 나타나는데 함경도 지방에서 무주구천동까지 분포되어 있다. 《삼국지》"위지 동이전 고구려조"(三國志 魏志 東夷傳 高句麗條)에는 이러한 기록이 있다.

> 도읍은 환도에 있었고, 사방이 이천여 리로 집 호수는 삼만이나 되었다. 큰 산과 깊은 골짜기가 많으나, 좋은 샘이 없었다. 산곡을 따라 집을 짓고 살았으며, 간수 (澗水)를 마셨다. 좋은 밭이 없어 힘들여 일하여도 배불리 먹지 못하였다. 때문에 그 풍속이 음식을 아껴 먹었으나, 궁실만은 잘 꾸몄다. 집의 좌우에 대옥(大屋)을 짓고 귀신을 섬기고, … 나라 안의 대가(大加)들은 밭일을 하지 않았으며, 밭일을 안 하고 먹고 사는 사람들이 만여 명이나 되었다. 아래계급에서 쌀, 물고기, 소금 들을 공급하였다. … 큰 창고는 없지만 집집마다 작은 창고가 있는데, 이를 부경 (桴京)이라 부른다…

이 기록에서 부경(주남철, 1994, 재인용)은 현재 집안의 집집마다 지어진 옥수수를 추수하여 갈무리하는 옥미창(玉米倉)으로, 이는 비교적 굵은 나무를 잘라 만든 기둥과 도리, 보 등으로 결구한 구조체를 바탕으로 지면에서 상당히 높은 곳에 판자를 깐 바닥과 판자로 마감한 벽체로 이루어진 고상구조의 창고이다.

이러한 창고 그림은 벽화무덤인 마선구 무덤(麻線溝第一號墳)에 그려져 있다. 불교가 전래된 소수림왕 2년(372) 이후의 기록인 《구당서》권199 상열전 제149 고려조와 《신당서》고려조에도, "고구려는 산곡(山谷)을 따라 집을 지었는데, 일반 백성들의 집은 초가였고, 절과 신당, 왕궁, 관아들은 기와지붕으로 이루어졌다. 가난한 사람들은 겨울에는 장갱(長坑)을 놓아 그 아래 불을 때서 덥게 지냈다"고 기록되어 있다.

이 기록으로 고구려의 일반 민가들은 초가집이었고, 귀족계급과 궁궐, 사찰, 관아 등만이 기와지붕을 하였음을 알 수 있다. 그리고 위의 기록 중 장갱(長坑)은 ㄱ자형 구들(주남철, 1987, 재인용)이며, 이미 초기 철기시대의 수원 서둔동 주거지에서 그 유구가 발굴되었고, 고구려시대의 집안 동대자 주거지에서는 두 채의 집채 중 동측 집채는 동벽과 북벽을 따라 한 줄의 ㄱ자형 구들이 있고, 서측 집채에는 두 줄의 ㄱ자형 구들이 있는데, 아궁이는 방 안에, 굴뚝은 방 밖에 있는 것이 발굴되었다.

안악 제3호분 벽화

330

중국 길림성 집안(集案) 각저총

　한편 안악 제3호분의 벽화에서는 부엌, 고깃간, 수레간, 외양간, 마구간 등
이 한 채 한 채 따로 있는 것으로 보아, 기능에 의한 공간분화가 이루어졌고,
또 여러 채의 집채들이 모여 하나의 저택을 이룸을 알 수 있다. 이는 바로 조선
시대의 주택에까지 계승된 한국 주택건축의 특징이 바로 고구려 주택에 그 원류
를 둠을 알 수 있다.

　생활의 기거양식은 좌식과 입식생활이 함께 이루어졌는데, 이는 쌍영총, 사
신총의 벽화에서 묘주 부부가 평상 위에 평좌하고 있는 모습에서 무용총, 각
저총 등에서는 주인이 앞에 탁상이 놓인 곳에 앉아있고, 시녀들이 시중을 들
고 있으며, 방에는 휘장 등을 치고 있는 모습이 그려져 있는 것으로 보아 알
수 있다.

　당시의 생활용구로 국립중앙박물관에 소장된 철제부뚜막과 도제부뚜막은 주
방 또는 옥외에서 여름철에 사용하던 것으로 조선시대의 한데부엌의 옛모습을
보여준다(주남철, 2002: 78~80). 고구려시대의 유적지는 대부분 중국의 집안
과 북한지역에 널리 분포한다. 남한지역에 고구려의 유적지에 대한 것으로는

중원고구려비 발견을 제외하고는 전무한 실정이었다. 그러나 1980년대 후반에 들어와 고구려 유적지에 대한 존재가 조금씩 발굴 조사됨에 따라 어느 정도 알 수 있게 되었다.

남한지역에서 고구려 유물의 존재가 처음 확인된 것은 1988년 몽촌토성의 발굴현장이었다. 고려대 최종택 교수는 당시 서울대 박물관에서 몽촌토성에서 출토된 백제의 토기조각들을 복원하는 작업을 하던 중 낯선 토기조각을 하나 발견했고, 한 달여간의 작업 끝에 복원된 토기는 남한에서는 출토된 예가 없는 전형적인 고구려 토기임이 밝혀졌다. 계속된 작업으로 상당량의 고구려 토기들을 복원할 수 있었고, 이들 토기들은 백제 한성을 함락시키고 몽촌토성에 주둔했던 고구려군이 사용한 것들임이 드러났다.

이 발견을 계기로 1977년에 조사된 구의동 유적이 고구려 보루로 재인식되었으며 1990년대 초반에는 지표조사를 통하여 아차산 일대에서 많은 고구려 보루가 확인되어 비로소 남한에서도 고구려 고고학에 대한 본격적 연구가 시작되었다. 이 후 1997년부터는 아차산 제4보루에 대한 발굴조사가 이루어지면서 고구려 유적·유물에 대한 연구가 왕성하게 진행되었고, 이후 시루봉 보루, 홍련봉 보루, 임진강유역의 호로고루, 은대리산성, 당포성 등의 유적들에 대한 발굴조사가 실시되었다. 금강 유역의 남성골산성과 월평산성 등에서도 고구려 토기가 발견되어 조사되었고, 이들을 통해 비교적 많은 자료들이 축적되어왔다.

현재까지 남한지역에서 조사된 고구려 유적은 충주지방의 중원고구려비 1곳을 제외하고는 모두 관방유적(군사시설)으로 총 80여 개소가 넘으며, 이 중 45개소는 고구려에 의해 축조된 것으로 확인되었다.

나머지들은 기존의 백제나 신라의 건조물들에 고구려군이 들어가 그 흔적을 남긴 것들로 파악된다. 이들 유적은 대부분 둘레가 500m 미만으로 산성에 비해 소규모이며 기능면에서도 제한적이어서 따로 보루라고 부른다. 그러나 이들 보루는 일정한 간격을 두고 서로 연결되어 전체적으로는 커다란 방어시설의 역할을 수행하였다. 군사적으로 중요한 자리에 위치한 보루들은 지리·지형적 이점을 잘 활용했으며, 고구려의 영토 확장과 관련해 고구려의 군사조직이나 생활상, 한강유역 지배방식 등의 사실들을 알려주는 중요한 유적이다.

남한지역의 고구려 유적은 크게 임진강 및 한탄강 유역, 양주분지 일원, 한강유역의 아차산 일원, 금강유역 등 네 곳에 집중적으로 분포한다("아차산 고구려 유적 보존・활용방안에 대한 기본조사연구(광진구)", 2005: 45~57). 서울시 광진구 한강변에 위치한 아차산 일원에서는 당시 고구려의 장수왕 남하 정책에 따른 작은 형태의 보루가 많이 발굴되었고 발굴되었다. 보루에서 발굴된 여러 유구와 유물들을 통하여 당시 475년 장수왕에 의한 고구려의 점령은 80여 년간 계속되는 과정에서 그들의 생활상, 주둔지에 대한 군사시설 관리상태 등을 밝혀주고 한편 아차산 일대의 보루에서는 지상 건축물과 구들시설이 발견되어 고구려 생활모습을 보여준다.

3. 주거 유적지

1) 집안 동대자 유적

규모가 큰 건축군(建築群)에 속하는 한 동(棟)의 건물지에 불과하지만 당시 귀족(貴族)의 주택(住宅)을 보여주는 귀중한 자료라 할 수 있다. 이 건물지는 정면이 35m, 측면이 11m 규모인데 중앙에 좁은 복도(複道)를 사이에 두고 동서에 각각 150~170㎡ 되는 방(房)을 두었다. 방의 주위에는 툇간이 붙어 있고 북쪽으로는 다른 건물과 연결되는 단랑(單廊)이 있다. 동쪽방의 기초는 1.5~2m 폭으로 자갈을 다져 만든 줄기초로 되었고 방 안쪽에는 외줄고래의 온돌을 놓았다. 서쪽방의 기초는 적심석(積心石)을 놓은 독립기초로 하였고 방 안에는 두 줄 고래의 온돌을 놓았다. 건물의 가구(架構)를 복원하면 동쪽방은 조적식이고 서쪽방은 가구식 구조의 방이었던 것 같다. 이와 같은 구조의 차이는 두 방의 기능이 서로 달랐기 때문으로 생각된다.

동대자 유적(東台子 遺蹟)에서는 첫째, 고구려 귀족들의 집은 여러 채의 건물이 있었고 그 건물들은 회랑으로 연결되었으며, 둘째, 건물의 규모는 매우 크고 안에는 여러 개의 방이 있었으며 주위에는 툇칸을 달았고, 셋째, 방의 기능에 따라 구조 자체가 달랐다는 것을 알 수 있다. 발굴된 주거지 외에도 안악 3호분(安岳 3號墳), 쌍영총(雙楹塚), 안악 1호분(安岳 1號墳), 덕흥리 고분(德興里 古墳), 마선구 1호분(麻線溝 1號墳), 각저총(角抵塚) 등의 고분에 그려진 벽화를 통해서도 고구려 주거의 구조를 어렴풋이나마 알 수 있다. 벽화 고분에 나타난 자료에 의하면 고구려 상류층의 가옥들은 기와를 이은 원장(垣墻)과 회랑(廻廊)으로 집 전체를 둘렀으며 담장이나 회랑 앞에는 문루(門樓)를 두었고 안뜰에는 우진각지붕의 살림채를 2중, 3중으로 놓았음을 알 수 있다.

안악 3호분에는 7개의 건축공간이 있는데 각각 다른 벽화가 그려져 있다. 문간에는 문지기 장수, 전실 벽에는 무사, 의장대(儀仗隊) 등이, 천정에는 해와 달이 그려져 있다. 서협실(西夾室)에는 주인공 부부, 시종, 문무관 등이, 동협실(東夾室)에는 방앗간, 우물, 부엌, 푸줏간, 외양간, 마구간, 차고 등이 그려져 있으며 묘실(墓室)에는 춤추는 인물이, 전실 동측 복도에는 창고 등 부속건물 그림이 있다. 이와 같은 벽화를 보면 마치 지상의 호화주택을 땅 속에 옮긴 것 같은 느낌이 든다.

즉, 주인공의 주택에는 대문채 안에 넓은 안뜰이 있었고 그 정면에 고대광실의 안채가 있었으며 안채의 뒤에는 창고가 연달아 있었음을 알 수 있다. 집안 2호분(集安 2號墳)의 그림에는 중층건물이 그려져 있어 귀족의 호화로운 살림집이었음을 알 수 있다. 주택그림을 보면 창방(昌枋) 위에 첨차를 두 단 올리고 공포 사이에는 人자형 및 동자주 대공(童子柱 臺工)을 넣은 모습을 볼 수 있다. 주택의 지붕은 주로 우진각지붕과 맞배지붕으로 되었으나 팔작지붕도 있었으리라 믿어진다. 지붕에는 불꽃 모양이나 새 모양 등의 장식을 하였고 막새기와를 사용하였으며 녹유와(綠釉瓦)도 쓴 것 같다. 기단은 다듬은 돌로 만들었으며 기단 위나 토방에는 전(塼)을 깔았고 팔각이나 원형의 주좌(柱座)가 있는 초석도 사용하였다. 또한 살림집에도 단청을 하였음을 고분벽화를 통해 알 수 있다.

고구려시대 주택에는 온돌을 사용하였다. 지금까지 발굴된 자료에 의하면 일반적으로 ㄱ자형으로 온돌을 놓았는데 고래는 외줄과 두줄의 2가지 형식이

황해도 안악 3호분

있었다. 자강도 시중군 노남리 유적(魯南里 遺蹟), 동태자 유적(東台子 遺蹟)의 동쪽 방은 외고래의 온돌이었고 평남 북창군 대평리 유적(大坪里 遺蹟), 평양 정릉사지(定陵寺址)의 승방지(僧房址), 동태자 유적의 서쪽방에는 두고래의 온돌이 있었음이 확인되었다. 고구려 주택의 온돌들은 거의 모두 건물 동쪽 벽과 북쪽 벽을 따라 온돌을 놓고 북쪽에 독립된 굴뚝을 두었다. 동대자 주거지의 온돌은 높이가 대략 40㎝ 정도 되고 굴뚝은 직경이 1m 가량 되었으며 주위에 진흙과 돌을 섞어 벽을 두텁게 만들었다(리화선, 1989: 68~69 재인용). 고구려 사람들의 주생활 내용을 보면 방에는 온돌을 놓고 평상(平床), 좌상(坐床) 생활을 하였다.

평상과 좌상은 모두 온돌 높이로 되어 있고 양쪽과 뒷면에는 몸받이 난간이 설치되었는데 온돌을 놓지 않은 방바닥에서 사용하였다. 평상에서 생활하는 그림은 약수리 벽화고분, 안악 2호분, 쌍영총, 수렵총 등에 보이며 좌상에서 생활하는 그림은 안악 3호분, 대성리 1호분, 감신총(龕神塚) 등에 보인다. 이러한 가구와 낮은 온돌은 방 안에서 신을 벗고 생활하였음을 말해준다.

그러나 무용총(舞踊塚), 각저총(角抵塚)에서는 걸상 생활의 그림이 있어 신을 벗지 않는 입식생활도 하였을 것으로 추정된다. 살림집의 부속건물들은 각 기능에 맞도록 다양하였다. 안악 3호분의 동측실에는 방앗간, 부엌채, 육고(肉庫), 차고, 우사(牛舍) 등이 그려져 있어 상류귀족의 생활은 기능이 많이 분화되었음을 알 수 있다. 부속건물은 맞배집이 많으며 부엌채에는 부뚜막까지 설치되어 있다.

이것은 당시 음식물 가공을 위한 건축설비가 발전된 수준에 있었음을 보여준다. 부뚜막은 유물로서도 여러 개가 발견되었다. 마선구 1호분에서는 부장품으로 넣은 유약(釉藥)을 바른 도제(陶製) 부뚜막 모형이 발굴되었고 이와 비슷한 철제 부뚜막이 평북 운산군 용호동 1호분에서도 나왔고 집안 12호분에서도 부뚜막이 출토되었다. 한편 부유한 집에서는 큰 창고를 지었다. 평안남도 강서군의 덕흥리 고분(德興里 古墳), 집안(集安)의 마선구 1호분(麻線溝 1號墳)에서는 귀틀을 짜서 만든 누각식(樓閣式) 창고의 그림이 있었다. 마선구 1호분의 창고에는 디딜방아까지 설치되어 있었으며 덕흥리 고분에서는 창고에 짐승이 오르지 못하도록 둥근 턱이 있는 귀틀이 보이기도 한다. 이와 같은 것은 팔청리 고분(八淸里 古墳)에서도 보인다. 이들 자료를 보면 창고는 습기를 막기 위해 지상에서 높이 뜨도록 바닥을 만들고 짐승의 침입을 막기 위한 시설을 설치하였음을 알 수 있다.

또 살림집에는 구유를 갖춘 외양간, 마구간이 있었고 도르래로 물을 풀 수 있는 우물까지 있었다. 1985년 평양시 대성구역 고산동에서는 고구려시대의 우물이 처음으로 발견되었다. 우물의 깊이는 현재 7.5m가량 되는데 윗부분이 허물어진 것을 감안하면 약 9m 이상 되었을 것으로 추정된다. 우물의 밑바닥은 암반(巖盤)인데 그 위에 직경 13~16cm 정도의 통나무를 높이 50cm 가량 귀틀로 짜고 그 바깥에 사암(砂岩)으로 벽을 쌓았다. 그 위로 120cm 가량 한 변 길이 115cm의 사각벽(四角壁)을 쌓았다. 사각벽 위로 95cm까지는 벽을 팔각(八角)으로 쌓았으며 그 위로는 완전한 원형에 가깝도록 쌓아서 마감하였다.

우물 안에서는 고구려의 도자기, 기와, 벽돌, 마구(馬具), 숫돌 등이 나왔는데 이로 미루어 고산동(高山洞) 우물을 쌓은 연대가 대체로 대성산성(大城山城)

과 안학궁(安鶴宮)을 축조한 시기와 일치함을 알 수 있다(김정기, 1969: 883~885 재인용; 주남철, 2002: 116~120). 고구려시기의 건축의 구조와 특성은 유적지와 무덤의 벽화 등에 나타나있다. 고구려의 주거공간은 내부가구를 시설에 의존하지만 실질적 생활모습은 각 저층에서 보여주는 실내 생활도와 같이 방바닥에 앉아 좌식생활보다는 입식생활을 하였던 것으로 보인다.

구들의 특징이 겨울의 추위를 막기 위해 방 전체에 대한 구들시설을 한 것이 아니라 잠을 자는 침식공간만 설치한 쪽구들 형태를 취했던 것이다. 그리고 방안에는 입석생활에 필요한 의자, 평상, 장방 등을 높아 생활의 편리를 도모했던 것이다. 그리고 귀족들의 생활은 장방공간을 활용했다. 또한 집의 형태는 용도에 따라 별도의 건물을 지어 부엌, 마구간, 창고, 방앗간 등 구분하여 짓고 살았다. 귀족들의 집은 기와를 이었고 서민들의 집은 추위를 극복하기 위해 수혈주거의 형태인 굴을 파고 지하에서 쪽 구들 등을 이용하여 주거 생활을 영위하였다.

기초구조는 건물의 상부구조를 안전하게 떠받드는 토대부분의 구조이다. 기초구조는 지반, 기단, 기초시설로 구성되며 그것은 지대와 축소재료의 영향을 받는다. 지반은 건축물이 놓이는 텃자리로써 힘받이를 충분히 할 수 있어야 하고 건축물의 하중을 균등하게 받으면서 변형이 적어야 하며 겨울철에 결빙으로 부풀어 오르거나 지하수의 피해를 받지 말아야 한다. 고구려의 건축물은 그러한 요구를 타산한 지반 위에 세워졌다. 건물의 대부분은 진흙층 지대를 지반으로 하며 암반 위에 세워진 것도 있다. 진흙지반은 진흙층을 벗기고 만든 땅을 단단히 다지는 방법으로 마련되었다. 노남리, 동대자, 집자리들과 안학궁터, 정릉사터, 금강사터를 비롯한 대규모 건축의 지반도 대체로 진흙층 지대이다.

안학궁 남궁 3호궁 전터, 정릉사 10호 건물터, 금강사 탑터에서와 같이 바위를 지반으로 삼는 경우에는 그 자체가 곧 기초시설로 되었다. 안학궁터에서는 암반위에 주춧돌이 놓여 있고 정릉사터에서는 암반 자체가 방형의 주춧돌처럼 다듬어졌으며 금강사 탑터에서는 암반이 탑의 총 기초로 8각 기단으로 되어 있다. 기단은 건물의 기초를 보호하고 미관을 높여주는 건물의 중요한 기초구조의 하나이다. 기단은 살림집에서는 토방으로 형성되고 대규모 건물에서는 축대처럼 만들어진다. 기단은 기둥과 벽체를 보호하고 바닥과 온돌의 습기를 막는 역할도 한다. 그리고 건물을 지상에 한 단 올려 세워서 균형을 보장하고 건물 전체를 돋보이게 한다(한인호, 1998: 34~95).

고구려의 주거유적은 한반도에서 구들기능이 최초로 발생되었음을 알 수 있게 하고 특히 고구려의 대표적 주거현상을 자세히 말해주는 유적으로 대표적인 안악 3호분의 벽화는 당시 고구려인들이 생활했던 사회상을 그대로 보여준다. 또한 부엌간, 우마사(牛馬舍), 차고들의 그림이 있어 기능별 주거 공간 문화가 잘 이루어졌던 것을 말해준다. 고구려의 문화는 정적인 문화보다 진취적이고 활동성이 있는 동적인 문화를 추구한 것으로 여러 자료에 의해서 보여진다.

2) 아차산 제4보루 유적

(1) 건물지

아차산 제4보루는 2차례에 걸쳐 발굴 조사되었다. 조사기간은 제1차 조사(1997년 9월 22일~11월 5일), 제2차 조사(1998년 7월 23일~9월 10일)로 이루어졌다. 제4보루에서 건물지(建物址)가 모두 7기가 확인되었는데 제2기는 기능이 정확한 물증은 없으나 규모, 위치 등을 감안해볼 때 취사시설이 없어 건물에 부속된 창고와 같은 부속시설로, 제3호는 강당과 같이 주둔지 병사들의 집합장소로 이용되는 강당, 제4호는 건물지에 부속된 저장시설로 각각 추정하고 있다.

그러나 제1호 건물지에서 발견된 유물 등을 유추해볼 때 사람이 살았던 것으로 추정되어 이를 중심으로 발굴 조사된 내용은(서울대 박물관, 서울대 인문학연구소, 구리시 구리문화원, "아차산 제4보루 발굴조사종합보고서", 2000: 92~93). 제1호 건물지유적은 유적의 가장 남쪽에 위치하는데, 지형상으로 유적에서 가장 높은 곳이다. 장방형 건물지로 다른 건물들과는 달리 장축이 동서방향이며, 별체는 기둥을 세우고 흙을 발라 마감한 구조다. 이 건물지가 위치한 곳은 아차산에서 가장 높은 봉우리로 유적을 축조할 당시에도 작은 봉우리를 이

아차산 제4보루 건물터 유적(2007)

루었던 것으로 보인다.

따라서 건물을 축조하기 전에 봉우리 주변의 경사면에는 석축시설을 하여 평탄면을 조성하였는데, 건물지의 남벽을 제외한 세 벽의 기초는 석축을 하였다. 석축의 각 모서리 중 북서모서리를 제외한 나머지는 후대의 침식과 훼손으로 인해 남아 있지 않으나, 남아 있는 복서모서리의 경우 직각을 이루어 건물 전체의 평면을 장방형으로 추정할 수 있다. 현재 가장 잘 남아 있는 북서모서리의 경우 4단 가량의 석축이 남아 있으며, 높이는 0.9m가량 되지만 원래 석축의 높이는 1.5m가량 되었던 것으로 추정된다. 벽체의 축조방법을 정확히 알기는 어려우나, 남벽의 중앙부에 기둥구멍이 4개 확인된 점으로 미루어 기둥을 세우고 흙으로 마감한 형태로 추정된다.

그렇다면 남벽을 제외한 나머지 세 벽은 석축 위에 기둥이 있었던 것으로 이해가 되는데, 이 부분은 모두 석축이 무너져 당시 건물의 바닥면이 확인되지 않는다. 그런데 발굴 당시 이 건물지의 북쪽에 많은 양의 할석이 무질서하게 무너져 있던 점을 감안하면 남벽을 제외한 나머지 세 벽은 다른 건물들과 마찬가지로 할석과 점토를 섞어서 쌓은 담장식 벽체일 가능성도 배제할 수 없다. 지붕의 구조에 대해서는 알 수 있는 자료가 전혀 없으나, 건물의 평면형태가 장방형인 점으로 미루어 맞배식 지붕일 가능성이 가장 크다.

건물지 내주에는 2기의 온돌(7, 8호 온돌)과 초석이 설치되어 있다. 온돌은 2기 모두 직선형으로 남북으로 길게 서로 연접해 있으며, 아궁이는 동서로 상반된 위치에 있다. 온돌 하나의 폭은 1.2~1.3m 가량으로 침상으로 사용하기에는 좁으나, 두 개가 서로 연접해 있어서 이를 함께 점토로 덮은 경우 최소 2.7×4.5m 이상의 공간이 되므로 충분히 침상으로 사용할 수 있다.

초석은 50×80㎝, 두께 15㎝ 가량의 화강암으로 타원형으로 다듬어져 있으며, 건물의 중앙에서 서쪽으로 치우친 곳에 위치해 있다. 초석의 주변에는 작은 주공이 몇 개 배치되어 있는데, 보를 바치던 보조기둥 자리로 생각된다. 그 밖에 북벽 석축의 동쪽 하부에 이 건물에서 사용된 물을 배수시키기 위한 배수구가 설치되어 있다.

이 건물지의 동벽이 많이 무너져 내려서 전체 규모를 정확히 알기는 어려우나, 남아 있는 석축의 축조상태로 보아 이 건물은 동서 길이 12.4m, 남북 폭 7.7m 가량으로 추정된다.

1호 건물지의 온돌 아궁이 주변에서는 '支都兄'명 접시와 함께 많은 양의 토기와 철기류가 출토되었으며, 8호 온돌의 아궁이에서는 철제 투구 1점이 거꾸로 뒤집힌 채 출토되었다. 또한 이 건물지는 이 유적의 가장 높은 곳에 위치해 있으며, 남쪽으로는 아차산 제3보루와 연결되는 통로 쪽에 축조되어 있는 점 등으로 보아 이 유적에서 가장 중용한 인물이 기거했을 가능성이 큰 것으로 생각된다. 제2호 건물지는 1호 건물지 축석부 북쪽으로 연접한 건물지로 하나의 독립된 건물이라기보다는 1호 건물지에 딸린 부속건물의 성격이 강한데, 우선 이 유적에서 확인된 건물 중 규모가 가장 작고, 내부에는 온돌과 같은 시설이 확인되지 않으며, 건물의 남벽이 1호 건물의 북벽과 붙어 있기 때문이다.

2호 건물지의 규모는 동서 길이 7.2m, 남북 폭 3.7m 가량이며, 건물내부에서는 비교적 많은 양의 토기가 출토되었다. 이 건물의 기능에 대해서는 구체적 물증은 없으나, 규모나 위치 및 내부에 취사시설이 없는 점 등의 증거를 바탕으로 볼 때, 1호 건물에 딸린 창고와 같은 부속시설로 추정된다. 그리고 제 1기~7기까지 건물지의 위치가 제 1기를 제외한 나머지 건물지는 모두 남북 방향인데 반하여 제 7기 건물지는 남쪽방향의 형태를 지녀 주거지로 활용했던 것으로 짐작된다.

제 2 절 백제시대

1. 시대적 형성배경

백제의 건국은 각종 문헌 중 《삼국사기》 "백제본기"(百濟本紀) 등에 의해서 전하는 바에 따르면 부여, 고구려계 유이민 집단에 의해서 건국된 것으로 기록되었다. 그러나 《삼국사기》 "백제본기 초기" 등의 기술은 《삼국지》 "위지 동이전"에 기록된 내용과 다르게 전해 역사적 사실로 인정하기에는 어려운 측면이 있다.

또한 기원전 18년에 고구려 시조인 주몽의 아들인 비류(沸流)와 온조(溫祚)의 형제가 10명의 신하들을 데리고 마한지역으로 내려가, 형인 비류는 바닷가 근처인 미추홀(지금의 인천)에 자리를 잡고, 동생 온조는 강가의 위례성에 자리 잡았는데 한강 주변에서 발굴된 몽촌토성, 풍납리 토성, 하남시 이성산성에서 집자리 터 등이 당시 사회상을 알려주는 유물들이 발굴 조사되어 이곳이 위례성 후보지로 추정하는데 미추홀과 하남 위례성에 백제국을 세웠던 것으로 밝혀졌다. 이 두 세력은 형제세력으로 서로 여러 소국을 정복하면서 영향을 키워나갔다.

"백제본기"에 의하면 먼저 이주해 온 비류의 집단세력이 우세하였으나 하남 위례성에 자리 잡은 동생 온조 세력이 강해져 비류의 집단을 흡수 통합하여 하나의 부족연맹체를 형성하여 건국실화로 백제를 세웠다는 것이다. 풍납리 토성 등에서 발굴 조사되어 출토된 여러 유물 등을 과학적 근거에 의해서 몇 차례 탄소연대를 측정한 결과 그 시기는 기원전 1세기로 검증되었다. 다만 이러한 검증은 역사시대 이전의 생활상이기에 정확하게 추정하기는 어렵고 당시의 여러 시대상황과 《삼국사기》 등에 비추어 볼 때 사실적 기록과 근접해 역사성에 큰 문제는 없는 것으로 보인다.

백제는 한강 유역의 지리적 이점을 이용하여 마한의 여러 소국들을 정복하면서 한층 강력한 연맹왕국으로 발전하여 갔다. 백제는 기원후 1세기 중엽에는 마한을 공격하고, 3세기 중엽 고이왕(古爾王, 234~286) 때에는 위(魏) 지배하의 낙랑군과 대방군 그리고 말갈족을 북으로 밀어 내면서 영토를 넓히고, 국가체제를 새롭게 정비했다. 즉 중앙에 6개의 좌평(佐平)을 두어 업무를 분장시키고, 16품의 관등제(官等制)와 백관의 공복(公服)을 제정하여 지방족장들을 차등 있게 중앙관료로 흡수함으로써 정비된 고대왕국의 모습을 갖추었다. 고이왕을 뒤에 백제의 시조로 추대한 이유가 여기에 있을 것이다. 그의 업적은 고구려의 소수림왕에 비유될 수 있으나, 시기적으로는 그보다 약 1백 년이 앞섰다. 그만큼 백제의 성장이 빨랐다.

고이왕 때 다져진 국가체제를 바탕으로 하여 대대적으로 대외정복사업을 벌인 것은 4세기 후반의 근초고왕(近肖古王) 때였다. 우선 남쪽으로는 천안에서 익산지방으로 옮겨 마한을 멸하며(369) 전라남도 해안까지를 확보했으며, 가야 7국을 병합하는 데도 성공했다. 이때 가야정복을 담당한 백제장군은 목라근자(木羅斤資)였는데, 그 후손이 왜국으로 건너갔기 때문에《일본서기》에는 마치 왜국이 가야를 정복하여 임나일본부(任那日本府)를 설치한 것처럼 잘못 쓰인 것이다(김현구, 2002, 재인용). 백제는 북으로 고구려의 평양성까지 쳐들어가서 고국원왕을 전사시켰다(371). 그리하여 백제의 영토는 지금의 경기, 충청, 전라도와 경상남도, 강원, 황해도의 일부를 아울렀으며, 서쪽으로 중국의 동진(東晋), 남쪽으로 일본과 무역활동을 전개하여 강력한 국제적 상업국가로 성장했다.

백제는 서해와 남해의 해상권을 장악하고, 근초고왕 때는 아직기(阿直岐)가 일본에 건너가서 일본태자에게 한자를 가르치고, 박사 왕인(王仁)이《논어》와《천자문》을 전해주고 경사(經史)를 가르친 것도 이 무렵이다. 근초고왕 때에는 국가체제도 한층 정비되었다. 이어 근구수왕(近仇首王)을 거쳐 침류왕(枕流王) 원년에는 불교를 받아들여 새로운 통치이념을 정비하기에 이르렀다.

4세기 중엽 근초고왕 때 전성기를 맞이했던 백제는 5세기에 고구려가 강성해지자 쇠락의 길을 걸었다. 우선 장수왕의 공격을 받아 한성(漢城)이 함락되고(475), 개로왕(蓋鹵王)이 붙잡혀 죽는 사건이 발생했다. 이를 계기로 문주왕(文周王)은 고구려를 피해 남쪽 금강유역의 웅진(공주)으로 도읍을 옮겼다.

한편 60여 년간 계속된 웅진시대의 백제는 천도에 따른 행정구역의 개편을 하지 않을 수 없었다. 그리하여 중국의 군현제와 비슷한 22담로(擔魯: 邑城)를 지방에 설치하고, 여기에 왕자와 왕족 그리고 지방귀족을 봉하여 중앙집권을 강화했다. 6세기 전반 무령왕의 아들 성왕(聖王) 16년(538)에 백제는 웅진보다 더 남쪽에 있고, 더 넓은 들을 가지면서 수로교통이 편리한 백강(白江) 유역의 사비(泗沘: 부여)로 천도하고 국호를 남부여(南夫餘)로 바꾸었다. 성왕도 양(梁)과의 화친을 강화하고, 신라 진흥왕과 연합하여 한때 한강 유역을 회복했으나(551), 신라의 배신으로 그 땅을 탈취 당하자(553) 분격한 성왕은 일본과 연대하여 신라를 공격했으나, 관산성(管山城) 싸움에서 패배했다(554).

신라 진흥왕의 적극적 영토확장에 불안을 느낀 백제는 외교정책을 바꾸어 오히려 고구려와 친화하면서 신라를 견제하는 정책을 취했다. 사비시대의 백제는 성왕, 위덕왕(威德王), 혜왕(惠王), 법왕(法王), 무왕(武王), 의자왕(義慈王) 등 6명의 왕이 150여 년간 왕위를 이어갔다(한영우, 2005: 105~107). 결국 의자왕 때 멸망하였으나 국내외적으로 선진문화를 받아들여 다시 전하는 등 사회문화 발전에 기여하고 주도하기도 하였다. 이러한 백제는 건국실화에서 알 수 있듯이 고구려와 특수한 관계를 가져 사회, 문화 등에 많은 영향을 받아 거의 비슷한 특성을 보인다. 민족적, 시대적 배경을 같이 하면서 백제는 지리적 이점으로 인접국가와 활발한 문화교류 등이 이루어져 고구려와는 다른 문화적 특성을 남겼다.

서해와 인접한 중국의 동진, 송, 제, 양나라 등과 남으로는 일본과 교역을 통해 문물을 주고받으면서 백제만이 지닌 문화로 고구려의 웅장, 용맹스러운 기상 등과는 달리 남방 문화적 특성인 온화하고 온유하며 유연한 느낌을 주는 아름다운 문화로 탄생시켰다.

2. 주거문화의 특성

백제의 주거문화는 도성, 궁궐, 일반주거 등은 삼국 가운데 관련 자료가 남아 있지 않아 이를 밝히는 데는 많은 어려움이 있다. 문헌에 의한 《신당서》 "동이전 백제조"(新唐書 東夷傳 百濟條)의 기록에는 "속여고려동"(俗與高儷同)이란 기록 이외는 별다른 언급이 발견되지 않는데 이는 당시의 풍속이 고구려와 같다는 뜻이다. 백제 탄생설화에서 알 수 있듯이 고구려의 지리적 영향이 사회·문화에 걸쳐 전파된 것으로 추측된다. 그러나 백제는 서쪽으로는 중국과의 활발한 교류와 동쪽으로는 일본에 와박사 등의 많은 기술자들이 건너가 법륭사 등의 건물이 백제의 것으로 밝혀짐에 따라 백제는 삼국 중 어느 나라보다 활발한 교류를 한 것으로 보인다.

그리고 산경무늬전, 서까래 막새 등의 유물이 발굴 조사됨에 따라 고구려와 비슷한 것으로 추정할 수 있다. 그러나 중부지방에서 남부지방에까지 걸쳐 발전하였기에 주거의 모습은 고구려 주거와는 다른 양상을 나타낸다. 고구려의 주거특성이 추위 등을 극복하기위한 구들중심의 주거였다면 백제의 주거는 대부분 온난한 기후적 특성에 의한 구들보다는 마루문화 중심의 주거가 형성되었으리라 추정된다.

백제시대의 주거는 삼국시대 가운데 한강유역을 중심으로 치열한 접전 등으로 한강유역의 위례성, 몽촌토성, 풍납토성, 이성산성, 공주로의 천도에 따른 공산성, 부여로의 천도에 따른 부소산성(사비성) 등 주로 침략에 대한 방어중심으로 토성, 산성의 틀 속에서 촌락들이 형성되었음을 발굴자료에 의해서 짐작할 수 있다. 수원시 서둔동 수혈주거지도 있다. 여기서 하남 위례성의 위치는 여러 가지 정황으로 보아 많은 학자들이 광주 풍납리 토성이 강력한 백제초기의 왕성으로 추론한다.

3. 주거 유적지

1) 광주 풍납리 토성 유적

광주 풍납리 토성은 서울시 송파구 풍납동 73~96번지 주택가 일대에 위치한
다. 토성의 규모는 120,308m²이며 길이는 2,526m로 형성되어 있고 사적 제
11호(1963년 1월 21일)로 지정되어 관리하고 있다. 1963년 발굴 당시 행정구
역이 경기도 광주군에 편입되어 있어서 오늘날도 광주 풍납리 토성으로 불리
며, 백제시대 초기에 축성된 토성으로 알려져 있다.

풍납리 토성은 과거 역사성에 비추어 볼 때 한강유역의 주변지역과 서로 연
계된 특징을 지닌다. 서북쪽으로는 한강을 접하며 남쪽으로는 성내천을 두고
몽촌토성과 인접한다. 동쪽으로는 경기도 광주 방향에 이성산성이 있고 한강
건너편에는 아차산성이 위치해 한강 이남의 성지 가운데 가장 큰 규모의 토성
(土城)이라 할 수 있다.

광주 풍납리 토성 유적(2007)

광주 풍납리 토성 측면 유적(2007)

　아차산성과 풍납리 토성은 백제가 도읍을 정하면서부터 고구려의 20대 장수왕의 남하정책을 대비하여 최전방 전초기지의 방어용으로 백제시대 개로왕이 축성한 성(城)이다.

　이 성이 세상 밖에 알려지게 된 시기는 1925년 대홍수로 인한 한강범람으로 토사가 유출되면서 일부 토성이 유실이 되고 토사 중에서 청동초두, 토기편이 발견되어 서울대 고고학 교수들에 의해서 발굴조사가 되었다. 당시 조사에 의하면 토기편의 양이나 기타 건축관련 유물 등의 특징으로 미루어 볼 때 단순히 방어적 개념의 전진기지보다는 평소 일반 백성도 함께 거주하며 살았던 것으로 보여 읍성의 성격임을 알 수 있다. 한편 토성의 형태와 구조는 타원형으로 동서 4km 정도이고, 폭은 40m, 6～10m에 이르는 판축(板築) 토성이다.

　그리고 동벽의 길이는 1.5km, 남벽의 길이 200m, 북벽의 길이 300m, 서벽은 대홍수로 인해 일부 유실되었다. 1978년 토성의 일부가 복원(446m)되었고, 현재 일반주택들이 있어 예산 확보의 어려움으로 미복원(2,080m)지역은 단계적으로 복원할 예정인 것으로 알려져 있다. 그리고 백제의 수도인 하남 위례성이 바로 광주 풍납리 토성일 것으로 고고학계에서는 점차 추론하며, 토성의 지표상에서 집터와 주춧돌, '대부'(大夫), 기와 건축재 등이 대량 발굴됨에 따라 한층 하남 위례성이 이곳 광주 풍납리 토성일 것으로 추정하는 실정이다.

2) 방이동 몽촌토성 유적

서울시 송파구 방이동에 자리 잡은 몽촌토성(夢村土城)은 백제가 건국해서 고구려로부터 함락되어 웅진으로 도읍을 옮길 때까지 475년간의 도읍지였다. 백제는 한강을 주변으로 지형에 적합한 성(城)을 구축하는 데 크게 2가지로 구분할 수 있다.

평야지대에 축성한 평지토성과 자연의 지세를 이용한 산성(山城)으로 평지토성(平地土城)은 몽촌토성, 풍납토성, 암사토성, 삼성리 토성이 있고 산성(山城)으로는 이성산성(二聖山城), 아차산성 등이 있다.

백제의 주거문화 특성은 성(城)을 중심으로 도시국가를 이루는데 특히 성 안

방이동 몽촌토성 유적(2006)

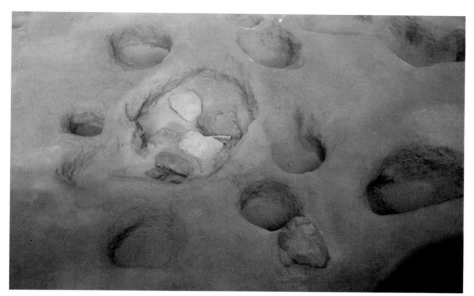

방이동 몽촌토성 내 집자리 유적(2006)

에서 궁궐뿐만 아니라 일반 주거지도 함께 발굴된 것으로 보아 이를 짐작할 수 있다. 특히 몽촌토성은 서울대, 한양대, 단국대, 숭실대 등 4개 대학의 발굴조사에 의해서 그 대체적 윤곽이 드러나 현재 올림픽공원으로 새롭게 단장되어 보존되고 있다.

토성 안에는 도로망과 집자리들이 있다. 성벽의 둘레는 2,285m로 동서 약 540m, 남북 약 800m이다. 토성은 외성과 내성으로 되어 있는데 내외성의 전체 면적은 30만 2,500㎡이다. 성문터는 3개로 알려졌다. 성 안에는 가로 세로로 도로망이 있는데 북문과 남문을 연결하는 중심축 도로에 동쪽과 서쪽을 연결하는 8개의 성문이 있었다고 볼 수 있다.

토성 안의 도로들은 성문을 통하여 주변의 토성들과 연결되어 있다. 북문과 동쪽의 성문은 풍납토성과 연결되어 있고 나머지 성문을 통과한 도로들은 모두 춘궁리 쪽으로 뻗어 있다. 이 도로들은 춘궁리의 왕궁과 연결되었을 뿐 아니라 이 일대의 도시계획과도 연결된 것으로 추정된다. 몽촌토성에서 풍납토성까지는 750m, 이성산성까지는 4.8㎞, 삼성동 토성까지는 6.15㎞이다.

토성 안에서는 집자리와 저장 구덩이들이 발굴되었다. 집자리는 반움집으로서 3개가 드러났고, 1호 집자리에서 어깨선의 크기는 3.4m, 남북 3.5m이고 바닥의 크기는 동서 2.4m, 남북 2.5m이며 깊이는 1.1~1.7m이다. 남쪽 어깨선에서는 동쪽으로 치우쳐 너비 30cm, 깊이 20cm, 길이 1m의 홈이 나 있는데 이것은 굴뚝고래로 추정된다.

화덕은 없고 바닥에 불탄 자리가 있으며 굴뚝시설이 있는 것으로 보아 바닥에 온돌시설이 있었다는 것을 알 수 있다. 어깨선의 동북쪽에는 20~40cm 간격으로 직경 15cm, 깊이 5~10cm의 기둥구멍이 6개 있다. 바닥의 네 모서리에는 직경 20~25cm, 깊이 8~12m의 기둥구멍이 1개씩 있다(한인호, 1998: 126).

백제는 삼국 남진정책에 의하여 웅진(공주)으로 도읍을 옮기기까지 475년간 전성기 한성시대를 열었고, 가운데 한반도의 중심지에 자리 잡고 고구려 장수왕의 반세기에 걸쳐 몽촌토성과 풍납리 토성은 백제시대의 완벽한 도읍의 기능을 가졌다. 도읍의 자체는 오늘날의 도시계획과 같이 질서정연하게 도시를 형성했던 것으로 짐작된다.

지정학적으로 한반도의 중심에 있으면서 뒤에는 요새지라 할 수 있는 남한산성, 이성산성이 자리 잡고 앞에는 한강이 흐르고 아차산성과 북한산성이 위치해 도읍으로써 갖출 수 있는 모든 것을 다 갖는 장소였다. 그리고 '배산임수'로서 주거입지로서 최적의 주거환경도 갖추었다. 몽촌토성의 특징은 진흙을 사용한 판축법(版築法)을 사용하였는데 이러한 축성법은 진흙이나 모래를 한 층씩 다져 쌓은 성(城)이다. 이 경우 돌이 별로 없는 들이나 평야지대에서 고안된 축성기법으로 중국에서 유래되었다.

한편 성(城)의 둘레에는 방어용 해자(垓字)시설이 되어 있다. 이는 이웃한 사적 제11호, 아차산성과 함께 외부의 세력으로부터 보호와 방어의 개념으로 기능을 지닌 토성이다. 성내(城內)의 움집터에는 문화계층이 겹쳐진 형태를 보이고, 움집의 내부에는 특별한 시설은 보이지 않으나 주거지 한쪽 벽을 따라 밖으로 돌출된 형태의 화덕이 설치되어 있는 것이 특징이다.

3) 부여 부소산성

부소산성 (扶蘇山城: 泗沘城) 은 충남 부여군 부여읍 관북리 산 1번지에 위치하며 사적 제 5호 (1963년 1월 21일) 로 지정, 관리되고 있다. 부소산성은 고구려 장수왕의 남하정책으로 인해 한강 이남을 빼앗기고 웅진 (공주) 으로 천도하게 된다. 웅진 (지금의 공주) 에서 다시 사비 (지금의 부여) 로 수도를 옮기던 시기인 백제 성왕 16년 (538) 에 왕궁을 수호하기 위하여 쌓은 것으로 보인다. 그러나 동성왕 22년 (500) 경에 이미 산 정상을 둘러쌓은 테뫼식 산성이 있던 것을 무왕 6년 (605) 경에 지금의 모습으로 완성한 것으로 짐작되어 백제 성곽 발달사를 보여주는 데 중요한 자료가 되고 있다. 백마강 남쪽 부소산을 감싸고 쌓은 산성으로 사비시대의 도성 (都城) 이다. 《삼국사기》 "백제본기"에는 사비성, 소부리성으로 기록되어 있으나, 성이 위치한 산의 이름을 따서 부소산성이라 부른다.

금강 남안에 있는 부소산의 산정을 중심으로 테뫼식 산성이 동서로 나뉘어 붙어 있고, 다시 그 주위에 북동쪽의 계곡을 둘러쌓은 포곡식 (包谷式) 산성을 동반한 복합식 산성으로, 성내에는 사자루, 영일루 (迎日樓), 반월루 (半月樓), 고란사 (皐蘭寺), 낙화암 (落花巖), 사방의 문지 (門址), 군창지 (軍倉址) 등이 있다. 《삼국사기》 "백제본기"에는 사비성, 소부리성으로 기록되어 있으나, 산성이 위치한 산의 이름을 따서 부소산성으로 불린다. 이 산성은 백제의 수도인 사비 도성의 일환이며, 왕궁을 수호하기 위하여 538년 (성왕 16년) 수도의 천도를 전후한 시기에 축조된 것으로 보이나, 이 보다 먼저 500년 (무왕 6년) 경에 대대적인 개수축이 이루어진 것으로 추정된다.

한편 일부의 성벽은 통일 신라 시기에 수축되고, 고려와 조선시대에는 고을의 규모에 맞도록 축소되어 이용된 것으로 여겨진다. 축성의 구체적 방법을 보면 성벽 안쪽의 흙을 파서 성내 벽쪽에 호 (壕) 를 만든 한편, 그 파낸 흙을 성벽의 축조에 판축의 재료로 이용하였다. 바깥 면에는 일정한 간격으로 기둥을 세우고, 성벽의 안쪽과 중간에도 기둥을 세워 분할 축조되었다. 기단에는 낮게 석축을 하거나, 기단석렬을 마련하고, 안쪽으로 배수로 겸 통행이 가능한 좁은 부석 (敷石) 의 시설도 있다. 성벽에는 가로 세로로 목재를 넣은 것도

부여 부소산성 유적(2007)

있다. 후대의 것은 무너진 흙을 내벽에 보축(補築)하기도 하였다.

성의 바깥 벽면은 기반토(基盤土)를 마치 판축(版築)하듯이 황색 사질토와 적색점질토를 겹겹이 다져 놓았다. 그 위에 돌을 3~5단으로 쌓고 흙을 덮었다. 이런 방식으로 축조된 산성의 입지는 경사면이어서 원래의 경사도보다도 더욱 가파른 경사를 이룰 수 있었던 것으로 보이며, 이렇게 해서 이루어진 이 산성의 아래 너비는 7m가량이며 높이는 대략 4~5m에 달하였을 것으로 추정된다.

이 산성이 백제시대부터 조선시대까지 수축, 개축을 거치며 사용된 것이긴 하나, 연차적 조사에 의하여 성벽과 치성 및 특수한 시설과 내부의 여러 가지 양상이 차례로 밝혀져, 우리나라 고대 축성 기술의 박람회장과 같은 역할을 한다. 한편, 부소산성에서 가장 높은 표고 106m의 사비루 부근의 산봉우리를 중심하여 조사된 구간에서는 다양한 집터가 발견되기도 하였다. 성에는 동, 서남문지가 있으며, 북쪽의 금강으로 향하는 낮은 곳에 북문(北門)과 수구(水口)가 있었을 것으로 보인다(부여군청, 문화관광과, 2007). 남부여는 당시 정

부여 부소산성 수혈주거지 유적(2007)

치·경제·사회 등 모든 분야에서 융성한 발전을 거듭하면서 6대 123년간 찬란한 문화를 꽃피운다. 이때 인접국가와도 활발한 문물교류 등이 이루어지고 특히 왜(일본)에 많은 문물 등을 전해주기도 하였다. 그러나 의자왕(641~660) 때 멸망하자 신라와 당나라의 군사들에 의해서 사비성은 유린되어 폐허상태에 이르렀고 많은 유적들이 파괴 및 훼손되어 지금에 이르기까지 많은 문화재 등이 존재하지 않는 연유도 여기에 있다. 다만 사비시대의 부소산성에서 주거지 등이 발굴되어 현재 보존 관리하고 있다.

주거지의 특성은 정방형 평면의 움집으로 모두 구들의 시설을 갖추었으며 집자리에서는 백제의 토기도 출토되었다. 규모는 3곳의 경우 모두 약 4m 정도이고, 바닥의 깊이는 1호 40cm, 2호 50~60cm, 3호 70~90cm 정도이다. 아궁이는 방바닥보다 5~6cm 낮게 설치되어 있다. 중국의 《후한서》에 의하면 "백제기민상서지하습"(百濟其民上署地下濕)이라는 기록이 있다. 이는 백제시대에도 고상주거가 존재한 것으로 추측할 수 있다. 즉 땅 지하의 습기가 있어 더위를 피해 백성들은 지상에 주거를 짓고 생활한 것으로 전해진다.

이곳의 유구는 1980년대 발굴조사에서 발견된 3개소의 움집터 중 제3호에 해당하는 곳으로 지표로부터 70∼90㎝ 정도의 깊이를 파고 내려가 수혈주거의 바닥을 이루고 평면은 장방형이다. 길이는 4m 정도이다. 남쪽방향으로 양쪽에 기둥구멍이 있어 드나드는 출입시설이 있었음을 알 수 있다.

　　구들이 동쪽방향을 따라 설치되었는데 부뚜막을 겸한 것으로 보여 지며 남쪽방향의 끝에는 구들골의 옆 방향에서 불을 지핀 아궁이가 있고 북쪽방향을 집밖의 굴뚝이 설치되었던 것으로 추측된다. 서북쪽방향의 방 부근에 ㄱ자형 앞은 구덩이가 파여 있는데 그 위에 목재를 걸치고 짚 등을 깔아 침상으로 이용한 것으로 보여 지며 수혈주거자리에서 떨어진 남쪽방향에는 곡식 등을 저장했던 저장구멍과 목책을 세웠던 유구가 발견되었다.

　　이곳의 집자리는 아궁이 바닥에서 출토된 백제토기뚜껑과 집 주위에서 출토된 무구류(武具類)의 유물 등으로 보아 5∼6세기 백제의 병영 움집터로 추정된다. 1991년 이 유구의 전시를 위해 원래 유구 위에 전시관을 세웠다. 그 옆에 추정되는 복원모형의 움집은 부소산성 정상에서 화재위험 등으로 현재 철거되고 유구만 전시되고 있다.

제 3 절 신라시대

1. 시대적 형성배경

신라는 삼국 중에서 고구려, 백제에 이어서 가장 늦게 건국(기원전 57년) 되었다. 신라의 건국은 탄생설화를 지닌다. 진한의 사로 6촌에 의해서 출발하는데 나정(蘿井)에서 혁거세왕이 탄생하여 기원전 57년에 서라벌에 성읍국가인 사로국을 세우게 된다. 즉 신라는 사로 6촌이 선주민(先住民)이고, 사로국에는 박씨, 석씨, 김씨 등이 서로 권력을 나누어서 집권하여 이른 시일 내 통일국가를 이루지 못했다.

과거 군장의 칭호도 이사금에서 마립간으로 정비되었고 사로 6촌의 부족집단도 6부로 행정이 개편되었다. 즉 경주시에 존재하는 많은 고분들에 의해서 부장품이 출토되었는데 토광목곽분과 적석목관분이 과거 신라시대의 이사금시대와 마립간시대를 구별했음을 알 수 있다. 삼국 중에서 가장 정치·경제적으로 어려운 환경에서 출발한 신라는 고구려, 백제 등으로부터 침략을 받는 등 어려움에 처해 있었다. 그러나 이를 대처하기 위해 삼국 간의 편의에 따라 동맹을 맺는 등 살아남기 위한 전략적 제휴였다고 볼 수 있다. 특히 신라는 지증왕에 이르러 우경에 의한 농경사업이 번창하여 규모의 경제력을 지니면서 발전되어 갔다.

신라가 이처럼 농업경제에만 의존하여 발전할 수밖에 없었던 연유는 내륙 깊숙한 분지에 위치하였기 때문이다. 다른 삼국의 경우 고구려는 북방의 문물과 교역하고 대동강, 한강을 점유하면서 경제력을 키워 나아갔고 백제는 한강유역과 중국의 동진, 왜 등과 활발한 해상교통이 발달하였다. 그럼에도 불구하고 신라는 사실상 고립국가나 다름없었다. 후에 당나라와 연합하여 통일을 위한 동맹관계도 과거 활발하지 못한 대외관계에서 탈피하기 위한 수단으로 보인다.

한편 신라가 고구려나 백제와 어깨를 겨룰 만한 귀족관료국가로 성장한 것은 6세기 이후부터이다. 먼저 6세기 초 지증왕(智證王) 때 처음으로 소를 이용한 밭갈이가 시작되어 농업생산력이 크게 성장하는 계기가 되었고, 국호도 신라(新羅)로 바꾸었다. 신라는 원래 한자로 된 국호가 없었다. 그저 '동방의 땅'이란 뜻으로 서라벌, 서나벌, 서야벌, 서벌, 새라 혹은 사로라고 불렀다.

그러다가 지증왕 4년(503)에 발음이 비슷한 한자를 골라 '신라'(新羅)라고 정했다. 그리고 이 글자에 덕업일신 강나사방(德業日新 綱羅四方: 덕업이 날로 새로워지고 사방을 망라한다)는 뜻을 부여했다. 이는 이때 신라인이 한문생활에 익숙했음을 보여준다.

왕의 위호(位號)도 마립간 대신 중국식으로 '왕'이라고 부르기 시작했다. 따라서 왕이라는 글자를 처음으로 붙인 것은 지증왕이 최초이다. 이런 변화는 신라가 당나라식 정치제도를 받아들이기 시작했다는 뜻이 담겨 있다. 지증왕은 또 512년 울릉도의 우산국(于山國)을 복속시켜 영토로 편입했다(한영우, 2005: 111). 지증왕에 이어 법흥왕은 이차돈의 순교에 의해서 불교를 받아들여 공인하고 체제 등을 정비하고 왕권을 강화하여 국가의 사상적 기반의 통합을 도모하였다. 불교의 공인은 정치·경제·사회 여러 분야에 영향을 미쳐 왕실불교의 성격으로 나타나는데 특히 당시의 황룡사와 같은 대규모의 사찰 등이 세워져 신라인들의 정신적 통일을 위한 계기가 형성되었다.

신라인들의 활동의 범위는 관등과 골품에 따라 결정되었다. 한편으로는 씨족사회의 전통을 계승하고 이는 화백제도와 화랑제도로 발전했다. 화백제도는 의결기관의 일종으로 만장일치제의 정치집단 성격을 지녀 귀족세력과 왕권세력 사이 권력을 조절하는 기능을 하였다. 화랑제도는 청소년들의 인재를 양성하는 교육적 기능으로 내용은 주로 옛 전통에 대한 교육과 일상생활의 원리의식, 각종 제천행사 등 함께 훈련을 쌓는 것이었다. 또한 화랑도 정신은 교육을 통해서 얻어진 협동과 단결정신을 합일하여 군사적 결사체를 형성하게 했다.

진흥왕 시대 정복에 의한 영토의 확장은 백제와 동맹하여 고구려를 한강 이남으로 축출하고 다시 백제를 물리쳐 한강 유역을 차지하여 경제적 기반과 전략거점을 확보하였다.

이때 점령지역에는 4개의 창녕비, 북한산비, 황초령비, 마운령비의 진흥왕 순수비를 세웠다. 이러한 영토를 확장하게 된 원동력은 진흥왕 때 국가적 군사조직의 결사체로 형성된 화랑도들이 있었기에 가능하였다. 후일 신라는 중국의 당(唐)나라와 동맹하여 백제를 멸망(660년)시키고 이어서 668년에 고구려를 멸망시키게 된다. 신라의 통일의 저력은 화백제도의 운영과 화랑도의 정신적 기반이 결부되어 나타났기에 가능하였다. 통일 후 경주는 신라의 도읍으로 멸망할 때까지 1천여 년 간을 한 곳에 자리 잡고 신라만이 지닌 독창적이고 찬란한 신라의 문화를 꽃피웠다.

2. 주거문화의 특성

신라의 주거문화는 다른 삼국시대의 국가보다 많은 자료가 있으나 신라시대와 통일신라시대를 정확하게 문헌상으로 시대적 구분 짓기는 자료 등으로 볼 때 매우 불분명하다. 신라는 건국에서 시작하여 경주를 도읍으로 정한 후 다른 삼국처럼 천도하지 않고 통일신라 멸망 시까지 1천여 년 동안 지속되었기에 이전 신라시대와 통일신라시대의 문화가 확연하게 구분되지 않는 연유도 여기에 있다.

시대적 연속으로 신라의 문화는 우리 한국사에 끊이지 않고 많은 영향을 주고받으며 오늘에 이르렀다. 신라주택에 대한 자료 중 문헌자료는 《삼국사기》와 《삼국유사》가 있고, 유물로는 가형토기와 건축에 관계되는 와당, 벽전 등이 있으나 이들 대부분은 남북국시대의 것이다. 따라서 삼국시대의 신라주택을 고찰한다는 것은 어려운 일이다. 신라 초기의 주택은 움집이나 지상주거의 초가집과 같은 주택으로부터 점차 발달하여 건축자재가 발달하고, 계급의 분화가 뚜렷해지며, 계급 간에 경제적 여건의 차이가 생김에 따라 진골계급의 주택이나 6두품과 같은 상위계급의 주택은 목조가구식의 민도리집 구조의 기와집으로 지어지고, 서민계급들의 집은 여전히 초가집이었던 것으로 추정된다. 특히 문무왕 즉위 이전인 선덕여왕대, 진덕여왕대, 무열왕대의 진골계급의 주택은 극히 장대하고 화려한 것이었을 것으로 판단된다.

《삼국사기》권 제 33지 제 2 "옥사조"의 기록은 진골계급부터 백성에 이르기까지 주택건축 각 부문에 걸쳐 규제사항을 나열한 것이다〔주남철 (1987), 《삼국사기옥사조의 신연구》, 재인용〕. 이 규제는 통일신라시대에 들어와 시행된 것으로 판단된다. 신라는 김춘추가 당나라의 복식제도를 들여와 시행하였으며, 문무왕 재위 4년에 부인의 복색을 고쳤다는 기록이 같은 잡지 제 2 "복색조"에 있다. 이 규제가 제정되기 전까지는 각 계급 간에 경제적 여유만 있으면 규제의 금지사항에 대한 아무런 제약 없이 건축하였음을 의미하는 것이다. 따라서 진골계급과 6두품의 규제사항 중에서 상당부분을 적용하여 건축하였던 주택은 경제적 여유가 있었던 진골계급이나 6두품과 같은 상위계급의 주택이라 판단된다.

귀족계급의 주택은 상당히 크고 화려한 주택이었던 것으로 판단되고, 따라서 일반 백성들의 주택들도 상당한 수준의 건축으로 발달되었다고 추측된다. 주택 바닥구조는 마룻바닥과 전바닥, 흙바닥으로 이루어졌던 것으로 추정된다. 이들 바닥에는 직물로 된 깔개를 깔았다. 신라에 ㄱ자형 구들이 있었는지 또는 없었는지는 단정할 수가 없다. 그러나 초기 철기시대의 수원 서둔동 주거지에서 ㄱ자형구들이 발굴되었고, 부여 능산리 향로 출토 사찰지에서 ㄱ자형구들 유구가 발굴된 것으로 보아 백제와 인접한 신라 지역 안에서 ㄱ자형구들이 전혀 없었다고는 생각되지 않는다. 한편 마루를 깔고 생활한 것은 틀림이 없다. 이는 《삼국유사》권3 탑상 제4(三國遺事券三塔像第四)에 다음과 같이 기록되어 있다.

박박이는 북쪽 마루 사자암에 이르러 크기가 8척 사방인, 판옥(板屋)을 지었는데, 때문에 판방(板房)이라 불렀고, 부득이는 동쪽 마루 돌무더기 아래 물가에 또 한 도 닦는 도량(道楊)인 방장(方丈)을 지었기 때문에 뇌방(磊房: 구들을 간 , 즉 온돌방으로 해석하는 견해도 있으나, 뇌방은 박박이의 판방에 대한 대구어 이면서, 돌무더기(磊石) 아래에 지었기 때문에 뇌방이라 한 것이지, 온돌방이라고는 할 수 없다)이라 하였다.
朴朴師 占北嶺獅子嵓 作板屋 八尺房而居 故云板房 夫得師 占東嶺磊石下有水處 亦成方丈而居焉 故云磊房.

이 기록은 불교가 국교로 공인된 진흥왕 이후의 기록이라 판단되는데, 박박이가 북쪽 마루에 가 판장으로 손쉽게 지은 도량인 것과 또 판방이라 한다는 것으로 보아 이는 마루를 깐 판잣집(板居)임이 분명한 것이다. 더욱이 신라의 가형토기 중에 고상구조(高床構造)로 된 것이 있음을 생각하면 마룻바닥이 이미 조성되었음을 알 수 있는 것이다. 또 일본 동대사 정창원(正倉院)에는 신라에서 주문하여 수입한 융단이 있는 것으로 보아 마룻바닥에는 융단과 같은 깔개를 깔고 생활하였음을 알 수 있다(주남철, 2002: 83~85). 위에서 문헌상에 나타난 주거문화는 다른 국가와는 달리 신라시대와 통일신라시대로 시대적 구분이 명확하지 않아 정확한 연대를 추정하기는 곤란하다. 다만 일상생활에서 이용되는 도구나 생활모습 등으로 비추어 볼 때 인접 고구려, 백제 문화와 비교를 통해 어느 정도 추정할 수 있을 뿐이다.

그러나 주거문화의 모습은 다른 시대적 문화보다 변화의 속도가 더디고 삶의 연속적 기능을 유지해 생활연대를 측정하기는 사실상 어렵다. 특히 신라시대는 다른 국가에 비해 더욱 어려운 측면이 많다. 여기서는 신라시대와 통일신라시대로 구분하지 않고 전체적으로 주거문화를 살펴보고자 하였으나 가능한 문헌 및 자료에 의해서 검증코자 하였던 것이다.

다른 국가와는 달리 신라의 주거문화는 사치적이고 화려했던 것으로 보인다. 즉 중앙집권적이면서 고대국가의 틀을 형성하였고 독특한 신분사회는 이른바 골품제를 실시하였기 때문이다. 이러한 신분체제에 의한 사회생활은 주거문화에도 규모 및 장식 등에 영향을 미쳤으리라 짐작된다. 더 구체적이고 자세한 신라의 주거문화에 대해서는 통일신라시대에서 문헌 등이 많이 남아 있어 고찰을 통해 보다 구체적인 주거문화를 살펴보고자 한다.

3. 주거 유적지

신라시대의 주거 유적지는 통일신라시대와 확연하게 구별되어 나타나지 않았다. 시대의 단절에 의해서 새롭게 건국된 국가형태가 아닌 연속된 국가의 연장이었기에 시대적 구분으로 정의하는 데는 한계가 있다. 즉 신라시대의 주거 유적지는 시대적 구분보다는 통일신라시대의 연장선상에서 살펴보는 것이 바람직하다. 그리고 신라의 태동에서 알 수 있듯이 김해지방의 본가야, 대가야, 금관가야 등이 존재하였다.

신라에 의해서 완전히 정복되었지만 본가야의 경우도 10대에 걸쳐 491년간 존속되어 가야의 문화는 쉽게 흡수되지 못하고 지속되어 가야의 문화적 전통이 남은 상태이다. 특히 김해시 장유 아랫덕정 유적지, 김해시 봉황동 유적지 등이 이를 말해준다. 이곳의 주거지 특징은 남방지방에 위치해 습기가 많고 강우량이 많아, 수혈주거가 아닌 고상가옥(高床家屋) 형태의 주거가 발달하였다.

1) 김해 장유 아랫덕정 유적

김해 장유 아랫덕정은 한국토지개발공사에서 신도시 조성사업시행으로 택지를 조성하는 과정에서 발견된 삼국시대의 마을터이다. 주변은 일반주택과 아파트지역으로 둘러싸여 마을 속에 유적지가 위치한다. 1997년 동의대박물관에서 발굴하기 시작하여 움집에서 고상건물로의 발전한 단계를 보여준다.

돌로 만든 벽을 가진 공공 건물지, 도로개설로 보이는 흔적, 우물터 옹관2기, 기둥구멍 5백여 개, 항아리 등의 유물들이 출토되었다. 각종 출토된 유물을 추정해 볼 때 기월 후 6세기 후반~7세기 전반으로 추정된다. 이곳의 유적지는 규모가 출토된 유물 등으로 볼 때 대규모의 취락형성 지역은 아닌 것으로 추정하고 다만 그동안 영남지방에서 확인되지 않았던 삼국시대의 마을유적인 고상건물의 존재를 파악하는 데 주거의 중요한 역사적 의의를 찾아볼 수 있었다는 것이다.

특히 고상건물의 형태가 서로 다른 특징을 지니는데 큰 규모의 건물터와 소규모의 건물터 등이 있는데 큰 건물터의 경우 당시 마을의 취락이 개인의 생활공간과 공동목적 내지 회의, 공동작업 등의 필요에 따라 만들었을 것으로 추정되는 공공건물지이다. 발굴 당시 네모난 윤곽선과 돌로 만든 담장의 석축, 그리고 주변에 기둥자리, 돌담장을 따라 바깥기둥열 설치 등을 볼 때 5개의

김해 장유 아랫덕정 공공건물지 (2007)

도리를 갖춘 규모가 큰 건축물의 2고주 5량으로 복원하였다.

그리고 또 다른 고상건축물에서 2칸, 3칸 규모의 창고로 추정되는 건물터가 발견되었는데 주로 정방형의 형태를 갖추었다. 건물 한 켠에 붙어 있는 부속 시설이 있는데 당시 고상 건축물에서는 찾아보기 힘든 것으로 주거겸용의 건물로 편리하게 사용하기 위한 일종의 오늘날 베란다 개념으로 추정된다. 발굴 당시 3 또는 4열의 기둥이 있었던 것으로 추정되는데 기둥자리는 8개밖에 없었으며 건물을 만드는 재료는 소나무를 사용한 것으로 조사되었다. 바닥의 구조는 잘 다듬은 판재를 사용하였고 벽면은 외엮기 형태로 구조화시켜 황토를 발라 만들었다.

드나드는 출입구는 외닫이 문을 만들어 간소화하였고 지붕은 맞배지붕구조로 용마루의 길이가 처마의 길이보다 약간 길게 만들어졌던 것으로 보인다. 그 외 지붕의 물매의 각도는 다른 건물과의 별 차이를 보이지 않고 다만 발코니로 보이는 옆에 사람들이 드나들기 쉬운 사다리를 설치했는데 다른 건물과의 차이가 나는 난간을 설치하였다.

김해 장유 아랫덕정 고상주거(2007)

　　이곳의 유적지는 마을형태의 구조를 지녀 돌로 만든 우물이 건물 주변에서 발견되었다. 마을 전체가 공동으로 사용하기 위한 공동우물로 추정된다. 발굴 당시 규모는 지름 70㎝, 깊이 84㎝ 정도였는데 구릉지대인 점을 감안해볼 때 이보다는 더 깊었던 것으로 보인다. 삼국시대의 우물은 좀더 넓게 파고 그 안에 돌이나 토기, 나무 등을 이용하여 물이 고이는 공간을 만드는 데 이 우물돌을 사용하였다.

　　그리고 밖에서 이 물질로 인해 우물의 더러움을 방지하기 위해 우물 턱을 높게 설치하였다. 우물의 유적지에서는 보통 많은 유물 등이 출토되는데 이곳 아랫덕정에서 토기 1점이 그대로 보존되어 확인됨에 따라 유적의 연대를 파악하는 데 귀중한 자료가 되었다.

2) 김해 봉황동 유적

김해시에 자리 잡은 봉황동 유적지는 봉황대(鳳凰臺)라고 불리는 구릉과 그 주변지역을 포함한 대규모의 생활·생산유적으로써 1920년대 일제 강점기 시대 우리나라의 최초 고고학적 발굴조사로 회현리 패총과 합쳐진 이름의 유적지이다. 봉황동 유적지는 청동기 시대의 농경사회부터 시작된 것으로 당시 주변의 바닷가와 인접해 있어 어로 등을 겸용하며 주거가 형성되었던 것으로 추정된다. 유적지의 규모로 보아 생산과 주거가 함께 존재하였고 방어시설, 패총, 대규모의 주거지 등은 이를 뒷받침해 준다. 이는 지배층에 속한 집단의 중심인 금관가야시대의 거주지역으로 발전하였던 것으로 추정된다.

신라시대에 신라가 532년 금관가야를 완전히 점령하였으나 5백여 년간 금관가야의 문화가 지속했던 것으로 보아 봉황동 유적은 가야시대 주거지, 고상가옥, 망루, 집안시설, 패총 등이 가야인 생활과의 직접적 관련성을 살펴볼 때, 당시의 생활상을 알 수 있다. 농경사회의 벼농사가 주업이었지만 그 밖의 곡물 등도 재배하면서 단백질을 확보하기 위해 인근 바닷가에서 굴, 백합, 조개 등의 채취와 고기잡이도 병행했던 것으로 발굴조사에 나타났다.

김해시 봉황동(회현리) 패총으로 불리는 이 지역은 봉황동 구릉지역의 동남단에 위치하는데 여러 시기의 문화층이 발견되고 있어 시대적 변화를 알 수 있다.

패총에는 당시 생활상을 알려주는 여러 유물 등이 출토되었는데 주로 토기, 골각패 제품, 중국계 유물, 일본계 유물, 탄화미, 동물뼈, 패각 등 다양한 유물 등이 발굴되었다. 이는 당시 생활의 모습을 보여주는 귀중한 자료를 제공한다. 그리고 여러 정황으로 볼 때 원삼국시대의 중국과 일본을 연결하는 국제교역의 장의 중심지 역할을 하였음을 보여준다.

봉황동 주거 유적지는 우선 지상으로부터 높게 만들어 주변의 감시활동을 돕기 위해 망루의 설치다. 즉 마을을 외부로부터 보호하기 위한 것으로 일종의 시설이라 할 수 있다. 망루와 관련해서는 청동기 시대의 취락형태의 유적에서도 나타난다. 이는 이 시대에도 널리 사용되었던 것으로 보인다.

주거지역에서 고상가옥은 더운 지방의 습기와 우기 등에서 불편한 환경을

김해 봉황동 고상주거(2007)

개선한 것으로 온돌시설에 의한 취사, 난방을 겸한 부뚜막과 마루 중심의 고상가옥 등을 병행해서 사용했던 것으로 볼 수 있다. 특히 고상가옥의 형태는 주거의 개념도 있지만 보다 곡식을 안전하게 저장하기 위한 수단으로 창고 등이 있었다. 여기서 나타나는 고상주거 형태는 여름철과 겨울철에 구분되어 겨울철에는 수혈주거 형태, 여름철에는 우기 등으로 인한 습기, 침수, 사나운 맹수들의 습격방지와 채광에 따른 위생상 개선에 의한 고상가옥을 사용하기 위해 만든 것이라 할 수 있다.

이곳의 유적지는 1907년 우리나라 고고학상 최초로 발굴조사 되어 사적 제2호로 회현리 패총으로 지정되었다가 2001년 봉황대 유적과 통합하여 봉황동 유적지로 확대 지정 되었다. 특히 봉황동 유적지는 우리나라에서 최초로 불에 탄 탄화미가 발견됨으로써 한반도의 벼농사의 기원을 알려주는 귀중한 자료로 파악되었다.

제1절　시대적 형성배경

통일 이후(676) 신라는 그 영역의 확대와 함께 인구가 크게 늘어났다. 오랜 전쟁이 끝나고 대외관계가 안정되어 생산력도 크게 증대되었으며, 통일 전쟁을 수행하는 과정에서 강력한 군사력을 확보했다. 이를 바탕으로 정치도 안정되었다. 통일을 전후하여 나타난 중요한 정치적 변화는 왕권이 전제화되었다는 점이다. 태종무열왕은 최초의 진골 출신 왕으로, 통일전쟁을 치르는 과정에서 왕권을 강화하였다. 아울러 이때부터 태종무열왕의 직계 자손만이 왕위를 세습하였다. 나아가 왕명을 받들고 기밀사무를 관장하는 집사부의 장관인 시중의 기능을 강화하고, 귀족 세력의 이익을 대변하던 상대등의 세력을 억제하였다. 이로써 통일 이후 진골귀족 세력이 약화되고 왕권이 전제화될 수 있는 바탕을 마련하였다.

　신문왕은 김흠돌의 모역사건을 계기로 귀족세력을 숙청하고 정치세력을 다시 편성하였다. 중앙정치기구와 군사조직을 정비하고, 9주 5소경 체제의 지방 행정조직을 완비하였다. 또, 문무관리에게 관료전을 지급하고, 귀족의 경제기반이었던 녹읍을 폐지하기도 하였다. 나아가, 유교정치 이념의 확립을 위하여 유학사상을 강조하고, 유학교육을 위하여 국학을 설립하였다.

왕권이 전제화되면서 상대적으로 진골귀족 세력은 약화되었다. 김씨 왕족은 왕권 옹호세력으로 변질되고, 박씨 세력이나 가야 및 고구려계 귀족은 점차 정권에서 소외되었다. 반면에, 진골귀족 세력에 눌려 정치적으로 성장할 수 없었던 6두품 세력이 왕권과 결탁하여 상대적으로 부각되었다. 이들은 학문적 식견을 바탕으로 왕의 정치적 조언자로 활동하거나 행정실무를 맡아 보았다. 이렇게 확립된 전제왕권은 진골귀족 세력의 반발로 경덕왕 때부터 흔들리기 시작하였다. 녹읍이 부활되었고, 사원의 면세전이 늘어나면서 국가재정도 압박을 받았다. 오랫동안 평화가 지속되자 중앙의 귀족들은 자신들의 특권적 지위만을 유지하려 하였다. 더욱이 그들의 지나친 향락과 사치생활로 인하여 농민의 부담이 늘어났다.

한편 고구려 멸망 이후 대동강 이북과 요동지방의 고구려 땅은 당의 안동도호부가 지배했다. 고구려 유민들은 요동지방을 중심으로 당에 대한 저항을 계속하였다. 당은 이 지역의 고구려 유민들을 효과적으로 통치하기 위하여 당에 포로로 잡혀있던 보장왕을 요동도독으로 임명하는 회유책을 쓰기도 하였다. 그러나 당의 이러한 민족분열 정책은 오히려 고구려 유민들의 동족의식을 더욱 강화시키는 결과를 가져왔다.

통일신라의 통치체제 변화는 중국식 정치제도를 받아들이면서 강력한 중앙집권적 전제 국가로 발전한 것이라 할 수 있다. 그러나 중앙관부의 장관과 주의 도독, 군대의 장군 등 권력의 핵심은 모두 중앙 진골귀족이 독점하는 한계를 지녔다.

8세기 후반 이후, 신라에서는 국가의 기강이 헤이해지면서 중앙귀족들 간의 권력싸움이 치열해지고, 중앙정부의 지방에 대한 통제력이 약화되면서 지방에서 군사력과 경제력, 그리고 새로운 사상을 갖춘 호족세력이 성장하였다. 진골귀족들은 경제 기반을 확대하여 사병을 거느리고 권력싸움을 벌였다. 혜공왕이 죽고 상대등 김양상이 선덕왕으로 즉위하면서 진골귀족들 사이에는 힘만 있으면 누구나 왕이 될 수 있다는 생각이 널리 퍼졌다. 이에 경제력과 군사력을 확보한 귀족들은 왕위 쟁탈전을 벌였다. 왕권이 약화되고 귀족연합정치가

운영되었으며, 집사부 시중보다 상대등의 권력이 더 커졌다. 중앙귀족들의 왕위 쟁탈전에는 지방세력들도 가담하였다. 자신의 아버지가 왕이 되지 못한 데 대한 불만으로 웅천주 도독 김헌창과 그 아들이 반란을 일으켰으며, 일부 지방세력들이 중앙정부에 반대하는 움직임을 보이기 시작했다. 이것은 중앙정부의 지방에 대한 통제력이 더욱 약화되는 계기가 되었다.

이러한 과정에서 녹읍을 토대로 한 귀족들의 지배가 유지되는 한편, 대토지소유가 확대되었고, 농민의 부담은 더욱 무거워졌다. 자연재해가 잇따르고, 왕족과 귀족들의 사치와 향락으로 국가재정이 바닥나면서 농민들에 대한 강압적 수취가 뒤따랐다. 살기가 어려워진 농민들은 토지를 잃고 노비가 되거나 초적이 되기도 하였다. 그리하여 중앙정부에 대한 불평과 불만이 높아지고 지방에서 반란이 일어나기도 하였다. 사회가 혼란해지면서 지방에서는 호족이라 불리는 새로운 세력이 성장하였다. 호족들은 농민봉기를 배경으로 각처에서 일어나 중앙정부의 통제에서 벗어나면서 반독립적 세력으로 성장하였다. 이들은 자기 근거지에서 성을 쌓고 군대를 보유하여 스스로 성주 혹은 장군이라고 칭하면서 그 지방의 행정권과 군사권을 장악하였을 뿐 아니라 경제적 지배력도 행사하였다(국사・국정도서 편찬위원회, 2005: 61~65).

통일신라시기의 사회・경제적 변화는 신라정치의 골품제를 변화시키는 커다란 요인으로 작용하였다. 그러나 진골귀족 간의 왕위계승경쟁이 치열해지는 신라하대에 이르러서는 골품제가 정치・사회적으로 변화되는 현실을 수용하지 못한 채 폐쇄적 행태로 계속되었다. 그 결과 골품제의 한계에 회의를 지닌 각 계층의 불만이 누적되고, 계속된 자연재해와 수취체계의 모순으로 농민들의 생활이 극도로 불안정해짐에 따라 지방에서 성장한 견훤과 궁예는 신라 말의 혼란을 이용하여 독자적 세력을 이끌고, 정권을 수립하는데 이를 후삼국시대라 한다. 이때 통일신라의 영토는 그 지배권이 경주 일대로 축소되고 갈수록 정치・경제적으로 쇠퇴하기 시작하였다.

신라시대에 가장 정치・사회적 악은 골품제도의 품계이다. 골품제로 인해 사회・경제적 기반의 붕괴위기를 가져왔다. 신라시대의 골품제가 사회적 신분제의 분화를 일으킨 것은 분명하지만, 이는 후대인 고려시대 특권층의 귀족제도는 신라 말의 6두품 출신 지식인과 호족 출신 중심으로 이루어졌으나 보다 개방적 면을 지녔고 조선시대의 양반·중인·서민 중심의 신분제와는 다소 차이가 있었다. 당시 통일신라의 사회가 일반 평민이나 노비와 같은 천인에 대한 규정이 거의 없는 것으로 보아, 모든 사회운영이 골품제에 의해 모두 규정된 것은 아니고, 골품제는 단지 토박인 신라인과 경주지역으로 이주해 온 지배층에 대한 적용으로 관직에 진출할 수 있는 관등제와 직결된 것으로 보아 관계 진출과 같은 부문에 한정 적용되었을 가능성도 크다고 볼 수 있다. 이때 중앙정부가 위치한 경주가 아닌 지방인들은 중앙 관직에 진출 할 수 없었고 골품제에서도 제외되어 변방에만 근무할 수 있었다. 이러한 제도는 신라의 한 축을 담당하기도 하였지만 역기능이 많아 결국 신라의 멸망과 함께 정치체제로써 운명을 같이했다.

제 2 절   신분계층의 주거문화

1. 계층분화의 주거형성

한반도의 주거역사에 대한 기록은 중국의 문헌 등에서 자주 나타나는데 삼국시대에 이르러 중국에서 불교의 도입으로 불교건축이 선도적 역할을 하면서 급속하게 발전하게 된다. 그러나 고구려의 고분 등에 의한 주거유형 이외는 자료가 없어 찾아보기 어렵다. 국내문헌으로는 《삼국사기》, 《삼국유사》 등을 통해서 고찰되는 실정이다. 고구려의 경우에는 《삼국지》 "위지 동이전 고구려조"에 고구려인들의 생활상을 알려주는 수렵·어로와 농경생활을 기록하고 작은 창고라 일컫는 부경(桴京)과 서옥(婿屋) 등의 풍속이 있는 것으로 전해진다.

그리고 《신당서》 "동이전 고구려조"에서는 갱(坑)이라는 구들시설이 설치되어 난방시설과 유사한 장갱(長坑)이 존재하였음을 알 수 있는데 이는 상류층 보다 주로 하층민 사이에서 주거난방으로 이용한 것으로 추정된다. 또한 민가의 경우에는 초가였음도 기록되었다.

그리고 백제의 주거는 《신당서》 동이전 백제조(新唐書 東夷傳 百濟條)에 의하면 "고구려의 주거와 별 차이가 없다고 기록한다"고 기록되었다. 신라의 경우에는 역사의 연속성으로 인해 시대적 구분은 사실상 정확하게 구분 짓기는 어려우나 불교의 전래에 따른 정치·경제·사회 등 많은 분야에 영향을 미쳐 주거의 변화에도 나타난다. 삼국의 통일은 경제적 규모의 경제는 물론 정복에 의한 국가 통일에서 얻어진 부산물로 전리품은 인적·물적 분야에서 승리자에게 엄청난 혜택이 부여되어 이때 지배계급과 피지배계급의 등장으로 사회적 신분 계층 변화에 따라 주거계층의 형성과 이에 따른 가사규제도 함께 나타난다. 고대국가인 신라는 왕을 정점으로 하여 왕족 및 귀족에 의한 지배계층과 하층민의 서민에 의한 피지배계층으로 사회계층이 구성되었다.

지배계층의 귀족들의 경제생활은 왕경인 경주를 중심으로 사치와 향락으로 세월을 보냈다. 이는 당시의 사회제도상 왕이 모든 토지와 백성을 소유한다는 왕토사상이 지배되어 토지의 소유구조가 편중되어 귀족 중심의 사회였다. 그리고 지방민들은 보통 촌(村)으로 불리는 말단행정구역에 편입되어 살았는데, 대략 10호 가량의 혈연집단이 자연촌을 형성하고, 3~4개의 촌에 한 사람의 촌주(村主)가 있어서 이 촌주를 통해 국가의 지배를 받았다.

그런데 신라말기 어느 시기에 작성된 서원경(청주지방)의 촌락문서(村落文書)에 의하면 서원경과 그 주변 4개 촌의 호수, 인구, 전답 면적, 뽕나무·잣나무·호두나무 등의 주수(株數), 소와 말 등 가축수 등을 3년을 주기로 하여 기록한 장적(帳籍)으로서 작성연대는 그냥 을미년(乙未年)으로 되어 있다. 이 을미년에 대해 효소왕 4년(695), 경덕왕 14년(755), 헌덕왕 7년(815) 등 여러 해석이 엇갈린다. 그러나 어느 설이든 통일 후로 보는 데에는 이견이 없다. 촌락문서는 일본 동대사(東大寺) 정창원(正倉院)에서 1933년 발견되었다.

우선 이 문서는 지방의 인구와 호수, 전답면적, 과일나무, 가축 수 등까지 기록했다는 점에서 국가의 지방사회에 대한 파악이 생각보다 철저했으며 이것들에 대해서도 세금이 부과된 것으로 보인다.

또 이 기록에 의하면 호(戶)는 역(役)을 지는 인정(人丁)의 많고 적음을 기

〈표 9-1〉 신라장적에 나타난 호구·토지

촌 명	호구 수		토 지				
	호	인구		관모전답	내시령답	연수유전답	마전
사해점촌 (沙害漸村)	10	男 64 女 78	畓	4결	4결	°94결 2부 4속	
			田			62결 10부 △속	1결 9부
살하지촌 (薩下知村)	15	男 47 女 78	畓	3결 66부 7속		59결 98부 2속	
			田			119결 5부 8속	△
□村	8	男 37 女 32	畓	3결		66결 67부	
			田			58결 7부 1속	1결 △부
서원경 □村	10	男 47 女 60	畓	3결 20부		25결 99부	
			田	1결		76결 19부	1결 8주

* 이 가운데는 촌주위답 19결 70부가 포함되어 있음
  자료: 한영우 (2005), 163.

준으로 9등급으로 나누고(호를 9등급으로 나눈 것은 인정(人丁)을 기준으로
한 것이 아니라 호의 재산의 정도를 기준으로 한 것이라는 해석도 있다. 인구
는 연령에 따라 6등급으로 나누었다. 이는 역역(力役) 징발을 위한 기준을 세
우기 위함이었다.

또 촌주와 촌민은 국가로부터 촌주위답(村主位畓)과 연수유전답(烟受有田畓)
을 받았는데, 전자는 일종의 관료전이고, 후자는 성덕왕 때 지급했다는 정전
(丁田)을 말하는 것으로 보인다. 이밖에 관모답(官謨畓), 내시령답(內視令畓),
마전(麻田) 등이 있어 촌민들이 경작했는데, 여기서의 수입은 국가의 몫이었
던 것 같다(한영우, 2005: 162~163). 〈표 9-1〉의 장적내용을 보다 구체적으로
살펴보면 특히 사람은 남녀별로 구분하고, 16세에서 60세의 남자의 연령을 기
준으로 나이에 따라 6등급으로 구분하여 기록하였다. 호(가구)는 사람의 많고
적음에 따라 그 기준을 상상호(上上戶)에서 하하호(下下戶)까지 9등급으로 나
누어 파악하였다.

기록된 4개 촌은 호구 43개에 촌 인구는 노비 25명을 포함하여 442명(남:
194명, 여: 248명)이며, 소 53마리, 말 61마리, 뽕나무 4,249그루 등의 재산
을 소유했다. 촌락의 인구에서 여자보다 남자의 수가 적은 것은 사망률이 높
아 나타난 것 때문으로 보인다. 위의 촌락의 인구 및 경제적 규모로 보아 당시
주거의 구조 및 형태도 짐작할 수 있다.

한편, 이 문서의 발견은 통일신라시대의 호구·토지제도 등 연구에 크게 기
여한 획기적 기록으로 평가받는다. 신라장적에 나타난 토지의 종목에 답(畓)
과 전(田)에서는 연수유전답과 연수유가 아닌 전답을 구별하는데 연수유전답
안에 일반 농민들의 연수유전답과 촌주위답(村主位畓)이란 것이 포함되어 있
고 연수유가 아닌 전답은 관모전답과 내시령답·마전 등으로 구분된다. 연수
유전답과 구별되는 것은 고대국가에서 재정적 용도에 따라 관유지 안에서 특
정화 된 것으로 보인다. 또한 성덕왕 때 지급한 것으로 보이는 정전(丁田: 20
~59세)은 이에 달하는 백성에게 일정한 면적의 토지를 발급해 주는 토지분급
제도이다.

이는 당시 당나라 균전제(均田制)를 도입한 제도로써 신라장적에서 정전은

당시의 시대적 상황에 비추어 볼 때 공동체적 유대가 강한 신라의 사회상으로 볼 때 토지의 분급제도가 제도상으로 원만하게 이루어지지 못한 것으로 판단되어 진다.

2. 가사제도의 주거규제

신분적 차별성이 강화된 고대국가 사회에서의 주택은 복식과 마찬가지로 신분 상징의 도구가 된다. 다시 말해 당시의 상류계층들은 그들의 주택을 보다 크고 화려하게 건설함으로써 지배계층으로서의 위엄과 권위를 표현하였다. 또한 그들 주택의 권위적 요소들을 하위계층에서 모방하거나 사용하지 못하도록 제한하는 제도적 장치를 만들었다. 이러한 제도적 장치를 가사제한(家舍制限)이라고 하는데, 그것이 성문법이었든 또는 불문율이었든 간에 삼국이 모두 이러한 규제가 있었던 것으로 보인다. 그러나 현재로서는 홍덕왕 9년(834)에 제정되었다고 알려진 신라의 가사제한만이《삼국사기》권33 잡지 제 2 "옥사조"에 남아 있을 뿐이다. 당시 신라는 삼국을 통일하였고, 장보고의 청해진이 설치되어 해상무역이 활발하게 전개된 시기이다. 삼국통일 이후 귀족들은 앞 다투어 호화스러운 삶을 추구하였을 것이며, 해상무역을 통해 수입된 외국의 사치품들은 선망의 대상이 되었을 것이다. 이는 신분과 계급제도를 문란하게 하는 동기가 되기 때문에 통치 질서를 유지, 강화시키는 차원에서 일정한 규제의 필요성이 제기되었다. 이러한 시대상황과 규제의 배경은《삼국사기》"색복조"의 교서에서 다음과 같이 잘 나타난다.

> 사람은 상하(上下)가 있고 지위는 존비(尊卑)가 있어 명칭과 법식이 같지 않고 의복도 다르다. 그런데 풍속이 점점 각박하고 백성들이 앞 다투어 사치, 호화를 일삼고 다만 외래품의 진귀한 것만을 숭상하고 국산품을 지속하다고 싫어하니, 예절이 무너지고 풍속이 파괴되기에 이르렀다. 이에 옛법에 따라 임명을 내리는 것이니 그래도 만일 일부러 범하는 자가 있으면 국법으로 다스릴 것이다(《삼국사기》권33 잡지 제 2).

이러한 규제는 의복뿐만 아니라 수레, 생활집기, 주택에 이르기까지 법제화되었다.

주택의 경우 신라의 신분제도인 골품제(骨品制)에 따라 진골(眞骨)에서부터 백성에 이르기까지 계급별 규제가 이루어졌다. 규제는 주택의 규모로부터 재료, 구조, 장식에 이르기까지 건축 전반에 걸친 내용이 다루어진다. 주택건축에 대한 지나친 사치를 금하는 동시에 권위건축의 요소인 웅장함과 화려함을 제한하려는 의도를 볼 수 있다. 이는 규제방법만이 아니라 당시 사용된 건축방법과 건축요소의 고급성을 알 수 있는 귀중한 사료이기에 주거사의 중요 주제로 다루어져 왔다. 다만 그 내용은 문헌해석상의 어려움이 있어 지금까지 학자들 간에 재해석과 논쟁이 끊임없이 이어진다. 최근에 발표된 해석으로 내용을 정리하면 《삼국사기》 "옥사조"의 해석은 지금까지 신영훈, 주남철, 김정기, 이호열 등 여러 학자들에 의해 재해석이 이루어져 왔다〔이상해 (1995), "삼국사기 옥사조의 재고찰", 〈건축역사연구〉, 8호 재인용〕.

신라시대 귀족들의 모습은 주거를 통한 생활상의 모습들이 현재의 모습보다 더욱 화려하게 장식하며 지냈던 것으로 보이며 기득권 세력들의 권위에 도전하지 못하도록 주거의 분야에까지 규제하는 등 각종 정책을 펼쳤던 것이다. 이는 통일신라시대에 이르러 최초로 주거에 대한 법적 규제를 하는데 오늘날 주택 관련 주택법과 건축법의 일종이라 할 수 있는 법적 제도이다.

구체적 내용은 진골계급에서 일반 백성에 이르기까지 주거건축에 대해서 열거한다. 이는 신분계급에 의한 파급에 따라 주거계층 분화도 함께 동반되어 나타난 현상이다.

가사제한(家舍制限)의 규제내용은 당시 사회상을 반영한 것으로 주택의 규모, 기와, 박공장식, 두공, 처마구조, 천장, 건축재료, 채색, 계단, 담장, 대문, 발과 병풍장식, 침상재료, 말의 수 등을 오늘날의 건축법이나 주택법 규정보다 오히려 보다 구체적이고 자세하게 규정된다. 이러한 규제는 주거가 삶을 위한 은신처로 기능이라기보다 사회적 권위와 위상을 나타내는 도구의 수단으로 사용되었음을 알 수 있다.

신라는 토기 가운데 집 모양으로 된 토기형태가 많이 발굴되었는데 이를 가

형토기(家形土器)라 하며 이러한 토기에서는 맞배지붕형인 기와집, 초가집 등의 형상을 보여준다.

삼국의 통일 이후 신라는 중앙집권적 관료제가 더욱 강화된 국가체제를 이루어 나아갔다. 이러한 중앙집권적 정치체제는 고구려, 백제의 귀족을 흡수하여 초기 강력한 국가체제를 마련하기 위한 방법이었다. 한편 신라 후기에 이르러서는 사상적 지배사상인 불교가 더욱 융성하였다. 불교의 사상은 의상의 화엄사상, 원효사상 등이 대중 불교로 자리 잡았다. 원효의 사상은 "나무아미타불"만 염불하면서 외우면 누구나 아미타불이 사는 서방정토의 극락세계에서 다시 태어날 수 있다고 정토사상을 일깨워주었다. 신라의 말기에 6두품 이하의 호족 층에서 선종은 호응을 얻으면서 선종 9산문을 형성하면서 불립문자(不立文字: 문자교육배경)와 견성오도(見性悟道: 인성이 불성임을 깨달음)를 설파하면서 호족층 이하 소외계층인 서민층의 큰 호응을 일으켜 매우 성행하였다. 선종을 믿고 따르는 이들은 풍수지리 사상에 관심을 두고 진흥시켰는데 영암 출신의 선승인 도선은 전국을 찾아다니며 우리나라에 맞는 풍수지리학적 체계를 마련하였다. 풍수지리는 음양과 오행이 서로 작용하여 생명의 기(氣)를 탄생시킨다는 이론으로 통일신라시대 후기에 형성된 사상으로 신라 말기부터 크게 유행하기 시작하여 도읍지의 선정 및 주거입지 형성에 많은 영향을 주었다.

신라의 대표적인 건축물은 경덕왕 10년(751)에 김대성의 발호에 의해서 지어진 불국사인데 그 규모는 2천여 칸이 넘을 만큼 거찰이었으나 임진왜란(1592) 때 아깝게도 불타 소실되었다. 이후 계속 지내오다 해방 이후에서야 중창되었다. 앞마당에는 다보탑과 석가탑이 좌우에 바라보며 마주 서 있다. 불교의 세계관을 표현하는 것으로 통일신라를 대표한 사찰과 불탑이다. 이외에도 석굴암, 첨성대 등이 있다.

후기 신라의 왕실과 귀족들의 대표적 건축으로는 왕경과 안압지이다. 안압지는 자연의 지세를 그대로 이용하여 연못을 만들고 그 안에 섬을 만들어 하나의 정원을 만들었다. 근래에 발굴조사에 의하면 생활용품으로 쓰이는 일상생활의 기구들이 많이 발굴되었는데 특히 기와류(바닥무늬: 어골문, 격자문, 선문, 기하학무늬), 목재류[주두(柱頭), 난간(欄干), 서까래], 금속류(금동제, 문고리장식) 등이 있다.

이는 당시 살았던 신라인들의 생활양식을 보여주는 중요한 자료로 조사되었다. 통일신라시대의 상류계층의 집들에 대해서 옥사조에 나타나듯이 금과 은으로 집을 장식하지 말라고 금(禁)하는 조항이 있을 정도로 화려하였다는 것은 집의 장식이 어떠하였는지 가히 짐작할 수 있다.

이는 고려시대, 조선시대에 이르기까지 어떤 측면에서 보면 더욱 화려한 집을 짓고 살았다는 것으로 문헌 등을 통해 알 수 있다. 한편 가사규제는 조선시대에까지 주거문화의 계층적 문화에 영향을 미치는 중요한 역할을 했다.

제 3 절   주거유적지

인류의 탄생에서 시작하여 주거에 관한 자료가 실제의 모습으로 남아 있지 않
고 유구 등에 의해서 고증된 관계로 이에 대한 주거형식을 정확히 규명하기는
어렵다. 그러나 선사시대가 지나고 역사의 시대가 도래함에 따라 문헌에 의해
서 파악할 수 있는《삼국사기》의 "옥사조" 내용으로 어느 정도 통일신라시대
의 주거모습을 그려볼 수 있었다. 그동안 중국의 문헌 등에 의존한 것에 비하
면 주거연구사에 획기적인 자료이다.

이 시기의 주거 등의 궁궐은 신라와 당나라의 정치·사회·경제 분야에 활
발한 교류가 있었기에 건축분야에서 서로 비슷한 기법을 지녔던 것으로 짐작
된다. 그리고 신라 말 당시 사회상으로 볼 때 경주는 초가집을 볼 수 없고 기
와집으로 이루어졌고 취사는 숯으로 하고 노랫소리가 그치지 않았다고 한다.

사실상 지금의 경주의 모습은 오히려 통일신라시대에 비하여 규모나 인구수
에서 적어진 것으로 보인다. 이는 현재 경주시의 주변에 주민들이 거주하지
않는 곳에서 도시계획사업으로 인한 시설물 등을 설치하는 가운데 지금도 유
물 등이 발굴 조사되는 것으로 보아 지금의 경주시 면적보다 훨씬 방경이 넓었
던 것으로 짐작된다. 당시 신라의 도읍지 월성 및 왕경 유적, 임해전지 유적,
성동리 건물터, 용강동 원지 유적 등이 있다. 통일신라의 대표적 주거유적인
월성을 중심으로 한 유적은 경주 일원으로 도시 주거지이다. 신라시대부터 통
일신라시대에 걸쳐 조성된 것으로 보인다.

1. 경주 월성

경주 월성(慶州 月城)은 경북 경주시 인왕동 387-1번지에 위치하며 사적 제 16
호로 지정(1963년 1월 21일)되어 있다. 신라시대의 대표적 왕궁으로 흙과 돌로
쌓아 만든 토성으로 대부분 훼손되고 부분적으로 남아 있다. 이곳 궁성에 대

경주 월성(2006)

한 기록은 《삼국사기》, 《동경잡기》, 《삼국유사》 등에 남아 있다. 《삼국사기》에 의하면 "자연의 지형을 이용하여 반월형으로 흙과 돌을 혼합하여 박혁거세가 금성(金城)을 짓고 난 뒤 제5대 파사왕 101년에 축조된 것"으로 기록되어 있다.

《동경잡기》 290년(유례왕 7)에 대홍수로 범람하여 월성이 무너져 이듬해 보수하여 487년(소리왕 9)에 다시 이곳의 월성으로 옮긴 것으로 기록되었다. 그리고 《삼국유사》에 의하면 월성터는 원래 호공(瓠公)이라는 사람이 거주했는데 기원전 19년 석탈해 왕이 도성을 정하는 데 있어 가장 적합한 길지로 여겨 거짓으로 꾀를 내어 이곳을 차지하고 월성을 쌓았으며 남해왕이 그 이야기를 듣고 석탈해 왕을 사위로 맞이하여 신라 제4대왕이 되었다는 설이 전해 내려온다. 월성은 지형이 초승달처럼 닮았다하여 '신월성'(新月城), '월성'(月城)이라 불렸으며 왕이 사는 성(城)이라 하여 '재성'(在城)이라고도 하였다.

조선시대부터는 반월성(半月城)이라 불러 오늘에 이른다. 월성의 지형여건은 남쪽지역에서 조그마한 내천이 항상 흘러 자연적인 방어기능을 갖추었고 동, 서, 북쪽지역은 넓은도랑의 남문, 귀정문, 북문, 인화문, 현덕문, 무평문, 준례문 등과 여러 누각 등이 있었다. 또한 궁성 내부에서 임해전으로 통하는 임해문도 있었으며 그 밖의 많은 주거지 등의 부속건물이 있었다. 그리고 신라의 발전은 월성을 중심으로 계속 확장해갔다. 이는 오늘날 경주의 모습이 지표 하에서 주택지조성 및 도시계획사업에 의해서 계속 발굴됨에 따라 이를 확인해준다.

2. 경주 임해전지

월성의 동북쪽으로는 안압지와 임해전지(淋海殿址)가 있다. 월성과의 거리가 가까운 것으로 보아서 월성의 기능이 월성 외곽까지 확대된 것으로도 볼 수 있다. 이곳에 관해서는《삼국사기》에 여러 번의 기사가 나온다. 연못과 화초를 가꾼 기록, 임해전에서 연회를 가진 기록, 중수, 수리기록 등이다. 이러한 기록들을 종합해 볼 때 문무왕 때 판 연못이 안압지이고 인접한 건물지가 임해전으로 확실한 것으로 인정된다. 단지 문무왕 19년에 만든 동궁(東宮)이 이곳을 지칭하는 것인지는 확실치 않다. 임해전이 월성의 동쪽이고 그 이외에 다른 궁궐지가 동쪽에서 확인되지 않는다는 점이다.

그리고《삼국사기》의 기록에 임해전과 동궁이 같이 언급되는 예가 있다는 점 등의 이유로 동궁의 위치도 이곳이 아니었을까 하는 추정을 한다. 현재 발굴 후 복원된 안압지 배치도에서 보이는 연못 서쪽의 건물지가 임해전으로 확인될 수 있는 것은《동국여지승람》(東國輿地勝覽)에 "안압지 서쪽에 임해전 자리가 있어 아직 초석과 기단이 논밭 사이에 있다"라는 기록으로 보아 거의 틀림없는 사실이라고 보더라도 그 임해전 건물이 바로 동궁이라고는 생각되지 않는다.

그것은 애장왕(哀莊王) 5년의 기록에 "임해전을 중수하고 동궁의 만수방(萬壽房)을 새로 지었다"는 기록으로 보아 임해전과 동궁은 다른 건물인 것이 확실하기 때문이다. 임해전과 동궁이 붙어 있거나 인접해 있을 가능성은 충분히

경주 임해전지(2006)

있으며 그렇게 볼 때만 이곳이 동궁의 터라는 대답이 된다(대한건축학회, 2003: 229~231). 임해전 지안에 자리 잡은 안압지는 신라 문무왕 14년(674)에 연못을 조성하고 3개의 섬을 못 가운데에 배치하고 북쪽과 동쪽으로 무산 십이봉(巫山十二峯)을 만들었다.

이는 동양의 신선사상을 배경으로 한 천원지방(天圓地方) 사상과도 연계된다. 즉 우주의 생성원리로 "하늘은 둥글고 땅은 네모난 형"이라고 중국에서 유래된 사상으로 원은 절대성을 지닌 하늘을 상징하고 영혼과 사후세계를 뜻하며, 정방형(사각형)은 물질세계인 땅을 의미한다. 이와 같이 임해전지 옆 안압지 연못 중앙에 둥근 섬이 있는데 이는 선신이 사는 하늘을 뜻한다. 안압지와 함께 존재했던 임해전지는 월성과 더불어 통일신라시대의 별궁 안에 있던 것으로 임해전과 더불어 여러 부속건물과 정원이 있었다.

경순왕 931년에 고려 태조 왕건을 위하여 연회를 베풀었다는 등의 기록이 남아 있는 것으로 보아 군신들의 각종 연회 및 귀빈 접대장소로 이용되었음을 알 수 있다. 안압지의 경우 원래는 월지(月池)였는데 조선시대 폐허가 된 이

경주 안압지 (2006)

곳 연못에 기러기와 오리 등이 날아와 안압지라 불렀고 1975년 준설을 겸한 발굴 조사에서 입수로, 출수로, 못가의 호안석축 등이 확인되었다. 또한 임해전 터에서 출토된 보상화문전에 새겨진 기년명(紀年銘)으로 궁궐의 축조연대를 알 수 있었다. 발굴조사 결과 안압지 주변에는 26개도(주 건물터 및 화랑터)의 크기가 각각 다른 건물터가 확인되었고 그 중 연못서쪽가의 5개 건물터 중 3개소만 건물을 추정하여 복원 현재모습을 보여준다.

　나머지 건물터는 발굴된 유구를 발굴전의 형태로 덮고 그 위에 성토하여 건물의 기단부를 새로 재현하였다. 임해전은 월성의 별궁에 속한 것으로 당시 사용면에서 매우 중요한 기능을 담당했던 것으로 보인다. 임해전지는 사적 제18호로 지정되어 있고 경주시 인왕동 26-1에 위치한다.

3. 경주 재매정

재매정(財買井)은 경주시 교동 89-7번지에 위치하며 면적은 10,800m²로 사적 제246호(1976년 1월 7일)로 지정되어 있다. 신라의 통일에 기여한 명장 김유신 장군의 저택으로 집자리에 재매정이란 샘이 남아 있다. 《삼국유사》의 "진한조"(辰韓條)의 기록에 의하면 당시 신라의 가장 융성한 시기에는 17만 8936호의 집이 있었고 이 가운데 35채는 금입택(金入宅)이라는 호화 대저택으로 여기에 재매정댁[財買井宅: 김유신의 조종(祖宗)]도 포함한다. 여기서 재매정은 《삼국유사》의 "김유신조"에 의하면 김유신 장군의 부인을 재매정부인(財買井夫人)이라 하여 여기서 유래된 것이다.

이곳의 유적지는 또한 신라시대의 왕경지의 궁궐 다음의 민가 연구 자료로 가치를 지닌다. 발굴조사(1991~1993)에 의하면 119개소의 건물지가 확인되었는데 가장 큰 규모의 집은 동서 3칸, 남북 3칸의 건물지로 확인되었다.

한편 발굴조사 과정에서 우물이 발견되었는데 당시 호화저택인 금입택에 어

경주 김유신 장군의 집터 및 재매정(2006)

울리는 비교적 큰 우물이 남아 있다. 조선시대 1870년(고종 7)에 세운 비(碑)가 있다. 우물은 깊이가 570㎝, 최대 직경 180㎝로 잘 다듬은 화강석으로 내부를 쌓아 올려 맨 위에는 2개의 ㄱ자 장대석을 정사각형으로 마무리하였다. 한편《삼국사기》에 김유신 장군이 백제와 싸워 크게 이기고 돌아오는 중에 백제군이 다시 침범해온다는 급보를 받고 쉴 사이 없이 출전하는 길에 집 앞을 지나자 함께 참전하는 병사를 시켜 물을 떠오게 하여 마신 후 "우리 집 물맛은 옛날 그대로구나!"하면서 떠났다는 기록이 있다. 또한 재매정은 월성의 서쪽 400m 거리의 남천 바로 앞에 있어서 당시 김유신 장군의 권위와 저택이 가히 어떠한 규모와 장식으로 이루어져 있는지 짐작할 수 있다.

4. 경주 용강동 원지유적

용강동 원지유적은 통일신라시대의 신라왕실의 별궁 내지 귀족의 별장으로 추정되는데 대규모의 인공연못으로 영남매장문화재연구원(1998~1999)이 경주시 신시가지에 자리 잡은 북쪽의 황성동과 용강동 일대 용황초등학교 신축부지를 개발하면서 발굴된 지역이다. 이곳은 비교적 구릉지가 아닌 논, 밭으로 형성되어 사용되었던 지역으로 낮은 지역에 위치하며 1980년대 중반이후 주택지 조성사업으로 개발되기 시작하면서 이 일대주변에서 수혈주거지, 목관, 석실분 등의 여러 유형이 청동기시대부터 신라시대까지 다수의 유물 및 유적이 발견되었다. 특히 이곳의 경우 연못주변에 돌을 쌓아 호안을 만든 호안석축렬, 렬, 인공섬, 그 곳과 인공섬에 누각이 들어섰던 건물터, 인공섬과 유지와의 연결시킨 다리, 도로 배수시설 등이 확인되었다.

누각의 건물터는 큰 기둥 3칸 집으로 추정되며 8세기 왕궁에서 사용했던 것으로 보이는 귀면와, 막새기와 등 1백여 점이 출토되었다. 연못자리는 840평 규모로 확인되었고 각종 조경석을 포함한 유구가 발견됨에 따라 안압지의 궁원과 유사한 특징을 지닌 유적으로 밝혀졌다. 현재는 발굴 당시의 모습은 보이지 않고 그 위에 성토하여 덮어놓고 사적 제419호로 지정하여 관리하고 있다.

경주 용강동 원지 유적(2006)

고려시대의 주거문화

제 10 장

제 1 절   시대적 형성배경

후삼국시대에 왕건은 고구려의 계승을 내세워 국토를 고려라 칭하고(918년) 지금의 개성(송악)에 도읍을 정하고 통일의 역량을 키워가면서 차례로 신라를 전쟁 없이 흡수 통합하였고 후백제의 내분을 잘 이용하여 견훤의 귀순으로 후백제를 징벌하여 후삼국을 통일했다(936년). 왕건은 민족의 대통합을 위해 지방호족을 견제하고 지방통치를 강화하기 위해 사심관과 기인제도를 적절하게 활용하였다. 이는 그 지방의 모든 행정을 통괄하는 중앙집권화 정책의 일환이었다. 고려왕조의 정치적 기반을 조성하였던 시기는 정종의 뒤를 이은 광종에 의해서 이루어졌다.

광종은 왕권강화 차원에서 중앙귀족과 지방호족들에 의해서 양민들을 전쟁 포로나 생활고 등으로 노비가 된 자들을 불법으로 고용하여 사회불안을 야기하자 이를 조사하여 해방시켜주었다(광종 7년). 그리고 후주(後周)의 귀화인 쌍기의 진언에 따라 과거제도(958)를 실시하여 유능한 인재 등을 등용함에 따라 신진관료들의 등장은 새로운 정치세력으로 광종의 왕권강화에 기여하였다. 성종에 이르러서는 모든 중앙관제 등이 정비되었고 사회체제가 정비되고 안정화됨에 따라 문벌귀족사회는 더욱 심화되어 갔다. 한편 문벌귀족사회는 고려 사회의 병폐의 요인으로 작용되었고 마침내 무신의 난으로 연결되어 무신정권이 탄생되었다.

문치주의에 의한 고려 귀족사회는 무인정치에 의해서 막을 내린다. 한편 몽고의 침입으로 인해 무신정권은 종말을 고하는 시대에 진입하는데 당시 항몽은 계속되었으나 결국 굴복하고 강화도에서 개경으로 환도함에 따라 왕정복고가 이루어졌다. 후에 원나라로 개칭한 몽고에 의한 경제적 수탈 및 간섭은 사회 전반에 걸쳐 이루어졌고 이 시기에 다시 권문세력들은 대토지를 확보하는 등 불교사찰과 함께 세력화되었다. 두 세력의 토지독점으로 국가의 재정은 크게 위축되었다.

고려의 경제적 기반은 토지제도였다. 소유관계에 따라 공전(公田)과 사전(私田)으로 구분하고 토지제도의 근간인 전시과 체제를 중심으로 토지가 분배되었다. 그리고 고려의 사회문화는 귀족사회 및 불교국가라 할 수 있다. 불교적 사상과 기반으로 성립되고 발전되었기 때문이다.

고려시대의 귀족문화의 대표적 사례로는 고려청자를 들 수 있다. 고려는 송나라, 원나라 등과 활발한 문화교류를 통해 선진문물 등을 도입하고 고려 후기에 이르러서 성리학이 전파되면서, 사상적 기반을 형성했던 불교적 사상은 쇠퇴하고 새로운 사상체계가 형성되기 시작하였다. 고려시대의 사상적 지배사상의 주류를 형성한 불교사상은 사실상 통일신라시대의 영향에 의해서 계승되었듯이 건축 등에서 독자적 특색보다는 신라의 계통의 건축조영이 계승되었으리라 짐작된다. 다만 경주의 신라와 고려의 개경은 지역적, 기후적 차이에서 발생되는 지역적 특성을 지닌 채 사회문화가 발전된 것으로 보인다.

한편 고려시대도 통일신라시대와 같이 정치·경제·사회적으로 많은 변화를 가져오지는 못했다. 기존의 기득권 세력의 상류계층은 고려시대에 와서도 새로이 등장한 문벌귀족들이 세습적으로 권력과 재산을 모두 차지해 서민들의 생활만 더욱 궁핍해졌다. 이는 시대적 배경으로 볼 때 시대의 변천은 있었으나 사회구조의 틀이나 생활형태는 새로운 국가의 건국이 있었음에도 크게 변하지 않았다는 것을 말한다.

제2절 주거문화의 특성

1. 건축기술의 발달

우리나라의 주거생활에 획기적 전기를 마련한 시기는 시대의 변천에 따라 몇 번에 걸쳐 이루어졌다. 한반도 인류의 출현은 구석기시대로 알려져 있고 생활의 모습은 수렵·어로생활로 일정한 정주개념 없이 이동생활로 동굴 등을 주로 이용하였다. 신석기시대에 들어와서 농경생활이 시작되고 수확된 곡물의 저장에 따른 정착생활 중심으로 전환되면서 주거생활의 모습도 이동주거에서 정착주거로 바뀌어 움집(수혈주거) 주거의 형태로 발전되었다. 이러한 움집도 신석기 후반에 이르러 청동기시대에 접어들면서 정복국가시대에 걸맞은 족장 세력중심의 촌락공동체인 움집형태인 지상주거로 발전되어 갔다. 즉 지상주거의 탄생은 한반도의 주거사에서 혁명적 주거발전 단계라 할 수 있다.

지상주거의 형태도 철기시대와 원삼국시대 등 시대의 변천에 따라 시대적 배경과 함께 주어진 환경 속에서 발전을 거듭하여 비로소 고려시대에 이르러 주거건축의 집대성이라 할 수 있는 재정립을 맞이했다. 소규모의 건축기술이 대규모의 건축기술로 발전된 계기를 마련했던 시기이다. 물론 통일신라시대의 지금의 경주는 궁궐이나 개인의 주택 등에서 호화스러운 극치를 보여주는 문헌 등이 기록한 것으로 보아 이는 당시 우수한 건축기술자들이 많이 존재했다는 것을 알 수 있다. 특히 월성의 규모, 임해전지, 김유신 장군의 재매정과 35채 정도의 금입택(金入宅) 등의 존재는 당시 상류계층의 주거모습을 말해주었음을 알 수 있다.

이러한 사치성 건축물과 규모를 감안해볼 때 당시 통일신라시대의 건축 관련 우수한 기술을 보유한 기술자가 많았던 것으로 보인다. 통일신라시대의 건축기술은 고려시대의 건축기술발달에 기본적 틀을 마련하는 데 도움을 주었다고 볼 수 있다. 고려사회는 그 이전 사회체제보다 안정되고 정착되어 관료제적 성격을 지닌 정치체제하에서 중앙관제를 정비하였다. 최승로의 시무 28조에서 과도한 불교적 행사를 지양하고 유교정치에 입각한 선정을 주장한바 성종은 이를 받아들여 중앙관제를 3성 6부로 편성하였다.

2성의 상서성(尙書省)아래 이부(吏部), 병부(兵部), 호부(戶部), 형부(刑部), 예부(禮部), 공부(工部) 6부가 예속되어 모든 국무를 담당하는 중심기구의 역할을 했다. 특히 건축기술 분야에 관련된 공부는 공장(工匠), 영조(營造)의 정사를 관장하였다. 국가의 수공업장에 소속되어 필요한 기술과 노동력을 제공하는 기술자는 과거에도 있었으나 고려시대에 이르러 제도적으로 정비되었다. 공장은 세습제로 중앙의 각 관청에 여러 가지명칭으로 소속되어 기관에 따라 인원이 배정되었다. 공조서(供造署)의 경우 왕이 궁궐에서 사용하는 장식품 등을 제작담당 했던 것으로 화업, 소목장 등이 있었다.

그리고 선공시장작감(繕工寺將作監)을 두고 왕실과 관청의 영조물을 건축하는 건축·토목공사를 맡겼다. 선공시는 원래 목종 때는 장작감(將作監)이라 칭하였고 1298년(충렬왕 24년) 선공감으로 개칭하고, 곧 선공사로 고쳤다가 뒤에 선공시로 다시 고쳤다. 1356년 장작감으로 다시 종전대로 복원하였고, 1362년 선공시, 1369년 장작감, 1372년에는 다시 선공시로 고쳤다. 속관의 인언, 명칭 품계는 명칭의 변경에 따라 변했다. 충렬왕 말기에는 판사, 영(令 종3품) 부령(종4품) 승, 주부 등이며 모타관이 겸임하였다.

이와 같이 고려시대에는 중앙관제 차원에서 공부라는 관청을 두고 이를 직접 총괄함으로써 기술인력에 대한 효율적 관리가 이루어졌다. 한편 기능별로 부서를 두고 배치하여 관련분야에서 보다 숙련된 기술향상을 도모하였다. 한편 이들에 대해서는 국가업무에 종사해 신분보장과 이에 대한 합당한 처우도 제도적으로 보장되었다. 이러한 연유는 당시 새로운 도읍을 형성하는 데 많은 궁궐과 관청 등 건축에 필요한 기술자 확보가 중요한 시점으로 관리제도를 마련했던 것으로 보인다. 당시 제도운영의 결과 개경을 중심으로 궁권과 사찰, 일반 건축물 등을 조성되는 데 공헌하였다.

그러나 12세기에 접어들어 문벌귀족이 득세하면서 점차 국가의 행정통치체제에 이완이 생기기 시작하였고 1170년 무신의 난 이후로는 왕권의 위축이 더 진전되었다. 이 과정에서 국가적 생산조직도 크게 이완되고 무신 정권기에는 우수한 기술인력은 최씨 개인 문중에 예속되거나 그 주변의 권문세족에 예속되는 상황으로 변질되었다. 건축기술자들이 권문세족에게 예속되는 경향은 원의 간섭기에 더 확산되었다.

고려 후반기는 전반기에 갖추어졌던 국가적 건축 생산체제가 흐트러지고 권문세족이나 불교사원의 독자적 생산조직이 활발히 전개된 시기이다. 특히 불교사원에서는 승려들 스스로가 전문적 건축기술자로 활동하였다. 고려 후기 지방 각지에 세워진 불교사찰들은 승려들에 의한 기술자 조직 속에서 고유한 건축을 만들어 내었던 것이다(김동욱, 1993, 재인용). 이 시기에 우수한 기술인력을 확보하기 어려워진 지방의 불교사찰들은 차츰 승려 스스로의 노력에 의해 사찰에서 필요로 하는 기술수요를 충당하기 시작하였다. 본래 승려들의 노역은 수행과정의 하나였다. 특히 선종에서는 고승의 부도를 만들거나 비석을 세울 때 승려들이 자발적으로 돌을 깎고 비문을 새기는 힘든 작업을 하는 것이 고려 전기부터 관행화되었다. 고려 후기에 들어와 관청으로부터 또는 지방 민간인 속에서 기술인력을 공급받기 어려운 상황이 되면서 승려의 장인활동은 널리 일반화되었다. 그 결과 고려 말기나 조선 초기에는 오히려 국가에서 큰 공사가 있을 때에는 승려 장인들을 불러 일을 맡기는 경우도 생겼다.

조선 초기 서울 남대문을 창건할 때 공사를 주관한 대목이 승려였던 사실이 이런 사정을 단적으로 말해준다(서울시 교육위원회, 숭례문 수리보고서, 1965, 재인용). 고려 전기처럼 건축 기술자들이 관청에서 안정된 신분으로 작업에 임할 때와 고려 후기에 이들이 권문세족에게 개인적으로 예속되었을 때 이들이 건축기술을 개발하고 창의적 건축물을 만들어낼 수 있는 여건은 달랐다. 고려 전기에 무관계 벼슬을 부여받으면서 안정적으로 작업에 임할 수 있었던 기술자들은 체계적이고 합리적 기술습득과 개인의 일정한 창의력을 발휘할 수 있었다. 그러나 후기에 권문세족에 신분적으로 예속된 기술자들이 건축기술을 체계적으로 습득 전수하는 것은 많은 제약이 따랐다.

대신에 이때에는 불교사찰에서 신분이 안정된 승려 장인들이 적극적으로 새로운 건축술을 익히고 또 창의적 건축창조에 임할 수 있었다. 고려 후기에 원나라를 통하여 새로운 건축기법이 전래되었을 때 불교사원은 이를 쉽게 또 적극적으로 수용할 수 있는 여건에 있었다고 생각된다(대한건축학회, 2003b: 344). 특히 고려시대에서 건축기능의 변화와 부재의 발달을 볼 수 있는데 고주(高柱)의 향상이다. 삼량, 사량에서 칠량구조, 구량 구조까지 확장된 건축기술이 발달되면서 내부공간의 확장을 가져왔다. 당시 고려시대의 건축물로 남아 있는 칠량구조의 대표인 봉정사 극락전, 구량 구조의 건축물로는 사찰로써 부석사 무량수전, 수덕사 대웅전이 있다. 과거 궁궐이나 많은 건축물에 존재했던 것으로 보이나 오랜 세월동안 목재건물로써 노후 및 화재 등으로 지탱하지 못하고 사찰분야에서 몇 개의 건축물이 남아 있을 뿐이다.

당시 기술에 의한 남아 있는 건축물을 볼 때 높이의 증가, 면적의 증가로 뛰어난 목조기술을 알 수 있다. 또한 지붕을 받쳐주는 기둥의 배흘림, 지붕을 이어주는 청자기와 발달 등은 당시 사회상을 반영했음을 알 수 있다.

2. 풍수지리 사상의 주거 등에 도입

고려시대의 정치적, 사상적 기반의 주류는 통일신라시대에서 계속 이어온 불교였다. 정치적 근본의 치국에는 유교사상, 신앙과 관련된 일상생활의 수신 등에서는 불교였다. 즉 불교와 유교는 서로의 보완하는 기능을 갖고 함께 발전하였다. 즉 불교를 중심으로 유교, 도교, 도참사상, 풍수지리 사상 등이 고려의 정통사상의 부류를 형성하면서 발전하였다.

다종교국가이면서도 종교 간의 이념적 상호모순을 부정하거나 충돌하지 않고 서로 혼유하면서 민간신앙으로 널리 유행하기도 하였다. 특히 통일신라 말기에 널리 유행하기 시작한 도참사상은 도선에 의해서 더욱 체계적으로 전개되었다. 도참사상은 음양오행설을 기반으로 하여 신비적인 성격의 사상체계로 길흉화복 등에서 예언, 암시적 성격을 지니고 풍수지리 사상과 결합되면서 고려로부터 조선시대에 이르기까지 지배층에 의해서 널리 유행되었고 고려인들의 일상생활에 적지 않은 영향을 주었다.

결합에 의해서 나타난 풍수지리 사상은 주거에까지 영향을 미쳤는데 집자리 선정의 좌향에서부터 시작 개토에 따른 토신제, 주초를 놓을 때 정초의례, 기둥 세울 때 입주(立柱)의례, 마룻대를 올릴 때 상량의례, 집짓기 마무리 후 집들이 의례, 그리고 주거의 내적 공간인 성주신등과 외적 공간인 성황당 등이 주로 주거와 관련해서 깊숙이 영향을 미쳤고 현재까지도 전해 내려온다. 특히 고려시대의 도참사상은 고려의 도읍을 정하는 데 있어서 입지선정에 도선의 풍수사상이 지대한 영향을 미친 곳이라 할 수 있다. 이러한 풍수사상은 여기에 그치지 않고 왕건 사후에 전해지는 "훈요십조"에 풍수적 취지의 훈계를 남겼다. "훈요십조"는 후대의 왕들이 지켜야 할 사항으로 정치적으로 불안하거나 어려운 국면에 처해 있을 때 더욱 성행했고 지배계층의 사회에서는 일상생활에 이르기까지 많은 영향을 미쳤다.

풍수사상은 민간부분에서 성행했다기보다는 궁궐과 사찰 중심에서 성행하였다고 볼 수 있다. 땅의 지기가 다하고 쇠약하여 도성을 옮긴다든지(서경천도), 또한 이러한 곳에 사찰을 지어 쇠락을 방지하기 위한 방책으로 비보책을 강구하기도 하였다. 이와 관련해서 비보설에 의한 비보사찰 등이 등장하기도 하였다. 이외에도 풍수사상에 의한 주거의 도입이 본격적으로 실행된 시기는 고려시대였다. 과거 통일신라 이전에는 부분적으로 적용되었으나 본격적으로 고려시대에는 산세, 수세에 의한 도읍, 주택, 음택 등의 입지를 선정하는 데 인문지리적 기능도 담당하였다.

고려의 풍수사상은 통일신라의 경주 중심 지리개념에서 벗어나 전국적으로 그 영역을 넓혀가면서 지역마다 중요한 입지가 있다는 것을 지각하는 계기를 갖게 했다. 풍수사상은 또한 여기서 그치지 않고 미래를 예측하는 경향이 나타났다. 고려 문종 때에는 새로운 길지로 한양이 명당으로 대두되어 남경으로 승격시켜 궁궐을 지어 왕이 머무르기도 하였다. 풍수지리설의 배경은 정치적 이용도 있었다. 경주 중심의 중앙귀족들의 부패와 무능 등을 지방 호족세력의 중심지인 중부지방 개경으로 전환시키는 데 기여하였다. 즉 동남부지방 경주 중심의 지배세력인 진골 출신에서 중부지방 개성 중심인 지방 호족세력으로의 교체는 새로운 민심을 얻는 기회를 마련했고 이는 왕건이 후삼국을 통일할 수 있는 사상적 배경을 제공하였다.

특히 풍수지리 사상의 적용은 개경을 중심으로 궁궐과 사원을 중심으로 크게 유행했다. 이때 건축된 것으로는 궁궐 건축은 개성 만월대, 만월대 터의 축대로 보아 웅대한 모습을 알 수 있고 경사진 면에 건물을 계단식으로 배치한 건물들이 층층으로 나타나 웅장하게 보였다. 고려 후기에는 주심포식 건물들이 일부 남아 있으나 현존하는 목조건물로는 봉정사 극락전, 수덕사 대웅전, 부석사 무량수전의 사찰만이 남아 있고 일반 민가의 경우 충남 아산 고불 맹사성 행단이 남아 있을 뿐이다. 이는 풍수학적 측면에서 좌향 등을 감안하여 지었기 때문에 목조건물인데도 천재지변 등에도 훼손되지 않고 오늘날까지 보존될 수 있었던 것으로 생각된다.

《고려사》"오연총조"(吳延寵條)에 용언궁(龍堰宮)을 짓는데 대한 반론으로 풍수에 너무나 집착하는 허점을 드는 것으로 볼 때 당시에 풍수도참 사상이 성행했음을 알 수 있다. 《고려사》"백승현조"(百勝賢條)에는 백승현이 풍수를 업으로 하는 사람이라 기록되어 있다. 또 김위제(金謂磾)는 도선비기(道詵秘記)의 방술을 배워 국도를 남경(南京)으로 옮길 것을 청하기도 하였다.

《고려사》권28 충렬왕 3년 7월 "병신조"(丙申條)에 음양 등을 관장하는 왕실의 관후서(觀候署)에서 임금에게 말하기를 "도선비기(道詵秘記)에 의하면 희산(稀山)에는 고루(高樓)를 짓고 다산(多山)에는 평옥(平屋)을 짓는다. 왜냐하면 다산(多山)은 양(陽)이요 희산(稀山)은 음(陰)이다. 또 고루(高樓)는 양이고 평옥(平屋)은 음이다. 우리나라는 다산이기 때문에 만약 고루를 지으면 필히 쇠망하게 된다. 때문에 태조 이래 궐내와 민가에 이르기까지 고루를 짓는 것을 금하였던 것이다."라 하였다. 이처럼 산이 많은 우리나라에서는 고려 때에 이미 높은 중층주택을 짓지 않고 단층인 평옥을 짓는 것이 하나의 법칙처럼 되어 조선시대까지 계속된 것을 알 수 있다(주남철, 2002: 181~182).

현재 주거건축물로 가장 오래된 것으로 충남 아산 맹씨 행단은 고려 말의 상류주택으로 분류한다. 구조가 목조건물이기에 중수 등을 걸쳐 보존되는데 풍수지리 사상에 의해서 접근해보면 주변이 풍수학적 입지조건을 충분히 갖춘다는 것이다. 주택의 좌향은 북향으로 다소 추운 느낌을 주나 북쪽으로부터 불어오는 찬바람을 막아주는 배방산과 북부성이 병풍처럼 (장풍) 둘러싸여 있고 앞에는 금곡천의 맑은 물이 만궁형으로 흘러(득수) 당시 시인묵객들이 끊이지 않을 정도로 풍수적으로 유명한 곳이었다. 오늘날까지 자연재해 등으로 훼손되지 않는 연유도 장풍득수의 입지조건이 있었기에 가능하지 않았나 생각되어진다. 그리고 신라의 경주 중심은 평탄한 지역으로 풍수지리 적용에 적극적이지 못했지만 고려의 개경은 개경을 중심으로 산지형으로 도읍의 선정 등에서 풍수지리 사상의 영향이 더욱 지배하고 유행했던 것으로 짐작된다. 김준은 왕을 모셔다 연회를 베풀기 위해 이웃집들을 철거하여 자기 집을 확장하였는데 집 높이가 두어 길이나 되었고 뜰의 길이가 1백 보(步)에 달했으나 김준의 처는 오히려 불만을 토로하면서 "대장부의 안목이 작기도 하지"라고 하였다.

또 김준의 후처 소생인 김애는 집을 지으면서 남의 집을 많이 헐고 무늬가 기이한 목재로 대들보, 서까래, 추녀를 만들고, 기이한 것은 먼 지방에서도 반드시 옮겨와 사용하였다. 그리하여 화려한 품이 비길 바가 없었고, 정원에 화초도 모두 진기한 품종만 취택해서 심었다.

한편 충선왕은 개경 5부의 민가들을 모두 기와지붕으로 덮을 것을 명하고 민간인들이 기와 굽는 것을 금지하지 말라 하였으며, 특히 부자들로 하여금 선의문(宣義門) 안의 공한지에 녹음이 우거진 도로 연변을 따라 기와집을 건축하라 하였으니 이는 모두 개경의 도시경관을 좋게 하고 품위를 높이려 한 것이었다(주남철, 2002: 183). 이와 같이 고려시대에도 통일신라시대와 같이 주택에 대한 가사규제가 있었으나 왕실 및 사회 지배층에 의해서 사치스럽고 호화로운 별궁 내지 주택 등을 짓게 됨으로써 가사규제는 지켜지지 않고 결국 귀족국가에 의한, 문벌계층의 귀족사회에 의한 귀족주택으로 발전을 거듭하였다.

3. 가사규제와 귀족주거의 전개

1) 가사규제

고려시대의 주거형태도 통일신라시대 주거문화의 틀을 크게 벗어나지 못했던 것으로 여겨진다. 같은 한반도 지역에서 오랜 전통의 문화는 간직했던 통일신라는 당시 경제, 사회문화의 주류를 형성하면서 지탱하여 왔기 때문이다. 고려도 후삼국의 혼란을 수습하고 새로운 통일은 건설하는 데 정치사상적 기반은 달리하였다 하더라도 백성들이 살아가는 주거문화는 크게 변하지 않고 신라의 주거문화를 수용하면서 발전하였다. 특히 신라시대의 주택에 대한 규제제도인 옥사는 고려시대에도 이에 유사한 제도가 있었다. 가사규제(家舍規制)에 대한 내용이 여러 신하들에 의해서 주택의 규모와 크기 등을 규제하기 위한 상서(上書)를 올린 근거들이 《고려사》에 기록되어 있다.

이러한 근거에 의해서 마련된 가사규제는 사회상으로 볼 때 잘 지켜지지 않았다. 송악을 기반으로 하는 고려는 토착세력을 중심으로 한 호족과 개국공신 등에 의해서 각종 규제를 어기고 주택 등을 화려하게 지었으며 왕실에 속한 왕들도 규제를 어기면서 여러 채의 별궁 등을 지어 지나치게 사치스럽게 지었던 것으로 《고려사》의 여러 기록에서 보인다.

2) 귀족주거의 전개

고려의 건국기반은 지방의 호족세력에 의한 힘이 컸다. 호족세력의 힘은 왕권을 위협할 정도로 비대하기도 하였다. 호족세력의 부류를 중심으로 고려사회의 신분구성은 시대적 배경에 따라 차이는 있지만 신분에 의한 세습제도는 없었지만 관료로써 고위관직에 오르면 세습되고 서로 간의 혼인관계를 형성하면서 문벌귀족계층으로 고려사회를 이끌어 가는 중추적 기능을 담당하였다. 고려사회의 신분제도의 구분은 귀족, 중류, 양민, 천민으로 구성되었다. 귀족세력은 왕족을 비롯하여 5품 이상의 고위관료들이 주류를 형성하였다. 고려시대의 주거발달 전개과정도 당연히 귀족 중심의 주거형태로 주도되었을 것으로 보인다.

중국의 송나라 때 고려에 사신으로 다녀갔던 서긍이 《선화봉사 고려도경》 "민거"(民居) 편에서 다음과 같이 기록해 당시 고려시대의 주거문화를 단편적으로나마 이해할 수 있다.

왕성이 비록 크기는 하지만 지세가 평탄하지 못해 자갈땅과 산등성이 많아 백성들이 거주하는 집들이 개미굴이나 벌집구멍과 같았다. 풀을 베어다 지붕을 덮었는데 풍우(風雨)을 가리는 데 겨우 대비하였고, 집의 규모는 두서 칸 내이를 잇대어 놓은 것에 불과하였다. 부유한 집들은 기와지붕으로 겨우 열 집에 한두 정도였다. 전(前)에 전하기를 창우(倡優: 광대)들이 거주하는 집들은 긴 장대를 세워 양가(良家: 여염집)와 구별된다 하였는데 지금에 들으니 그러하지 않고 대개 두 풍속이 예절에 어긋나는 제사와 귀신을 받들고 굿하며 기양(祈禳)하는 도구(道具)들을 좋게 할 뿐이었다.

그리고 고려사회의 귀족계층에 대한 사치와 호화스러운 생활은 문화뿐만 아니라 주거문화에도 나타나는데 고려 초 최승로(崔承老: 927~989)의 상소문에서 잘 나타나 있다.

예(禮)에 말하기를 천자(天子)는 당(堂)의 높이를 9척으로 하고 제후(諸侯)는 당의 높이를 7척으로 한다고 하니, 이로부터 제도가 정해져 있는데 근래에는 사람들이 존비의 구분이 없이 만약 재력이 있으면 모두 집짓기를 먼저 하여, 이로 말미암아 여러 주, 군, 현(州, 郡, 縣) 및 정, 역, 진, 도(亭, 驛, 津, 渡)의 호우(豪右)들이 다투어 큰 집을 지어 제도를 넘으니, 비단 그 한 집의 힘을 다할 뿐 아니라 실로 백성들을 괴롭혀, 그 폐단이 매우 많습니다.

최승로는 가사규제의 필요성을 상소하였으나 이로써 어떠한 규제가 만들어졌는지는 알려지지 않는다. 다만 상류계층 주거가 장대하고 화려한 모습은 문헌을 통해 엿볼 수 있다. 《고려사》 "열전" 기록에는 "정숙첨(鄭叔瞻)의 집은 면적이 수 리(里)에 이른다"하였고, 또한 "정함(鄭諴)의 집은 "대궐 동남방 약 30

보 밖에 있었는데 행랑이 무려 2백여 칸이요, 곳곳에 누각이 솟아 있고 채색이 서로 비쳤으며 그 구조는 왕궁과 비슷하다"고 하였다.

귀족들의 집치장은 사치가 극에 달한 것으로 묘사된다. 누각을 설치하고 기와로 지붕을 덮었으며 단청을 올리고 금은으로 장식하였다. 《동문선》(東文選)에는 이와 관련하여 다음과 같이 묘사한다.

공경들의 저택이 10리에 뻗쳤는데 엄청난 누각은 봉황이 춤추는 듯하고 서늘한 마루와 따스한 방을 갖추었으며 금벽이 휘황하고 단청이 늘어섰네. 비단으로 기둥을 싸고 채단으로 땅을 깔고 온갖 진기한 나무와 이름난 화초를 심었네.

또한 《고려사절요》(高麗史節要)에서도 "만약 금·은으로 문을 장식하면 이 또한 사용하지 못하게 할 것이다"라는 기록이 있어 그 호화스러움을 엿볼 수 있다. 귀족들의 집치장에는 외국에서 수입된 건축재료나 방법이 사용되기도 하였다(강영환, 2002: 114~115).

이처럼 고려 초에 이미 가사제도를 정하여 이것을 위반하는 사람들을 벌할 것을 제청하였음에도 당시 지배계층인 왕족 및 귀족세력들은 가사규제 등을 무시하고 많은 대저택 등을 화려하게 짓고 사용했던 것으로 《고려사》 등의 여러 기록이 보인다. 귀족주거로 사용되었던 부재를 보더라도 지붕을 덮은 기와 중 청자기와가 유물로 출토됨에 따라 기와를 청자기와로 사용했던 것으로 드러나 당시 지배계층에 의한 주거문화가 얼마나 화려하고 사치스럽게 생활하면서 장식되었음을 알 수 있다. 그리고 임금이 곧잘 제택(第宅)에 나아가 쉬기도 하였고 또 제택을 빼앗아 궁으로 삼기도 하였다. 또 왕이 사사로이 사제(私第)를 짓기도 하였다.

4. 주거에의 구들과 마루의 결합

한국인에게 구들의 역사는 아주 특별한 난방문화이며 우리나라 주거문화사에서 서로 분리해서 연구할 수 없는 불가분의 관계이다. 구들의 형성에 따른 시기는 학자에 따라 견해를 달리하는데 중국 기원설, 부여 기원설, 고구려 기원설, 만주 기원설, 동이 기원설 등으로 기록이 전해지고 있다.

고려시대의 문신 이규보가 시(詩)와 글을 모은 문집(文集)으로 간행한 《동국이상국집》 "고율시"(古律詩)편에 온방(溫房)이라는 7권의 〈난돌〉(暖堗)이라는 시(詩)의 첫째 줄 冬月臥氷堗(동월와빙돌) …에서 "추운 겨울에 차디찬 구들에 누워 있으니"라는 표현은 구들이 설치되어 있음에도 불을 지피지 않는 모습으로 여름철에는 시원한 얼음장처럼 빙돌의 기능을 하고 겨울철에는 따뜻한 난돌기능을 하는 복합적 기능의 구들문화를 말해주고 있는 듯 싶다.

여기서 우리 문헌상 '구들' 또는 '난돌'이라는 표현은 처음 우리 문헌에 등장하는 시기이다. 그리고 구들과 관련된 또 하나의 고려시대 기록으로는 고종 41년(1254), 최자의 《보한집》(補閑集)에서 홀로 고행하며 수도하는 스님의 묵행자(默行者)에서 찬구들(氷堗: 빙돌), 구들(堗), 아궁이(堗口) 등의 표현이 나타난다. 즉 우리나라의 문헌상에 기록된 구들의 역사는 고려시대의 문헌밖에 나타나지 않는다. 그러나 그동안 조사된 구들의 유적지는 선사시대에도 존재했음을 알 수 있는 유적지가 발견되었고 지금도 조사 발굴되고 있다.

오히려 문헌 이전에 한반도에는 일찍이 구들문화가 전파된 것으로 보인다. 청동기시대부터 고구려시대에 걸쳐 광범위하고 유적지 등이 발견되고 있고, 고려시대에 이르러 전국적으로 확산되었다. 가옥의 구조도 수혈주거가 아닌 지상가옥으로 알려짐에 따라 구들시설의 유구들도 더욱 신빙성을 더한다. 구들의 형태는 아궁이에서 'ㄱ'자형의 구부러진 구들이 대부분을 차지한다. 남한지역에서는 오래된 춘천 중도유적지는 기원전 2~1세기경에 형성된 것으로 보이며 강원도 춘천시 호반동에 위치한다. 이곳은 철기시대의 주거지로 중앙에 타원형의 화지(爐址: 노지)가 발견되었고 화지와는 별도로 부뚜막으로 보이는 시설이 발견되었다.

이외에도 송파구 풍납토성(1~3세기), 경기도 하남시 미사동에 위치하고 있는 미사리 유적(기원전 1~6세기) 등이 있다. 특히 고구려의 장수왕의 남하정책으로 북쪽지방에서 널리 사용되었던 구들문화가 금강 이북까지 점령되는 과정에서 널리 보급되어 이 시기에 많은 구들 유적지가 발굴 조사되었는데 이는 모두 고구려시대의 것으로 밝혀졌다. 한강을 둔 삼국의 치열했던 쟁탈전으로 인해 아차산 일대에는 고구려의 보루 등이 많이 축조되어 당시 사회상을 알려주는 유물 및 구들시설 등이 발굴 및 조사되었다.

고구려시대의 구들에 대한 구의동 유적(九宜洞遺蹟)은 현재 행정구역상 광진구 구의동에 속하며, 서울의 젖줄인 한강 변에 있다. 유적은 한강의 북쪽에 자리하고 있는 낮은 구릉에 위치하며, 해발고도 53m로 높은 편은 아니나 주변지역이 낮은 탓으로 주변을 조망하기에 좋은 위치에 자리 잡고 있다.

유적은 직경 14.8m의 축석부(築石部)와 그 내부의 직경 7.6m의 소사부(燒土部)로 이루어져 있다. 축석부는 7~8단의 할석(割石)을 쌓고 그 위에 6~8단의 천석(川石)을 쌓은 것이 보통인데, 축석부가 안으로 기울도록 쌓고 있으며 축석부의 높이는 100㎝ 내외이고 가장 높은 곳은 185㎝에 달한다.

한편 이 축석부 남쪽의 두 곳에 네모나게 밖으로 돌출된 곳이 있는데, 이들 돌출부는 동서로 긴 장방형이며, 외곽부는 할석을 3~4단의 계단식으로 쌓고 내부는 흙으로 채웠다. 또한 이 돌출부와 북쪽으로 대칭이 되는 곳에 한 변이 310㎝ 되는 석단(石壇)이 1개소 있고, 여기서 동쪽으로 12m, 14m 되는 곳에 2개소의 돌출부가 있다. 내부의 소토부는 직경 7.6m의 원형수혈(圓形竪穴)로 남쪽에 폭 1.7m, 길이 2m의 방형으로 튀어나온 곳이 있으며, 이곳이 수혈바닥보다 높아서 출입시설로 생각된다. 수혈의 깊이는 60~70m가량 되고 벽채는 길이 13~14m, 폭 7~8㎝, 두께 0.6~0.7㎝의 판재를 돌려세우고 짚 따위를 섞은 흙으로 미장하였다. 벽채를 따라 22개의 주공(柱孔)이 확인되었고 주공의 간격은 70~80㎝로 대체로 일정하였다.

수혈의 내부시설로는 배수시설과 온돌시설이 있는데, 온돌시설은 수혈의 동북부에서 남북으로 길게 설치되어 있었으며, 할석을 40㎝ 높이로 세우고 그 위에 50~80㎝가량의 판석을 덮고 짚을 섞은 흙으로 틈을 메운 구조를 하고 있다. 화구(火口)로 생각되는 온돌의 남쪽 끝에는 철부(鐵釜)와 철호(鐵壺)가 걸려 있었고, 온돌의 바닥에는 소토와 회백색토가 깔려 있어서 실제 사용한 것임을 알 수 있다. 배수시설은 수혈의 동북부에서 시작하여 서남부의 축석부로 수혈벽선을 따라 둥글게 휘었는데, 수혈의 내부는 폭 40cm, 깊이 15~20cm 정도로 점토를 파내었지만 외부는 할석과 판석을 써서 만들었으며, 축석부 밑으로도 계속되었다. 한편 수혈의 내부 중심부에는 폭 1.5m, 깊이 2.3m가량의 壙(광)이 있었는데, 보고서에 의하면 원래는 폭 2.7m, 깊이 2.3m의 광을 파고 바닥과 벽에 30cm가량의 회색점토를 깔고 그 내부의 폭 1.5m의 壙(광)시설을 한 것으로 물을 저장하기 위한 시설로 추정된다(서울대 박물관, 1997: 304~305).

한편 고려시대의 구들 유적지는 한반도의 전반에 걸쳐 나타난다. 유구로는 주로 사지(寺址)에서 많이 발견되었다. 강화도 선원사지 유적지는 무신 최우에 의해서 1245년 몽고항쟁에 따라 건립된 사찰로 다섯 곳에서 건물터와 구들시설이 보다 명확하며 고래 둑, 아궁이, 굴뚝 등이 발굴되었다. 그리고 문경새재 원터 유적지에서는 고려시대의 건물 아래서 6줄의 고래가 형성된 구들시설이 발견되었다. 구들시설 부근에서 당시 사용되었던 생활필수품 등이 발견됨에 따라 고려시대 유물이라는 신빙성을 확인해주고 있다. 이외에도 현존하는 충남 아산 맹씨 행단이 있다. 즉 고려의 통일은 여러 분야에서 변화를 가져왔지만 특히 구들과 마루와의 만남은 다양하게 발달된 모습으로 변화되었다.

귀족생활은 당연히 주거 분야에도 영향을 미치는데 특히 새롭게 등장하는 건축재료가 그렇다. 거의 모든 분류의 재료는 비슷하지만 지붕의 재료인 청자기와를 들 수 있다. 당시는 귀족문화를 꽃피우던 시절이기에 주택에도 화려하게 청자기와를 사용한 것으로 보인다. 그리고 정원의 발달을 들 수 있다. 당시 정원의 특성은 오늘날 집 앞뜰에 소규모의 조성된 정원이 아닌 원림(園林)이었는데 그 규모는 넓이가 무려 수십 리였다고 한다. 이와 같이 넓은 자연경관을 인위적으로 조성하여 정자, 정원, 연못 등을 꾸며놓고 호화스러운 생활을 하였다. 이러한 정원의 발달로 별서(別墅), 별업(別業)이라는 별장건축이 발달하게 된다. 별장건축의 발달은 고려시대 무신의 난 이후 문신들이 정계를 은퇴하고 속세를 떠나 자연과 함께 은둔생활을 하면서 본격적으로 발달된 것으로 보인다. 또한 고려시대의 속요에서도 볼 수 있듯이 현실도피와 도가적 사상을 추구하는 과정에서 비롯된 것으로도 생각할 수 있다. 이러한 고려시대의 귀족생활은 조선시대의 사대부에 이르기까지 계속된다.

통일신라시대는 삼국의 통일을 이루었지만 완전한 통일이라기보다는 불완전한 통일이었다. 비로소 고려에 이르러 한반도의 완전한 통일을 이룩하였다고 볼 수 있다. 지리적 한반도의 통일은 여러 가지 측면에서 변화를 가져왔다. 정치·경제·사회적 측면의 변화보다 문화적인 면에서 더 많은 변화를 보인다. 특히 주거문화의 교류가 그렇다. 지역적 위치에 따라 한반도는 아열대의 기후 특성에 따라 계절적 변화, 지역 간의 기온차 등이 심하게 나타난다.

북쪽지방은 겨울철의 시베리아 기단의 영향으로 매우 혹독한 추위로 폐쇄형인 주거구조와 보온장치로 구들을 사용했다. 그러나 이와는 달리 남쪽지방은 태평양 기후의 영향으로 비교적 따뜻하기에 구들보다는 여름철의 무더위와 습기 등을 피하기 위해 마루형태의 시원한 주거로 개방적 구조를 갖추었다. 고려의 통일 이전까지는 기능적으로 서로 다른 구조를 가지고 있었지만 지역문화 교류의 이동과 전파로 고려시대에 이르러 여러 기능들이 하나의 주거공간 속에서 모두 갖추어졌다. 즉, 구들과 마루의 만남은 상호 간의 보완관계를 지녔다고 볼 수 있다.

이러한 주거형태는 한반도 지형상 계절별 형태가 뚜렷하게 나타나므로 여름과 겨울에 맞추고 사계절을 동시에 고려한 주택형태의 결과로써, 조선시대 그리고 현대에 이르기까지 한국 주거문화로 계승 발전하는 계기가 된 우리 조상들의 지혜로운 주거문화의 산출물이라 할 수 있다.

제3절 주거 및 유적지

1. 아산 맹씨 행단

아산 맹씨 행단(牙山 孟氏 杏壇)은 충남 아산시 배방면 중리에 위치하며 조선조 청백리로 유명한 맹사성(孟思誠)의 집안이 살았던 곳으로 사적 제109호로 지정되어 있다. 지정면적은 7,125m²로 다른 저택보다 규모가 매우 크다. 공간의 구성은 내적 공간구조와 외적 공간구조로 나누어 볼 수 있는데 고택, 세덕사, 쌍행수는 경내에 자리 잡고 구괴정은 경외의 지역에 위치하고 있다.

고택은 1330년(고려 충목왕 17년) 2월 무민공 최영 장군의 부친인 최원직이 건축한 것으로 전해져 내려오고 실제로 거주하였던 집이다. 고택은 최영 장군이 살았던 집이었으나 우왕 14년(1388)에 이성계의 위화도 회군에 따른 정란으로 무민공이 죽자 비어 있던 집에 맹사성의 아버지 맹희도 동포공이 은둔해 살면서 후학들을 모아 글을 가르쳐 이를 행단(杏檀)이라 하였다.

경내에는 맹 정승이 1400년경에 심은 나무 2그루가 있으며 2~3백여 년 전부터 근맹아(根萌芽)가 원목 옆 사방에서 자라 지금과 같은 거목으로 자랐다. 당시 고불 맹사성은 나무의 보호를 위해 축대를 쌓고 단(壇)을 만들었다.

맹씨의 고택은 고려시대부터 지금까지 목조건물인 관계로 부채들이 부패되고 세월을 견디지 못해 여러 차례 걸쳐 개축 및 중수한 기록들이 나타난다. 즉 성종 13년(1482), 인조 20년(1642), 순조 14년(1814), 그리고 1929년에 각각 중수한 기록들이 그것이다.

고택은 가구부(架構部)에 남아 있는 고부재(古部材)와 분벽된 벽체, 창호 등이 견실한 고법을 간직한 채 보존되고 있어 고려시대의 귀중한 건축물이라 할 수 있다. 지붕 위의 공포는 단익공 주심첨차로 조선시대의 초기양식을 지니고 있으며 工자형 맞배집으로 이루어져 있다. 고택에서 나타나는 고려시대의 모습은 특히 창호 부분에서 잘 보인다. 또한 정면 4칸, 측면 3칸으로 이루어진 구조로 중앙에 대청을 두고 양쪽에 방을 배치하였다.

① 아산 고불 맹사성 가옥(전면) 2006
② 아산 고불 맹사성 가옥(후면) 2006

404

아산 고불 맹사성 가옥 측면(2006)

　　창호의 구조를 살펴보면 조선시대의 대부분 창호는 중간에 설루를 세우지
않고 모두 들문으로 처리하고 문짝은 홀수가 아닌 짝수인 2짝, 4짝 등으로 이
루어져 있으나 이곳 고택의 대청마루 들창은 각 칸마다 중간에 설주를 세워 홀
수인 3짝의 창호로 구성되어 있다. 특히 우측의 창호는 모두 들문의 형태로
이루어져 있으나 좌측의 들문은 중앙의 경우만 외여닫이 형태를 취하고 양 옆
의 창호는 들문 형태를 보인다.
　　창호의 살은 대살문이 아닌 '정'(井)자의 격자살인 것도 하나의 특징이다.
　　좌우의 방은 우측에 창호 1짝, 좌측에 2짝이 내어져 있으며 우측 방의 측면
은 2개의 창이 내어져 있다. 비교적 따뜻한 남부지방도 아닌데 많은 창호로
구성된 것은 주거의 개방적 면을 보여준다. 조선시대의 건축물처럼 유교사상
에 의한 규제에 따른 정형화보다는 규모는 작지만 형태가 자유롭고 단아하게
농축된 주거모습을 나타내 보인다.
　　창호에서 보듯 어느 것 하나 똑같은 형태를 이루지 않고 모두 크기와 규모
등이 서로 다른 형태의 창호 형식을 취하고 있다는 것이다. 아무튼 현존하는

아산 고불 맹사성 행단 (2006)

살림집 가운데 가장 오래된 것이라 할 수 있다.

　고택 상부에 위치한 가묘인 세덕사는 당시의 건축보다는 후대에 이르러 건축된 것으로 보인다. 이곳의 가묘는 고려 말 이군불사(二君不事)의 고결한 절개를 지키다 순절한 개성 두문동 72현(賢)의 한 분인 맹사성의 조부 맹유의 상서공(常書公)과 부친인 맹희도 동포공(東浦公)과 조선시대의 대표적인 청백리의 고불 맹사성 문정공(文貞公) 등 맹씨 선조 3대(三代)의 위패를 모신 사우이다. 또한 고택의 외부공간의 동쪽에 위치한 구괴정(九槐亭)이 있다. 이 정각은 세종 때의 당대 명상인 고불 맹사성 정승이 황희 정승, 권진 정승과 함께 방문에 대한 기념하기 위하여 느티나무를 세 그루씩 총 아홉 그루를 심어 구괴정이라 명명(命名)한 정각이다. 앞에는 북풍을 막아주는 배방산과 복부성이 병풍처럼 둘러져 있고 금곡천의 맑은 물이 만궁형으로 흘러 시민묵객들의 발길이 끊이지 않았던 명승지이다.

　당시 아홉 그루의 나무는 세월이 흘러 두 그루만 남았고 나머지는 수명이 다하여 지금은 찾아볼 수 없다. 한 그루는 허리 굽힌 채 받침대에 의지하고,

아산 고불 맹사성 구괴정(九槐亭) 2006

한 그루는 그 옆에 쇠잔한 모습으로 흥망성쇠하였던 5백년사를 말없이 보여준
다. 또한 이곳의 구괴정은 삼정승이 국사 등을 논의하였다고 하여 삼상당(三
相堂)이라는 편액이 걸려 있다.

2. 개성 만월대

고려시대의 주거 유적지로는 개성과 만월대(조선유물유적도감 편찬위원회, 《북
한의 문화재와 문화유적》, 서울대 출판부, 2000, 재인용)로 조성시기는 10세기경
으로 위치는 황해도 개성시에 자리 잡고 있다. 주거의 유형은 도성과 궁궐이다.
  개성은 고려의 도성으로서 고려시대의 도시 입지환경을 보여주는 대표적 사
례이다. 북쪽에는 송악산이 있고 동쪽과 남서쪽에는 각각 용수산(龍岫山)과
진봉산(進鳳山)이 있으며 성 주변으로는 강이 흐르는 분지형 지형이다. 개성
이 풍수에서 장풍국의 길지로 분류되었듯이 산악이 많은 지형적 구조를 보여

개성 만월대 서북지역 전경 (문화재청 제공, 2007)

준다. 태조가 개성을 왕도로 정한 이유도 풍수사상과 무관하지 않았음을 사서
는 기록했다.

　이렇게 평지가 적고 산악이 많은 불규칙한 자연지형에서 도시를 건설하였다
면 경주에서처럼 격자형 도로망을 갖는 기하학적 방리제의 적용이 어려웠을
것이다. 성의 외곽도 중국에서처럼 방형의 모습이 아니라 지형에 따라 원형에
가깝게 축조되었다. 《고려도경》의 "성읍 국성조"에서는 개경 도성의 모습을
"그 성의 둘레는 60리 인데, 산이 사방을 둘러싸고 있으며 흙과 돌을 섞어 지
형에 따라 축조하였다. 성 외부에는 참호가 없으며 성벽에는 여담을 설치하지
않았고 집을 이어 랑(廊)을 이룬 것이 마치 적루와 같다"고 표현하였다.

　이러한 도성의 입지에서 건물들 또한 기하학적으로 정연하게 배치되기 어려
웠을 것이다. 그 모습은 《고려도경》에서는 "주요 가로에는 수백간의 장랑이 연
결되어 있고, 관부, 불사, 객관들이 지형의 높고 낮음에 따라 여기 저기 산재
하고, 민가들은 수십 호씩 단위를 지어 취락을 이루고 있다"고 표현했다.

개성 만월대 회경전 전면 축대와 돌계단 (문화재청 제공, 2007)

　비록 도성이었음에도 불구하고 마치 시골의 자연취락과 같은 모습이 묘사된
것이다. 송나라의 사신이었던 서긍이 불규칙한 지형과 건축물의 관련성을 자
주 언급한 것은 분명 중국의 도시 모습과 다르게 보였기 때문이었을 것이다.
이러한 개경의 모습은 중국으로부터 수입된 도시계획과 건축방법의 고대적 규
범이 이 시기로부터 서서히 변하여 한반도의 입지환경에 적합한 모습으로 새
롭게 전개되었음을 시사한다.

　고려의 궁궐이었던 만월대는 이러한 입지환경에 의거한 새로운 건축방법을
보여주는 사례라 할 수 있다. 만월대는 송악산을 배산으로 그 남쪽 기슭에 남북
으로 길게 배치되었다. 여기에서 회경전 영역의 축과 그 뒤의 장화전 영역의 축
이 비낀 것을 볼 수 있다. 궁궐 전체를 일직선의 축으로 배치하지 않은 것은 당
연히 지형조건에 따른 것으로서 고대 궁궐건축에서 볼 수 없었던 것이다.

　산 지형을 따라 높은 축대를 쌓아 그 위에 건물을 배치하였으며, 경사에 따
라 단을 형성하여 북쪽이 높고 남쪽으로 내려오면서 낮아지는 배치를 이룬다.

　축대를 이용하여 경사지에 건축물을 건립한 방법은 이미 불국사에서도 보인

개성 만월대 회경전 전경 (문화재청 제공, 2007)

다. 그러나 규범을 중시했던 궁궐건축에서조차 경사지 건축방법이 사용되었다면 산지가람이 유행했던 고려시대의 사찰건축이나 주택건축에서는 이러한 입지와 건축방법이 보편화되었을 것으로 믿어진다.

만월대의 주요 전각에서는 한 건물 내에서 중앙칸과 협간의 구별이 있는 것을 볼 수 있다. 특히 화경전은 정면 9칸 중에서 중앙 3칸이 더 높고 양협간이 낮게 구성되어 있었다고 한다. 이 같이 정창과 익사로 이루어진 건물의 평면은 고구려의 안학궁이나 발해의 궁궐에서도 보인다. 그러나 발해와 고구려 전각에서의 익사(또는 협실)는 주건물에 비해 폭이 좁은 반면 만월대의 전각은 폭이 비슷하다는 점에서 차이가 있다. 이는 익사의 기능이 독립적이다가 점차 전각의 부속공간으로 편입되면서 중당협실형(中堂夾室型)의 평면구성을 이루는 것이 아닌가 생각된다(강영환, 2004: 136~137).

고려는 개경을 도읍으로 정하고도 태조 삼경(三京)을 두었는데 평양을 중시하여 서경(西京)이라 하였고, 경주를 동경(東京), 서울은 남경(南京)이라 정하고 이를 각각 중시하면서 정치를 펼쳤다.

즉, 만월대는 고려의 궁궐로 919년(태조 2)년에 창건된 이래 1361년(공민왕 10)년 홍건적에 의해서 소실될 때 까지 고려왕조의 흥망성쇠를 함께 한 곳이다. 동서 445m, 남북 150m, 정도의 대지에 조성된 궁성 안에는 정전인 회경전을 비롯하여 장화전, 원덕전, 건덕전, 만령전 등의 전각들과 각종 건축물들이 계단식으로 배치되어 있었고, 13개의 성문과 15개의 궁문이 있었다고 한다.

그리고 고려의 궁궐은 위의 열거한 이외에도 인덕(仁德), 수창(壽昌), 계림(鷄林) 등의 별궁이 있었으며 《고려사》에 의하면 고종 때 개경의 인구는 알려져 있지 않지만 10만 호의 주거가 형성되었다고 한다. 또한 고려시대의 주변 상황은 매우 불확실한 시대에도 외침이 자주 있었다. 고려의 태조는 미리 이를 예견하고 풍수지리상 장풍득수에서 득수(得水) 보다는 사방이 둘러싸인 곳으로 뒤의 송악산을 주산으로 하여 장풍(藏風)을 중요시했던 것으로 여겨진다. 개경은 무신의 난, 몽고침입, 홍건적 침입 등으로 소실의 수난을 몇 차례 겪게 된다. 그러던 중 조선의 건국으로 곧 폐허로 변했다.

제 11 장

조선시대의 주거문화

제 1 절 지배사상이 주거에 미친 영향

조선시대의 사회적 지배사상은 그 어느 시대보다도 다양하게 주거에 대해서 영향을 미쳤다고 볼 수 있다. 그동안 한반도에 한민족의 탄생에서 시작하여 조선시대에 이르기까지 여러 사상적 요인들이 한민족을 지배하기도 하고 사라지기도 하였는데 이러한 시대적 착오를 겪으면서도 만들어진 독특한 전통적 사상은 주거문화뿐만 아니라 정치, 경제, 사회 등 여러 분야에 걸쳐 다양한 사상으로 스며들고 계승되어 왔다.

역사적으로 한국인의 의식을 점유해온 사상요소에는 유(儒)·불(佛)·도(道)의 3가지 종교사상이 이야기되고, 때로는 이들 3가지 외에 신명(神明) 또는 무교(巫教)를 보태기도 한다. 이러한 상식적 이해는 한국의 문화사에서 큰 덩어리로는 얼추 맞아떨어지는 것이라고 할 수 있다. 현대에 이르러서도 한국인들의 사유의식 속에는 자연친화, 조상숭배, 귀신숭배, 친족윤리, 공동체화합, 선행지향, 악행축출 등 다양한 요소들이 얽혀 공존하는 것으로 보이는데, 이들 요소는 대체로 유·불·도·무(巫)의 사상에 속하는 것으로 판단되기 때문이다. 중세나 그 이전의 시대로 가면 한국사상의 전통요소들은 서로 명백히 구별될 뿐 아니라 매우 심각한 대립과 투쟁의 관계에 놓이기도 한다. 한국사상사의 흐름과 관련짓기 이전에 유교, 불교, 무속은 원천적으로 서로 다른 지역환경에서 배양되었고, 한국사의 서로 다른 시기에 서로 다른 계급과 계층에게 전파되고 계승되었다. 유교와 발생환경을 공유하는 도교사상을 포함한 다양한 전통사상들은 각각의 발전과정에서 정치·문화적으로 서로 다른 지향을 드러낸다.

이처럼 서로 다른 다양한 전통적 사상요소들 중 가장 중요한 것은 4가지 사상유파 중 유교, 도가-도교, 불교 등이 모두 외래사상임에 비해 무속-신명사상은 외래사상 유입 이전부터 전승된 고유문화이다. 그렇다고 신명사상이 가장 중요한 사상이라는 의미는 아니다. 상고시대였던 청동기시대 한국인들의 의식을 주도하고 지배했던 고유사상으로서의 신명사상은 철기의 일반화와 중앙집권적 고대국가의 성립 및 발전과 더불어 시대적 요구에 뒤떨어지는 이데올로기로 전락하며 상대적으로 강화된 합리성과 적실성, 적합성을 갖춘 외래사상에 생활지침과 정치규범으로서의 헤게모니를 차츰 양도했다. 전통시대의 한국사상 가운데 역사적 비중이 가장 큰 것은 유교라고 할 수 있다.

조선왕조는 처음부터 마지막까지 유교사상에 지배되었고, 그 영향은 현대의 사유의식과 생활양식 및 문화에 가장 많이 남아 있다(한국문화정책개발원, 2002: 93~94). 이러한 각각의 전통사상은 시대적 배경을 달리하면서 주거 등에 영향을 주었다.

고대의 동양사상으로 통일신라 말기부터 성행하기 시작하여 체계화된 풍수사상은 고려 초기에 개경의 도읍을 정하는 것부터 개인의 집터와 건물의 구조와 공간형성에 이르기까지 많은 영향을 미쳤다. 조선시대에는 건국에서 도읍을 정하는 데 풍수사상이 철저하게 적용되었고 양반, 서민 등을 구분하지 않고 번성하면서 발전했다. 풍수는 양택 분야에만 머물지 않고 음택 분야까지도 그 영역을 넓혀갔다. 즉 조선시대에는 도읍의 선정, 사대부가의 음택, 양택, 취락형성, 서민층의 급속한 전파 등에 큰 영향을 미쳤다. 조선 후기에 이르러서는 실학사상이 발달하게 됨에 따라 실사구시, 이용후생 등의 학문이 풍수이론에 과학성을 결부시켜 이에 관련된 저서들이 만들어졌다.

장풍(藏風), 득수(得水) 등 외에도 경제적, 사회적 자연경관 등을 요인에 대한 고려를 주거형성의 입지조건으로 제시하여 새로운 풍수사상이 발전했다. 한편 도가사상은 자연주의 사상으로 주로 전통 정원문화에 많이 스며들어 있다. 유형으로는 궁원, 사원, 저택정원, 별서정원 등이 있는데 인위적으로 조성된 정원보다 자연상태의 지형을 그대로 이용하면서 자연을 훼손하지 않으면서 자연친화적인 정원으로 자연에의 귀의(歸依) 사상인 자연주의를 표방하였다.

또한 조선 말기 개화사상가들의 등장으로 갑신정변, 동학혁명, 갑오경장 등의 사회적 변화가 일어남에 따라 봉건사회와 신분제도의 사회가 무너지고 새로운 질서의 사회변화가 도래되었다. 1876년 강화도조약에 의거 일본과 서양의 열강들의 강압에 의한 개방정책으로 개항이 잇달아 시작되고 서구의 외래문화가 도입됨에 따라 서구의 건축문화가 조선에도 유입되기 시작하면서 전통적 주거문화에서 근대적 주거문화로 형성되면서 발전되었다.

1. 유교사상

유교는 중국에서 전래된 사상으로 인의예지(仁義禮智)의 덕(德)을 강조하는 도덕적 성격이 강한 학문이다. 역사적 과정에서는 외래사상이지만 고유의 사상보다 더 중요한 영향력을 행사해 왔다. 유학은 한국사상사에 유입된 이후 교육, 역사서술, 정치 원리, 외교규범, 생활지침, 문학창작 등 한국적 삶의 거의 모든 영역으로 적용범위를 넓히면서 발전했다. 따라서 13~14세기에 이르면 외래문화라기보다 고유사상과 다름없는 토착사상이라고 해도 좋을 만큼 민족사와 밀접한 관계를 맺었다.

현대에 이르러서도 고유사상이 삶의 지침으로서 우위를 지키는 나라는 별로 없으며, 있다고 해도 바람직한 것은 아니다. 만일 고유사상이 있어야만, 그리고 그 고유사상이 해당 역사주체들의 현재적 삶을 향도할 만큼 철학적 의의를 담고 있어야만 제대로 된 문명국이라면 이 지구상에서는 중국, 인도, 그리스 이외에 문명국을 발견하기 매우 어려울 것이다. 전통사상 요소 가운데 유학이 가장 중요하다고 해서 다른 요소들이 간과되어도 좋다는 것을 의미하지는 않는다. 불교나 신명사상 또한 조선시대 말기에 이르기까지 유학과는 다르게 한국인의 삶에 의미 있게 개입했다. 오늘날에도 여전히 무속을 포함한 신명사상, 그리고 이론철학 내지 민간신앙으로서의 불교는 한국인들의 의식세계를 점유하고 있다.

한국사에서 근대화를 향한 자생적 각성이 일어나는 18세기 이전의 시기에서 보면 철학이론으로서의 체계적 합리성, 삶의 지침으로서의 적실성, 세계를 바라보는 관점으로서의 포괄성을 갖춘 대표적 사상은 성리학이다. 성리학이 정치적 지배력을 지닌 '정통'의 지위를 지녔음에도 불구하고, 성리학이 지배하는 삶의 영역은 제한적이었다(한국문화정책개발원, 2002: 95). 유교사회의 전통인 가족·친족의식은 한국사회의 도덕적 기반을 이루며, 또 한국적 특성을 보여주는 것이다. 유교적 사유는 모든 공동체의 뿌리를 개인에게서 확인한다.

유교는 마치 나무가 뿌리에서 줄기로 가지로 잎으로 뻗어가듯 '나'를 뿌리로 하여 '가족'과 '국가'와 '천하'로 동심원을 그리며 확장되어 가는 유기적 일체성을 사회의 기본구조로 받아들인다. 여기서 '가족'은 혈연으로 맺어진 결합체로서 유교사회의 기본단위를 이루며, 위로는 부모에 대한 '효'(孝), 옆으로는 형제간의 '제'(悌), 아래로는 자녀에 대한 '자'(慈)라는 유교적 도덕규범의 기본틀이 가족관계를 결합하며, '국가'나 '천하'에 이르기까지 모든 사회적 질서의 원형을 이루는 것으로 확인된다.

따라서 도덕의식은 가정에 대한 강한 유대감에서 배양된다. 특히 부모-자식 관계가 기준이 되고, 부모의 헌신적 사랑에 대한 자녀의 감사와 보답의 의무감으로서 '효'는 한국인의 도덕의식에서 가장 큰 비중을 차지한다(금장태, 2004: 170). 한편 덕(德), 효(孝)는 유교사회의 전통적인 정치적 이념과 함께 새롭게 탄생된 사회 신분제도인 양반계급의 출현으로 조선시대를 유교사회로 더욱 발전시켰다. 문화의 속성상 모든 생활의 규범이나 윤리의식은 일상생활의 양식으로 변화했고 이는 주거문화에 영향을 주면서 특히 지배계층인 양반사회에서 이를 주도했다.

특히 사대부 계층의 양반사회를 지배하던 유교사상은 일상생활과 연결된 것으로 삼강오륜을 매우 중요시하였다. 이는 삶의 중심에 있었다. 남자 중심의 가부장제는 유교사상의 특유한 개념으로 장자중심으로 질서가 재편되는데 이는 다시 대가족의 연장선상으로 씨족마을은 같은 핏줄끼리 상호협동체를 만들고 대종가(大宗家) 아래 주거문화에도 위계질서가 형성된다. 위치·규모 등에서 대종갓집보다는 입지가 아래에 위치하여야 하고 규모도 작아야 한다. 씨족마을 위계질서의 주거배치는 지금도 남아 있다. 즉 경주 양동마을, 안동 하회마을 유교사상이 주택에 미친 또 다른 영향 중 하나는 가계의 계승권이 장자에게 주어지는 출생순위의 권위이다. 조선시대 초기에는 후기에 비하여 장남과 차남의 구별이 그다지 강하게 작용하지 않았다. 예컨대, 장(長)/차(次), 또는 적(嫡)/중(衆)의 구별 없이 다만 증손(曾孫)으로만 호칭하였으나, 후기에는 《사례편람》(四禮便覽)에 보이는 바와 같이 가계를 계승하는 적증손(嫡曾孫)과 그렇지 못한 중증손(衆曾孫)으로 구별하였다. 또한 삼강오륜의 장유유서는 장자의 위치를 부권 계승자로서 확고하게 하였다. 이러한 사상은 주택건축에도 영향을 미쳐 주택 내에서 장남을 위한 작은 사랑이 아버지가 사용하는 큰 사랑 옆에 배치되기도 하였다. 조선시대의 양반계층은 유교의 가르침에 따라 부모에게 효도하고 조상을 숭배하는 일을 모든 사람이 지켜야 할 원칙으로 여겼다.

상류주택에서 사당은 조상의 위패(位牌)를 모시는 신성한 장소로 여겨졌고 외부인이 쉽게 접근하지 못하도록 입구에서 가장 먼 쪽에 배치되었다. 그러나 서민들은 주택의 규모가 작아 따로 사당을 만들지 못하고 제실을 설치하여 사당의 기능을 수행하였다. 이와 같이 조상숭배는 종교적 차원으로 신봉되어 양반계층은 아침, 저녁으로 사당에 인사드리고, 외출할 때나 집안의 일이 있을 때 절을 올렸다. 이는 모든 일상생활에서 산 자와 죽은 자가 한 집에서 기거하며, 가문의 번영을 위해 조상의 혼이 같이 참여해야 한다는 믿음 때문이었다. 민간에서는 조상단지를 안방 시렁 위에 모시는데 이는 조상의 음덕을 기려 받들던 가신(家神)으로서 민속화된 조상숭배 의식이라 할 수 있다.

양반에게 주거란 가정생활 속에서 유교적 이념과 생활양식을 실천할 수 있는 장소여야 했으며 상류계층의 신분에 걸 맞는 권위를 표현할 수 있어야 했다. 그러므로 상류주택은 양반으로서의 권위를 지키기 위해 가족의 일상생활이 밖으로 노출되는 것을 꺼려하여 주거 내의 건물과 공간들은 높은 담장으로 가려지는 경우가 많았다. 또한 집안 하인들의 거처를 대문 근처에 두어 외부로부터 방어적 형태를 취하였고, 하인들의 생활영역과 안채, 사랑채와 같은 주인의 생활공간은 담장과 문으로 막아 격리시켰다. 조선의 대가족제도는 가장을 중심으로 여러 세대가 한 가족을 이루어 자연히 많은 공간이 필요하였으므로 주택은 담으로 둘러싼 여러 개의 채로 구성되어 있었다. 사랑채, 안채, 안사랑채, 행랑채, 별당 등의 용어는 모두 공간 사용자에 따른 명칭이다.

또한 유교의 삼강오륜 사상은 사회적 지위뿐 아니라 상속, 활동범위, 교육 가족 내 지위 등에서 남녀 간에 차등을 두게 하였다. 이러한 경향은 조선 중기 이후 사회적 기풍으로 정착되었고, 남녀의 지위차등과 내외사상 등은 주택의 평면을 구성하는 기본개념이었다(한옥공간연구회, 2004: 22~25).

이와 같이 시대적 변화는 주거문화뿐만 아니라 인간의 판단기준인 형태와 가치까지도 바꾸었다. 사상적 특징은 사고의 변화를 일으켜 실제 생활의 영향을 주는데 특히 유교사상은 조선시대의 숭유억불 정책을 국시로 하였다. 유학을 학문적 기반으로 하여 사회적 기본단위가 인간의 개개인이 아닌 하나의 가족 공동체 속에 있는 가부장적 제도였다. 이러한 제도에 의한 삶의 생활을 담을 수 있는 그릇이 되기 위해서는 대규모의 주택이 필요해 '아흔 아홉칸'이란 큰 저택이 나타났다.

당시 주택의 특징은 서민이나 중인주거 보다는 주로 상류계층인 양반주거에서 나타났는데 양반들의 사회적 권위를 나타내는 솟을대문과 내부공간 및 외부공간이 완전히 폐쇄적인 가부장제의 공간구조로 형성되었다. 유교문화는 이러한 주거문화에만 국한되기보다는 비주거용 건축물에서도 많이 나타난다. 지방의 향교, 조상숭배 사상에서 나온 제례와 관련하여 조성된 제각, 사우 등이 있다.

유교는 단순히 조선의 건국과 더불어 종교적 의미와 함께 유교적 생활문화로 주거건축 속에도 질서의식과 위계성이 반영된 상징적 주거건축의 요소를 지녔다. 특히 구조와 공간구조에서 행랑채, 사랑채, 안채, 사랑 등에서 보인다. 조선시대의 주거문화는 다른 시대의 주거문화보다 유교의 사상이 지배하던 시기여서 화려한 장식성과 주택의 기법이 뛰어나 지금까지도 유교적 특성을 지닌 주거 등이 많이 남아 있다. 화려하고 장식성이 가미된 큰 규모의 주택으로 연결시켜 볼 수도 있지만 자세히 들여다 보면 절제되고 간결하면서도 소박한 공간을 이룬다.

조선시대에 이르면서 주거문화도 크게 3~4가지 유형으로 재편성되는데 상류주거는 지역성을 나타내는 주거의 모습을 보다 신분계층을 표현하는 권위성 내지 경제력을 기반으로 하는 대규모의 주택 등으로 변화했다. 다만 서민주거는 상류주거의 양반주택과 뚜렷하게 구별된다. 사상적, 신분적, 경제적 등의 차이에서 오는 지리적, 지역적 주변환경에 의한 기후, 재료의 산출 등에 의해서 결정되는 지역적 특성을 보인다. 즉, 유교계통의 주거문화는 불교의 건축처럼 매우 화려함이나 장식적인 것보다는 절제된 유교적 사상과 소박한 생활양식이 반영된 주거라 볼 수 있다.

2. 풍수지리 사상

조선시대의 전통 주거문화에서 유교사상이 그 중심에 있었다면 풍수지리 사상은 외적 기능을 담당하였다. 주거의 내부구조와 공간구성이 유교사상을 적용시켰다면 주거의 입지선정과 주거의 방위 및 위치에 따른 외적 공간배치 등은 풍수사상의 영향이 지배적이었다고 볼 수 있다. 풍수사상은 조선시대뿐만 아니라 고려시대부터 국가차원에서 행하였던 것이 대부분의 사례였지만 일반 백성들에 이르기까지 하나의 민간신앙으로도 번성하여 계층에 구분 없이 조선의 후기에 이르러 널리 퍼져 좋은 주거입지를 선정하는 데 활용되었다. 이와 같이 조선시대에 이르러서는 주거문화 이외에도 정치, 사회 등 일상생활의 여러 분야에 걸쳐 그 영향을 미쳤다. 음양·풍수사상이 조선시대의 전통주거에 어떻게 결합되어 건축되었는지에 대해 이론과 적용 등에 대해서 살펴보면 다음과 같다.

중국을 중심으로 하는 고대 동양사회에서 태초의 상태는 모든 것이 뒤섞여 구별되지 않는 혼돈된 상태라고 여겨졌다. 여기에 어떤 힘이 작용하여 하늘과 땅이 만들어지고, 해와 달·식물·동물 등 우주의 만물이 만들어졌으며, 그 힘이 계속해서 이들을 움직이거나 변화시킨다고 믿었다. 이와 같이 우주만물을 만들고 변화시키는 힘을 기(氣)라고 불렀는데, 그 힘은 음(陰)과 양(陽)이라는 서로 다른 두 성질을 가지고 활동한다고 생각하였다(한국공간연구회, 2004: 25∼28).

오행론에서 중요시되는 것은 상생상극(相生相剋)이다. 음양오행 사상이 주거생활에 영향을 미친 것은 사찰건축에 많이 나타나는 단청 등을 그 예로 들수 있다. 고려시대에는 불교가 국가의 공인된 국교이면서 왕실불교, 호국불교 등으로 정치, 경제, 사회, 문화 등에 지대한 영향을 주었기에 오색이 조화를 이루는 단청을 사용하였다.

당시 사회적 배경으로 볼 때 왕실건축이나 사찰건축에서 찾아볼 수 있지만 일반주거 등에서는 이를 찾아볼 수 없었다. 건축물에 권위를 나타내는 상징으로 사용되었으며 조선시대에도 사찰과 궁궐 등에서 많이 사용되었다. 특히 경복궁과 창덕궁에서는 색채의 사용이 음양오행론과 깊은 관계가 있음을 알 수 있게 한다. 경복궁의 자경전 등은 왕비의 처소로 주거의 공간개념을 함께 하는 공간이지만 화려한 오색의 색채를 기본으로 한다. 또한 집터의 선정은 음양오행 사상에 의해 비추어 볼 때 우주의 중심이라 생각되고 이는 우주적인 질서와 조화를 이룬다는 의미도 내포한다.

이러한 곳에 주거를 건축하고 입주하여 거주하면 무한한 생명력과 복락을 누릴 수 있다는 것이다. 그리고 가장 좋은 길지란 음과 양, 산의 모양, 물의 흐름 등이 서로 조화를 이루고 균형을 이루어야 한다는 것이다. 조선시대는 이러한 점을 감안해서 양택 등에서 신중한 선택을 하였던 것이다. 오행론은 《주역》(周易)을 이해하는 데 기본원리이기도 하지만 의학, 수학 등의 학문의 영역을 넘나들고 도참사상과 풍수지리의 이론을 구축하는 데 기본서 역할을 하였다. 이와 같이 음양오행설은 주거의 명당을 찾는 데 있어서 기여하였고 조선시대의 주거문화 형성에 많은 영향을 미쳤다. 풍수는 음양오행설을 바탕으로 땅에 관한 자연이치를 설명하는 이론이다. 풍(風)은 바람으로 기후와 풍토를 가리키며, 수(水)는 물에 관한 모든 것을 가리킨다. 이러한 자연의 모습을 구별하여 인간의 운명과 대응시키는 생각이 풍수사상이다. 풍수사상은 기원전 4000년에 중국에서 시작되었는데, 하나의 체계화된 사상으로 정리된 시기는 기원전 3세기 이후라고 한다. 풍수의 기본원리는 도참사상과 결합하여 깊은 믿음으로 뿌리를 내렸다.

주택에서 풍수사상의 적용을 구체적으로 살펴보면, 우선 집터를 고르는 일에서부터 시작한다. 풍수상으로 좋은 집터란 땅속으로 흘러 다니는 생기가 모여 인간에게 감응을 불러일으키는 장소로서 터가 나쁘면 아무리 좋은 집을 지어도 복락을 누릴 수 없다고 생각하였다. 그러나 실제적으로 주택은 무덤과 달라서 생활할 수 있는 조건이 갖추어진 곳에 위치해야 했기 때문에 조선 후기의 실학자들은 풍수적 요소보다는 오히려 인문사회적 조건이나 경제적 조건, 또는 교육적 조건 등 근대적인 방법의 택지선정을 주장하기도 하였다.

집터가 선정된 후 건물의 위치와 방향을 정하는 일도 풍수에 의하여 이루어졌다. 집터를 등진 방위에서 정면으로 보이는 방향인 좌향은 집주인의 운명에 영향을 준다고 믿었다. 좌향에서 가장 중요한 요소는 안방과 부엌, 대문이라고 생각하여 이러한 요소의 위치와 방향은 반드시 풍수전문가가 결정해야 했다. 그 밖의 대부분의 공간들도 그 기능과 관련하여 음양오행의 원리에 합당하도록 위치와 방향이 결정되었다.

건물의 형태도 풍수사상에 의하여 결정되었다. 특히 집의 평면형태는 좋은 글자의 모양을 갖추어야 한다고 생각하였다. 일(日), 월(月)과 같은 모양은 그 뜻이 해와 달을 의미하기 때문에 좋은 형태로 여겨졌으며, 구(口)와 같은 모양은 먹을 것이 끊이지 않음을 의미해 많이 이용되었다. 이밖에도 공간의 모양이라든지, 대문과 담장의 형태, 창호의 배치, 집터의 규모 등 건축계획과 관련된 대부분이 풍수 또는 음양오행의 이치에 합당하도록 이루어졌다(한옥공간연구회, 2004: 26~29).

풍수지리의 또다른 특징은 그것이 주거공간과 주변 환경의 관계를 중시하며 주변환경에 대해 상징적 해석을 한다는 점이다. 따라서 풍수를 따른 전통사회의 거주자들은 주거지와 그 주변 경관에 대한 풍수적 해석을 공유하였다. 예를 들면, 행주형(行舟形)이라 하여 어떤 마을들의 형상은 배에 비유되는데 이런 마을들에서는 마을 내에 우물을 파는 것이 금지된다. 결국 이렇게 마을의 경관에 대한 해석을 공유함으로써 마을의 공간질서가 일정하게 유지될 수 있었던 것이다.

중국의 풍수와 달리 우리나라의 풍수지리에서는 비보(裨補) 풍수의 개념이 발달하였다. 비보란 부족하고 문제가 있는 곳을 보완한다는 뜻이다. 비보풍수에는 이상적 장소가 제한될 수밖에 없으므로 풍수적으로 부족한 부분을 인공적으로 보완함으로써 주어진 환경을 바람직한 방향으로 개선하여 활용하려는 적극적인 개념이 담겨 있다.

예를 들어, 전통마을에서 안산(案山)이 취약한 경우 동수(洞藪)라고 불리는 수목군을 마을 전면에 조성해 놓은 예를 보는데 이는 풍수적 국면의 약점을 보완하려는 조경처리이다. 이같이 비보풍수는 풍수지리의 환경 계획적 측면을 보여준다(강인호·한필원, 2004: 89~90).

1) 사대부 가의 풍수지리 적용

풍수지리 사상의 주거 적용사례는 크게 3가지로 나누어 볼 수 있다. 조선시대의 사회계층의 주도적 관계에 있었던 사대부의 주거에 관한 적용과 마을중심으로 이루어진 전통마을을 그 사례로 수 있다. 오늘날까지 전통마을로 내려오게 된 요인은 풍수학적 지리 입지조건 때문이라 할 수 있다. 그리고 조선시대의 사대부 주거에만 적용되었던 풍수지리가 후기에 이르러 서민주거에도 확산 및 적용되었다.

우선 사대부가의 풍수지리 적용사례를 살펴보면 임진왜란 발생 이전에 선조에 의해 일본에 통신사로 황윤길과 김성일을 파견하였는데 김성일은 부사로 선조에 보고하기를 왜군이 침략하지 않는다고 보고하였으나 왜군들이 후에 침입하여 임진왜란이 일어나 허위보고로 옥고를 치를 예정이었으나 유성룡의 진언으로 풀려나 진주혈전에 참가하여 공을 세우게 된다. 김성일의 집안은 의성 김씨로 경북 안동시 임하면 천전동 대로변에 대종갓집이 있다.

경주 양동마을 이언적 선생 향단(2007)

특히 김성일은 같은 안동시에 위치한 하회마을 유성룡 선생과도 각별한 사이였다. 학봉 김성일의 집안은 오형제를 포함하여 부친(김진)과 함께 모두 과거시험에 합격한 영광을 안는데 이러한 연유는 집안의 산방(産房)에 있었다고 한다. 이곳에서 태어난 자손들은 모두 과거시험에 급제하였다고 한다. 학봉 김성일 대종갓집에서 출가한 여자들은 모두 이곳에 와서 출산하려고 하였던 것이다. 즉 의성 김씨인 김성일 종갓집에는 '육부자 등과집'이라는 칭호까지 생겨났다고 한다.

다음은 경주시 강동면 양동리 월성 손씨 집안과 여주 이씨 집안의 사연이다. 이곳은 두 집안이 함께 공존하면서 지금까지 내려오고 있다. 마을의 지세는 풍수지리는 설창산의 문장봉에서 뻗어 내려온 산줄기 모양이 물(勿)자 형을 이루는 지세이다. 최초의 마을 입향조는 풍산 류씨이다.

손소(孫昭, 1433~1484)가 풍산 류씨 집안의 딸과 혼인을 해 이곳 양동마을에 살았다. 마을의 혈자리라 할 수 있는 곳에 집을 짓고 당호를 '서백당'이라 하였다. 즉 참을 인(忍)자를 백 번 쓴다는 뜻으로 붙혀진 당호이다. 월성 손씨 종택이기도 한 이곳은 둘째아들 우재(愚齋) 이언적(李彦迪)이 태어난 곳이다.

이언적은 1491(성종 22년)에 태어나 본명은 '적'이었는데 중종의 명으로 '언'자가 더해져 '언적'이라 하였고 그는 24세에 문과에 급제하고 이조정랑, 밀양부사 등을 거쳐 이조, 예조, 형조판서를 역임하고 1545년 의정부 좌찬성까지 오르게 된다. 또한 이언적은 조선조의 유학인 성리학 정립의 선구자적인 빼어난 인물이다.

이처럼 양동마을은 손중돈과 같은 인재도 배출했지만 이후 여주 이씨의 이언적 같은 걸출한 인물이 나오게 되어 출가한 손씨 집안에서는 이를 두고 아쉬워했다고 한다. 이언적은 후에 '서백당' 아래의 마을 어귀에 경상감사로 있을 때 모친의 병간호를 위해 지어준 건물이 있는데 향단(香壇)이다. 이는 당시 유교사상에 의한 위계질서 차원에서 입지하고 있음을 알 수 있다.

2) 전통마을의 풍수지리 적용

풍수지리가 적용된 전통마을은 현재도 여러 존재한다. 그 대표적 사례가 안동 하회마을과 강원도 고성 왕곡마을 등이 있다. 안동 하회마을은 풍산 류씨의 서애 유성룡 선생의 종가고택이 자리 잡아 더욱 유명하다. 하회마을도 입향조는 풍산 류씨 집안이 아니고 허씨와 안씨가 최초로 터를 잡고 살았던 곳이다.

서애 유성룡의 집안이 이곳으로 이주하여 정착하게 된 것은 류종혜(柳從惠) 7대조가 풍산에서 하회마을로 옮겨와 6대조인 류중영이 중종 35년에 과거에 급제하였고 아들인 장남 겸암 류운영(1539~1601)과 서애 유성룡(1542~1607)을 두었는데 류운영은 원주 목사 등을 역임하였고 유성룡은 임진왜란 당시 선조를 도와 국난을 극복하면서 영의정까지 지냈던 인물이다.

하회마을의 풍수학적 특징은 주산인 화산을 중심으로 연화부수형(蓮華浮水形: 지세가 물 위에 떠 있는 연꽃형), 또는 행주형(行舟形: 물 위에서 배가 떠가는 모습)으로 마을에 연못을 두거나 우물을 파지 않는 풍습이 있다. 즉 우물을 파서 사용할 경우 물 위에 뜬 배가 침몰하기 때문이라고 믿기 때문이다. 이 또한 역시 풍수사상에서 연유되기 때문이다. 하회마을의 입구 쪽에서 바라볼 때

고성 왕곡마을 전경(2006)

건너편 산의 세 봉우리의 문필봉, 건너편 기암절벽의 부용대 기세와 북쪽의
찬바람을 막아주기 위한 지형적 결함을 보완하기 위해서 만송정을 조성하여
비보책을 강구하기도 하였다.

　한편 하회마을은 낙동강의 줄기인 화천(花川)이 S자 형으로 휘어 돌아가 수
구(水口)와 파구(破口)가 생기를 머물 수 있도록 조화를 이룬다. 득수법인 물
줄기가 곡수(曲水) 형으로 길(吉)과 흉(凶)이 반복적으로 이루어지는데 안동
하회마을은 길지(吉地) 쪽에 위치해 전통마을로 오늘날까지 전해져 내려오고
있음을 알 수 있다.

　강원도 고성군 죽왕면 오봉 1리에 자리 잡은 고성 왕곡마을은 중요민속자료
제235호로 지정된 전통마을이다. 해발 200m 이상인 나지막한 산들이 마을을
포근하게 감싸는 형상이다. 마을을 둘러싼 있는 다섯 개의 산과 송지호는 왕
곡마을을 병화하입지(兵禍下入地)의 형국이라고 풍수지리학적으로 설명할 수
있다. 마을의 주산이라 할 수 있는 오음산, 송지호를 두고 북서쪽의 공모산,
동북쪽의 호근산, 동남쪽의 제공산, 남서쪽의 순방산, 북서쪽의 오음산이 자

리 잡고 있어 일컫는 것으로 보이며 그리고 이러한 산의 지세에 의해서 왕곡마을의 이름도 오봉리라 부르고 있다.

왕곡마을의 역사를 살펴보면 고려 말 공양왕 때 조선의 건국에 대한 불만을 갖고 있던 홍문관 박사 출신인 함부열(1363~1441)이 왕곡마을 근처로 이주해오고 뒤이어 함영근의 손자가 이곳으로 이주하면서 지금까지 후손들이 6백 년 이상 마을에 살고 있다. 강원도는 원래 산간지역으로 과거 산불 등이 잦아 재난의 연속이었으나 오늘날까지 그대로 보존될 수 있었던 것은 풍수지리 사상의 영향이 있었던 것으로 보인다. 특히 공모산은 그동안 전쟁에 따른 피해, 그리고 재난에 따른 화재 등에서 오봉 중 유일하게 피해를 입지 않고 마을을 지키는 수호산의 역할을 한다고 한다.

한편 마을의 형국은 행주형(行舟形)으로 마을에 우물이 없다. 마을의 형태가 물에 떠가는 배의 모양이라 해서 우물을 파면 집안이 흉하고 망한다는 설이 있기 때문이고 또한 이러한 행주형은 불(火)로 인한 재난 등을 막아주는 믿음도 지니고 있다고 한다.

안동 하회마을, 고성 왕고마을 이외에도 충남 아산시의 외암마을, 순천의 낙안읍성 마을, 경주 양동마을 등이 풍수지리와 관련된 전통마을이다. 오늘날까지 전통마을을 지키면서 내려오고 있는 연유는 사실상 동족마을의 형성에서 대종갓집이 자리 잡고 있기 때문이다. 그러나 종갓집을 중심으로 이어져 내려온 전통마을의 연유도 어느 정도 있지만 5~6백여 년 동안 긴 세월 전란, 천재지변 등을 극복하고 면할 수 있었던 것은 전통마을의 입지선정이라 할 수 있다. 이러한 입지선정은 '배산임수', '장풍득수'의 풍수지리 사상이 적용되어 이를 근거로 마을배치와 구조가 이루어졌기에 가능한 것으로 보인다.

3) 서민주거의 풍수지리 적용

조선시대의 전기·중기까지는 유교적 근본이념에 따라 사회질서 유지정책이 전개됨에 따라 지배계층인 양반 위주의 정치, 경제, 사회였다. 주거문화도 당연히 사대부가(家) 중심으로 발전되었다. 조선시대 초기에는 집의 구조 및 배치에서 유교사상과 풍수지리 사상이 결합되어 사대부가의 경우 행랑채, 사랑채, 안채, 사당 등이 당시 하나의 특징으로 나타났다. 시대적 배경에 비추어 볼 때 신분사회의 관계로 신분에 따라 집의 규모, 구조, 장식에 이르기까지 규제를 가한 가사규제가 있었다.

이러한 사회환경 속에서 서민들은 풍수지리 등을 감안해서 적용하여 주거문화를 형성하기에는 한계가 있었다. 그러나 조선 중기를 거치면서 많은 유학자들이 학문연구 및 후학을 위해 지방으로 낙향하여 서원이 발달하였다. 이는 다시 동족마을을 형성시키는 계기가 되었다. 동족마을의 형성은 주거문화에도 변화를 가져왔고 이러한 변화는 후기까지 이어져 지방도시의 발전을 가져왔다. 특히 인구의 증가와 외국으로부터의 선진문물의 도입과 함께 농업사회 위주에서 상업을 중시하는 풍조로 전환되는 경향이 나타났다. 상업의 발전은 자연히 경제활동 중심으로 이어져 양반사회는 물론 서민백성들까지 이에 참여하면서 경제적 부(富)를 형성하면서 자연히 주거문화에도 변화를 일으켜 사대부가에서 전유물처럼 여겨지던 주택의 규모 및 입지여건을 선정하는 풍수지리 사상이 서민주거에도 확산되는 계기가 마련되었다. 또한 실학사상의 전파는 사회지배층의 문화를 촉진시키는 새로운 계층을 형성했다.

일반백성들도 중농·자연농 계층으로 성장하면서 부를 축적하여 반가와 비슷한 집들이 등장하고 이때 풍수적용과 함께 부농주거가 탄생한다. 서민들의 주거 발달은 풍수지리 사상이 민간에까지 확산되는 계기가 되었고 특히《택리지》는 기존의 풍수지리 사상에서 달라진 이론을 보여준다. 실학의 실사구시 학문의 입장에서 주거의 입지관 변화를 반영하는데 주거입지의 선정에서 가장 적합한 조건으로 지리와 생리, 인심, 산수를 그 예로 들 수 있다. 비옥한 토지의 생산성, 수질의 위생적 측면, 교통의 요지 및 상업적 이익을 추구할 수 있는 경제적 조건 등이 현실생활에 영향을 미치는 요인을 들고 있다.

이러한 주거지 선정은 풍수지리 사상의 측면도 내포하지만 현실생활에 적정한 사회적 조건들을 제시해 현실에 입각한 주거지를 선택요건으로 하고 있음을 알 수 있다.

이 밖에도 실학자들의 저서에서 보이듯이 공간의 규모나 기능별 공간의 위치, 평면의 형상, 창호계획, 주거 및 대지의 규모, 대문과 담장의 형태 등 주거계획 전반에 걸쳐 규범이나 금기들이 만들어졌다. 비록 이러한 내용 중 일부는 일부 현실생활의 실용성에 근거하기도 하고 점복성이 강한 속신적 요소도 가지지만 그 근간에는 풍수적 사고가 자리하고 있음을 볼 수 있다. 이는 풍수사상과 방법이 민간화하면서 현실적 요구에 부응하도록 실용화하고 속신화하였음을 보여주는 예라고 생각된다.

건축에서 풍수의 적용은 건설과정에서도 일정한 규범과 금기로 작용했다고 보인다. 건축은 사람의 운명에 중대한 영향을 미치는 행위로서 건설과정 자체가 상징적 의미를 가지며, 특정한 시기와 과정에 맞도록 건설되어야 한다고 믿어졌다. 중요한 행사의 시기를 결정하는 일을 '택일'이라고 하는데, 택일을 할 수 있을 만큼 음양오행과 주역의 이치를 통달한 전문가를 민간에서 구하기는 어려웠을 것이다. 좌향과 더불어 건물의 주요 공정시기를 결정하는 택일도 민간풍수사들의 주요한 역할이었던 것으로 나타난다.

《산림경제》에서도 수조년운(竪造年運)이라 하여 주인의 생년을 가려 집 지을 해의 길흉을 설명하였고, 이어 터를 닦기에 좋은 날로부터 입택에 이르기까지 중요한 건축공정의 시기를 선택하는 방법을 설명하였다. 이밖에도 나무 베는 데 좋은 날이라든지 우물파기에 좋은 날도 기술했다. 물론 이 책에서 기술한 모든 날들이 택일된 것은 아니지만, 대목들은 터 닦는 날(開基)과 주추 놓는 날(列礎), 기둥 세우는 날(立柱), 상량하는 날, 입택하는 날은 지역에 관계없이 반드시 풍수사가 결정하였다고 증언한다. 건설상의 주요 공정이 풍수사에 의해서 결정되었던 것처럼 풍수는 건설방법상에도 속신화된 규범이나 금기로 자리 잡았다고 보인다.

이와 같이 민간의 주거건축에 적용된 풍수의 사고나 방법은 조선 후기 서민들이 주거수준을 높이는 과정과 방법을 반영한다. 그것이 풍수 본래의 방법이든지 또는 민간신앙이든지 주거를 신성한 것으로 인식하는 태도를 볼 수 있으며, 풍수적 방법을 기반으로 하되 현실적 이익을 중시하는 방향으로 주거계획이 이루어진다는 점이다. 즉, 농업이나 상업을 통해 부를 축적한 조선 후기의 서민들은 풍수의 적용을 통해 이상적 주거를 추구하였을 것이며, 난해한 철학적 논리나 상징적 체계를 민속적으로 번안하여 상징성과 실용성을 높였다고 생각된다(대한건축학회, 2003: 96~98).

(1) 창녕 하병수 가옥
민가의 대표적인 풍수지리 적용사례로 경남 창녕군 창녕읍 술정리에 위치한 하병수 가옥이 있다. 이 집은 중요민속자료 제 10호로 지정되어 있다. 이 집의 특징은 사랑채 뒤편에 자리 잡은 억새로 이은 4칸 규모의 샛집이다. 우리나라 민가 중 가장 오래된 집이다.

이 샛집은 하병수 16대 하자연이 지은 집(1507)이다. 그러나 목재건물로 지탱하기 어려워 중수과정을 거쳐 오늘날의 모습을 갖춘 것으로 짐작된다. 자연석으로 댓돌을 만들었고 주춧돌은 산석을 다듬지 않고 사용하였다. 남향의 집은 대개 고상형(高床形) 요소를 지녔으나 이곳의 집은 산곡 간의 저상식(低床式)의 집처럼 전퇴(前退)를 생략했다. 집의 구조를 이루는 나무 등에는 못을 사용하지 않았고 지붕에는 흙을 사용하지 않았다.

그동안 이 집은 시대적 배경을 달리하면서 여러 차례 전란 및 재난 등이 있었으나 유일하게 훼손 및 소실되지 않고 오늘날까지 전해지고 있다. 풍수지리상에 집터를 다스리는 화기(火氣)를 다스릴 수 있는 화왕산 수기(水氣)가 끝자락에 위치하고 있어 지금까지 보존할 수 있었다는 것이다. 현재까지 보존되었던 연유는 대대로 살아온 후손들이 훼손되지 않도록 관리한 측면도 있겠지만 집의 입지선정 및 배치구조가 주변환경과 적절하게 이루어졌기 때문이다. 이는 당시 시대적 배경에서 알 수 있듯이 풍수지리의 주거적용에서 가능했던 명당으로 보인다.

이와 같이 풍수사상은 조선 후기에 이르러서 급속하게 민간으로 전파되었지만 그 이전에도 고려의 도읍 결정, 조선의 건국에서 도읍의 입지선정 등에 크게 영향을 미쳤다. 고려시대나 조선시대 초기 풍수사상은 서민들이 이용할 수 있는 사회적 신분이나 여러 상황으로 볼 때 실제 생활에 활용되지는 못했다. 그러나 조선 중기 이후 양 전란에 따라 전 국토의 유린과 백성들의 경제적 사정은 조선시대 가장 어려운 상황에 처해 있었다. 이때 사대부 중심의 사회적

창녕 하병수 가옥(2007)

신분계층의 지위도 점차 약화되고 중인과 서민계층의 지위상승이 급격하게 변화되었다. 실학사상의 영향은 사회계층의 분화를 발생시켜 부농주택이 확대되고 경제력의 축적에 의한 서민주택이 증가되었다.

　서민주거의 발달은 양반계층의 주거에만 거의 전유물처럼 적용되었던 풍수사상이 일반 백성들의 주거의 입지선정, 건물의 배치, 건축의 과정에 이르기까지 풍수사상을 인용하여 적용시키기 시작하였다. 초기의 풍수사상도 조선후기에 이르러서는 실학사상과 결합되면서 이론적 형식도 현실생활에 미치는 영향을 고려하여 재정립되었다. 《택리지》에서 생리, 인심 등을 새로이 추가시켜 적용시킨 것도 당시 사회현상을 반영한 것이라 볼 수 있다. 이외에도 《산림경제》, 《임원경제지》 등에서도 풍수사상에 의한 조선시대의 전통 주거관의 변화를 알 수 있다.

3. 실학사상

유교사상, 풍수지리 사상에 이어서 조선 후기 실학사상도 주거입지 등에 관해서 풍수사상과 함께 결합되어 영향을 미쳤다. 이러한 실학사상은 조선의 건국시 유교사상을 기반으로 정치, 경제, 사회적으로 모든 분야에 걸쳐 영향력을 지니고 사회적 문제 등에 접근하여 해결하였으나 양 전란 이후에 사회에 나타난 여러 요인에 대해서 당시의 근본이던 유교사상은 이를 흡수하고 해결하기에는 한계가 있었다. 사회적 혼란의 증폭과 누적된 모순은 현실과 거리가 있는 성리학 사상과는 다른 새로운 사회개혁 사상적 학문의 갈구하게 된다.

일부 젊은 지식인들이 양 전란 이후 전 국토의 유린으로 경제적 어려움은 모든 백성들의 생활에 보다 풍요롭게 하는 데 도움을 주고자 그 대안으로 학문을 연구하는 데 그것이 바로 실학이며 연구 및 학자의 분야에 따라 실사구시, 경세치용, 이용후생으로 나누어 발전했다. 성리학적 개념이 아닌 농사기술, 과학기술, 역사와 지리 등에 중점을 두고 이기설(理氣說)의 논리적 형식에 의존하는 성리학 체계보다는 실제생활에 도움이 되고 백성들의 경제적 생활을 향상시킬 수 있는 방법에 치중하여 연구하였다는 점에서 볼 때 차이가 있다.

실학사상이 조선시대의 지배적 사상의 위치에 있던 성리학을 밀어내고 이를 대체하는 학문으로 자리 잡게 됨에 따라 조선 후기에 나타났던 사회적 혼란 등이 어느 정도 진정되고 사회체제가 계속 유지되는 한편 일반 백성들의 일부가 신분상승으로 이어지는 사회계급의 신분제도가 변화되었다. 특히 중국으로부터 전해진 천주교 서적과 농학, 천문학, 과학기술 등의 서학사상은 기존의 유학자들의 가치관과 행태를 변화시켜 과학적 기술의 우월성을 인정하고 이를 적극 수용하여 현실개혁을 나타나게 한다.

이러한 사상은 조선시대의 후기에 사회변화를 가져왔는데 농업기술의 발달에 의한 농민층의 분화, 상업적 상품화 및 화폐경제의 발달, 사회적 신분제도의 변화 등을 들 수 있다. 특히 주거문화에 영향을 미친 실학사상은 과학기술의 발달과 더불어 자연스럽게 생활의 삶이 나아지고 서민층의 경제적, 사회적 지위 상승으로 양반 중심의 주거문화에서 일반 백성들의 주거문화에까지 널리 확산되었다. 이는 경제적 부에 의해서 여러 형태의 주거로 발전되었다. 전통 주거의 입지조건, 주거공간 구성 등에서 서민들이 적용하기 어려운 측면도 있었으나 이를 적용시켜 풍수사상이 확산되었다.

인문지리서인 《택리지》에 의해서 그동안 고정된 관념사상으로 굳어진 풍수사상도 주거입지관의 변화를 가져왔다. 《택리지》를 쓴 이중환은 풍수사상과 실학사상을 결합시켜 과학적 사고로 전환된 새로운 풍수이론을 도출했다. 과거의 풍수사상은 배산임수, 장풍득수 개념에 방위, 정혈, 형국 등에 의존하는 형태를 보였으나 시대적 배경과 흐름에 따라 정치, 사회, 경제구조도 빠르게 변화됨에 따라 인간이 거주하는 주거문화도 이를 함께 따라갔다.

《택리지》에 의하면 사람이 살기 좋은 집터를 마련하는 데 가장 바람직한 곳을 지리(地理), 생리(生利), 인심(人心), 산수(山水)의 4가지를 예시하면서 설명하고 있다. 양명(陽明)한 기운을 받아서 삶으로 집 앞에 뜰이 넓게 트여서 해와 달, 별빛이 항상 환하게 비치고, 바람과 비와 차고 더운 기후(氣候)가 고르게 알맞은 곳이면 인재(人材)가 많이 나고, 병도 적다고 생각하였다. 산형(山形)은 풍수설에 따라서 주산(主山)이 수려하고 청명하며, 아담한 것이 상(上)이요, 토질은 사토(砂土)로써 굳고 촘촘하면 우물도 맑고 차며, 살기 좋은 곳이라고 하였다. 산에는 반드시 물이 있어야 하고, 물과 짝한 다음이라야 생성(生成)하는 묘를 다할 수 있으며, 조산(朝山)은 맑고 깨끗하여 사람이 보아서 기쁨을 느끼면 길(吉)한 것이라 하였고, 조수(朝水)는 물 너머 물을 말하여, 그 흐름이 산맥의 좌향(坐向)과 음양에 합치하여야 한다고 생각하였다.

사람은 자연적으로 입고 먹는 일에 종사하며, 위로 부모를 봉양(奉養)하고 아래로 처자를 길러야 하므로 재리(財利)를 경영하여야 한다. 따라서 토지가 기름진 곳이 제일이고, 배, 수레, 사람 및 물자가 모여들어서 교환이 편리한 곳이 좋은 것이다. 다음으로는 마을 인심이 착한 곳이 좋으며, 같은 사회적 여건을 가진 사람이 모여 사는 곳을 찾지 않을 수 없다고 생각하였다. 산수(山水)는 마음을 즐겁게 하고 감정을 화창하게 하는 것이다. 그러나 산수가 좋은 곳은 생리(生利)가 박한 곳이 많다. 그러므로 기름진 땅과 넓은 들에서 지세(地勢)가 아름다운 곳을 가려서 집을 짓고 사는 것이 좋으며, 좀 떨어진 거리에 경치가 아름다운 산수(山水)가 있어, 가끔 그 곳에 가서 소풍(逍風)하여 시름을 풀고 돌아올 수 있는 곳을 장만한다면 바람직한 일이라고 생각하였다(윤장섭, 2004: 413~414).

실학파 학자들 사이에 일어난 역사에 대한 관심과 함께 국토의 지리에 대한 저술도 나타났다. 이러한 움직임에 따라 학자들의 개인적 저술이 활발히 이루어졌으며, 영·정조 때에는 관찬(官纂)의 저술도 활기를 띄었다. 이 가운데 서울의 건축물과 관련한 대표적인 개인저술을 들면 《한경지략》(漢京識略), 《동국여지비고》(東國輿地備攷), 관찬저술로는 《궁궐지》(宮闕志) 외에 《동국문헌비고》(東國文獻備考)를 꼽을 수 있다.

《한경지략》은 한성부의 역사와 전반적 도시 모습을 적은 부지의 일종으로, 편찬시기는 순조 때이다. 저자는 확실치 않지만 당대의 실학자 유득공(柳得恭)의 아들 유본예(柳本藝)로 추정된다. 이 책은 서울의 역사나 궁궐, 관청, 각종 명승지나 유적에 대해서 선대로부터 수집한 전적(典籍)을 토대로 자기가 실지로 답사, 조사하고 전설 및 미담과 고로(古老)의 증언을 참고하였다. 특히 흥미를 끄는 부분은 권2 "각동편"(各洞編)에서 각 동별로 지역에 있었던 유명인사의 집터나 또는 집에 대해 언급한 부분이다. 향교동(鄕校洞)에 대해서는 "조정암(趙靜庵)의 구택이 있는데 전조(고려) 때 한양 향교가 이곳에 있었다"고 적었다. 정동(貞洞)에 대한 기사에는 서소문 내의 학교(鶴橋)에 있었던 이퇴계(李退溪)의 집에 대해 적었는데 이 서소문 집은 《퇴계문집》(退溪文集)에 실린 퇴계 자신의 편지에도 언급되어 있는 집으로, 《한경지략》 내용의 신빙도를 높혀준다.

《동국여지비고》의 편찬시기는 이보다 훨씬 후대인 고종 연간으로 추정되지만 18세기경의 도성 모습에 대한 언급도 적지 않다. 특히 "시전조"(市廛條)에 도성 내 전문상점의 명칭과 취급하는 물품에 대한 서술이 상세하고, "제택조"(第宅條)는 5부로 나뉘어 유명인사의 집에 대한 기사를 싣고 있다.

《궁궐지》는 처음 숙종 21년에 비교적 간략한 형태로 편찬되었다가 순조 대에 와서 각 건물과 관련한 기사를 보충하고 숙종 때 기록에 누락된 건물명과 그 이후에 새로 조성된 건물들을 모두 망라한 증보판이 편찬되었다. 그 내용은 왕조 초기부터 18세기 말까지의 각 궁궐 조영(造營) 과정과 관련 기문(記文)을 충실히 종합한 것으로, 여기에는 뚜렷한 역사의식과 과거의 기록을 정확하게 집성하고자 하는 사료 편찬의 정신이 담겨 있다.

《동국문헌비고》는 영조 때 처음 편찬되었다가 몇 차례 수정, 증보를 거쳐 고종 때 《증보문헌비고》(增補文獻備考)라는 제명(題名)으로 완성을 본 것이다. 역대의 문헌을 항목별로 망라하고 있는데, 관찬이라는 성격에 걸맞게 궁궐이나 단·묘, 성곽 등에 대한 문헌적 고증이 충실하다.

이밖에도 부분적으로 선대(先代)나 당대(當代) 건축물에 대한 역사적 의식을 갖고 저술한 책들이 적지 않다. 특히 당대의 왕실 건축공사의 전말을 기록으로 남긴 각종 의궤서(儀軌書) 역시 귀중한 이 시기 건축관련 사료이다(서울시 시사편찬위원회, 1999: 159~160).

이와 같이 실학사상은 정치, 경제, 사회뿐만 아니라 주거문화의 변화에도 많은 영향을 미쳤음을 알 수 있다. 고려시대부터 조선 중기까지 사회적 지배 사상으로 자리 잡던 풍수사상의 차원을 보완하고 현실에 맞게 정비하고 과학체계 중심으로 바꿔 놓았다는 데 그 실익은 매우 크다고 볼 수 있다.

그리고 실학의 과학적 검증에 가까운 고증학의 영향으로 생산력 증대에 따른 규모의 경제의 확대 재생산은 가치관과 행태의 변화를 일으켜 사회적 신분제도인 양반관료사회를 무너뜨리는 기반을 형성시켰다. 조선 후기에 부농주거, 서민주거의 발달과 풍수의 적용확대 등은 새로운 문물의 도입과 기존의 전개되었던 학풍을 타파하고 실사구시 학문인 실학사상 영향이 크게 작용되었다고 볼 수 있다. 특히 실학자 중 중상주의와 기술 존중을 중요시하는 북악파는 기존 양반계급사회의 고답적 사고방식으로 변화를 두려워하고 상공업과 기술을 천시하는 경향이 강한 관념 타파를 주장하면서 실증적이고 경험적 인식을 지니고 서양 문물에 대한 편견을 버리고 적극적인 새로운 기술론의 도입 등으로 경제규모의 확대는 백성들의 경제규모 번창으로 이어져 신분사회와 관계없어 양반가의 주택과 거의 비슷한 수준으로 발전되었고 더 나아가 건축시공에 필요한 거중기 등을 고안하여 화성 건축 등에 사용하기도 하였다.

4. 개화사상

조선시대 후기에 형성된 개화사상은 자주적 근대화, 진보된 사상으로 실학사상을 계승 발전시킨 개혁사상으로 시대적 배경은 국내·외 안팎으로 매우 어려운 환경에 처해 있었다. 안으로는 봉건주의 사상이 팽배하게 자리 잡고 있어 이를 타파하고 근대화의 국가로 나아가기 위해 정치, 경제, 사회 분야에서 개혁적 변혁이 요구되었고 밖으로는 선진국들의 문호개방 압력이 거세게 압박하고 있었다.

19세기 후반부터 자본주의 열강들이 1832년(순조 32)에 영국 동인도 회사가 통상할 것을 요구하였고, 1861년(철종 12) 러시아 함대가 원산항을 개항할 것을 요구하였으며 1871년(고종 8) 신미양요가 있었으나 쇄국정책에 의해 거듭 거절되었다. 그러나 1876년(고종 13)에 병자수호조약이 체결됨에 따라 쇄국정책과 종래의 봉건주의 사회질서가 함께 붕괴되었다. 선진 외국과의 통상이 활발하게 교류되어 선진문화가 들어오고 이에 따른 영향으로 진보된 사고가 근대적 사회로 전환되는 계기를 마련했다.

개화사상의 일반적 특징으로서 다음 여러 가지 점을 들 수 있다. 먼저 동양의 과학기술의 낙후성을 전면적으로 인정하여 서양 과학기술의 선진성을 적극적으로 습득·채용해야 한다고 주장하였다. 그리고 국정 전반의 개혁에 의한 자본주의적 사회제도의 수립과 아울러 입헌군주제(立憲君主制)로의 개혁과 근대국민국가(近代國民國家)의 창설을 지향하였으며, 경제적으로는 상공업의 진흥과 산업혁명 수행의 필요성을 강조하였다. 사회적으로는 고루한 양반제도의 폐지에 의한 인민의 자유와 평등의 실현, 인재의 능력본위 등용을 시행하여 민중의 힘을 민족의 방위와 발전에 효과적으로 동원할 것을 주장했으며, 이를 위해서 근대학교의 설립, 신교육(新教育)의 실시가 필요하다고 역설하였다.

마지막으로 문화적으로는 한자 문화권에서 탈피하여 세계 각 지역의 문화를 흡수하면서 자기 민족의 역사와 언어와 문자와 예술을 발전시켜야 한다는 입장이었다. 즉 개화사상은 서양기술 및 제도의 장단점을 취사선택하여 대대적인 제도개혁을 행하여서 자강(自强)을 실형하는 것에 의해 서구 자본주의의 도

청국과 일본의 건물들. 인천광역시 중구 전동 24번지 일원 (2007)
[청·일 조계지 경계계단(淸·日 租界地 境界階段)]

전을 극복하려고 한 19세기의 한국의 서민적 개혁사상이라고 볼 수 있다(국사
대사전, 1982: 2134). 이와 같이 조선시대 후기에 밀려 들어왔던 서양의 문물
과 제도는 조선건국 이래 최대의 변혁이었다. 이러한 변혁은 정치, 경제, 사
회적 신분제도까지 영향을 미치고 나아가 오랜 전통주거에도 가장 큰 변화를
일으켰다.

전통적 유교사상의 체제에서 일대 파격적인 개혁은 사당(祠堂)을 철폐하고
이를 목욕간으로 개조한 것이다. 이는 물론 일찍부터 개화사상에 심취, 개화
운동에 앞장 서온 중인계급이 주도한 것이었다.

조선시대의 주택은 서울은 물론 지방 어느 곳에서나 또 계급적으로 상류,
중류, 서민은 물론, 심지어 왕궁에서까지 목욕간의 건축은 볼 수 없었던 것이
통례였던 것이다. 지금까지 광이나 부엌간 또는 방안에서 대야에 물을 담아
목욕을 하여 왔었던 것이다. 이러한 일련의 주택변천은 자연히 주위에 영향을
주어 오랫동안의 전통적 양식에 변화를 가져왔다.

국내적으로는 개화에 의한 주택의 변천은 물론 국외적으로 밀어닥친 일본식

주택이나 서양식주택들의 영향도 무시 못 할 변역(變易)의 요인이 되었다. 고종 12년(1875) 운양호 사건(雲揚號事件)에 이어 다음해 강화도조약(江華島條約)의 체결에 따라 부산이 1876년에, 원산이 1880년. 인천이 1883년에 가행되었고 여기에 치외법권(治外法權)의 일인(日人) 조차지(租借地)가 생김으로써 일본 거류민들의 주택이 건축되고 이들은 전통적 주택양식에 영향을 주기 시작하였다. 부산은 1900년대에는 1,000호, 1909년에는 4,284호에 달하였고, 인천과 서울의 진고개 지역 역시 이와 같은 형세를 이루었다. 또한 이들 일본 거류민들의 주택 즉 화식주택의 영향은 물론, 양식건축의 영향도 무시 못 할 처지였다.

그간의 연구(윤일주, 양식건축 80년사, 1966: 269, 재인용)에 의하면 한국 최초의 양반주택은 고종 21년(1884)경에 인천에 건립된 세창양행(Heinrich Conatantion Edward Meyer & Co.)의 사택으로서 건평 173.15평 1부(部) 2층의 벽돌집으로 외벽에는 회칠을 하고 붉은 기와를 얹은 별장류의 주택이었다고 한다. 이 건물은 일본인들이 청광각(淸光閣)으로 호칭, 인천도서관으로 사용되다 한국전쟁 시에 화재로 소실되었다고 한다. 이 주택에는 사무실, 응접실, 침실, 부엌, 식당, 오락실을 갖춘 전통 한국주택과는 전혀 다른 것이었다. 더구나 이와 같은 서양건축이 도입되면서 일반 국민 간에 새로운 문제로 대두된 것은 스팀난방에 대한 몰이해가 빚은 것이었다.

예컨대 러시아공사 웨베르(Waber)가 데리고 온 손탁양이 고종 32년(1895), 고종황제로부터 하사받은 정동의 한 가옥을 개조(1902)하여 손탁 호텔을 지었고, 그 후 1918년에 이화학원에서 이를 매수하여 기숙사로 사용했다. 이때 스팀난방에 대한 이해가 없던 기숙사생들은 물론 일반인들도 모두 이 스팀난방을 비난하였다. 이때 인터뷰 기사를 보면(이규태, 개화백경(42), 〈조선일보〉, 1968년 9월 7일) "방에는 어름 같은 마루방 뿐 다수한 여자난 냉증을 엇난다"고 하였으며 여학생들은 "여자의 몸으로 말하기는 어떠합니다만 생식에도 관계가 있는 듯하여요"라고 한 것을 보아서도 알 수 있다. 이것은 당시에는 온돌과 화로에만 친숙했던 사람들로서 뜨거운 증기가 쇠관을 통해 나옴으로서 이른바 '쇠김'이 양기나 음기를 죽인다고 생각했기 때문이다. 이 쇠김 난방에는 상당히 거부반응이 강하였던 것으로 생각된다. 그것은 1905년에 준공된 인천 성동의 제임스 존스턴 (James Johston) 별장(석조기와 4층)에는 옥상에 물탱크를 설치, 옥내에 스팀난 방시설을 한 바, 이 공사에 고용되었던 김직환 노인이 말하기를 "물탱크를 지붕 위에 얹어놓고 물김으로 쇠를 덥히는데 조선인부는 그 쇠김이 나는 방에 아무도 들어가지 않았다"고 한 것으로 보아 알 수 있다.

다음 한식주택을 양식주택으로 개조한 아마도 최초의 예(例)로서는 1882년 임오군란때 피살된 민겸호의 집으로 본래 이 집은 전동궁(磚洞宮)이라 불리던 솟을대문 집으로서 세간에 귀신이 나온다 하여 비어 있던 것을 1882년에 독일 인 묄렌도르프에게 하사되어 이 독일인이 양식주택으로 개축했다. 이처럼 한 식에 양식건축이 영향을 미치기 시작하여 1900년대에는 한양 절충식 2층 상가 건축들이 종로와 남대문로에 건축되기 시작하고 이들은 한식주택에도 적지 않 은 영향을 주었다고 볼 수 있다(서울특별시, 1979: 1166~1168).

개화사상이 사회전반적 영향을 미친 것은 사실이지만 완전한 개혁을 이루지 못하고 실패하였으나 개항 이후 갑자기 밀려들어 오는 외래문화에 그동안 닫 고 있던 쇄국정책으로 모든 분야에 걸쳐 전통적 가치관의 혼란과 위기를 맞기 도 하였다. 특히 주거문화는 이질적 주거문화가 공존하는 시기를 맞이했다.

우리의 전통주거의 장점과 서양식의 장점이 서로 결합된 주거를 탄생시켰는 데 이는 국적 없는 주거문화를 보여주었다. 한국의 전체 주거문화가 이러한 현상을 보이는 것이 아니고 개항지를 중심으로 전파되었고 일본인, 서양인 들 이 주로 거주하는 지역에서 많이 나타난 현상으로 지금도 서울, 개항지 등의 주변에는 원형이 그대로 남아 있는 것을 볼 수 있다. 한편 개항시대 이후 주거 의 변화는 한국식의 전통적 불편함을 개선한 서양식의 주거의 이용상 편리성 내지 현대화된 문화주택으로 발전시켰다고 볼 수 있다.

제2절 조선시대의 주거 문화의 특성

1. 사회계층의 주거 재정립

한국의 주거문화가 조선시대에 이르러 재정립될 수 있었던 요인은 역사적으로 사회현상과 함께 발전되었다. 주거문화의 재정립은 과거 역사를 돌이켜 보면서 어떻게 발전되었는지 변천과정을 살펴보고자 한다.

한반도에 출현한 최초의 인류로 구석기인들은 단순히 은신처로 자연동굴 등을 이용했고 신석기시대에 이르러서는 인공주거인 움집 형태의 주거로 변화되었다. 한반도에서 처음으로 인공을 가하여 만든 주거형태라 볼 수 있다. 무문토기인들이 한반도에 다시 들어와 정착되면서 원시적인 농사 등을 짓기 시작하면서 정착생활의 기반을 조성하여 움집의 변화가 일어났고 주거입지의 선정 및 취락이 규모의 형태로 증대되기 시작하였다. 이어서 지상주거의 출현은 정착생활의 고착화에 따른 하나의 산물로써 비위생적인 움집 등에서 벗어나 위생적인 채광 등을 얻을 수 있고 비, 바람 등을 견딜 수 있는 목조구조 기술이 발달하여 한반도의 주거문화의 혁명적 시기로 구분할 수 있다. 촌락 공동체를 형성하는 정착생활은 사유재산 제도를 발생시켰고 지배계급과 피지배계급을 발생시켜 주거의 내·외부의 공간분화를 일으키는 현상으로 나타나 상류계층인 지배계급은 공간구성 내부의 확장과 더불어 주거공간 외부영역 내에서 여러 채의 살림채 및 주거공간들을 소유하였던 것으로 보인다.

지상주거의 발전은 계층별의 주거 차이, 기후 등 환경요인에 의해 지역별 차이 등으로 나타났다. 즉 온돌기능과 마루기능에서 알 수 있듯이 온돌은 북쪽지방의 서민층에서 발달된 난방시설로써 남부지방의 상류계층으로 확산되었고 마루기능은 남부지방의 따뜻한 곳에서 발달된 주거기능으로 북부지방의 서민계층까지 널리 전파되어 주거기능에서 온돌과 마루의 만남은 제2의 혁명적 주거 문화를 탄생시켰다고 볼 수 있다.

난방과 냉방의 기능을 서로 갖추고 있다는 점에서 추정해 볼 수 있다. 이러한 주거문화는 고대국가를 형성하면서 함께 발전되었다.

사회계층의 분화는 주거의 분화에도 영향을 미쳐 주거에 대한 제한을 가하는데 신분계급에 따라 주거의 규모나 형태, 재료, 구조, 장식 등을 규제하는 사회계층의 가사규제 제도이다. 특히 고대국가 중에서도 신라(통일신라) 시대의 지배계급과 피지배계급을 구별하는 골품제도에서 비롯되었다.

고려의 역사도 신라문화를 계승하였기에 주거의 문화도 별다른 특징을 나타내지 않았다. 다만 경주에서 도읍이 개경으로 옮겨지면서 주거이동이 발생되어 지역적 주거문화의 교류가 시작되었음을 알 수 있고 이는 한국 주거문화의 전통주거 특성을 형성시키는 계기를 마련한 것으로 보인다. 고려의 개국도 정치·사회현상도 신라의 골품제도를 어느 정도 타파하였으나 새로이 등장한 문벌귀족은 권력과 재산 등을 세습화하여 귀족사회를 출현시켰다. 이들은 생활의 모습에서도 사치스러운 생활을 하면서 주거문화에도 건축재료인 지붕의 재료를 청기와 등을 사용한 것으로 문헌 등에 나타나 당시 지배계급인 상류층에서는 주거문화도 화려하게 장식하고 생활하였음을 추측할 수 있다. 조선시대에 이르러서는 조선의 건국이념으로 유교가 조선사회를 지배하는 사상으로 등장함에 따라 양반계층이 사회를 이끌어 가는 권력층으로 자리 잡았다.

이러한 사회체제의 변화는 양반 위주의 사회로 정립되고 주거의 변화도 함께 새롭게 정립되었다. 조선시대의 신분계층은 양반, 중인, 이교, 양인, 천인 등의 5계급으로 분류하는 것이 일반적인데 주거계층은 상류, 중류, 서민 주거 등으로 분류할 수 있다.

신분사회 계층이 발달한 사회체제에서는 주택의 크기나 형태 등을 규제하는 제도가 있었듯이 조선시대에도 초기에 양반들의 가사규제를 실시하였으나 개국공신들의 득세가 심하여 지켜지지 않아 성종 9년(1498)에 이르러 개정된 가사제도에 의해서 정립되었다. 한국의 주거문화는 계속 거듭 발전되면서 조선시대에 이르러 사회제도의 정립과 함께 주거문화도 재정립되어 전통주거로써 발전되었다.

1) 상류주거

고려시대 주거계통의 문화는 조선시대에 이르러서도 그대로 계승 발전되었다. 다만 정치, 경제, 사회, 문화적 이념에 따라 주거의 입지선정, 배치, 구조 등에서 달리 했을 뿐이다. 고려의 귀족사회 특징이라면 조선시대에는 양반관료들에 의해서 주도되었던 사회였기에 별다른 특징은 주거에서 달라진 모습은 없었던 것으로 보인다. 다만 조선시대의 사회는 고려시대와 확연하게 다른 사상적 기반이 있어 유교사상과 주거의 결합은 상류주거뿐만 아니라 서민주거에 이르기까지 영향을 받게 된다.

이렇듯 상류주거는 신분계층이 양반으로 형성되어 유교사상이 근본을 이루었다. 양반들은 국가로부터 받은 토지 등을 일반 백성들에게 빌려주어 수확량을 그 대가로 받았고 신분과 토지 등은 특별한 사유가 없는 한 세습되었다. 유교적 이념을 구현하기 위해서는 일상생활의 방식에서도 품위를 유지할 수 있도록 신분상에 걸 맞는 권위를 표현했어야 했다. 이러한 경향은 조선시대 사회를 이끌어가는 권력계층이었기에 사회·경제적 영향은 물론 주거의 형태에도 그 영향을 미쳐 계층별로 나타났다. 양반중심의 상류주거는 중인주거 및 서민주거와는 다른 특성을 보여주고 있다.

상류주거의 배치와 평면은 풍수지리의 양택론에 근거하여 결정하고, 대가족제도에 의한 주택 내에 보통 3대에서 4대에 이르는 가족들이 생활할 수 있는 공간을 마련한다. 조선시대 초기부터 남녀유별에 의하여 형성되기 시작한 내외법(內外法)에 따라 남성의 공간인 사랑채와 여성의 공간인 안채를 따로 짓고, 또 설사 한 지붕 밑에 연이어 건립한다 하여도 공간적으로 구분한다. 그리고 같은 집 안에서 생활하는 많은 솔거노비(率居奴婢)들을 위하여 행랑채를 세우고, 또 집 밖에 거처하는 외거노비(外居奴婢)들을 위하여 가랍집(또는 호지집)을 집 바깥터에 건립한다. 한편 종가(宗家)에서는 조상 사대인 고조고비(高祖考妣), 증조고비, 조고비, 고비(考妣)의 신위(神位)를 모시는 사당(祠堂, 또는 家廟)을 주택 담장 안에 세운다.

안채는 부엌, 안방, 대청, 건넌방, 윗방 등으로 구성되는데, 부엌과 안방은 일반적으로 연이어져 건립된다. 그러나 대가(大家)에서는 반빗간(飯婢間)을 따로 지어 이곳에 반빗아치들이 음식을 장만하고, 기타 빨래, 다듬질 등의 집 안일을 한다. 안방은 안주인의 일상거처로 주간에는 안주인의 거실이 되고 야 간에는 침실이 된다.

따라서 주간에 안주인의 손님은 이곳에서 맞이하게 된다. 대청은 안방과 건 넌방 사이에 자리 잡고 안방과 건넌방에 출입할 때의 전실로서의 기능을 하고, 여름철에는 안주인의 거처 기능을 한다. 건넌방은 경상도지방에서는 상방이라 하고, 전라도지방에서 모방이라고도 하는데, 며느리를 맞아들이면 이 방을 쓰 게 하다가, 안방물림이 일어난 후 노모가 이 방으로 옮겨 앉는다. 때로는 출 가한 딸이 해산할 때 이 방을 쓰기도 한다. 윗방은 일반적으로 안방의 윗목에 연이어 건립되고, 윗목에 장롱 등을 늘어놓는다.

사랑채는 사랑방과 침방, 대청, 누마루로 구성된다. 또 대청을 중심으로 ㄱ 자로 꺾어지면서 한쪽에 두어 큰사랑으로 하고, 다른 쪽에 작은방을 두어 작 은사랑으로 한다. 이때 큰사랑은 주인의 사랑이고, 작은사랑은 장성한 아들의 사랑이 된다. 사랑방은 주인의 주간 거실로 이곳에서 손님을 맞이하고, 문객 들과 더불어 세상 돌아가는 이야기들을 나누며, 고관대작의 경우에는 이곳에 서 정치문제의 상당부분을 해결하던 곳이다. 침방(寢房)은 조선시대 초기부터 내외법에 따라 부부별침(夫婦別寢)을 명하여 만들어진 방이다. 주인은 평상시 이 침방에서 취침한다. 사랑방과 붙어 있는 대청은 사랑방에 출입할 때 전실 로서의 기능과 여름철 주간의 거실로서의 역할을 전담하는 곳이다. 대청과 연 이어져 건립된 누마루는 여름철에는 거실로서의 역할을 하는 곳이며, 때로 살 평상을 들여놓고 취침하기도 한다.

상류주거의 구조는 한양의 도성에서는 일반적으로 장대석 두세 벌대의 기단 위에 네모뺄대의 다듬은 초석을 놓고, 네모기둥을 세워 납도리와 보로 결구하 여 지붕틀을 구성한다. 지방의 상류주택에서는 막돌허튼층쌓기 기단 위에 막 돌초석을 놓고 네모기둥이나 때로 두리기둥을 세워 납도리, 굴도리로 결구한 다. 또 익공식 구조를 이루기도 하며, 솟을합장으로 종도리를 결구하기도 한 다. 가구는 오량가구(五梁架構)가 일반적이고 서울의 대가에서 칠량가구(七樑

442

성북구 장위동 김진흥 가(2006)

架構)를 이루기도 한다.

처마는 홑처마가 일반적이나, 때로 겹처마를 이루기도 한다. 안채와 사랑채가 독립된 채로 건립될 때에는 팔작지붕이 주류를 이루고, 한 지붕으로 연속되어 건립될 때에는 안채의 양측 용마루 끝단에 합각을 이루어 팔작지붕의 모양을 이룬다. 그러나 사랑채는 대부분 팔작지붕을 이룬다. 행랑채는 납도리 삼량가구로 홑처마 맞배지붕이 일반적이다(주남철, 2002: 377~378).

이외에도 상류주거는 벽체의 회반죽 마감재 사용, 처마는 겹처마로 부연을 달고, 천장과 창호는 정자형 또는 정방형으로 그리고 창호는 용자(用字) 살과 아자(亞字) 살의 짜임새로 이루어져 있다. 굴뚝은 담장과 함께 형성되기도 하고 독립적으로 아름다운 무늬와 색상 등을 곁들여 놓기도 한다. 겨울철의 눈, 여름철의 비와 뜨거운 햇빛을 막아주기 위한 차양구조 등도 양반가의 상류주거에서 흔히 볼 수 있지만 서민주거 등에서는 찾아볼 수 없다.

한편 상류주거의 형태는 한양을 중심으로 지역적 특성을 지니고 있다. 주로 상류계층은 한양의 도성 중심으로 모여 살게 되었는데 이는 가까운 궁궐에 출입하기 위한 것으로 북촌 마을의 계동, 가회동, 관훈동 등에 주로 자리 잡고, 남촌마을로는 남산의 북쪽 산 아래로 이보다 더 경제적으로 풍요하지 못한 양반들이 거주하였다. 조선시대의 상류 주거로는 전국에 걸쳐 시대별로 널리 분포하고 있다. 조선 초기에는 개별적으로 상류주거가 전개되었으나 중기이후에는 선비들이 낙향하면서 후학 등을 가르치고 향리에 머물면서 동족부락을 형성시키면서 종갓집을 중심으로 사대부가의 주거는 더욱 발전하게 된다.

현재도 지역을 중심으로 조선시대의 상류주거는 많이 존재하고 있다. 성북구 장위동 김진홍 가, 의성 김씨 종택, 논산 윤증 가, 안동 하회마을 서애 유성룡의 충효당, 전남 영광 연암 김씨 종택 등이 있다.

---

2) 중인주거

조선시대의 중인은 출신성분 관계로 양반은 될 수 없고 이교와 함께 중류계층에 속한다. 다만 일반 백성인 서민계층보다는 상위계층으로 경제, 사회적으로 보다 우월한 위치에 있을 수 있었다. 이들은 중앙의 기술관청에 소속되어 역관, 율관, 신관, 의관 등 기술 관원으로 양반 정도의 사회적 지위를 지닐 수 없을 뿐만 아니라 관직 등이 세습되지 못하였다. 이러한 중류계층은 양반계층 주거보다는 열악하고 서민주거보다는 차이가 있었으며 주로 중인계층의 주거는 18세기 이후 두드러지게 나타나는데 한양의 경우 청계천 주변, 남산 아래 지역, 인왕산기슭에 성 밖 등에 집단적으로 거주하였다.

중인은 신분계층의 변화에 따라 도시 및 농촌 등지에서 경제규모의 향상으로 양반가를 모방하는 주거형태가 발생되기 시작하였다. 이는 조선시대의 후기 발생되는 부농 주거 또는 중농 주거형태로 변환되었다.

중류주택은 중인집과 이교(吏校)의 집으로 나뉘는데, 중인은 서울의 도심인 다동(茶洞)과 무교동, 삼각동 지역에 거주하였다. 중인집들은 상당한 재력을 갖고 있었으나 단지 그 신분상의 품계가 한정되었던 만큼 그 주택의 배치와 평면은 서울의 사대부집들과 크게 다른 바 없었다. 넓은 장방형의 집터에 행랑채, 중문간 행랑채, 사랑채, 안채, 사당채를 각각 세우고, 각 채 속에서 방·

대청과 기타의 공간으로 분화된다. 길가에 면한 행랑채의 대문을 들어서면 행랑마당이 되고 이의 맞은편에 일각문이 있어 사랑채로 들어간다. 다른 쪽에 중문간 행랑채가 있고, 이 채에 중대문이 있어 안마당으로 들어서 안채에 이르게 된다. 안채 뒤에는 사당채가 자리 잡고 있다.

사랑채는 사랑방·침방·대청으로 구성되고, 안채는 ㄱ자형의 서울지방형 평면을 이루면서 부엌·안방·웃방·대청·건넌방으로 구성된다. 사당채는 사당 단독으로 건립되는 경우와 다른 용도의 공간과 함께 건립되어 그중 한 칸을 사당으로 쓰는 경우가 있다. 이교(吏校)의 주택도 중인집보다는 규모가 적으나, 대문간과 안채·사랑채가 독립된 채로 건립되고 안채는 ㄱ자형의 서울지방 평면을 이루고 있다(서울특별시사편찬위원회, 1999: 429). 중인주거의 특징은 양반주거와 서민주거 사이에 존재하였기에 사실상 양반주거에 근접하였다고 볼 수 있다. 오늘날 양반주거와 서민주거의 모습은 확연하게 구분된 사례 등이 많이 있으나 중인주거의 존재모습을 찾아보기 힘들다.

특히 근대화과정에서 양반주거로의 상향되어 개축되었거나 서민주거로의 하향 개량되어 변화됨으로써 중인주거의 형태는 구분하기 쉽지 않다. 중인주거의 형태로 남아 있는 주택은 서울 삼청동에서 현재 남산 한옥마을로 이전한 오위장 가, 경기도 양평 창대리의 중류농민의 중농주거인 김씨가 등이 있다. 중인주거의 모습은 상류주거와 비교 시 뚜렷한 구분이 어렵다고 볼 수 있다. 이는 중인주거가 양반주거와 거의 비슷해 쉽게 동화되어 양반주거로의 편입되어 지금 얼마 남아 있지 않은 것으로 보아 쉽게 이해할 수 있다.

3) 서민주거

양반, 중인을 제외한 다수의 백성들이 서민계층으로 주로 농업 등에 종사한 농민들이었다. 이들은 직접적 생산활동에 종사하는 계층으로 양반층의 지배를 받으며 공납, 부역 등 의무를 지니고 있었다. 한편 양반계층의 토지를 경작하고 수확량의 절반 정도를 주고 나머지는 공납 등으로 경제적으로 생활이 매우 어려웠으며 사회적으로는 지위도 낮았다. 조선 후기에 이르러 실학사상 등의 영향으로 새로운 농업기술의 발달로 생산량의 증대와 사회적 신분제도의 변동과 함께 농민계층도 소농·중농·부농 등으로 나뉘어 자영농 등으로 발전하여 서민주거로의 발달에 기여하게 된다. 당시의 엄격한 유교사회에 지배를 받던 양반계층과는 달리 지역의 특성에 따라 자연환경에 걸 맞는 주거로 발전되어 갔다.

서민주택의 외부공간은 몸채와 이를 둘러싸고 있는 울타리, 또 몸채와 부속채와 담장 사이의 마당으로 이루어진다. 이 마당은 내부공간이 다 이루지 못한 주거기능의 일부를 이루어지게 함으로써 반내부적(半內部的) 공간과 같은 성격을 지닌다. 가장 단순한 서민주택은 안마당(앞마당) 하나로 구성되고, 이곳에는 장독대가 마련된다. 장독대는 장류(醬類)를 담아두는 여러 개의 장독들을 놓아두고 조리할 때 부엌에서 장독대에 와 장류를 가져다 쓰기 때문에 부엌과 밀접한 관계를 갖고 동선은 짧아야 한다.

또 햇볕이 잘 드는 곳에 장독대를 만든다. 겨울철에는 장독대 앞에 독을 묻고 김치를 저장한다. 집안에 큰일들(혼사·장례 등)이 있으면 이 마당에 멍석을 깔고 멍석 위에서 손님을 맞이하게 된다. 좀더 규모가 큰 주택의 경우는 안마당(앞마당) 이외에 뒷마당·문간마당 등이 더 만들어진다(서울특별시사편찬위원회, 1999: 442). 서민주거는 다른 주거와 같이 한양이나 관공서 주변 등에 밀집되어 있는 것 보다 전국에 걸쳐 나타난다. 특히 서민주거는 지역의 기후, 지형 등에 의한 주거형태를 달리하고 있는데 자연환경의 재료에 의한 지역적 영향이 크다고 볼 수 있다.

서민주거는 용도에 따라 몇 가지로 나눌 수 있다. 조그마한 농가로서 아무렇게나 살기 위해 지었다는 의미의 막살이집이 있는데 이는 막집이라고도 불렀으며, 작다는 의미를 지닌 '오'자를 머리에 두어 오막살이 집이라고도 하였다. 막살이 집은 대개 바닥이 흙이고, 화로자리가 있으며 잠자는 자리가 한 공간에 있는 집을 말한다.

오두막집은 원두막, 다락집이라고도 하는데, 땅의 습기와 짐승의 습격을 피하기 위하여 지표면에서 높은 곳에 나무를 엮어 마루를 깔아 만든 집을 말한다. 이러한 오두막집은 살림집으로 쓰이는 경우도 있었지만, 주로 논이나 밭의 언저리에 지어, 참외나 수박, 포도 등이 많이 날 때 몰래 훔쳐가는 서리를 막거나 그곳에서 재배한 과일을 팔기도 하고, 그저 휴식을 위해서만도 이용되었다.

오두막집에는 차양막이 있는데, 사방으로 바람이 시원하게 통하게 하기 위해 열어 놓는 경우가 많았으며, 농촌의 한가한 시간에 지내기 좋은 집으로 이를 흔히 원두막이라고 불렀다. 또 수혈주거(竪穴住居)인 움막집은 움집이라고도 부르는데, 가난한 사람들이 가장 손쉽게 지을 수 있는 집을 말한다. 움막집은 땅을 움푹 파고 그 바닥부터 기둥을 세워 지붕을 받치게 한 집으로 북쪽지방의 집터자리에서 구들시설로 보이는 큰 돌, 진흙, 재의 층이 확인되고 있어 온돌의 흔적을 미루어 짐작할 수 있다. 내부공간은 정지와 고방의 역할을 하는 고팡, 그리고 잠자리 공간으로 나누어 사용하면서 화로를 정지 가운데에 놓고 사용하였다. 움막집은 반 지하로 들어가 그 담이 벽체를 구성한다(한옥공간연구회, 2004: 86~89).

또한 귀틀집, 너와집, 굴피집, 샛집, 가랍집 등이 있는데 우선 귀틀집, 너와집, 굴피집은 주로 산간지방에 발달되어 있다. 자연환경상 볏짚 등을 구하기 어려워 주변 환경에서 손쉽게 얻기 쉬운 재료를 이용하였는데 나무통나무, 나무 조각(일정한 크기), 나무껍질, 야산에 있는 새(牙: 아) 등을 이용하여 주거를 형성하였다. 주로 이들의 구조 및 배치는 일반주거형태와 다른 특징을 지니고 있다. 귀틀집의 경우 벽체는 통나무를 이용하였고 지붕은 굴피 또는 너와로 구성되었다. 구조는 ㅁ자형으로 우선 산간지방은 매우 추운 겨울철에 이겨내기 위한 구조로 마루 등이 없이 인축동거(人畜同居)형으로 이루어져있어 혹한추위위주의 주거형태라고 볼 수 있다.

그리고 가랍집은 상류계층의 양반계급이 많이 거주하는 지역에서 양반들의 허드렛일 등을 도우면서 살아가는 노비들의 집이다. 외거노비와 솔거노비가 있는데 솔거노비는 양반주택의 행랑채 또는 문간채에 거주하고 외거 노비의 경우 양반가 내에서 기거하지 않고 밖에 집을 짓고 거주하는 형태로 생활하였다. 이와 같이 서민들의 주거는 양반계급의 주거에 비해 아주 누추하고 비교할 수 없었다. 문화적 여유공간은 고사하고 실제 가족들이 거주하는 것조차

삼척 신리마을 너와집(2007)

불편하고 위생적 측면에서도 매우 불결하였다.

즉, 겨우 겨울철의 혹한기를 피하기 위한 구조로 형성되었고 잠자리 공간으로 이루어졌다고 볼 수 있다. 이는 양반사회의 지배구조 틀 속에서 놓여 있었기에 신분적 차별에 의한 사회적 구조의 모순에서 비롯된 것으로 볼 수 있다. 즉 서민주거의 형향은 인위적 사회구조와 자연환경 아래 재료에 의한 영향을 많이 받았음을 알 수 있다.

2. 주거 공간배치 및 구조

조선시대의 주거공간과 구조는 자연환경적 요인과 인문적 지배사상의 영향이 주거에 미친 영향의 비중은 크다고 볼 수 있다. 특히 조선시대의 초기에 풍수사상의 영향으로 도성의 입지선정과 유교사상의 영향 아래서 조선 후기에 나타난 실학사상은 기존의 풍수사상을 과학적 접근방법으로 주거의 입지선정 및

448

방향 등을 재편성 시켰고 개화사상은 새로운 선진국의 기술유입으로 전통주거의 재편성을 다시 가져왔다.

한편 자연환경적 요인으로 한반도의 지리적 위치는 한국 주거문화 형성에 영향을 주었고 우리나라의 기후 및 지형적 특징은 남북의 길이가 길고 아열대 지방으로 남북의 일교차가 심하며 지형은 산지형으로 이루어져 있어 지역적 환경의 영향으로 취락구조 면에서 지역별 많은 차이를 보이고 있다. 기후적 특징으로 폐쇄형(田)의 주거형태는 겨울이 길고 혹한지방의 북부지방에 주로 위치하고 개방형(一)의 주거형태는 산간지역이 아닌 기후가 따뜻하고 온난한 남부지방의 평야지대가 주로 나타나는 촌락 형태의 구조를 이루고 있다.

중부지방의 경우에는 북부지방의 주거형태와 남부지방의 주거형태를 결합시킨 절충형의 주거형태를 보이고 있다. 구분된 주거유형과 구조는 평면형태, 주거공간의 내적, 외적 구조 등에서도 차이를 보이는데 특히 주거의 구조형태는 북부지방의 주거공간과 구조는 하나의 공간 속에서 모든 생활의 영역이 함께 이루어지기에 외적 공간보다 내적 공간구조가 발달하여 가구(架構)의 구조방법도 삼량가, 사량가보다 규모가 큰 오량가구법을 주로 이루고 있다.

남부지방은 비교적 날씨가 북부지방보다 따뜻하기에 가구의 결부방법에서 큰 규모 보다는 삼량가, 사량가 등으로 이루어져 있다. 이는 주거공간이 폐쇄적인 북부지방과는 달리 주거공간의 생활이 내부적 공간구조보다 외부적 주거공간이 더 발달되었기 때문이다. 주로 대청, 마루, 마당 등이 생활공간의 중심으로 자리 잡고 있어 북부지방과 서로 다른 특징을 보여주고 있음을 알 수 있다.

1) 주거건축의 구성

한국의 전통적 주거건축의 구성 및 평면계획은 물리적 기능보다는 가정생활의 전통적 개념, 조상, 이웃사람, 그 밖의 가족구성원에 대한 사회적 활동개념에 그 근원을 두고 있다고 생각된다. 특히 유교사상의 많은 영향을 받아서 형성된 남녀유별이란 조선시대의 사회통념은 내외의 생활공간의 구별을 엄격하게 하고, 분명하게 구분할 수 있게 만든 것이 전통적 주거환경 형성의 두드러진 특징이라고 생각된다.

조선왕조 시대 주거의 평면구성은 지역의 차와 생활정도의 차에 따라 적지 않은 차이가 있으나, 주거건축양식을 대표하는 것으로 생각되는 중류 이상 주택의 평면구성은 서울을 중심으로 하는 지역의 예가 표준이 되며, 지역에 따라 많은 차를 나타내지 않는다고 생각된다.

대체적으로 서울을 중심으로 하는 중류 이상 주택의 배치 및 평면구성에 대하여 살펴본다면, 주거의 전체 배치는 대지(垈地)의 크기와 지형에 따라 다소의 차이는 있으나 북쪽에 산을 등지고 남쪽이 넓게 터져있는 자리를 택하여서 주거의 중요한 부분을 이루는 안채와 사랑채를 남향 또는 동남향으로 배치하는 것이 가장 좋은 것으로 여겨졌다. 주거공간의 구성은 첫째로 안채와 안마당으로 형성되어 안방 주인을 중심으로 가족들의 내적 가정활동이 이루어지는 비교적 폐쇄적인 안채의 공간이 있다. 둘째는 사랑채 및 사랑마당으로 형성되어 외부에 가까운 곳에 배치되며, 주인의 주거, 서재 및 접객(接客)공간으로 사용되고, 비교적 개방적이며 외부와 접촉활동이 이루어지는 사랑채의 공간이 있다. 셋째는 대문과 행랑채 및 바깥마당으로 형성되어서 사역인(使役人)들의 거처 또는 마구간, 창고 등으로 사용되는 바깥채의 공간이 있다. 이 3개 부분의 공간은 서로 연관되어서 배치된다.

이밖에도 안채 뒤 또는 옆에는 주택의 여러 건물과 완전히 분리하여 별당(別堂)을 만들어 누마루와 온돌방을 곁들여서 집을 짓고, 그 주위에는 정원과 연못을 만들어서 주인과 손님 또는 가족들의 소요자적(逍遙自適)을 위한 정취 깊은 공간을 만드는 것이 중류 이상 주택의 상례로 되어 있다. 또한 택지의 한쪽 부분에 담을 쌓아서 구분하고, 그 안에 사당(祠堂)을 만들어서 선조의 위패(位牌)를 봉안하고, 제사를 지내는 공간을 만들었다(윤장섭, 2002: 548~549).

조선시대의 주택이나 건축물의 구성기법은 목조건축물로써는 한계에 있었다. 목재의 특성으로 보아 석재(石材)보다 내구성 측면에서 쉽게 썩어 보존하는 데 한계가 있었고 공간구성의 넓이는 최대한 확장하는 데도 목조건물의 한계가 있었다. 비록 고려시대부터 많은 발전을 거듭했지만 평면의 수평적 증가는 더 이상 해결하지 못했다. 구량집, 십량집 이상으로 넓히는데 목조건물이 지니고 있는 특성으로 기술적 한계와 인문사상에 의한 영향이었다. 목조의 구조는 대부분 납도리집과 굴도리집으로 구별되었는데 집의 보위에 걸쳐지는 도리의 수에 따라 삼량집, 사량집, 오량집, 칠량집, 구량집 등으로 구분하였다.

특히 주거문화의 건축구성과 형성은 물리적 요인과 자연환경의 요인에 의거 좌우된다고 볼 수 있지만 지역의 사회문화적 요인도 더불어 작용된다. 주거문화의 발달과정을 추론해보면 그 당시 시대적 배경에 따른 정치, 사회, 문화의 변화 및 특징을 알 수 있다.

2) 구조기법의 다양성

조선시대의 주거의 건축은 과거 움집에서 출발하여 지상가옥 등 변천을 거치면서 발달하였고 고려시대에 이르러 어느 정도 주택의 형성을 위한 틀을 마련했던 것으로 보인다. 이러한 틀 속에서 조선시대에 이르러서는 고려시대의 것을 어느 정도 계승하면서 조선시대의 정치·사회·문화의 시대적 변화와 함께 계승 발전되었다. 조선시대는 과거 고려시대와의 정치, 사회문화가 확연하게 다른 모습으로 변화되었다. 우선 고려의 불교국가에서 불교는 배척하고 유교를 국시로 숭상하는 학문으로 자리 잡아 주거문화에도 배치구조와 입지여건 등에서 다른 모습 변화시켰다. 특히 변화 속에는 유교사상이 가장 많이 반영된 시대적 주거형태로 행랑채, 사랑채, 안채, 사당 등으로 공간구성이 다르게 발전된다. 이러한 공간구성과 함께 나타나는 것이 풍수지리 사상이다.

풍수사상은 조선시대에 주거의 입지에서 음택에까지 영향을 미친다. 주거의 입지선정과 방향 등을 공간구성에서 중요한 자리매김을 하고 특히 개인의 주거입지 뿐만 아니라 동족마을, 전통마을형성에서 오늘날까지 전해 내려오는 연유도 이러한 사상과 밀접한 관련성이 있다. 사상적 배경과 함께 주거의 구조 및 기술의 기법도 다양하게 발전할 수밖에 없었다. 유교사상과 풍수지리 사상의 다양한 요구는 자연스럽게 주거문화에도 그대로 나타나기 시작하였다. 여기에 적합한 건물을 건축하기 위해서는 다양한 기술의 숙련을 요하게 되고 이에 따른 재료의 개발도 수반되어 난이도와 숙련공이 높은 궁궐, 주택, 사찰 등에 도입되었다.

건축물의 공포의 종류에서 포의 배치에 따라 기둥위에만 포가 놓이는 주심포 형식과 기둥 사이에도 포가 놓이는 다포식으로 나눌 수 있다. 주로 고려시대의 포의 형식은 주심포식 형식이고, 조선시대에는 보다 화려하고 복잡한 다포식 형태의 건물이 많다.

다포식의 공포는 고려 말부터 나타나기 시작하여 조선시대에 주로 많이 사용하였으나 조선 중기에 이르러서는 구조적 측면에서 다른 양상으로 나타났다. 보다 간결하고 소박한 초익공형식과 이익공형식으로 나타난다. 익공형식은 우리나라에서만 나타나는 공포형식으로 간단하면서 튼튼하고 경제적인 공포형식이라 할 수 있다. 조선 중기이후에는 재료 면에서도 경제적이고 구조적으로 효과가 있어 사찰, 관청건물 등에 널리 사용되었다. 강릉 오죽헌의 경우 다포식 공포형식에서 익공식형태의 공포로 전환되는 모습을 보여주고 있다. 그러나 궁궐이나 사찰 등은 여전히 다포식의 형태로 나타나고 일반적인 건물 등은 익공식으로 일반화되었다.

궁궐의 정전이나 사찰의 법당과 같은 특별한 건물은 여전히 다포식으로 짓지만 나머지 거의 대부분의 건물들은 간단한 익공식으로 세우는 것이 일반화된다. 이 시기의 익공식이나 다포식은 공통적으로 더 이상 구조적 개선이나 창안은 보이지 않고 단지 세부의 장식적 처리가 눈에 띨 뿐이다.

다포식의 내부 첨차들은 더 화려하게 장식되고 바깥 쇠서는 곡선이 아주 날카로워진다. 또 여럿으로 중첩된 쇠서의 위에는 봉황머리를 장식한 조각물이 올려지기도 하고 쇠서에도 연봉의 장식 조각이 가미된다. 이런 경향은 익공식에서도 마찬가지여서 초익공이나 이익공의 쇠서 위에 봉황머리 장식이 첨가되는 것을 흔히 볼 수 있다. 이것은 결국 건축구조가 더 이상 새로운 구조적 창안을 개척하지 못하는 한계 속에서 장인들이 자신들의 기량을 발휘할 세부의 장식에서 찾게 된 결과라고 할 수 있다.

그러나 조선시대 건축물들이 모두 다포식이나 주심포식 또는 익공식으로 명확하게 대별되는 것이 아니었다. 일반 주택은 대개 아무런 공포를 갖추고 있지 않은 이른바 민도리집 또는 사찰이나 관청건물이라도 부속 건물은 역시 민도리집이 많았다. 그런가 하면, 공포를 갖춘 건물 가운데는 어느 한 형식에 속하지 않고 2가지 형식이 섞여 있는 건물도 적지 않았다. 조선 초기에는 간혹 주심포식에 다포식이 혼합된 건물이 있었고 조선 후기에는 익공식인데 다포식의 외관을 갖춘 건물도 적지 않았다. 또 주심포식과 익공식의 구분이 애매한 건물도 물론 있었다.

건물의 세부를 자세히 들여다 볼 때 한 가지 발견되는 점은 공포의 처리에서나 세부의 가공에서 각 건물들이 매우 독창성을 갖고 있는 점이다. 기본적으로는 유사한 공포형식을 채택하고 있는 건물이라도 그 세부에는 그 집을 지은 장인 개개인의 창의성이 드러나 있다. 가른 사람이 만든 것과 똑같은 집을 짓지 않으려는 생각이나 세부의 기법에서 획일화되지 않으려는 것은 조선시대 장인들이 항상 마음속에 지녔던 기본적 자세였다. 이런 개성적이고 창의적 자세 덕분에 조선시대 건축은 하나하나가 소중한 건축물로 인정받을 수 있었다.

조선시대에 벽돌조 건물은 목조건물에 비해서 매우 제한된 경우에만 지어졌다. 그것도 18세기 이후 조선 후기에 와서 집중적으로 지어졌을 뿐이다. 그러나 조선 후기에 지어진 벽돌조 건물은 목조건물로 일관되어 온 조선시대 건축에 새로운 가능성을 연 점에서 역사적 의의가 적지 않다(김동욱, 2001: 24~25).

조선시대의 주택의 구조형식은 모두 단층형식이고 2층 구조를 이루고 있더라도 이는 누각형태를 지니고 있다. 규모의 규격은 주로 기둥과 기둥사이의 칸(間)을 위주로 척도했다. 척도의 기준이 되는 척수는 정확한 수치로 된 것이기보다는 융통성이 있는 척수였다. 그리고 정원과 후원이 발달하였고 누각형태의 건축도 발달되었다. 장식에서는 화려함보다는 서민적이고 간결한 형태의 주거로 발전되었다. 그러나 구조상의 특성은 지리적 위치, 주변의 자연환경 요인, 사상적인 지배사상 요인 등으로 각 지역별로 서로 다른 평면구조를 갖고 있다. 이러한 지방별 평면을 분류하면 함경도지방형, 평안도지방형, 중부지방형, 서울지방형, 남부지방형, 제주지방형과 같이 지역적 특성에 따라 분류할 수 있고, 원시주거로부터 계통적으로 발달해 왔음을 알 수 있다. 그리고 계층별로 상류주택, 중류주택, 서민주택으로 분류되나, 조선시대의 경제구조상 상류계층과 서민계층의 극단적 분화로 말미암아 중류계층의 형성이 곤란하였다.

따라서 신분상 우위에 있는 계급이라도 경제력이 뒷받침되지 못하는 경우 서민주거와 유사한 주거를 사용하였으며, 실측 보고된 중류주택의 예수(例數)가 많지 않은 것도, 이와 같은 경제구조에 기인한 것이라고 할 수 있겠다. 또 몇몇 예(例)에서 볼 수 있는 중류주택의 경우도 평면구조상 지방민가의 평면이 확대된 것이지만, 마당의 분화, 채의 구성 등으로 미루어 다분히 상류주거와 흡사하며, 다만 규모가 작은 것으로 판단할 수 있다.

상류주택은 한양을 위시하여 전국에 상당히 널리 분포하였던 것으로 보이고, 현존하는 상류주택의 유구도 상당수에 달하고 있다. 이와 같이 상류주택의 평면 및 배치는 안채의 경우 각 지방의 평면형을 적용하기도 하나, 이와 관계없이 자유로운 구성을 하기도 하는데, 이러한 형태는 풍수와 도참사상에 관계되어 길상자형(吉祥字形)을 이루려고 애쓴 데에 기인하는 것이라고 생각된다. 서울지방 상류주택의 경우는 부지상의 제약 등 많은 제약요인이 작용함을 알 수 있고, 특히, 사랑채와 안채가 따로 독립되어 건축되어 있는 것이 일반적이다.

반면, 지방의 상류주택은 부지의 제약 없이 자유로운 구성을 하고 있다(이영재, 2004: 60). 그러면서도 주거공간의 모습은 최소화하려는 경향을 보이고 있다. 공간의 구성에 좁고 협소하게 느껴지지만 주변의 자연환경과 적절하게 조절하고 실용적 측면을 중시하여 형식 등에 얽매이지 않았다. 즉, 실용적 가치를 주거에 강조한 유교문화의 주거관을 반영했다는 것을 알 수 있다.

3) 공간적 특성

조선시대 주택의 외부 공간 구성은 선적(線的) 구성에 그 특성이 있다. 우선 기둥, 도리 등 목조 부재가 갖는 노출된 나뭇결로부터 이들 구조재(構造材 ; 기둥, 도리, 인방 등)의 선적 표현, 처마의 서까래들이 가지는 선적 리듬, 지붕골의 선적 구성, 그리고 입면(立面)의 대부분을 차지하는 창호(窓戶)의 살짜임으로 이루어진 선적 구성들은 모두 조선시대 주택 건축의 입면이 선적 구성을 하고 있음을 말해준다.

이러한 선적 구성의 외부적 성격은 그 내부공간 구성에서는 반대로 면적(面的)인 구성을 이루게 한다. 즉 내부 공간구성은 기둥과 도리, 보 등이 대부분 벽지나 천장지로 가려지고, 설사 노출된다 해도 그 부재(部材)들은 벽체부(壁體部)와 함께 하나의 면을 구성하고 또 여기에 설치된 창호(窓戶)들이 안으로 창호지를 바르기 때문에 창살이 역광으로 비치기는 하나 전체적으로 면적 구성을 하고 있다 해도 과언이 아니다.

조선시대 주택은 외적으로 폐쇄성을 가지나 내적으로는 개방성을 가진다. 즉 앞에 말한 바와 같이 대지(垈地)의 주위를 담장과 행랑으로 둘러싸고 그 속에 사랑채, 안채, 별당 등을 배치하고 이들 사이를 나지막한 담장과 중문간행랑으로 구획하는바, 가장 외부에 면한 바깥행랑에는 외부로 높은 들창만 있고 중앙에 솟을대문만이 설치되기 때문에 외부적으로는 극히 폐쇄적이다. 그러나 담장 속의 각 채들은 대부분의 벽체가 창호로 구성되고 이들은 모두 접어서 들쇠에 매달기 때문에 담장 안에서는 극히 개방적이다.

또 내부적으로 개방적이라는 문제는 조선시대 주택의 기밀성(機密性: *privacy*)의 문제와 직결된다. 조선시대 주택은 앞쪽의 대부분이 창호로 되고, 또 방과 방 사이, 방과 대청 사이가 대부분 창호기 때문에 프라이버시는 무시된 듯한 인상이 짙다. 그러나 일단 필요할 시에는 덧문 속에 쌍창, 쌍창 속에 맹장지, 그 다음 무렴자나 방장(房帳), 그리고 병풍을 둘러침으로써 도합 다섯 겹으로 외부와 차단되므로 프라이버시는 확보된다. 그리고 도덕적 프라이버시(윤홍택, 1970: 78~79, 재인용)가 있었다. 조선시대 주택은 공간이 상호침투되는 특성이 있다. 이는 공간의 위계성(位階性)으로도 이루어지며 또 담장에 설치한 살창이나, 들어 밀개의 창호(窓戶)로써도 이루어진다.

끝으로 조선시대 주택은 자연과 융합하고자 하는 특성을 가지고 있다. 즉 기단(基壇)을 형성한 후 이 위에 다시 높은 바닥을 형성하기 때문에 일견 대지와 분리된 듯 하나 들어열개로 된 분합문(分閤門)을 들쇠에 매달면 그 순간 대지와 분리되었던 바닥으로 이루어진 내부공간은 외부공간, 다시 말해 자연공간과 융합한다(주남철, 1965: 7~10 재인용).

조선시대의 전통주거는 과거의 주거에 비해서 주거로써 재편성되고 우리 고유의 주거문화로 자리 잡았다. 한편 전통 주거문화는 지리적 요인, 기후, 주변 환경에서 얻어지는 재료, 계속 되어온 사회적 관습과 제도, 지배사상의 영향 등에서 찾아볼 수 있듯이 이러한 요인들이 구체적인 물리적 형태로 구조와 공간 구성요소들에 영향을 주고 형성되었다고 볼 수 있다. 즉, 조선시대의 전통 주거관에서 내부구조의 특성은 유교문화 주거관의 특성을 보여주고 외적 공간의 배치 등에서는 음양오행설 및 풍수지리 사상의 주거관을 보여주는 것이라 할 수 있다.

제3절 조선 전기의 주거문화

1. 시대적 형성배경

1392년 조선을 건국한 이성계는 조세제도, 공납 등의 제도를 정비하여 국가의 재정기반을 확충하고 양반지배의 경제적 기반을 마련하였다. 건국이념에 정치·경제·사회 모든 분야에 사상적 영향을 미친 유교사상은 신흥사대부들에 의해서 강력한 중앙집권적 양반 관료사회를 만들었다.

이러한 유교적 이념은 사회적 질서를 강조하고 사회의 제도를 정비하고 타파하면서 새로운 위계적인 질서를 추구하게 된다. 이는 전통사회의 엄격한 신분계급질서를 형성하는데 양반, 중인, 서민, 천민 등 계층성을 지닌 신분사회로 나타나게 된다. 이에 따라 당시의 주거문화도 사회의 위계질서 속에서 여러 가지 가사규제를 제한하면서 주거문화에 직접, 간접적인 영향을 주었다. 특히 조선시대의 정치적, 사회적, 경제적 기능은 양반사회가 지배하였다. 이렇게 지배할 수 있는 사회적 구조는 양반 사대부의 세습에 있었기에 지속되고 가능했다. 또한 계층별 권력의 안배와 재력의 분배 등이 하위계층 참여를 배제하고 특권층이 사회를 지배하였다.

이러한 요인은 주거문화 형성에도 그대로 나타나 양반주거는 반가(班家), 서민주거는 민가(民家)로 대별해서 반영되었다. 조선시대는 그 이전의 시대보다 정치·사회·문화적으로 활발하게 전개되었던 시대로 5백 년간의 역사를 하나의 주거문화시기로 구분하기에는 어려워 조선의 건국에서 임진왜란(1592) 이전시기를 전기, 임진왜란 이후의 15세기 말부터 17세기 말엽까지를 즉, 성종시대의 후반에서부터 숙종의 전반기까지를 중기, 그 이후를 후기로 나누어 시대적 배경에 따라 어떻게 주거문화가 변천되고 발전되었는지 살펴보자.

우선 정치·경제·사회측면에서 조선의 건국이념과 사회상은 새 사회를 지향하는 사대부정권이 수립되었다. 특히 그들은 전통적인 불교와 도교 및 음사(淫祀) 등 잡다한 토속신앙과 관습을 유교적 의례로 개혁하는 한편 양반 중심의 엄격한 신분제도와 명분과 인륜을 강조하는 가부장적 가족제도를 발전시켜 나갔다. 즉 유·불 교체를 비롯하여 신분계층과 향촌구조, 가족제도와 혼·상·제례 등의 변화가 수반되었고, 다른 한편에서는 민생의 안정과 권농정책의 적극적 추진으로 의식주 생활이 크게 향상되고 인구와 농지 또한 획기적으로 증가되었다.

국가가 보유한 인적자원을 파악하기 위해서는 호적제도를 정비하고 정기적인 인구조사가 실시되어야 했다. 조선왕조는 고려 말의 전세개혁에 이어 개국 초부터 노비변정사업(奴婢辨正事業)과 함께 호구 파악에 정력을 쏟았다. 호구 시책 가운데 호적법의 재정과 호구 성적(成籍)의 여행(勵行) 및 이의 실시를 돕는 호패법·인보법의 실시와 노비변정사업, 군액확보책, 유이민(流移民) 방지책 등은 가장 중요한 사업이었다.

조선 초기의 신분제도는 고려 말·조선 초에 걸쳐 이루어진 사회·경제적 변화와 성리학적 신분관념을 기반으로 형성되었다. 새 왕조의 개국과 함께 직면한 신분 재편성의 문제는 지배신분의 이원화와 양인신분의 확대로 해결의 방향을 잡았다. 즉, 지배층인 양반의 배타·신분적 우위의 확보, 중인신분의 창출과 고정화, 국역을 부담할 양인층의 확대 및 노비신분의 확정을 시급히 시행하여야 했다. 조선시대의 사회신분은 학자에 따라 달리 분류될 수도 있겠으나 대체로 법제적인 구분과 사회 통념상의 구분이 있다.

먼저 법제적으로는 크게 양(良), 천(賤)으로 나누어져 있었는데, 양인은 과거 응시자격과 관료로의 진출이 허용된 자유민으로서 조세·국역 등의 의무를 지녔으며, 천인은 부자유민으로서 개인이나 국가기관에 예속되어 천역(賤役)을 담당하였다. 양인은 직업·가문·거주지 등에 따라 양반·중인·상민으로 나누어져 있었다. 그러나 사회 통념상으로는 사족(士族)이란 지배계급이 고려시대부터 피지배층인 일반 양인(상민)과 구분되어 있었고, 그 사족은 조선 초기에는 양반과 동의어로 사용되었다.

대체로 15세기에는 양반(사족)·상민·천인의 3계층으로, 16세기 이후에는 중인층의 형성으로 양반·중인·상민·천인의 4계층으로 대별된다. 그런데 조선시대 신분사 연구에서 많은 의견이 대립하게 된 근본적 이유는, 법적 제도에는 양천의 규정만 보이는 데 비해 실제적으로는 양신분(良身分)에서 양반·중인·양인이 별도로 파생되어 나간 적지 않은 사례를 당시의 사료나 사회관습에서 찾아볼 수 있기 때문이다.

15세기는 사회의 신분층이 크게 개편되어 간 시기로, 양인층의 확대와 함께 지배층의 계층분화가 진행되었다. 양인층의 확대책으로 노비의 변정, 승려의 환속, 신량역천층(身良役賤層)의 설정, 신백정(新白丁)의 양인화 등을 들 수 있다. 또한 집권사대부들은 향리·서리·기술관·서얼 등이 관료로 진출하는 길을 크게 제약하였는데, 그 가운데 향리의 과거 응시자격의 제한, 원악향리의 처벌, 군현 개편에 따른 향리의 대폭적 이동, 그리고 한품서용제(限品敍用制) 등을 대표적인 것으로 들 수 있다(국사편찬위원회, 2002: 277~279).

이와 같이 조선은 유교사상에 의한 양반지배체제를 강화하여 사회적 신분질서와 농민생활 안정 등 향상에 노력하였다. 한편 조선 초기의 주거모습은 고려시대의 양식을 어느 정도 계승 하였으리라 본다. 개경에서 한양으로 천도는 지역과 거리상 많은 차이가 없어 대규모의 주거이동 등이 수반되지 않았으리라 생각되기 때문이다.

조선 전기의 주거형성은 시대적 배경과 함께 변화되듯이 건국에 따른 새 수도의 건설에 따른 영향이 컸다고 볼 수 있다. 한반도의 중앙에 위치한 한양은 남쪽에 한강을 끼고 있어서 수로교통이 편리할 뿐만 아니라 주변에 높은 산들이 둘러싸고 있어서 천혜의 요새지를 이루고 있다. 그래서 일찍이 백제가 이곳에 근 5백년간 수도를 정하여 강국을 건설했고 뒤에는 고구려, 신라도 이곳을 점령하여 삼국문화가 골고루 스며들어 있어서 지방색이 가장 적은 곳이기도 했다.

고려시대에도 한양을 명당으로 지목하고 문종(文宗: 1046~1083) 때 이곳을 남경(南京)으로 승격시켜 도시화를 추진하고, 숙종(肅宗: 1095~1105) 때에는 이곳에 궁궐을 짓고 경역을 확정하면서 왕이 여러 달씩 순주(巡駐)했다. 당시 한양 명당설을 적극적으로 들고 나온 것은 민족지리학자인 풍수가들이었다. 특히 우리나라 풍수지리자의 창도자인 도선(道詵)의 후계자임을 자처하던 김위제(金謂磾)는 한양으로 도읍을 옮기면, 사해(四海)의 신령한 물고기들이 한강으로 몰려들고 한강의 어룡(魚龍)들이 사해로 뻗어나가며, 나라 안팎의 상인들이 보배를 갖다 바치는 세계의 중심 국가가 된다고 주장했다. 그래서 고려왕들은 이곳으로 도읍을 옮기려고 몇 차례 시도했으나, 한양의 주인공은 왕씨(王氏)가 아니라, 목자(木子)의 성을 가진 이씨(李氏)가 된다는 믿음이 민간에 널리 퍼져 천도를 포기했다.

그런데 조선왕조를 개창한 이성계는 바로 자신이 한양에서 밝고 깨끗한 새 세상을 열 수 있는 주인이라고 생각하여 한양천도를 결행하게 된 것이다. 그러나 한양의 궁궐배치를 둘러싸고 신하들 간에 의견차이가 있었으나, 결국 정도전의 주장을 따라 백악(白岳)을 주산(主山)으로 하여 궁궐과 종묘, 사직을 배치하는 현재와 같은 도시구조로 낙착되었다. 한양건설은 천도 후에 이루어졌다. 먼저 통치의 중심공간인 궁궐(景福宮)을 백악산 아래에 남향으로 짓고 (1395) 왕실조상의 신주를 모신 종묘(宗廟), 땅과 곡식의 신을 모신 사직(社稷)을 궁궐의 좌우에 건설했으며, 태조 4년(1395)부터 도성(都城)이 건설되었다. 도성은 한양의 자연지세를 이용하여 주산인 백악과 좌청룡에 해당하는 낙산(駱山, 혹은 낙타산), 우백호에 해당하는 인왕산(仁王山), 안산(案山)에 해당하는 남산(南山)을 연결하는 둥근 모습으로, 그 길이는 약 17㎞에 달했으며 8도의 군인들을 동원하여 구역별로 나누어 건설했다.

그밖에 관아, 시장, 학교 등이 차례로 건설되었다. 그리고 정도전이 궁궐의 전당(殿堂)과 도성의 성문(城門)은 4개의 대문(大門)과 4개의 소문(小門)이 건설되었는데, 4대문의 이름은 오행사상을 따라 동은 흥인지문(興仁之門), 서는 돈의문(敦義門), 남은 숭례문(崇禮門), 북은 숙정문(肅靖門 혹은 肅淸門)이라 했다. 한편, 4소문은 서소문을 소의문(昭義門), 동소문을 혜화문(惠化門), 남소문을 광희문(光熙門), 북소문을 창의문(彰義門)이라 했다. 그리고 52방(坊)의 이름을 지었는데, 여기에는 유교적 윤리덕목과 오행사상을 담았다.

수도 한양에는 관료, 수공업자, 상인, 주민들이 모여들어 약 10만 명의 인구를 헤아렸으며, 무당이나 승려는 도성 안에 살지 못하게 했다. 그리고 도성 밖 10리를 성저십리(城底十里)라 하여 개인의 무덤을 쓰거나 벌채를 하지 못하도록 규제했다(한영우, 2005: 275~277).

460

조선시대의 전기는 시대적 배경에서 나타났듯이 각종 문물의 정비로 인해 정치이념 등을 제외한 사회, 문화 등은 고려의 계통을 계승하였던 시기이다. 특히 주거분야의 발전보다는 수도이전에 따른 개경에서 한양으로 정치, 경제, 사회 중심이 이동됨에 따라 자연스럽게 한양중심의 궁궐건축과 궁성, 도성 건축 등으로 발전되었다. 도성은 여러 계층이 함께 거주하는 공간으로 활용되었고 군사적 방어기능도 갖추고 있었다.

　　도성은 수도의 기능 이외에도 지방을 다스리는 거점체계로 지역단위 방어체계를 형성하기 위해 읍성 등을 건설하였다. 새 왕조는 건국 초기부터 여진족에 대한 회유정책과 병행해서 토벌하고 김종서를 내세워 두만강 연안에 6진을 설치하였다. 그리고 고려 말에는 남해안 등 해안지역에 왜구들이 자주 출현하여 문화재, 식량 등을 약탈하여 백성들이 불안해서 생활하는 데 어려움이 많았다. 이때 중앙정부에서 지방에 축조하기 시작한 것이 읍성마을이다. 조선시대 이전에는 주로 읍성보다 산성위주의 축조였다.

　　조선시대에는 산성 위주에서 탈피하여 주요 거점지역에 평상시 생활터전으로 군, 관, 민이 함께 거주하면서 유사시 방어 및 군사기능을 갖춘 읍성(邑城)을 축조했다. 조선 전기《동국여지승람》에 의하면 세종~성종조에 집중적으로 행정구역 330개소에 축조된 읍성만도 대략 1백여 개로 추정되는데 서해안 지방에서부터 시작하여 남해안 지방에 이르기까지 방대하게 축성되었다. 충남의 서산 해미읍성, 전북 고창읍성(모양성), 전북 전주, 전남 나주읍성, 순천 낙안읍성, 경남 동래읍성, 언양읍성 등이 조선시대 전기에 건설 축조된 것이다.

　　당시 읍성의 모양은 방형과 원형을 주로 축조하고 산지보다는 산지 아래인 구릉지 또는 평지에 주로 축성하였다. 이와 같이 조선 전기에는 국가 및 백성들의 안위를 위한 정책으로 도성과 읍성마을을 중심으로 주거기능이 형성되어 갔다. 한편, 가대·가사규제에 의한 주거기능은 주거의 공간배치 및 구조 등에 영향을 미치고 시대적 배경에서 파생된 사회계층에 의한 질서로 새로운 주거문화가 재정립되었다.

2. 도성·읍성마을의 축조

1) 도성 축조

조선시대에 도성·읍성마을의 축조는 조선 전기에 집중적으로 이루어졌다. 한반도는 지정학적 위치상 북으로는 중국, 남쪽으로는 일본 등이 자리 잡고 있기 때문에 과거의 역사를 돌이켜 보면 외세침입이 빈번하여 방어망을 구축하기 위한 일환으로 도성, 읍성, 산성 등을 전략적 차원에서 구축하였다. 또한 신라, 고려와 마찬가지로 조선도 초기부터 개경을 떠나 한양으로 환도하였기에 도성을 건설할 수밖에 없었다. 민심이반을 바로 잡기 위해 도성을 옮기는 일은 조선왕조가 건국되고 벌어진 첫 번째 큰 사업이었다. 고려왕조의 녹을 먹었던 사람들이 뿌리내리고 있는 개경을 떠나 새로운 곳에 수도를 세우는 일은 새 왕조의 당면한 과제였다. 이 사업은 태조 이성계와, 역성혁명을 함께 도모한 측근의 몇 사람들에 의해 추진되었다.

천도에서 가장 어려운 일은 새 도읍 터를 고르는 일이었다. 여러 곳이 후보지로 떠올랐고 어떤 곳은 도읍 터로 정해져서 공사를 벌이다가 중단하기도 하였다. 우여곡절 끝에 최종적으로 옛 남경이 있던 한양이 새 도읍으로 선정되었다. 도읍 터를 고를 때 중요한 조건은 큰 물길을 끼고 있고, 주변 산세가 알맞으며, 터가 적당한 넓이를 가져야 한다는 것이었다. 처음에는 계룡산을 후보지로 잡았으나 위치상 반도의 서남쪽에 치우쳐 있고 산세가 좋지 않다는 의견 때문에 포기했고 무악은 터가 좁은 것이 흠이 되었다. 한양도 서북방향이 낮고 물이 적다는 결점이 지적되었지만 왕이 결단을 내려 도읍으로 정했다.

한양은 한반도의 중심부에 위치해 있고 도읍 남쪽으로 한강의 큰 강줄기가 흐른다. 따라서 그 위치는 전국을 다스리는 중심으로 적합하고 한강의 물길을 통해 물자나 사람의 운행이 쉽게 연결될 수 있는 커다란 이점이 있다. 도읍이 자리 잡은 곳은 사방이 산으로 둘러싸인 곳이었다. 북쪽에 백악, 동쪽은 낙산, 서쪽은 인왕산, 남쪽에 목멱산이 자리 잡고 있었다. 서북쪽 백악의 골짜기에서 흐르는 물은 도읍 중심부를 관통하면서 동쪽으로 빠져나가 한강으로 이어진다. 이는

서울 성북동 성곽(2006)

산세에 의존해 삶의 터전을 마련하고자 했던 전통적 지리관에 따른 결과였다.

　도읍을 개성에서 한양으로 옮기기로 결정한 것은 1394년 8월 태조가 왕위에 오른 지 만 2년이 지난 때였고, 전격적으로 한양천도를 감행한 것은 그로부터 두 달 후인 그해 10월 25일이었다.

　천도 문제는 시일을 끌다 보면 반대 의견이 생기기 마련이므로 서둘러서 일을 진행한 것으로 보인다. 아직 궁궐도 갖추지 못한 상태였기 때문에 왕은 옛 한양부의 객사 건물을 임시 궁전으로 삼았다. 천도를 결정하고 얼마 지나지 않아서 새 도읍의 건설 본부로 신도궁궐 조성도감이 설치되고, 며칠 뒤에 정도전을 비롯한 건설 책임자 몇 사람이 도읍 터에 가서 종묘, 사직, 궁궐, 시장 및 도로의 터를 정하였다. 궁궐은 이전에 남경 궁궐이 있던 터의 남쪽에 백악을 배경으로 해서 남향한 평탄하고 넓은 자리로 정하였다. 그 서쪽 인왕산 아래 사직단을 세우고, 동편 2리 되는 데 위치한 응봉을 주산으로 해서 남향한 곳에 종묘 터를 잡았다. 이렇게 해서 궁궐을 가운데 두고 왼쪽에 종묘, 오른쪽에 사직단을 위치시키는 기본골격이 마련되었다.

궁궐과 종묘, 사직이 완성된 다음에는 도성 주변을 감싸는 성곽을 쌓았다. 성벽은 백악의 정상에서 동서로 낙산과 인왕산 정상으로 이어지고 남쪽으로 길게 뻗어서 목멱산 정상으로 연결되는 전체 길이 약 16㎞의 불규칙한 형태였다. 성벽에는 여덟 군데 성문을 만들었다. 이 여덟 군데 성문은 명목상으로 전국 팔방에 왕의 다스림이 뻗어나가는 것을 상징하기 위해 마련한 것으로 보인다. 그러나 한양은 사방에 산이 가로막고 있었으므로 실제로 8방에 성문을 내기는 어려웠다. 결국 정남문인 숭례문은 목멱산 정상을 피해 남서쪽 낮은 곳에 치우치게 되었고, 정북방의 숙정문은 백악 높은 곳에 만들고 실제로는 사용하지 않고 문을 잠가 놓았다.

동대문과 서대문을 잇는 동서 가로가 도성의 중심 대로를 이루었다. 또 하나의 대로는 도성 한복판인 종루(鐘樓)에서 남대문으로 연결되는 구부러진 도로였다. 나머지 도로들은 특별히 인위적으로 조성했다기보다는 지형과 물길을 따라서 자연스러운 형태로 이루어졌다. 종루를 중심으로 동서대로와 남대문으로 연결되는 또 다른 대로 주변에는 태종 때 장랑이라고 부르는 상점 건물이 조성되었다. 장랑은 주로 관청에 물품을 납부하거나 도성에 사는 주민들의 생활필수품을 판매하는 곳이었다.

조선 초기에 와서 갖추어진 한양의 도시적 특징은 첫째 산으로 둘러싸인 지형, 둘째 주산을 배경으로 중앙의 궁궐과 그 좌우에 배치된 종묘와 사직단, 셋째 동서를 관통하는 대로와 종루에서 남문으로 잇는 또 다른 대로 외에는 지형에 따른 불규칙한 도로 구성, 넷째 산등성이를 연결한 불규칙한 성곽과 지형에 순응해서 위치를 정한 여덟 군데의 성문으로 요약될 수 있다. 이런 특징이 조성된 바탕에는 유교적 예의 개념에 입각한 이상적 도성관과 풍수설로 대변되는 전통적 지리관이 깔려 있었다.

한양의 지형 조건은 개경과 거의 흡사하다. 개경 역시 사방이 산으로 둘러싸이고 도성 안을 흐르는 물이 서쪽으로 흘러내려 도성 중앙을 지나 동쪽으로 흘러나간다. 성벽 역시 사방의 산 정상을 이어가면서 길고 불규칙한 형상을 이룬다. 궁궐의 위치도 한양과 마찬가지로 서북쪽에 치우친 송악산 아래 남향해 있다. 종묘와 사직단의 위치는 정확히 궁궐의 좌우는 아니지만 거의 비슷하다. 성내 간선도로 역시 동문과 서문을 잇는 대로가 간선을 이루고 이와 별도로 궁궐 앞 궁성문에서 또 하나의 대로가 남문으로 이어진다. 이 간선 대로변에 행랑을 설치해서 관영 상점가를 조성한 것도 한양과 같다. 결국 한양의 도시 구성은 전 왕조인 개경의 입지조건과 구조를 그대로 답습한 것임을 알 수 있다(김동욱, 2001: 31~36).

한편 도성은 궁궐을 포함하여 주거기능을 갖춘 건물 등도 건축되었다. 한양의 도시건설로 한성부의 시가지가 가꾸어지기 시작하였다. 태조 5년에 성곽을 쌓고 성곽 안팎을 5부로 나누고 각 부에 방(坊)을 두었는데, 중부는 8방, 동부 12방, 서부 11방, 남부 11방, 북부 10방을 두었다. 각 방에는 입표(立標)를 세웠다. 태조 6, 7년에는 삼조부와 문묘를 건립하여 한성부의 시가지 건설에 임하였으나, 정종 때에는 개성으로 다시 환도함으로써 일시 중단되었다가 태종에 이르러 다시 본격적으로 건설되었다.

태종 5년(1405)에는 다시 한성으로 천도하고 기반시설을 건설하였다. 주요 간선도와 시전(市廛)을 건립하였으며, 삼도의 군인 5만 2,800명을 동원하여 청계천을 파도록 하여 도성의 기본 배수로를 조성하였다. 태종 12년(1412)에 완공된 청계천은 경복궁의 서북 측으로부터 흘러드는 냇물과 경복궁의 동북 측 삼청동으로부터 흘러드는 냇물을 받아들여 서린방에서 동으로 꺾이어 동대문 남쪽에 자리 잡은 오간수문(五間水門)으로 흘러나가 한강으로 흘러들었다. 북악을 주산으로 한 남향터에 법궁(法宮)인 경복궁이 영건되고, 이 궁성의 정문인 광화문 앞에 육조(六曹)가 자리 잡아 육조거리를 형성하였다. 《신동국여지승람》(新東國與地勝覽), 《태조실록》(太祖實錄), 《한경지략》(漢京識略), 〈수선전도〉(首善全圖) 등을 참조하여 육조의 위치를 살펴보면, 광화문 남쪽 동측 첫머리에 의정부가 있었고, 다음 이조(吏曹), 한성부(京兆府), 호조(戶曹)가 자리 잡고, 서측 첫머리에서부터 예조(禮曹), 중추부(中樞府), 사헌부(司憲府), 병조(兵曹), 형조(刑曹), 공조(工曹)가 자리 잡고 있었다.

육조거리의 남측단은 동대문인 흥인지문에서 후일의 경희궁 앞에서 서남측으로 휘어져 서대문인 돈의문까지 이르는 남북을 가로지르는 동서 간선도로와 만난다. 남북의 간선로는 전술한 육조거리가 동서 간선도로와 만나는 것과 남대문인 숭례문에서 북쪽으로 휘어져 종루와 만나는 것이 기본이다.

동서 간선도로의 북측에는 창덕궁, 종묘가 자리 잡았고 특히 행랑이 건립되었다. 행랑은 동쪽 종로이교(鐘路二橋: 지금의 종로 4가)에서 서쪽 혜교(惠橋: 무교동 입구)까지 제1차 472칸, 제2차 1,361칸, 제3차 공사 94칸으로 총 2,027칸이 건립되었다. 행랑 중에서 가장 번창했던 곳은 운종가(雲從街), 종로, 광통교가(廣通橋街)였고, 특히 인조 때 대동법이 실시되었을 때 만들어진 한성시전(漢城市廛)을 대표하는 육의전(六矣廛)이 이곳 일대에 자리 잡았다. 한성부의 도로는 《경국대전》(예종 원년 1496년)의 《공전》(工典) 교로(橋路) 조에 의하면 대로는 너비가 56척, 중로는 16척, 소로는 11척, 양측 구거(溝渠)의 너비는 각 2척이었고, 영조척(營造尺)을 사용한다 하였다(대한건축학회, 2003b: 419). 이러한 육조 등 각 관아의 건설은 왕궁·도성·궁성 등 중대 공사와 병행하여 진행되었기 때문에 실록에도 그 건설상황이나 내용에 대한 기록이 따로 보이지 않는다.

그러나 새로운 수도의 건설과 함께 각 관아의 영건도 새 나라 새 관아의 면모를 갖추었을 것은 짐작할 수 있는 일이다. 또 태조 7년 4월에 왕이 기전산하(畿甸山河: 서울을 중심으로 한 산하의 형세), 도성궁원(都城宮苑: 성곽과 궁궐의 모습), 열서성공(列署星拱: 여러 관아들이 정연히 배열된 모습)·제방기포(諸坊碁布: 여염집들이 바둑판처럼 자리 잡은 모습), 동문교장(東門敎場: 동대문 밖 살곶이벌의 국립목장), 서강조박(西江漕泊: 삼개나루 서강에 정박한 배들의 모습), 남도행인(南渡行人: 남쪽의 강을 건너 도성으로 들어오는 행인들의 모습), 북교목마(北郊牧馬: 북쪽 교외목장의 군마들의 모습)의 신도팔경(新都八景)을 그린 병풍 한 벌씩을 좌정승 조준(趙浚), 우정승 김사형(金士衡)에게 하사하였고 봉화백(奉化伯) 정도전(鄭道傳)이 팔경시(八景詩)를 지어 드렸다(《태조실록》, 권13, 태조 7년 4월 임인). 그 중 제3경인 "열서성공"은 하늘의 많은 별들이 북두칠성을 둘러싼 것처럼 궁궐 앞의 여러 관아가 자리 잡은 광경을 의미하는 것이다. 조선왕조의 개국 전도에 주도적 활동을 하였던 삼봉 정도전은 이 "열서성공"의 풍경을 이렇게 시로 표현하였다.

여러 관아 높은 건물 마주 보며 서 있는 것이,
하늘의 별들이 북두칠성을 둘러쌌네.
달 밝은 새벽 관청 거리 물같이 고요한데,
말 구슬 소리 들려오고 티끌 한 점 일지 않누나.

이 시를 보면 이때 즉 태조 7년 여름까지는 경복궁 앞의 여러 관아건물이 대개 보기 좋게 이루어지고, 그 관아들이 있는 거리도 매우 정결하게 수장(修裝)되었던 것을 알 수 있다. 또 정도전과 함께 여말 선초의 학자로 널리 알려진 양촌(陽村) 권근(權近)과 매헌(梅軒) 권우(權遇)도 이와 유사한 "열서성공"의 시를 지어 새로 이룩한 관아가(官衙街)의 아름다운 풍경과 많은 인재들이 모여 태평성세를 이룩하던 모습을 찬미했다(서울특별시사편찬위원회, 1977: 240 ~241). 이외에도 여러 곳에 관아 주변에 대해서 묘사한 글귀들이 있다. 여러 관아들이 정연히 배열된 모습, 여염집들이 바둑판처럼 얼기설기 조밀하게 형성된 모습, 저자에서 저자로 장사꾼들이 온종일 모여드는 모습, 남쪽 강을 건너 도성으로 들어오는 행인들의 모습 등 거리풍경을 읊은 글귀 등이 그것이다.

조선건국과 더불어 외세침입을 막기 위한 수단으로 도성이 축조되고 여기에 관아들이 밀집하면서 자연스럽게 인구가 증가하게 되었다. 번화한 거리에는 시전이 형성되었고 조선 전기 백성들의 생활모습을 살펴볼 수 있는데, 도성과 주거가 병행된 도시형 주거 발생의 시원이 여기서부터 시작되었다고 볼 수 있다.

2) 읍성 마을의 축조

예부터 한국의 역사는 왕조시대에서 비롯되었기에 도읍지를 중심으로 각 지방의 주요 지역에 지방통치 거점을 만드는 계획이 우선시되었다. 신라시대의 9주 5소경, 고려시대 10도 12주 등은 지방 고을의 대표적인 통치거점들이었다. 중앙에서 전체 행정단위를 통치할 수 없었기 때문에 지방에 목사나 절제사를 두어 일정한 권한을 위임하여 통치한 것이다.

조선왕조 시대에는 민생의 안정과 보호를 주안점으로 두고, 행정상 또는 국방상 필요한 곳에 읍성(邑城)을 만들었으며, 전략상 유리한 곳에 외침에 대비

순천 낙안 읍성마을 석축성(石築城)(2006)

하여 산성(山城)을 만들었다. 읍성은 곳에 따라 평지인 시가지를 포함하기도
하고, 배면에 있는 산의 정상까지 에워싸기도 하며 만들어졌다.

성곽의 형태는 평양, 개성 등과 같이 내성 및 외성으로 된 것과 읍성의 평
면형이 완산부(完山府: 전주)와 같이 방형인 것, 청주목(淸州牧)과 같이 불규
칙형인 것 등 여러 가지였다. 그 규모는 평양 3만 900척, 충주목 및 상주목 2
만 3,900척, 나주목 2만 2,300척, 완산부 2만 1,176척 등으로 아주 크지는
않았다. 산성의 예로는 북한산성(北漢山城), 남한산성(南漢山城), 영변 철옹성
(鐵甕城) 등이 대표적이다.

조선왕조 읍성계획에 공통적 특징은 왕권을 상징하는 건물인 객사가 가장
중요한 위치에 놓이고, 서쪽에는 문관이 사용하는 본부향청(本府鄕廳)이 놓이
게 되며, 동쪽에는 중영(中營), 훈련원(訓練院), 군기고 등이 배치되었다는
점이다. 문묘와 향교는 한적한 곳에 좀 떨어져서 건축되며, 사직단은 하늬바
람이 불어오는 서쪽에 위치시켰다.

남문에서 시작되어서 객사가 노단경(路端景)을 형성하도록 되었으며, 동서

제주도 성읍마을 석축성(2007)

간선로는 남북 주축로에 어긋나게 마주쳐서 3교차로(三交叉路)를 만들었다. 전체적인 가로망 형성은 자연발생적, 불규칙적 요소를 많이 찾아볼 수 있으며, 3교차로, 우회로, 막힌 골목들이 많이 사용되었다. 성곽 내외에는 일주순환도로를 만들었고, 광장으로는 객사 앞의 중앙광장과 교역을 위한 성문 앞 광장 등이 만들어졌다.

민가(民家)는 5~8호(戶)가 모여 1개의 단위가 되고, 이것이 다시 5~8개 모여 한 부락을 형성하였다. 주거단위에는 수목을 중심으로 대화의 공지가 마련되었으며, 성 내외에 산수(山水)가 수려한 곳에는 정자 등을 마련하여 유희 공간을 만드는 것이 보통이었다.

읍성의 경관은 대부분 비대칭적 균형을 이루었으며, 진산(鎭山)을 배경으로 하여 정자, 성곽, 문루, 객사 및 관아 건물들이 읍성 경관을 표상(表象)하는 대표적인 표식이 되었다(윤장섭, 2002: 400~401). 도성이나 읍성은 일반 백성성들과 함께 거주하는 공간으로 활용되는 경우도 있었으나 대부분은 백성들이 거주하지 않는 경우가 많았다. 본디 성이란 침입으로부터 방어하기 위한 성곽의

서산시 해미읍성 석축성 (2006)

형태로 백성들이 거주하지 않는 것이 하나의 상례였다.

　다만 전략적 차원에서 백성들이 읍성 안에 거주하는 경우가 있었는데 그 대표적인 사례가 고려 말기부터 왜구를 효과적으로 방어하기 위해 군, 관, 민이 함께 거주하며 주거형태를 겸용했던 전남 순천 낙안읍성 마을과 제주도의 성읍마을, 충남서산, 해미읍성이라 할 수 있다. 산성 중에서도 남한산성은 다른 산성과는 달리 경기도의 광주 일원의 일반 백성들을 이주시켜 군량미도 조달하면서 함께 거주하였다.

　읍성과 산성은 조선 전기를 거쳐 후기까지 계속 발전하였다. 조선시대의 중기까지는 도성 중심으로 정치, 경제, 사회, 문화 등이 집중 발전하였다. 그러나 조선 중기 이후 임진왜란 등의 양대 전란을 겪으면서 실학사상이 도입되고 사회적 신분계층의 변화와 함께 중인과 서민계층의 경제적 규모가 확대되고 신분상승이 이루어지면서 지방의 도시화가 시작되었다. 전북의 완산성은 조선 중기 읍성으로, 1767년 중건된 풍남문은 조선후기 읍성문으로 대표적 사례라 할 수 있다.

또한 정조 18년(1792) 기공한 수원부는 다음 해인 1793년에 도시 이름을 화성으로 바꾸었다. 화성은 실학사상을 바탕으로 새로운 건축기술과 무거운 돌을 들어 올리는 거중기, 돌을 나르는 운행거의 수레 등을 활용하여 축조되었다. 기존의 지역에 살던 백성들을 이주시키고 상업적 기능을 발달시켜 산성의 형태가 아닌 새로운 읍성으로 방어력을 갖추면서 도시로서 번성하였다.

3. 가사규제에 따른 주거 형성

조선시대는 유교가 정치적 기반의 중심을 형성하며 사회전반에 걸쳐 영향을 미쳤다. 시대적 사상적 배경은 주거문화에도 영향을 끼쳐 엄격한 신분사회제도에 의한 주택 규제정책이 행해졌다. 이러한 가사(家舍) 제도는 조선시대에만 있었던 것은 아니다. 신라시대에는 골품제도에 의한 "옥사조" 규정이 있었고 통일신라를 계승한 고려시대에도 가사에 대한 규제가 있었다.

조선시대에 이르러 사회적 신분제도 정착과 함께 주거문화도 재정립하게 되었다. 조선 초기에는 개경에서 한양으로 천도한 후 도성에 주택을 지을 수 있는 입지가 여의치 않아 대지(垈地)에 대한 논의만 있었을 뿐 건축물의 규모 등 가사제도에 대한 내용은 없었던 것으로 보인다. 그러다 세종 때에 이르러서 주택에 대한 가사제도가 처음으로 나타나게 된다. 가사제도는 신분계층에 따라 집터 자리에 대한 가대의 제한, 주택의 규모와 크기에 대한 칸수(間數)의 제한, 주택의 색채, 기둥의 크기, 모양 등 장식(裝飾)적 제한을 하는 조선시대의 주택법규였다.

1) 가대 제한

조선 초기의 가대(家垈)에 대한 규정은 가사제도 가운데 가장 먼저 나타났다. 이는 도읍 초기에는 주거이동과 함께 주거의 택지공급이 가장 우선시되기 때문이다. 집터의 규모에 대한 규정은 《태조실록》과 《경국대전》에 〈표 11-1〉,

〈표 11-2〉와 같은 내용으로 기록되어 있다.

《태조실록》과 《경국대전》을 살펴보면 가대제한 규정이 각각 다르게 나타나 있다. 《경국대전》의 가대제한 규정이 《태조실록》의 규정보다 완화된 경향이 있다. 즉 하위품계에서는 큰 변화가 없으나, 상위품계에서는 품계에 따라 부수가 다소 줄어들었다. 상위품계는 하위품계보다 넉넉한 부수를 지급받은 데 비해 하위계급은 현재의 부수에서 더 축소할 경우 초가삼간도 지을 수 없는 형편이었기 때문에 상위계급의 부수만 축소한 것으로 추측된다. 그리고 천도 당시 한양은 개경처럼 지급할 수 있는 택지가 넉넉하지 못했는데 차츰 시간이 지남에 따라 택지난이 해소되어 종전보다 공급이 완화된 것으로 보인다.

〈표 11-1〉 《태조실록》의 가대제한 규정

품계 (品階)	부수 (負數)	현행평수 (現行坪數)	m²	품계 (品階)	부수 (負數)	현행평수 (現行坪數)	m²
一品	35	1,365	4,512.4	六品	10	390	1,289.2
二品	30	1,170	3,867.7	七品	8	312	1,031.4
三品	25	975	3,223.1	八品	6	234	773.5
四品	20	780	2,578.5	九品	4	156	515.7
五品	15	585	1,933.8	庶人	2	78	257.8

* 1負는 현행평수 39평.
자료: 서울특별시사편찬위원회 (1999)

〈표 11-2〉 《경국대전》의 가대제한 규정

품계	부수	현행평수	m²	품계	부수	현행평수	m²
大君, 公主	30	1,170	3,867.7	五·六品	8	312	1,031.4
王子君·翁主	25	975	3,223.1	七品 이하급 有蔭子孫	4	156	515.7
一·二品	15	585	1,933.8				
三·四品	10	390	1,289.2	庶人	2	78	257.8

자료: 서울특별시사편찬위원회 (1999)

또한 신분의 품계에 따라 부수가 일정한 비율로 차등 부여되는 것은 품계가 높은 계층에 대해서 가대의 제한을 강화한 것이라고 할 수 있다. 하위계층은 당시 시대적 배경에 비추어 볼 때 상위계층에 비해 결코 작은 부지를 받은 것이 아니었다. 그리고 서민들이라 하더라도 주거의 입지규모는 현행 주민주택 부지면적을 초과하여 상류계층과 차이는 있었지만 살아가는 데는 적정했을 것으로 추측된다.

주택규모에 대한 제한을 처음으로 논의한 것은 세종 12년(1430)의 일로서 "왕이 말하기를 대소인원(大小人員)의 가사가 혹은 유제(踰制)한 것이 있으므로 나는 이미 집현전으로 하여금 고제(古制)를 상고하게 했다"(《세종실록》권50 세종 12년 12월 임진)라고 한 기사가 보인다. 이때는 환도한 지 이미 30여 년이나 경과한 뒤였으니 벌써 국가적 제반시설 등은 대부분 갖추었고 개인의 가사들도 수요에 필요할 만큼은 마무리되었을 때라고 하겠다. 그러나 신도에 건축된 가사들이 사치하는 경향이 생겨 세종대왕은 가사건축에 어떠한 제한을 착상하였고 여기에 대한 제한법을 강구하게 되었던 것이다. 이것이 세종 13년(1421) 정월에 제정한 가사제한령(家舍制限令)이라고 할 수 있는데 실록에는 대략적으로 다음과 같은 내용으로 기록되어 있다.

대소신민(大小臣民)의 가사(家舍)에 정제(定制)가 없어서 서인(庶人)의 가사는 경사(卿士)의 본을 보고 경사의 제택(第宅)은 궁궐의 본을 따서 서로가 치미(侈美)를 다투기 때문에 상하가 구별이 없으니 참으로 불편하다. 이제부터는 왕자와 왕의 친형제 및 공주는 50칸, 대군은 여기서 10칸을 가(加)하도록 하고, 2품 이상은 40칸, 3품 이하는 30칸, 서인은 10칸을 넘지 못하고, 기둥초석 외에는 숙석(熟石: 인공이 가해진 돌)을 쓰지 말 것이며, 또한 화공(花拱)과 진채(眞彩), 단청(丹靑)도 쓰지 않도록 하며 검약에 힘써야 한다. 다만 사당(祠堂)과 부모상전(父母相傳)한 가사이거나 무역(貿易: 상업용) 가사(家舍) 및 외방식주지가(外方植柱之家)는 여기에서 제외한다(《세종실록》권51).

이처럼 신분에 따라 칸수의 제한을 설정하였고 이것은 이후 만세지법(萬世之法)이 되었으나 다만 사당과 부모의 상전가사, 무역가사 등은 예외로 했다. 또한 이 금령(禁令)은 그때까지의 기존가사는 무방한 것이었고 이후부터의 신조(新造)가사에 대하여 이 규정이 적용되었던 것인데 위반자에 대해서는 가조간각(加造間閣)을 철취(撤取)하고 숙석은 관몰(官沒), 그리고 속죄한 예가 있었다(《세종실록》권57 세종 14년 8월). 그러나 간각지수(間閣之數)를 규정해 놓고 누각(樓閣)의 수나 재목의 척수는 규정한 것이 없었으므로 여전히 사치에 흐르는 주택이 있어서 이를 시정하기 위하여 세종 22년(1440) 7월에는 보다 세부의 사항인 복주(栿柱)의 척수까지를 제한하였다. 그 내용을 보면 다음과 같다.

대소신민의 제사(第舍)가 치미(侈靡)를 경쟁하고 상하가 차별이 없었으므로 선덕 6년(세종 13년)의 교지에 일품(一品)부터 서인까지 모두 그 제도를 정하였다. 그런데 지금도 대소신료의 제사가 제도를 넘어서 매우 미편(未便)하므로 그 누각지수(樓閣之數)와 복주척도(栿柱尺度)를 마감(磨勘)하여 다음에 근록(謹錄)하였다. 대군은 60칸내 누(樓) 10칸, 친형제·친자·공주는 50칸내 누 8칸, 2품 이상은 40칸내 누 6칸, 3품 이하는 30칸내 누 5칸, 서인은 10칸내 누 3칸으로 하되, 공주 이상은 정침(正寢) 익랑(翼廊)을 복장(栿長) 10척, 행장(行長) 11척, 주고(柱高) 13척으로, 그 나머지 간각(間閣)을 복장 9척, 행장 10척, 주고 12척, 누고(樓高) 18척으로 하고, 1품 이하는 정침 익랑을 복장 9척, 행장 10척, 주고 12척으로, 그 나머지 간각을 복장 8척, 행장 9척, 주고 7척5촌, 누고 13척으로 하고, 서인간각(庶人間閣)은 복장 7척, 행장 8척, 주고 7척, 누고 12척으로 하는데 모두 영조척(營造尺)으로 사용하도록 하였다(《세종실록》권90).

신분별 가사규격을 도표로 만들면 〈표 11-3〉과 같다. 성종 21년에는 사헌부 장령(掌令)으로부터 옹주가는 40칸이 정제(定制)인데 과제(過制)하여 건축하고 있으니 이는 법을 어기는 것으로 이 법의 어김을 왕이 솔선한다고 비난하였는데 왕은 과제가 아니라고 듣지 않았던 사실이 있다(《성종실록》권237). 또 성종 23년에는 조신(朝臣)으로부터 제군(諸君)·옹주의 가제(家弟)는 칸수의 제한이 있으니 고장(高壯)하게 건축하지 말라는 발언이 있자 이에 대하여 왕

계급 \ 규격	間數(間)	樓(間)	正寢·翼廊			其餘間閣			
			복장(尺)	행장(尺)	주고(尺)	복장(尺)	행장(尺)	주고(尺)	누고(尺)
대 군	60	12	10	11	13	9	10	12	18
친형제·친자·공주	50	8	-	-	-	-	-	-	-
이품 이상	40	6	9	10	12	8	9	7.5	13
삼품 이하	30	5							
서 인	10	3	-	-	-	7	8	7	12

자료: 서울특별시사편찬위원회 (1977)

은 궁궐에 쓰던 여재(餘材)로 건축하기 때문에 그렇게 되었다고 대답하였다. 즉, 이 무렵 창경궁의 창건공사가 있었는데 성종은 쓰고 남은 재목으로 왕자인 계성군(桂城君)의 가제를 건축하였던 것인데 궁궐의 여재를 왕자가에 소용한 탓으로 그 건축은 고대(高大)하게 되었다.

이렇게 계성군의 가제를 고대하게 짓자 이를 본받아 이후 제군·옹주가는 모두 정제를 따르지 않고 고대하게 만들게 되었다(《성종실록》권262). 역시 성종 23년에 조신이 지금 도성 내의 사가(私家)는 모두 사치를 숭상하는 폐가 있다고 지적하고 제군·옹주지가는 정제를 만들어 관대케 하지 말아야 한다고 발언하였다. 이와 같이 성종 때 가사건축의 제한성을 경정(更定)해 놓고 그 법을 위배하는 폐단은 여전하였던 것이니 이후 제한법이 제대로 효력을 발휘할 수 없었던 것은 중종 때에 와서도 같았다.

중종 때도 과제가사(過制家舍)에 대한 논의가 자주 있었고 그때마다 철거하라는 명령이 있었으나 위반자는 근절되지가 않았다. 예를 들어, 중종 10년(1515)에 사헌부에서 "근래에 사습(士習)이 날로 사치를 숭상하여 가사의 참의과제자(洛擬過制者)는 부지기수입니다. 그러나 일조(一朝)에 신구(新舊)를 분간할 수 없으며 또한 모두 철거한다면 분요(紛擾)할 것 같으니 반정(反正) 이후에 건축한 참의과제 가사만 한성부로 하여금 적간철훼(摘奸撤毁)함이 어떻겠습니까"
(《중종실록》 권22)라고 하였다.

또한 같은 해 정광필(鄭光弼)이 다음과 같이 말했다.

저는 산릉(山陵)에 있으면서 들은 말인데 헌부(憲府)에서 참의과제 가사를 초계(抄啓)하고 의법철훼(依法撤毁)할 것을 청하여 왕이 즉시 허락하였다고 하는바 제 생각으로도 법제를 불고(不顧)하고 참의(洛擬)한 사가(私家)는 마땅히 철거해야 할 것입니다. 그러나 다만 반정 이후 신조가사(新造家舍)는 10년 혹은 7~8년이 되는 것으로 지금 모두 안거(安居)하여 있는 것입니다. 지금의 과제자(過制者)는 불과 1~2칸 혹은 3~4칸이며 철거할 가사의 총계는 280여 가(餘家)입니다. 저의 생각으로는 모두 철회한다면 인심이 소요할 것이며 가사를 철거한다는 말은 연산군 때 염문(厭聞)한 바입니다. 극심한 과제자만 적발하여 철거하고 나머지는 불문에 부치는 것이 좋을 것 같습니다.

저의 집만 하더라도 칸수 과조(過造)가 40칸이나 됩니다. 법사(法司)에서 초계(抄啓)하지 않은 것은 집이 비루하고 고대(高大)하지 않기 때문이지 싶습니다. 허나 만약 초계한 집을 철거한다면 저의 집 과제간각(過制間閣)도 마땅히 철거해야 할 것입니다(《중종실록》 권22 중종 10년 윤 4월 갑자).

역시 중종 10년에 간각수소자(間閣數少者)는 "법사에서 처음부터 불초계(不抄啓)하였으면 모르되 지금 이미 초계한 것이고 국가에서 까닭 없이 철거하지는 않는다. 하민(下民)이 방헌(邦憲)을 불외(不畏)하고 국가에서 법에 의하여 철거하는데 무슨 원한이 있겠는가"(《중종실록》 권22)라고 했다.

이상의 기록을 종합하면, 이때 과제가(過制家)로 초계된 것이 280여 가나 되었고 이들은 수 칸씩을 더 지은 권력층의 가사라고 추정되며, 당시 좌의정이었던 정광필은 규정보다 40칸을 더 지은 근 100칸의 집에 살면서 초계되지 않고 있었다. 따라서 과제가사로서 초계되지 않은 경우가 상당히 있었을 것이고 권력층은 정광필과 같이 근 100칸의 집을 사용하던 자가 많았을 것이다.

또 중종 18년(1523)에는 혜정(惠靜)옹주의 가제 조성이 있었는데 그 칸수가 과제였으므로 대간으로부터 이를 규정대로 개조하라는 계청(啓請)이 있었다. 이에 대하여 왕은 "대전에는 왕자로부터 사서인(士庶人)에 이르기까지 각 가제가 있다. 그러나 지금 그 제도를 준용한 것을 못 보았다. 비록 조종조(祖宗朝)라 하더라도 왕자가사는 역시 대전을 모두 따른 것은 아니었다. 지금 혜정옹주의 집은 다만 70칸인데 비록 과제인 것 같지만 그만큼 필요해서 한 것이니 개조할 수는 없다"라고 한 기록이 보인다(《중종실록》 권47). 이 무렵에는 과제가 예사였고 왕 자신도 당연한 것처럼 말하는 것을 볼 수 있다. 그리고 간각지수(間閣之數)를 제정하였던 세종조에는 행랑도 칸수로 계산했으나 이때에 와서는 행랑은 칸수로 계산하지 않는 등의 사례가 있어(《중종실록》 권22) 간각지수의 제도는 상당히 문란해졌다.

이와 같이 성종조부터 간수지제는 준수되지 않았고 중종조에 와서는 이 제한의 위배가 예사로 간주되었다. 후세에 내려오면서 이러한 상황은 더욱 심각해져 임진왜란 직전인 선조 16년(1583)에는 소공동에 의안군(義安君)의 집을 지었는데 이 집이 또한 사치와 참월(僭越)이 무도하기 이를 데 없었다고 한다(서울특별시사편찬위원회 1977: 961~968). 이와 같은 조선시대 주거규모 제한에 관한 기록은 〈표 11-4〉, 〈표 11-5〉의 내용을 통해 확인할 수 있다.

조선시대가 시작되면서 고려시대의 역사를 마감하고 새로운 나라를 건국한다는 의미에서 개경에서 한양으로 천도하게 되었다. 조선왕조는 이 천도 과정에서 도읍을 정하고 백성들을 이주시켜 도성의 면모를 갖추기 위해 여러 측면으로 노력하면서 많은 정치적, 경제적 어려움을 안고 출발하게 되었다. 특히 도성 내외에서 주거입지를 선정하는 데 있어 택지난에 부딪히면서 가대제한, 가사제한 등의 규제를 강화하는 제도를 시행하게 된다.

그러나 개국 당시의 신진사대부, 건국공신자 등은 주거의 칸수만을 규제할 뿐 규모의 크기는 정해지지 않아 이를 규제하는 데는 한계가 있었다. 또한 지방의 세도가 및 사대부들이 초석, 단청, 기둥 등을 장식하는데도 중앙행정의 영향이 미치지 못해 제도는 무의미했다. 특히 왕실에서조차 공주, 옹주 등이 분가하면서 제한된 규모 이상으로 주택을 짓고 이를 비난받자 왕이 나서서 진무했다. 이처럼 왕실과 사대부가 모범을 보이지 않는 상황에서 백성들에게 가사제도를 지키라고 강요하는 것은 무리였을 것으로 보인다.

즉 지방의 부호나 사대부들의 주택이 100칸을 넘지 못하고 99칸까지 지을 수 있었다는 것은 규제의 측면에서는 제도를 위법한 것이나 당시에는 큰 문제가 없었던 것으로 보인다. 시대적 배경에 따라 제약의 차이는 있었겠으나 지방의 경우 중앙의 행정력이 미치지 못해 무관하게 큰 저택들을 건축할 수 있었음을 알 수 있다. 가사규제가 다른 분야의 규제보다 중앙정부 차원에서 보다관대했던 연유는 주택이 단순히 주거생활을 영위하는 것 외에 여러 가지 중요한 기능을 수행하는 데 사용되었기 때문일 것이다. 예컨대, 사랑채에서는 손

〈표 11-4〉 조선시대 건축법규의 연혁표

연 대	서 기	내 용
태조 4년 정월	1395	各品의 家基를 정함; 一品을 35負로 하고, 이하 5負씩을 降殺하여 6品은 10負, 庶人은 2負로 함
세종 11년 정월	1429	宮闕外 公私屋宇에 朱漆을 禁用함
세종 13년 정월	1431	間數制限을 정함 親子·親兄弟·公主 50間, 大君 60間, 二品 이상 40間, 三品 이하 30間, 庶人 10間, 柱礎外는 熟石을 禁用, 花拱眞彩丹靑을 禁用케 함
세종 22년 7월	1440	樓間의 數, 梁柱의 尺度를 정함
세종 31년 정월	1449	梁柱의 尺度를 改定함
문종 원년 2월	1451	官府와 佛寺의 眞彩使用을 勿禁함
예종 원년	1469	經國大典에 다음의 禁制를 登載함 大君 60間, 王子君·公主 50間, 翁主 및 宗親·文武官·二品이상 40間, 三品 이하 30間, 庶人 10間으로 間數制限, 熟石·花拱·草拱을 禁用. 大君·公主 30負, 王子君·翁主 25負, 一·二品 15負, 三·四品 10負, 五·六品 10負, 7品 이하와 有蔭子孫 4負, 庶人 2負로 造家基地의 折給을 制限함
성종 9년 8월	1478	間閣尺數를 다시 詳定함
성종 21-24년	1490~1493	王子·王女家를 過制僭擬하게 건축하여 朝臣들의 諫諍이 있었음
중종조 이후		이후 過制僭制者가 많았음

자료: 서울특별시사편찬위원회 (1977)

<표 11-5> 조선시대 전기 가사규제 및 변천

연 대	大 君	君·公主	翁主·宗親· 二品 이상	二品 이하	庶 人	비 고
세종 13년 (1431)	60間	50間	40間	30間	10間	除柱礎外勿用 熟石 亦勿用花拱及 眞彩丹靑
세종 22년 (1440)	60間內 樓 10間 正寢翼廊 梁長 10尺 行長 11尺 柱高 12尺 其餘間閣 梁長 9尺 行長 10尺 柱高 12尺 樓高 18尺	50間內 樓 8間 尺 數 大君과 同	40間內 樓 6間 正寢翼廊 梁長 9尺 行長 10尺 柱高 12尺 其餘間閣 梁長 8尺 行長 9尺 柱高 7尺5寸 樓高 13尺	30間內 樓 5間 尺 數 2品以上과 同	10間內 樓 3間 間 閣 梁長 7尺 行長 8尺 柱高 7尺 樓高 12尺	使用尺= 營造尺
세종 31년 (1449)	60間內 樓 10間 正寢, 翼廊, 西廳, 內樓, 內 庫 間長 11尺 間廣 18尺 退柱 11尺 斜廊 長 10尺 廣 9尺5寸 柱 9尺 行 廊 長 9尺5寸 廣 9尺 柱 9尺	50間內 樓 8間 正寢, 翼廊, 西廳, 內樓, 內 庫 間長 10尺 間廣 17尺 退柱 10尺 斜廊 長 9尺 廣 8尺5寸 柱 8尺5寸 行 廊 長 9尺 廣 8尺5寸 柱 8尺5寸	40間 正寢, 翼廊, 西廳, 內樓, 內 庫 間長 9尺 間廣 16尺 退柱 9尺 斜廊 長 8尺5寸 廣 8尺 柱 8尺 行 廊 長 8尺5寸 廣 8尺 柱 8尺	30間內 樓 5間 間閣尺數 2品과 同	10間內 樓 3間 每 間 長 8尺 廣 7尺5寸 柱10尺5寸	
예종 원년 (1469)	60間	50間	40間	30間	10間	毋得用熟石花 栱草栱

연 대	大 君	君·公主	翁主·宗親·二品 이상	二品 이하	庶 人	비 고
성종 9년 (1478)	60間 正寢, 翼廊, 西廳, 寢樓, 12間 柱 長 13尺 過梁長 20尺 脊梁長 11尺 樓柱長 15尺 其餘間閣 柱 長 9尺 梁 長 10尺 脊梁長 10尺	50間 正房, 翼廊, 別室 9間 柱 長 12尺 過梁長 19尺 脊梁長 10尺 樓柱長 14尺 其餘間閣 柱 長 9尺 梁 長 9尺 脊梁長 10尺	40間 正房, 翼廊 6間 柱 長 11尺 過梁長 18尺 脊梁長 10尺 樓柱長 13尺 其餘間閣 柱 長 8尺 梁 長 8尺 脊梁長 9尺	30間 尺數 2品 이상과 同	10間 樞柱長 11尺 其他間閣 柱 長 8尺 脊梁長 9尺	使用尺= 營造尺
고종 2년 (1865)	大典會通 60間	50間	40間	30間	10間	母得用熟石花 栱草栱

연 대	大 君	君·公主	翁主·宗親·二品 이상	二品 이하	庶 人	비 고
성종 9년 (1478)	60間 正寢, 翼廊, 西廳, 寢樓, 12間 柱 長 13尺 過梁長 20尺 脊梁長 11尺 樓柱長 15尺 其餘間閣 柱 長 9尺 梁 長 10尺 脊梁長 10尺	50間 正房, 翼廊, 別室 9間 柱 長 12尺 過梁長 19尺 脊梁長 10尺 樓柱長 14尺 其餘間閣 柱 長 9尺 梁 長 9尺 脊梁長 10尺	40間 正房, 翼廊 6間 柱 長 11尺 過梁長 18尺 脊梁長 10尺 樓柱長 13尺 其餘間閣 柱 長 8尺 梁 長 8尺 脊梁長 9尺	30間 尺數 2品 이상과 同	10間 樞柱長 11尺 其他間閣 柱 長 8尺 脊梁長 9尺	使用尺= 營造尺
고종 2년 (1865)	大典會通 60間	50間	40間	30間	10間	母得用熟石花 栱草栱

자료: 서울특별시사편찬위원회 (1977)

님을 접대하는가 하면 후배양성을 위한 강학 등이 실행되기도 하였다. 그렇기 때문에 아주 과하게 사치스럽지만 않으면 어느 정도 규제를 어기는 것은 관대하게 용인된 것으로 보인다.

2) 장식의 제한

주택의 장식에 관한 제한은 세종 13년(1431)에 처음으로 공표되었고, 예종 원년(1469)에 다시 장식에 대한 규제가 나타났다. 주택의 장식분야에 대한 규제는 가구(架構)의 중요 부재인 보 길이, 기둥 높이, 모양, 도리 길이와 초석, 숙석(다듬은 돌) 등을 사용하지 못하게 하고 일정한 크기로 제한했다. 그리고 집의 부재에 색상을 칠하는 단청 등도 규제하였다. 이러한 장식의 제한규정도 가사제도에 이어서 나타난 사회적 배경과 신분제도에 따른 제한이었다.

세종 14년(1432) 진사 신효창이 초석과 담장에 다듬은 돌(熟石)을 사용하여 사헌부가 죄를 다스리도록 했다는 기록이 있으며, 문종 원년(1405)에는 진관사(津寬寺)에서 단청할 것을 청하자 왕이 이를 허락해 주었다고 한다. 이후 관청건물과 사찰에 단청이 허용되었다는 기록도 있다. 《경국대전》을 보면, 사찰 외에 단청을 하는 자는 곤장 80대로 벌하였다고 한다. 이것은 고종 2년(1864)에 편찬된 《대전회통》의 내용과 동일하다. 성종 때 박승종의 집이 단청을 하여 말썽이 되었고, 조선 중기 중종조에 이르러서는 이러한 규제가 잘 지켜지지 않았다는 기록이 있다.

중종 8년(1513)에는 좌의정 송질이 집에 단청을 하여 사치가 막심하니 재상의 자리를 내놓게 하자는 청이 있었는데, 이에 대해 왕은 "집은 고쳐 지으면 되나 재상은 바꿀 수는 없다"고 하였다. 이러한 기록은 이 무렵 개인의 주택 중에 단청을 한 경우가 있었음을 알려 준다. 명종 때 영의정인 심연원의 첩은 둥근 굴도리를 설치하고 단청까지 하여 말썽이 되자 단청을 씻어냈다고 한다. 이처럼 중종조부터는 때로는 단청을 엄금한 경우도 있었으나 권세 있는 사람들의 집에서는 단청을 꾸미는 습속이 지속된 것으로 보인다.

중종 7년(1512)에는 '근래 사대부의 집 기둥 위에 나무를 조각한 후 짜 맞추

어 장식하는 방법인 화공초공(花栱草栱)이 화려함의 극을 달리니 집주인으로
하여금 철회하도록 하자'는 청을 왕이 허락하였다는 기록으로 보아, 장식은 더
러 사용하기도 했으나 금지가 원칙이었음을 알 수 있다. 화공(花栱)은 세종 13
년(1431)부터 금지하였고, 숙석(熟石)은 주춧돌 이외에는 사용을 금하였으나
중종 때 성희안은 숙석을 써서 말썽이 되기도 하였다.

한편, 조선시대 상류가옥의 유구(遺構)를 돌아보면, 둥근 두리기둥은 대궐
에서만 쓸 수 있었다는 구전이 있음에도 불구하고, 사랑채 혹은 안채 큰 마루
와 앞 퇴에 두리기둥을 쓴 예를 쉽게 볼 수 있다. 인조 때에 '공주가 두리기둥
을 사용했는데 대사헌에게 즉시 없애라 하였고, 전각(殿閣)에 두리기둥을 사
용한 사가(私家)에서 감히 사용해서는 안 된다'고 하였다는 기록이 있다. 일부
경제력 있는 권문세가에서는 법으로 금하였음에도 불구하고 두리기둥을 사용
하는 일이 있었으나, 기본적으로는 집치장에 두리기둥을 사용하는 것을 금하
는 것이 통례였음을 알 수 있다(한옥공간연구회, 2004: 48~50).

조선시대에 주택 장식의 제한도 다른 주택 규제와 마찬가지로 강제 규정이
었다. 그러나 가대(家垈), 가사(家舍)의 규정과 비교해 볼 때 일반적으로 약한
구속력을 지닌 것으로 보인다.

다른 규정에 위반하면 이를 시정하기 어려운 점이 많았으나 장식의 규정을
위반한 색채(단청) 등은 현장에서 시정 가능했기 때문에 다른 규정보다 위반되
는 사례가 적었던 것으로 보인다. 그리고 다른 규정보다 늦게 규제대상에 포
함되어 적용된 것으로 보인다. 조선시대의 초기인 주거건축에서도 경주 양동
마을의 경우 월성 손씨가의 손소가 지은 주택은 방주형인데 비해 이언적 선생
의 향단은 두리기둥을 사용하고 있다. 조선후기 영조 8년(1732)에 지은 나주
홍기헌 가옥의 사랑채는 후기임에도 불구하고 방주형 기둥을 사용하고 있다.

4. 주거 및 읍성마을의 사례

조선시대 전기는 개경에서 한양으로 도읍을 천도한 후 조선의 정치, 경제, 사회 등 모든 생활의 중심을 이동하였다. 궁궐 주변에 궁성을 쌓고 외곽을 둘러쌓은 도성을 축조하였다. 또한 도성을 거점으로 지방에까지 행정 권한이 미치는 데 한계가 있어 각 지방의 중요거점에 읍성중심도 축조하였다. 읍성은 산성(山城)과는 달리 평야지대나 구릉지에 형성되어 중앙정부의 통치기능의 일익을 담당하고 군사적 전략 요충지 역할도 하였다.

한국은 지정학적으로 옛날부터 외침이 많아 산지 등을 이용한 성(城)을 많이 쌓아 방어하였다. 특히 고려 말에는 왜구의 침입이 잦아 해안지방을 중심으로 읍성을 축조하여 일반 백성들과 함께 거주하면서 취락기능과 전략적 기능을 병행하기도 하였다. 이처럼 우리민족의 전통적인 축조방식인 도성과 읍성은 조선 전기에 시대적 배경과 함께 더욱 활발하게 발전했다. 이와 함께 신분제도에 의해 양반위주의 주거문화가 형성되면서 일반주거도 한양과 지방 등에서 많이 건축되고 발전되었다. 그러나 조선 초기에 정치적 소용돌이 속에 왕위계승에 따른 양반관료들의 몰락, 양 전란으로 인한 전 국토의 황폐화, 6·25 전쟁 등으로 주택의 파괴가 심각했던 만큼 남아 있는 조선시대 주거는 그리 많지 않은 실정이다. 남아 있는 주거도 목재건물인 관계로 내구연한에 의해 부패 및 재축을 거듭하면서 어렵게 당시의 형태로 보존된 경우가 많다.

1) 전기 주거사례

조선 건국 후 도성을 중심으로 형성된 개국공신의 주택들은 규제의 제한 없이 화려하게 지었던 것으로 보인다. 이러한 문제로 택지가 부족하고 집자리를 어느 정도의 크기로 제한해야 하는 상황에까지 이르게 된다. 이는 가대(家垈)제한, 집의 규모제한(家舍), 집의 장식제한으로 이어져 당시 도성 내의 사대부 지도층은 신분제도에 의해 엄격한 주거규제를 받았음을 알 수 있다. 상류계층의 주거규제는 서민계층의 규제에도 영향을 미쳐 조선시대 주거규제는 사회

전반에 걸쳐 이루어졌다. 당시 주택으로 현재까지 남아 있는 강릉의 오죽헌은 1452년 대사헌을 지낸 수제(睡齊) 최응현(崔應賢)의 고택별당(故宅別堂)이자 1536년 12월 26일 이이(李珥)가 탄생한 곳으로, 조선 전기의 주거문화가 잘 드러난다. 또 경상북도 월성군 강동군 양동마을의 월성 손동만씨가(孫東滿氏家)는 손소(孫昭: 1433~1484)가 25세 때 건축한 것으로 이 역시 조선 전기의 대표적 사대부가로서 좋은 참고자료가 된다.

  태조가 한양으로 환도하면서 우선 제기되었던 문제는 집터(家基)를 나누어 주는 것이었다. 이는 앞에서 말한 바와 같이 품계에 따라 차등을 두어 1품(品)의 경우 35부(負, 1,365평), 서인의 경우 2부(78평)에 이르는 땅을 각 계급에 나누어 주고 집을 짓게 함으로써 해결되었다. 주택규모는 땅의 크기에 따라 자연히 제한을 받겠지만 가사규제로서 대군 60칸(間)부터 서인 10칸에 이르기까지 세분하여 제한하였던 것이다.

  한편 세종 22년, 세종 31년의 《왕조실록》의 기록으로 보아 그 당시 집은 정침(正寢)·익랑(翼廊)·서청(西廳)·내루(內樓)·내고(內庫) 등 여러 공간으로 나뉘어 있었다. 여기서 정침은 경상도 지방의 주택에서는 아직도 안채를 일컫는 것으로 보아 조선 전기에 벌써 안채와 사랑채의 분리가 있었을 가능성이 높다. 이것은 특히 강릉 오죽헌이 별당건축이 그러하다. 1964년에 조사한 바에 따르면 주택의 본래 몸채가 ㄱ자형 안채, 一자형의 사랑채와 문간채로 구성되어 있다. 한편 월성 손동만가는 안채와 사랑채가 중문간 행랑채로 이어져 ㅁ자형의 한 동으로 건립되었다. 이를 통해 서울의 조선 전기 주택은 안채와 사랑채가 분리된 형과 한 동으로 연속된 형 두 가지가 있었음을 추측할 수 있다.

  특히 서울의 양반주택은 궁궐의 왕과 왕비의 침전이 분리된 것의 영향을 받아 분리형이 더 많았을 것으로 추정된다. 조선 전기의 타지방 양반주택과 조선후기 서울의 현존 유구들로 미루어 보아 조선 전기의 양반주택 전체는 사랑채·안채·행랑채·별당·정자·사당 등으로 구성되었을 것으로 짐작할 수 있다. 또한 중인계급의 거주지가 경도의 중심지였던 현재의 무교동, 다동 등에 국한되었던 만큼 조선 전기의 중인주택은 조사된 실례가 전무하여 이에 대한 고찰은 사실상 불가능하다. 그러나 후기의 실례들로 미루어 볼 때 사대부의 대가에는 못 미친다 하더라도 일반 서민들의 주택들보다는 격식을 갖추었을 것으로 추측된다. 즉 주택을 사랑채·안채·행랑채 등 3개의 공간으로 나눔으로써 남(男)과 여(女)의 생활공간을 구분하고, 주인과 아랫사람들의 상하를 구분하였음은 틀림없는 사실일 것이다. 또한 사당을 짓고 조상의 위패를 모셨던 것으로 판단된다.

일반백성들은 우선 경제적 여건과 가사규제의 법적 제한으로 큰 규모의 집을 가질 수 없었다. 현존하는 후기의 실례들을 통하여 추측할 때 백성들의 집은 거의 초가로 좁은 집터에 ㄷ자형 또는 ㄱ자형으로 지어졌을 것이다. 부엌·안방·대청·건넌방의 안채에 해당되는 부분과 사랑방과 광·측간 등의 사랑채와 행랑채에 해당하는 부분들이 대문간으로, 하나의 연속된 몸채를 구성하였을 것으로 판단된다. 또 더 작은 규모의 집은 ㄱ자나 일자형으로 부엌·안방·대청·건넌방으로 구성되거나 부엌·안방·윗방으로만 구성되어 윗방을 사랑방으로 쓰기도 하는 초가삼간(草家三間)의 형식이었을 것으로 생각한다 (서울특별시사편찬위원회, 1995: 325~326).

조선 초기 한양의 주택은 기본적으로는 고려 말 개성의 주택을 계승한 것이라고 생각된다. 도읍이 바뀌었지만 살림 살던 집이 하루아침에 갑자기 바뀌는 것은 아니기 때문이다. 고려 말 개성의 집이 어떤 모습이었는지를 알려 주는 구체적인 자료는 없다. 다만 여러 문헌들이나 발굴 조사보고를 통해서 부분적인 모습을 추정할 따름이다.

우선 고려 말의 주택은 기본적으로 실내 바닥이 온돌과 마루로 구성되어 있었다고 생각한다. 온돌은 우리말로는 구들이라고 부른다. 구들은 방바닥에 뜨거운 열이 지나갈 수 있는 통로를 갖춘 시설을 가리킨다. 이 통로는 고래 또는 불고래라고 부르고 바닥 한쪽에 열을 놓는 아궁이가 있고 반대쪽은 열기나 연기가 빠져나가는 굴뚝이 설치된다. 구들 구조는 이미 선사시대 주거에서부터 나타나기 시작한다. 한반도 북쪽 추운지방에서는 기원 1세기경부터 ㄱ자형의 초기적 구들이 나타났고, 중부지방에서는 4, 5세기에 널리 일반화된다. 초기의 구들은 불길이 한 줄만 되어 있는 외줄고래였지만 점차 두 줄 고래로 늘어나 난방효과가 높아졌다.

구들 자체는 한민족만의 것은 아니었다. 중국의 동북쪽 지역에 사는 사람들도 실내에 구들을 설치해서 난방을 했다. 다만 이들은 구들을 실내 한쪽 구석에 한정해서 설치했고 한민족처럼 방바닥 전체를 구들로 덮는 본격적인 온돌 구조를 만들지는 않았다. 한반도에서 구들이 지금처럼 바닥 전면을 덮게 된 시기는 아마도 고려 후기경이 아닌가 짐작된다. 추운지역인 신의주 상단리에서는 11, 12세기경의 집터로 추정되는 유적에서 전면 구들이 출토되었다고 한다. 이런 구들이 반도 중부나 남부로 확산된 것은 고려 말이나 조선 초기 이전으로 알려져 있다. 조선 초기에는 살림집뿐만 아니고 불교 사찰의 승방이나 관청, 향교의 숙소에까지 전면 온돌이 널리 보편화되었다.

마루의 기원도 멀리 삼국시대 이전으로 거슬러 올라간다. 아마도 마루는 비교적 기후가 따뜻한 남쪽지방에서 먼저 사용되었을 가능성이 높다. 그러나 북쪽에서도 곡식을 저장하는 창고 같은 시설은 일찍부터 바닥을 마루로 했을 가능성이 있으므로 쉽게 단정할 일은 아니다. 아무튼 이 마루도 일찍부터 한민족의 주거에 활용되었음은 분명하다.

온돌과 마루는 서로 상당히 다른 성격을 지닌다. 온돌이 돌이나 흙을 재료로 하여 주로 겨울을 대비해서 고안해낸 난방구조라면, 마루는 나무를 재료로 해서 여름철의 시원한 실내를 염두에 두고 만들어진 것이다. 또 온돌이 사방을 흙벽으로 막고 작은 창문을 내는 매우 폐쇄적인 공간이라면 마루는 개방적 특징을 지닌다. 이처럼 두 구조는 서로 대비되는 이질적 요인을 가지며 본래 서로 독립해서 따로따로 존재했을 것으로 짐작된다. 즉, 온돌방은 온돌방만으로 독립적으로 이루어지고 마루를 간 방은 그것대로 독립된 구조를 이루었다고 생각된다.

고구려의 고분벽화에는 주인의 침실은 물론이고 부엌이나 마구간 등이 각각 독립된 건물로 그려져 있다. 이것은 고구려의 주택이 지금처럼 한 지붕 아래 여러 방이 모인 형태가 아니라, 각각 기능에 따라 독립된 건물이 여러 동 모여 하나의 큰 집을 이루었음을 말해준다. 이때 온돌방이나 마루는 당연히 각기 독립된 건물이었을 것으로 추정된다.

그러다가 온돌과 마루가 한 지붕 아래 한데 모여 서로 연속한 실내공간을 이루게 된 시기는 대략 고려 말경으로 짐작된다. 이것은 한민족의 주택사에서 획기적 변화였다. 서로 이질적인 두 요소가 한데 만나면서 주택에는 다양한 변화와 다른 민족에게서 볼 수 없는 고유한 특성이 만들어지게 된다. 그러나 마루와 구들의 결합이 전국적으로 전파되어 본격화된 시기는 임진왜란 이후로 추정된다. 그 이전에도 부분적으로 결합된 형태가 나타나기는 하지만 이것이 한국전통 주거문화로 자리 매김한 것은 조선 중기 이후로 보인다.

(1) 강릉 오죽헌

보물 제165호(1963년 1월 21일)로 지정된 오죽헌은 강원도 강릉시 죽헌동 201번지에 위치한다. 조선 전기의 주거건축인 이곳은 신사임당(1504~1551)과 율곡 선생(1536~1584)의 생가로 조선시대 상류층의 별당으로 유서 깊은 곳이다. 율곡 이이 선생은 어려서 어머니에게 학문을 배워 13세 때 진사초시에 합격하고 명종 19년(1564)에 생원시의 식년문과에 모두 장원급제한 후 황해도 관찰사, 대사헌, 그리고 이조·형조·병조판서를 역임하였다. 또한 이이 선생은 조선조의 유학계의 기호학파를 형성하였고 당쟁을 조정하고 향후 왜군의 침입에 대비하여 10만 명의 군대를 육성하자는 부국강병을 주장하였으며 대동법, 사창의 실시에도 힘썼다. 한편 글씨, 그림에도 뛰어났으며 효성도 지극하

강릉 오죽헌(2007)

강릉 오죽헌 익공식 건물(2007)

였다.

　이 집의 건축시기의 내력을 살펴보면 최치운(1390~1440)은 조선시대 문신으로 조선 초기에 이 집을 창건하여 그의 아들 최응현에게 물려주고 최응현은 다시 둘째딸을 이사온에게 출가시켜 집을 물려주게 된다. 이사온은 후사에 무남독녀인 외동딸을 두게 되는데 서울에 사는 신명화(신사임당 부친)에게 출가시켜 아들 없이 딸만 다섯을 두게 된다. 이 중 넷째 딸의 아들 권처균이 이를 물려받고 이후 후손들이 관리하다 1975년 '오죽헌' 정화사업이 전개되면서 강릉시에서 관리하게 되었다. '오죽헌'의 건물명은 권처균의 호(號)로 알려져 있다.

　이 주택의 특징은 정면 3칸, 측면 2칸으로 단층으로, 지붕형태는 팔작 형태를 취한다는 것이다. 특히 왼쪽 2칸은 대청마루이고 오른쪽 1칸은 온돌방으로 사용하였다. 지붕의 처마를 받쳐주는 부재들 중 새부리 모양에서 빠져나오는 익공식 건물로 민흘림을 가진 방주(方柱)를 사용하였다. 대청천장 위에는 우물천장을, 다른 부분은 연등천장을 가설하였다. 기둥과 기둥 사이에 있는 화반(연꽃, 사자 등을 그린 널조각)은 주심포(柱心包) 양식에서 익공(翼工) 양식으로 변해가는 건축과정을 보여준다.

한편 오죽헌은 우리나라 주택건물 중에서도 비교적 잘 보존된 경우로, 조선시대의 가장 오래된 건축물로 역사적 가치를 지닌다. 오죽헌 좌측에는 오죽헌을 지키는 수호목으로서 6백 년이 넘는 배롱나무가 자리 잡고 있다. 그리고 후원이라 할 수 있는 뒤뜰에는 검은 대나무들이 숲을 이루고 있다.

(2) 월성 손동만 가옥

월성 손동만 가옥은 경북 경주시 강동면 양동리 223번지의 골짜기에 자리 잡고 있다. 마을 전체가 마을 어귀에서 보이지 않는 것이 특징인데, 안동 하회마을, 순천 낙안 읍성마을과 같이 평지에 있지 않고 안골과 물봉을 중심으로 전개된다. 여강 이씨 이언적 선생의 종가는 물봉 중심에 자리하고, 월성 손씨의 손중돈 가옥의 서백당은 안골에 자리 잡고 있다. 이 가옥은 조선 전기의 주택으로 중요 민속자료 제23호(1970년 12월 29일)로 지정되어 관리된다. 월성 손씨가 양동마을에 입향한 것은 손사성의 둘째아들 손소(孫昭)가 풍덕 류씨의 류복하의 무남독녀와 혼인하고 1457년 장인을 따라 양동마을로 이주해 정착한 데서 연유한다. 이때 지은 가옥이 월성 손씨 종가이다. 손소는 이곳에서 5남

양동마을 서백당 사랑채(2007)

양동마을 서백당 안채(2007)

1녀를 두었는데 장남은 처가로 장가를 가게 되어, 둘째인 그의 아들 손중돈(孫仲暾)이 이 집을 물려받고 상속자가 되었다. 손중돈은 조선시대 이조참판, 이조판서 등 반열에 오르기도 했다. 또한 서백당은 손소의 외동딸이 여강 이씨 문중으로 출가하여 이번과 사이에서 외손자 회재(晦齋) 이언적(李彦迪)을 출산한 곳으로도 유명하다. 이언적은 어린나이에 아버지를 여의어 외삼촌 손중돈의 가르침 아래 학문을 배운 후 성리학의 대가로 성장하여 동방오현(東方五賢) 중 한 사람이 되기도 하였다.

　가옥의 구조와 배치를 살펴보면 대문채는 일자형(一字形)으로 이루어져 있고, 안채는 'ㄱ'자형이다. 사랑채의 후원에는 사랑이 배치되어 있다. 사랑 앞에는 약 560여 년 정도 된 향나무(경북기념물 제8호)가 한 켠에 위치한다. 이 나무는 손소가 세조 2년(1456) 집을 새로 짓고 그 기념으로 심은 것이라고 한다. 사랑채라 할 수 있는 집은 서백당(書白堂) 또는 송첨(松簷)이라고도 한다. 'ㅁ'자형의 형태를 갖고 있는 안채는 대청 6칸, 안방 3칸, 부엌 2칸으로 이루어져 있으며 아래채의 경우에는 중심칸이 안대문이고 왼쪽에 마루에 2칸 고방이 있다.

　그리고 오른쪽은 큰사랑방과 사랑대청이 있고 높은 돌기단위에 사랑대청은 마루둘레를 난간을 두른 누마루이다. 사랑대청과 경계를 구분하기 위한 것으로 보이는 짧은 담장이 설치되어 있다. 이 집은 종가(宗家)로서 사대부가로서 규모와 구조가 손색없이 격식을 갖추고 있다. 과거에는 양반가의 위세를 알 수 있는 외거노비들의 가랍집이 주위에 있었으나 지금은 철거되고 그 아래쪽에 몇 채가 남아 있다.

(3) 양동 향단

양동 향단(香壇)은 경상북도 경주시 강동면 양동리 131번지에 위치하며 보물 제412호로 지정되어 있다. 풍수지리상 마을 뒷산(설창산)에서 뻗어내린 지형이 '勿'(물) 자형으로 네 줄기(분통골, 물봉골, 안골, 장태골)로 갈라져 나온 언덕과 골짜기로 형성된 것이 마을의 특징이다.

　향단은 양동마을 지금의 입구 자그마한 구릉지위에 자리 잡고 있으며 문화재급의 전통가옥이다. 양동마을의 옛 입구는 지금의 입구가 아니고 서백당의 안골 방향이 마을로 들어오는 입구가 주 입구였던 것으로 보인다. 향단의 주거공간이 형성되기까지는 안골에 자리 잡고 있는 월성 손씨가 종갓집의 영향이 있었다.

　월성 손씨와 외손인 여강 이씨가 서로 번성·공존하면서 지금까지 4백여 년간 함께 살아왔다. 현재의 두 집안이 이루어진 것은 손소 선생이 자리 잡고 손소의 외동딸이 여강 이씨 이번에게 출가하여 이언적을 낳게 된 데서 연유한다. 즉 회재 이언적은 외가인 손씨의 대종가인 서백당에서 태어나 어린 나이에 이조판서를 지냈던 외삼촌 우재 손중돈에게서 가르침을 전수받아 조선시대의 성리학을 집대성하게 된 인물이다.

　이곳 향단은 이언적 선생이 경상감사로 있을 때 당시 모친의 병간호를 하도록 중종(中宗)이 지어준 것으로 건물의 배치 및 구조는 두 곳의 뜰을 두고 안채·사랑채·행랑채가 서로 결합되어 마치 전체가 일자형이면서 '興'(흥) 자 모양을 이루어 독특한 평면구성을 보여준다.

① 양동마을 향단 (2007)
② 양동마을 향단 '興'(흥)자형 구조(2007)

향단은 상류주택의 격식을 갖추면서 주거의 아름다움을 살렸다. 건물 전체는 둥근기둥을 사용하였고 지붕의 구조는 맞배지붕과 팔작지붕이 조화를 이룬다. 원래 99칸의 구조였으나 일부는 화재로 인해 불타고 현재 50여 칸이 보존되어 있다. 특히 집으로 들어가는 길이 둘로 나누어지는데 허드렛일을 하는 노비의 공간과 정문으로 바로 올라가면 집주인의 가족공간이 나타난다. 특히 이 건물은 조선 초기에 지어져 옛 모습을 그대로 비교적 잘 보존되어 있으며, 마을입구 어귀에 있어 양동마을 상류주거의 격조 높은 모습을 보여준다. 그리고 주거생활의 동선 등을 살펴볼 때 편리성을 도모한 우수한 건물이다.

이외에도 양동마을은 이씨 종가의 무첨당, 심수정 등의 수준 높은 양반가의 집들이 자리 잡고 있다.

(4) 창녕 하병수 가옥

하병수 가옥은 경남 창녕군 창녕읍 술정리 29번지에 위치한다. 초가형태인 샛집으로 우리나라에서 가장 오래된 민가이다. 가옥의 역사적 배경은 조선시대 15세기까지 올라가고 있다. 진양(晉陽) 하씨 문효공(文孝公) 하연의 후손이 이 집과 인연을 맺게 된 것은 연산군 4년(1498) 사화가 터지면서 당시 조정에 있던 17대 조상 하자연(何自淵)이 변란을 피하기 위해 원래 살고 있던 우득 무늬마을(현 충북 청원군 문의면)을 떠나 본관인 진주로 도피하던 중 당시 계주마리로 불리던 이곳의 수려한 산수에 반해 정착하면서부터이다. 이때 하자연이 지은 집이 오늘날 후손 하병수 씨가 주거하는 4칸 안채집이다. 그러니 이 안채 건물은 17대 조상인 하자연이 창녕에 들어오고 지은 것이라 볼 수밖에 없다는 것이 하홍주, 하상대 측의 입장이다(문교부 문화재관리국, 1967, 재인용).

이 가옥을 설립한 시기부터 현재까지 기거한 진양 하씨 족보의 내용을 바탕으로 이 가옥의 건립연대를 추정해 보면, 현재 거주하는 하병수 씨는 이 집에 17대째 기거하는 것이고 이 집은 약 5백 년을 이어온 가옥이라 볼 수 있다(〈경향신문〉, 1981년 9월 8일). 또한, 성종대 학자 한강(寒岡) 정술(鄭述)이 임진왜란 전과 후에 두 차례에 걸쳐 창녕군수를 지내고 난 후에 도승지로 서울에 가면서 19대의 중백(仲伯)자 어른께 지어준 정자가 이 가옥 서북 측 현재의

창녕 하병수 가옥(2007)

이밤나무 뒤에 있어 오다가 오래 전에 없어졌다고 하며 그래서 이 이명(里名)
이 술(述)자 정(亭)자를 합해서 술정리(述亭里)가 되었다고 했다. 족보기록은
《술정집》이라는 소대문집인 필사본에도 위의 기록이 있다고 한다.

　또한 안채 상량에는 "건융(乾隆) 二十五年"이라는 묵서명이 있어 조선 영조
36년(1760)으로 그 이전까지 있던 건물터에 중수 및 재건을 하여 다시 지어져
285년을 견뎌왔음을 알 수 있다. 초가 앞쪽으로는 기와집인 사랑채가 있으며
이 사랑채는 1898년에 새로 지었다고 전한다. 사랑채 남쪽에 대문이 있으며
대문간 좌·우에 마판(馬板) 등의 부속건물이 있었으나 지금은 없으며, 안채
는 산자 위에 억새풀로 이엉을 이어 보토나 새우흙을 얹지 않은 상태로 지붕을
꾸몄다. 1991년 안채와 협문이 노후되어 보수하였다. 따라서 약 5백 년 전에
건물이 지어졌다는 것은 건축 재료의 풍화도 건축수법 구조 등으로 봐서 그럴
수 있을지 모르겠다는 정도의 짐작이다. 종손 하병수 씨의 17대조 하자연 어
른께서 창녕에 들어오게 된 기록과 구전(口傳)들이 내려오는 등으로 보아 현
재의 터에 진양 하씨가 기거하면서 살았다는 것을 알 수 있고, 안채 상량 묵서

494

창녕 하병수 가옥 내부(2007)

명이 1760년에 중수되었다는 점으로 보아 현재 하병수 가옥 안채의 모습을 갖추게 된 것은 이때쯤으로 추정된다.

하병수 가옥의 배치 및 평면구조를 보면 먼저 가옥의 배치는 남북으로 긴 장방형 대지에 사랑채, 안채가 나란히 평행하게 축선상에 위치하며 원래 대문과 마판, 변소가 있는 문간채가 있었다고 하나 현재 건물은 없어지고 공터로 남아 있다.

현재의 하병수 가옥은 사랑마당을 중심으로 한 공간과 대문 밖의 마당, 그리고 안마당으로 구성되어 있다. 길을 통해 바깥마당으로 들어오면 정면으로는 담장과 목련나무가 시야를 가로막고 있으며, 사랑채로 들어가는 대문이 좌측에 있고 안채로 들어가는 좁은 통로가 우측에 있다. 바깥마당의 위요감을 주기 위해 한 단계 진입의 축 변화를 준 것으로 보인다. 사랑마당은 정면에 사랑채가 있으며 전면에는 텃밭이 있고 좌측으로 화장실이 설치되어 있다.

그러나 바깥마당이 우측으로 들어오면서 사랑마당의 형태는 불규칙한 형태를 형성하고 있으며 마당의 담장 주변으로는 목련, 모란들이 식재되어 있다.

바깥마당에서 사랑채의 우측면의 좁은 통로를 따라 들어가면 전면에 담장이 설치되어 있고 다시 한 번 좌측으로 꺾어 들어가며 우측으로 억새지붕의 안채가 보이도록 하여 안마당으로의 직접적 시선은 차단한다.

안마당은 전면의 사랑채와 정면의 안채로 구성되어 있으며 우측으로는 장독대가 설치되어 있고 좌측으로는 텃밭이 있으나 옛날에는 부속채(디딜방아간, 광)가 있었다고 한다. 안마당에서 안채의 좌·우측으로 들어가면 자연석으로 된 화계가 급격한 경사를 이룬다. 이 화계에는 지피와 낙엽수, 상록수 등 수종이 있고 뒤뜰의 좌측계단을 통해 화계로 올라갈 수 있도록 되어 있으며 계단 우측으로 굴뚝이 있다. 뒤뜰 좌측에는 원래 돼지우리가 있었다고 하나 현재 이 터에는 수목과 화계로 처리되어 있다.

가옥의 평면구조는 안채가 남향의 일자형 평면으로 정면 10,214㎜, 측면 2,896㎜이고 면적은 33.05㎡(10평)의 규모이다. 정면 4칸 측면 1칸의 一자형 홑집으로 왼쪽부터 건넛방·대청·안방·부엌 순서로 배치되어 있다. 대청의 좌측에 위치한 건넛방은 전면에 2중문이 설치되어 있는데 외부에는 띠살로 된 쌍여닫이문과 내부에는 격자살로 된 쌍여닫이문이 설치되어 있고, 쪽마루가 있으며 우측면 중간에는 외여닫이문이 있고 배면의 우측에는 외여닫이창이 설치되어 있다.

건물의 중간 좌측에 위치한 대청은 방으로 출입할 수 있는 외여닫이문이 각각 설치되어 있고 배면 쪽마루로 출입할 수 있는 판문이 설치되어 있다. 대청의 우측에 위치한 안방은 건넛방과 같은 형식으로 되어 있는데 건물의 배면과 통하는 외여닫이 창은 우측에 설치되어 있다. 안방의 우측에 있는 부엌은 정면 우측 계단 및 출입구를 통해 진입할 수 있고 부엌 내부 좌측면에는 아궁이와 솥이 2개 설치되어 있어 안방의 온돌과 연결되어 있다. 우측면과 배면으로는 부뚜막이 설치되어 있다.

대청의 바닥은 우물마루로 귀틀이 건물의 길이방향으로 설치되어 있다. 그위에 귀틀을 가로질러 3칸으로 나누어 청판을 올려놓은 한식 우물마루 형식이 있고 벽체는 재 사벽으로 되어 있으며 천정은 연등천정으로 되어 있다. 대청 배면에는 재 사벽으로 되어 있고 중앙 하부에 길이 62㎝, 높이 97㎝의 판문이 설치되어 있으며, 배면 벽제 밖으로는 길이 24미터 폭 67㎝, 높이는 기단 상부에서부터 약 30㎝ 규모의 쪽마루가 설치되어 있다. 건넛방의 난방은 온돌을 사용하고 있으며 아궁이는 전면의 쪽마루 하부에 설치되어 있고 아궁이의 상부에는 솥 1개가 설치되어 있었으나 현재는 가끔 필요한 경우에만 사용한다. 내부 전면에는 이중문이 설치되어 있는데 외부 쪽의 세살 양여닫문은 후대에 와서 설치한 것으로 보인다.

굴뚝은 좌측면과 배면 총 3개가 설치되어 있으며 안채의 기단에 설치된 굴뚝은 2개이고 배면 화계에 독립적으로 설치된 굴뚝은 1개이다. 기단에 설치된 굴뚝의 크기는 배면 굴뚝은 약 25×15㎝이고 측면 굴뚝은 약 15×12㎝로 측면 굴뚝이 약간 작다. 대청 우측 안방의 난방은 온돌을 사용하며 아궁이는 우측면에 접해 있는 부엌에 있고 굴뚝은 배면 기단에 있다.

기단 및 주초에 있어 기단은 지면에서 한단 높게 쌓여 있으며 막돌 허튼층 쌓기법으로 축조되어 있다. 우측의 지반이 높고 좌측의 지반이 낮아 우측의 기단은 낮게 좌측의 기단은 높게 쌓여 있다. 정면의 기단은 높이가 45㎝이고, 기단 내밀기는 기둥 중심에서 115㎝이다. 좌측면의 기단의 높이는 30㎝이고, 기단 내밀기는 기둥 중심에서 107㎝이고, 우측면의 기단 높이는 20㎝이며, 기단 내밀기는 기둥 중심에서 약 45㎝이다. 배면의 기단 높이는 좌측면은 약 40㎝이고, 기단 내밀기는 기둥 중심에서 약 50㎝이다. 기단 내밀기는 정면과 좌측면이 배면과 우측면보다 약 2배 정도 더 내밀고 있다. 기단으로 올라가는 계단은 정면에 2개가 설치되어 있다. 대청으로 올라가는 계단은 2단이고 규모는 길이 63㎝, 높이 51㎝, 폭 86㎝이고 계단의 좌·우측으로는 화단이 조성되어 있다. 우측의 부엌으로 올라가는 계단은 3단이고 규모는 길이 105㎝, 높이 47㎝, 폭 75㎝이며 기단의 끝부분에서 시작하여 부엌의 입구에서 약 18㎝ 이격되어 있고 좌측으로 화단이 조성되어 있다.

주초는 자연석 막돌을 놓아 기둥을 받치고 있다. 즉, 기둥의 하부느 주춧돌 상부 형태를 따라 다듬은 덤벙 주초의 형식으로 되어 있고, 주춧돌의 상부는 어느 정도 다듬은 상태에서 기둥을 놓도록 되어 있다. 기둥은 각 방주(方柱)로 된 것이 10개이고 원기둥(圓柱)으로 된 것이 3개이다.

기둥 중에서 주초를 가지고 있는 것은 주 칸을 구성하는 10개의 각기둥이고 후대에 부엌 부분을 확장할 때 세운 기둥 3개는 주초를 놓지 않고 기단위에 강회다짐을 한 후 기둥을 세우고 벽을 구성한 것으로 보인다.

가옥은 정면과 배면의 기둥 2개 위에 주심도리를 올리고 보를 건너지른 다음에 보 중앙에 동자주를 세워 종도리를 받치고 종도리 양쪽으로 서까래를 주심도리 위에 걸쳐 얹은 삼량집 구조로 측면이 1칸이라는 것을 알 수 있다.

가구의 하부를 구성하는 기둥은 곧은 자연목을 가공하여 각기둥으로 만들어서 사용하였으며 크기는 12~14.2㎝ 정도를 사용하였다. 기둥상부에는 주심도리와 보가 반턱연귀 맞춤으로 짜여져 있고 각각 크기는 12×12㎝의 각재를 사용하고 있다. 보는 자연목을 가공하여 각형으로 만들어 사용하였는데 부재의 크기는 12×12㎝의 각재를 사용하였다.

처마와 지붕의 구조에 있어서 처마는 연목의 규격이 9~15㎝인 자연재를 사용하였으며 간격은 정면과 배면은 약 35㎝로 배치되어 있고, 측면은 약 46㎝ 간격으로 배치되어 있다. 연목은 주심도리와 처마도리 위에 설치하여 지붕의 경사각을 만드는데 하병수 가옥의 지붕 경사각은 10:4.6 이다.

연목 내밀기는 정면이 약 127㎝이고, 좌측면은 약 102㎝이며, 우측면이 약 117㎝이고, 배면은 약 126㎝이다. 연목 위에는 30의 초평이 설치되어 있다. 초평 위에는 대오리로 역은 산자를 설치하고 산자 위에 군새 잇기를 하였고 군새 위에 이엉 잇기(억새풀)를 하였다. 지붕 형식은 우진각지붕으로 연목 위에 대오리로 엮은 산자를 설치하고 산자 위에 겨릅대를 엮어 덮었으며 그 위에 억새풀로 지붕을 꾸몄다. 또한 용마루에 걸쳐 덮도록 'ㅅ'자 모양으로 역은 용마름 역기는 용마루에만 설치되었다.

이엉을 10겹 이상 촘촘히 설치하였고 길이가 250㎝나 되는 억새풀을 사용하여 새끼 동여매기를 하지 않아도 억새가 바람에 날아가지 않고 비가 새어들지 않으므로 산자엮기를 한 위에 보토나 새우 흙을 얹지 않았다.

그리고 처마는 이 집의 가장 대표적 특징이라고 할 수 있는데, 기둥의 높이에 가까울 정도로 지붕이 깊다. 이러한 구조는 남부지방의 일조량과 강우량을 고려한 특징이라고 할 수 있으며, 지붕은 창녕읍 동쪽의 화양산의 초원에 있는 억새

498

를 이용하여 억새풀을 엮어서 얹은 가옥으로 수명도 길 뿐만 아니라 옛스러움을 느끼게 하고 지붕 형태도 일반 초가보다는 볼록한 형태를 하고 있다.

대청에 깔려 있는 마루는 통나무를 윗부분과 편평히 깎아 깔았고 천정은 연등천정을 단아하게 처리하여 일반 민가주택으로서의 모습을 유지하고 있다. 이러한 가구 수법은 부엌에서의 종도리 모서리에 일반적으로는 충량과 외기를 짜서 형성하지만 하병수 가옥 안채에서는 종도리 모서리에 직접 처마를 올리고 연목을 올린 다음 억새지붕을 엮는 방식이다. 이 방법은 지붕재료가 억새로만 엮어 지붕이 가벼워져서 가능한 구조라 할 수 있다. 또한 목재는 못을 쓰지 않고 구멍을 뚫어 연결한 점 등이 특징이다(문화재청, 2005).

특히 전체 가옥 중에서 안채는 문화재로 지정되어 있는데 이는 한반도 이남 지역에서 폭넓게 나타나는 것으로 흔히 볼 수 있는 남부지방형으로 주거형태도 기후적 요인에 의한 一자형 홑집으로 이루어져 있다.

2) 전기 읍성마을 사례

(1) 순천 낙안 읍성마을

낙안 읍성은 전라남도 순천시 낙안읍 동내리, 서내리, 남내리에 걸쳐 자리 잡고 있다. 사적 제302호로 금전산 남쪽의 완만한 평지에 동서축이 긴 장방형으로 배치되었으며 성의 남쪽으로는 넓은 평야가 펼쳐진다. 성은 둘레가 1,327m로 객관과 새로이 복원한 관아, 그리고 민가를 둘러싸고 있으며 남쪽에 해자(垓字)를 파고 금전산의 남쪽 전답 사이로 흐르는 물을 끌어들여 사용한 흔적이 엿보인다.

현재 남아 있는 성벽은 높이가 4.2m, 상부 폭이 3~4m, 하부 폭은 7~9m이다. 낙안성은 《대동지지》에 의하면 "백제시대에는 파지성이 있었으며 읍성은 고토축(古土築)이었으나 조선조에 석축으로 개축하였다"고 기록되어 있다. 또 《동국여지승람》에 전해진 전라도 관찰사였던 이석형의 기문에 의하면 "태조 6년(1397) 이곳 출신인 절제사였던 김빈길이 부민을 거느리고 토성을 쌓았다"고 전하고 있다. 그리고 《세종실록》에는 세종 6년(1424) 9월에 "낙안성의 토축

순천시 낙안 읍성마을 전경(2006)

성을 잡석으로 개축하되 구기(舊基)를 넓혀 쌓았다"고 하였다.

위 내용을 보면 원래는 토성이었던 것을 세종 때 석성의 규모로 넓혔고, 그 후로 현재의 석성 규모로 개축하였던 같다. 성벽은 큰 암석을 거칠게 겉면을 다듬어 허튼층쌓기로 하였는데 큰 돌 사이에는 잔돌을 끼워 마감하였다. 또한 민가의 텃밭으로 사용되면서 성벽이 흐트러져 내탁처럼 보이나 주민들에 의하면 약 8겹 정도로 겹쌓아 내외 협축을 하였다고 한다.

성내 가옥 중에 중요 민가자료로 9동(棟)이 지정되어 있다. 성내 유적으로는 임경업 장군의 비각과 객사 등이 있고, 옛날에는 동문(낙풍루), 남문(쌍청루), 서문(낙추문)과 빙허루, 훈련청, 낙민루, 사창, 군기고, 옥사, 육방청, 평석교 등이 있었다고 하나 지금은 그 터만 남아 있을 뿐이다. 읍성의 1차적 의미는 방어적 기능이라 할 것이다. 낙안읍성은 해안이나 산악에 위치하지 않고 평지에 위치하기 때문에 그 안에 마을을 수용하고 주변에 넓은 농경지를 경영하고 있다. 성안에는 조밀하게 모여살고 농경지는 모두 성 밖에 있다. 가까이 반촌이 없는 것으로 보아 관속들도 모두 성안에 살았을지 모른다. 읍성의

500

순천시 낙안 읍성마을 초가집(2006)

주요 건물배치는 가로체계와 관련이 깊다. 읍성의 성곽 안 도로구성은 기본적
으로 T자 모양이다. 동서로 남문로가 만나는 지점에 시장이 형성되고 그 중심
부 위로 객관과 관아가 위치하여 조선조에 이루어진 일반적인 읍성계획의 큰
틀을 벗어나고 있지 않고 있다.

낙안은 사방이 산으로 둘러싸인 분지형의 조그만 들녘이다. 북쪽에는 금전
산(金錢山), 동쪽에는 오봉산(五峰山), 서쪽에는 백이산(伯夷山), 남쪽에는 제
석산(帝釋山)이 자리 잡고 있는데, 낙안읍성을 중심으로 형성된 민속마을은
북쪽의 금전산 자락 아래에 위치하고 있으며, 읍성 남쪽으로 낙안 들녘이 길
게 펼쳐져 있다. 또 들판 가운데에는 나지막한 옥산(玉山)이 자리 잡고 있는
데, 금전산이 낙안읍성의 진산(鎭山)에 해당한다면, 이 옥산은 안산(案山)인
셈이다. 낙안민속마을은 다음과 같은 몇 가지 특징을 갖고 있다.

첫째, 읍성이 가장 잘 보존되어 있다는 점이다. 제주도 성읍민속마을도 본
래 읍성이 있던 곳이다. 그러나 지금은 거의 읍성의 존재를 확인하기 어려울
정도로 그 자취가 남아있지 않다. 그런데 낙안읍성은 조선 초기의 읍성의 형

순천시 낙안 읍성마을 노거수들(2006)

태를 고스란히 간직하고 있다. 토축성(土築城)의 석축화(石築化)는 조선 초기의 전반적 추세였으며, 왜구가 침입할 것으로 예상되는 남해안 지역의 읍성이 맨 먼저 석축화되었다. 즉 세종·문종 때에 이르러 읍성의 방어력을 높이는 국가적 규모의 계획이 실천에 옮겨지게 되었는데, 문종 원년 8월의 기록에 낙안읍성에 대해 매우 구체적인 사실이 기록되어 있다. 이에 의하면 둘레가 2,865척(尺)이며, 성벽 높이는 평지에서는 9척 5촌(寸)이고 지형이 높은 곳에서는 8척 5촌이었다. 그 위에 여장(女墻) 2척 5촌을 더하였고, 적대(敵臺)는 본래 12개를 계획하였으나 4개만 완성되었다고 하였다. 또 성문은 3군데인데 옹성(擁城)이 없으며, 성안에는 우물 두 곳과 작은 못 2개가 있고, 성벽 둘레의 해자(垓字)는 아직 시설되지 못하였다는 것이다.

지금의 낙안읍성은 일부 허물어진 성벽을 복원한 것이며, 성 밖에는 동천(東川)과 서천(西川)이 자연해자(自然垓字)를 형성하고 있는 것 외에는 문종 때의 기록과 거의 차이가 없다. 게다가 지방수령이 업무를 처리하던 동헌(東軒)이나 수령의 가족들이 거처하던 내아(內衙)도 잘 보존되어 있다. 따라서 낙안읍성은 조선 초기의 읍성을 연구하는 데 더없이 귀중한 자료라고 할 수 있다.

둘째, 낙안민속마을은 인위적으로 꾸민 전시용이 아니라 마을 주민들이 실제로 전통적 생활방식을 간직한 채 살아가는, 생생하게 살아 있는 민속마을이라는 점이다. 낙안읍성도 1984년 민속마을로 지정되면서 성안에 거주하던 사람들이 성 밖으로 이주하는 등 다소 변화가 없었던 것은 아니다. 그러나 이곳은 단순히 전시용으로 복원된 곳이 아니다. 일부의 출입을 제외하고는 본래 이곳에서 살던 사람들이 집안의 텃밭이나 성 안팎의 논밭을 일구며 생계를 유지할 뿐만 아니라 조선시대의 세시풍속과 통과의례를 지키면서 생활한다.

셋째, 호남지방의 전통적 주거형태와 생활상이 잘 보존되어 있다는 점이다. 현재 민속마을로 지정된 곳은 모두 나름대로의 독특한 주거형태를 잘 간직하고 있다. 제주도의 성읍마을은 제주도 고유의 초가집들이, 안동의 하회마을과 월성의 양동마을 그리고 아산 외암마을은 지역의 특성에 따라 형성된 조선시대 사대부가의 전통적 주거형태가 잘 보존되어 있다. 또 고성 왕곡마을은 19세기를 전후하여 건축된 북방식 전통가옥들이 원형대로 남아 있다. 낙안 민속마을에는 호남지방의 그것도 서민들의 전통적 주거형태가 옛날 모습 그대로 보존되어 있다.

낙안읍성 안에서 기와집은 객사·동헌·내아, 그리고 근래에 신축한 민속전시관과 관리소이며, 나머지 민가들은 모두 작은 초가집들이다. 이들 초가집들은 대부분 남부지방의 전형적인 일자형(一字形)의 삼간(三間) 집들인데, 이들 가운데 9개동이 중요 민속자료로 지정되어 있다. 이곳에 들리면 우리의 전통 사회에서 사용했던 농기구를 비롯하여 다양한 생활도구 등이 실제 생활모습 그대로 배치되어 있다. 물론 이곳에도 실제 주민들이 거주하면서 생활을 영위하고 있기도 하다.

넷째, 낙안읍성은 민족의 정기가 생생하게 서린 곳이라는 점이다. 본래 낙안은 왜구들의 침략에 맞서 가열찬 투쟁을 벌인 곳이다. 낙안읍성은 조선 초기에 김빈길 장군이 쌓았다는 설도 있는데, 그는 원래는 행오(行伍) 출신이었다고 한다. 그런데 태조 6년 왜구가 낙안을 침입하여 살인과 약탈을 자행하자 손수 의병을 일으켜 왜적 수천 명의 목을 자르고 적선을 불태워 대승을 거두었으며, 태조 이성계가 전공을 들어 특별히 김빈길 장군을 군 절도사에 임명했다고 한다.

낙안읍성 마을에는 임경업 장군의 비각을 비롯하여 당산나무로 섬겨지는 노거수 등 민속행사와 관련된 많은 자료들이 있다. 임경업 장군의 비각은 동문에서 객사로 가는 큰길가에 있는데, 동내리에서는 매년 이곳에 당산제를 지내고 있다. 또 낙안읍성 안에서 3백 년에서부터 5백 년 정도로 동내리와 남내리에 각각 하나씩 있는데, 이 두 나무는 풍수지리상 행주형인 낙안읍성에서 배의 돛대에 해당하는 것으로 알려지고 있다.

북쪽 성벽과 객사 뒤쪽에 있는 많은 노거수들도 낙안읍성의 역사를 간직하고 있다는 점에서 그 존재 의의가 적지 않다(순천대 박물관. 2001).

해미읍성, 고창읍성, 낙안읍성은 서해안과 남해안을 중심으로 해안과 가까운 곳에 축조되고 북부지방의 읍성들이 홍건적 침입에 대비하기 위한 것이라면 해안가에 위치한 읍성은 주로 고려 말기부터 빈번하게 침입한 왜구에 대비한 읍성으로 조선 초기에 대부분 축조되었다. 낙안읍성도 이 시기에 축조되어 군사, 행정기능을 함께 한 읍성마을이다.

(2) 제주특별자치도 서귀포시 표선면 성읍마을

제주도의 역사전개 시기는 지금으로부터 7~8만 년 전의 구석기 시대부터 시작된 것으로 연유된다. 제주군 애월읍 어음리의 빌렛못 동굴에서 순록과 황곰의 뼈가 발굴 조사되었기 때문이다. 현재 알래스카 지역에서 살고 있는 순록으로 보아 과거 섬으로 계속 존재된 것이 아니고 육지와 함께 연결되었음을 알 수 있다. 제주도는 이후에도 신석기·철기시대에 이르기까지 계속 유물 등이 발굴됨에 따라 오랜 역사성을 지니고 있다. 이러한 역사속에서 제주도의 성읍민속마을은 남제주군 표선면 성읍리에 자리 잡고 있으며 지방 민속자료 제5호 (1980년 5월 6일)로 지정보호 받았으나 민속학적 가치가 다시 인정되어 정부지정 민속마을로 중요민속자료 188호(1984년 6월 7일)로 승격되어 보호받고 있다.

바다로 사면이 둘러싸여 있음에도 불구하고 성읍마을은 해안으로부터 약 8㎞ 쯤 들어간 한라산 방향의 중간 산간마을에 위치하고 있다. 다른 마을의 형

504

제주특별자치도 서귀포시 표선면 성읍마을 (2007)

성과 비교해 보면 조금은 특이한 특징을 지니고 있다. 마을의 생성 시기는 세
종 5년(1423)에 성산읍 고성리에서 왜적침입이 빈번하여 보다 안전한 곳을 찾
아 이곳 성읍으로 옮기게 되었다. 성읍의 규모는 동헌, 객사, 남대문 등의 공
간배치와 성곽은 약 770m의 크기의 네모꼴로 형성되어 있다. 이곳의 정의현
은 1914년 일제 강점기시대의 지배 아래서 군현제가 폐지될 때까지 5백여 년
간 정의현의 도읍지로 역할을 하였으며 조선시대의 전기의 읍성마을로써 기본
구조를 잘 보존하고 있다. 오늘날까지 성곽 등이 훼철되지 않고 보존된 연유
도 다른 읍성마을 내지 전통마을처럼 풍수지리 사상과 밀접한 관련이 있는 것
으로 보인다. 해안선으로부터 깊숙이 산간마을의 대평원에 위치하고 있으며
주변의 산세는 마치 오늘날의 군사기지의 요충지처럼 오름(峰)들이 병풍처럼
둘러쳐 요새화되어 있다.

　주변환경을 살펴보면 마을 뒷산의 주산이라 할 수 있는 영주산(325m)이 자
리 잡고 백약이오름, 본지오름, 무찌오름(300m), 장자오름, 감서니오름, 설오
름, 개오름, 모구리오름, 독자봉, 가시오름, 돌리미, 문석이오름, 궁대오름,

제주특별자치도 서귀포시 표선면 성읍마을(2007)

좌보미오름, 아부오름, 손지오름 등 크고 작은 오름들이 천미천과 주산(主山) 사이에서 성읍마을을 압도하고 있다. 풍수지리상 배산임수의 맞춤형격의 표본인 전통마을이라 할 수 있다.

마을에는 여러 가지의 보존가치가 있는 천연기념물, 유형문화재, 중요무형문화재, 중요민속자료 등이 많이 산재되어 있다. 우선 마을중심부 정의현청이 있던 일관헌(日觀軒) 옆에 제주도에서 가장 오래된 천년수(千年樹)라는 느티나무와 팽나무가 의젓하게 서 있는데 제주도 마을의 대표적 마을 수호신인 느티나무와 팽나무는 천연기념물(제161호)로 지정되어 보호받는다. '벅수머리' 또는 '무성목'이라는 돌하르방이 모두 12개소가 있는데 육지에서는 '장승'으로 여겨지는 제주도의 대표적 특징을 지니고 있다. 이 돌하르방 역시 제주도 민속자료(제2호)로 지정되어 있다.

이외에도 무속신앙으로 성읍마을의 주민들의 신수(身數)의 강녕(康寧)을 관장하는 안칠성 계열의 '안할망당'이 전해 내려오며, 마을 공동체 조직으로 향회의 향장, 경민장, 기찰 같은 이름으로 불려온 우두머리 중심의 마을일을 자

제주특별자치도 성읍마을 정낭(2007)

치적으로 해결하는 부락제도, 유교사상에 의한 의식제인 포제, 그리고 매년 백중날의 축산번성을 위한 '백중고사' 등이 있다.

성읍마을의 오래된 도읍지로 가옥구조 등에서 옛 모습을 알 수 있듯이 조일 훈 가옥은 우진각 초가집의 '一자형'으로 형성되어 중요 민속자료(제 68호)로 지정되어 있다. 이 집의 구성은 안거리(안채), 밖거리(바깥채), 목거리(헛간 채), 대문간채로 안마당을 중심으로 이루어져 있다. 한편 제주도의 초가구성 은 보통 대문간채가 없는 것이 특징임에도 불구하고 설치되어 있다는 점이 특 이 하다고 할 수 있다. 원래 객주집으로 사용되었기에 설치되었던 것으로 여 겨진다. 또한 초가의 특징은 제주도의 전형적인 3칸 집으로 가운데는 대청을 배치하고 한쪽은 큰 구들과 고방, 다른 쪽은 정지(부엌)를 배치하였다.

한편 이러한 역사성을 갖는 전통마을은 보통 동족마을로 형성되는 것이 하 나의 특징임에도 불구하고 성읍마을의 형성은 여러 성들이 모여 어우러진 잡 성마을이라는 것이다. 또한 육지의 전통마을과는 달리 제주특별자치도에서만 느낄 수 있고, 사용되는 특이한 이름들이 있다. 정지(부엌), 이문(중문), 정낭

(대문을 대신한 막대기), 거리(채)라는 의미는 즉, 안거리(안채), 밖거리(바깥채), 묵거리(부속채)를 말하며, 상방(대청마루), 통시(변소), 물허벅(주둥이가 있으며 물을 담을 수 있는 작은 항아리), 고팡(창고) 등이 있다.

그리고 읍성마을의 기능이 집단 공동체 사회로 구성되어 물통, 연자방아 같은 시설 등이 공동으로 운영되었다는 것이다. 마을이 섬에 자리 잡고 있으면서도 해안가에 위치하지 않고 중 산간지방에 부락이 형성되어 있다는 점이다. 잦은 강한 해풍으로 인해 해일이 발생하고, 왜적들의 잦은 출몰에 따른 노략질로 인해 중간 산간지역에 입지하게 되었다고 한다. 그리고 우리나라의 전통마을에서 볼 수 없었던 이 지역의 문화적 요소, 지역 특유의 민가구조와 형성, 민요, 풍속, 방언, 돌하르방 등은 육지의 전통마을에서 볼 수 없었던 제주도만이 갖고 있는 차별화된 유서 깊은 역사성을 말해주고 있음을 알 수 있다.

제 4 절   조선 중기의 주거문화

1. 시대적 형성배경

조선시대 중기의 사회·문화적 시대배경은 임진왜란 이후의 시기로 정치, 사회적으로 많은 변화가 대두하기 시작하였다. 16세기말 7년간의 임진왜란과 17세기 전반의 병자호란은 지배층의 붕괴를 어느 정도 가져왔고 정치기강 및 수취체제의 문란 등에 의해서 민심이반 현상이 일어나 사회는 파탄에 빠지고 불신과 반감으로 백성들의 원성은 더욱 강해져 갔다. 16세기 이후에는 건축 등 사원건축이 발달하여 이는 주택, 사원, 정자의 건축 등이 자연과의 조화를 이루면서 유교적 검약정신으로 축조되었다.

조선왕조는 16세기에 들어오면서 새로운 변화를 맞이하게 된다. 사림은 자신들을 주축으로 하는 향촌의 자치조직을 형성하고, 이를 통해 관권과의 일정한 타협 하에 자신들의 향촌지배권을 확보하는 자율책을 추구하게 된다. 그것은 때로 향약이나 향규(鄕規), 향안(鄕案)과 같이 일향(一鄕)을 망라하는 조직형태로 구체화하기도 하고, 그보다는 좀더 하부체계로서 친린(親隣)·동지적 성격을 가지는 결사형태인 동계(洞契)조직으로 성립하기도 하였다. 사족의 향촌지배는 그 이전부터 그들이 마련하여 온 유향소, 향약, 향규, 동약(洞約), 동계(洞契) 등의 자치조직을 통해 구현되었다.

유향소는 수령권과의 마찰이 불가피하여 몇 차례의 치폐과정을 겪기도 하였으나, 수령권과의 타협 위에서 재지세력이 부세운영에 관여할 수 있는 기구로서 기능을 수행했다. 유향소는 성종 때 사림파에 의해 향사례(鄕射禮), 향음주례(鄕飮酒禮)와 같은 주자적 이념을 실천하는 교화장소로써 주목되었고, 후일 서원이 발흥함으로써 사림의 관심에서 멀어졌으나 적어도 17세기 중반까지는 사족의 향촌지배기구로 활용되고 있었다.

한편 군현단위의 향촌 자치조직에는 향약과 향규가 있었다. 향약은 성리학의 수용과정에서 알려진 중국의 향촌제도로써 중종 년간 조광조 등의 사림이

교화의 방안으로써 전국적인 보급운동을 벌였으나 기묘사화로 실패한 후 지방 사족에 의하여 구휼위주로 성격이 바뀌어 향촌별로 점차 시행을 하였다. 유향소와 향약, 향규가 군현단위의 조직이었다면 보다 축소된 지역단위로서 동계가 있었다. 동계의 출발은 자연촌의 형성에서부터였겠지만, 16세기에 이르면 하나의 촌락 혹은 지연·혈연적으로 긴밀한 관계를 유지하는 몇 개의 촌락에 거주하는 사족 사이의 결사적 성향이 농후하게 된다. 동계의 구성원들은 이를 바탕으로 향안에 입록될 수 있었고, 향약, 향규 등의 군현단위 자치조직에 참여, 사족의 향촌지배에 가담할 수 있었다.

16세기 중반 이후 출현하는 서원은 사족의 향촌지배 측면에서 볼 때 분명히 새로운 기구였다. 그것은 강학(講學)과 장수(藏修)를 표방하는 학교였기 때문에 유향소처럼 수령권을 침해할 수도 있다는 의심에서 벗어날 수 있었고, 따라서 그들이 개별적으로 추진해 오던 향약이나 향음주례 등을 현실에 적용할 수 있는 장소로써 고려될 수 있었다.

16세기 중반 이후 확실하게 드러난다는 사족의 향촌 지배체제는 이상과 같이 여러 가지 향촌 기구를 통해 향촌민 지배의 독자적 영역을 구축하여 온 사족세력의 부단한 노력의 산물이었다. 거기에는 물론 지방지배의 동반자로서 향리 대신 사족을 선택한 중앙정부의 입장이나, 성리학 이념의 정착이라든가 15세기 이후의 농법의 발달과 그에 수반한 경지의 확대에 따른 사족 경제력의 상승 등이 배경이 되었을 것임은 말할 것도 없다. 사족의 향촌지배에 큰 전기를 마련한 계기는 임진왜란이었다.

임란은 조선조의 지배질서를 전면적으로 재편하지 않을 수 없게 하였으며, 향촌에서의 사족 지배구조에도 마찬가지 영향을 미쳤다. 임란 후 재건된 향촌 사회를 어떻게 볼 것이냐에 대해서는 논자에 따라 견해가 각기 다르다. 그러나 일반적으로는 난중의 의병활동을 기반으로 사족은 난후의 수습과정에서 진주지방의 리방(里坊) 편성에서 보듯이 그들 중심으로 향촌사회를 재건하였으며, 이런 과정에서 황폐화된 토지의 개간과 유향소, 향약, 향규, 동계, 서원 등의 향촌조직이 복구되었다고 설명되고 있다.

사족 중심의 향촌 운영은 그러나 얼마가지 않은 17세기 후반에 이르러 더 이상 추진되기 어려운 난관에 직면하게 된다. 그것은 우선 국가의 대향촌정책 (對鄕村政策)이 재지사족을 매개로 하던 간접적 방식에서 소농민에 대한 직접적 지배형태로 전환된 것과 관련된다. 먼저 경재소의 혁파로 향임의 선임권을 수령이 장악하게 됨으로써 유향소는 명칭마저 향청으로 바뀌어 수령의 보좌기구가 되어버렸다. 나아가 국가는 오가통사목(五家統事目)과 리정법(里定法)의 시행을 통해 부세행정실무를 면이임과 향리의 연결조직을 이용해 수령에게 귀속시킴으로써 사족의 부세운영권 참여를 무력화하여 소민(小民)에 대한 지배를 약화시켰다.

이러한 외부의 견제와 함께 사족세력 내부에서도 분열이 심화되어 더 이상 결집된 힘을 발휘할 수 없는 상황에 이르게 된다. 가례(家禮)의 보급에 따른 가족 및 상속제도의 변화는 이성잡거(異姓雜居)의 동족촌(同族村)에서 동성동본(同姓同本)의 동성촌(同姓村)으로의 전환을 가져오게 하였는데 그에 따라 종래의 공유재산(公有財産)에 대한 이해갈등과 대립이 일어나면서 결국은 향촌사족이 분열되어 각자가 동성촌에 기반한 족적결속(族的結束)과 문중세(門中勢)의 확산에 주력했다.

향촌사족의 이런 분열에는 중앙정계의 붕당간 대립의 심화도 크게 작용하였다. 당론의 세습성은 향촌사족에까지 여파를 미쳐 향론의 분열을 조장했으며 여기에 향권 장악을 둘러싼 대립까지 가세함으로써 사족 내부의 분열을 촉진하였다. 이 시기에 빈발하는 당색과 연결된 사족간의 향전(鄕戰), 특히 서원 제향자를 둘러싼 향전의 빈발이 그것의 단적인 예이다.

이와 같이 사족의 향촌 지배권이 약화되는 속에 사족 내부의 분열까지 겹치게 되면서 16세기 이후 사족 중심의 향촌지배는 후퇴하고, 새로이 드러나는 동성촌락을 중심으로 한 족적결속과 문중조직에 관심이 집중되면서 향촌사회의 운영도 그런 방향으로 가게 된다(국사편찬위원회, 2002: 303~305).

17세기에는 주자가례를 중심으로 예학이 발달하면서 종법제도의 보급 확산과 더불어 향촌사회의 많은 변화를 일으킨다. 종법제의 정착은 사회에 미치는 영향중에서도 주거문화의 외부 및 내부구조에까지 영향을 미치게 되는데 우선 집을 지을 때 가묘부터 건립하게 되었다. 또한 가족구조의 변화도 나타나게 되는데 부계적 가족제도로 변화를 가져오고 종상에 대한 제사도 외손봉사 등에 의한 대신에서 적장자에 의한 사대봉사와 그리고 잡성 동족마을 중심에서 씨족마을 중심으로 변화되었다. 이와 같이 주자가례는 조선시대에서 양반사회에서 지켜야 할 윤리체계의 책이었다.

주자가례는 조선 초기에는 그다지 중요시 되지 않았는데 주자학의 영향으로 인해 서원, 시제(時祭) 등에서 볼 수 있듯이 조상숭배사상과 직결되면서 조상을 모시는 신주의 공간으로 가묘 등이 반가(班家) 등에서는 별도의 공간을 만들어 모시게 되었고 일반서민들은 공간설치가 넉넉지 못해 집의 한 켠에 공간을 마련하여 모시게 되었다. 또한 전통 주거문화에도 많은 영향을 주었으며 내·외 주거공간에서 위계질서가 나타나게 되었다. 마님 등이 거주하는 안채, 별당, 주인 어르신이 학문을 읽히고 손님을 수시로 접대하는 공간으로 대문 입구 앞에 사랑채, 집안의 허드렛일을 하며 도와주는 하인 즉 노비들의 행랑채 등이 별도로 주거공간으로 배치되는 등 영향을 주고받았다.

또한 서민들은 조선 초기부터 가사제도에 의한 규제 관계로 초가 3칸의 집에서 거주하였다. 조선 중기의 주거형성 시대적 배경의 특징은 주거입지 환경에 의해서 씨족마을의 주거공간 형성이다. 그리고 조선 초기의 새로운 가사제도의 규정과 성리학의 생활문화 형성에 의한 기본이었다면 조선 중기는 주자가례에 의한 사대부 주거의 형성이 개별적으로 전개되었다는 것이다.

2. 양 전란(兩戰亂) 후 복구 주거

조선 전기의 주거문화는 개국과 동시에 도성을 중심으로 읍성마을 등의 건축이 활발하게 진행되었고 신축된 주거들이 활발하게 지속적으로 공급되었다. 이 시기는 주거뿐만 아니라 모든 문물 등이 재정비되어 정치, 경제, 사회적으로 안정된 시기였다. 16세기는 왕조 초기의 건설이 일단락되어 소강기에 접어든 시기이다.

이 사이에 한양은 권문세족에 의한 큰 규모의 주택이 속속 건립되었으며,

뒤를 이어 지방에서 상경한 신진 사림세력들이 그 나머지 지역에서 규모는 크지 않지만 선비들의 문화적 취향을 반영한 새로운 주택들을 지었다. 이로서 한양은 초기의 궁궐이나 관청, 장랑과 같은 공공시설에 이어 민간의 주택이 조밀하게 채워지는 도시의 모습을 갖추어 갔다고 볼 수 있다. 1592년 일어난 임진왜란은 이러한 16세기까지의 도시모습을 일시에 지워버린 대참사였다. 1592년 임진왜란이 일어나 도성이 왜군에 점령되는 과정에서 상당수 주택들이 불에 타거나 훼손되었다.

무엇보다 3대 궁궐이 모두 소실되고 종묘를 비롯한 여러 단·묘와 많은 관청들도 방화에 의해 소실되었다. 왜군이 물러나고 사회가 서서히 안정을 되찾으면서 왕실에서는 여러 단·묘와 궁궐을 복구하였으며 17세기 초에는 일부 궁궐을 새로 창건하고 관우묘(關羽廟)를 새로 짓기도 하였다. 그러나 이 기간에 이루어진 궁궐이나 단·묘, 관청 복구는 주로 소실 전의 옛 모습을 재건하는 것이었다. 도시의 기본 틀을 이루는 가로의 구성이나 백성들의 주택에 새로운 건축적 변모가 나타나지는 않았다.

궁궐이나 단·묘의 재건은 선조 말년부터 시작되어 광해군 때 활발히 진행되었다. 소실 부분이 비교적 적었던 문묘(文廟) 일랑(一廊)이 비교적 일찍 복구되었으며 이어서 종묘(宗廟)와 사직단(社稷壇)이 재건되었다. 궁궐의 복구는 당초에는 정궁(正宮)인 경복궁 복구를 준비하다가, 선조 40년 초에 와서 갑자기 복구대상을 창덕궁 복구로 변경되었다. 경복궁의 복구에서 창덕궁 복구로 전환된 데에는 당시 왕실에서 풍수지리설에 의한 궁터의 길흉설(吉凶說)이 작용한 것으로 짐작된다.

《선조실록》에 의하면 선조 37년 말부터 착수한 경복궁 재건준비가 한창 진행되던 도중인 40년 2월에 왕이 건국 초기에 도성의 길흉에 대한 논의한 기록들을 가져오라고 명하는 기사가 나온다. 그 이후 돌연 경복궁 복구는 중단되고 복구대상이 창덕궁으로 변경되었다. 당시는 왜란으로 도성에 대한 길흉관(吉凶觀)이 크게 사람들의 마음을 움직이는 분위기였다. 왕실에서도 이런 여건에 민감하게 반응한 결과로 불길하다는 평가가 있었던 경복궁 대신 창덕궁이 복구대상으로 선정된 것으로 보인다.

창덕궁은 결국 광해군 원년(1609)에 옛 제도에 따라 복구되었으며, 이어서 광해군 8년(1616)에는 창경궁도 옛 궁터에 재건되었다. 한편 창덕궁에 들어가기를 꺼렸던 광해군은 인왕산 아래 새로 인경궁(仁慶宮)과 경덕궁(慶德宮)을 창건하였다. 이 공사과정에는 궁궐의 입지와 좌향 등을 결정하는데 왕실의 풍수가는 물론, 풍수에 밝다는 승려와 중국인 풍수가는 시문용(施門用)으로, 정유재란(丁酉再亂) 시 이여송(李如松)이 이끄는 명나라 원군의 중군(中軍)으로 참전했다가 부상으로 귀국하지 못하고 귀화한 인물이다. 풍수에 조예가 깊은 것으로 알려져 인경궁 조성에 큰 역할을 했으며 후에 성주 대명동에 정착했다. 지금도 그 후손인 절강 시씨 일족이 성주와 고령일대에 거주하고 있다.

새로 조성한 두 궁궐 중 규모가 더 크고 장려했던 것으로 알려진 인경궁은 인조반정(仁祖反正) 후 완전히 훼철되어 흔적이 남지 않게 되었으며, 경덕궁만이 도성 내 새로운 궁궐로 활용되었다. 경복궁이 복구되지 않고 도성 내 동쪽의 창덕궁과 창경궁, 그리고 서쪽의 경덕궁〔후에 경희궁(慶熙宮)으로 개칭〕이 궁궐로 활용됨에 따라 17세기 이후 도성의 궁궐은 오랫동안 동(東)·서궐(西闕)의 시대를 맞게 되었다.

두 궁궐 외에 새로 창건된 건축물로 두 곳의 관왕묘(關王廟)를 들 수 있다. 이것은 전적으로 임진왜란 때 원군으로 왔던 명나라 장수의 권유로 조성하게 된 것으로 건물의 형태에도 중국 건축의 영향이 강하게 나타났다. 두 곳 중 동대문 밖에 조성된 동관왕묘(東關王廟)는 지금도 건물이 남아 있으며, 남관왕묘(南關王廟)는 남대문 밖 언덕 위에 지어졌으나 1955년경에 철거되었다가 1979년 동작구 사당동에 옮겨지었다.

한편 임진왜란의 피해로부터 가장 복구가 더디게 진행된 것이 일반 주택이었다. 16세기에 장대한 규모를 자랑하던 많은 권세가의 저택을 비롯해서 대부분의 주택들이 임진왜란으로 소실되거나 부분적으로 파손 당했다. 이후 복구된 주택들은 16세기의 세련된 모습에 미치지 못하는 소박한 규모나 외관에 머물렀다고 짐작된다. 가사제한을 어긴 큰 규모나 화려한 치장을 한 주택 대신에 전보다 규모가 축소되고 치장이 사라진 소박한 주택이 주를 이루었으며 특히 기와집의 비중은 크게 줄었다.

16세기에서 17세기 전반기의 건축 경향은 전체적으로 보면 농촌의 양반층에 의해 주도되었다. 한양을 벗어난 농촌 지역에서 새로운 조형의식을 가진 참신한 건축물이 농촌의 양반층에 의해 활발히 지어진 시기이다. 영남이나 호남지방에서는 선비들의 건축관을 반영한 서당이나 정자가 참신한 건축형태를 창출했고, 이들의 주택이 그들의 경제력과 안정된 생활을 반영하여 각 지역에서 지어졌다. 뒤이어 선비들의 학문적 결집소인 서원이 창설되어 지방 건축의 새로운 기운을 주도했다. 여기에 비하면 한양은 조선 초기의 왕성한 건설 경기에서 한걸음 물러나 소강상태에 있었고 다만 권세가들의 큰 주택이나 지방에서 올라온 사림세력의 주택이 빈자리를 메우는 상황이었다.

　　임진왜란은 16세기 동안 형성된 도성의 건축물을 상당 부분 소멸시켰다. 17세기 전반기 동안 도성은 소실되었던 건물의 복구에 몰두한 시기였다. 따라서 지방 농촌과는 달리 건축의 새로운 사조(思潮)가 형성되기보다는 기존의 틀을 다시 살려내는 데 머무는 정도였다고 평가된다.

　　건물의 구조에서는 처마 밑에 공포(栱包)를 많이 배열하는 다포식(多包式)이 여전히 궁궐의 정전(正殿)이나 정문(正門)과 같은 격식을 요구하는 건물에 채택되었지만, 나머지 건물에서는 새롭게 유행하기 시작한 익공식(翼工式)이 널리 쓰였다. 조선 초기까지 소규모 건물에 널리 쓰이던 주심포(柱心包) 형식이 점차 사라지고 익공식이 확산된 것이다. 긴 재목을 많이 필요로 하는 주심포식 대신에 형태는 단순하지만 외관이 간결하고 자재를 절약할 수 있는 익공식이 시대적 요구에 잘 부응한 결과였다. 익공식 건물은 임진왜란 직후에 재건된 사직단 정문이나 종묘 정전에서 기법상으로 정돈된 모습을 보이고 있다. 따라서 이미 16세기부터는 일부 관청이나 사당 건물과 같은 간소한 외관을 꾸미는 건물에서는 일반적으로 쓰였던 것으로 보인다(서울특별시사편찬위원회, 1999: 143~147).

　　조선 중기의 주거촌락 형태는 주로 하층민인 농민층으로 이들의 생활 기본 단위뿐 아니라 향촌사회를 구성하는 자연촌으로 존재하였다. 양 전란 이후 전국에 걸쳐 주거 이동이 나타났고 특히 신흥 사족(士族)들이 향촌지역으로 주거를 옮기면서 향촌사회의 변화도 다르게 발전되었다. 이때 주거는 주거이동에 따른 새로운 정착촌의 건설과 기존의 주거에 대한 복구사업 위주로 전개되었다고 볼 수 있다. 당시 양반들이 거주하는 촌락을 반촌(班村)이라 하였고 일반 백성들이 거주하는 촌락은 민촌(民村)이라 하였다. 이렇게 형성된 촌락체의 공간구성은 상류계층만 거주하는 것이 아니고 양반, 평민, 천민 등이 혼재하면서 살아갔다. 또한 몇 개의 씨족들이 함께 인척관계를 유지하면서 거주하기도 하였고 애・경사 등의 집안 일이 있을 경우 서로가 돕는 공동체 의식이 두드러지게 나타나는 모습으로 변화되었다.

우리 한민족은 역사적으로 볼 때 크고 작은 외침(外侵)으로 시달렸다. 이러한 외침에 대해서 국가는 백성들을 위한 안위에 대해서 보호하는 확실한 군사적 방어기능을 하지 못했다. 국가차원에서 도성, 읍성, 산성 등의 방어적 기능을 축성하여 보호하는 데는 한계가 있었다. 조선 중기 양란 이후 우리민족은 가족단위로 서로 의지하고 보호받을 수 있는 제도적 장치는 국가보다는 가족단위의 혈연중심, 씨족중심으로 옮겨가면서 가치관과 행태도 급속하게 변화되었다. 이러한 변화는 동족촌의 전환 및 탄생을 가져왔다. 오늘날 남아 있는 전통마을의 대표적 사례로 안동 하회마을의 동족마을을 들 수 있다.

3. 동족마을의 지역적 형성

동족마을에 대한 개념은 연구자에 따라 다양하게 사용했는데 일반적으로 동족마을, 씨족마을, 동성마을, 집성촌 등으로 용어를 사용하고 있다. 동족마을이 정착화된 시기는 조선 중기로 형성되고 성장된 배경에는 시대적 사상의 영향이 있었다고 볼 수 있다. 유교사상을 근간으로 하는 조선의 역사는 사회가 한 개인으로 존재하는 것이 아니라 대가족 틀 속의 기본 단위로 이루어진데 있었다. 이러한 사회제도는 일상생활의 영역은 물론 주거문화 속에도 깊숙이 영향을 미치게 되었다. 즉, 핵가족 중심의 주거개념이 아닌 대가족 중심으로 이루어진 구성원을 위해 주거의 배치, 구조 등에서도 유교이념에 따라 건축되었다. 혈연중심의 대가족 제도는 점차 하나의 동족마을을 형성시키고 경제적으로 상부상조하는 공동 협동체로 발전했다.

이와 같이 동족마을의 형성 시기는 논자에 따라 다르게 주장하지만 계급사
회와 사유재산제도의 성립시기로 볼 수 있는데 이는 청동기시대로부터 그 연
원이 시작되었다고 볼 수 있다. 청동기의 보급은 정복국가를 형성하게 되었고
강력한 지도자의 구심점을 중심으로 씨족사회의 공동체인 혈연의 힘에 의한
작용이었다. 그러나 동족마을이 본격적으로 형성된 시기는 시대적 배경에 따
른 종교적 사상에서 비롯되었다고 볼 수 있다.

조선 중기에 이르면서 성리학적 유교사상은 초기에 비해 점점 정착단계에
접어들게 되었다. 조선의 모든 법의 근간인 경국대전이 세조 6년(1460)에 착
수하기 시작하여 성종 15년(1484)에 완성됨에 따라 유교사상을 확립하게 되었
고 그 법전 속에는 일상생활에서부터 국가의 행사에 이르기까지 규율 및 규범
등의 의례제도가 마련되었다. 이는 종법(宗法)의 제도인데 혈연을 중심으로
하는 가부장적 존재로써 부계혈통과 적장자의 계승을 토대로 종족의 집단을
하나의 구심점으로 하는 통합적 기능도 가지고 있는 제도이다. 종법에 의한
부계적 가족제도가 확립되자 가계 계승은 자연스럽게 장자중심으로 이동하게
되고 딸들은 소외되기 시작하였다.

재산의 분배과정도 아들, 딸 구별 없이 조선 초기에는 균분하게 배분되었으
나 조선 경국전이 성종 조에 완성 반포됨에 따라 종법(宗法)제도의 기능은 양
전란을 거치면서 사회적 변화와 함께 재산상속도 적장자 중심으로 균분보다는
차별 있게 계승되었다. 즉, 종법)제도는 유교사상에서 강조하는 조상숭배사상
에 바탕을 둔 선조의 제사의식, 분묘수호, 웃어른 공경 등 생활관습들이 모두
종가(宗家)를 중심으로 이루어져 자연스럽게 관혼상제, 경제적 협동에 의한
공동체 등이 필요함에 따라 종가로부터 멀리 떨어져 살지 못하고 가까운 곳에
모여 살기 시작하면서 대가족 집단의 연장선으로 동족마을의 형성에 주 요인
이 되었다.

동족마을의 특징은 중인, 서민 등의 집단인 동족마을은 거의 존재하지 않았
던 것으로 보이며 조선시대의 신분계급사회로 볼 때 상류계층의 양반 출신 동
족집단이 대부분이었다. 16세기 이후 동족마을의 지역적 형성에 대해서 지금

까지 남아 있는 마을들을 지역별로 쉽게 찾아볼 수 있다. 동족마을의 지역분포를 보면 주로 한양으로부터 가까운 지리적 위치를 강점으로 한 강원도와 정치, 사회, 문화적 요인에 의한 경상도, 전라도 지역에 입지하고 있다. 이는 두 가지 측면에서 지역성의 형성과정을 살펴볼 수 있다.

첫째, 붕당정치 부산물에서 나타난 현상이다.

조선 성종조에 전후하여 등장하게 된 사림(士林)의 대두는 절의와 학풍을 중시하면서 훈구파에 대응하는 정치세력으로 성장하면서 이때 김종직과 그 문하생인 김굉필, 정여창 등이 영남, 기호지역 출신으로 훈구파와 충돌하여 결국 연산군에 이르러 사화가 발생하게 되었다. 갑자(甲子), 기묘(己卯), 을사(乙巳) 등의 원인은 서로 다르지만 성격은 신, 구세력, 개혁세력과 보수세력 간의 정치투쟁이었다. 이는 지방의 서원발달을 가져왔고, 많은 학자들을 육성하기도 하였다. 조선시대의 붕당정치는 정치적 이해관계 없이 정치논리로 정치참여보다는 지역별의 이해관계, 학파에 따른 계통철학의 견해 차, 시대의 변천에 대한 가치관과 형태의 차이 등이었다. 특히 붕당정치는 학문이나 활동 면에서 일상생활의 경제적 기반인 지역적인 연고에 의한 색채를 지니고 지방의 재지사족(在地士族)들과 전통적인 향촌의 규약과 삼강오륜으로 정립된 기존 향촌의 지배세력인 동족집단과의 연계 및 분가 등을 통해서 동족마을을 형성하게 되었다.

둘째, 조상숭배사상과 정치, 사회적 요인에서 나타난 현상이다.

동족마을 탄생은 유교사상에 기반을 둔 윤리적 조상숭배사상과 중앙과 지방 간의 지리적 이점 내지 시대적 배경에 따른 정치, 사회적 현상에 의한 조건들과 서로 결부되면서 나타난 요인이었다고 볼 수 있다. 일제 강점기 시대에 '조선의 취락'에 관한 연구보고서[젠쇼(善生永助), 1935: 215 재인용]에 의하면 보고서 가운데 1,685개 마을의 저명한 '동족부락'에 관한 형성계기와 요인에 대해서 다음의 10가지 사항을 언급하고 있다.

- 한 지방에 세력을 가지고 있으면서 부근의 적지(敵地)를 골라서 전거(轉居)하는 것
- 한 지방에 세력이 있으면서 자손이 부근에 분가해 발전하는 것
- 중앙관인이면서 적지를 고르거나 또는 관으로부터 토지를 받아 일족 또는 일가가 이주하여 개간 개척해 그 자손이 번성한 곳
- 인구 조밀한 남쪽이나 북쪽지방으로 일족 또는 일가가 이주하여 개간 개척해 그 자손이 번성한 곳
- 지방관으로 있다가 물러난 후 정주하거나, 또는 수년 후 재래하여 토착해 자손이 번성한 곳
- 불평을 품고 산간에 숨거나 죄를 얻어 유배하면서 정착해 자손이 발전한 곳,
- 피난했다가 그대로 머물러 자손이 번창한 곳
- 한 씨족이 발전한 부락에 다른 씨족이 들어와 서로 함께 발전하는 곳
- 기존 전주(前住)의 씨족이 쇠락하고 새로운 씨족이 발전한 곳
- 조상의 묘소를 지키기 위해 묘석을 세우고 그 자손이 번성한 곳

열거한 조건들이 각기 절대적이라기보다는 상호 연관 하에 작용한 것이었다. 이와 더불어 한양 인근의 지역 특징이 감안된 경기 북부지역 집성촌(동족마을)의 형성계기는 다음과 같이 지적된다. 우선 16세기 이래 이 지역에 새로이 정착한 가문의 입향 유래나 집성촌의 발달계기를 보면 지방출신으로 과거에 급제하거나 성균관에 유학하는 가운데 고관 내지 왕실과의 혼인을 통해, 이에 부수되는 재산상속 후 처가의 별서(別墅)나 선산에 묘소를 쓰게 되는 경우가 있었다. 또한 조선 전기에 마련된 경기지역 선산 중 한 곳을 택하여 묘를 쓰는 경우, 이후 그 후손이 한양에서 관직에 종사하면서 점차 묘산(墓山)으로 확산시켜가게 되고 벼슬이 여의치 못한 집안은 묘산 부근으로 낙향하거나, 혹은 정치적으로 불우할 때 별서에 우거하기도 하는 등의 과정을 겪으면서 집성촌이 형성된 것으로 되어 있다. 별서의 지역적 확산은 번성한 가문의 후손들이 경기 각 지역에 세거하는 계기를 마련해 주었다고 한다.

특히 현달한 특정 가문이 여러 지역으로 확산되는 지리적 배경에는 한강수로의 이용을 들 수 있다. 한양에서 관직생활을 하며 그들 선조의 묘산에 봉사하기 위해서는 비교적 도성과 가까운 지역이거나 설혹 원거리라 하더라도 왕

래가 편리해야 했기 때문이다. 한강은 집성촌의 확산을 가져왔을 뿐 아니라 경기지역 학자들의 학문적 교류를 원활히 하는 문화적 창구역할도 하였다. 한강 미음나루 부근의 석실서원에서 이루어졌던 교류와 학풍의 전파가 이를 잘 말해주고 있다. 전란의 피해도 경기북부지역 사족들의 이거에 주요한 원인으로 작용했으며 정치적 격변기에 화를 모면하기 위해 이거하는 사례도 많았다 (이근호·조준호·이계형, 2001: 8 재인용).

일반적으로 16세기 이후 성립한 마을들은 양란으로 인한 피병(避兵)·피세 (避世), 또는 국가에 대한 실망으로 인한 은둔지의 성격이 강하게 나타난다. 입향 시조들은 노자(老子)의 은둔사상이나 예학(禮學)에 의거하여 골짜기를 찾아 동족마을을 건립하였다. 또한 혼인을 통해 입향의 계기를 마련한 점이 두드러졌다. 사족들이 처가의 토지를 분급받아 세거의 기틀을 마련하였다.

다음으로 조선 전기에 일찍이 현달하여 남한강 인접지역에 기반을 마련하였고 후대에 이르러 그들이 문중 기반이 있는 지역으로 이주한 사례를 들 수 있다. 이른바 지역에서 명문으로 꼽히며 조선 전기부터 마련한 기틀을 유지하여 운영해 간 경우 그들 조상의 은거지를 추승하는 과정에서 동족마을을 형성한 사례를 볼 수 있다. 한양과 가까운 남한강 인근 영서지역이 지니는 지역적 특수성의 하나는 정치세력 교체와 중앙정국의 변화가 곧바로 이 지역에 파급되는 사실이었다. 당시에 전개되는 중앙의 정치·사회적 변화에 능동적으로 대처하지 못하고 이후 가세가 현격하게 위축되는 경우 낙향의 근거지로 삼았던 것으로 보인다. 지역 동족마을은 이상의 다양한 사안들이 상호 복합되어 형성되었다(오영교, 2005b: 118~121).

동족마을의 지역적 형성과정은 매우 다양한 특징을 가지고 탄생된 것을 알 수 있다. 종법제에 의한 동족마을 형성, 지리적 및 풍수사상에 의한 동족마을 형성, 정치적 유배 및 전란 등의 피신 등으로 크게 대별할 수 있다. 이러한 요인 중에서도 성리학 중심의 종법제도와 붕당정치의 이해관계 등이 가장 큰 요인으로 작용하였다고 볼 수 있다. 특히 붕당정치는 조선 초기에서 중기에 이르기까지 성리학을 기반으로 논쟁의 대상이 되었던 것으로 정치발전 측면에서는 순기능도 있었지만 정권획득 차원에서 소모적 역기능도 없지 않았다.

순기능측면에서 당시 정치상황을 살펴보면 사회적 불안정한 여건 하에서 서로 견제하는 정치를 펼침으로써 정권의 장기집권세력에 의한 부패하기 쉬운 측면이 있었으나 잦은 세력의 교체로 인해 부패를 완화하였고 이때 조선시대의 청백리가 가장 많이 배출된 연유도 여기에 있다.

한편 붕당정치는 정당정치의 발전과 정치에 기여한 측면도 내포하고 있다. 이러한 붕당정치가 동족마을의 형성에 중요한 혈연적 공통성을 가지면서 유지, 발전할 수 있었던 요인은 그 무엇보다도 360여 년간 계속된 붕당정치체제가 그 중심에 있었다고 볼 수 있다. 이와 같이 전통마을의 탄생의 요인에 있어 절대적으로 영향을 미친 것으로 보기보다는 시대적인 변화와 정치·사회적 복합적인 요인들이 서로 연계되어 나타난 것으로 보인다.

4. 주거 및 동족마을의 사례

1) 조선 중기 주거 사례

(1) 안동 귀봉종택(安洞 龜峯宗宅)

이 종택은 경상북도 안동시 임하면 천전리 279-1번지에 위치하고 있으며, 의성 김씨의 귀봉(龜峯) 김수일(金守一: 1528~1583) 선생은 이 집을 현종원년(1660)에 건립하였다. 그동안 고택으로 계속 내려오다 목조건물인 관계로 내구성 등에 한계가 있어 고종 25년(1888)에 김주병이 중건하였다. 고살이 열린 골목 끝에 있는 대문채를 들어서면 ㅁ자형의 정침이 있는데 대문채와 정침사이에는 넓은 마당이 있으며 정침 동쪽 뒤에 사당채가 있다. 정침은 이른바 날개집 유형에 속하는데 안채부분과 사랑채 및 부속부분들로 구성되어 있다. 안대청은 정면 2칸, 측면 3칸이 6칸으로 측면의 길이가 길게 되어 마루가 돌출하였다. 안채 대청부분의 지붕은 팔작형태를 이루고 있다. 추녀 끝이 평면에 따라 ㄱ자로 꺾어 회첨을 만들면서 안방쪽으로 이어져 갔다.

안채평면이나 가구의 법식이 대종가인 의성 김씨종가와는 다르지만 그 맥이

의성 김씨 귀봉 종택 전경(2006)

흡사함은 기문의 일관성 때문이다. 대종가와 이 집은 형상의 대소와 정교함의 대청에 이어 한단 낮게 부엌과 곳간과 뒤주가 좌익사를 이룬다. 뒤주에 이어 작은 사랑채가 정침의 전면 좌측에 자리 잡는다. 곳간과 뒤주의 맞은편인 우 익사엔 안방 부엌에서 계속 되어오는 협문칸과 곳간이 있다. 이어 큰사랑이 정침 전면 우측에 자리 잡았다. 차이는 있을지라도 법식이나 기법에서는 하등 의 차이가 없다.

작은 사랑채는 마루방 1칸과 한 칸반의 방으로 구성되었는데 쪽마루가 있고 난간이 설비되어 있다. 이 마루칸 1칸은 내루(內樓)와 같은 용도로 높이는 방 과 같은 평상형이나 사면에 문짝과 창문이 달려 계절에 따라 개방하고 구경하 는 즐거움을 맛볼 수 있게 꾸며졌다. 작은 사랑의 방 다음이 부엌 1칸이다. 이어 방 1칸이 있고 다음이 대문인데 이 독립된 방은 사랑채와는 격리된 방으 로 이런 구성도 특이하다.

큰 사랑채는 대문(중문)의 동쪽에 위치한다. ㄱ자형으로 배치된 방 3칸과 대청 4칸으로 구성되었다. 우물마루를 깐 이 대청도 안채 대청만큼이나 큼직

522

의성 김씨 귀봉 종택 사랑채(2006)

하여 넓은 맛이 뛰어났다. 대청 정면에는 분합 들어 열개문을 달았다. 큰 사
랑채의 지붕은 따로 팔작지붕이 된다. 조선 중기의 전형적인 종가 양식을 갖
춘 건물이다(안동시청, 문화관광과, 2007). 이 집의 특징은 ㅁ자형으로 대문채,
사랑채, 안채, 사당으로 구성되어 있다. 사랑에는 김수일 선생의 운천(雲川)
김용(金涌)선생 위패를 봉안하고 있으며 임진왜란 때 선조임금이 의주로 몽진
시 주서(注書)로 수행하여 당시 전시상황을 기록한 '호종일기'가 보물 제4848
호로 지정되어 있다. 귀봉 김수일 선생은 청계(靑溪) 김진(金璡:1500~1580)을
중시조로 하는 의성 김씨이다.

다섯 아들을 모두 퇴계 이황에게 보내 수학시켜 약봉 김극일, 운암 김명일,
학봉 김성일, 남악 김복일의 5형제을 포함하여 부친까지 모두 과거에 합격하
여 의성김씨 내 앞파 종택을 오자등과댁(五子登科宅)으로 불렸다. 귀봉 종택
좌측에 위치하고 있다. 그리고 귀봉 김수일 선생은 둘째이다. 아마도 장남 다
음이기에 큰 종택 옆에 집이 위치하고 있는지도 모른다.

5형제 중에서 장남은 종택에서 살고 나머지 아들들은 안동지역의 인근으로 분가하여 각각 소종택을 이루고 있다. 귀봉 종택도 의성 김씨의 소종택이다. 이 집은 경상북도 민속자료 제35호(1982년 12월 11일)로 지정되어 관리 보호받고 있다.

(2) 광산 김씨 유일재 고택

유일재(惟一齋) 고택은 안동시 와룡면 가구리 613번지의 작은 구릉지에 자리잡고 있다. 앞에는 그렇게 넓지도 않은 논밭이 전개되고 주변에는 마을중심의 집들이 듬성듬성 있다. 이 고택은 현재 후손들이 거주하지 않고 보존되고 있는데 광산 김씨의 유일재 공파의 종택이다. 종택의 선대는 퇴촌(退村) 김열(金閱)을 파조로 삼고 있다. 선대는 풍천면 구담리에 있었으나 유일재(惟一齋) 김언기(金彦璣)가 가야(佳野)로 이거하였고, 1700년대말 그의 9대손인 도상(道常)이 이곳으로 옮기면서 이 집을 구입하였다고 전한다. 건립년대는 1600년대말로 추정된다.

작은 구릉지에 남향으로 자리 잡고 있으며 ㅁ자형 정침과 사당으로 구성되어 있는데, 사당은 정침의 좌측 뒤편 약간 높은 언덕위에 있다. 정침은 전면 중문을 중심으로 좌우에 사랑채와 행랑채가 일열로 연접하여 一자형을 이루었고, 이들 각각이 양익사로 안채와 연결되어 전체적으로 ㅁ자형을 이루고 있다. 중문의 좌측 사랑채는 전면에 툇마루를 설치한 사랑방과 좌측의 날개로 돌출한 마루방으로 구성되어 있다. 사랑방 우측칸의 쌍여닫이 세살문과 마루방 좌측부의 삼분합 들문에는 가운데 설주가 서 있고, 사랑방 좌측에는 가운데 설주를 세웠던 홈구멍이 남아 있다. 중문의 우측부 행랑채에는 중문·외양간·모방 그리고 날개로 돌출된 방을 두었는데, 중문칸은 현재 부엌으로 사용되고 있다. 오량가 초익공집으로 구조를 이루고 있다.

안채는 전면이 개방된 6칸 대청을 중심으로 좌측에는 대청에 연접된 1칸 방에 붙여 2동칸 마루방을 두고 그 앞쪽으로 방 2칸, 작은 부엌·헛방을 두어 사랑채와 연결하였고, 우측에는 안방·부엌·고방·뒤주 등을 배치하여 행랑채와 연결하였다. 기단 윗면은 모르타르로 마감되어 있고, 자연석 주춧돌 위에 방주를 세웠는데, 이들 기둥은 주춧돌에서 약 1.8척 떨어진 높이에서부터 귀를 접어 올

안동 광산 김씨 유일재 고택(2007)

려 둔중한 느낌을 감해주고 있다. 민도리집의 홑처마로 양익사보다 약간 높게
구성하였다. 사당은 전면의 반 칸을 퇴 칸으로 개방한 3칸 집으로 퇴칸의 원주
이고, 나머지는 모두 방주이다(안동시청, 문화관광과, 2007). 이 종택은 경상북
도 민속자료 제113호(1996년 1월 20일)로 지정된 후 관리하고 있다.

(3) 해남 윤선도 고택(녹우당)
윤선도의 고택 녹우당은 전남 해남군 해남읍 연동리 82번지에 자리 잡고 있
다. 녹우당은 조선시대의 문신이며 국문학상 대표적인 시조시인으로 일컫는
윤선도(尹善道, 1587~1671)의 고택이다. 광해군 4년(1612)에 진사, 광해군 8
년(1616) 성균관 유생으로 권신의 횡포에 대한 상소건으로 유배되었고, 광해
15년 인조반정으로 석방되어 의금부도사가 되었으나 곧 사직하고 이곳 해남으
로 내려와 학문에 정진하게 되었다.
　이후에도 여러 번에 걸쳐 중앙정치에 참여하여 한성서윤, 예조정랑 등을 역
임하여 숙종 원년에 이조판서로 추종되었다. 녹우당은 효종때 고산 윤선도에

해남 윤선도 고택(녹우당) 2007

게 지금의 수원에 집을 지어 하사하였다. 그러나 해남으로 낙향하면서 이곳으로 옮기게 되었다.

이곳의 유적지에는 해남 윤씨의 고택과 녹우당(사적 제167호)과 공재 윤두서(1668~1715)의 자화상(국보 제240호) 등 소중한 유물이 있다. 윤두서는 고산 윤선도의 증손자로 서화, 승화 등에 능했고 천문지리, 금석학에도 조예가 깊었다. 그리고 정약용 선생의 외증조부이기도 하다.

녹우당 입주에는 방형행단이 있는데 '녹우당'이라는 당호도 여기서 유래된 거목이 자리 잡고 있다. 즉 "은행나무 잎이 마치 가을비에 비처럼 쏟아져 날리는 풍경"이라는 말에서 얻은 당호라고 한다. 먼저 솟을대문을 지나면 사랑채가 있고 마당한쪽에는 12자형 안채가 형성되어 있다.

녹우당은 크게 안채, 사랑채, 행랑채, 헛간채 등으로 배치구조를 이루고 있으며 울타리 안에 가묘, 그리고 집 담장너머로 제사를 지내는 추원당이 있고 뒷문쪽으로 올라가면 해남 윤씨의 선조 어초은사당과 고산사당이 있다. 안채는 'ㄷ'자형의 평면형을 가지며 전면을 막고 있는 사랑채와 함께 'ㅁ'자형을 이루고 있다.

호남지방의 가옥구조에 있어서 특이한 구조를 이루고 있어 지방색을 나타내기보다는 상류주거의 특징을 보여주고 있다. 그리고 사랑채의 차양구조는 집의 배치구조가 남향인 관계로 남쪽지방의 강한 햇빛을 차단하기 위해 당시보다 후에 구조화시킨 것으로 보인다. 그리고 지붕의 형태는 우진각지붕으로 처리하고 있다.

사랑마당은 크지는 않지만 작은 정원과 함께 아담하게 만들어져 있다. 당시 원기둥은 조선시대 사대부가 등에서는 집의 자재로 사용하기 어려웠으나 원기둥을 사용하고 있다. 당시 궁궐이나 사찰 등에만 가능하였던 것이다. 한편 녹우당은 단순한 주택이라기보다는 해남 윤씨의 종가에 대한 복합시설군으로 이루어져 있어 다양한 문화적 체험을 할 수 있는 곳이다. 녹우당 주변은 여러 유형의 과수 등이 산재되어 있고 뒷산에는 해남 윤씨 증시조인 효정이 500년전 심은 비자나무숲(천연기념물 제241호)이 어우러져 수림(樹林)을 이루고 있다. 녹우당은 호남지방에 남아 있는 주택 가운데 가장 오래되고 규모가 큰 주택으로 평가받고 있다.

(4) 삼척 대이리 너와집
이곳의 너와집의 형성 시기는 산간벽지의 전형적인 오지의 화전민촌으로 과거 옥수수, 감자, 콩 등의 생산을 주업으로 생계를 유지하였던 화전민촌으로부터 시작하여 이진우 씨의 12대 선조가 병자호란때 경기도 포천에서 이곳 대이리 골말으로 피난 와서 350여년전에 집을 짓고 정착하였다고 한다. 현재도 후손들이 거주하면서 생활하고 있다. 집의 주변에도 과거 분가하여 친척들이 굴피집을 짓고 살고 있다.

한편 삼척지방은 강원도 지역에서도 달리 백두대간의 분수령에 해당하는 지역이기에 다른 마을과는 달리 첩첩산중으로 배산임수의 특징을 지니고 있다.

특히 집을 안고 있는 골말의 깊숙이 덕황산(1,071m)이 자리 잡고 있다. 덕황산에 위치한 환선굴은 석회암동굴로 이루어져 있고, 주변의 배산들 보다 높고 경사가 완만하지 않고 매우 급해 사람이 드나들기에 어려워 은둔지역으로

삼척 대이리 너와집(2007)

과거의 잦은 병화 등에도 피해를 입지 않았다. 매우 외진 곳으로 6·25 전쟁
때 아랫마을 사람들이 피난을 와서 전쟁이 일어난 줄 알았을 정도로 오지마을
이었다. 이곳 너와집은 소나무 또는 전나무를 너비 30㎝, 두께 3~6㎝, 깊이
60~70㎝, 처마에 사용하는 것은 110㎝의 적정크기로 나뭇결을 따라 쪼개어
기와집처럼 처마부터 차례로 겹겹이 쌓아 올려가면서 완성시킨다.

집의 구조와 배치는 추운 산간지방에 위치하고 있어 보통 남향으로 배치되
고 여름철에는 하늘의 별들이 보일정도로 듬성듬성하지만 물이 새지 않고 환
기가 잘되어 시원하다.

또한 겨울철에는 두꺼운 흙벽과 온돌방으로 그리 춥지 않다. 집의 구조도
따뜻한 호남지방처럼 '一자형'이 아닌 'ㅁ자형'으로 되어 있어 집안의 온기가 새
어나가지 않고 따뜻하다. 또한 산간지역이기에 사나운 맹수들이 많아 소, 닭
등을 야외에 별도로 키우지 못하고 집안에서 키우게 된다. 즉 인축동거(人畜同
居)를 한다. 산짐승들의 보호차원도 있지만 농경사회의 수단은 인력의 힘을
보충하는 가축 등은 당시 필수적으로 매우 중요하였다. 이러한 측면에서 가장

528

추운 산간지방의 추운겨울에 밖에 놔두고 지내기는 우리 민족정서상 내키지 않아 함께 실내에서 지내게 되었다. 집의 구조가 모두 실내에서 이루어지기에 또한 짧은 동선은 생활의 기능상 편리함을 도모하고 있다.

지금도 방의 모서리에는 '코클'이라는 벽난로가 설치되어 있고 실내조명과 보조난방으로 사용하고 있다. 내부에서 난방이나 취사시 불을 지필 경우 'ㅁ자형' 구조이기에 실내의 연기 등이 빠져나가는 것이 집안을 한번 데우고 나가도록 천장의 양쪽에는 구멍이 있는데 이곳으로 연기가 빠져나가도록 하고 있다. 일명 까치구멍이라고 한다. 이 집은 화전민의 전통가옥으로 현재 중요민속자료 제221호로 지정·보호받고 있다.

(5) 삼척 대이리 굴피집

이 굴피집은 같은 마을에서 300m 정도 아래에 위치하고 있다. 이 굴피집은 이진우 가옥 너와집에서 3백여 년 전에 분가해서 건립하였다. 비록 서민가옥이지만 위계상 분가된 집보다 바로 아래에 위치하고 있어 서민주거도 과거 유교사상의 영향이 작용했던 것으로 보인다. 이 집의 구조도 당초에는 너와지붕으로 형성되었으나 자연환경의 변화로 너와의 나무재료 채취가 갈수록 어려워 일제 강점기 시대인 1930년경에 굴피로 교체하게 되었다.

주변의 자연자원 중 얻기 쉬운 재료를 사용하게 되었는데 굴피는 보통 떡갈나무, 굴참나무 등의 껍질을 벗겨 돌, 통나무 등으로 평평하게 눌러 건조시켜 지붕을 덮는다. 굴피 채취 시기는 나무의 생장기간이라 할 수 있는 기간에는 물이 계속 오르고 있어 8월 이전에 벗겨야 한다.

즉 처서가 지나면 물이 오르지 않아 껍질 벗기기가 쉽지 않아 시기조절을 잘해야 한다. 그리고 굴피나무의 껍질을 벗기기 위한 나무의 선택이 중요하다. 너무 오래된 나무는 껍질이 억세서 사용하지 못하고 너무 어린 나무의 껍질은 얇아서 사용하지 못하므로 적당한 나무의 선택이 중요하다.

한번 껍질을 제거한 나무는 3년이 지나면 속껍질이 다시나와 나무가 생장하는데 지장이 없다. 보통 굴피집의 수명은 20년 정도이고 3~5년 주기로 보수를 해주어야 한다. "굴피 천년, 기와 만년"이란 말이 있다. 그 만큼의 오랜 세

삼척 대이리 굴피집(2007)

월에도 견딜 수 있다는 것이다

　이 집의 배치와 구조는 남쪽방향이고 온돌방, 도장방, 외양간, 토방, 마루 등의 'ㅁ자형'의 폐쇄형구조로 외부로부터 침입을 방어하기 위한 편리한 동선을 갖추고 있다. 이집은 현대적 집합주택의 거실중심의 주거 공간 중심 평면의 기본 자료가 되기도 한다. 집안에는 너와집과 같이 온돌방, 도장방(창고), 외양간과 집안에는 코클, 화티(불씨를 모아두는 곳), 우등불(조명하는 곳) 등이 원형대로 잘 보존되어 있다.

　그리고 이진우 가옥처럼 이곳의 굴피집도 지붕의 측면으로 출입구가 되어 있다. 이는 삼척지방의 신리를 중심으로 이 지역에서만 볼 수 있는 독특한 형식이다. 굴피집 가운데 지금도 생활하면서 집 전체가 이처럼 온전하게 오랫동안 보전되어 내려온 집은 거의 없는 실정이다. 그리고 이 집은 주인인 이종순(56세)씨가 주변의 환선굴과 인접해 관광객을 상대로 민박 내지 음식점을 경영하면서 생활하고 있다. 중요민속자료 제223호로 지정·보호받고 있다.

　집 옆에는 환선굴 방향에서 흐르는 조그마한 내천이 흐르고 길 건너편 한

① 삼척 대이리 굴피집(2007)
② 삼척 대이리 통방아(2006)

켠에 통방아가 이 마을의 방앗간으로 역사를 말해주듯 원추형의 굴피로 만든 덧집으로 만들어 옛 정취를 간직한 채 자리 잡고 있다.

통방아의 특징은 사람의 힘을 이용한 디딜방아 보다는 힘이 강하지만 물이 공속에 가득 채워져 떨어지는 낙차를 이용하기에 속도가 조금 느리게 진행하는 것이 하나의 특징이다. 이 통방아도 중요민속자료 제222호로 지정되어 보호받고 있다.

2) 조선 중기 동족마을의 사례

(1) 안동 하회마을
경상북도 안동시 풍천면 하회리에 위치하고 있으며 면적은 528만 8,008㎡이며 조선시대 중기의 전형적인 동족마을로써 중요민속자료 제122호(1984년 1월 10일)로 지정되어 관리하고 있다.

하회마을도 다른 동족마을과 같이 조선 중기 종법제도에 의한 사회적 배경으로 조상숭배사상에서 기인하고 있다. 장자(長子)중심의 가계계승, 부계중심의 가족질서, 적장자의 상속우대와 형제들의 혼인으로 인한 이웃으로 분가(分家) 등이 동족마을을 형성시켰고 붕당정치에 의한 재지사족(在地士族)들의 동족집단의 결속력 강화 등은 동족마을의 형성에 기인하게 된 요인들이다.

하회마을은 조선 초기에는 여러 성(姓)들이 함께 거주하는 혼성잡거(混姓雜居) 형태의 마을을 이루면서 살아왔다. 고려 말에 풍산 유씨가 입향하여 그 후손들이 정계 등에 입문하여 지방 세력가로 성장하고 분가를 거듭하면서 집안이 번성한 것으로 추정된다. 하회마을이 동족마을로 정착화 되는 시기는 입향조(入鄕祖) 유종혜의 6대 손인 겸암파 유운룡(1539~1601)과 서애파 유성룡(1542~1607)의 두 형제가 인근 퇴계 이황 선생의 도산서원에 입문하여 문하생이 되어 중앙 정계에 진출 입신양명하여 동족마을로써 기반을 조성하게 되었다.

한편 하회마을은 종법제에 의한 가부장적 가계계승과 관련지어 볼 수도 있지만 선조 때 붕당정치 또는 정치적 이유 등이 결합된 동족마을로도 여겨진다. 선조 때의 붕당정치의 극치와 양 전란 등의 영향이 매우 크게 작용한 것으로

안동 하회마을(2006)

보아 서애 유성룡은 전란 이후 고향으로 낙향하여 후진을 양성하는 병산서원에서 많은 학자들을 배출하기도 하였다. 붕당정치의 근원인 서원 철폐를 단행했던 흥선 대원군(고종 5년, 1868) 때 47개 서원 중 철폐되지 않고 살아남은 서원 중 하나가 병산서원이다.

하회마을은 다른 동족마을처럼 양반 중심으로 형성된 마을과는 특징을 달리하고 있다. 중인, 상민, 천민들과 양반이 함께 공존하면서 살았던 것으로 보인다. 이는 주거 공간 구조에서 찾아볼 수 있는데 계층별 주거문화 구조가 유성룡가(家)의 남촌의 충효당과 북촌의 유운룡가(家)의 양진당은 형태와 규모 면에서 전형적인 양반가(家)의 특성을 보이고 있고 두 건물을 중심으로 유씨 집안들이 마을 중앙에 자리 잡고 있다. 마을 중심을 벗어난 변두리에는 각 성(姓)들이 산재하면서 살았던 것으로 보이는데 이는 흙벽집 등이 군데군데 자리 잡고 있기 때문이다.

하회마을의 입지와 풍수학적 접근에서 살펴보면 낙동강의 줄기인 화천(花川)이 마을을 감싸며 뱀처럼 휘돌아 '물돌이'마을 또는 '하회'(河回) 마을이라 하는데 이는 'S'자형을 이룬 물의 흐름을 두고 생겨난 마을 이름이다. 마을의 풍수는 형국이 마을의 중심부는 솟아 있어 마을 전체가 연꽃처럼 물 위에 떠 있는 것처럼 보여 연화부수형(蓮花浮水形)이라 한다. 또한 물의 흐름과 지형의 모양이 태극의 모양과 비슷하다 하여 태극형의 수태극, 산태극이라고도 한다.

하회마을의 중요 민속자료 및 보물로는 서애 유성룡 가와 겸암 유운룡 가로써 양진당(보물 제306호), 충효당(보물 제414호), 원지정사(중요민속자료 제85호), 빈연정사(중요민속자료 제86호), 옥연정사(중요민속자료 제88호), 겸암정사(중요민속자료 제89호), 하동고택(중요민속자료 제177호), 주일재(主一齋: 중요민속자료 제91호) 등이 지정되어 관리하고 있다. 특히 주거로써 양진당과 충효당이 드물게 보물로써 지정되어 있는 것은 주택으로써 조선시대의 전통적인 유교사상이 깃든 주거문화를 간직하고 있기 때문이다. 지금의 충효당은 양진당과 비교 시 규모나 건축에 있어서 거의 비슷한 형태를 갖추고 있다. 서애 유성룡은 선조 때 영의정의 관직에까지 올라갔지만 청빈한 생활을 한 것으로 알려져 있다. 현재의 충효당은 후대에 걸쳐 조금씩 증축을 거듭하면서 현재의 모습으로 갖추게 되었다.

하회마을의 배치구조는 마을입구의 전면보다 후면에 주로 형성하고 있다. 양진당, 충효당, 북촌댁, 남촌댁, 하동고택 등이 자리 잡고 있으며 집의 배치 방향이 모두 다르다는 것이다. 보통 집단취락의 마을건물배치는 남쪽방향이 대부분 차지하고 불가피한 경우 동남, 동서쪽으로 향(向)하고 있다. 그러나 이곳 하회마을의 경우 마을중심부가 높고 주변지역이 낮게 형성된 지형인 관계로 일정한 방향을 지향하고 다양한 방향으로 향(向)하고 있음을 알 수 있다. 충효당은 서쪽방향, 양진당은 남쪽방향, 북촌댁은 동남향, 그리고 다른 집들은 북쪽 등을 향하고 있다.

그리고 마을 중앙을 가로지르는 동서방향의 큰길은 마을을 북쪽과 남쪽으로 크게 양분하고 있다. 남쪽의 방향에는 초가집이 많고 농경지로 형성되어 있으나 북촌의 경우 기와집 등 양반가가로 형성된 것이 특징이다. 남촌지역 주거지 주변에 초가집들이 산재되어 있는데 이는 양반가의 밖에 거주하면서 생활했던 외거 노비의 가랍집이다.

안동 하회마을 만송정(2006)

하회마을은 봄에 강변둑길이 화려하게 벚꽃들이 피는데 일제 강점기 시대에 우리의 오랜 전통마을의 공동체의식 등을 해체하기 위해 심었다고 전해지기도 한다. 북서쪽에 위치한 만송정은 풍수지리상 서애 유성룡 선생이 하회마을에 정착하면서 비보림으로 소나무 1만 그루를 조성하였다고 한다. 북서쪽의 차가운 겨울철 바람을 막아주고 부용대의 격한 절벽을 만송정이 다스리며 완화시키고 있다. 또한 물길이 빠져 나아가는 기(氣)를 막아주고 수구로 빠져 나아가는 기(氣)를 가두어두기 위해 숲을 조성하였다. 기(氣)의 이탈은 거주하는 마을사람의 건강도 해치기에 세심한 배려까지 생각하면서 비보림의 풍수를 적용시켰던 것이다.

하회마을에서는 양진당과 충효당을 제외하고는 거론하기가 어렵다.

양진당의 경우 풍산 류씨의 대종가인 관계로 당초 99칸의 대저택이었으나 지금은 54칸 정도만 남아 있다. 양진당의 건축 시기는 1500년대로 추정하고 있다. 이 건물은 'ㅁ'자형의 안채와 'ㅡ'자형의 사랑채, 'ㅡ'자형의 행랑채로 구성되어 있으며, 사랑채의 구조는 정면 5칸, 측면 2칸, 지붕은 팔작구조를 이

안동 하회마을 양진당(2006)

루고 있다. 사랑채는 높은 축대위에 자리 잡고 있어 누각 같은 형태로 보여주고 있고 사랑대청의 양진당 편액은 석봉(한호: 1543~1605)이 썼다고 한다. 충효당 주택은 종갓집은 양진당에서 분가하여 조성된 가옥으로 현재의 충효당은 유성룡 선생이 지은 것이 아니고 사랑채와 안채는 소자인 졸재(拙齋) 유원지(1598~1674)가 조성하였고 증손자 익찬 류의하(1616~1698)가 52칸으로 확장하였다.

넓은 마당 앞에는 긴 행랑채가 길게 가로놓여 있고 행랑채를 지나 들어가면 '一'자형의 사랑채가 자리 잡고 있다. 사랑채 뒤편에는 'ㅁ'자형 안채가 있다. 사랑채 측면에는 사당이 마련되어 있고 사랑채의 측면(남쪽방향)에는 마루 2칸을 두고 온돌방이 있다. 방문했던 손님들이 하룻밤을 지내고 갔던 방이다. 현판글씨는 조선시대의 중기학자 겸 문신으로 우의정까지 지냈으며 당시 전에 독보적인 경지를 이룬 미수 허목(1595~1682)의 글씨다. 오른편에는 서애 유성룡 선생이 유물 등이 보관·전시되고 있는 영모각이 있다.

한편 하회마을의 주거건축은 매우 다양한 모습을 보여주고 있다. 평면구조

536

가 一자집, ㅁ자집 등의 민가형식을 보인다. 이는 과거 조선시대의 사회상 신분계급에 의한 계층적 주거문화로 사대부가의 생활상과 동족마을의 역사가 뿌리 깊음을 알 수 있고 문화유산이 잘 보존된 마을임을 알 수 있다.

제5절 조선 후기의 주거문화

1. 시대적 형성배경

조선 후기에 들어오면서 조선사회 내부에서는 각 산업분야에서 커다란 발전이 이루어졌다. 이는 과거 우리 사회가 도달했던 사회적 생산력의 토대에 기초한 것이었지만 동시에 그것을 한 단계 뛰어 넘는 것으로서 기존의 사회체제 전반을 뒤흔들 만한 힘을 가지는 것이었다.

중앙의 지배층 내부의 분열이 가속화되면서 중세적 붕당정치(朋黨政治)가 한계를 드러내는 가운데 특권가문을 중심으로 하는 벌열정치(閥閱政治)가 나타나고, 향촌사회 내부에서 사족(士族) 중심의 지배체제가 동요하였던 것도 결국은 위와 같은 사회·경제적 발전을 반영한 것이다(한국사특강편찬위원회, 2006: 210). 조선 후기의 신분제 이완과 사회신분의 변동·변화는 여러 요인에서 비롯되고 촉진되었지만, 그 주된 단초는 양반인구의 증가에 있었다. 양반인구의 증가가 국역체계의 문란을 가져왔고 이는 나아가 양반서열의 통청이나 중간신분층과 서민층의 신분상승을 가중시켜서 사회신분의 변동·변화와 함께 본격적으로 신분제의 이완을 전개시킨 것으로 파악되고 있다.

양반인구의 증가는 지배계층으로서의 권위와 희소가치를 점차 하락시켰을 뿐 아니라, 군적수포제(軍籍收布制)가 일반화되었던 16세기 후반에 이르러서는 국역체계의 파탄을 야기 시키는 하나의 요인이 되었다. 군역의 수포화에 따른 양반층의 군역기피 현상이 끝내 양반인구의 면역으로 귀착되자, 이미 통청에 노력하던 양반서얼들은 물론, 이들의 국역까지 떠맡게 된 평민들도 국역에서 벗어나기 위한 신분상승을 기도했다. 양반 서얼들은 우선 18세기 초에 모두가 국역에서 벗어나는 성과를 거두었다. 서얼 자신은 업유(業儒)·업무(業武)로, 그 자손은 유학(幼學)으로 칭할 수 있게 된 것이다. 서얼 자신은 비록 양반의 직역을 얻지 못하였으나, 그 모두가 군역 부담에서 벗어나기는 마찬가지였다. 따라서 양반인구는 다시 한 번 대폭적으로 증가되었다. 당시 양반 자녀의 절반 이상이 서얼이었다는 지적에서 보면, 이러한 조치로 양반이 된 인구가 얼마나 많았는지를 짐작할 수 있다.

한편 평민들의 면역을 위한 신분상승은 18세기 후반과 19세기에 걸쳐 세차게 전개되었다. 평민들은 조선 초기부터 경제적 곤궁으로 인하여 가능한 군역에서 벗어나고자 노력했다. 누적(漏籍)하거나 승려가 되거나 사천(私賤)이 되는 것이 그 주된 방법이었다.

조선 후기 향촌사회의 양반은 이로부터 '儒'와 '鄕'으로 분화되는 대세를 이루었다. 구향(舊鄕)과 신향(新鄕), 원유(元儒)와 별유(別儒), 사족(士族)과 향족(鄕族)·향품(鄕品) 등은 모두 이러한 두 부류의 또 다른 표현이었다. 그런데 이들 두 부류는 그 출신에서부터 갈등을 빚고도 있었지만, 현실적 기능에서도 서로 대립했다. 구향(儒)이 계속 서원과 향약 등을 바탕으로 향론을 주도하고 교화를 담당하면서 향촌사회의 운영권을 상실하지 않으려고 노력한 데 대하여, 신향(鄕) 또한 향청을 근거로 부세를 관장하고 수령을 보좌하면서 자신들의 권익과 지위를 한층 증대하고 상승시키려고 부심했다. 따라서 이들 간의 충돌은 불가피하였고, 그것은 이른바 '향전'(鄕戰)의 이름으로 나타났다. 향전은 구향과 신향간의 향촌운영의 주도권 다툼이었지만, 수령과 향임·향리로 직결되는 행정체계를 추구하던 당시의 정부나 수령의 입장에서 볼 때는 수령 및 정부에 대한 구향의 저항으로도 비쳐질 수 있는 다툼이었다.

따라서 향전이 거듭되면 될수록 구향은 불리한 국면으로 몰리게 마련이었고, 그것은 곧장 구향의 지위와 영향력의 약화로 이어졌다. 이리하여 19세기 중엽을 전후로 해서는 신향 및 향리가 수령과의 제휴 아래 향촌사회를 관장·주도하는 새로운 체제가 널리 성립되었다. 그렇다고 구향의 존재나 세력이 소멸된 것은 아니었다. 그들은 이러한 추세에서도 그들은 세력을 보다 효과적으로 결집할 수 있는 방법을 마련하면서 전통적 질서를 유지·고수하고자 노력했다. 19세기 후반에 이르면 중앙에서는 이미 양반서얼도 청현직(淸顯職)에 오르고, 종묘제사에서 헌작(獻酌)의 반열에도 서게 되는데, 향촌에서는 아직도 사족양반들의 반대로 유안(儒案)에 오르지 못하여 향전을 벌이는 모습을 보였던 것이다.

조선 후기의 재향사족들이 위와 같은 변화에 대응하여 마련하고 추진했던 자위내지 입지강화 방책은 지역에 따라 다양하게 나타나고 있었다. 그 가운데 동성촌의 형성·확대, 문중조직의 결성·활성화, 부계(不契)와의 제휴·통합 등은 대개가 공통적으로 보인 주요 현상으로서 주목된다. 이리하여 18·19세기 향촌사회에서는 부계친족을 중심으로 한 집성촌(集姓村), 곧 동성마을이 형성·확산되고, 이를 기반으로 하여 문중의 결속을 다지는 화수계나 문중계 같은 족계가 또한 성행하였다. 그리고 그와 함께 입향조나 계파시조를 비롯한 조상의 선영을 수호하기 위한 규약과 경제적 기반을 마련하여 재실·문중사당 등을 건립·운영하였고, 또 문중의 지위를 선양하기 위해서 사우·서원을 건립하고 족보(파보)를 간행하기도 하였다. 동성마을과 문중의 결속을 기반으로 한 재향사족 양반들의 '신향·향리-수령' 지배체제에 대한 무언의 반격이 전개된 것이다.

한편 재향사족들은 동성마을의 형성과 함께 농민들의 촌락조직인 향도류의 조직(下契)을 사족들의 동계조직(上契)과 통합하여 갔다. 이는 기층농민을 수령권의 통제로부터 방어하려는 것이었다. 그러나 뒤이어 전개된 촌락의 성장, 부세의 공동납제 확대, 교환경제체제의 발달 등은 농민의 의식을 성장시키면서 농민들로 하여금 '두레'의 강화와 다양한 촌계들을 조직하게 하였다. 그리고 그것들은 점차 동계를 대신하여 촌락의 운영을 주도하게 되었다. 이러한 추세는 17·18세기에 전개된 농업생산력의 발전과 농민층의 분화에 짝하여 더욱 촉진되었다.

조선 후기 사회의 변동은 노비신분층에서도 일어나서 18세기에 이르면 노비의 존재양태가 조선 전기와는 반대의 양상으로 뒤바뀌게 되었다. 대부분의 노비가 상전이나 소속관청의 경제적 기반과는 관계없이 외거하면서 신공(身貢)만을 납부했던 유형으로 존재하게 되었고, 그에 따라 독자적인 자기경영을 가지면서 보다 자유로운 생활을 영위하게 된 것이다. 이제 노비들은 신분상으로만 노비일 뿐, 현실적으로는 평민과 다름없는 위치에 놓이게 되었다.

노비 소유주는 노비의 노동력을 직접 이용하는 것보다는 농민층 분화에서 창출된 무토불농(無土不農)의 농민, 즉 고공(雇工)층을 활용하는 것이 더욱 유리하였고, 또 노비의 입장에서도 노동생산성이 높아진 상황에서 노동력을 징발당하기보다는 자기경리를 계속 유지하여 그 잉여의 일부를 신역의 대가로 지불하는 것이 한층 유리하였다. 노비 존재양태의 이 같은 변화는 우선 정부의 노비정책에 일대 전환을 가져왔다. 17세기 중엽에 이미 공노비의 선상·입역을 폐지하고 고립제를 채택했던 정부는 18세기 중·말엽에 걸쳐 각종 속량책의 확대와 함께 노비추쇄의 중지, 비총법의 실시, 노의 신공 반감과 비의 신공 혁파 등 공노비의 부담과 구속을 경감·완화하는 조치를 계속했고, 나아가 순조 원년(1801)에는 내시노비를 혁파하기에 이르렀다. 그리고 한편으로는 노신처(奴身妻)의 소생을 종모종신(從母從身)하는 법을 제정·실시하여 노비인구의 감소를 도모하기도 하였다. 이는 노비의 존재 의미가 완전히 변질되었기 때문이었다.

한편 위와 같은 노비 존재양태의 변화는 노비들의 경제력 향상과 신분상승운동을 촉진하는 계기도 되었다. 자유로운 자기경영을 갖게 된 노비들이 때마침 전개된 상품화폐경제의 발달과 농업생산력의 발전에 힘입어 그들의 경제력을 한층 신장시켰다. 그리고 이를 바탕으로 하여 납속(納粟)·군공(軍功)·대구(代口) 등의 합법적 면천을 하였고, 나아가 중인·양반으로까지도 신분상승을 하였다. 그러나 경제력이 미치지 못했던 노비들은 광산·도시·서북지방과 같은 고용노동이 풍부한 곳으로 도망·은루하여 신분을 상승시키기도 하였다. 이리하여 노비인구가 급격히 감소하면서 노비제의 붕괴·해체가 이루어졌는데, 이는 조선 후기의 사회변동·변화에서 신분제의 해체를 뜻하는 가장 극명한 현상이었다(국사편찬위원회, 2002: 317~321).

조선시대의 신분제도의 확행을 위해서 호구조사가 있었다. 일종의 덕정을 위한 지표개념도 있었지만 군역을 부담하는 양정(良丁) 및 가호를 조사하였는데 조선시대 호구 통계의 기초 자료가 되는 호적은 국가 차원에서 신분제의 동요를 막고, 양반층에 의한 지배체제를 확고히 하고자 하는 의도도 지닌 자료이므로 호적에는 개개인이 직역이 등재되어 있다. 따로 신분을 기록하지 않더라도 호적에 등재된 직역을 통해 그 사람의 신분을 확인할 수 있게 하였다. 예컨대 관직을 역임한 양반인 경우는 그의 관직과 품계를 기록하였고, 관직을

〈표 11-7〉 조선시대 시기별 신분변동(울산지역 호적)

연 대	양반호	상민호	노비호	합계 (%)
1729(영조 5)	26.29	59.78	13.93	100
1765(영조 41)	40.98	57.01	2.00	100
1804(순조 4)	53.47	45.61	0.92	100
1867(고종 4)	65.48	33.96	0.56	100

자료: 정석종 (1983); 한국역사연구회 (2004)

역임하지 않았을 경우에는 유학이라고 기록하였다. 평민인 경우에는 군역을 기록하였는데, 예를 들면 보병, 기병, 포보 등의 예가 그것이다. 또한 노비인 경우 노모(奴某), 비모(婢某)라고 명백히 기록되어 있다.

또한 조선시대 호적에는 자신의 사조(四祖: 부, 조부, 증조부, 외조부)를 기록함으로써 신분적 혼란을 막는 장치를 마련했다. 호적 등재양식이 이와 같았으므로, 3년마다 작성된 호적을 분석하면 신분제의 변동과정을 밝힐 수 있게 된다. 현재 대구, 울산, 등지의 호적자료가 남아 있는데 이 중에서도 울산호적은 1708년(숙종 10)에서 1904년(광무 8)까지 약 200년간에 걸친 자료가 체계적으로 남아 있다. 이 호적을 분석한 연구에 의하면 조선 후기 신분제 변동 상황은 〈표 11-7〉과 같다.

이 표를 살펴보면 조선조 말기로 갈수록 양반호가 급격히 증가하고, 상민호는 점차 감소하며, 노비호는 급격히 소멸했음을 알 수 있다. 그러므로 사회적 특권을 지닌 소수의 양반층이 지배했던 양반사회가 조선 후기에 이르러 서서히 붕괴되고 있었음을 확인할 수 있다. 이러한 변동은 자연적인 인구변동의 결과가 아니라, 평민·천민층이 우월한 경제력을 통해서 양반으로 신분 상승했기 때문에 나타나는 사회적 현상이었다(한국역사연구회, 2004: 17~19).

조선 후기 봉건적 사회체제의 모순을 극복하고 새로운 질서를 수립하려는 움직임은 정치·경제·사회·문화 등 각 분야에서 다양하게 나타났다. 물론 한편에서는 사회변동에 직면하여 현실을 유지하고 기득권을 보장받으려는 움

직임도 강하게 제기되고 있었다. 그러나 전반적으로 보아서 조선 후기의 사회
는 하나의 전환기적 조짐을 보였다. 특히 문화면에서 그러하였다. 지금까지
지배질서의 축으로서 조선왕조의 세계관이었던 성리학은, 이 시기의 역사적
상황의 변화에 신축성 있게 대응하지 못하면서 배타적 가치관으로 변질되었
고, 그것은 중세적 봉건질서의 모순을 보다 심화시켰다. 이러한 속에서 모순
구조를 타파하려는 양명학, 실학사상, 그리고 감결사상 등이 나타나 사회개혁
운동의 정신적 기저가 되었다.

　이러한 변화의 모습을 적극적으로 이해하면, 그것은 조선왕조적 질서의 무
너짐으로 볼 수 있으며, 더 나아가 중세적·봉건적 체제의 무너짐으로 보아도
좋을 것이다. 사회·경제적 변동 속에서 그 변화에 대한 근본적 해결책을 제
시하지 못하고, 새로이 나타난 양명학·실학·서학 등으로부터 세찬 도전을
받기에 이른 성리학은 18세기에 이르러서는 나름대로 사상의 혁신을 시도하였
다(국사편찬위원회, 2002: 321). 한편 이러한 사회적 변동 속에서 백성들의 욕
구의 표출은 다양하게 요구되었다. 사회적 혼란기일수록 나타나는 현상은 민
간 신앙 등이 많이 등장하게 되는데 특히 조선 후기에 이르러서 민간 신앙으로
급속하게 번성하게 된 도참사상과 무속신앙이었다. 후기 농업생산력의 증대는
부농가 출현 등을 유발하고 이를 토대로 경제적 기반은 양반으로의 신분상승
을 가져왔다. 한편 노비 가운데는 군공이나 납속에 의해 신분이 승격되곤 하
였는데 신분사회의 변동은 사회·경제적 발전 추세에 따라 밀접한 관련이 있
었다. 사회의 기존층이 흔들리고 가치구조 마저 변동됨에 따라 민심의 이반현
상에서 나타나는 도참과 결합된 풍수지리 사상, 도선비기 등의 예언사상은 자
연스럽게 태동 되었고 이른바 백성들의 동요까지 일어나게 되었다.

　조선 초기에 풍수 도참사상은 개경에서 한양으로 수도를 천도하는데 입지선
정과 궁궐과 도성을 쌓는데 사상적 기반이 되었고, 양반사회에서는 집 자리를
마련하는데 많은 영향을 주었다. 주거와 관련해서 조선시대의 사상적 영향은
초기에는 풍수사상과 유교사상이 결합된 가운데 영향을 주었고 중기 말에 이
르러서는 "실사구시"학문을 중요시하는 실학사상의 영향이 있었다. 후기에는
조선시대의 초기, 중기에 있었던 기존의 사상뿐만 아니라 모든 사상이 섭렵된

가운데 특히 실학사상과 개화사상이 영향을 미쳐 서구 주거문화의 유입과 도시화를 촉진시켰다.

우선 유교사상은 공간구조에 영향을 주로 미쳤다. 유교의 건축물로서는 성균관, 향교, 서원과 주택의 내부, 외부 공간구성 등에 영향을 주었다. 그리고 배치구조에서도 위계질서를 내포하고 있었다. 이는 종법제도에 의한 요인이 되기도 하였다. 그리고 조선 중기에는 양 전란으로 인해 복구사업 및 정착사업으로 주거문화가 진행되었고 중앙정부에서 고관들이 퇴직하거나 후학을 위해 향리에 머물면서 서원을 세우고 지역적 기반을 중심으로 동족마을 형태의 주거가 발달하게 되었다.

한편 후기에 이르러서는 실학사상의 형성과 발현은 농업과 상업 등에서 과학성을 접목시켜 부농주거가 발달하게 됨에 따라 일반 백성들이 주로 거주하는 초가집의 경우에도 규모 또는 구조에서 함께 발전되는 계기를 마련하였다. 하층민들의 실현은 신분제도의 질곡(桎梏)에서 벗어날 수 있었던 것은 갑신정변에서 신분철폐가 처음으로 제기되면서 사회의 평등사회 구현을 위한 시점으로 결국 갑오개혁으로 실현되었다. 그러나 이러한 개혁의 근대화 물결은 계속 지속되지 못하고 일제의 침략에 의해서 잠식되고 식민지화 되면서 주거의 변화도 서구의 물결에 의한 서양의 주거의 대량 유입으로 우리 전통주거의 장단점을 보완한 측면의 순기능도 있었으나 대부분의 전통 한옥 등은 역사 속으로 사라졌다.

2. 경제적 축적에 의한 부농주거의 발달

1) 부농주거의 발달

조선 후기의 모습은 정치·경제·사회 측면에서 소용돌이처럼 격변하는 사회였다. 특히 정치발전은 수백 년 동안 조선사회를 지탱한 신분질서를 무너뜨렸고, 이와 더불어 사회의 모든 부수적 구조는 또 다른 혁신의 모습으로 변모시켰다. 특히 사회경제 발전은 농업을 기반으로 생산체계를 이루면서 조선시대의 전형적인 농업사회가 획기적 생산방법의 변화로 생산력의 증대로 상업적 농업에 기여하였다. 특히 농업의 발전은 이앙법(移秧法)의 전면적 실시와 보급으로 생산력의 증대를 가져와 각 산업분야에 거시적 영향을 미쳐 파급효과를 가져왔다. 농업의 생산성을 위해서 지역에 맞는 품종을 선택하고 1년 2작, 2년 3작의 윤작체계를 이루면서 전통적 농업생산 방식을 탈피하고 새로운 시스템으로 생산성을 향상시키고 농민층 서민들에게는 부(富)를 축적하는데 일익을 제공하였다. 이러한 결과는 농민층에도 사회적 분화현상이 일어나 부민층으로 발전할 수 있었고 양반계급으로 향촌의 지주들은 지주(地主)의 지위에서 전호(佃戶)로 전락되는 경우도 발생하였다. 또한 국가의 독점적인 수공업의 관장제(官匠制) 형태도 민간 수공업 비중이 점점 커지는 형태로 전환되었다. 즉 관(官)주도의 봉건적 생산방식에서 탈피하여 상업적 자본을 활용한 민간주도의 운영방식인 공장제 수공업으로 점차 변화되었다.

농업·수공업 등의 분야에서 이루어진 생산력의 발전에 기초한 상품화폐 경제의 발달은 당시 사회의 계급구성을 크게 바꾸었으며, 동시에 기존의 사회경제적 토대에 기초한 사회체제를 크게 동요시키는 결과를 가져왔다. 이것은 우리나라 중세사회를 떠받쳐 왔던 지주제와 신분제의 전면적 동요를 의미하는데 그에 따라 정부의 부세정책도 빠지지 않으면 안 되게 되었다. 한 시기의 부세제도와 그 운영, 즉 부세정책은 당시의 생산력 수준·토지소유 관계·사회신분 구성 및 유통구조 등과 같은 사회경제적 조건에 기초하여 성립되고 시행하는 조선 후기는 바로 그와 같은 객관적 조건에 커다란 변화가 나타나면서 사회체제가 크게 바뀌었기 때문이다.

농업생산력의 발전에 기초하여 소농(小農)경제가 발달함에 따라 농민층 분해가 급속히 진행되고, 한편으로는 기존의 지주경영에서도 변화가 나타났다. 농민층 내부에서는 상업적 농업 등을 통해 부를 축적하고 토지소유 및 경영을 확대했던 부농층(富農層)이 형성되었지만 다른 한편에서는 토지소유뿐만 아니라 토지경영에서 조차 밀려나 몰락하는 층이 광범위하게 형성되었다. 이때 부농층이 소유규모를 확대하는데 지주층과 경쟁하기에는 역량이 부족했으므로 주로 차지(借地)를 통해 경영을 확대하는 것이 일반적이었는데 당시 고율지대와 빈번한 재해 등에 의한 궁박(窮迫) 판매 등으로 그 성장에는 한계가 있었다. 따라서 이들이 지주층들에 대해 가지는 불만 역시 적지 않았다.

한편 이 같은 변동 속에서 지주층들의 위치 역시 바뀌어 나갈 수밖에 없었으니 그것은 당시 토지의 소유분해상황에서 확인할 수 있다. 예컨대 1720년 경북 의성의 경우 신분(직역: 職役)에 따른 농지 소유규모별 기주수(起主數) 및 그 백분비를 보면 〈표 11-8〉과 같다.

〈표 11-8〉에서 우리가 확인할 수 있는 중요한 사실로는 첫째, 신분에 관계없이 25부 미만의 농지를 소유한 소반농이 광범위하게 존재하고 있다는 점과

〈표 11-8〉 의성 지역 신분별 농지소유에 있어서의 계층변화

신분별 호수(%) 농지 소유규모	양반호(%)	평민호(%)	천민호(%)
5結 이상	-	-	-
1結 이상	27(18.4)	17(13.3)	32(8.1)
50負 이상	27(17.7)	32(25.0)	58(14.7)
25負 이상	29(19.7)	29(22.7)	73(18.5)
1束 이상	65(44.2)	50(39.0)	231(58.7)
계	147(100.0)	128(100.0)	394(100.0)

자료: 김용섭,《조선 후기 농업사연구》; 한국사 특강 편찬위원회 (2006).

〈표 11-9〉 울산지역 시기별·신분별 호구 비율표

연 대	양반호(구)	상민호(구)	노비호(구)	계(%)
1729	26.29(19.39)	59.78(49.57)	13.93(31.04)	100(100)
1765	40.98(32.11)	57.01(50.83)	2.01(17.06)	100(100)
1804	53.47(43.67)	45.61(33.88)	0.92(22.45)	100(100)
1867	65.48(67.07)	33.96(18.27)	0.56(14.66)	100(100)

자료: 정석종 (1983); 한국사특강편찬위원회 (2006).

둘째, 평민·천민 중에서도 50부 이상을 소유하는 중농과 부농이 다수 존재하고 있다고 하는 점이다. 대체로 보아 이 시기에는 10% 내외의 부농층에 의해 40~50%의 광대한 농지가 소유되고, 50~60%의 빈농층에 의해 10~20%가 소유·경작되는 극심한 소유분해가 진행되었다. 이 같은 현상은 토지의 상품화현상과 더불어 후기로 올수록 더 진전되어 나갔다. 그리고 이제 토지소유에 있어서 신분이 가지는 의미는 점차로 약화되어 갔다.

조선 후기 사회신분관계를 일정하게 반영하는 호적대장에 대한 한 분석은 〈표 11-9〉에서 볼 수 있다. 18세기 전반까지만 하더라도 전체의 26.29(19.39)%를 넘지 않던 양반호(구)가 19세기 중엽에 이르면 65.48(67.07)%로 엄청나게 증가되고 있음을 보여 준다.

양반호구의 격증 외에도 상민호구의 격감, 노비호의 실질적 소멸 및 솔거노비의 절대 수 감소 속에서의 존속 등을 〈표 11-9〉는 동시에 보여주는데 이는 전통적 신분구조가 이제 더 이상 유지될 수 없게 되어 간 당시의 사정을 반영하는 것이라고 하겠다. 17세기까지만 하더라도 10%를 넘지 않던 양반의 신분구성비가 이렇게 격증하고 평민호구가 감소되며, 특히 18세기 중엽을 전후로 하여 노비호가 실질적으로 소멸되어 나간 데에는 당시의 사회·경제적 변동이 결정적인 작용을 하였음은 물론이다.

일정하게 부를 축적할 수 있는 여건이 조성됨에 따라 그를 바탕으로 하여 평민·천민들이 이 시기에 대대적인 신분상승 운동을 추구했던 결과가 그렇게 나타난 것이다. 그러나 여기에는 당시의 정부의 사회정책이 커다란 역할을 하고 있음도 간과할 수 없다. 납속책(納粟策) 등이 바로 그것인데 이는 사회신분제를 부정함이 없이 변화된 조건 속에서 어쩔 수 없이 신분상승을 허용하는 정부의 자기모순을 보여 주는 것이었다. 이제 일반 민(民)들은 각종 합법·비합법적 방법을 동원하여 신분상승·해방을 이루어 나갔고 이는 결과적으로 중세적 신분질서를 허구화시키는 것이었다.

이와 같이 중세사회를 떠받쳤던 두 기둥이 흔들리게 됨에 따라 자연히 향촌사회 지배체제에도 변화가 야기되었다. 17세기까지만 하더라도 확고했던 재지사족(在地士族)을 중심으로 하는 신분제적 향촌질서가 붕괴되고 이제 향촌사회는 관(官)의 일방적 통제 하에 놓이게 되었다.

종래 재지사족들은 군현단위에서 자신들의 신분적 권위의 상징이었던 향안(鄕案)과 그것을 토대로 한 향회(鄕會)를 통해 자신들의 계급적 이익을 관철시켰는데 그 향회가 18세기 중엽 이후 지방 수령(守令)의 부세자문기구로 변질되었던 사실이 그 점을 단적으로 보여 준다(한국사특강편찬위원회, 2006: 215~219).

15세기까지만 하여도 전국적으로는 자연촌의 성장이 부실하여 지역촌(地域村)을 면리제의 바탕으로 삼고 있었으나 조선 후기에 이르면 그 동안의 보(洑), 언전(堰田) 등의 개발로 농경지역이 평야지대로 확산되고 이앙법이 보급되는 등 생산력의 발전으로 인해 전시기보다 훨씬 많은 인구가 직접 생산자로서 촌락구성원을 이루게 되었다. 대부분의 촌락은 하나의 자족적인 생활공동체의 기반을 갖추게 되었으며 이들을 촌락으로부터 유리(遊離)시키던 각종 변수들에 대한 방어가 구성원 스스로의 조직화에 의해 이루어져갔다.

생산력의 발전으로 마을단위에서의 농민주도의 자치조직이 성장한 것이다(한국문화정책개발원, 2002: 88~89). 이와 같이 조선 후기는 정치, 사회 등 전반에 걸쳐 가장 많은 변화를 가져왔던 시기였다. 또한 사회경제의 발전은 부(富)의 축적을 형성시켰고 이에 수반되어서 주거계층에도 급격하게 변화가 있었다. 농업, 수공업, 광업, 상업 등의 자본가의 출현은 당시 사회적 신분질서 및 각종 규제의 약화와 더불어 경제력을 바탕으로 한 일반 백성들은 서민주거의 초가집, 너와집, 샛집 등에서 새로운 양반계층 만이 독점적으로 상징되어 온 기와집 위주로 주거수준을 향상시킬 수 있었다.

여러 부류의 계층 중에서도 농업 생산력을 기반으로 부농층, 중농층, 소농층 등으로 형성하면서 사회질서도 새롭게 변화된 양반계층과 일반 백성들 간의 대면적 지배관계를 성립시켰고 부농주거의 형태도 지역별로 형성되었다. 경상도, 충청도, 전라도 등 남부지방을 중심으로 지역 간 서로 다른 문화 특성을 지니면서 활발하게 발전되었다. 과거 조선 전기, 중기 시대에 한양을 중심으로 심화되었던 주거문화도 양반 지배층이 중앙 정치무대에서 지방으로의 향촌사회의 정착과 함께 부농계층의 주거도 형성하면서 향상되었다.

부민층이 사회를 주도하면서 부농주거는 이외에도 상업적 측면에서는 강가 등을 중심으로 강나루 등에서도 나타난다. 부농주거의 지방별 유형을 살펴보면 강릉 선교장은 효령대군의 11대손 가선대부 이내번(1703~1781)에 의해서 건립되었고, 경북 청도군 운강고택(1824), 전남 영암 현종식 가옥, 전북 정읍 김동수 가옥(1784) 등이 그 예이다. 그리고 상업적 특징을 지닌 주거는 조선 말 마포나루에 있던 것을 현재 서울시 성북구 성북동 덕수교회 내에 위치하고 있는 이재준가(家) 등이 현재 남아 있는 실정이다.

3. 사회변화에 따른 서민주거의 발달

　실학사상에 의한 개화사상이 형성되었으나 이미 실학자들 중심으로 중국으로부터 왕래하면서 서구의 문물과 제도가 도입되었다. 당시 조선은 쇄국정책에 의한 서구의 문물들이 대거 유입되지는 못했지만 청나라에서 유입된 고증학과 서양의 과학적 사고방식의 합리성 등이 실학자들 사이에 농사기술, 상공업, 과학기술, 역사와 지리 등이 연구되어 백성들의 실제생활에 쓰이고 도움이 되도록 노력하였다. 이러한 결과에 의해서 주거에의 신기술도 개발하고 기법 등도 도입되었다.

　주거건축도 과거의 주거문화의 틀을 벗어나 보다 현실생활과 직결되고 편리한 형태의 주거관으로 변화되었다. 또한 기존 풍수관에도 이중환의 《택리지》에 의한 시대적 상황의 변화에 따라 풍수의 적용조건도 과학적 사고가 고려된 주거입지관으로 발전되었다. 이외에도 서유구, 박지원 등이 청나라를 견학하고 다녀 우리의 전통 주거문화의 문제점 등을 지적하고 개선방향을 모색하였다.

　한편 화성의 건축에 이용된 거중기는 새로운 건축기술의 진일보한 혁명이었다.

　이러한 실학사상을 기반으로 하여 개화사상이 계승되면서 청나라로부터 신서(新書)들이 도입되고 연구되어 조선의 쇄국정책을 타파하고 자주적인 근대화, 서양문물도입, 외국 선진국과의 통상체결 및 교역 등을 통해서 부국(富國) 건설의 기초가 된다고 주장하면서 자본주의 산업경제를 추구하였다.

구한말 1876년 우리 역사에 하나의 큰 획을 긋는 사건이 있었다. 개항을 계기로 우리나라에는 신문물이 본격적으로 들어오게 되었고, 우리나라는 농업 위주가 아닌 상공업을 위주로 하는 근대적인 사회로 첫발을 내딛게 되었다. 이 시기에는 일본이나 서구 등에서 많은 외국인이 한반도에 들어옴으로써 그들의 주택 및 주거양식이 우리에게 소개되었고 우리의 주거문화에도 많은 영향을 미쳤다. 개항과 함께 부산, 원산, 인천 등의 주요 항구도시에는 개항장이라는 것이 서게 되었다. 이 때 많은 일본인들이 들어오게 되면서 일본인들만이 사는 주거지역이 형성되었는데, 일본인들은 개항장뿐만 아니라 서울의 충무로, 용산, 진고개 등에도 일본인촌을 형성했다. 또한 대한제국 말기에는 서양인들도 우리나라에 본격적으로 이주해오게 되면서 역시 개항장에 이른바 '양옥'이라는 서양식 주택들을 짓기 시작하였다.

개항장에는 양식주택과 함께 일본을 거쳐 들어온 일본식과 양식이 절충된 주택, 일본식 주택, 한옥과 일본식이 절충된 주택 등 갖가지 양식의 주택들이 속속 지어져 매우 복잡한 경관을 형성하였다.

또한 기독교 등 서양의 종교가 들어오면서 대구, 청주, 광주 등의 지방 소도시에는 종교건축물과 함께 선교사들의 거주를 위한 주택도 서양식으로 지어지게 되었다. 이러한 종류의 주택에는 인천의 알렌별장(1893), 서울명동성당 주교관(1890), 대구 동상동의 선교사 주택(1901~1910), 청주 양관 1호(1907) 등이 있다. 이들 선교사 주택은 개항장에 상업적 목적으로 들어온 서양인들의 화려하고 장엄한 주택에 비하여 비교적 단아하고 소박하였다. 이러한 주택들은 서양식 외관을 도입하였으면서도 한식 기와를 사용하기도 하여 매우 절충적인 외형적 특성을 갖고 있었다. 조선시대까지 우리의 주거로서 유일하게 한옥만이 있었던 상황에서 이렇게 개항기에 외국의 주거형식이 물밀 듯이 들어오게 되어 이를 보게 된 당시 사람들의 문화충격은 매우 컸다(주거학연구회, 2004: 95~96).

이와 같이 개항 이후 외래문물이 밀려들어 오면서 전통적 가치관은 위기를 맞게 되고 생활방식도 변화하게 되었다. 그리고 개항지와 외국인 거류지에 양극과 일식주택과 같은 새로운 유형의 주거들이 지어지고, 벽돌·유리와 같은

550

새로운 건축재료들이 공급되면서 우리의 전통적 주거건축에서도 변화의 모습들이 나타났다.

20세기 전반의 주거문화는 매우 복합적인 모습이었다. 대부분의 사람들은 여전히 전통적 생활양식으로 살아가고 있었고, 일부 근대적인 사고의 지식인들은 전통적 생활양식을 개선할 것을 주장하면서 주택 개량안을 제안했다. 1930년대에 들어서면서 근대적인 건축교육을 받은 한국인 건축가들은 몇몇 조선인 실업가들과 지식인들을 위해 이른바 문화주택을 설계했다. 그러나 대부분의 문화주택들은 다분히 서구식 또는 일양절충식(日洋折衷式) 주택이었다. 밀려오는 이질적인 문화와의 갈등과 부조화속에서, 전통한옥에 대한 비판을 바탕으로 근대 주택유형을 모색하는 과정으로 이해될 수 있다.

한편 개항 이전까지 거의 같은 모습으로 유지되었던 서울은 20세기에 들어서면서 큰 변화를 겪게 되었다. 1899~1901년에 서대문-청량리 사이와 종로-남대문-원효로 사이에 전차가 놓이는 등 도시의 구조가 변화되었다. 외국공관이나 교회와 같은 양식 건축물들이 건축되고, 또 외국인들의 주거지가 자리 잡으면서 도시의 스카이라인에 변화가 생기게 되었다. 그 변화는 도시화라는 단어로 요약될 수 있다.

광무(光武) 4년(1900) 1월 17일자 〈한성신보〉의 통계에 따르면, 1899년 한성부의 인구는 20만 922명, 주택 수는 4만 2,870호였다(서울특별시사편찬위원회, 1999: 684). 조선시대에 이르기까지 한국의 주거문화는 비교적 독립적인 발전과정을 가지고 나름대로 고유한 성격을 형성했다고 볼 수 있다. 물론 그 역사적 과정에서 일부는 중국으로부터 전수받기도 하고, 일부는 일본으로 전파시킨 부분도 있다. 이에 따라 건축요소 중의 많은 부분이 동아시아권에서 공유되는 성격을 갖는 것이 사실이다. 그러나 주거건축은 민족 집단의 독특한 생활양식과 보다 깊게 관련되기 때문에 각 국의 생태환경이나 역사적 경험, 환경적 가치에 따라 나름대로 독특한 주거문화를 독자적으로 발전시켰다.

개항기 이후 동아시아권의 모든 나라가 그러하듯이 유럽을 중심으로 하는 서구 건축문화의 유입에 따라 본질적인 변화가 이루어졌다. 그것은 전 시기에 비교하면 탈 아시아적 변화라고 볼 수 있다. 한국도 개항기로부터 서구 건축문화의 영향을 받게 된다. 강제적 개항과 더불어 이 땅에 유입된 서구건축들은 한국인들의 의지와는 상관없이 외국인들의 필요에 의해, 그들의 건축방식대로 손으로 지어 소개되었다. 이러한 외국 건축의 유입이 민중생활상의 필요나 의지에 의한 것이 아니었고, 민중들의 주생활이 크게 달라진 것은 아니었기 때문에 전반적인 주거문화에 본질적인 변화를 줄 수 없었던 것이다.

한편 농업사회로부터 근대산업사회로, 농촌사회로부터 도시사회로의 급격한 변화는 주거건축의 기능적, 입지적 변화를 요구하였다. 도시화에 기인된 도시주택의 양적 부족은 주거의 질적 가치를 저하시키는 요인이 되기도 하였다. 이 과정에서 전통적 건축방법은 더 이상 설 자리를 잃어갔다. 농업사회의 생활양식에 근거하여 만들어진 주거양식이 근대산업사회의 생활양식에 적용되기 어려웠고, 전통적 건축재료나 건축방식이 산업기반을 통해 대량 생산된 근대적 재료나 건축방식에 비해 경제적으로 불리할 수밖에 없었다. 더구나 주거밀도를 높이기 위한 고층화와 단기적 대량생산은 전통적 건축방식으로는 해결하기 어려운 과제였다.

서구 건축방식의 무비판적 유입은 필요 이상으로 주거문화의 서구화를 촉진시켰다. 서구화는 시대적 요구에 부응하는 데 필연적 부분도 있었지만, 부정적 부분도 많았다. 자연환경의 파괴와 부조화, 고밀도로 인한 거주공간의 축소 및 열악한 도시나 주거환경의 정체성 상실, 주생활적 가치의 변질, 주택 상품화에 따른 정주의 불안 등 잘못된 서구화나 근대화에서 기인된 문제들이 (대한건축학회, 2003a: 106~107) 심각하게 대두되었다.

한국의 주거문화는 우선 은신처로 동굴 등을 이용하였고 농경사회와 함께 수혈주거에서 다시 지상가옥 등으로 변천하여 조선시대에 이르러 재정립하였다고 볼 수 있다. 그러나 지금까지 발전을 거듭했지만 우리 주거문화의 개념이 아닌 새로운 서구주거문화의 도입으로 수천 년 동안 지속 발전시켰던 전통 주거는 새로운 경향의 변화된 모습으로 나타나기 시작했다.

오랜 전통도 시대적 배경에 의해서 변하지 않을 수 없듯 일상생활의 그릇을 담는 주거도 급격한 사회현상에 다른 모습으로 탄생할 수밖에 없었다. 이 시기에 우리의 전통주택과 서양, 그리고 일본 주거양식의 만남은 여러 형태의 모습으로 다양하게 나타났다. 이러한 주거의 과거와 현대와의 결합은 순기능적 측면도 있었으나 역기능적 측면인 국적 없는 주택을 탄생시키기도 하였다. 그러나 시대적 배경에 의한 지배사상은 그 흐름에 함께 변화되는 가치이기에 개화시대의 주택에 나타난 현상은 불가피한 선택인 것으로 보인다.

1) 서민주거의 발달

조선시대의 중기부터 시작된 조선의 정치, 경제, 사회 분야에 걸쳐 조금씩 변화를 가져왔다. 국내·외적으로 시대적 배경에 비추어 볼 때 사회신분제도의 변화는 조선 후기에 이르러 평등사회 구현에 이르게 되는데 특히 주거문화에도 서민주거의 발달을 촉진시키는 계기가 되었다. 주거의 발달과 신분제도는 서로의 상관관계를 지니고 있다. 조선시대의 사회계층에 엄격하게 적용되던 가사규제 제도는 이를 뒷받침하고 있다. 이와 같은 신분제도의 사회조직이 완화되기 시작한 시기는 조선 중기부터 시작되었다고 볼 수 있다.

조선시대의 신분제도는 왜란과 호란을 거치면서 급속히 문란해지고 붕괴되었다. 전란 이후 재정부족을 충당하기 위한 납속책(納粟策), 전공을 세운 양인과 관노(官奴)·사노(私奴)에 대한 신분상승 및 원종공신(原從功臣)을 비롯하여 조선 후기 여러 차례에 걸쳐 원종공신에 참여한 수많은 양인(良人)·노(奴)에 대한 신분상승의 특전 등도 양인 이하의 신분변동에 작용했다.

조선 후기의 사회경제적 변화와 발전도 신분제의 동요를 가속화시켰다. 농촌에서는 농업기술의 발전에 따른 농업생산력의 증대와 광작(廣作), 경영형의 부농 및 양인지주의 출현, 상업 작물의 확대재배 등은 농촌사회를 변화시켰고, 농민층을 분화시켜 신분제의 붕괴를 촉진시켰다. 양인 이하에서 부농이 출현한 반면 양반 중에는 소작농 상태로 떨어지는 경우도 생겼다. 경작지를 얻지 못하고 이농하는 농민도 생겼다. 반면 양인 이하의 부농 중에는 납속(納粟)하여 직첩(職帖)을 받고 직역의 상승을 인정받기도 했고, 더러는 호적담당 관리와 결탁하여 신분·직역의 모록(冒錄)을 통해 호적상의 신분상승을 꾀하는 경우도 있었다. 이와 같은 신분의 변동이 심하였으며, 변동의 방향은 신분의 상승이동이 지배적이었던 것으로 이해되고 있다.

호적상 양반의 직역을 쓰는 호(戶)는 19세기로 내려올수록 급증하였고 양반신분제는 붕괴되어 갔다. 양반사회의 사회경제적 기반이었던 노비제도도 무너져 갔다. 두 차례의 전란으로 대부분의 장적(帳籍)과 천안(賤案: 노비장부)이 소실되었고 사회적 혼란은 노비의 도망을 용이하게 했다. 조선 후기로 내려올수록 도망노비는 증가하고 양반의 소유노비는 감소하는 것이 일반적 추세여서 양반사회에서의 노비의 사회경제적 가치는 약화되었다.

양인(良人) 이하 피지배신분층의 신분해방·신분상승 욕구는 봉건적 신분사회에 대한 부정과 저항이었으므로, 반봉건적(半封建的) 근대화의 방향과 같은 것이라고 할 수 있다(한국사특강편찬위원회, 2006: 417~418). 이러한 사회적 변화 배경에는 의식주 형태의 요인 중에서도 주(住)에서 가장 큰 변화로 서민들의 주거문화의 질적 수준을 향상시키는데 기여하였다고 볼 수 있다. 신분변동은 일상생활의 해방으로부터 자유롭게 모든 분야에 참여할 수 있어 생활면에서 우선 경제적으로 윤택해질 수 있다는 것이다.

한편 조선 후기 실학사상의 등장은 '실사구시' 학문으로 사회적 모순을 타파하고 이를 극복하고자 현실개혁을 위한 사회, 경제문제 등을 해결하는데 관심을 갖고 상공업의 발달과 과학기술 등을 중시하면서 '이용후생', '경세치용'을 개혁으로 내세우고 각 분야에서 생산력의 증대로 일반 백성들도 부(富)를 축적할 수 있도록 기여하였다.

농업을 기반으로 시작된 농업경제의 발전은 상업·수공업의 발전으로 연계되어 잉여생산물에 의한 개개인의 새로운 경제적 변화는 자영농, 부농층을 형성시켰다. 이 시기에는 농업에서 뿐만 아니라 상업, 수공업에 이르기까지 각 분야에서 경제력이 증대되어 향촌사회도 크게 발전되었다. 이러한 사회적 상황의 변화는 조선 후기의 서민계층에서 주거의 질적 수준을 향상시킬 수 있는 경제적, 사회적, 기술적 배경이 되었음을 쉽게 짐작할 수 있다. 이에 따라 중농·자영농 계층으로 성장한 농민들은 주거수준을 높일 수 있는 방법을 모색했고, 경제력에 따라 서민주거계층의 세분화를 이루었을 것이다.

한편 주거수준의 향상과정에서 발생하는 다양한 기능공간의 수용과 배열에서 지역의 환경조건에 따라 일정한 발전 방향을 가짐으로써 지역적 특성화를 이루었다. 또한 지방의 민간건설조직이 활성화하고 주문생산이 증가함으로써 고급 건축기술의 민간 확산은 물론 지역적 주거유형을 정착시키는데 크게 기여(대한건축학회, 2003a: 93)하게 되었다. 서민주거의 질적 수준의 향상은 부(富)의 축적과 사회신분제도의 개혁에서 비롯되었다고 볼 수 있으나 주거문화의 수준변화와 발달은 풍수사상이 상류계층인 양반가를 중심으로 전유물처럼 적용되었으나 조선 후기에 이르면서 풍수사상은 일반 백성들의 일상생활에까지 널리 전파되었고 주거의 입지와 배치, 형태, 구조 등에까지 영향을 미쳐 신분제도로부터의 해방으로 서민들이 어느 정도 경제력을 갖추었는지 짐작할 수 있다. 또한 자연환경 조건에 적응된 지역성을 발현하면서 부농 및 서민주거로 발전되어 갔다.

4. 주거 및 부농주거의 사례

1) 조선 후기 주거 사례

(1) 고성 어명기 가옥

강원도 고성군 죽왕면 삼포리에 있는 어명기 가옥(魚命驥 家屋)은 중요민속자료 제131호로(1984년 1월 10일)로 지정되어 보존되고 있다. 이 가옥은 삼포리 어씨 동족마을 집성촌에서 조금 떨어진 나지막한 구릉지 아래에 자리 잡고 있다. 최초 건립연대는 1500년대이다. 그러나 강원도 지방의 산간지역인 관계로 잦은 산불로 인해 이 집도 1750년대 화재로 소실되어 3년여 간에 걸쳐 다시 옛 모습으로 재축하였다.

집의 규모와 구조는 건평 37평에 남서쪽 방향으로 배치되어 있다. 정면 4칸, 측면 3칸으로 구조화되어 있고 장대석으로 바른층 쌓기 한 높은 기단위에 방주를 세운 홑처마에 팔작지붕의 구조 형태를 갖추고 있다. 몸체 부엌의 앞쪽으로는 한 칸을 돌출시켜 아래는 외양간으로 위층은 농경생활에서 필요한

① 고성 죽왕 어명기 가옥(2007)
② 고성 죽왕 어명기 가옥 디딜방앗간(2007)

것들을 보관하는 공간으로 활용하였다.

　이 집은 민도리집으로 앞줄 3칸 전체에 마루를 완전히 갖춘 세줄 겹집의 저장 공간을 활용하고, 오량구조를 이루고 있어 당시 대목에 의한 기술이 엿보이고 있다. 6·25 전쟁 이전에는 북한지역이어서 인민위원회 사무실로 사용되었다. 그리고 6·25 전쟁 당시에는 한국군 1군단 사령부 병원으로 사용되기도 하였다. 지나온 역사 속에서 많은 시련이 있었지만 원형대로 잘 관리·보존되고 있다. 본채의 부엌 측면의 마당에 방앗간이 있었으나 고성군 죽왕면 산화재난(山火災難: 1966년 4월 24일)으로 소실된 것을 다시 원형을 살려 1997년 9월 1일 앞마당 입구에 재축하여 옮겨져 있다.

　다행히 당시 방앗간의 내부시설은 보존되어 디딜방아의 관련 확 또는 공이 등의 사용 등 여러 가지 정황을 살펴 마모현상을 추정 산정하면 약 250년 이상된 고택임을 알 수 있다. 한편 이 고택은 어명기 씨 조부께서 후손에게 대대손손 남에게 매각하지 말고 선조들의 뜻을 성실하게 영구히 받들어 후세의 교육목적에 보탬이 되도록 보수와 조경공사를 하여 계속 이어갈 것을 유언으로 당부하였다고 한다. 현 주인인 8대손 어명기 씨의 조부가 1860년경 구입하였다고 한다. 이러한 연유로 인해 지금까지 원형 그래도 후손들에 의해서 잘 보존 유지 관리되고 있다.

(2) 영광 연안 김씨 종택
연안 김씨의 종택은 전남 영광군 군남면 동간리 166번지 산 아래에 연안 김씨 집성촌에 자리 잡고 있으며 중요민속자료 제234호(1998년 1월 5일)로 지정되어 관리되고 있다. 이 종택은 연암 김씨가의 직강공파 시조의 4대손 김영이 16세기 중엽 영관군수로 부임하는 숙부(김세공: 金世公)를 따라 이곳에 정착하게 되었다.

　후손들이 과거에 급제하는 등 가문이 번창하게 되는데 김상립(1685)은 성균관진사, 김천(1738), 김종관(1870)은 문과에 급제하였다. 그리고 현소유자의 제14대조 김진(1599), 제9대조 김재명(1738), 제8대조 김함(1760)은 효성이 지극하다 하여 당시 나라에서 명정(命旌)을 내렸는데 이를 위한 정문(旌門)을

① 영광 연안 김씨 종택 삼효문(三孝門) (2006)
② 영광 연안 김씨 종택 사랑채(2006)

① 영광 연안 김씨 종택 안채(2006)

② 영광 연안 김씨 정원(2006)

2층 누각형의 바깥대문으로 세웠다.

그리고 삼효문(三孝門)이라 이름을 지었다. 삼효문은 전면 5칸, 측면 1칸 '一'자형의 민도리집으로 대문 어귀에 고주(高柱)를 세우고 그 상부에 공포(拱包)를 결구(結構)하여 높게 솟을지붕을 꾸민 솟을삼문이다. 특이한 기법이다. 삼효문의 현판이 전후양면에 걸려 있는데 고종의 형인 이재면이 직접 쓴 것으로 현재 전해진다.

종택의 배치구조는 안채를 비롯해서 사랑채, 곳간채, 사당, 서당, 안대문, 바깥대문, 마구간, 헛간, 찬광, 장독대, 정원과 연못까지 모두 갖추고 있어 조선 후기 상류사회의 전형적인 양반집이라 할 수 있다. 또한 집터는 풍수지리에 의하면 매화꽃이 떨어지는 형국의 길지이다. 그리고 사당은 안채의 뒤쪽 언덕 위에 있다. 솟을삼문을 지나면 사랑채와 마당이 나오고 안채로 통하는 중문간체가 우측으로 보인다. 사랑채는 전면 6칸, 측면 2칸 '一'자형의 규모를 이루고 사랑채의 좌측에는 연못과 정원이 있고 서당도 함께 자리 잡고 있다.

안채는 '一'자형을 이루고 있으며 전면 6칸, 측면 2칸으로 건넌방, 대청마루 2칸, 안방 2칸, 부엌으로 되어 있다. 이 집의 건립연대는 안채 상량문에 '숭정기원후사무진이월이십구일'이라는 기록으로 보아 1868년(고종 5년)에 건축되었음을 알 수 있다. 이 종택은 호남지방의 조선시대 후기 양반가의 상류주택으로 규모, 배치, 구조 등에 있어 귀중한 연구자료가 되고 있다.

(3) 윤증 선생 고택

윤증 선생 고택(尹拯先生 古宅)은 충청남도 논산시 노성면 교촌리 306번지의 조선시대 관립교육기관인 노성향교의 우측에 자리 잡고 있으며 중요민속자료 제190호로 지정되어 관리되고 있다.

윤증(1629~1714)선생은 조선시대 숙종 때 성리학자로 우암 송시열 등의 문하에서 수학하였다. 이 고택은 윤증 선생이 직접 건립한 것이다. 그러나 후대에 이르러 개·보수하는 과정에서 조선 후기 19세기 중엽의 건축양식을 보인다.

고택 입구에는 장방형의 연못을 파서 연못 중앙에 석가산을 만들어 신선사상의 정원을 조성하였고 그 옆에는 대지보다 낮은 곳에 우물이 위치한다. 우

논산 윤증선생 고택(2007)

물을 지나 석계의 계단을 오르면 넓은 마당이 시원스럽게 전개된다.

　마당 앞에는 안채, 대문간채가 서로 연속된 공간으로 구성되지 않고 대문간채 앞에 사랑채가 배치되었다. 보통 사랑채 앞에 반가는 솟을대문 등이 있으나 이곳은 사랑채 주변에 담장을 설치하지 않아 개방된 주거공간을 보인다. 처음부터 당시에 이렇게 조성되었는지 알 수는 없으나 특이한 구조를 이룬다.

　사랑채의 특징은 4칸 중 3칸 전면을 모두 마루로 배치하고 2칸 크기의 사랑방, 좌측에 1칸 마루방과 작은 사랑방을 배치했다.

　안채는 'ㄷ'자형이고 안채의 아래 남쪽방향으로 'ㅡ'자형의 행랑채가 있어 가옥의 전체구조는 'ㅁ'자형의 형태를 이루고 있다. 안채의 구조는 3평주 3량이고 대청의 중앙은 5량 집으로 구조화되어 있다. 기단은 막돌 허튼층으로 쌓고, 덤벙주초에 기둥은 방주로 되어 있다.

　광채는 전면 4칸, 측면 2칸으로 3량집이다. 이 집의 특징은 대청마루가 중부지방의 형식을 따르면서도 따뜻한 남부지방의 양식을 가미하여 살림집의 분위기로 조선시대 후기 지방의 반가(班家) 특징을 보여주는 고택이다.

① 논산 윤증 고택 사랑채(2008)
② 논산 윤증 고택 안채(2007)

562

(4) 정읍 김동수 가옥

김동수 가옥은 정읍시 산외면 오공리 814번지에 위치하며 집 뒤에는 창하산, 집 앞에는 동진강이 흐르며 김동수의 6대조이며 광산 김씨 판교(判校) 공의 11대 손인 김명관(1755~1822)이 10여 년에 걸쳐 정조 8년(1782) 경에 건축을 완료하였다. 지금은 중요민속자료 제26호로 지정되어 관리되고 있다.

이 집의 배치와 구조는 조선 후기 상류층의 원형을 보여주지만 이보다는 풍수지리에 의한 입지조건을 중요시는 고택이다. 우선 배산임수의 특징으로 집터의 구조가 동남쪽을 향하여 배치되었으며 평지에 위치한 것도 하나의 특징이다. 당초 이 집을 건축하는 과정에서 풍수지리에 해박한 창건주(김명관)는 동진강 건너 독계봉을 안산으로 하고 그 뒤의 화견산(火見山)을 조산으로 삼고 집을 건축하였다. 뒷산의 주산(主山)인 창하산은 지네를 닮았다 하여 마을이름도 오공(蜈蚣)리라 하였다.

이러한 연유로 인해 혈자리에서 그동안 누대(累代)에 걸쳐 '생원'을 배출하였다고 한다. 풍수와 관련해서 대문 밖 넓은 마당 앞의 한쪽 켠에 연못을 파고 조경을 함께 조성하였는데 조산(祖山)이 화기(火氣)이고, 주산(창하산)의 지형이 지네 모양을 하고 있어서 2가지 측면에서 연못을 조성했다고 한다.

정읍 김동수 가 안사랑채(2007)

정읍 김동수 가 안채(2007)

즉, 조산(朝山)의 화기를 다스리고 주산(主山)의 지리적 형상이 지네 모양이기에 이를 꿈틀거리지 못하게 제압하기 위해 연못을 조성하여 주변에 많은 나무들을 심었는데 굳이 바로 앞에 동진강이 흐름에도 불고하고 이를 조성한 연유는 이는 비책의 일환인 비보풍수임을 알 수 있다.

이 집의 배치구조는 넓은 대지 위에 바깥행랑채, 바깥사랑채, 중간 대문간채, 안채, 안사랑채(별당), 사당, 담장으로 공간을 구분하고 연속된 채와 별도의 채로 분산, 배치되었다.

길게 늘어난 바깥 행랑채와 함께 있는 솟을대문은 모두 16칸으로 구성되는데 문간방, 하인들의 방, 부엌, 곳간 그리고 따로 지은 외양간으로 되어 있다. 바깥 행랑채가 이렇게 큰 규모로 형성된 것에서 당시의 부농주거로써 수장 공간을 확보하면서 주거영역을 보호하는 기능도 함께 지녔음을 알 수 있다. 협문을 지나면 북쪽에 바깥사랑채가 자리 잡고 있으며 '一'자형의 형식을 취하고 있으나 뒷 켠의 청지기방의 돌출로 인해 변형된 '一'자형을 구성 하고 있다.

사랑채는 전면 5칸, 측면 2칸의 겹집으로 사랑방, 부엌, 헛간, 대청이 있고

정읍 김동수 가 안채 내부구조(2007)

청지기방이 함께 위치해 홍미를 더한다. 즉, 사랑채에 드나드는 사람들을 선별하는 기능을 담당하는 직위가 있었음을 알 수 있다.

바깥사랑채에서 대문간채를 거쳐 들어가면 안채가 자리하고 있다. 먼저 대문간 채는 '一'자형의 평면으로 좌우에 서로 대칭되는 중앙에 문을 두고 있으며 안채의 영역을 보호하며 수장공간을 둔 것이 특징이다. 안채는 'ㄷ'자형으로 주로 평야지대에서 볼 수 있는 유형으로 최상류집이라 할 수 있다. 중앙의 대청을 중심으로 2칸의 방과 앞쪽으로 부엌 2칸으로 구성되어 있고, 앞의 안행랑채 구조와 함께 전체구조는 'ㅁ'자형을 이룬다.

그리고 안채 서쪽에 안사랑채(별당)가 있다. 안사랑채는 전면 5칸, 측면 2칸 반의 규모로, 늦게 지어진 공간으로 주인의 공간이라기보다는 안채의 기능을 보조하는 생활공간으로 이 집의 장남 등이 사용했던 곳으로 보인다.

한편 안채의 동북쪽 방향에 가장 높은 위치에는 사당이 자리 잡고 있다. 김동수 가옥의 특징은 조선시대 후기에 해당하는 주택임에도 불구하고 조선시대의 전기·중기처럼 철저하게 폐쇄공간을 지니고 각 채마다 담장을 쌓아 영역을 확연하게 엄격・구분하고 있다는 것이다. 조선시대의 상류계층의 부농주거임에도 다른 양반가와 비교 시 사치스럽지 않고 실용적인 측면을 강조하고 있다.

즉, 다른 상류계층의 구조는 사랑채, 안채 등의 권위를 상징하기 위해 기당을 높게 쌓거나 축대 이상으로 지나치게 쌓아올린 집도 있으나 이곳의 집은 외별대로 낮게 기단을 조성하였고 격식과 장식 등에서도 처마의 흐름이나 기둥 배열 등이 기존의 형식을 파괴하여 소박하고 세련된 조촐한 특징을 지녀 조선시대 후기 남부지방 주거문화 연구에 귀중한 사례가 된다.

가옥 주변에는 과거 천석집을 말해주듯이 외거노비의 호지집이 자리 잡았다. 호지집은 3칸 내지 4칸의 초가집으로 사랑채 옆에 한 채가 위치하고 있으며 다른 한 채는 집의 입구인 대문 밖에 위치한다. 과거 주변에 많이 남아 있었으나 6・25 전쟁 이후 모두 다른 곳으로 이주하고 지금은 두 채 정도만이 남아 있다.

2) 조선 후기 부농주거의 사례

부농주거는 조선 후기 사회의 변화와 함께 나타난 형태로 경제적 측면에서 농업, 수공업, 상업, 광업 등의 분야에서 활발하게 발전되었던 시기에 형성된 주거문화의 형태이다. 특히 사회제도의 신분철폐는 주거문화에서 부농주거와 서민주거를 발전시킨 모델인데 부농주거의 사례로 강릉의 선교장과 경주 최씨 고택 등에서 알 수 있듯이 부(富)의 축적이 농업생산력의 증대에 따른 농촌 지주경영에 의한 산물(産物)의 일종인 부농주거이다.

마포나루에서 이전하여 현재 성북구 성북동 덕수교회 안에 위치한 이재준가는 당시 시장경제의 발달과 화폐의 전국 유통화로 상품화폐 경제시대에 탄생된 주택이다. 상품경제의 발전은 시장기능을 더욱 활성화시키는 계기를 마련했고 시장기능은 상인들의 활발한 상업정신으로 유인되어 상업자본의 축적시대를 가져왔다. 상권의 형성은 도시를 중심으로 번창되면서 상업자본을 형성하여 일반백성들도 양반가의 주거처럼 넓은 저택에 살기위해 그 영역이 주거 분야에까지 확대되면서 부농주거를 형성했다.

566

이재준은 조선 후기 마포나루에서 한강을 중심으로 강원도 및 영서지방과 그리고 인천지역 등을 기반으로 한 전형적인 상인으로써, 그의 집은 당시 부유한 상인들의 생활상을 알 수 있는 주거로 건축된 부농주거이다.

먼저 농업생산력의 증대에 기반을 둔 강릉 선교장의 사례를 보고자 한다.

(1) 강릉 선교장

선교장(船橋莊)은 강원도 강릉시 운정동 431번지에 자리 잡고 있으며 중요민속자료 제5호(1967년 4월 18일)로 지정, 관리되고 있다. 해안가 경포대 호수 주변에 위치하고 앞에는 널따란 농경지와 뒤편의 나지막한 산을 수많은 노송들이 압도한다. 이곳의 공간구조는 다른 양반가처럼 조밀하고 폐쇄적 공간으로 이루어진 형식을 타파하고 개방적 특징을 지니고 있다.

그리고 조선 후기 서민층에 이르기까지 풍수사상이 주거입지 및 음택에까지 유행되었듯이 이곳의 집자리도 입지선정에 있어 강원도지방에서 몇 안 되는 길지(吉地)로 유명하며 이와 관련성이 있는 곳이다.

선교장은 전주 이씨 효령대군 11세손인 가선대부(嘉善大夫) 무경(茂卿) 이내번(李乃蕃: 1703~1781)이 집자리를 정한 후 10대에 걸쳐 3백여 년을 이어온 집이다. 집의 배치구조를 살펴보면 대문간채, 안채, 열화당, 동별당서별당, 사당, 활래정 외 부속건물로 이루어져 있다. 안채 주옥(主屋)은 선교장 건물 중 형성되어 있다. 주로 이씨 가의 큰살림을 맡은 부인들의 거처로써 소박한 민가의 정취를 느낄 수 있는 곳이다.

대청을 중심으로 양측에는 방이 있고 부농가에 걸맞게 부엌이 크다. 열화당(悅話堂)은 선교장의 주인이 거처하는 곳으로 순조 15년(1815) 이내번의 손자 이후(李厚)에 의해서 건립된 건물이다. "주로 일가친척이 이곳에서 정담과 기쁨을 함께 나누자"는 뜻으로 지어진 이름으로 건물 앞에 쳐진 테라스는 조선 말기 러시아식 건물로 러시아공사관에서 선물로 지어준 것이다. 열화당은 안채에서 1703년에 최초로 건립한 건물로써 정면 5칸, 측면 2칸으로 팔작지붕으로 주옥의 경우 두 벌로 쌓은 기단 위에 방형초석으로 단아한 모습을 지니나 이곳 열화당은 3단으로 쌓은 기단, 장대석 위에 세워진 정면 4칸, 측면 2칸으로 누

① 강릉 선교장 전경(2007)

② 강릉 선교장 안채주옥(內堂主屋) (2007)

강릉 선교장 열화당(悅話堂)(2007)

마루가 있는 팔작지붕의 사랑채로 운치 있는 모습이다.

　동별당은 안채와 연결된 주인 전용건물로 선교장 전성기 시대에 주인인 이근우(李根宇: 1877~1938)가 지은 집이다. 집안의 잔치나 손님맞이에 주로 사용되었고, 방과 마루의 모든 벽체가 문으로 되어 있어 개방적인 모습을 보인다. 1920년에 지은 'ㄱ'자형 건물로 대청을 중심으로 우측에 방 2개, 좌측에 방 1개, 전면에는 넓은 툇마루를 두고 동쪽방향에 있는 방 앞에는 좁은 툇마루를 두었다. 서별당은 전면 5칸, 측면 2칸으로 서고, 방 2개, 대청, 마루방, 고방이 있다. 이곳은 이씨 가의 서고 겸 공부방으로 사용되었고 나중에 안살림을 맏며느리에게 물려주고 거처하던 방, 즉 시어머니의 방이라 할 수 있다.

　활래정(活來亭)은 선교장 입구에 자리 잡고 있으며 인공으로 조성된 장방형 연못 위에 있다. 그 가운데는 삼신선산(三神仙山)이 있다. 활래정은 소로수장집으로 처마에는 부연을 달았으며 연못 위에 세운 정자이다. 이곳은 다른 정자처럼 단순하지 않고 'ㄱ'자형으로 온돌을 갖춘 2개의 방과 대청 그리고 다실로 구성되어 있다. 이 정자는 순조 16년(1816)에 오은 거사가 건립하였으며

강릉 선교장 활래정(活來亭)(2007)

서쪽 태장봉에서 계속해서 내려오는 맑은 물이 연못에 고여 있다가 경포 호수를 빠져 나간다. 특히 활래정은 벽면 전체가 분합문의 띠살문이다. 정자의 이름은 주자의 시(詩) 〈관서유감〉 중 "爲有源頭活水來"(위유원두활수래)에서 의미를 따서 지었다고 한다. 이곳은 보기 드문 특유의 건축양식과 정원의 조화로 뛰어난 한국의 주거문화를 모두 알 수 있는 곳이다.

이외에도 건물 전면에 행랑채가 있다. 그리고 건물 측면에는 원래 창고가 있었으나 개화기 때 신학문을 가르치던 동진학교 터가 남아 있다. 선교장의 현재의 모습은 이후(李厚)와 이근우(李根宇) 대(代)에 걸쳐 이루어진 것으로 알려져 있다. 이후는 조선 후기 실학사상에 의한 개혁으로 중농주의와 중상주의에 의해서 나타난 농업, 상업, 수공업, 광업 등에 의한 부(富)의 축적이 증대되는 시기의 부농주거이다. 특히 부의 산출유형 중에서도 향촌사회의 지주제 경영에 의한 농업 생산력을 기반으로 기존 주택의 개축, 증축, 신축 등을 통해 현재의 모습인 부농주거로 그 영역을 확장하였다.

이러한 확장의 모습은 한국의 전통가옥의 규모 등에서 찾아보기 힘들다. 민

강릉 선교장 곳간채(2007)

간주택의 한계인 1백 칸을 어떠한 경우에도 초과하여 지을 수 없음에도 불구하고 120여 칸의 넘는 규모는 가히 규모가 어느 정도인지 짐작할 수 있다. 행랑채의 규모만 해도 23칸에 방 20개가 있다. 행랑채에 머물 수 있는 가객만 하더라도 얼마나 많이 먹고 잘 수 있었는지 알 수 있다. 확장된 공간은 관동제일의 부자로써 곳간마다 곡식이 가득 채워져, 흉년시기에는 이웃주민들에게 나누어주는 온정을 베풀었다. 곳간채는 선교장의 만석꾼 곳간으로 전면 5칸, 측면 2칸인데 당시 얼마나 많은 곡식을 저장하였는지 규모로 보아 짐작할 수 있다.

그리고 열화당(悅話堂)은 사랑채로 장대석 위에 누각형식의 건물로 교육목적으로 지어 자녀교육, 친척들의 화합, 후손들의 후학도모 등에도 노력한 흔적을 알 수 있다. 강릉 선교장은 부(富)에 의한 자본의 축적이 주거부분에만 상징성으로 나타난 것이 아니고 공간구성의 교육, 흉년 시에 인근 주민들에게 온정을 베푸는 등 부(富)에서 얻은 경제적 재화를 다양하게 활용되었음을 알 수 있다.

또한 조선 후기에 가사제한 등이 사회적 신분제도의 변화와 함께 시대적 배경에 의해서 주거의 변화와 함께 동반되어 당시 선교장도 이러한 규제에 적용이 완화되어 일상생활에 불편 없이 편리하게 이용할 수 있도록 배치, 구조화되었고 농업 자본력을 기반으로 한 상류주거형의 건축으로 아무런 제한 없이 주변환경과 조화를 이루면서 조선시대 사대부가의 명성과 전통을 이어가고 당시 한국 최고의 전통가옥으로써 넉넉한 부농주거의 모습을 보인다.

(2) 서울시 성북동 이재준 가

서울시 민속자료(제10호)로 1977년 3월 16일 지정된 이재준 가(李載濬家)는 성북구 성북동 234-4번지 덕수교회 안에 자리 잡고 있다. 이재준가는 조선시대 후기 말에 마포에서 젓갈장사로 큰 부자가 된 상인으로 이종상(일명 이종석, 이종숙, 이종식)의 별장으로 1900년경에 건립된 한옥이다. 이 주택의 건립배경에는 여러 일설이 전해지는데 그는 지금의 한강을 중심으로 남한강, 북한강과 서해안 일대의 수로를 이용한 물자 등을 운송하는 거대한 무역상(豪商)이었다고 한다.

당시 상업 무역활동을 통해 많은 자본을 축적하여 마포갑부로 명성을 떨치는 한편 축적된 부(富)의 수단으로 신분도 상승하였다고 한다. 조선 후기 일반백성으로써 고급별장에 가까운 주택을 건축할 수 있었던 것은 사회신분제도의 철폐와 봉건주의 붕괴에 따른 사회적 배경에서 가능하였다. 별장형태의 주택이 마포에서 성북동으로 이전되기까지는 여러 가지 요인이 있었다.

이종상은 많은 재산을 축적하였으나 아들이 없어 양자를 입양하였으나 모든 재산을 탕진해 가세가 기울어 1924년 민덕성이 이 집을 빌려서 사용하였고, 그 후 (주)삼양사의 김연수 씨가 소유하여 별장으로 사용하였다. 1945년 해방 이후에는 유상준이 별장으로 사용하다가 1960년대에 이르러서는 대림산업 회장(이재준)이 취득하여 사용했다. 그러나 1970년대에 화재로 많은 훼손이 있어 보수한 바 있으며 이후 관리소홀로 폐허 직전까지 이르게 되었다. 이를 1백여 년의 전통을 자랑하는 덕수교회(담임목사: 손인웅)에서 1985년 인수하여 현재 관리하고 있다.

현재 이 주택은 장방형 집터에 본채와 행랑채로 구성되어 있으나 본채의 경

서울시 성북동 이재준 가 (2006)

우는 살림집이 아닌 사랑채와 비슷한 특징을 지닌다.

안채는 정면 6칸, 측면 3칸, 'ㄴ'자형으로 평면인 남향집이다. 그리고 동남쪽 앞으로 조금 돌출되어 3칸의 넓은 누마루가 있는데 '일관정'(一觀亭)이라는 편액이 붙어 있었다고 하나 어느 시기에 없어졌는지는 알 수 없다. 추녀에는 풍경을 달았으며 회색의 전 벽돌로 주택의 주위를 쌓았는데 이는 최근(1997)에 보수하였다. 안채 기단은 장대석 세벌대로 쌓았고, 네모뿔(사각뿔형) 형의 초석을 놓았다. 기둥은 사각기둥으로, 기둥머리는 포작(주루) 없이 단층으로 안마당으로 통하는 중문이 있고 팔작지붕을 이룬다.

이 주택은 조선 후기 상업자본에 의해 건축된 것으로 당시 사회 격변기 시대에 당시 호상(豪商)들의 생활양식에도 어떠한 변화가 있었는지 알 수 있고 한옥건축의 양식으로 살림집이라기보다는 별장 등의 건축물에 가까운 면모를 갖추고 있어 조선시대의 주택 변천과정을 예시하는 중요한 민속자료이다. 현재는 '성북동 이재준 가'의 명칭을 '일관정'(一觀亭)으로 변경하는 것을 서울시 문화재 관계당국에 검토의뢰를 한 상태이다.

이재준 가(家)라 함은 이종상의 별장을 소유한 등기에 기재된 사람의 이름을 부여한 것으로 대청 옆 누마루에 '일관정' 편액이 걸려 있었던 것으로 보아 이를 타당성으로 보아 명칭변경을 제시한다. 그러나 이에 관련된 출처 등이 보완되지 않아 현재 개명이 늦어지는 실정이다. 별장용 주택의 규모는 공부상 대지 605㎡에 건물연면적 195.04㎡로 안채와 이와 부속된 행랑채로 이루어져 있다.

(3) 영암 현종식 가옥

영암 현종식 가옥(靈巖 玄宗植家屋)은 전남 영암군 학산면 학계리 117-3번지에 자리 잡고 있으며 전형적인 조선 후기 대지주의 전통주택으로 시도민속자료 제14호(1986년 2월 7일)로 지정되어 있다. 건축년도는 안채와 안사랑채로 구분해서 묵서로 시기를 알 수 있는데 안채는 조선 후기 말, 안사랑채는 1967년에 건축한 것으로 알려져 있다. 현종식 가(家)는 호남지역에서 보기 드문 부농주거의 형태로 문화재적 가치를 지닌 대저택으로 규모가 매우 크다.

이 주택은 호남 최대의 갑부로 조흥은행의 전신인 호남은행의 창립자로 유명한 현준호(玄俊鎬)의 부친 현기봉(玄基奉)이며. 현 거주자인 종식(宗植)은 현준호의 친형인 용호(龍鎬)의 손자이다. 이곳에 연주 현씨(延州 玄氏)가 살게 된 것은 8대조인 대소헌공 진택(大笑軒公 鎭澤)이 월출산 북쪽의 영암 구림에서 이주한 것이며, 영암으로 처음 이주한 것은 17대조 윤명(允明)의 시기로 조선 초기가 된다.

주택의 구조와 배치는 솟을대문과 안 사랑채가 전후로 나란하게 들어서고 안사랑채의 측면으로 별도의 담장을 가진 안채가 있다. 그러나 과거에는 안사랑채와 대문간 사이에 바깥사랑채가 있었으나 지금은 터만 남아 있고, 안사랑채와 바깥사랑채를 가르는 담장이 일부 남아 있다. 또 현재는 안채가 별도의 출입구를 갖는 다른 집으로 사용되고 있으므로 초기의 모습을 짐작하는데 많은 어려움이 있다(천득염・전봉희, 2002: 352~353).

안사랑채는 전면 5칸, 측면 2칸으로 이루어져 있으며 한옥 기와집으로 지붕 옆면이 여덟 팔(八)자 모양을 하고 있어 팔작지붕이라 한다. 왼쪽부터 부엌,

영암 학계리 현종식 가옥 문간채(2006)

큰방, 가운데 방, 대청 순으로 배치하였다. 부엌은 규모 상으로 전후 2칸 그리고 측면 및 후면을 사용하고 있어 4칸 규모의 넓이에 해당한다. 이는 당시 부농주거로써 많은 식솔들을 거느리고 살았음을 알 수 있다. 대청에는 누마루가 있으며 이와 나란히 뒤편에 사랑방이 위치하고 있다.

구조는 2고주 5량이고 장혀를 받혔으며 도리는 납도리이며 기둥은 전면의 경우만 민흘림 두리기둥이고 나머지는 네모기둥이다. 기단은 다듬돌 바른층 쌓기를 하였고 집의 방향은 남서향으로 자리하고 있다. 그리고 안 사랑채 앞에는 넓은 마당과 정원을 갖추고 있고, 솟을대문의 문간채는 규모가 큰 5칸의 구조로 이루어져 있다.

안채는 앞면 6칸, 옆면 4칸 규모이며 평면구성은 'H'자형으로 몸채는 4칸 전후퇴집이며 좌우에 1칸씩 전면 앞으로 돌출시켰고 좌측(서쪽) 날개채 앞 부엌 3칸, 그리고 뒤에 정지방을 두고 있다.

보통 사랑방과 안채의 경우 앞뒤에 간격을 두고 배치하나 이 집은 나란히 배열되어 있다. 안 사랑채 앞에 바깥사랑채와 여러 채가 있었으나 6·25 전쟁

① 영암 학계리 현종식 가옥 안사랑채(2006)

② 영암 학계리 현종식 가옥 안채(2006)

때 소실되어 복원하지 못하고 있다(현희선(75세), 현종식의 자). 또한 각 채의 영역구분을 담장으로 처리하고 있는데 당시 특유의 담장기술이 발달되어 있었음을 알 수 있다.

솟을대문을 제외한 담은 흙을 사용치 않고 순수한 돌만 가지고 담장을 쌓았다. 한편 남부지방의 대농주택으로 시대적 배경에 비추어볼 때 규제나 제약에 관계없이 분산형 주거형태로 자연스럽게 구조가 배치되어 조선 후기 지방주거문화의 특성을 연구하는 데 중요한 가치가 있다.

제 12 장

근대화 이후 주거문화

1. 시대적 형성배경

19세기 말 서구열강에 문호를 개방한 후 개항지를 중심으로 서양식의 새로운 건물이 들어서기 시작하였다. 이러한 건물들은 전통한옥과는 전혀 다른 모습 이었다. 겉모습이 다를 뿐 아니라 한옥에 비해 규모도 크고, 산 구릉을 깎아 내고 들어선 건물의 위치도 기존의 한옥에서는 볼 수 없었던 일이다. 서양식 건물의 증가는 결국 도시 전체의 모습을 변모시켜 나갔다. 도시의 변화는 합 방 후 더욱 가속화되었다. 일본은 이미 합방 이전부터 식민통치를 위한 각종 조사사업을 벌였는데, 그 중에 문화재 조사도 포함되었다.

을사조약을 체결한 이후 일본은 문화재 조사사업을 더욱 가속화하고 많은 전통 건축물을 수리하였다. 한편으로는 도성과 읍성을 철거하고 그 자리에 도 로를 신설하거나 확장하였으며, 전통적인 도시의 상징적인 건물을 철거하거나 다른 용도로 변경하였다.

도로변에는 기존의 도시질서와는 어울리지 않는 이질적 건물들이 들어섰다. 식민통치 초기에 총독부는 건축과 관련된 모든 행정제도를 일본인 중심으로 바 꾸었다. 따라서 전통적인 건축 생산조직과 체계는 일대 변화를 겪었다. 또한 식 민통치를 위한 관청이 필요하여 서울과 지방에 많은 관공서를 지었다. 철도의 부설과 도시 가로체계의 정비 등에 따라 철도역사를 비롯한 새로운 건물이 들어섰다. 이때 지은 대부분의 건물들은 18세기 이래 서양에서 유행하던 역사적 양식을 지니고 있었다. 특히 조선총독부를 비롯한 관청건물은 대부분 서양열강이 식민지에 짓던 이른바 '식민지풍'의 서양식 건축이 주종을 이루었으며, 총독부 소속의 일본인 건축기사들이 중심 역할을 하였다. 일본인들에 의한 서양건축의 이입이 본격화되면서 도시의 모습은 그만큼 급격히 변했다.

이미 합방 전부터 시작된 서양건축의 이입과정에서 한국인은 철저히 배제되었다. 개항 이후 들어서기 시작한 서양건축은 합방 이전까지 서양의 선교사를 중심으로 한 종교건축과 각국의 공사관 등이 주종을 이루었는데 주로 서양인이 직접 설계하였다. 이때 지은 건물은 벽돌조가 주종을 이루었고 시공은 벽돌 쌓기에 익숙한 '쿨리'라 불리는 중국인 노동자가 맡았다.

설계와 시공 모두에서 한국인은 서양건축에 익숙하지 않다는 이유로 배제되었다. 서양건축의 이입과정에서 한국인은 타율적 입장에 놓일 수밖에 없었으며, 합방 이후에도 마찬가지였다. 서양건축 이입의 주체가 서양인에서 일본인으로 바뀌었을 뿐이었다. 1929년 세계 대공황을 겪은 일본은 1931년 만주사변을 계기로 한국을 대륙침략의 병참기지로 삼았다. 한국에 공업화 정책을 실시하고 회사령을 개정하여 일본 재벌의 한국 침투를 허용하였다. 일본인 이주자가 급증하면서 도시인구가 늘어났고, 도시에는 짧은 기간에 많은 서양식 건물이 들어섰다. 기존의 도시 질서로는 늘어나는 인구를 감당할 수 없었다. 양적 팽창에 따라 도시는 재정비되고 결국 전통적인 도시의 모습은 빠르게 바뀌어 갔다.

이 무렵에는 건축의 내용도 이전에 비해 크게 변화하였다. 식민통치 초기에 관에서 주도하던 관공서 중심의 건축이 점차 줄어든 반면 상업과 주거를 위한 민간 건축이 증가하였다. 당시 일본 건축계는 서양에서 활발히 전개되던 근대 건축운동에 많은 관심을 가졌으며, 한국에서 활동하던 일본 건축가들에게도 영향을 끼쳤다.

한편 이 무렵이 되면 서양건축의 이입과정에서 철저히 배제되었던 한국인 건축가들의 활동이 눈에 띄기 시작한다. 국내와 일본, 또는 서양에서 서양건축을 배운 한국인은 열악한 환경 속에서도 많은 뛰어난 건축물을 남겼다. 도시를 중심으로 한 조영 활동에서 서양건축이 주류를 이룸에 따라 전통적인 건축 생산조직도 변화하였다.

도시에서는 새로운 건축활동에 참여할 수 없게 된 목수들이 영세한 조직으로 주택을 짓거나 일부 한옥상점을 짓는 일을 담당하게 되었다. 그러나 도시에서와는 달리 농촌지역에서는 큰 규모의 주택을 중심으로 전통적인 목수조직의 활동이 비교적 활발했다. 이때 활동한 목수들 중에는 1800년대 말 경복궁 조영공사 등 궁궐조영에 참여한 사람들도 있었다. 이들은 높은 기술을 보유하고 있었으므로 이들이 짓는 주택도 그만큼 수준이 높은 것이었다. 이때 지은 집들은 전통적인 양반주택과는 다른 모습을 지녔다. 한편 한옥을 바탕으로 서양식 또는 일본식 건축을 절충한 건물이 들어서기도 하였다.

요약하면 일제 강점기 시대 한국건축은 일본인들에 의한 서양건축의 이입과 이에 대응하여 새로운 건축의 흐름에 부응하거나 전통적인 방식을 고수하려는 노력, 그리고 양자를 절충하려는 주체적 입장의 조영활동이라는 측면에서 이해할 수 있다(신영훈·이산해·김도경, 2001: 104~106).

식민지 건설의 일차적 목표는 이익추구에 있었다. 경제적 이익은 영국이 인도에서 추구했던 상품시장을 통해서, 아프리카 식민지에서는 주로 원료시장을 통해서 이익을 획득한 경우도 있었고, 포르투갈이 마카오에서, 영국이 싱가포르나 홍콩을 통해서 추구했던 경우와 같이 무역수지를 통해서 이익을 올리는 방법도 있었다. 그와 같이 제국주의 국가들의 식민지 경제수탈은 다방면으로 추구되었다. 일본 제국주의도 다를 바가 없었는데 다만, 식민지 조선에 대해서는 일본국민의 생활경제와 직결된 식민지 경제를 이루었다는 것이 특징이다. 그것이 집중적으로 표현된 것이 1920년대의 산미증식계획이나 1930년대의 농촌진흥계획, 1940년대의 증미계획의 추진이었다. 그들의 식량문제를 식민지 수탈을 통해서 해결한 것이다.

제국주의 국가들이 식민지 민족에 대한 동화를 획책한 경우는 일본 제국주의뿐이었다. 미주대륙이나 아프리카 원주민이 동화를 원한다고 해도 유럽 식민국가들이 반대하였다. 그런데 일본은 조선민족을 동화하려고 노력하였다. 동화란 조선인을 일본에 흡수하는 것을 일컫는다. 그런데 동화를 추진하다가

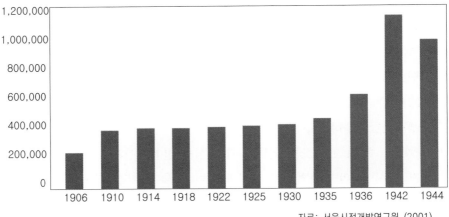

〈그림 12-1〉 서울의 인구변화(1906∼1944)

자료: 서울시정개발연구원 (2001)

만주족이 중국(漢)민족에게 동화되듯이 문화권이 같은 탓으로 역동화가 나타
날 수도 있기 때문에 식민지 동화정책은 주밀하게 추진되었다. 학문과 예술과
종교를 일본의 학문, 예술, 종교에 예속시켰다. 특히 민족형성과 발전에서 중
심적 위치에 있는 언어, 문학, 역사를 파괴하여 일본식으로 재편했다.

민족이란 정치, 경제는 망해도 문화의 기능을 통해 존속하기 때문에 식민지
속에서도 건재한 것이다. 그러므로 식민지 시기의 민족문화는 민족보존의 영
양소 구실을 했다. 따라서 학문과 예술과 종교 등의 문화가 민족의 특수성을
상실하면 민족을 지탱할 힘을 잃게 되므로 다른 민족에 흡수되고 만다. 그것
을 일본 제국주의가 겨냥하고 조선의 문화를 파괴해갔다.

〈그림 12-1〉에 의하면 서울의 인구는 1910년 합병되었을 때 24만 명에 달했
으나, 곧이어 1914년에는 관할구역 조정으로 사실상 성외 지역에 거주하는 인
구수만큼이 감소했다. 이후 10년만인 1925년에 처음으로 인구 30만의 도시로
성장했으며, 다시 10년 뒤인 1935년에는 인구 40만의 도시가 되었다.

이때는 이미 서울 총 인구의 25%가 일인이었다. 1936년 시역을 다시 조정하
여 확대함으로써 서울시 인구는 70만을 넘는다. 이후에도 도시인구 성장은 계속
되어 1942년에는 역사 이래 처음 식민지하에서 인구 1백만 도시가 되었다. 그러

나 제2차 세계대전이 시작되어 해방되던 1945년까지는 대략 15만 명 정도가 감소하였다(서울시정개발연구원, 2001: 38~40). 주거의 변천과 발전은 시대적인 배경과 정치, 경제의 사회적 변화의 요인과 밀접한 관련이 있으나 시대의 발전과 더불어 인구의 변화가 중요한 요인으로 작용하기 시작하였다.

즉 인구의 증가 및 인구의 이동 등은 주거의 수요와 공급을 결정하는 요인이고 또한 주거와 밀접한 관계에 있기에 도시로의 인구집중 현상은 주거문제를 발생시켰고, 우리나라의 중심축이라 할 수 있는 서울 공간을 중심으로 정치, 경제, 사회 등 모든 것이 집중되면서 성장 발전되었다. 이러한 성장과 발전은 경제기반의 원리에 의해서 진행된 것이 아니고 유도된 통제의 과정 속에서 철저하게 계획되고 제한적으로 이루어졌다.

2. 조선영단의 주택건설 · 공급

총독부가 뒤늦게 조선주택영단을 창설하여 주택난 해소를 기도하게 된 것은 자국 내의 공영주택정책 특히 일본주택영단 창설에 영향을 받은 것이었다. 일본은 우리나라보다 반세기쯤 앞서 근대화를 이룩하였지만 주택정책만은 무관심 속에 방임되어 주택공급은 대기업에 의해 이루어졌다. 영국을 비롯한 서구 선진국에서는 1900년 당시에 이미 공영주택제도가 시행되어 정부나 금융기관에서 저리의 장기대부가 이루어졌으나 일본에서는 그러한 복지행정의 기반이 없었다.

일본에서의 유일한 공영주택건설기구는 1923년 9월 관동 대지진 후에 주택부흥을 목적으로 설립하여 1941년까지 활동한 재단법인 동윤회(同潤會)였다. 동윤회는 그간 1만여 호(그중 아파트 2천 5백 호)의 서민주택을 공급하였는데 비록 양은 적었지만 그 활동은 일본의 주택역사상 크게 평가되고 있다. 동윤회는 지진 직후에 응급목조주택을 지었으나 2~3년 후부터는 일본 최초로 철근콘크리트아파트 등 새로운 형식의 주택을 지었으며 나중에는 불량주택지구의 개량사업도 했다. 동윤회의 활동은 계획에 의한 주택의 대량생산이라는 점과 주택의 근대화를 촉진시켰다는 점에 주목을 받아 일본주택영단의 전신이 되었다. 그러나 총체적인 면에서 보면 동윤회의 활동은 선구적인 의미밖에는 없었으며 주택정책 부재 속에 일본의 주택불황은 날로 심해졌고 폭등하는 집값이 다른 물가상승을 선도했기 때문에 일본정부는 1940년에는 지대가임통제령을 제정·시행하였으며 그 결과 민간의 가대통설이 부진하게 되었다. 그래서 일본정부는 1941년 5월에 일본주택영단을 창설하고 동윤회를 그 속에 흡수시켰다.

일본주택영단은 정부가 1억 원을 출자하고 그 10배까지의 주택채권을 발행할 수 있었으며 5년간에 30만 호의 주택을 양산할 계획으로 일반평가(一般平家) 목조건물뿐만 아니라 연립주택, 아파트 등 20종의 규격평면도를 만들어 주택의 대량생산에 들어갔다. 이러한 동윤회와 일본주택영단의 활동은 조선주택영단의 창립에 많은 영향을 주었다.

우리나라에서는 1941년까지는 공영주택이라는 것은 거의 없었다. 1919년에 도시의 주택부족현상이 두드러졌을 때 경성, 부산, 대구, 목포, 신의주, 청진, 청주, 춘천, 흥남, 나진 등 10개 도시에서 몇 호 혹은 몇십 호의 공영주택을 지었으나 1941년까지 22년간에 모두 7백 호에 불과하였고 공급대상자도 관공서 등 특수계층의 사람으로 한정되었다. 또한 재단법인 화광교단 등 빈민 구호단체에서 서울 등 교외에 있던 토박민들을 수용할 간이주택 수십 호를 지었으나 그것은 자선적인 목적이었다.

그리고 1928년 김희석(金稀錫, 서울 수하동 거주)이 영세민용으로 벽돌집 80호를 지어 경성부에 기부하여 부에서 이를 영세민들에게 임대 관리한 일이 있었다(대한주택공사, 1992: 53쪽). 주택영단의 성립과 단지형 주거지의 등장은 조선총독부가 주택공급에 대한 본격적인 대책을 마련하기 위하여 1941년에 조선주택영단을 설립하였다. 이 해는 중·일 전쟁이 4년째 접어드는 해였고 12월에는 태평양전쟁이 발발하였으므로, 일본 국내는 물론 조선에도 전쟁에 대한 긴장이 가득 차 있었다. 물가는 전면 동결되고 노동력이 강제동원되는 와중에서 영단설립이 강행되었다.

총독부가 뒤늦게 주택영단을 창설하여 조선의 주택난을 해결하려 한 것은 일본의 공영주택정책 특히 일본주택영단의 창설에서 직접적인 영향을 받은 것이다. 조선총독부는 1941년 6월 〈조선주택영단령〉을 제정·공시하고 같은 해 7월 조선주택영단을 창설하였다. 영단은 정부출자금 8백만 원을 4개년동안 분할출자하는 조건으로 설립하였으며, 자금의 10배 한도 내에서 주택채권을 발행할 수 있었다. 또한 실무수행의 과정에서 각종 세금의 면제를 받도록 하였으며, 필요할 때는 토지를 수용할 수 있는 권한까지 부여하였다. 이렇게 설립된 영단의 근본적인 목적은 일본인 노동자의 주택문제 해결을 위한 것이지만, 한국 최초로 주택건설을 전담하는 공공기관을 설립했다는 데 커다란 의미가 있다.

조선주택영단은 설립과 동시에 주택건설 4개년 계획을 세웠다. 이것은 총독부가 1941년 7월 현재 경성을 비롯한 19개 도시의 절대주택 부족량을 6만 호라고 발표하고, 조선주택영단에 4년 동안 2만 호를 건설하는 계획을 세우라고 지시했기 때문이다. 조선주택영단은 이러한 계획에 따라 1941년부터 1945년까지 매년 5천 호의 주택을 건설하기로 하였으며, 1941년도에는 우선 가장 주택난이 심각한 경성, 평양, 청진에 건설하기로 결정하였다. 총독부는 당시 대도시의 주택난을 단시일 내에 해소하기 위하여 경성부 등 각 지방행정기관에 토지구획정리사업계획을 수립하여 직영주택지를 조성하도록 지시했다. 이에 따라 영단은 경성에 2천 7백 호, 평양에 1천 5백 호, 청진에 1천 호의 주택을 건설하기로 하였다(대한주택공사, 1992: 58~59 재인용). 조선주택영단은 서울에서 용지매입이 끝남과 동시에 바로 사업에 들어갔는데, 도림, 번대방, 상도 등 3개의 주거단지를 조성하는 것이 주택영단의 첫 사업이었다. 이 사업은 조선시가지계획령에 의한 '일단(一團)의 주택지 경영(經營)' 사업으로서, 우리나라에서 최초로 시행된 계획적인 택지조성 사업이었다.

조선영단주택이 조성한 도림단지(현 문래동)는 격자형의 도로에 각 블록마다 녹원지(綠園地)가 설계된 5백 호 규모의 주택단지였다. 또한 상도단지는 완만한 구릉지를 포함하는 임야와 논밭에다 조성한 단지였는데, 영단은 이곳에 3개의 원형로터리를 만들고 그것을 중심으로 방사선도로를 만들었다. 1천 호 규모로 계획된 이 단지에는 기존의 수목들을 그대로 살린 자연스러운 조경설계를 곁들였는데, 당시에는 가장 잘 계획된 단지로 평가받았다. 또한 번대방단지는 자연지형에 맞추어 주택을 배치한 5백 호 규모의 단지였는데, 큰 규모의 병원과 목욕탕, 이발관, 상점 등 후생시설과 공공시설이 계획되었다.

조선주택영단이 활동하던 당시는 태평양전쟁 중이었으므로 영단은 극심한 건설자재 부족난을 겪어야 했다. 이렇게 절박한 상황 속에서도 일본의 국가시책에 꼭 필요한 주택의 공급만은 중단할 수 없었으므로 총독부는 그 임무를 주택영단에 강행시켰다. 이리하여 주택영단의 사업은 1944년부터는 주로 군수공업지와 광산지역에 주택을 건설하는데 주력해야 했고, 청진, 성진, 평양 등의 공업지대에 소규모 공원주택(工員住宅), 사택 및 합숙소, 노무자 숙소 등을 건설하였다.

조선주택영단이 광복 전까지 한국 전역에서 건설한 주택건설의 총 호수는 12,184호였고 그 중 경성에 건설한 것은 4,488호였다. 이러한 와중에서 영단은 1943년 즉 영단설립 3차년도에 앞으로 5년간 사용할 용지를 미리 확보한다는 방침을 세워, 경성부 내에서만 정릉, 창천, 북아현, 안암 등지에 비교적 대규모로 토지를 매입했다. 그런데 당시 영단이 매입한 이 방대한 토지는 실제로 활용되지 못했고 광복 후에 대한주택영단에 인계되었다. 이러한 토지들 중에서 정릉·창천지구의 용지들은 6·25 전쟁 후에 재건주택·국민주택·희망주택 등을 위한 단지로 활용되었다(손정목, 1996: 307~311 재인용).

조선주택영단은 당시 주택문제가 가장 심각한 경성에 효율적으로 주택을 공급하기 위하여 여러 가지 유형의 표준설계를 만들었다. 이 설계는 여러 계층을 대상으로 한 것으로서, 새롭고 근대화된 생활을 유도할 수 있는 여러 참신한 내용들이 반영되었다. 우선 주택유형을 계층에 맞추어 갑·을·병·정·무의 다섯 종류로 나누었는데, 갑의 건평은 20평, 을은 15평, 병은 10평, 정은 8평, 무는 6평으로 하였으며, 대지는 건평의 3배 이상으로 하되 병·정·무는 연립주택으로도 건설할 수 있도록 하였다.

이러한 결정 중에서 대지면적을 건평의 3배 이상으로 한다는 내용은 총독부의 반대를 받았다. 조선시가지계획령에서는 건폐율을 60~70%로 정했기에 3배는 너무 사치스럽다는 이유였는데, 영단은 공영주택의 품위와 권위를 위해서 3배는 되어야 한다고 주장하여 끝내 관철시켰다. 이때 정한 갑형 주택은 중류의 상층시민들을 위한 주택이었고, 을형은 중산층, 병형은 서민과 노무자들의 주택이라고 규정지었으며, 갑형은 희망에 따라 분양할 수 있도록 하였고, 을형 이하의 주택은 모두 임대하기로 하였다.

조선주택영단이 건설한 주택은 총독부의 방침에 따라 그 외관과 내용을 모두 일본식으로 하였다. 그러나 조선인에게도 적합하도록 방 한 개는 반드시 온돌로 하게 함으로써 일본인과 조선인 구별 없이 거주할 수 있도록 했다. 그들은 이를 두고 주택의 측면에서도 내선일체(內鮮一體)를 구현하였다고 자랑하였다. 영단주택은 평면구성에서 일본식에 한식을 약간 가미한 형식을 취하였는데, 현관을 통하여 복도를 거쳐 각 실로 진입함으로써 '가운데 복도식' 주택이 되었다. 또한 마당을 정원으로 꾸미는 대신 마루는 사라졌으며, 욕실과 화장실은 주택 내부에 설치하였다.

당시 영단에서는 표준설계의 작성에 여러 가지 발전적 내용을 수용하려고 하였다. 예를 들면, 마당은 되도록 넓게 하고, 어떠한 집이라도 하루 4시간 이상 채광이 되도록 하였으며, 갑·을·병형 주택에는 목욕탕을 설치하고, 목욕탕이 없는 집들은 50호 단위로 공동목욕탕을 설치한다는 내용 등이 포함되었다(서울시정개발연구원, 2001: 245~249).

조선영단주택의 설립과 취지를 시대적 배경에 의해서 살펴보면 민간기업이 주도하는 주택공급의 성격이 아닌 공적인 특징을 지니고 있다. 또한 한국적 지형이나 입지조건 등을 감안하지 않고 일본식의 주택건설 양상의 성격을 지니고 있었다. 조선영단에서 마련한 표준설계의 구조를 보면 전통적 한옥의 형태를 배제한 일본식에 가깝게 설계되었다. 전통적인 마루배치의 형태는 없고 田자형 즉 우리나라의 추운 북부지방의 평면특성을 가미하였으며 방과 방 사이의 연결된 형태로 연결되는 통로는 미닫이문으로, 그리고 다다미방을 만들어 일본식의 주거형태를 나타내었다. 우리나라 전통건축의 가미된 부분이라면 온돌구조 정도만 채택되었다.

한편 근대식 생활을 위한 계획으로 출발하였으나 지역적으로 건축된 건축물이나 주택은 모두 일제 강점기 시대의 전략적 침략의 기반에 두고 유도된 주택건설로 주거와 생활양식이 밀접한 관계를 갖고 있는 주거문화를 통해 일본화하는데 하나의 정책적인 수단으로 이용했던 것이다.

3. 전통과 서구 주거문화의 공존

예부터 우리 민족은 민족성 내지 전통 주거관에 있어서 서구사회를 위시한 다른 문화권과 확연히 다르게 발전, 성장하였기에 외세의 문화 등과 빠르게 동화되지 않고 지금까지 지켜내려 왔다. 민족적 자존과 자주의식을 바탕으로 유구한 역사를 이어온 우리국민은 전통의 은전에 대해 긍지를 가져왔다. 따라서 이와 같은 역사의식 내지 민족성을 지켜나가는 것은 조선조 상류층이며 지배계층인 양반들뿐만 아니라 일반 생업에 종사하는 상민들에게까지도 사상적 관념으로 통용되었다. 수없이 많은 외침과 수탈 속에서도 민족정신을 상실치 않고 면면히 이어와 격동기에는 구국의 혼으로 나타날 수 있었던 것도 바로 이와 같은 민족성 때문이었다.

이렇듯 온존된 민족성은 개방성까지도 포함하여 불교와 유교문화를 수용할 수 있었고 개화기에는 서구문화·종교까지도 별다른 거부반응 없이 받아들일 수 있게 되었다. 이 같은 성향은 다른 한편으로 일제의 침략적 계기를 만들어 주었을 뿐 아니라 치욕적이고 세계사에 유례없는 일제식민통치기간이라는 것을 남겨주었으며 남북이 분단되고 외세에 의존한 채 국가가 재수립되는 비운까지도 마련해 주었다.

한국사회에서 그것도 수도로서 외래의 문화와 외국인의 출입이 무제한 통용되고 이들이 활보할 수 있는 서울은 가장 많은 전통의 혼란을 겪을 수밖에 없었다. 외국 사신들의 입경과 이들이 내외적으로 유포시키는 외래문화는 조선의 고도로 5백년간을 존속했던 서울을 혼란의 도가니로 몰아넣는 제일보의 역할을 하였다. 전통적으로 학문과 예술을 숭상하며 인륜과 도덕을 중시하던 문화전통은 이들에 의해 그 기본부터가 흔들렸으며 서구산업화, 도시근대화라는 시대적 현상으로 말미암아 서울은 한순간에 전통이 단절되고 외래문화, 사상 등이 주도하였다(서울특별시사편찬위원회, 1995b: 231).

주거의 개선과 도시화의 시작은 1876년 개항 이후 외래문물이 밀려들어오면서 전통적 가치관은 위기를 맞게 되고 생활방식도 변화되었다. 그리고 개항지와 외국인 거류지에 양옥과 일식주택과 같은 새로운 유형의 주거들이 지어지

인천 중구 송학동(개항시대: 일본 집(2007)

① 인천 중구 송학동 중국(청나라)집(2007)
② 인천 중구청 앞 일본(리모델링)집(2007)

전남 영광군 법성리 구 기꾸야 여관(일본)(2007)

고, 벽돌, 유리와 같은 새로운 건축재료들이 공급되면서 우리의 전통적 주거
건축에서도 변화의 모습들이 나타났다.

　20세기 전반의 주거문화는 매우 복합적인 모습이었다. 대부분의 사람들은
여전히 전통적 생활양식으로 살았고, 일부 근대적인 사고의 지식인들은 전통
적 생활양식의 개선을 주장하면서 주택개량안을 제안했다. 1930년대에 들어서
면서 근대적 건축교육을 받은 한국인 건축가들은 몇몇 조선인 실업가들과 지
식인들을 위해 이른바 문화주택을 설계했다. 그러나 대부분의 문화주택들은
다분히 서구식 또는 일양절충식 주택이었다. 밀려오는 이질적 문화와의 갈등
과 부조화 속에서, 전통 한옥에 대한 비판을 바탕으로 근대 주택유형을 모색
하는 과정으로 이해될 수 있다.

　일제 강점기 시대인 1931년 일본인이 운영하기 위한 여관으로 신축되어 당시
일본상인들을 위한 숙박시설로 이용하였던 목조 건축물(기꾸야 여관)이 있다.

　해방 전까지 여관으로 사용된 후 해방 이후 주거용으로 현재 사용되고 있다.
현재 보존상태가 양호하며 등록문화재 제119호로 전통과 현대를 잇는 시기의

건축물로 신축 당시 형태를 그대로 유지한 건축물로 유일하게 남아 있는 것으로 지역의 역사와 생활상을 보여주는 근대 문화유적이라 할 수 있다.

한편 개항 이전까지 거의 같은 모습으로 유지되었던 서울은 20세기에 들어서면서 큰 변화를 겪게 되었다. 1899~1901년에 서대문-청량리 사이와 종로-남대문-원효로 사이에 전차가 놓이는 등 도시의 구조가 변화되었다. 외국공관이나 교회와 같은 양식 건축물들이 건축되고, 또 외국인들의 주거지가 자리 잡으면서 도시의 스카이라인에 변화가 생기게 되었다. 그 변화는 도시화라는 단어로 요약될 수 있다(서울특별시사편찬위원회, 1999: 684).

개항 이후 일제 강점기 시대를 거치면서 우리나라에 들어온 서양식 건축은 서양에서의 건축적 흐름과는 관계없이 당시 일본인들에 의해 근대(건축)양식으로 불렸다.

일본의 가나가와 현 남서부 바닷가에 있는 조그마한 전원풍의 오다와라(小田原)시의 주택을 보면 현재도 이러한 일본식의 전통주택들이 일본 어디를 가나 많이 남아 있다. 우리나라의 전통 한옥의 보존차원에서 보호되는 점과 비교된

592

다. 한편 서양건축을 습득하기는 하였지만 서양에서 새롭게 형성되는 근대적 경향을 충분히 이해하지 못하던 일본 건축계의 상황을 반영한 것이었다. 그럼에도 불구하고 우리는 오늘날에도 이 시기에 유입된 서양건축을 우리나라 근대건축의 시발점으로 보고 있다.

이러한 해석은 우리나라의 근대화는 본질적 의미나 한국인의 의지와 관계없이 서구화라는 개념 속에서 외국인, 특히 식민통치 기간에는 일본인에 의해 이루어진 타율적인 것일 수밖에 없다는 해석상의 한계를 낳게 되었다. 도로변에 점차 들어서기 시작한 서양건축은 형태와 규모에서 당시 사람들에게는 문화적 충격이었다. 일제 강점기 초기 한국 건축계는 일본의 식민통치를 위한 공공건물을 짓는 데 치우쳤다. 이때 지은 건물들은 대부분 서양에서 18세기 이래 유행하던 역사적 양식의 건물들을 모방했다.

특히 주요한 건물들은 석재로 마감하여 육중한 외관을 강조하고 엄격한 좌우 대칭의 평면으로 권위적이고 단조로운 특징을 지니고 있었다. 이러한 건물들은 주로 확장되거나 새로 만들어진 도로변에 위치하여 도시경관을 좌우하였다. 또한 대부분 한옥인 기존 건물군의 짜임을 깨뜨리면서 세워졌기 때문에 주변과 심각한 부조화를 초래하였다(신영훈・이상해・김도경, 2001: 144~145).

이밖에 일본인의 거주가 많은 신흥도시에는 유리, 시멘트, 벽돌, 양기와 등 공장제품의 건축재를 사용한 것도 특색이다. 양기와는 시멘트의 재료와 함께, 암수로 구분하지 않은 것이 전통적 모습과 다르며 '다다미방'은 일본인 고유의 평면구조에서 등장한 칸 배치이다. 서울에도 주택사정이 어려운 것은 마찬가지이다. 식민통치의 거점으로 기능하는 이상, 다양한 직종, 높고 낮은 직급에 종사하기 위해서 연간 10만에 가까운 인구가 전국 각지에서 모여들었기 때문이다. 그래서 주택영단도 건설주택의 80% 이상을 서울에 배치하여 주택사정을 완화하는데 노력하였다. 앞서 '신길, 대방, 동작, 흑석, 한남, 금호, 신촌 등지는 새롭게 등장한 신주택지구이라'고 했다.

신 주택은 설계도면에 의해서 엄격한 적용을 받는 관계로 '규격품(規格品)과 다름이 없는 획일성'을 띠고 있었다. 설계도면에 의하면 주택의 평면구조에는 '온돌과 다다미방이 필수적'으로 포함되었다. 전자가 한국적 문화요소라면, 후

성북구 안암동 개량 한옥집(2007)

자가 일본적 문화요소이다. 이런 점에서 영단주택의 보급은 '한일 간에 현격한 차이를 드러내는 문화요소를 가옥구조를 통해서 의도적 통합을 시도했다'고 말할 수 있다. 입주자의 편익을 위해 수도와 목욕탕을 설치하는 등 긍정적 측면도 없지 않았으나, 다다미방과 함께, 오오가베(大壁)의 설계를 의무화한 점을 간과할 수 없다. 이런 점을 고려할 때 일제의 주택정책은 생활환경의 개선을 내세우면서, 일본으로 문화적 예속을 위해 진행되었던 사업인 것이 확실하다 (오홍석, 2003: 414~417).

개량형으로 개조된 한옥의 모습은 지금도 장충동, 후암동, 북촌의 가회동 등에 남아 있는데 이는 1936년 이후 토지구획정리사업에 따른 주거지이다. 이 외에도 동대문 밖의 제기동, 안암동, 보문 일대의 개량한옥들도 이 시기에 형성된 것이다.

도시형 한옥은 경성지방 민가의 형식을 도시적 입지환경에 적합하도록 수정된 형식이라고 볼 수 있다. 정연한 가로체계를 갖는 도시지역에서 소규모 택지로 분할된 밀집형 입지환경을 갖기 때문이다. 이에 내정을 제외한 외부공간은 최소한으로 축소되며, 부속건물도 본체에 포함하게 된다. ㄱ자 혹은 ㄷ자의 평면형태는 사방으로 연접된 이웃집과 통행량이 많은 도로에서 내부공간의 기밀성을 확보하는 데에도 적절한 형태였다. 높은 담을 설치할 경우 담과 건물 사이에 공간의 낭비가 발생하며, 폐쇄적인 외벽으로 집중형 공간을 만들 경우 채광과 환기가 불량해지기 때문이다. 다만 택지의 축소로 인해 마당이 축소될 수밖에 없었으며, 도로에 면한 밀집된 대지조건에서 내부공간의 기밀성을 높이기 위해 폐쇄적인 대문간의 설치가 필요했다. 대문간에는 화장실을 설치하여 침실과 격리시키는 전통적 규범을 지속하였다. 도시형 한옥은 공간의 구성이나 성격, 형태를 조선시대 상류주거에 근거하면서도 근대적 건축재료를 부분적으로 사용하는 개량적 방법을 사용하였다.

도시형 한옥에 새롭게 사용되기 시작한 재료는 벽돌과 유리, 그리고 함석등이었다. 이러한 재료의 사용은 도시주택에 대한 법적 규제에 기인된 것도 있지만 공간 사용의 편리성이나 구조의 내구성과 의장성을 증진시키기 위한 기능적 요구였다(강영환, 2004: 307~308).

일본인에 의한 주거지 형성과 연이은 도시개조는 이후 서울 주거지역의 공간적 분화에도 영향을 미쳤는데, 그것은 일제 강점기로 접어들면서 청계천을 중심으로 북촌과 남촌이 확연히 구별된 것이었다. 말하자면, 서울의 북·서부는 한국인에 의해, 그리고 남부는 일본인에 의해 거주지역이 형성되면서 서울의 주거지역이 양분되었다. 따라서 종로의 육의전(六矢廛)을 중심으로 동서축으로 활성화되었던 도시구조가 남북축으로 연장되는 결과를 가져왔다. 이러한 현상은 지금의 서울의 도시구조 형성에 커다란 영향을 끼쳤다.

개화기 서울의 주거문화는 전반적으로 복합적인 양상을 띠었는데, 그것은 전통적 주거양식이 외국의 주거양식과 섞이면서 생기는 현상 때문이었다. 당시 사회 전반을 흐르는 개화의 분위기에 따라서 외국의 주택이 지니는 여러 특징들이 전통적 주거환경에 조금씩 침투하게 된다. 서양식 주택이 서울에 지어지고 일본식 주택 또한 등장하면서, 이들이 우리의 전통적 주거양식에 직간접적으로 영향을 주었다.

따라서 전통적 주거양식과 서양 또는 일본의 주거양식이 절충된 주택이 등장하기 시작하였다. 서양식 주거의 유입은 일본의 그것에 비해 그 양이 상당히 적은 편이었다. 그러나 천주교의 영향으로 개화를 이룬 상류계층은 비교적 빨리 서구문화를 흡수하였다. 특히 개항 이후 각국의 공관들이 속속 들어서고 상사의 사옥 및 사택들이 들어섬으로써 서양식 생활양식이 상류계층에게 구체적으로 소개되었다. 서양식 주택의 시초는 1884년 인천에 세워진 세창양행의 사택이었다. 이것은 독일인을 위한 숙소였는데, 2층의 돌집으로서 외벽에는 회칠을 하고 붉은 기와를 얹은 별장풍의 주택이었다. 이 주택은 사무실, 응접실, 침실, 부엌, 식당, 오락실 등을 갖춘 것으로서, 조선의 전통적 주택과는 완전히 다른 주택이었다.

조선시대 말기에서 한일합방에 이르는 시기 즉, 개화기에 있어서 개화의 영향을 가장 소극적으로 수용한 것이 주택이었다. 말하자면 양식과 일식 주택이 지니는 특징들이 우리에게 수용된 것은 극소수의 지배계층에 의한 것이었으며, 대다수의 한국인들은 여전히 전통가옥에 대한 애착이 강하였다. 당시는 일본인들에 의해 삼림의 남벌이 성행하였으므로 목재의 공급이 과거보다 더욱 원활하였다.

따라서 주택에 대한 기술과 생산방식은 여전히 재래식 그대로였다. 양식 또는 일식 주택의 수용은 개화파나 일부 호사가들에 의해서 소극적으로 진행된 것일 뿐이었는데, 이들도 전통가옥이 지니는 내용을 완전히 버리지 못하였다. 예를 들면 구한말 부호 이준용과 윤덕영은 1900년대 초에 자신들의 주택을 양식으로 거창하게 지었는데, 이들은 손님 접대용의 사랑채만 양식으로 지었을 뿐 안채는 한옥으로 지었다(김홍식, 1872: 213 재인용). 이것은 생활상의 새로운 요구가 발생하지 않는 한 주거의 형식은 쉽사리 변화하지 않는다는 것을 입증하는 것이다. 서울 시민의 주거양식은 일제 강점기 중반부에나 가서야 조금씩 변화하지만, 그것도 그리 적극적이지는 못하였다. 결국 서울의 주거형식은 1960년대 아파트가 도입된 이후에나 본격적으로 변화하게 된다(서울시정개발연구원, 2001: 230~234).

한국 주거문화의 역사는 개항과 일제 강점기를 거치면서 일대의 전환기를 맞이하게 되었다. 초기의 서양문물과 근대화된 주거문화는 쉽게 동화되지 못하고 이는 전통개념 위에서 서로간의 갈등구조를 안고 출발하였다. 그러나 역사의 시간이 지나감에 따라 시기적인 문화권의 특성은 자연스럽게 변화를 유도하고 전통적 주거문화의 차별성을 인정하면서 이질적 문화 속에서 서로가 갈등을 조정하고 공존하는 가운데 우리의 주거문화가 정체성의 색깔을 잃지 않고 일반화의 개념으로 발전되어 갔다.

4. 근대화 이후 주거 사례

1) 경운동 민익두 가옥

민익두 가옥은 종로구 경운동 66-7번지의 천도교 중앙대교당 남쪽에 위치하고 있다. 시대적 배경은 일제 강점기 시대인 건축물로 1938년에 개량한옥으로 지었다. 한옥의 건축은 한국근대 건축개척자인 박길룡(朴吉龍: 1898~1943)이 대지 244평, 건평 51평의 규모로 설계하여 건축하였다. 1938년 건축주인 민보식이 두 아들에게 한 채씩 주기 위해서 지은 집이다. 그러나 당시 남쪽에 있던 한 채는 1994년 서울 노원구 월계동 766, 767-1번지로 이전되어 '월계동 각심재'라는 이름으로 명칭이 변경되어 민익두 가옥과 함께 각각 서울시민속자료 제15호(1977년 3월 17일) 제16호로 지정되어 현재 보존되고 있다.

대지가 반듯하고 집터의 동쪽방향에 일각대문(一角大門)으로 이루어져 있다. 마당에 들어서면 남향으로 'ㅗ'자형 또는 'H'자형의 살림채가 있다. 서쪽방향에는 'ㅡ'자형의 행랑채가 배치되어 있고, 중앙부분에 부엌, 대청, 건넌방, 사랑방으로 구조화 되어 있다. 부엌의 앞쪽의 안방, 뒤쪽의 뒷방, 빈칸너머 툇마루, 사랑방 앞쪽에는 누마루, 뒤쪽에는 현관마루 등을 배치하고 있다. 즉 가옥의 구조가 중간에 대청이 있고 현관이 동북쪽 모퉁이에 자리 잡고 있다. 그리고 현관을 만들고 실내에 화장실과 목욕탕을 만들어 당시 개량한옥으로 획기적인 동선은 긴 통로를 통해 사랑방, 건넌방, 안대청, 화장실로 연결되어 일상생활의 편의에 따라 설계된 집이라 할 수 있다.

종로구 경운동 민익두 가옥(2006)

　　이 집은 긴(장대석) 두벌대 기단 위에 네모뿔대의 주춧돌을 놓고 그 위에 사
각기둥을 세웠고 초석과 초석 사이에는 디딤돌을 놓아 마감하였다. 기둥의 형
태는 약간 배흘림에 사각으로 되어 있고 기둥머리에 장혀를 받쳐 소로수장집
으로 꾸몄다. 가구의 형태는 2고주 7량으로 지붕은 팔작지붕에 합각을 형성하
였다. 처마의 형태는 부연이 달린 겹처마를 이루고 있다. 앞마당의 담장 밑에
는 작은 화단을 조성하여 울치를 더해주고 있다.

　　이 건물의 특징은 당시 서구문명의 유입과 일제 강점기 시대에 전통사상의
정체성을 잃어가는 과정 속에서 생활양식과 가치관의 형태마저 변화를 유도하
는 시기에 각각의 단점을 보완하고 장점을 살려 구조화된 주택으로 절묘하게
전통과 근대가 함께 존재하는 주거형태를 보이면서 전통적 한옥의 형태를 갖
추고 있어 이 시대의 중요한 민속자료이다.

2) 만해 한용운 심우장

심우장(尋牛莊)은 서울시 성북구 성북 222-1번지 위치하고 있으며 서울시기념물 제7호(1984년 7월 5일)로 지정되어 관리하고 있다. 만해 한용운 선생(卍海 韓龍雲: 1879~1944)은 충남 홍성에서 태어나 28세 때 백담사로 축가하여 승려가 되었고 1910년 한일합방으로 일제 강점기 시대가 시작되자 중국 등으로 망명하여 방랑하다 1913년 귀국하여 《불교대전》, 《조선불교유신론》을 펴냈다. 1919년 독립운동으로 전개된 당시 독립선언서 발기인 33인중 승려 백용성과 함께 교계를 대표하여 참가하였고 공약 3장을 집필하신 분으로 유명하다. 그리고 〈님의 침묵〉을 쓴 시인이기도 하다.

심우장은 한용운 선생께서 3·1운동으로 3년여 옥고를 치른 후 성북동 골짜기에서 셋방을 얻어 은둔생활을 하던 중 여러 사람들로부터 도움을 받아 짓게 되었다. 건축 당시 우리 주거건축전통에 의하면 남향내지 동남향으로 집을 짓는 게 일반적이지만 이 집은 북향을 향하고 있다. 즉 한용운 선생께서는 지금의 경복궁 앞 조선총독부(옛 중앙청: 문민정부 때 철거)와 마주볼 수 없다하여 남쪽을 등진 북향으로 짓게 되었다고 한다.

집의 구조는 전면 4칸, 측면 2칸, '一'자형의 평면구조이다. 가운데 대청 2칸, 왼쪽은 서재 겸 침실로 1칸, 오른쪽에는 부엌 1칸과 찬마루 1칸이 있다. 부엌과 찬마루사이는 개방된 벽이 없고 집의 뒷 켠의 남쪽방향에 굴뚝이 위치하고 있다. 지붕의 구조는 팔작기와 지붕이고, 민도리 소수로장으로 처마는 전면 겹처마, 뒷 켠은 홑처마로 되어 있다. 그리고 그 이름을 '심우장'이라 하였다. 심우장(尋牛莊)의 편액은 위창 오세창(吳世昌) 선생이 쓴 것이다.

심우장이라는 이름은 한용운 선생의 아호 중에 만해, 오세인(吳歲人), 성북학인(城北學人), 목부(牧夫), 실우(失牛) 등이 있는데, 이 중에서 심우장과 걸맞는 목부(牧夫)는 소를 키운다는 뜻인바 '내 마음속에 소를 키운다'라는 뜻으로 수양의 경지를 나타내는 것으로 불심에 의한 무상대도(無常大道)를 깨우치기 위해 공부하는 집이라 할 수 있다. 이곳 심우장은 한용운 선생께서 광복 1년을 남겨두고 저항하며 지내시다 말년의 생애를 보낸 곳이다.

성북동 만해 한용운 심우장(2006)

　그리고 당시 집터를 잡고 청빈한 생활을 하시면서 손수 심은 향나무 한 그
루가 절의를 말해주듯 말없이 서 있다. 당시 심우장의 시(詩)를 소개하면 한
용운 선생의 불교 대중화 항일사상을 조금이나마 알 듯 싶다.

　잃을 소 없건 만은 찾을 소 우습도라.
　만일 잃을 소 분명하다면 찾은 들 지닐쏘냐
　차라리 찾지 말면 또 잃지나 않으리라

3) 북촌 한옥마을

북촌 한옥마을은 서울시 종로구 가회동 일대와 경복궁, 창덕궁 등 사이에 자리 잡고 있다. 더 넓게는 삼청동까지 연결된다. 면적도 약 645,000㎡이다. 북촌지역은 예로부터 경복궁과 창덕궁, 종묘의 사이에 위치한 지역으로 서울 600년 역사와 함께 해온 우리의 전통 거주지역이다. 조선왕조의 자연관과 세계관을 보여주는 성리학에 기초하여 배치된 궁궐사이에 위치한 이 지역은 뛰어난 자연경치를 배경으로 거대한 두 궁궐 사이에 밀접하여 전통 한옥이 위치하고 있으며, 수많은 가지모양의 골목길을 그대로 보존하고 있어 600년 역사도시의 풍경을 극적으로 보여주고 있다.

예로부터 원서동, 재동, 계동, 가회동, 인사동으로 구성된 이 지역은 청계천과 종로의 윗동네라는 이름에서 '북촌'이라는 이름으로 불리었으며, 당시로서는 왕실의 고위관직에 있거나 왕족이 거주하는 고급 주거지구로 유명하였다. 곳곳에 아직까지 남아 있는 몇 채의 한옥들은 이때의 명성을 그대로 간직하고 있다.

조선 말기에 이르러 이 지역은 사회 · 경제상의 이유로 대규모의 토지가 잘

북촌 한옥마을(2006)

북촌 한옥마을(2007)

게 나뉘어 소규모의 택지로 분할되었으며, 지금 볼 수 있는 어깨를 맞댄 도심 주거형 한옥은 1930년도를 전후하여 개량된 것으로 추정된다. 이러한 한옥형식의 변화는 근대화시기의 도심으로 밀려드는 인구들로 인해 고밀도화되는 사회상을 반영한 것이었다. 이전의 대형한옥이 고급자재와 전문 목수(도목)에 설계, 시공되고 건물의 배치가 성글게 놓인 데 비해 이 시기에 지어진 도심 한옥군은 필요에 의해 대규모로 생산되었으며, 전통배치를 유지하면서도 좁은 공간 속에서 최대한의 공간 활용을 하는 방식으로 설계되었다.

여러 채의 한옥이 지붕처마를 잇대고 벽과 벽을 이웃과 함께 사용하고 있는 풍경은 우리들이 잊고 살았던 따뜻한 정과 살아갈 맛을 느끼게 해준다. 북촌지역을 걷다보면 이어진 처마선의 아름다움만큼이나 골목길의 정겨움을 느낄 수 있다. 서구의 네모반듯한 도로가 아니라 마치 물이 흘러 내려가듯 가지에 가지를 치는 도로체계는 이 지역의 오랜 특성중의 하나이다. 인사동길은 원래 청계천으로 흐르는 물줄기를 타고 형성되었으며, 삼청동과 가회동의 길 또한 북한산의 지류를 따라 형성되었다. 때론 지나는 이웃의 어깨가 닿을 듯한 폭에서 옛 우마가 지날 듯한 골목은 미로처럼 연결되어 있으며, 좁아졌다 넓어지고 다시 좁아지곤 하는 골목의 연결을 따라 옛 한옥들이 맞닿아 있는 풍경은 이 지역의 맛을 더해주는 요소이다.

풍수지리적 측면에서 볼 때 서울에서의 최상지는 경복궁이고, 다음이 창덕궁이니 이 궁궐을 연결하는 선상의 지역, 북악과 응봉을 연결하는 산줄기의 남쪽 기슭에서 현 율곡로 좌우측 일대는 주거입지 즉, 양기풍수상(陽氣風水上)의 최길지(最吉地)였으며, 이 지역은 이른바 북고남저(北高南低)로서 겨울에 따뜻하고, 배수가 잘 될 뿐만 아니라 남쪽은 넓게 트였으며, 안산(案山)인 남산의 전망도 좋아 정침(正寢)이나 사랑(斜廊)이 항상 남면(南面)할 수 있는 장점도 지녀 이 일대에 그때마다의 권문세가(權門勢家)들이 모였던 곳이기도 하다.

그들은 이곳에 집거함으로써 지기들끼리의 대면을 통한 정보교환이 가능했으며 그들의 지배를 언제나 합리화하고 장기화하기 위한 유대를 공고히 할 수 있었다〔물론 그 내부에서는 오히려 분파활동(分派活動)을 활발하게 하는 요인도 되었을 것이다〕. 이것이 곧 서울에 있는 북촌(北村)의 형성과정이다.

한편 당대의 권문세가가 아닌 하급관리들이라든가 양반의 자손이기는 하나 현직의 고급관인이 아닌 자들은 남산 기슭인 이른반 남촌(南村)에 살았다.

그곳은 음지(陰地)이기는 하나 배수가 잘 되고 지하수가 풍부하여 취수에 편리했으니 오늘날의 중구 남산동에서 필동을 거쳐 묵정동에 이르는 지역으로, 《매천야록》(梅川野錄)에 '서울의 대로인 종각 이북을 북촌이라 부르며 노론(老論)이 살고 있고, 종각 남쪽을 남촌이라 하는데 소론(少論) 이하 삼색(三色)이 섞여서 살았다'고 기술하고 있다. 《매천야록》은 고종 원년(1864)에서 동 24년(1887)의 일을 두루 적었는데 이 당시 북촌에는 노론만이 거주하였고 소론과 남인 북인은 설령 고급관인일지라도 남촌에 섞여 살았다고 한다(서울특별시, 문화국관광과, 2006).

북촌 한옥마을은 서울에서 유일하게 전통 한옥지역으로 주민들이 보존하고자하는 생활·환경개선사업에 대해서 서울시에서 일정한 개·보수비용을 지원하고 있으며, 한옥보전을 위한 한옥등록제 등을 시행하고 있다. 이는 우리 전통 주거문화를 계승, 보전하고자 하기 위함이다. 그리고 북촌 한옥마을에서 수준 높은 한옥 전통문화를 향유할 수 있는 기회를 제공하는데 주요 프로그램으로는 전통한과, 폐백, 음료, 장류 등의 전통음식 강좌, 오죽공예, 규방문화, 전통을 잇는 매듭, 공예실기 강좌 등을 직접 체험할 수 있는 공간을 마련해주고 있다. 이외에도 주요 한옥으로 산업은행관리가옥(민속자료 제14호), 백홍범 가(민속자료 제13호) 등이 주변에 위치하고 있다.

4) 최순우 옛집

최순우(1916~1984) 옛집은 내셔날 트러스트(National Trust: 시민들의 자발적인 모금, 기부, 증여를 통해 보존가치가 있는 자연과 문화유산을 확보하여 시민주도로 영구히 보전·관리하는 시민운동) 시민문화유산 제1호이다. 현재 성북구 성북동 126- 20호에 자리 잡고 있다.

최순우 옛집의 주택은 1925년에 땅을 구입하고 몇 년간의 기간을 걸쳐 1930년대에 지은 건물이다. 집의 뒤편에는 서울 성곽이 뒤편으로 위치하고 낙산에서 응봉으로 이어지는 능선자락 아래 성곽밖에 있다. 옛 경성부에 개항과 함께 농촌에서의 도시로의 인구의 급격한 증가로 도시지역을 확대화하는 과정에서 1930년대에 이곳 성북동에도 도시형 한옥들이 들어서게 되었다.

서울·경기지역에서 지어진 전형적인 한옥으로 120평 규모의 'ㄱ'자형의 안채와 'ㄴ'자형 바깥채, 양쪽 모서리가 튼 'ㅁ'자형을 지니고 있다. 문칸 쪽의 방향이 북쪽방향을 향하고 있어 남쪽방향으로 자리 잡고 있는 마당과 정원이 넓어 아름다운 모습을 보여준다. 안채의 작은방 바깥에는 최순우 선생이 직접 쓴 "두문즉시심산(杜門卽是深山: 문을 닫아걸면 이곳이 바로 산중)이라는 현판이 걸려 있는데, 당시 이곳이 옛 성곽의 운치와 함께 조용한 곳으로 일상의 번잡함을 잊고 당시 집필에 정진할 수 있었던 곳으로 여겨진다.

이외에도 김충도, 김정희가 쓴 '매심가', '매주수선재', '오수당' 등의 현판이 곳곳에서 볼 수 있다. 집은 사용하는 사람에 따라 그 가치가 온전하게 드러나게 마련인데 집안의 곳곳에 최순우 선생의 옛 정취가 묻어 있다.

안채의 대청마루에는 크고 작은 파이프, 카메라, 친필원고 등과 사진들이

성북동 최순우 옛집(2006)

전시되고 있다. 사랑방에는 무쇠등잔, 부엌탁자, 송영방 화백의 병풍 등이 있고, 앞마당은 좁은 공간이면서도 자리배치가 잘되어 넉넉함을 더해주듯 150여 년의 향나무가 의연한 모습으로 자리 잡고 서있다.

　선생의 걸작이라 할 수 있는 《무량수전 배흘림기둥에 기대서서》도 이곳에서 집필하였다. 한편 이 집의 관리는 내셔널 트러스트 문화유산기금 회원들이 근무하면서 현재 관리하고 있다.

제 13 장

광복 이후 주거문화

1. 시대적 형성배경

우리나라는 36년간의 일제 강점기를 마감하고 1945년에 외부의 세력에 의한 광복을 맞이하게 되었다. 해방 후 오늘날까지 한국의 현대사를 이해할 때 다음과 같이 시기를 구분하고 있다(조동걸, 1997, 《현대한국사학사》: 486 재인용). ① 1945~1960년: 해방 후의 혼돈기, ② 1960~1993년: 민주화운동기, ③ 1993~현재: 민주주의 개혁과 통일운동기가 그것이다.

해방 후의 혼돈기에는 분단과 미소의 군정, 남북 단독정부의 수립, 6·25전쟁과 정전협정, 남북의 정치파동 등의 커다란 사건들이 있었다. 1960년 4·19 혁명 후에는 5·16 군사정변이 있었고, 군사정권에 의한 한일협정, 유신체제의 등장 등이 있었다. 민주화운동은 4·19 혁명에서 비롯되어 1993년 민간정부가 들어서면서 일단락되었다. 그 후에는 각 분야에 걸쳐 민주주의 개혁을 단행하고 통일운동을 본격적으로 전개했다.

1945년 8월 15일 일본이 무조건 항복하여 해방을 맞았다. 광복 이후 6·25 전쟁 이전의 주택정책은 사회적 혼란 등으로 정책에 대한 검토를 구체적으로 계획한 바 없다.

8·15 광복 당시 서울특별시 인구는 90만 명에 주택수 12만 7천여 호로서

〈표 13-1〉 연도별 서울시 인구동태

년 도	인구(인)	년 도	인구(인)	년 도	인구(인)	년 도	인구(인)
1945.6	947,630	1949.5	1,417,303	1953	1,010,416	1957	1,671,563
1946.12	1,266,057	1950.4	1,693,224	1954	1,242,880	1958	1,752,540
1947.12	1,646,902	1951.12	648,432	1955	1,242,060	1959	2,100,054
1948.12	1,707,522	1952.12	716,865	1956	1,508,773	1960	2,444,883

자료: 서울특별시 《시세일람》 각 연년도판 재인용; 서울특별시사편찬위원회 (1995d)

호당 평균 7명꼴이었다. 그러나 2년 후인 1947년에는 서울인구가 165만여 명으로 무려 70만 명이 증가하여 호당평균 12명이라는 사상 최고의 기록을 수립하게 되었고 주택사정은 일찍이 없었던 상태로 악화되고 말았다. 1936년에 도시계획상 계획인구 110만 명을 상한선으로 시설한 수도의 인구는 계획인구를 50만 명이나 초과 수용하게 되었다. 당시의 주택사정을 추측하는 자료로서 서울의 인구증가 상태는 〈표 13-1〉과 같다.

1945년 8월부터 1950년 6월 6·25 전쟁이 발발할 때까지는 격동기로서 건국준비와 민주정치 초창기인 관계로 정치, 사회, 경제 등 모든 면과 아울러 건설부문도 예외는 아니어서 기술관계인원의 편성, 배치가 우선이었고 건설사업은 시와 정부의 재정이 미약한 관계로 투자능력이 부족하였다. 따라서 이 기간 중에는 광복 전 일본인들이 시행하던 전쟁목적사업에 대한 정리와 미군정이 요구하는 주둔군 군사활동 목적에 관련된 긴급사업 수행이 위주였으며 미공병단과 ECA 도중 6·25 전쟁으로 중단되고 말았다(서울특별시사편찬위원회, 1995d: 662~663).

1945년 해방 당시 인구가 2천 4백만 명이었는데 지금은 남북한 7천 5백만 명으로 5천여만 명이 증가하였다. 해방 당시만 해도 구시대의 신분제가 사실상 잔존했는데 이제 그것은 없다. 1961년 5·16 군사정변에 의한 군사정권이 1993년까지 30년 집권기간 동안 독재정치였을망정 또 개발독재의 위험을 부담하면서도 산업은 발달시켰다. 그로 말미암아 정경유착의 구조적 모순, 부실공

608

사의 만성화, 도덕의 타락, 농촌의 피폐, 부정부패의 만연 등 부작용이 적지 않았지만, 국민적 역량에 힘입어 경제는 발전할 수 있었다.

4·19 혁명 이후 오랫동안의 민주화운동 결과, 1993년에 이어 1998년에 민간정부가 수립되었다. 지방자치제를 실시하고, 금융실명제를 시험하고, 군사정권 정치세력을 숙청하고, 군부의 군사정권 잔재를 청산하고, 일제 식민지 우상이었던 조선총독부 청사를 철거했다. 이어 국가인권위원회, 민주화운동 기념사업회, 부패방지위원회, 의문사진상규명위원회 등을 만들어 민주주의 개혁이 뿌리내리는 데 힘을 쏟았다. 그러한 개혁 분위기는 시민참여연대, 경제정의실천협의회, 평화와 통일을 위한 시민연대, 환경운동연합, 여성운동연합회, 청년단체협의회 등의 시민운동에 힘입은 바가 컸다.

그러나 군사정권의 개발독재에 의한 정경유착을 청산하지 못하고 훈련이 덜된 정치인의 국가운영으로 말미암아 1997년에는 경제가 파탄하여 국제금융기구(IMF)의 관리를 받아야 했고, 권력형 비리를 극복하지 못하고 부정부패를 막지 못하여 사회기강이 문란한 채 방치되었다. 문화농촌 건설의 소리가 높지만 그에 눈 돌릴 역량을 갖추지 못하여 인구의 도시 집중과 수도권의 비대가 나라의 장래를 어둡게 하고 있다.

그러나 한국의 국제적 지위는 날로 높아가고 있다. 유엔을 비롯한 각종 국제기구의 의장을 맡고 노벨 평화상까지 한국에 돌아왔다. 그러한 국가발전을 바탕으로 통일운동이 급진전하고 있다. 통일운동은 1960년대에 고조되었던 민족주의를 당시의 군사정권이 집권을 연장하기 위해서도 외면할 수 없어 남북교류를 추진한 데에서 비롯되었다. 1972년에 7·4 공동선언이 발표되고 1991년에 남북화해합의서가 교환되었다. 1994년에는 김영삼·김일성의 남북 정상회담이 합의되어 그의 실현은 김일성 사망 후의 김정일 국방위원장과 김대중 대통령간에 2000년에 이루어져 6·15 남북공동선언을 보게 되었다. 통일시대의 막이 열리는 신호였다. 그를 전후하여 남북은 금강산 관광을 비롯한 공식 비공식간의 무수한 교류를 진행시켰다.

6·25 전쟁 이후의 여러 정책 가운데 주택정책은 시대적 배경과 어떻게 발전되어 왔는지 검토해 보자. 6·25 전쟁 이후 주택뿐만 아니라 모든 사회전반

에 걸쳐 최악의 상황이었다. 오히려 일제 강점기 시대보다 더 어려운 상황이었다. 부산에서 서울로 환도 후 가장 시급한 문제는 폭격 및 화재로 인한 전재복구사업이었다. 전후복구는 국가 및 민간자본에 의한 사업과 해외원조 등에 의존하면서 대부분의 주택건설을 건설공급보다 응급처방식의 구호적 복구수준이었다.

1960년에 이르러 민족적 민주주의를 표방하여 박정희 군사정부가 탄생하게 되면서 국가계획 등을 수립하여 주택정책은 별도의 추진보다 경제개발과 병행해서 추진하고 주택관련제도를 우리 성향에 맞게 도입, 재정비하였다. 1970년대에는 주택난의 심각성을 미리 예측하고 "주택건설 10개년 계획", 주택건설 250만 호 건설 등 주택건설 촉진사업에 중점을 두고 추진하였다. 1980년대는 주택가격의 안정 및 서민주거의 안정을 기하기 위해 임대주택건설촉진법을 제정하였다. 또한 수도권 5개 신도시 건설도 계획에 포함시켜 추진하였다. 1990년대는 주택시장의 자율화 및 개방화를 통해 주택건설 활성을 시도한 시기이다. 각종규제 등의 완화는 정부의 시장개입을 최소화하고 민간건설 중심의 전환기였다고 볼 수 있다. 2000년 이후의 국민임대주택 50만 호 등 장기임대주택 1백만 호 건설계획을 발표하고 주택건설촉진법을 주택법으로 전면 개정 및 최저주거기준을 법제화하였다. 한편 참여정부 시절에는 행정중심도시 건설, 혁신도시건설, 기업도시건설, 뉴타운개발 등 전국토의 균형발전을 위한 사업을 추진하였다.

2. 전후(6·25 전쟁) 주택복구 및 재건

1950년 6월 25일 발생한 6·25 전쟁은 일제 강점기 이후 잠시 사회적 혼란을 수습하고 대한민국의 정부 수립 등 정부로써 체제 등을 정비하는 과정 속에 발발했다. 그러나 6·25 전쟁은 남북을 가리지 않고 전 국토가 폭격 및 화재로 폐허로 만들었다. 특히 전쟁기간 동안 서울시민의 피난, 전투 등으로 서울의 거리는 폐허화되고 여기 저기 전쟁의 상처가 즐비한데다가 인명의 피해 또한 대단했

<표 13-2> 인명피해상황(군경 제외한 비전투원)

총 수	사 망	납 치	행방불명	부 상	학 살
128,133	28,693	20,517	35,963	34,433	8,527명

자료: 서울특별시사편찬위원회 (1995d)

<표 13-3> 일반주택 피해상황

6·25 전쟁 전 호수	전소파	피해 연건평수	피해금액	기타피해액 (동산)	반소파	피해 총액
191,260	34,742동	1,890,358평	143,213,077원	980,126,400원	20,340동	1,123,339,477원

* 가격산출은 한국전쟁 전 가격으로 한 것임.
자료: 서울특별시사편찬위원회 (1995d)

던 만큼 서울은 지금껏 누려온 전통적인 그 모습을 유지하기가 어렵게 되었다. 참고로 전란으로 인한 서울 시내의 인적, 물적 피해상황은 〈표 13-2〉, 〈표 13-3〉과 같다(서울특별시, 《지세일람》, 1952: 16~168 재인용).

휴전이 성립되고 공무원의 가족들을 위시하여 난민들이 속속 서울로 돌아오게 되자 어려운 문제가 꼬리를 물었다. 그 중에서도 약 4할이 파괴된 서울의 주택문제는 가장 큰 골칫거리가 아닐 수 없었다. 그러나 동란 중에 한 가옥에 여러 세대가 동거생활을 하며 판잣집, 천막집, 동굴의 생활도 아무 불평 없이 견뎌낸 난민들은 서울에 돌아와 재건, 복구 작업에 적극 참여했다.

또한 정부도 외국 원조기관의 협조로 긴급한 주택난 해결을 위해 각종 임시주택을 전국적으로 건설하는 한편 영구적이고 문화적인 주택건설의 계획을 수립하고 실천에 옮겨갔다(서울특별시사편찬위원회, 1995d: 534~535). 전쟁난민의 주택난을 해소하기 위해서 수복이전 부산에 적용하였던 "피난민 수용에 관한 임시조치법"을 서울에도 적용하는 등 재건을 위한 노력을 하였다.

1953년 10월에는 이승만 대통령이 국가재건에 관해 국민의 협조를 구하는 공포문을 발표하였는데 주택난이 식량문제보다도 더욱 시급히 해결해야 할 문제라고 언급하였다. 또한 계엄사령부에서는 가옥에 대한 불법점거를 금지하는 담화를 발표하여, 가옥에 입주할 때에도 계엄사령부의 합법적 절차를 통할 것을 규정하였다. 또한 이것을 위반할 때에는 엄중히 처단할 것을 공포하여, 불법가옥 점거를 엄격하게 금지하는 등의 조치를 취하였다.

휴전회담이 이루어지고 점차 사회가 안정됨에 따라서 정부는 본격적으로 주택건설을 추진하였다. 1955년부터 대한주택영단, 한국산업은행 및 서울시를 비롯하여 여러 공공단체, 금융기관, 구호단체 등에서도 주택을 지어 공급하기 시작했다. 이들 주택들을 일괄하여 공영주택이라고 부를 수 있으나, 그 형태, 자금의 출처 및 목적별로 다양한 이름으로 불려졌다(서울특별시사편찬위원회, 1978: 702 재인용). 이 공영주택의 건설은 정부의 예산에 의하기도 했지만, 주로 운크라(UNKRA: United Nations Korean Reconstruction Agency, 국제연합한국재건단)의 원조에 의존했다(서울특별시사편찬위원회, 1978: 703).

다양한 이름을 가지는 당시의 공영주택은 그 특징상 몇 가지로 구분할 수 있다. 첫째가 부흥주택(復興住宅) 또는 국민주택(國民住宅)으로서, 국채발행 기금 또는 주택자금 융자에 의해서 건설하여 분양 또는 임대하는 주택이다. 여기에는 아파트와 상가주택도 포함되었다. 둘째는 재건주택(再建住宅)으로서, 정부의 계획에 의해서 운크라가 원조한 자재 및 자금으로 건설·관리하는 주택이다. 셋째는 희망주택(希望住宅)으로서, 대지와 공사비를 입주자가 부담하되 자재에 한하여 주택영단에서 제공하여 건축하는 주택이다. 넷째가 외인주택(外人住宅)으로서, 부흥주택과 같은 자금으로 건설·관리하는 외국인용 주택이다.

운크라의 원조를 받아서 지은 재건주택은 주요 재료는 흙벽돌로 하고 나머지 재료는 원조물품을 사용하였는데, 상질(上質)의 루핑과 못, 미송 등 비교적 좋은 자재였다. 그러나 규모는 4~5평 정도로서, 온돌도 없었으며 벽도 마루도 전부 나무로 만든 조잡한 것이었다. 이러한 구호주택의 공사비는 정부가 부담했으며, 난민들은 이를 무상으로 분배받았다.

운크라의 원조를 받아 지은 주택 중에는 이것보다 좀더 나은 것도 있었다. 이것은 후생주택(厚生住宅)이라고 불리는 것으로서, 방 2칸, 마루 1칸, 부엌 1칸의 구조인데, 전체 9평 정도의 규모였다. 이 후생주택은 정릉동·전농동·

안암동·대현동 등에 건설되었는데, 총 1천 호의 주택건설이 추진되었다. 후생주택 입주자의 우선순위는 전쟁 전 서울시에 주택을 소유하고 거주한 자로서, 전쟁으로 주택이 전부 파괴되어 현재 주택이 없는 사람이거나 극빈 피난민 또는 주택의 일부가 파괴된 소유자였다.

주택영단에서는 희망주택을 건설하였다. 희망주택은 입주금을 먼저 납부하는 방식으로 건축되었는데, 이러한 방법을 통하여 영단에서는 서울의 각 지역에 중산층 주택을 건설하였다. 주택영단에 의한 희망주택의 건설은 서울 변두리 지역의 발전에 많은 영향을 주었는데, 답십리 지역과 불광동의 경우가 그 대표적 사례이다.

이 지역들은 원래 논과 밭으로 이루어진 곳이었으므로 시가지와는 상당히 떨어져 있었다. 따라서 교통도 불편하였기 때문에 입주가 부진하였고, 결국 영단에서의 보조를 통하여서만 입주를 완료할 수 있었다.

1957년부터는 정부의 주택정책에 변화가 있었다. 이전에는 주로 외채자금을 사용하여 임시방편적인 구호주택 위주로 주택을 공급하였으나, 점차로 이러한 방식이 지양되고 항구적인 주택을 건설하는 쪽으로 방향을 전환하였다. 이에 따라서 주택영단에서는 '국민주택'이라 불리는 주택을 건설하기 시작하였는데, 단독 또는 연립주택의 형태를 띠었다.

단독주택의 경우 대지 40평에 건평 15평 규모였으며, 연립주택의 경우 한 개 동에 4세대가 입주하는 2층 규모의 집합주택이었다. 1950년대 말과 60년대 초에 불광동과 갈현동에 각각 지어진 국민주택단지가 그 대표적인 사례라고 할 수 있다. 국민주택은 주택의 개량과 생활의 향상을 목표로 공간을 계획하였으므로 주택계획에 있어서 서구식의 개념을 많이 도입하였는데, 이러한 이유에서 국민주택은 이른바 '문화주택'이라고 불리게 되었다. 또한 이 문화주택이 건설된 지역 중에는 빈민촌이었던 곳도 있었으나 새로운 주택이 들어섬으로서 '문화촌'이라는 이름의 양호한 주택지로 변모하기도 하였다(대한주택공사, 1992: 53~55 재인용).

이렇게 1950년대에 건설된 공영주택은 서울의 주택사에 커다란 흔적을 남긴다. 그것은 여러 가지 이유 때문이라고 할 수 있다. 첫째는, 이 당시에 세워진 공영주택의 수는 당시의 주택수요에는 크게 미치지 못하였지만 이후 민간에 의한 주택건설을 촉진하는 자극제가 되었으므로 그 파급효과가 매우 컸다. 둘째는, 종래의 한식 위주의 건축양식에서 탈피하여 부엌과 화장실의 편리성이 강조되었으며, 침실과 거실이 분리되고 생활공간으로서 거실이 도입되는 등 주거양식을 서구적으로 변화시키는데 기여하였다. 셋째는, 변두리 지역의 개발에 선도적 역할을 하였다. 공영주택이 건설된 지역이 주로 변두리 야산이나 농촌지역이었는데, 이렇게 한적한 지역에 주택들이 건설됨으로써 도로를 위시한 도시기반시설들이 정비되었다. 따라서 서울의 변두리지역이 개발되면서 많은 새로운 주택지가 생겨나는 계기를 부여하였다.

그러나 공영주택의 보급은 여러 가지 문제 또한 초래하였기 때문에 긍정적인 측면만 있는 것은 아니었다. 첫째는, 공영주택은 대부분이 원조에 의해 값싸게 지은 것이었으므로 주택이 집단적으로 들어선 지역은 금방 불량촌으로 변하게 되는 부작용이 초래되었다. 둘째는, 서울의 변두리 지역을 개발하는데 선도적 역할을 하였으나, 동시에 그 주변지역에 불량주택들이 집단적으로 들어서는 부작용도 동시에 가져왔다. 공영주택이 건설된 주변지역의 국·공유 임야 또는 소유주가 관리를 소홀히 하는 사유지 임야 등에 무허가 불량건물들이 생겨나면서 혼란스러운 환경을 조성하였다. 셋째는, 이 당시에는 도시계획이 수립되지 않았기 때문에 간선가로계획도 없었으며, 있어도 결정고시가 되지 않았던 지역들에 공영주택이 자리하였다. 그 결과 공영주택이 입지한 지역 주변으로 개발이 촉진되면서 이후의 정상적인 개발에 장애요인이 되었다(서울시정개발연구원, 2001: 253~257).

최초의 본격적 공공주택공급 사업이라 할 수 있는 ICA주택사업은 입주자의 소득 수준에 맞춘 것이 아니라 상환기관과 이율에 따라 가격이 책정됨으로서 저소득층을 위한 주택공급사업이 되지 못했다(전은덕, 1959). 이 시기에 정부가 공급한 ICA주택, 복구주택, 재건주택 등의 이름으로 12~23평 규모의 주택으로서 이전의 간이주택보다 질적으로는 나은 주택이었지만 양적으로는 민간주택공급에 비해 크게 줄어들게 된다.

연 건설량 중 정부주택의 비율을 보면 1957년에 50%였던 것이 1961년에는 약 10%로 급격히 그 비율이 줄어들었다. 그 결과 1957년부터 1961년까지 건설된 총 40만 호 중 정부부문 건설은 61,681호로서 약 15%에 그치게 된다(한국주택은행, 1975, 재인용).

1950년대 중반까지 정부의 주택정책은 긴급구호 차원에서 난민들에게 임시 거처를 제공하는데 급급했고, 어떠한 지속성 있는 정책이나 프로그램은 없었다. 50년대 후반에 처음으로 미국시스템과 유사한, 민간기업, 주택영단, 개인 등에 대한 융자지원을 통해 주택을 공급하는, 지속성 있는 주택공급체제를 확립하고자 했으나, 자금의 한계로 융자조건이 당시의 소득수준에 비해 매우 높아 이를 이용할 대상계층이 소수의 중상층가구로 한정되었고 다수 국민들이 참여하는 프로그램이 되지 못했다(임서환, 2005: 27~28).

〈표 13-4〉 연도별 주택건설 실적(1951~1961)

연 도	정 부	민 간	합 계
1951	20,325	30,747	51,072
1952	21,700	48,309	70,009
1953	40,633	54,630	95,263
1954	65,202	67,783	132,985
1955	25,246	61,501	86,747
1956	24,224	60,481	84,705
1957	25,741	51,107	76,848
1958	11,326	54,184	65,510
1959	5,535	64,921	70,456
1960	12,167	95,477	10,644
1961	6,912	70,800	77,712
계	259,011 (28.2%)	659,940 (71.8%)	918,951 (100%)

자료: 한국주택은행 (1975) 재인용: 임서환 (2005)

3. 공동주택 주거확산과 대중화

1) 아파트 단지에 따른 확산배경

한국의 주택정책은 1962년부터 시작된 제1차~4차 경제개발 5개년 계획기간을 거치면서 눈부시게 전 산업 분야에 걸쳐 고도성장하였던 시기였다. 산업화는 도시화를 촉진시켜 주택난으로 인해 사회적 이슈가 되었다. 계속되는 경제개발정책의 틀 속에서 성장 발전된 주택정책은 이러한 사회적 이슈를 어느 정도 해소하는데 기여하기도 하였다. 그러나 도시로의 대거 주거이동과 사회구조, 광복 및 6·25 전쟁 이후 베이비 붐, 핵가족화, 재건 및 복구주거의 열악한 주거환경, 핵가족화 등은 그동안 단독주택, 다가구, 연립주택 등의 공급에는 한계에 이르게 되었다.

산업화 과정 속에서 도시빈민주거문제는 더욱 악화되고, 오일쇼크로 인한 국제경제 불황과 더불어 한국 경제의 침체 등으로 이어졌다. 이는 경제 불황을 타개하기위한 방법으로 필연적으로 통화 팽창이 수반하게 되고 이에 따른 인플레는 다시 지가의 상승에 반영되어 주택가격의 폭등으로 나타나게 되었다. 심지어 1977년 서울지역 아파트 경우 45:1에 이르는 투기수요가 급증하여 과열현상까지 초래하게 되었다. 이후 도시로 밀려드는 인구로 인해 도시의 주택난은 점차 심화되었고 높은 지가를 감당하기 위해 토지를 집약적으로 이용하는 극대화와 고밀도 주거형식을 요구하게 되어 아파트가 계속 지어졌다. 정부 입장에서도 아파트 공급은 정책적 효율성이 높았고 기업 역시 아파트가 다른 주택유형에 비해 생산의 효율성이 높았기 때문에 우리 주거문화에서 아파트는 대표적인 주거유형으로 일반화될 수밖에 없었다.

특히 한국의 아파트는 중산층을 대상으로 집중적으로 공급됨으로서 중상층의 주생활양식에 적합한 주택으로 정착하여 갔다. 또한 다른 주거유형에 비해 높은 가격상승율과 자산가치의 안전성 및 주거의 편리성 등은 소비자로 하여금 아파트에 대한 선호를 높이는 요인이 되었다. 그밖에도 사회경제적으로 동질적인 사람들이 집합화 함으로써 동질성과 소속감이 확보된다는 점, 이웃에

중구 남산 시민아파트단지 (2007)

대해 익명성이 확보되고 적극적으로 폐쇄가 가능한 주거환경 특징 등으로 인해 소극적 근린의식이 형성되는 것 등이 사회 심리적 측면에서 아파트를 선호하게 된 원인이었다. 1968년 시작된 여의도 종합개발에 따라 고층, 고급 아파트인 12~13층짜리 여의도 시범아파트가 건립되었으며 이후에 아파트는 중산층이 선호하는 주거유형으로 자리 잡아 지방 도시로까지 확산되었다.

 1970년대는 고도의 경제 성장기로 1970년에 개통된 경부고속도로 등에 의해 도시의 인구집중 현상이 가속화되면서 심화된 대도시의 주택난 해소를 위해 새로운 주거형식인 아파트 주거가 정착되었다. 당시 서울 강북지역의 인구팽창은 한계에 도달하여 한강 이남지역으로까지 시역을 확장하게 되었다. 이는 그후 서울시의 공간구조를 변화시키는 일대 사건으로 여의도 개발 이후 서울시가 영동 1, 2 지구 및 잠실 지구에 대한 대규모 택지개발을 적극적으로 추진함에 따라 반포주공아파트, 영동 및 압구정동 민간아파트 단지 등 강남지역에 대규모 아파트 단지가 본격적으로 건설되고 많은 사람들이 강남으로 이주하였다. 이러한 현상은 강남과 강북으로 서울을 이분화 시키면서 강북은 단독

반포동 아파트단지(2007)

주택, 강남은 공동주택이 많은 지역으로 변모했다(이연숙, 2004: 22).

　이렇게 아파트 건설이 급속하게 성장하게 된 배경에는 관련법들의 제정으로 지원하게 되었다. 특히 1962년에 제정된 도시계획법에서 토지구획정리사업법이 1966년에 분리·제정되며 그동안 학문적 수준에 머물렀던 근린주구 이론과 생활권구성 이념 등이 실제 주택개발지를 대상으로 대규모 주거단지들이 나타나게 된다(서울특별시사편찬위원회, 1999: 897). 아파트 단지 개발이 급격히 확산된 이 시기는 공동주택 단지계획에서도 보편적인 계획관행이 형성되기 시작한 시기였다. 특히 상가 등 주구센터를 주거단지 내에 집중적으로 배치하고 주거단지 외곽을 담장으로 둘러싸면서 주변 가로공간에 대해 폐쇄적·배타적으로 계획하는 방식이 관행으로 자리 잡기 시작한 것이 이 시기이다.

　1960년대 및 1970년대 초반의 주거단지들은 적어도 상가의 계획에서는 주변 가로공간에 대해 개방적으로 구성하는 것이 보편적이었다. 한강 아파트단지(주공, 1966~1971), 반포 1단지(주공, 1971~1974)에서는 단지를 가로지르는 간선도로변에 점포가 복합된 주거 동을 노선상가 형태로 배치함으로써 단지 내부의 생활을 도시가로와 연계시키는 단지구성방식을 보이고 있으며, 이러한 계획방식은 영동 AID(1974) 등 1970년대 중반의 단지들에서도 지속되었다.

이에 반해 역시 주택공사가 1975년부터 개발한 잠실단지는 근린주구론을 원론적으로 충실하게 채용하여 간선도로로 구획된 블록 중앙에 학교와 주구센터를 배치하고 간선도로변은 담장으로 둘러싸는 계획방식을 채택하였다. 잠실단지는 이후에 생활권의 폐쇄성 및 주변가로의 황폐화를 초래했다는 비판의 대상이 되었지만, 근린주구론에 집착하던 당시에는 주구센터와 도시 가로공간 및 생활권의 문제를 둘러싼 단지계획기법상의 진전은 별루 이루어지지 못하였다. 이후 주구센터를 단지 출입구 등 가로변에 배치하는 방식이 일반화 되었으나 여전히 집중식 배치였으며, 가로변은 담장으로 둘러싸는 계획이 보편화되어 도시가로와 관련된 생활공간의 계획에 대해서는 별다른 진전을 보이지 못하며 현재까지도 지속되고 있다. 단지 내 주거 동 배치에서는 한강 아파트에서 선례를 보인 남향 일자형 배치방식이 보편화되어 있다.

한강으로의 조망을 남향으로 배치하는 계획의 동기로 했던 한강 아파트의 패턴이 한강을 등진 반포단지에서 반복되었는데 이는 조망보다는 남향을 우선적으로 고려한 결과였다. 주택공사가 의욕적으로 계획한 잠실 중층단지에서는 영역성을 높이고 근린교류를 촉진할 의도로 남향 일자배치에서 탈피, 중정식 배치방식을 도입하는 새로운 시도가 있었지만 보편화되지 못하였고 이외의 대부분의 단지는 남향 일자배치로 계획되었다. 잠실 5단지 등 이 시기부터 일반화되기 시작한 고층 아파트 단지에서도 초기에는 타워형 주거동을 혼합 배치하는 시도들이 이루어졌으나 이 역시 오래 지속되지는 못하였다.

1970년대 후반에 대폭 증가한 민간 고층아파트 단지들은 대부분 남향 일자배치 형식을 지속하였으며 1977년 4월 서울시가 아파트 층수제한을 12층에서 15층으로 완화하면서부터는 15층 아파트를 평행배치한 단지가 일반화되었다. 서울 강남지역의 한강변 고층 아파트단지들의 대부분이 이시기에 건설된 것이다. 서울 강남지역의 민간 아파트단지들을 중심으로 급격히 증가한 대규모 아파트 단지들은 대부분 고층 주거 동들의 기계적 배열을 반복하였을 뿐 진취적인 계획상의 시도를 찾아보기 곤란한 것들이었지만 이 시기의 일부 단지들 속에서는 단지계획 기법에서도 진전된 시도들이 이루어졌다.

특히 이 시기에는 주택공사가 개발한 단지들이 단지계획기법상 주목할 만한 성과를 보이게 된다. 잠실 중층아파트 단지에서는 도로효율 증대를 목적으로 주거동 출입방향이 다른 N형, S형 주거동을 조합 배치하는 기법이 채용되었는데 이는 주거동 출입동선을 집중시키면서 결과적으로 주거동간 근린교류를 촉진시키는 계획기법으로 작용하게 된다. N형, S형 주거동 조합배치방식은 이후에 중층 아파트 단지 계회에 보편적으로 적용되면서 단지계획기법에 있어 한 단계 진전을 이루는 계기가 되었다.

이외에도 한남외인단지(1977, 주공)와 둔촌단지(1970, 주공)에서는 고층과 중저층의 혼합배치를 통해 스카이라인 및 단지경관 향상을 의도한 계획기법들이 시도되었으며, 화곡 구릉지 시범단지(1977), 둔촌단지, 과천신도시(1979~, 주공)에서는 자연지형과 기존 수목을 살린 단지조성이 주요한 계획개념으로 도입되기도 하였다(강부성 외, 2001: 50~53).

외국의 경우 20세기 초 아파트는 개방식 중정형 주거단지〔중정을 둘러싼 블록형 집합주택으로(*periment block nousing*)〕가 지속적으로 발전하였으나 1920년대 이후에는 일자형 중층아파트가 등장하였다. 일자형 아파트는 근대건축 국제회의의 강령 즉 '합리화와 표준화'에 가장 잘 부합되는 것이었다. 즉 토지이용의 효율성을 고려하면서 채광과 통풍에 효율적인 건물을 조성하는 것으로 일자형 아파트가 선호되었던 것이다. 건물의 층수를 올리면서 건물간격을 넓혀 남는 공간을 녹지공간으로 활용하고자 하는 것으로 이를 '녹지위의 고층주거'라고 칭하였으며 이는 1950년대 초반 아파트건설에 핵심개념이었다. 고층 아파트가 본격화된 것은 2차대전이 종결된 1945년 이후였다. 건축기술의 발달, 난방방식과 엘리베이터 등의 기술적 문제 해결과 고층주택이 가지는 시각적, 심리적 위압감이 점차 해소되면서 아파트의 고층화가 진행되었다. 2차 대전 후 유럽 각국은 전쟁에 시달리고 비위생적 환경에서 고통받던 서민들에게 아파트는 밝고 위생적인 주거환경을 제공할 수 있었고, 개발을 주도하는 정부의 입장에서는 아파트만큼 빠르고 경제적인 수단이 없었다.

이러한 이유로 아파트 건설이 집중적으로 이루어졌으나 1960년대 중반 이후 고층아파트에 대한 비판이 이루어지면서 저층고밀의 주거형식으로 방향전환이 이루어졌다. 이와 달리 한국에서는 1960년대 후반 시민아파트를 제외하고는 중산층 주거양식으로서 아파트가 도입, 발전되었고 모든 계층에서 선호하는 주택유형으로 발전해 왔다는 점이 특기할만하다.

전 세계적으로 싱가포르나 홍콩과 같은 도시국가를 제외하고는 아파트 비중이 그리 높지 않다. 총 주택재고 중 공동주택 비율이 일본 40.3%(1993), 미국 7.3%(1995), 영국 20%(1990), 네덜란드 30%(1990), 덴마크 36%(1990)인 것에 비하면 우리의 49.1%(1995)는 매우 높은 수준이다. 또한 외국의 경우 아파트가 노동자층을 위한 주거유형으로서 도입되었다는 점이 우리나라와 다른 특징으로 지적할 수 있다(천연숙·윤정숙, 2001: 43~44).

우리나라의 주택단지 규모는 주로 주택건설 호수로써 분석되는데, 〈표 13-5〉에서 보는 바와 같이 1970년대 중반에 건설된 잠실단지는 19,180호의 주택을 건설·공급하였으며 1가구당 4인을 기준으로 할 때, 인구규모는 약 76,720

〈표 13-5〉 주택단지별 주택건설규모

주택단지	잠 실	과 천	목 동	상 계	분 당	일 산
개발기간	1975~1978	1980~1984	1983~1988	1986~1989	1989~1994	1989~1994
주택건설(호)	19,180	13,522	26,629	36,909	97,000	69,000

자료: 하성규 (2001)

〈표 13-6〉 주택단지의 점유형태별 유형

구 분	잠 실	과 천	목 동	상 계	비 고
분양주택	15,160(80%)	13,522	18,512(70%)	31,159(85%)	
임대주택	4,020(20%)	-	8,117(30%)	5,750(15%)	잠실단지는 분양전환됨
계	19,180	13,522	26,629	36,909	

자료: 하성규 (2001)

양천구 목동 아파트단지(2007)

명 정도의 규모였었다. 이러한 규모는 1980년대에 들어오면서 과천단지 15,132호, 목동신시가지 26,692호, 상계신시가지 36,909호로 계속 확대되다가 1989년도에 개발이 시작된 분당신도시의 경우 97,000호의 주택을 계획함으로써 인구규모가 39만 명의 대규모 주택단지로 건설되었다.

우리나라의 대부분의 주택단지는 고밀도의 '아파트'형 주택으로 구성되어 있으며, 특히 1972년도의 반포아파트건설(6층 이하)을 시작으로 신 개발된 주택단지는 점차 고층화되어 목동신시가지에 20층, 올림픽선수촌에 24층, 상계단지에 25층을 건설하였는데, 분당신도시에는 30층의 아파트를 공급하였다(하성규, 2001: 264~266).

최근에는 서울 강남지역에 최고의 아파트로 건설되어 사회의 관심사가 되었던 도곡동의 주상복합형인 타워팰리스 42~69층, 그리고 강북권 개발을 위한 뉴타운 지역도 30층 이상으로 이미 사업 승인되어 사업이 진행되고 있다. 앞으로 이러한 고밀도형의 공동주택단지는 도심지 택지난의 한계로 계속 확산될 전망이다. 특히 아파트의 고층화 등의 확산배경에는 여러 선호요인이 있으나

622

노원구 상계동 아파트단지(2007)

그 중에서도 경제적 가치가 가장 중요한 요인이 되고 있다. 타 재화에 비해 높은 가격의 상승률로 자산가치의 증가, 투자대상의 안정성 등이 증권이나 은행예금보다 훨씬 높은 수익성이 있기 때문이다.

1986년부터 2000년까지의 주택매매가격변동을 보여주는 〈표 13-7〉에서 보면 전 도시의 주택매매가격지수에서 단독주택은 1986년 72.5에서 2000년 85.6으로 변동한데 비해 연립은 64.5에서 88.2로, 아파트는 52.0에서 103.1로 변동의 폭이 훨씬 커 다른 주택유형에 비해 자산증식의 수단으로 유효한 것을 알 수 있다.

이러한 경향은 지역에 따라 차이는 있으나 서울, 6개 광역시, 35개 중소도시 모두 다른 주택유형에 비해 아파트의 가격이 더 많이 오르는 것을 알 수 있다. 특히 서울은 다른 지역과 달리 최근의 아파트 가격이 IMF 이전인 1997년 말과 비교할 때 1.7% 상승한 것으로 나타나 IMF 이전 수준을 회복하고 있으나 신도시·수도권지역은 각각 3.3%, 15% 하락하여 여전히 IMF 이전 가격을 밑도는 것으로 나타났다. 이러한 지역 차는 서울시내에서도 구별로 가격편차가 매우 심하다. 중구가 97년 말 557만 원에서 최근 848만 원으로 52%나 오른 데 이어 강남구(14.9%), 동대문구(11.3%), 서초구(10.6%)도 10%이상 올랐다. 반면 중랑구(-11.3%), 성북구(-7.9%), 도봉구(-6.1%), 영등포(-5%)는 97년 말 가격을 밑도는 것으로 나타났다(〈조선일보〉 2001년 9월 18일).

한편 주택매매가격지수의 변화추이를 보면 전체적으로는 1986년 65.0에서 2000년 94.2로 증가한 반면 아파트는 52.0에서 103.1로 지수증가 폭이 더

〈표 13-7〉 주택 매매가격지수의 변화

(단위: index, 1995=100)

년도 지역	주택 유형	1986	1988	1990	1992	1994	1996	1998	2000
전도시	종 합	65.0	78.8	109.3	103.3	100.2	101.5	90.7	94.2
	단 독	72.5	85.4	109.6	104.7	100.7	99.8	88.1	85.6
	연 립	64.0	74.8	109.4	102.8	100.2	100.5	89.2	88.2
	아파트	52.0	68.3	108.6	101.3	99.3	103.5	93.7	103.1
서울	종 합	69.3	77.1	111.7	103.4	100.6	101.5	89.8	97.7
	단 독	79.8	84.4	112.4	104.8	100.7	99.5	87.6	89.6
	연 립	65.4	72.9	110.3	101.8	100.3	100.6	86.8	88.3
	아파트	54.8	68.0	111.2	101.6	100.0	104.2	93.6	109.7
6개 광역시	종 합	61.9	81.9	111.5	103.3	100.3	100.4	88.5	90.2
	단 독	69.4	88.4	109.8	104.2	100.8	99.4	86.1	82.5
	연 립	58.6	78.3	110.6	102.2	100.4	99.8	89.3	84.8
	아파트	47.6	69.3	114.4	102.1	99.5	101.6	90.5	97.9
35개 중소도시	종 합	62.0	80.3	104.7	103.2	99.9	102.4	93.2	94.8
	단 독	65.6	85.2	107.1	105.1	100.7	100.4	90.0	84.9
	연 립	66.7	77.9	107.3	104.6	99.8	101.2	92.0	90.6
	아파트	54.1	71.9	101.0	100.6	98.9	104.5	96.3	103.1

자료: 한국주택은행 (2001), 〈주택금융〉, 여름호; 한국주택은행 (1997), 〈주택금융〉, 1월호; 천연숙·윤정숙 (2001), 《아파트 주거문화의 진단과 대책》

〈그림 13-5〉 주택매매가격 증가율 추이

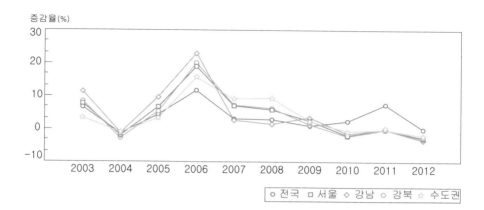

자료: 한국감정원 (2013)
통계생산기관: 국토교통부(주택정책관 주택정책과)에서 한국감정원에 위탁하여 통계 생산

크다. 이런 경향은 지역적으로도 동일하다. 이는 결국 아파트 가격상승폭이 다른 주택 유형에 비해 더 컸음을 보여주는 것이고, 아파트가 자산증식수단으로서 가치가 높았음을 보여주는 것이다(천연숙·윤정숙, 2001: 80~82).

외환위기 직후인 1998년 12.4%의 큰 폭으로 감소했던 주택가격은 이후 상승추세를 지속하여 2002년에는 증가율이 16.4%에 이른다. 부동산 정책이 강화된 2004년은 하락세(△2.1%)를 보이다가 2005년은 강남 및 분당을 시작으로 강북 및 수도권 남부 일부까지 가격 상승세가 확산되면서 상승세로 전환했다. 2005년도 주택가격 상승은 저금리 기조가 지속됨에 따라 금융자산 등에 비해 부동산 투자에 대한 기대가 상대적으로 높고, 서울과 수도권 지역의 주택보급율이 상대적으로 낮은 것이 주요 요인이다. 2006년도 주택가격은 주거환경과 학군이 우수한 지역과 판교 인근지역을 중심으로 매수세가 증가하였으나 전반적인 매물부족 현상으로 5월 중순까지는 높은 가격 상승세를 지속, 5월 중순 이후 부동산 거품 논쟁과 3·30 대책 등 정부의 각종 규제강화와 금리인상 등으로 매수심리가 위축된 가운데 그동안 상승을 주도하던 서울강남지역의 상승세가 꺾이면서 상승폭이 크게 둔화되었으나, 계절적 수요와 더불어 전

광진구 중곡동 연립, 다세대, 다가구 주택단지(2006)

세물량 부족으로 인한 매매로의 일부 전환수요 등으로 9월 상승폭이 확대되었으며, 아파트 분양가 상승과 뉴타운, 재개발, 재건축 등의 호재로 10월 이후 상승폭이 크게 확대됐다.

2007년도 주택가격은 부동산 제도의 변화와 대출 규제, 세부담 증가 , 금리 인상 등의 여러 요인이 교차하면서 이에 따른 관망세로 연간 3.1% 상승하며 지난해 같은 기간에 비해 상승폭이 크게 둔화되면서 전반적인 안정세를 보인다. 2008년 주택매매가격은 부동산 규제완화와 지역개발 호재, 글로벌 금융위기와 공급물량 증가 등의 요인으로 상승과 하락이 교차하면서 지역별 차별화 현상이 심화된 가운데, 전년 말 대비 3.1% 상승하며 장기평균 상승률(4.3%)을 하회하는 부진한 모습이다.

2009년 3분기 주택매매가격은 경기호전에 대한 기대감과 가을 이사철을 앞둔 계절적 수요 증가로 전 분기 대비 1.3% 상승하며 크게 상승, 연초대비로는 0.7% 상승하며 상반기 하락폭을 만회하였으나 지난해 같은 기간 상승률(4.3%)을 크게 하회한다. 2010년 전국의 주택가격은 전년대비 1.9% 상승하

<표 13-8> 유형별 주택수 현황

(단위: 천 호, %)

구분	1970년	1975년	1980년	1985년	1990년	1995년	2000년
단독주택	4,155 (95.3)	4,382 (92.6)	4,652 (87.5)	4,719 (77.3)	4,727 (66.0)	4,337 (47.1)	4,069 (37,1)
아파트	33 (0.8)	89 (1.9)	374 (7.0)	822 (13.5)	1,628 (22.7)	3,455 (37.5)	5,231 (47.7)
연립/다세대	146 (3.3)	165 (3.4)	162 (3.0)	350 (5.7)	603 (8.4)	1,070 (11.6)	1,266 (11.6)
비주거용 건물 내 주택	26 (0.6)	98 (2.1)	131 (2.5)	213 (3.5)	202 (2.9)	343 (3.7)	393 (3.6)
합계	4,360 (100.0)	4,734 (100.0)	5,319 (100.0)	6,104 (100.0)	7,160 (100.0)	9,205 (100.0)	10,959

자료: 통계청 자료 재인용; 이건영 외 (2005)

며 장기평균 증감률(4.1%)을 하회했다. 부동산 경기 침체 장기화에 대한 우려로 매수심리가 크게 위축되며 전국의 주택매매 가격은 수도권을 중심으로 2, 3분기에 하락한 모습을 보인다. 2011년 전국의 주택매매 가격은 전년대비 6.9% 상승하며, 장기평균 증감률(4.2%)을 상회했다. 부동산 경기침체에 대한 우려로 매수심리가 크게 위축된 2010년 대비 주택매매가격의 상승폭은 확대되었으나, 유럽발 재정위기로 인한 금융 시장 불안과 예상보다 부진한 국내 경제 성장률 등으로 인해 하반기로 갈수록 상승세가 둔화되었다.

2012년 전국의 주택매매가격은 전년 말 대비 0.0% 보합을 나타내며 2011년 전년 말 상승률(6.9%) 대비 부진한 모습이다. 수도권의 약세 속에 지방광역시 및 기타 지방의 강세는 지속되었으나 유럽발 경제위기로 인한 부동산 경기침체와 내수경기 부진 등으로 하반기 들어서는 하락세가 지속된다.

2013년 6월 전국의 주택매매가격은 계절적 비수기 영향과 세제감면 혜택 종료를 앞두고 매수문의가 감소하며 가격 상승폭이 크게 둔화한다(한국감정원, 2013). 아파트의 선호도는 경제적 측면이 중요하듯이 이러한 요인은 <표 13-

<표 13-9> 유형별 주택 수 현황

(단위: 천 호, %)

	2005년		2010년	
	재고 주택 수	구성비	재고주택 수	구성비
합계	12,495	100	13,884	100
단독 주택	3,985	31.9	3,797	27.3
아파트	6,627	53	8,185	59
연립 주택	520	4.2	504	3.6
다세대 주택	1,164	9.3	1,246	9
영업용 건물내 주택	198	1.6	151	1.1
빈 집	728	-	794	-

출처: 통계청 (2010)

8>의 1970 ~2000년대까지 유형별 주택변화 추이를 살펴보면 70년대 초반에는 단독주택에 비하여 아주 미미한 공급을 보이고 있지만 연도가 진행 될수록 아파트의 증가율은 현저하게 비율이 높아지고 단독주택의 비율은 낮아졌다.

2000년대에 이르러서는 단독주택 37.1%, 아파트 47.7%, 연립, 다세대 11.6%로 즉 공동주택의 비율은 아파트를 포함 59.3%로 단독주택보다 절대적으로 계속 증가되고 앞서고 있음을 알 수 있다. 이러한 아파트의 증가추이는 우리나라의 제반 여건에 비추어 볼 때 당분간 계속될 것으로 보인다.

주택의 지속적인 공급으로 주택 수는 꾸준히 늘어나고 있으며, 1985년 총 주택 수(빈집 제외)가 6,104천 호였던 것이 2005년에는 12,495천 호로 증가하였고 2010년에는 13,884천호로 증가했다. 주택유형을 보면 2005년에는 아파트가 전체 주택의 절반을 넘어선 53.0%로 가장 많고 단독주택, 다세대주택 순으로 나타났으며, 2010년에는 아파트 59.0%, 단독주택, 다세대주택 순으로 나타났다. 2010년에는 2005년에 비해 연립주택, 비거주용 건물내주택, 단독주택 등이 감소한 반면 아파트와 다세대주택이 증가하였다(통계청, 2010).

이러한 아파트의 증가 추이는 여러 여건을 감안해 볼 때, 당분간 주택 재고에서 차지하는 비중이 점차 증가될 것으로 전망된다.

2) 아파트 주거의 대중화

우리나라에 아파트란 이름으로 최초로 탄생한 시기는 일제 강점기로 1945년 이전에 아현동에 미쿠니상사가 건립한 미쿠니아파트로 알려져 있고, 6·25 전쟁 이후 주택난 해결을 위해 공동주택의 적극적 도입으로 1957년 3층 규모의 4개동 48호, 지하 1층 지상 3층의 건물로 한미재단에 의한 ps콘크리트 블록조를 사용한 원조기술로 건설·공급된 시범주택으로 그것이 행촌아파트이다. 그리고 성북구 종암동 개운산 자락 아래에 1958년 민간건설 사업체인 중앙건설이 3개동을 건설·공급함으로써 아파트 형식을 갖추기는 했지만 오늘날 공동주택 개념에서 살펴본다면 연립주택 수준을 벗어나지 못했다. 그러나 당시 상황으로 보면 대단한 아파트 개념을 지니고 있었다. 이승만 대통령이 직접 준공식(종암아파트)에 참석할 정도였고 배치나 구조, 기술적 측면에서 볼 때 최초의 서구식 아파트 시대를 개막하였다고 볼 수 있다.

이후 제1차 경제개발 5개년 계획 기간 동안 주택정책은 경제개발 정책과 수반되어 추진되었다. 1962년 정부가 조선주택영단을 대한주택공사로 명칭을 개조 설립하여 최초의 아파트 단지 성격을 띤 6개 동(棟)의 마포아파트를 건설함으로써 우리나라도 본격적인 공동주택시대로 진입되었다고 볼 수 있다. 이후 크고 작은 소형위주의 아파트가 공공부문과 민간부문에서 건설되기 시작하였다. 이러한 공급은 공공부문에서 나타났는데 건축기술의 낙후, 무리한 공기단축, 부실시공 등으로 1970년 4월 8일 와우아파트의 붕괴라는 대형참사로 이어졌다. 이는 우리나라 공동주택 건설사의 영원한 오점이 되었으며 공동주택 부실시공이 어떠한 결과를 가져오게 되는지 경각심을 일깨워준 산 교훈이 되었다.

1970년대에 이르러 주택건설·공급의 촉진을 위한 "주택건설촉진법: 1972"은 주택정책을 한 단계 업그레이드시켜 체계화시킨 주택정책의 총화라 할 수 있다. 70년대 공동주택건설이 대단지화되고 민간 건설사업자들이 활발하게 참여하여 민간주도형으로 된 동기도 "주택건설촉진법"을 도입 제정했기에 가능했다. 이러한 제도들은 주택의 대량화 생산을 촉진시키고 주택이 하나의 상품으로 주택시장에 등장하게 했다. 상품의 가치는 사용가치보다 교환가치의 수단으로 중요시되고 인식되어 당초 설계에서부터 상품화로 계획된 가치를 지니고 취급되었다. 초기 우리나라 아파트는 서민위주의 공급으로 낙후성을 면치 못했다. 70년대 이르러서 서민과 중산층에 모두 만족할 만한 수준의 아파트를 건설·공급하기 시작하였다. 이렇듯 70년대는 아파트의 확산기라고 할 수 있는 시기이다. 이러한 아파트의 확산은 서민층 아파트 중심에서 중산층으로 전환되면서 주로 중산계층을 위한 아파트가 주도하였다.

제1차와 제2차 경제개발계획의 성과가 사회적으로 확산되면서 중산층이 두터워졌는데, 서구식 생활양식을 제공하는 아파트를 새로운 주거형식으로 적극적으로 받아들이기 시작하였다. 마포아파트의 성공을 계기로 아파트가 본격적인 중산층 주거로 인식되면서 중산층 아파트가 서울 곳곳에 건설되었다.

특히 본격화된 강남개발에 따라 주택정책이 중산층 대상의 아파트건설로 변화되면서 아파트 건설물량이 증가하고 전반적인 규모와 질적 수준이 크게 향상되는 가운데 아파트단지가 확산되었다. 주택정책의 측면에서는 아파트가 택지부족을 해결할 수 있도록 유일한 대안이면서 동시에 경제성장과 서구화를 나타내는 지표로도 인식되었으므로 정부의 정책 중점은 아파트 건설로 전환되었다. 이러한 정부의 정책은 아파트를 소유함으로써 경제적인 이익을 얻을 수 있다는 수요자의 인식과 맞아 떨어지면서 바야흐로 아파트의 시대가 전개되었다.

중산층을 대상으로 한 사업에 주력한 주택공사는 70년대로 들어서자마자 한강맨션(1970~1971), 반포 1단지(1971~1974) 등 대규모 주거단지 건설사업을 시행하였는데, 입주자가 부담하는 선수자금에 의해 주택을 건설하기 위하여 모델하우스에 의한 분양제도를 시행하였다. 따라서 현재의 주택 선분양제도가 이때 시작됨 셈이다. 대한주택공사는 1971년 설비수준이 획기적으로 향상된 한강맨션을 착공했는데, 이 아파트는 종래에 치중하던 서민용 아파트라는 형식에서 벗어나서 본격적인 중산층 아파트를 지었다는데 의의가 있다(대한주택공사, 1989: 112 재인용). 또한 우리나라에서 최초로 중앙공급식 난방을 사용하여 현대인의 문화생활에 맞는 안락한 보금자리를 만드는데 성공하였다.

여의도 시범아파트단지(2007)

한강맨션을 비롯하여 70년대 초반에 지어진 아파트에서는 외국의 아파트와는 차별되는 한국적인 평면이 도입된 것이 특징적이다. 이것은 우리나라의 전통적인 생활방식에 따라서 거실이 남쪽의 중앙에 배치되고 부엌에 다용도실이라는 작업공간이 부속되는 평면형식이다. 이러한 평면형식은 70년대 후반 민간에 의한 중·대형 아파트 건설을 계기로 완전히 구조화되면서 우리나라 아파트의 불변적인 특징으로 자리 잡게 된다.

한편 서울시는 70년대 초반에 우리나라 최초의 고층아파트 단지인 여의도 시범아파트(1970~1971)를 건설하였다. 여의도 시범아파트는 중산층을 겨냥한 중대형 아파트단지였는데 15평에서 41평까지 평형으로 이루어지는데 총 24개 동 1,596호 규모로 건설되었다. 서울시는 여의도개발을 통해 시민아파트 및 지하철 건설재원 마련을 의도하였는데, 당시 주택공사가 건설한 한강맨션의 인기가 높은 상황이었으므로 서울시로서는 여의도 개발의 촉진을 위해 중산층 아파트단지를 개발하는 전략을 사용하였다.

당시 중산층의 선호를 높이기 위해 서울시는 시범아파트단지에 12~13층 규모의 고층아파트를 처음으로 도입하였다. 또한 분양촉진을 위해 모델하우스를 건립하는 등 여러 가지 전략을 사용하였다. 편복도형 고층아파트라는 이 새로운 주거형식은 이후 여의도와 강남 등지에 들어서게 되는 민간 아파트단지들의 모델이 되었으며, 오늘날에도 상당히 우수한 아파트단지로 평가받는다. 1974년에는 반포 1단지 아파트가 건설되었다. 반포 1단지는 주택공사에서 한강 이남에 처음 지은 아파트단지로서 강남지역의 개발을 촉진하기 위하여 건설되었다. 1971년에 시작되어 74년까지 3년간 건설된 반포 1단지 아파트는 한국에서 처음으로 단지 내에 모든 편익시설을 갖춘 주거단지로서 생활권 개념을 충실하게 적용하였다. 반포 1단지는 대규모 단지로서 총 16만 7천 평의 대지에 3,786채의 중산층용 아파트를 수용하였다. 반포 1단지는 이전에 지어진 한강맨션, 여의도 시범아파트 등의 경험을 바탕으로 하여 그 규모를 더욱 확대시킨 것으로서, 그동안 도출된 여러 가지 문제점을 해결하고 보완함으로써 향후 아파트단지 건설을 위한 중요한 모델이 되었다.

1974년 서울시는 잠실지구를 개발하고 그곳에 대량으로 주택건설을 하는 계획을 발표하였다. 이것은 역시 서울의 과밀화와 인구증가에 따른 주택부족문제를 해소하기 위한 것이었다. 주택공사는 1975년 2월에 잠실 1-4단지에 1만 세대가 넘는 거대한 물량의 아파트 건설에 착수하였고, 이어서 76년 8월에는 잠실 부도심의 중심이라 할 수 있는 5단지에 15층 높이의 중산층 아파트 30개 동 3,930가구의 건설을 시작하였다. 이 잠실 5단지에 건설된 15층 아파트는 고층아파트의 확산에 기여하는 동시에 아파트에 대한 중산층의 인식을 변화시키는 데도 상당히 기여하였다.

고층아파트 단지의 도입과 확산은 1970년대 중반부터 서울의 아파트는 고층화의 경향으로 진행된다. 70년대 중반에는 아파트지구의 지정, 주택청약제도 등이 마련되어 대량생산의 체제가 정비되었고 아파트에 대한 중산층의 요구 또한 계속 증가하는 추세에 있었다. 한편 대형건설업체가 앞 다투어 대규모 아파트단지를 건설함으로써 대량건설의 기본적인 토대가 조성되었다. 이에 따라 상대적으로 가용택지가 부족해지고 지가가 상승하자 토지이용의 극대화를 목적으로 공동주택은 점차 고층화하기 시작하였다.

주상복합이나 단일건물 형식의 고층아파트가 아닌 단지형의 고층아파트는 여의도 시범아파트가 최초의 사례였다. 이 여의도 시범아파트를 계기로 하여 고층아파트의 건설은 용산구, 여의도, 강남구, 강동구 등으로 점진적으로 확대된다. 남산외인아파트(1972)를 위시하여 여의도에 지어진 삼익아파트(2동, 11층, 1974), 은하아파트(4동, 12층, 1974), 삼부아파트(6동, 15층, 1975), 한양아파트(8동, 12층 1975) 등과 대규모로 지어진 강남의 현대아파트(1975)와 잠실 주공 5단지(1977) 등이 1970년대에 고층 아파트단지로 개발된 주요 사례들이다. 이런 사례들 이외에도 70년대에 지어진 고층아파트는 일일이 열거할 수 없을 만큼 많다.

고층아파트는 70년대 후반 새로운 아파트지구로서 확산의 일로를 걷던 강남을 중심으로 특히 활발하게 진행되었다. 이 지역에서는 1977년을 경계로 초기의 저층 아파트단지가 12층 이상의 고층 아파트단지로 전환되는데 이후 고층 아파트단지가 전반적으로 확산되었다(공동주택연구회, 1999: 247~248). 1974년 여의도 삼익주택과 한양주택이 각각 40평형 360가구분의 아파트를 12층으로 건립하였는데, 이 아파트가 인기를 얻으면서 민간기업에 의한 아파트 건설이 활발하게 진행되었다. 민간에 의한 아파트는 단위세대의 평균면적이 37평으로서, 주로 중·대형 규모였다. 결국 이렇게 단위 면적의 규모가 큰 아파트는 그 공급대상이 중산층과 그 이상의 소득계층이 될 수밖에 없었다. 이 당시에는 그 동안 서민을 대상으로 소형아파트 건설에 주력하던 주택공사마저도 주로 중산층을 대상으로 아파트를 짓게 됨으로써 서민을 위한 주택건설은 뒷전으로 밀려났다.

당시 정부는 중산층의 주택보급을 확대하기 위하여 민간주택업자들에게 각종 혜택을 주고 아파트 건설을 계속 독려하는 정책을 폈다. 당시 업체는 분양계약금으로 기초공사를 하고, 분양계약서를 담보로 주택은행에서 융자를 받아 건물을 지었는데, 땅값은 땅값대로 천정부지로 뛰었으므로 주택건설은 실패하려야 실패할 수 없는 사업이 되었다. 따라서 당시 아파트사업을 시작한 군소 주택건설업자들은 대부분 재벌급 건설회사로 성장하였다. 동대문 밖에서 블록을 찍어 팔던 우성건설, 보일러를 만들던 한신공영 등이 재벌급 회사로 부상한 것도 바로 이 무렵이다.

이렇게 70년대 중반부터 민간기업에 의해서 아파트 건설이 증대되고 중산계층의 아파트에 대한 선호가 가속화하면서 아파트에 대한 투기바람이 일어나게 된다. 1973년에 발생한 에너지 파동으로 인하여 아파트에 대한 수요가 급증하면서 공급이 수요에 미치지 못하자 아파트 분양에 대한 경쟁이 과열화하였다. 아파트분양이 있을 때마다 현장에 인파들이 몰려들었다. 아파트 입주권을 따려는 사람들 중에는 분양가와 판매가의 차이를 노리고 재산증식의 수단으로 아파트를 사려는 투기꾼들도 많았다. 또한 살기 위해 아파트를 분양받은 실수요자의 경우에도 가격이 상승하면 이를 팔고 또다시 아파트를 분양받음으로써 서울의 중산층은 이 아파트에서 저 아파트로 옮겨 다니는 것이 생활처럼 되어버렸다. 이렇게 되다보니 건설업체에서는 지으면 팔리는 아파트에 대해서 특별히 신경 쓸 필요가 없었다. 가장 쉬운 방법으로 짓고 이익만 극대화하면 되었다. 정부에서도 이러한 사업방법에 대해서 전혀 간섭을 하지 않았으므로, 서울 아파트의 주거환경은 단조롭고 거칠게 진행될 수밖에 없었다.

70년대 민간에 의한 아파트 건설의 활성화는 주택자재산업의 활성화에도 크게 기여하였다. 당시에 진행된 주택공급구조의 전반적인 변화, 대량생산의 경향, 난방 및 취사패턴의 변화 등은 당연히 주택자재와 부품의 다양화 및 현대화로 연결되었다. 주택의 부엌에 스테인리스 싱크대가 등장한 것은 70년대 민간아파트 건설의 활성화와 때를 같이 한다. 특히 가스의 보급은 부엌의 설비를 변화시켰고, 주부의 작업패턴에도 상당한 영향을 주었다. 이전에는 주방시설도 입식으로 설계는 되었으나 자재개발이 미처 따라주지 못하여 벽돌을 쌓아 유사한 모습을 갖추었을 뿐이었다. 그러나 70년대에 주방기구 전문업체가 등장하면서 새로운 형식의 싱크대는 급속도로 일반화되었다. 또한 주택에서 거실이 가장 중요한 공간으로 자리하게 되면서 아파트 분양 시에 거실에는 거실장, 진열장 등이 부착되었다. 또한 화장실에는 현대화된 욕조, 변기, 세면기가 필수품으로 부착, 공급되었다. 이러한 경향에 따라서 70년대에는 주택의 부품과 자재의 개발이 활성화하였는데, 이러한 자재산업의 활성화는 관련 업체에게 호황을 안겨다주기도 하였지만, 생활의 질을 끌어올리는데도 상당한 기여를 하였다(서울시정개발연구원, 2001: 274~281). 이러한 아파트 건설의 확산은 70년대에 이어서 80년대 이후까지 계속 급성장하였다. 80년대는 상계동, 목동, 과천, 개포동 등으로 이어졌고 90년대에는 분당, 일산, 평촌, 산본, 중동 등 수도권으로 확산되어 갔다.

그리고 재개발, 재건축아파트 건설·공급도 고층아파트 확산에 자리매김하였다. 2000년대에 이르러서는 상업지역에 주상복합아파트를 허가함으로써 강남도곡동에 타워팰리스의 초고층 아파트가 등장하게 되었다. 최근에 와서는 아파트에도 계급화로 양극화현상을 초래하고 있다. 이러한 아파트의 고층화, 고급화의 차별화는 계속될 것으로 전망된다.

4. 주거안정을 위한 2백만 호 주택 건설·공급

1980년대는 70년대 말부터 시작된 각 사회계층의 민주화 바람은 그동안의 경제개발정책에 의한 고도성장이라는 경제이념에 노동관계, 저소득층의 주택문제 등이 산재하고 있었고 당시 중화학 공업 분야에 정부예산이 집중 투입되는 관계로 경제적 어려움도 많았다. 이러한 과정 속에 10·26 사태가 발생하고 새로운 군부세력에 의한 군사정부가 수립된 후 정치적 위기의 탈출을 위한 1980년 8월 국가보위비상대책위원회 입법회의는 도시의 주택부족 문제를 해소하기 위한 공공주택 건설 및 택지개발계획안을 수립했다. 이 안은 1981년부터 1991년까지 5백만 호를 건립함으로써 주택보급률을 77%에서 90%까지 높이는 것을 목표로 했다. 이 안을 토대로 1980년 9월 건설부의 청와대 업무 브리핑에서 전두환 대통령은 주택상황을 획기적으로 개선하기 위해 향후 10년 간 5백만 호를 짓도록 지시했다. 이 5백만 호는 당시 국내 총 주택재고와 같은 양이었다.

그러나 1980년대 초의 경제상황은 앞에서 본 바와 같이 1970년대 말의 과잉생산의 위기와 뒤이은 정치적 위기 이후 무엇보다 긴축경제 정책을 취해야 할 상황이어서 주택의 대량공급을 추진할 여건이 되지 못했다(임서환, 2005: 101).

성남시 분당구 아파트단지(2007)

한편 정부의 흑자경제 편성에 따른 동결과 건축비 통화정책으로 500만 주택건설은 여러 차례 계획을 변경하면서 목표를 정해 추진하였으나 예산상의 이유로 목표달성은 어렵게 되었다. 이러한 정책들에 의해서 주택건설 실적은 저조하여 1980년대 중반기 이후에는 저소득층의 주거문제는 더욱 심각해지고 주택보급률의 저하로 사회 각계각층의 요구는 갈수록 다른 분야에 까지 확산되는 등 더욱 심화되었다. 이러한 사회적 분위기를 느낀 집권당은 정치적 위기의 탈출을 위한 필요성이 제기됨에 따라 집권당 대통령 후보인 노태우는 1987년 6·29 선언과 더불어 주택분야의 건설·공급 4백만 호를 제시하게 된다. 이러한 물량공급은 신군부 전두환 정부의 5백만 호 공급과 차이는 있지만 당시 상황으로는 엄청난 건설, 공급으로 5백만 호의 건설실적 실패에서 보았듯이 환영받지는 못했었다. 그러나 노태우 후보는 당선되면서 후보시절 공약한 4백만 호를 절반 수준인 2백만 호로 수정하여 구체적인 사업계획을 제시하고 가시화시켜 확정하였다.

1988년 출범한 6공화국 정부는 주택문제의 완화를 우선적인 국정목표로 삼아 1988년부터 1992년까지 5년간 2백만 호 주택건설계획을 수립하고 이를 강력히 추진하게 되었다. 정부의 2백만 호 건설계획 추진을 위한 개발사업 중 가장 대표적인 것이 수도권에 대규모 신도시 개발을 추진한 것으로, 이 기간 중에 성남 분당(97,334호), 고양 일산(69,000호), 안양 평촌(42,164호), 부천 중동(42,500호), 군포 산본(42,039호) 등 5개 신도시 총 30만 호 규모의 주거 단지들이 개발되었다. 이 시기에 수도권에 개발된 5개 신도시는 상계 신시가 지계획 이래 도시계획과 단지계획을 연계하는 계획의 수단이 된 택지개발계획 이 다시 한 단계 진전할 수 있는 무대였다.

그러나 주택가격의 폭등상황하에서 단기적인 주택공급 대책의 일환으로 서둘러 입안된 신도시 개발계획은 촉박한 개발일정에 맞춘 착공과 주택분양에 주안점을 둠으로써 주거단지계획의 질과 계획기법의 발전을 위한 기회로는 충분한 역할을 하지 못하였다(대한건축학회, 2003a: 362~363). 이와 같이 정부 는 1988년 8월 향후 5년간에 걸쳐 총 2백만 호 주택건설, 공급을 위해 총력을 기울였다.

특히 무엇보다도 타당성 있는 정책이라 하더라도 예산지원 없이는 사업을 수행할 수 없듯이 정부는 총 2백만 호의 주택을 건설하기 위하여 GNP 대비 주택부문에 대한 투자율을 6.5% 수준으로 높이고 연평균 주택건설 호수를 종전 20만 호 수준에서 40만 호 수준으로 확대하며, 건설재원의 조달방식을 공공부문과 민간부문으로 구분하여 공공부문에서는 정부재정으로 저소득층을 위한 임대주택(영구임대, 사원임대, 장기임대주택) 및 소형분양주택을 건립하도록 하였고, 민간부문에서는 중산층 이상을 위한 주택건립을 담당하도록 하였으 며, 이에 소요되는 택지의 원활한 조달을 위하여 별도의 택지공급계획을 수립 하여 발표하였다(서희석, 2005: 210~211). 당시 주택 2백만 호 건설, 공급은 영구임대주택, 근로복지주택, 사원임대주택 등 저소득층을 위한 주택사업에 주안점을 두고 사업계획을 작성하였다.

2백만 호 주택건설 시기는 정부의 제5차 경제개발 5개년 계획이 마무리되고 제6차 경제개발 5개년 계획(1987~1991)이 시작되는 시점이었다.

제6차 계획의 주택정책 목표도 여전히 주택공급의 확대와 택지 및 주택가격

안정화가 골격을 이루고 있다. 그동안 수차례의 경제개발계획의 성공적인 추진으로 고도성장을 하였으나 제조업을 중심으로 한 수출주도적 경제정책으로 일관하여 온 결과 국민의 주거환경은 크게 개선되지 못한 것이 사실이었다. 그러나 제6차 계획에는 그 동안의 경제정책이 당시로서는 어쩔 수 없는 선택이었으나 분배의 문제를 경시하여 왔음에 대한 반성이 크게 반영되어 이의 실행에 역점을 두게 되었다. 즉 주택의 공급을 확대하고 가격을 안정시키되 이를 주택규모의 소형화, 임대주택 중심의 공급, 주택가격의 저렴화를 통하여 영세민 및 저소득층을 중점적으로 지원하겠다는 것이다.

1차 계획기간 중에는 32만 6천 호의 주택을 건설한 데 비하여 5차 계획기간 중에는 115만 4천 호의 주택을 건설하였으나 주택보급율은 1960년의 82.5%에서 1987년의 69.2%로 13.3%가 오히려 저하되었으며 주택공급 수혜대상도 기존의 분양주택 위주의 주택정책하에서는 구매력을 가진 중산층 이상이 대부분을 차지하여 이들의 주거수준은 향상되었으나 저소득 근로자, 도시 영세민의 주거수준은 향상되었으나 저소득 근로자, 도시 영세민의 주택문제는 상대적으로 악화되었다. 이는 1980년대 중반까지는 경제성장에 주력하느라 주택 등 복사정책을 추진할 여력이 없어 주택정책은 자연히 주택구입 능력이 있는 중산층 이상의 주택공급에 치중하게 되었으며 이러한 분양주택 위주의 주택정책에서는 주택구입 능력에 한계가 있는 저소득층은 상대적으로 소외되어 그 결과 저소득층의 주택문제는 더욱 악화되었고 주택가격의 급등으로 내 집 마련 실현의 가능성은 점점 멀어지게 되었다. 이에 따라 제6공화국 출범을 계기로 경제정책 목표는 양적성장 위주에서 탈피하여 질적 개선에 중점을 두었고 저소득 계층의 주거환경개선을 사회복지차원의 문제로 인식함에 따라 새 정부는 제6차 5개년 계획을 대폭 수정하여 개인소득 수준에 상응하는 주택공급체계를 확립하고 지금까지 공공주택 공급대상에서 소외되었던 저소득 근로자와 도시 영세민의 주택안정을 목표로 한 획기적인 2백만 호 주택건설 계획을 수립했으며, 5차 계획에 의한 주택건설계획은 1987년도로 끝내고 1988년 이후에는 2백만 호 주택건설계획에 의하여 주택건설을 추진하게 되었다. 2백만 호 주택건설 계획의 특징은 소득계층별 주택공급체계를 수립하였다는 데 있다.

<표 13-9> 2백만 호 건설계획 및 실적

(단위: 천 호)

구 분	계	1988	'89	'90	'91	'92
공공부문	900 (709)	115 (115)	150 (161)	200 (269)	220 (164)	215
주 공	340 (238)	38 (40)	50 (51)	75 (80)	82 (67)	95
민간부문	1,100 (1,443)	202 (202)	210 (301)	250 (481)	280 (449)	158
계	2,000 (2,142)	317 (317)	360 (462)	450 (750)	500 (613)	373

* ( )는 1991.12.31 현재실적.
  자료: 대한주택공사 (2002); 건설부 (1992.1) 자료; 대한주택공사 (1992), 《대한주택공사 30년사》

즉, 도시 영세민의 주거환경을 개선하고, 산업평화 정착과 기업의 생산성 향상을 도모하기 위한 사회복지 차원에서 영구임대주택을 저소득 무주택근로 자를 대상으로 근로복지주택과 사원임대주택을, 중산층화 가능 계층을 위해서는 장기임대주택 및 소형분양주택을 건설 공급하고, 중산층 이상에 대하여는 주택수급이 자율적으로 이루어지도록 원칙적으로 시장기능에 일임한다는 데 있다. 2백만 호 건설계획의 추진실적을 보면 당초 1988년부터 1992년까지 2백 만 호의 주택을 건설하기로 하였으나 공공부문과 특히 민간부문의 주택건설에 대한 투자확대로 인하여 목표를 1년 이상 앞당겨 조기에 달성하였다 〈표 13- 9〉. 한편 2백만 호 주택건설계획을 효과적으로 달성하기 위하여 신도시 개발 을 적극 추진하여 성남분당(97,334호), 고양, 일산(69,000호), 안양, 평촌 (42,164호), 부천 중동(42,500호), 군포 산본(42,039호) 총 293,037호의 주택 건설계획을 추진하였다. 아울러 주택관련 각종 제도를 정비하였는데, 분양가 격원가연동제 실시(1989), 사양선택제도의 실시(1989), 신도시 내 주택의 입 주자선정에 관한 특례(1990), 일정규모(공공주택 135㎡, 단독주택 165㎡)를 초 과하는 주택의 소유자는 1세대 1주택의 경우에도 청약 1규정에서 제외함과 신 도시 지역에 대한 20부수 가사제한 규정을 확대 적용(1990)하였으며, 토지 수용과정에서 발생하는 민원을 줄이기 위하여 토지보상제도를 개선(1987) 하였다. 주택 200만호 건설·공급은 처음부터 계획되고 시작되는 시점이 모두 사

〈표 13-10〉 연도별 지역별 주택상황

(단위: 인, 가구, 호, %)

년도	지역	인구	가구	주택	보급률
'60	전 국	24,989,241	4,262,790	3,588,624	84.2
	도 시	6,996,746	1,208,815	824,764	68.2
	농 촌	17,992,495	3,053,975	2,763,860	90.5
'65	전 국	29,208,000	5,166,000	3,859,000	74.7
	도 시	9,914,000	1,818,000	947,000	52.1
	농 촌	19,294,000	3,348,000	2,912,000	87.0
'70	전 국	30,851,984	5,579,277	4,359,962	78.2
	도 시	12,685,143	2,377,179	1,397,859	58.8
	농 촌	18,166,841	3,199,098	2,962,103	92.6
'75	전 국	34,678,972	6,366,771	4,734,169	74.4
	도 시	16,769,946	3,180,588	1,809,410	56.9
	농 촌	17,909,026	3,186,183	2,924,759	91.8
'80	전 국	37,406,815	7,469,501	5,318,880	71.2
	도 시	21,409,453	4,362,332	2,468,209	56.6
	농 촌	15,997,362	3,107,169	2,850,671	91.7
'85	전 국	40,419,652	8,750,928	6,104,210	69.8
	도 시	26,417,972	5,903,224	3,349,327	56.7
	농 촌	14,001,680	2,847,704	2,754,883	96.7
'90	전 국	43,499,674	11,357,160	7,570,922	72.1
	도 시	32,378,594	8,465,826	4,840,422	65.6
	농 촌	11,121,080	2,891,334	2,730,500	95.6

* 1990년 자료 중 가구는 일반가구이며 주택은 공가 포함.
  1990년 주택보급률은 제3차 국토종합개발계획 자료로 잠정치임.
  자료: 통계청, "인구주택총조사보고"; 각 연도 대한주택공사 (1992)

회적, 정치적으로 어려운 환경에서 출발하였고 기존의 주택정책들이 계속 실효를 거두지 못하고 실패하자 정치적 신뢰도는 국민들 사이에서 더 이상 믿지 못할 지경에 이르렀다.

이러한 위기의식에서 새로운 정부는 일거에 정치적 신뢰 회복을 위해 신도시 건설과 같은 대대적 주택건설을 추진함으로써 계획기간(1992) 보다 무려 1년여 앞당겨 1991년 8월말 까지 2백만 호 건설·공급물량을 앞당겨 건설했다. 계획기간(1992) 동안 까지 공급량을 계산하면 전체 계획에 초과 공급되었다(〈표 13-9〉 참조). 초과달성의 의미도 중요하지만 무리하게 사업을 추진하는 과정에서 많은 문제점들을 야기 시키는 등 역기능 측면도 많았다. 즉 건설 경기의 부양으로 과열경기를 유발시켰고, 제조업 분야의 근로자들이 건설현장으로 몰려드는 현상은 당시 건설노임이 40%까지 올랐기 때문이다.

심지어 중소도시는 농번기에 일손이 모자라 농사에 지장을 초래하였다. 건설경기 과열은 이에 필요한 자재의 철근, 위생도기, 시멘트 골재의 부족을 초래하여 가격상승을 유발시켰고 골재의 경우 바닷가 모래까지 동원되는 등 많은 문제점이 표출되었다. 먼 훗날 바닷모래는 신도시 벽체에서 백화현상이 나타나 안전도 문제가 있는 것으로 판단하여 검증하기도 하였다. 아무튼 건국 이래 이처럼 2백만 호 주택 건설·공급은 찾아보기 힘들 것이다. 역기능 측면도 있었으나 당시 절대량의 주거부족을 어느 정도 해소함으로써 80년대 주택정책의 목표는 달성하였다는 큰 의의가 있었다.

5. 주택시장 개방 · 자율화에 따른 난개발

1990년대에는 주택정책의 개방·자율화 등으로 주택건설·공급량을 늘려 주택보급률 제고에 기여한 바도 있지만 갑작스러운 국내사정(IMF)으로 실시된 주택정책은 이에 반하여 역기능적 측면도 존재하였다. 1990년대 후반기에 전국토가 난개발에 시달렸다. 1994년에 정부는 도농 간의 소득의 격차가 심하여 농지를 소유하고 있는 농민들은 갈수록 외국 수입농산물의 수입으로 농업소득은 갈수록 줄어들어 서민주택 건설과 공업육성을 위한 공장용지 확보차원에서 '준농림지역제도'의 용도 지역제를 도입하였다. 법의 취지인 기능은 토지를 토지소유자의 자의적 이용에 맡길 경우의 무질서와 비효율성을 사전에 차단하고 합리적이고 효율적인 토지이용과 개발을 통하여 부적합한 토지이용을 방지하고 계획적인 토지이용을 도모할 수 있는 제도로서, 민법상의 상린관계(相隣關係)의 연장으로 이해하는 것이 일반적이나, 더 나아가 상린관계이론으로는 해결할 수 없는 도시의 팽창, 인구의 도시집중, 공해 등 현대도시의 제문제를 해결하는 토지 이용계획으로 기능하고 있다.

또한 용도지역 이라 함은 토지의 이용 및 건축물의 용도, 건폐율, 용적률, 높이 등을 제한함으로써 토지를 경제적·효율적으로 이용하고 공공복리의 증진을 도모하기 위하여 서로 중복되지 아니하게 도시 관리 계획으로 결정하는 지역을 말한다(법 제2조 15호). 용도지역은 전국의 토지를 대상으로 중복되지 않게 용도 중심으로 구분하는 평면적 토지이용규제 제도이다. 지역의 지정은 건설교통부장관 또는 시·도지사는 용도지역의 지정 또는 변경을 도시관리 계획으로 결정한다(법 제36조 ①). 용도지역의 지정은 일시에 일률적으로 지정될 필요는 없으며 순차적 지정도 가능하다고 명시하고 있다.

1994년부터 1996년까지 전국에서 총 209㎢의 준농림지 지역이 주거, 공업, 음식·숙박, 농촌편익시설 등의 용도로 개발되었다. 같은 기간 중 238.3㎢의 준농림지지역이 타 용도로 변경되었는데, 그 중 67.6%가 도시지역으로, 26.4%가 준도시지역으로 전환되었다. 용도가 변경된 총 면적의 94%가 개발용도로 전환된 것이다. 이들은 대부분 기반시설도 제대로 갖추지 않은 채 무계획적으로 개발되었다. 이에 따라 정부는 1994년 6월 28일 준농림지역 개발규제를 강화하기 위한 방침을 각 시도에 시달했다.

취락지구에 짓는 공동주택은 원칙적으로 용적률 150%, 높이 15층 이하로 제한한다는 것과, 50호 이상의 집단 개발이 필요한 도시 인근지역은 미리 취락지구와 택지개발 예정지구로 지정, 계획적으로 개발하도록 하였다. 이에 대해 업계는 이렇게 되면 채산성 악화로 사실상 건설이 불가능하므로 용적율과 층고제한을 폐지하는 대신, 건축법령 내에서 지자체장이 용적률과 층고를 자율적으로 결정할 수 있도록 해줄 것을 요구하였다. 또 3㎡ 미만 택지개발용지는 종전대로 개발을 허용하고, 그 이상의 택지는 취락지구로 지정하여 사업자가 계획을 수립한 후 지방자치단체장이 이를 보완하는 방식으로 개발할 수 있도록 해 줄 것을 요구하였다(한국경제신문, 1994년 6월 28일 재인용). 난개발 문제가 계속 대두되자 1995년 10월 19일과 1997년 9월 11일, 국토 이용관리법 시행령을 개정하여 준농림지역에서의 음식점 및 숙박시설 건축에 대한 규제를 강화하고 공동주택 건설시의 용적률 및 세대수를 제한하는 등 규제조치를 취했다. 준농림지 아파트 건축제한을 강화한 국토이용관리법 시행령 개정안 발효를 앞두고 업체의 준농림지 아파트 건설신청이 쇄도했다.

시행령이 발효되면 3백 호 이상의 주택을 지을 경우 용적률은 200%를 넘을 수 없게 되고, 상하수도, 도로 등 기반시설을 다 갖추어야 하므로 사업성이 거의 없게 된다는 것이었다. 주택건설업체들이 보유하고 있는 준농림지는 약 250만 내지 260만 평 규모로 추정되었다(한국경제신문, 1997년 9월 11일 재인용, 임서환, 2005: 280~281). 이 제도는 농민과 기업과 정부 모두 쉽게 토지를 이용할 수 있도록 규제를 대폭 완화하여 종전 10개 용도지역을 5개 용도지역으로 축소해 준농림지역을 설정한 국토이용관리법을 개정하였다. 사실상 처음 법 개정 시 시민 및 환경단체에서 환경파괴 등을 우려하여 반대하였으나 주택공급을 위한 택지 조성과 저렴한 공장용지를 마련하여 기업들의 생산활동에 기여하는 것이 최우선 정책인 관계로 시행되었다. 준농림지역은 도시지역과 준도시지역과 함께 개발이 가능한 지역으로 특히 준농림지역은 준도시지역으로 용도 변경하여 개발됨으로써 농지전용과 함께 소규모개발이 우후죽순처럼 진행되어 심지어 산림에까지 무차별적으로 개발되어 황폐화 되었다. 이는 제도상의 문제점도 있었으나 지방자치단체, 개발업자, 지주 등이 서로 개발이익을 노리고 수단과 방법을 가리지 않고 개발을 추진하여 난개발을 더욱 심각하게 만들었다.

당초 준농림지역은 보존과 개발의 두 영역으로 단순화시키고 보전가치가 상대적으로 낮은 지역을 지정하여 개발하였는데 준농림지역은 전국토의 27%를 점유해 많은 비중을 차지했다. 최초의 준농림지역은 3만㎡ 미만의 개발을 허용하고 용적률의 최대한도를 도시지역의 주거지역들과 같이 400% 이하로 규정하였다.

이와 같이 난개발로 전국토가 몸살을 앓았지만 특히 대도시 주변 수도권의 피해가 컸다. 또한 개발지의 인기 있는 지역이 집중적으로 개발되어 투기 등이 성행하게 되었고 비인기 지역인 농어촌 지역은 미분양 등으로 주택 건설, 공급에 있어 양극화현상이 나타났었다. 한편 일시에 개발된 지역은 여름철 홍수로 인해 피해지역이 침수되어 인재에 대한 소송까지 제기되는 등 수도권은 무분별한 개발행위로 매우 심각한 수준에 이르렀다. 특히 수도권 중 용인지역이 가장 심각한 수준이었는데 도시기반시설의 미흡, 교통난, 학교시설, 상하수도 등이 그 대표적 사례이다. 이와 관련된 각 신문사의 국내 기사내용을 살펴보면 그 심각성을 알 수 있다.

죽전지구 마구잡이 개발로 공원이 없고 학교와 공원 등 편의시설이 없다. 죽전지구는 작년 4월말부터 입주가 시작됐다. 그러나 주민들은 신설 학교가 없어 자녀 교육문제로 골탕을 먹고 있다. 죽전지구 내 유일한 기존 학교인 대지초등학교는 학생수가 급증, 올 3월부터 2부제 수업을 하고 있다. 내년 3월 신설학교 몇 곳이 개교, 학교난이 해소될 전망이지만 주민들은 이 문제로 2년 가까이 고생하고 있다. 또 '도시의 허파'에 해당하는 공원이 없다. 인근 분당과 비교하면 죽전은 동일면적에 아파트가 60%정도 더 들어서는데도, 공원이 전무해 아파트만 빽빽하게 들어서는 셈. 이곳에는 일반 공공시설도 매우 부족하며 병원부지도 예정돼 있지 않다. (〈조선일보〉, 1998년 5월 9일)

건설업체들은 그동안 준농림지에 국토이용계획변경 절차를 밟아 취락지구로 용도변경한 뒤 고층 아파트를 지어왔다. 지자체들도 대부분 건설업체들의 사업계획에 큰 이의를 달지 않고 사업을 허용, 논 한가운데 고층 아파트가 들어서는 난개발이 벌어졌다. 게다가 도로, 학교, 상수도 등 도시기반시설도 제대로 갖추지 않은 채 집만 잔뜩 지어 주거환경 악화 등의 부작용을 낳았다. (〈중앙일보〉, 1999년 4월 14일)

난개발, 전국토가 앓는다. 더 이상 참지 못하고 주민들이 나섰다. 경기도 용인의 한 아파트 주민 55명이 마구잡이 개발사업을 허가해 주민들에게 막대한 피해를 입힌 책임을 물어 용인시에 손해배상청구소송을 냈다. 지금 우리 국토에는 논 가운데고 상수원 옆이고 고층아파트와 음식점, 러브호텔 등이 마구 들어서고 있다. 용인은 독버섯처럼 번지는 난개발의 한 경우일 뿐이다. 땅값상승을 바라는 지주와 건설업자 그리고 세수 마련을 빌미로 난 개발을 부채질한 지방 자치단체에 대한 주민들의 분노가 이제 폭발한 것이다. 소장을 낸 주민들의 아파트에는 도로와 상하수도가 턱없이 부족한 것은 말할 것도 없고, 학교가 지어지지 않아 천명 가까운 어린이들이 이웃학교에서 더부살이를 하거나 컨테이너 박스에서 2부제 수업을 받고 있다고 한다. 지자체에 책임을 묻지 않을 수 없는 상황이다. (〈한겨레〉 사설, 2000년 5월 21일)

"준농림지가 '황금알 낳는 거위'였는데‥"
난개발의 주범으로 비판받고 있는 준농림지는 건설업자에게는 '황금알 낳는 거위'로 통했다. 준농림지는 개발절차가 간단해 그동안 '논바닥 아파트'공급처 역할을 했다. 준농림지는 전국적으로 여의도(86만평)의900배가량인 2만5890㎢로 전국토의 26.4%. 용적률 100%, 건폐율 60%인 준농림지는 이른바 '국변'(국토이용변경)을 통해 황금알을 낳는 거위로 변한다. 국변으로 준도시로 바뀔 경우, 용적률이 200%까지 높아져 땅값이 수십 배까지 뜀박질한다. 지난 94~98 준농림지에 건립된 아파트는 전국적으로 442건 25만 가구. 이중 경기도에서만 183개 단지나 된다. (〈조선일보〉, 2000년 6월 5일)

전국토가 난(亂)개발로 몸살을 앓고 있지만, 특히 수도권주변의 난개발을 이미 되돌릴 수 없을 정도로 심각하다. 이를 증명이라도 하듯 지난 주말 경기도 용인지역 주민들은 용인시를 상대로 집단 손해배상 청구소송을 냈다. 그간 난개발 문제는 누차 거론된 바 있으나 지역주민들이 직접 나서 피해를 호소하는 것은 처음 있는 일이다. 수도권 주변의 난개발은 인구밀집에 따른 수도권 베드타운의 무계획적 조성이 화근이다. 건설업자는 택지를 조성하고 분양시켜 이득을 취하면 그만이고, 지방자치단체는 아파트 건설을 수입사업차원에서 유치하기에 급급했다. 여기에 건교부의 감독책임 소홀도 빼놓을 수 없다. 수도권 주위의 베드타운은 수도권과의 광역교통망으로 연계돼야 함에도 불구하고 택지개발만 선행되다 보니 입주한 주민과 기존 주민들은 만성적인 교통체증에 시달려야 하는 등 삶의 질은 되레 떨어지고 말았다. (〈한국일보〉, 2000년 5월 23일)

〈표 13-11〉 용도지역의 개정안 (2002.12.30 개정)

개정 전		개정 후	
도시지역	주거지역	도시지역	주거지역
	상업지역		상업지역
	공업지역		공업지역
	녹지지역		녹지지역
준도시지역		관리지역	보전관리지역
			생산관리지역
준농림지역			계획관리지역
농림지역		농림지역	
자연환경보전지역		자연환경보전지역	

이외에도 1992~2000년도까지 각 신문들의 난개발의 심각성을 말하는 보도 가운데 심지어 "논 가운데 우뚝 선 아파트들 논바닥 연필 심 아파트, 숲이 사라지고 새들도 모두 날아가 버렸다"는 말도 있었다. 주거지역 및 학교주변에 무분별한 허가로 모텔촌으로 전락한 통학로는 학교정화구역임에도 시와 교육청은 대책이 없어 학생들, 교사, 학부모 등이 거세게 반발하고 있다. 등의 보도가 연일 계속 되었다. 이러한 난개발을 막기 위해 정부차원에서 몇 차례 걸쳐 관계 장관 회의 및 지방자치단체에 권고 등 여러 방법들을 제시했지만 한계가 있었다. 난개발이 우려되는 지역은 도시기본계획과 도시계획을 조기 수립하도록 하였으나 지방자치단체장의 선거공약남발에 이를 재임기간 지키기 위해서는 재정자립도와 연계된 재정수입인 세수를 확대하기 위해서 준농림지역에 대한 체계적인 개발계획은 생각지도 못했다. 정부는 더 이상 방치할 수 없어 국토이용관리법시행령 개정(2000년 2월 9일)에 이르게 되는데 아파트건설·공급을 위한 준농림지역에서 준도시지역으로 용도 전환 시 이에 대한 기준을 종전보다 개발요건을 강화하여 3만㎡에서 1만㎡이상으로 강화하였다.

또한 난개발 방지를 위해 준농림지역에 대한 용적률, 건폐율을 축소하였다. 국토이용관리법시행령 개정(2000년 8월 17일)안에 따르면 지방 및 대도시 주변

준농림지 건폐율을 40%, 용적률을 80%로 제한하였다. 그리고 이에 그치지 않고 지속적인 국토개발을 위해 국토계획체계를 전반적으로 검토하여 용도지역체계를 개편하였다. 새로 개정된 국토계획 및 이용에 관한 법률(2002년 12월 30일)은 국토의 용도구분 및 용도지역별 권리의무를 구분하였다.

먼저 국토의 용도구분은 토지의 이용실태 및 특성, 장래의 토지이용방향등을 고려하여 현행 도시, 준도시, 준농림, 농림, 자연환경보전지역으로 되어 있는 5개 용도지역을 도시지역, 관리지역, 농림지역, 자연환경보전지역으로 개편하였다. 도시지역은 주거, 상업, 공업, 녹지지역 4개 지역으로 그대로 유지하고 준도시와 준농림지역을 통합하여 관리지역으로 대분류하고 소분류로 보전관리, 생산관리, 계획관리로 구분하였다. 이는 난개발을 근본적으로 해결하기 위해 준농림지역을 보다 엄격하게 관리하고자 중점을 두고 개정하였다고 볼 수 있다. 이와 관련된 용도 지역의 개정안은 〈표 13-11〉과 같다.

6. 주택시장의 재편성 및 양극화

1) 저소득계층 중심의 주택정책으로의 접근

(1) 임대주택의 현황 및 제도

우리나라의 주택시장은 그동안 정치, 사회적 위기 때마다 주택정책이 정치적 돌파구를 마련하는데 이용되기도 하였고 1980년대 민주화 과정을 거치면서 정책의 시스템도 체계화되고 더 나아가 양대 국제적 스포츠 대회(아시안게임 86, 서울올림픽 24회) 행사를 성공적으로 이끌었고, 또한 관련 건축분야의 대 혁명이라 할 수 있는 대형건축물의 등장, 그리고 대규모 단지의 아파트 형성 등은 주택정책의 프로그램을 한 단계 업그레이드 시킨 글로벌시대의 전환기로 개발하였다.

1990년대에 이르러서는 외국인 부동산 시장개방으로 국제 경쟁력 강화와 외환위기 극복을 위한 주택시장의 분양가 자율화 등의 조치는 주택경기의 활성

〈표 13-12〉 주택개발사업 관련 임대주택비율

개발 유형별	법적근거	임대주택건립규정	비 고
주택 재개발	·도정법제 4조의2 ·정비사업의 임대 주택및주택규모별건 설비율(고시)	- 건설비율 ·전체 건설 주택수의 17% 이상 ※ 임대주택의 30% 또는 전체 건설주 택수의 5%이상을 40㎡이하로 건설	·서울시: 건립된 임대주 택은 서울시 또는 SH 공사가 매입하여 정비 구역 안의 세입자 및 철거자를 위한 50년 임대 ·타시도에서는 사업 시 행자가 운영
주택 재건축	·도정법제 30조의2 ·정비사업의 임대 주택및주택규모별건 설비율(고시)	- 건설비율 ·당해 주택재건축사업으로 증가되는 용적률 중 25%이상(기존 주택수가 50세대 미만인 경우 제외) ※ 수도권과밀억제권역내에서 건설할 경우 적용	·증가되는 용적률에 대 한 개발이익의 조정 차 원
주거환경 개선사업	·도정법제 4조의2 ·정비사업의 임대 주택및주택규모별건 설비율(고시)	- 건설하는 주택 전체 세대수의 20% 이상 임대주택 건설 ·전체주택의 8% 또는 임대주택의 40% 이상을 40㎡이하로 건설 (수도권 이외는 50% 완화)	·주거환경지구내 기반시 설비의 50% 국고지 원
도시개발 사업	·도시개발업무처리 지침 제 2-8-5-3 호	·수도권 및 광역시에서 국가·지자체 ·정부투자기관·지방공사가 시행하 거나, 이외 시행자가 100만㎡ 이상 시행 →공동주택용지에 85㎡이하 임대주택 을 25% 이상 건설 ·그 외 지역의 경우 20%이상	·광역시·도지사가 도시 개발구역을 지정하고, 계획을 수립하도록 하 고 있어 공공성이 큼

* 주택재건축 임대주택가격
 - 건축비: 임대주택법시행규칙 별표1의 공공건설임대주택 표준건축비
 - 부속토지의 가격: (사업시행인가 고시일전의 가장 가까운 시점에 공시된 당해 토지의 개별공시지가)×
   (공시지가 고시일부터 지급일이 포함된 월의 직전 월까지의 월별지가 변동률을 곱한 금액)
자료: 건설교통부 (2007), 《임대주택업무편람·매뉴얼》 31

〈표 13-13〉임대주택 재고현황

구분	계(호)	영구임대	50년 공공임대 (정비사업 포함)	건설임대 (5년/10년) (공공/ 민간/ 건축허가)	국민임대 (다가구/부 도/ 미분양 매입 포함)	사원임대 (공공/ 민간)	매입임대 (공공/ 민간)	전세 임대
'11	1,459,513	190,679	100,882	371,394	431,656	25,397	274,587	64,913
		(13.1%)	(6.9%)	(25.4%)	(29.6%)	(1.7%)	(18.8%)	(4.5%)
'10	1,399,227	190,519	100,722	390,994	375,941	28,347	260,298	52,406
		(13.6%)	(7.2%)	(27.9%)	(26.9%)	(2.0%)	(18.6%)	(3.8%)
'09	1,311,369	190,077	96,124	391,259	295,731	25,813	273,531	38,834
		(14.5%)	(7.3%)	(29.8%)	(22.5%)	(2.0%)	(20.9%)	(3.0%)
'08	1,341,670	190,077	100,949	476,193	258,056	22,697	269,009	24,689
		(14.2%)	(7.5%)	(35.5%)	(19.2%)	(1.7%)	(20.1%)	(1.8%)
'07	1,334,951	190,077	100,007	596,553	155,637	30,173	246,768	15,736
		(14.2%)	(7.5%)	(44.7%)	(11.6%)	(2.3%)	(18.5%)	(1.2%)
'06	1,330,204	190,077	93,450	651,071	111,224	39,966	235,624	8,792
		(14.3%)	(7.0%)	(48.9%)	(8.4%)	(3.0%)	(17.7%)	(0.7%)
'05	1,243,331	190,077	91,949	635,921	76,646	39,017	209,721	
		(15.3%)	(7.4%)	(51.1%)	(6.2%)	(3.1%)	(16.9%)	
'04	1,150,054	190,077	92,850	655,908	47,203	38,566	125,450	
		(16.5%)	(8.1%)	(57.0%)	(4.1%)	(3.4%)	(10.9%)	
'03	1,046,086	190,077	92,730	640,031	20,862	42,392	59,994	
		(18.2%)	(8.9%)	(61.2%)	(2.0%)	(4.0%)	(5.7%)	

* 총 재고('11말 기준): 1,459,513호(전체주택 18,131천 호의 8.1%)
자료: 국토해양부 (2012),《임대주택업무편람》, 471.

화로 그동안 절대적으로 부족한 주택공급을 40~50만 호의 주택을 매년 건설해왔다. 외환위기 이후 2002년도 주택 건설·공급 실적은 666,541호로 최고의 공급물량을 쏟아내면서 비로소 주택보급률 100%를 달성하는 역사적인 전환점을 마련하였다.

그러나 전국 단위의 100%를 넘어섰으나 서울·수도권 지역은 주택공급이 수요에 비해 부족한 실정이었다. 즉 국지적 수급 불균형의 해소가 주택정책의 급선무가 되었고 지역에 따라 주택가격의 급등은 주택시장을 여전히 불안하게 만드는 요인이 되었고 현재도 계속되고 있는 실정이다.

임대주택 개발사업에서 민간건설을 제외한 공공개발사업으로 추진되는 임대주택건설은 개발 유형별로 주택 재개발사업, 주택 재건축사업, 주거환경개선

〈표 13-14〉 주요 선진국들의 공공임대주택 비중('99~'00년 기준)

(단위: %)

국 가	자가율	임대주택 거주비율			사회조합	기타
		공공	민간	합계		
영 국	68	22	10	32	-	-
네덜란드	50	36	13	53	-	1
독 일	40	20	40	60	5	-
프랑스	56	17	21	38	-	6
일 본	60	7	27	34	-	5
미 국	65	1	34	-	-	-

자료: 건설교통부 (2007), 《임대주택업무편람·매뉴얼》, 438.

〈표 13-15〉 주요 선진국들의 임대료 보조가구 비율('93~'99년 기준)

(단위: %)

구 분	영국	네덜란드	독일	프랑스	덴마크	미국
비 율	18.0	14.0	6.3	24.3	21.0	12.1

자료: 건설교통부 (2007), 《임대주택업무편람·매뉴얼》, 438.

사업, 도시개발사업 등으로 분류할 수 있고, 임대주택건설의 비율은 임대주택 건립 관련 규정에서 정하는 바에 따라 건설되고 있다.

반면 임대주택은 정부, 지자체, 공사, 민간건설업체 등에 의해 공급되고 있으나 일반주택에 비해 저소득층을 위한 주거로써 실정은 매우 열악하고 공급량도 부족하다. 2011년 말 기준 임대주택의 총재고(〈표 13-13〉)은 145만 9,513호로써 전체주택 1,813만 1천 호의 8.1%를 점유하는 것으로 나타났다.

이에 비해 선진국의 경우 임대주택 비중('99~'00년 기준, %)이 공공임대주택과 민간임대주택으로 구분되는데 각 나라의 주택정책의 방향에 따라 많은 격차를 보이고 있다. 즉 우리나라 자가율 비율보다 임대주택 비율도 많이 차지하고 있음을 알 수 있으며, 재고 임대료 보조가구 비율도 높다. 네덜란드 36%, 영국 22%, 독일 20%, 프랑스 17%, 미국 1%, 일본 7%로 최고 35%에 이르러 우리나라와 비교 시 절대량이 부족하다는 것을 알 수 있다. 사업주체별에서 건설·공급되는 민간사업자가 건설·매입하여 공급하고 입주 후 통상 2.5~3년경과 시 분양전환되어 저소득층 내 집 마련기회를 제공하고 있는 5년 미만 단기 임대주택이다. 장기 공공임대주택(영구, 50년 공공임대, 국민임대, 전세임대)는 2006년 말 기준 403,543호로 전체 주택의 3.0%를 차지해 임대주택 정책이 사실상 정책기능으로써의 성과를 거두지 못하고 있음을 알 수 있다.

(1) 임대주택의 유형 및 지원제도

임대주택 실정에 대해서 보다 구체적으로 파악하기 위해서는 임대주택의 유형 및 관련 지원제도를 살펴볼 필요가 있다. 먼저 임대주택제도에서 임대주택의 종류는 건설임대주택과 매입임대주택으로 나눌 수 있다.

먼저 건설임대주택은 임대사업자가 임대를 목적으로 건설하여 임대한 주택으로서 정부지원 여부에 따라 공공과 민간건설 임대주택으로 구분한다.

공공건설 임대주택은 재정주택기금, 택지조성 지원으로 이루어지는데 국가 또는 지자체의 재정으로 건설하거나 건설·임대하는 주택과 국민주택기금의 자금을 지원받아 건설·임대하는 주택이 있으며 그리고 공공사업에 의하여 조

<표 13-16> 임대주택법상 임대주택의 종류와 제도개요

구 분	건설임대주택		매입임대주택
	공공건설임대주택	민간건설임대주택	
임대보증금 및 임대료	- "표준임대보증금 및 임대료", 지역 (수도권 및 비수도권)에 따른 임대보증금 상한가 규제 등 ※ 중형공공임대주택(전용85㎡초과) 및 민간건설 공공택지 외 85㎡이하, 10년 임대주택 제외	- 제한 없음	- 제한 없음
임대의무기간	- 5 · 10 · 30 · 50년	- 5년	- 5년
임차인자격 및 선정	- 무주택 세대주	- 임대사업자가 결정 (제한 없음)	- 임대사업자가 결정 (제한 없음)
우선매각 의무	- 입주 시부터 매각 시까지 무주택 세대주	- 임대사업자가 결정 (제한 없음)	- 임대사업자가 결정 (제한 없음)
매각가격 산정기준	- 임대주택법령의 산정 기준 ※중형공공임대주택(전용85㎡초과) 및 민간건설 공공택지외 85㎡이하, 10년 임대주택 제외	- 임대사업자가 결정 (제한 없음)	- 임대사업자가 결정 (제한 없음)
국민주택기금 지원 여부	- 지원(세대당 55~75백만 원, 중도금 8백만 원) ※ 국민임대: 2,127~4,499백만 원	- 지원 없음	- 구입자금으로 호당 60백만원 지원
주택관리	- 300세대이상, 승강기설치, 중앙난방의 임대주택은 의무관리		
특별수선 충당금	- 300세대이상, 승강기설치, 중앙난방의 임대주택은 의무관리		

자료: 건설교통부 (2007), 《임대주택업무편람·매뉴얼》

<表 13-17> 임대주택의 종류별 재원 및 입주대상

구분	사업주체	비용부담	임대기간	대상(임차인)	규모(전용)

공공건설	- 국가,
	- 자자체,
	- 주택공사
	※ 영구 및
	  50년 임대
		- 국가·지자체 재정
		  (85%이상)
		※ 입주자부담 15%
			영구	- 국민기초생활보장법에 의한
				  수급자(생보자)
				- 모자가정, 국가유공자 등
				- 기타 청약저축가입자
				  ※ 주택공급에관한규칙 제31조
					40㎡
					이하

		- '92~'93 사업분 ·재정 50%, 기금 20%, 입주자 30% - '94년 이후 ·규모별로 기금지원	50년	- 청약저축가입자 - 기타 특별공급대상자 ·국가유공자, 철거민, 장애인 등 ※ 주택공급에관한규칙 제19조	60㎡ 이하

	- 주택공사
	- 지자체
	※ 국민임대
		- 재정 10-40%
		- 주택기금 40%-50%
		- 사업자 10%
		- 임차인 10%-30%
			30년	- 50㎡ 미만: 전년도 도시근로자
				  가구당 월평균소득의 50%이하인
				  무주택세대주
				- 50~60㎡이하: 전년도 도시근로
				  자 가구당 월평균소득의 70%이하인
				  청약저축가입자
				  (무주택세대주)
				- 60㎡ 초과: 전년도 도시근로자
				  가구당 월평균소득의 100%이하인 청
				  약저축가입자(무주택세대주)
				※ 주택공급에관한규칙 제32조
					85㎡
					이하

	- 주택공사
	- 지방공사
	- 민간업체
	※ 5년·
	  10년 임대
		- 규모별로 기금지원
		  (85㎡이하)
		 ·소형: 호당 최고 5,500만 원
		 ·중형: 7,500만원
		- 택지는 149㎡까지 공급
			5년·10년	- 주택공급에관한규칙
				  청약저축 1~2순위 해당자
				  (무주택세대주)
					149㎡

	- 주택공사 - 지방공사 - 민간업체 - 고용자 ※ 사원임대	- 위와 같음	5년	- 5인 이상 고용사업체의무주택 세대주인 피고용자 ※ 근로자주택공급 및 관리규정	85㎡ 이하
민간건설	- 민간업체	- 자체자금 및 임대보증금	5년	- 사업자 자율선정	제한없음
매입임대	- 개인, 법인	- 자체자금 및 임대보증금 ·호당 6,000만원까지 융자	5년	- 사업자 자율선정	제한없음

* 국민임대주택 비용부담은 지원유형별로 차이가 있음.
　자료: 건설교통부 (2007),《임대주택업무편람·매뉴얼》

<표 13-18> 공공건설임대주택 유형별 입주대상과 관련법령

유형		입주대상

공공
건설
임대
	영구임대	· 국민기초생활보장법에 의한 수급자(생보자), 모자가정 및 국가유공자
		  등
		· 기타 청약저축가입자
		  ☞ 주택공급에 관한 규칙 제31조

	5년/50년
	공공임대
		· 당해주택건설지역에 거주하는 무주택세대주로서 청약저축 가입자에게
		  우선 공급됨
		  ☞ 주택공급에 관한 규칙 제4조, 제11조
		· 50년 공공임대주택은 철거민 · 국가유공자에게 우선순위가 부여됨
		  ☞ 주택공급에 관한 규칙 제19조

	민간건설 중형국민 (임대)	· 무주택 세대주 ☞ 주택공급에 관한 규칙 제4조 · 청약저축 가입자 ☞ 주택공급에 관한 규칙 제11조의2 · 청약예금 가입자로 일정조건에 해당하는 자 ☞ 주택공급에 관한 규칙 제11조의2

	국민임대	· 전용면적 50㎡미만인 주택
		  무주택세대주로서 당해 세대의 월평균 소득이 전년도 도시근로자 가구당 월평균
		  소득의 70% 이하인 자에게 공급(단, 전년도 도시근로자 가구당 월평균소득의
		  50퍼센트 이하인 자에게 우선공급)
		· 전용면적 50㎡이상 60㎡이하인 주택
		  무주택세대주로서 당해 세대의 월평균 소득이 전년도 도시근로자 가구당 월평균
		  소득의 70% 이하인 청약저축가입자
		· 전용면적 60㎡ 초과인 주택
		  무주택세대주로서 당해 세대의 월평균 소득이 전년도 도시근로자 가구당 월평균
		  소득의 100% 이하인 청약저축가입자
		  ☞ 주택공급에 관한 규칙 제32조

	사원임대	· 5인이상 고용사업체의 무주택세대주인 피고용자 ☞ 근로자주택공급및관리규정

	주거환경
	임대
		· 1순위: 기준일 3월전부터 보상계획 공고시까지 계속하여 당해 주거환
		  경개선사업을 위한 정비구역 또는 다른 주거환경개선사업을 위한 정비구역안에
		  거주하는 세입자
		· 2순위: 기준일 현재 당해 정비구역안에 주택이 건설될 토지 또는 철거
		  예정인 건축물을 소유하고 있는 자로서 당해 정비구역안에 거주하고 있거나 거
		  주하고 있지 않은 자로써 주택 분양에 관한 권리를 포기한 자
		· 3순위: 도시계획사업으로 인하여 주거지를 상실하여 이주하게 되는 자
		  로서 당해 시장 · 군수가 인정하는 자
		  ☞ 도시 및 주거환경정비법 시행령 제54조

자료: 건설교통부 (2007), 《임대주택업무편람 · 매뉴얼》

노원구 월계동 임대아파트단지(2007)

성된 택지에 건설·임대하는 주택이 있다. 민간건설 임대주택은 공공사업에
의하여 조성된 택지 외의 택지에 민간이 순수한 자기자금으로 건설한 임대주
택으로써 임대 의무기간은 공공건설 임대주택과 달리 5년으로 정하고 있다.
이는 건설업자의 분양전환으로 재정의 어려움을 덜해 주기 위한 제도이다.

　매입임대주택은 임대사업자가 매매 등에 의하여 소유권을 취득하여 임대는
주택(임대의무기간 5년)으로 임차인의 자격, 매각자격 산정기준, 우선 매각 의
무 등이 다른 사업자에 비해서 자유롭게 임대사업자가 결정할 수 있다.

　〈표 13-16〉은 임대주택의 종류별 및 입주대상을 열거하고 있는데 사업주체에
따라 주택 건설·공급 사업비의 부담, 임대기간의 차이, 임대주택에 입주할 수
있는 대상자의 자격여부 등에 대해서, 그리고 주택의 규모 등을 내용으로 하고
있다. 〈표 13-17〉은 공공건설 임대주택에 대해서 유형별 및 관련법령 및 입주
대상에 대해서 열거하고 있다. 즉 영구임대에서부터 주거환경 임대에 이르기까
지 입주대상자의 자격기준 및 규모 등에 대해서 자세히 설명하고 있다.

　공공건설 임대주택의 경우 재개발 사업 등에 있어서 공급·건설되는 지역은

보통 사업지역 내에 위치하나, 다만 택지개발 사업으로 추진되는 공공임대주택은 대부분 임대인들이 거주하며 생활하기 편리한 곳에 건설되는 것이 아니라 변두리 지역에 건설되는 관계로 입주하기를 기피하여 입주대상지의 입지조건이 열악하거나 직장과의 거리 등 여러 가지 문제점 등이 나타나고 있다.

(2) 임대주택의 분양전환

임대주택의 분양전환(매각)은 민간건설 사업자는 3년, 주택공사, 지방자치단체의 경우는 임대 의무기간이 영구임대, 50년, 10년, 5년으로 경과기간이 지나면 분양전환이 가능하다. 그러나 임대 의무기간 이내 매각이 가능한 경우도 있는데 임대 의무기간 이내 매각이 가능한 경우 다른 임대사업자에게 매각하는 경우와 임대사업자가 파산 또는 경제적 사유로 임대를 계속할 수 없어 임차인에게 우선 매각하고자 허가를 얻은 경우에는 임대 의무기간 중에도 매각이 가능하다. 한편 임대의무기간이 5년인 건설임대주택과 매입임대주택은 임대의무기간의 1/2이 경과된 후 임대사업자와 임차인(공공건설임대주택의 경우에는

광주광역시 신창동 민간건설 임대아파트단지(2007)

무주택자인 임차인) 이 합의하는 경우에는 당해 세대에 대하여 시장 등에게 신고 후 매각이 가능하다.

　우선 분양전환(매각) 시 매각 대상자는 공공건설 임대주택은 입주일 이후부터 매각당시까지 무주택 자격을 유지하는 임차인이어야 하며 임대기간 중 상속·판결 또는 혼인으로 인해 다른 주택을 소유하게 된 경우 매각 당시까지 당해주택을 처분하여 무주택자로 된 임차인이어야 한다. 그리고 임차권 양수자로 양도일 이후부터 매각 시까지 무주택자인 임차인과 주택공급에 관한 규칙 제10조 제6항의 규정에 의한 선착순의 방법으로 입주자로 선정된 경우에는 매각당시까지 무주택자인 임차인은 분양전환 시 매각대상자이다. 분양전환 당시 당해 임대주택의 임차인인 국가 또는 법인과 부도 등으로 인한 경우 해당 임대주택에 거주자하는 임차인이다. 민간건설임대주택은 임대사업자가 매각 시 자율적으로 결정할 수 있다. 분양전환가격(공공건설임대주택) 결정은 관련 규정에 정해진 임대주택법시행규칙 제9조 별표〔1〕 "공공건설임대주택 매각가격의 산정기준"에 따라 산정〔(건설원가 + 감정평가금액)/2〕하여 결정하고 단, 2002년 9월 11일 이후 최초로 입주자를 모집한 민간건설 중형공공임대주택은 임대사업자가 결정하도록 하였다. 그러나 이처럼 분양전환은 임대주택 건설·공급의 취지에도 어긋난 제도며 목표가 아니다. 가능한 임대주택의 재고를 늘려서 저소득층 무주택자의 주거난을 해결해야 함에도 불구하고 매년 임대주택의 분양전환은 계속 늘어나고 있다(〈표 13-19〉 참조).

　1988~2007년 말까지 임대주택 분양 전환실적은 공공부문 보다 민간건설사업자가 주도하고 있다. 그리고 공공부문의 주택공사도 매년 분양전환 실적이 증가하고 있다. 민간 건설사업자의 경우 원금 상환부담에 따라 자금 부담을 회피하기 위하여 분양전환을 할 수 없는 실정이지만 공공부문의 주택공사는 임대주택 건설·공급보다 분양전환으로 물량이 계속 증가하는 추세라 저소득층의 주거를 안정시키려는 임대주택 정책의 기본취지에 어긋나는 결과로 보인다.

　매년 많은 양의 임대주택이 늘어난다고 하더라도 주택공사, 지방자치단체가 임대주택 의무기간 5년에 해당하는 주택을 경과 후 분양전환 가능토록 하고 있고 민간건설사업자는 임대 의무기간(5년)의 2분의 1경과 후 임차인과 합의

의하면 건교부령이 정하는 바에 따라 분양전환 할 수 있도록 규정하고 있어 주택 보급률이 부족한 수도권 내에서는 임대주택 분양전환이 활발하게 진행되어 무주택자의 자가 마련의 기회도 기여하지만 이보다 더욱 사정이 어려운 서민 주거 안정에 불안감을 더하는 실정이다.

〈표 13-19〉 임대주택 분양전환실적

(단위: 호)

분양시기	계	지자체	주공	민간
'88	2,410	-	2,030	380
'89	4,068	860	2,757	451
'90	7,389	700	5,176	1,513
'91	14,793	1,270	6,962	6,561
'92	21,022	2,624	10,746	7,652
'93	23,677	3,625	9,591	10,461
'94	37,376	6,243	20,744	10,389
'95	25,277	-	17,004	8,273
'96	26,320	1,271	13,300	11,749
'97	26,082	2,306	6,021	17,755
'98	28,245	705	6,508	21,032
'99	19,979	530	5,155	14,294
'00	30,640	841	1,147	28,652
'01	28,395	4,898	1,719	21,778
'02	39,550	80	8,029	31,441
'03	25,159	291	8,100	16,768
'04	46,444	1,583	10,547	34,314
'05	56,094	866	15,906	39,322
'06	82,520	428	14,965	67,127
'07	64,133	3,212	21,606	39,315

자료: 국토해양부 (2008), 《임대주택업무편람 · 매뉴얼》, 503.

(3) 임대주택 각종 지원제도

임대주택 사업에 대한 택지 공급의 지원은 우선 공급과 공급되는 택지에 대한 할인 가격으로 구분할 수 있다. 임대주택용지의 택지공급 가격은 임대주택 규모 및 건설지역에 따라 할인되어 공급되고 있는데 서울시를 포함한 수도권 및 부산권은 전용면적 60㎡ 이하, 조성원가 대비 60%, 60㎡ 초과 80㎡ 이하(18~25.7평)는 80-85%, 광역시는 70%, 기타 지역은 60%로 할인공급되고 있다.

그리고 85㎡ 초과 149㎡ 이하(25.7~45평)는 감정 가격에 의해서 공급가격을 기준으로 정하고 있다(〈표 13-21〉). 한편 공공개발택지 중 국민임대주택의 경우에는 공동주택건설 용지의 25% 이상을 85㎡ 이하 임대주택 건설에 우선 공급하고 있다.

그리고 임대주택에 대한 국민주택기금의 지원은 임대주택사업의 원활한 추진을 위해서 매년도 국토교통부에서 주택기금 운영계획에 의거 정하는 바에 따라 장기저리로 임대주택 공급자 및 수요자에게 융자로 지원하고 있다. 국민주택기금은 건설 및 구입자금, 대지조성 사업비 등으로 지원한다. 기금지원은 매년 또는 기간을 정하여 규모에 따라 차등지원하고 있다.

규제완화 및 세제혜택 부여는 임대사업자의 등록기준을 완화하였는데 5호→2호로 완화(임대주택법시행령개정, 1999년 11월)하고, 등록권한을 시·도로

〈표 13-20〉 택지공급비율(제17조)

종 류		공급비율
국민임대주택		공동주택건설용지의 25%이상
10년 임대주택	85㎡ 이하	공동주택건설용지의 5%이상 (국민임대주택단지 제외)
	85㎡ 초과~149㎡ 이하	공동주택건설용지의 5%이상

* 국민임대주택건설용지와 85㎡이하 10년임대주택 건설용지가 40%이상 확보.
  단, 330만㎡이상 대규모 택지지구는 10%(국민임대주택건설용지는 5%)범위내에서 조정 가능
* 임대주택법시행령 제3조제1항: 공공택지의 경우 임대의무기간이 5년인 임대주택용 택지의 공급계획을 포함하지 못하도록 규정 (2004.3.17)
자료: 건설교통부 (2007), 《임대주택업무편람》

이양(임대주택법 개정, 2000년 1월)하였다. 그리고 취득세와 등록세(지방세감면조례) 및 양도세(한시적, 조특법) 감면혜택을 부여했는데 5호 이상 임대사업자가 임대 시 양도세와 법인은 특별부가세를 감면해 주었다. 건설임대주택은 5

〈표 13-21〉 지역별 임대주택용지 공급가격 기준(제18조)

구분	임대주택 면적별	공급지역(%)		
		수도·부산권	광역시	기타지역
조성원가 이하	60㎡ 이하 주택용지	60	60	60
	60㎡ 초과 85㎡ 이하 주택용지	- 수도권:85 - 부산권:80	70	60
조성원가 이상	85㎡ 초과 149㎡ 이하 주택용지	감정가격	감정가격	감정가격

* 조성원가대비
　자료: 건설교통부 (2007),《임대주택업무편람·매뉴얼》, 34,

〈표 13-22〉 국민임대주택 건설을 위한 재정 및 기금지원 기준

사업년도	구 분	계	재 정	주택기금	사업자	입주자
'98~'02	18~20평	100%	30	40	10	20
'03	Ⅰ형 (14~15)	100%	30	40	10	20
	Ⅱ형 (16~18)	100%	20			30
	Ⅲ형 (19~20)	100%	10			40
'04	Ⅰ형 (14~15)	100%	40	40	10	10
	Ⅱ형 (16~18)	100%	20			30
	Ⅲ형 (19~20)	100%	10			40
'05~'06	Ⅰ형 (11~15)	100%	40	40	10	10
	Ⅱ형 (16~18)	100%	20	45		25
	Ⅲ형 (19~24)	100%	10	50		30

* 다가구 매입임대 지원기준: 재정 45%, 기금 40%, 시행자 10%, 입주민 5%
* 지방공사가 시행자인 경우 사업시행자 부담없이 기금 50% 지원
　자료: 건설교통부 (2007), 《임대주택업무편람·매뉴얼》, 34,

〈표 13-23〉 세제지원

구분		40㎡ 이하	40~60 ㎡	60~85 ㎡	85~149 ㎡	주요 요건 및 근거
취득세 등록세	건설	면제		25% 감면		※신축공동주택 ·60㎡이하: 2호이상 임대의무기간 　(5년이상) 이상 임대 ·60-149㎡: 20호이상 취득 또는 20호이상 　보유자가 추가 취득 시 장기임대목적(10년이상) 임대 **근거: 행자부 표준감면안을 기준으로 　각 지자체에서 조례로 규정
	매입	면제		25% 감면		※최초로 분양받는 공동주택 ·건설임대와 동일 **근거: 건설임대와 동일
재산세	건설	면제	50% 감면	25% 감면		※공동주택 ·2호이상 임대의무기간(5년)이상 임대한 　경우 **근거: 취·등록세와 동일
	매입	면제	50% 감면	25% 감면	–	※공동주택 ·2호 이상 임대의무기간(3년)이상 임대 　(3년→5년, 임대주택법시행령개정 '05.10.5) **근거: 취·등록세와 동일
종합 부동산세	건설	합산배제				·시가표준액 6억 원 이하로 　2호 이상 5년 임대 *주택수는 같은 광역시·도 기준 **근거: 종합부동산세법시행령 제3조 제1항 　제1호
	매입	합산배제			–	·시가표준액 3억 원 이하로 5호 이상 10년 　임대 *주택 수는 같은 광역시·도 기준 **근거:종합부동산세법시행령 제3조 제1항 　제2호
양도 소득세	건설	중과배제				※국세청 기준시가 6억 원 이하 ·2호 이상 5년 임대 **근거: 소득세법시행령 제167조의3 제2호 　다목
	매입	중과배제			–	※국세청 기준시가 3억 원 이하 ·'03.10.29 이전 등록자: 2호 이상 5년 임대 ·'03.10.29 이후 등록자: 같은 시 　(광역시포함)·군에서 5호 이상 10년 이상 임대 **근거: 소득세법시행령 제167조의3 제2호 　가목 및 나목
법인세	건설	면제		*면제		·5호 이상 10년 이상 임대 **근거: 법인세법시행령 제92조의2
	매입	면제		–		·5호 이상 10년 이상 임대 **건설임대와 동일

자료: 건설교통부 (2007),《임대주택업무편람·매뉴얼》

년 이상 임대 후 분양전환 시 100% 면제대상이었고, 2호 이상 임대 시 양도세(법인은 특별부가세)는 감면하였다.

임대주택건설에 있어서 10년 이상 장기임대 주택건설에 따른 용적률 완화(국토계획및이용에관한법률)로 임대주택건설 촉진사업에 적극 참여하게끔 하였다. 용도지역 안에서의 용적률 완화(시행령 제85조) 규정에 의하면 '③ 제1항의 규정에 불구하고 제1항 제1호 내지 제6호의 지역에서는 특별시·광역시·시 또는 군의 도시계획조례로 제1항의 규정에 의한 용적률의 20퍼센트 이하의 범위 안에서 임대주택("임대주택법 시행령" 제12조 제1항에 따라 임대의무기간이 10년 이상인 경우에 한한다)의 추가건설을 허용할 수 있다. 다만 "도시 및 주거환경정비법" 제30조의2의 규정에 의하여 임대주택 건설이 의무화되는 주택재건축사업의 경우를 제외한다.'고 규정하고 있다. 그리고 세제지원상 혜택은 면제·감면제도로 구분할 수 있는데 〈표 13-23〉와 같다.

2) 주택시장의 재정립을 위한 공공 주택정책

우리나라의 주택정책은 양적 증대를 통하여 주택문제를 해결하기 위한 임대보다 분양 위주의 공급정책이었다. 주택정책에 대해서 개방·자율화 보다 규제 및 정부의 개입이 반영된 주택정책이지만 소득계층 간의 주택난 해소, 지역 간 수급불균형 및 주택가격 격차 해소, 소외계층에 대한 주거안정 해소 등을 해결하지 못한 주택시장 참여 실패라 할 수 있다. 주거안정의 목적은 기존의 주택소유자보다 무주택자인 서민주거 수요자 중심으로 도움을 주는 정책을 추진해야 하지만 분양위주의 시장경제 원리하에서는 이를 현실적으로 기대하기가 힘들다.

이는 정부의 정책 중 공공부문에 있어 주택공급의 주체인 지방자치단체와 공공기관이 장기임대 및 영구임대 아파트를 공급하여야 함에도 불구하고 5년 이후 경과기간이 지나면 분양 전환하는 주택건설·공급에 치중해 왔다는 것을 보여주고 있으며 민간건설 사업자의 경우에도 3년 이상 경과기간이 지나면 분양전환 정책으로 임대주택 목표에 기여치 못하는 실정이다.

<표 13-24> 장기 공공임대주택 건설계획

(단위: 만 호)

구 분	03	04	05	06	07	08	09	10	11	12	합계
국민임대주택 100만 호	8	10	10	11	11	10	10	10	10	10	100
장기임대주택 50만 호	-	3	5	6	6	6	6	6	6	6	50

자료: 건설교통부 (2004), 주택종합계획 (2003~2012); 손경환 외 (2005.6), 《국민주거 안정을 위한 주거복지 향상 및 부동산시장 안정구축 연구》

또한 임대주택 건설·공급이 지나치게 서민주거안정에 기반을 두고 정책적으로 접근하다 보니 임대주택하면 먼저 안 좋은 편견으로 연결된다. 즉 "임대주택 = 소형 = 열등재"라는 부정적 인식이 사회저변에 만연되어 있다는 것도 문제이다. 우리나라만의 독특한 제도 가운데 전세제도가 있는데 이에 경쟁관계로 민간 참여를 유인할 만한 수익창출이 어려워 곤란하고 전세위주의 주택시장 구조에 임대주택의 특징인 월세형을 기피하고 있어 적정수준의 임대주택 개발도 현실적으로 어렵다고 볼 수 있다. 국민주택기금의 지원을 받아 민간건설업체 등이 건설한 5년 또는 10년 공공임대주택이 57만 호 있지만 이는 진정한 의미의 임대주택이라기보다는 장기할부 분양주택적 성격이 강하다.

우리 주택정책은 소득계층별 지원체계를 지향하고 있으며, 최저 소득계층에 대해서는 공공임대주택 공급과 주거비 지원, 중하위계층에 대해서는 소형분양주택 공급과 주택금융 지원, 상위계층에 대해서는 순수한 시장기능에 의한 중형 이상 분양주택을 공급하는 체제로 되어 있다. 그러나 실제 최저소득계층을 위한 중형 이상 분양주택을 공급하는 체제로 되어 있다. 그러나 실제 최저소득계층을 위한 공공임대주택의 재고 부족으로 이들에 대한 실질적 주거 지원이 어려울 뿐만 아니라, 집값 급등기에 정책수단의 선택폭이 좁아지고, 사회적 불만을 완화하기가 어려운 문제가 있다(이건영 외, 2005: 176).

이러한 문제점을 해소하기 위해서 제도적 지원제도를 지속 추진하였는데 그동안 주택시장의 수요와 공급에 영향력 있는 주택가격의 분양가 자율화(1999) 조치를 전면 실시함으로써 임대주택 시장에도 영향을 미치게 되었다.

5년 임대주택의 경우 임대의무기간 1/2 이상 경과 시 임차인에게 매각을 허용하여 투자자금을 조기 회수할 수 있도록(임대주택법시행령 제9조 개정, 1999년 11월) 관련법을 개정하였으며 사원임대주택의 임대의무기간도 10년→5년으로 단축하였다. 또한 주택시장의 개방에 따라 주택임대 사업을 외국인에게도 임대사업자 등록을 허용(임대주택법시행규칙 제2조)하였다. 임대주택 건설·공급하는 공동주택 건설 용지는 20% 이상을 임대주택 건설에 우선 공급(임대주택법 제4조, 택지개발업무처리지침 제17조)하여 건설촉진 시켰으며 임대주택 용지는 분양주택 용지보다 10% 인하하여 공급(택지개발업무처리지침 제18조)하도록 하였다.

지방 등에 미분양 되는 사례가 많은데 분양되지 않은 주택을 임대사업자에게 우선 공급(임대주택법 제9조)하도록 제도를 개선하였다. 또한 민간건설업체가 건설하는 중형공공건설임대주택의 분양전환가격 및 임대료를 임대사업자가 자율적으로 결정하도록(임대주택법시행령 제9조 및 제12조, 2002년 9월 11일 개정) 개정하였다. 임대주택 제도에 있어서 다른 관련법에서 조합을 결성하여 공동주택을 건설(재개발, 재건축) 할 수 있듯이 자금력 있는 사람들이 주택임대사업을 목적으로 하는 조합을 결성하여 민간부문에서의 임대주택 건설을 촉진(임대주택법 제6조의2 신설, 2002년 12월 26일)할 수 있도록 임대주택 조합제도를 도입하였다.

그리고 공공사업에 의하여 조성된 택지에 건설·임대하는 주택을 공공건설임대주택으로 분류하고, 국가·지방자치단체 등이 공급할 임대주택용 택지의 공급계획에 임대의무기간이 5년인 임대주택용 택지의 공급을 제한하였으며, 60제곱미터 이하의 공공건설임대주택 중 공공택지외의 지역에서 민간이 건설하여 10년 이상 임대하는 주택에 대하여는 분양전환가격을 제한하지(임대주택법시행령제2조제1호 다목 신설, 영제3조제1항 단서신설, 영 제13조제3항 개정, 2004년 3월 17일)(건설교통부, 2005,《주택업무편람》) 않기로 함으로써 민간자본에 의한 임대주택 건설·공급을 적극적으로 추진할 수 있는 유인책을 마련하기도 하였다. 그리고 공공임대주택 재고의 부족문제를 해소하기 위해 정부는 주택종합계획(2003~2012) 기간 동안 총 150만 호의 장기공공임대주택을 공급하여, 총 주택재고에 대한 장기공공임대주택의 비율을 15%로 높이는 정책을 추진하고 있다. 국민임대주택은 100만 호를 공급하되, 대한주택공사와 지방자치단체가 재정과 국민주택기금의 지원을 받아 시중임대료 보다 낮은 수준으로 최장 30년 임대기간으로 공급할 계획이다.

특히 국민임대주택 1백만 호 건설을 위한 택지는 공공택지개발·비도시지역의 개발가능 지역 등을 통하여 최대한 확보하되, 부족할 경우 환경훼손을 최소화 하면서 개발제한구역을 적절하게 활용하는 방안을 강구하고 있다(손경환 외, 2005: 73). 지금까지 우리나라의 주택정책은 소외된 계층의 중심에서 정책적 접근이 정치적 위기를 모면하기 위한 정책으로 이용하였다. 2002년도 주택보급률 100%를 달성한 시점에서 수도권도 멀지 않아 보급률 100%를 달성할 것으로 보인다. 기존의 공공임대주택도 민간건설 주택보다 질적 수준이 낮아 전 주택보다 만족도를 매개 변수로 한 주거이동이 상향으로 유도할 수 있는 정책을 전개해야 할 것이다. 즉 상향이주는 내 집 마련의 기회가 되도록 주택의 규모 등도 고려한 정책이 필요하다. 갈수록 소득의 격차, 주택 양극화 현상 등은 저소득 계층의 주거 불안정으로 이어져 사회적 이슈인 사회적 통합을 저해하고 있어 임대주택 건설, 공급 중심으로 주택정책이 전환되도록 재정립이 요구되는 시점이다.

3) 주택시장의 양극화

우리나라는 6·25 전쟁 이후 정부차원에서 경제 및 사회분야 정책에 이르기까지 계획을 수립하여 독자적인 추진을 할 수 있었다. 1960년대 이후 산업화 정책으로 고도성장을 이룩하였고 1997년 외환위기 이전까지도 국제경쟁력을 갖추면서 고도성장은 이어졌다. 당시의 정책은 분배보다 고도성장 위주의 정책으로 일자리 창출을 스스로 만들어 자연스럽게 분배문제는 복지차원의 접근 없이도 해결 할 수 있었다. 1950~1960년대에는 빈곤문제의 해결이 사회정책의 최우선순위로 사회적 이슈였으나 고도성장과 수출 드라이브 정책으로 빈곤문제를 보다 쉽게 어느 정도 감소시킬 수 있었다. 그러나 저소득층과 고소득층간의 자산 및 소득의 격차가 양극화의 시작은 1997년 외환위기부터 크게 달라지게 되었다. 사회 전반적으로 구조조정에 휩싸이고 기업의 도산 및 파산은 모든 기간산업을 마비시켜 대실업난은 다시 가정경제의 파탄을 몰고 왔다.

외환위기 극복을 위해 정부의 경기부양정책과 고금리정책으로 부동산시장의 급락으로 이어졌고, 실업자의 고용창출을 위해 각종규제완화 및 개방·자율화 조치로 외환위기를 극복할 수 있었다.

최근 주택시장의 불안은 크게 시장 외적요인과 내적요인들이 복합적으로 작용하여 나타나고 있다. 시장 외적요인은 저금리에 따른 과잉 유동성을 들 수 있고, 시장 내적요인들로는 양호한 주거환경의 선호도 증가, 불투명한 거래관행, 주택공급 정책 등을 들 수 있다. 하지만 현재의 시장불안은 시장 내적요인들보다는 시장 외적인 요인에 해당되는 대규모의 부동자금 영향이 크다고 볼 수 있다.

이러한 현상은 비단 우리나라만의 문제는 아니다. 〈이코노미스트〉 발표 자료에 따르면, 각 나라마다 저금리에 따른 영향으로 주택가격이 상승하고 있다. 결국 주택가격상승은 전 세계적인 현상인 셈이다. 2005년 1/4분기까지(전년 동기 대비) 미국 주택가격은 12.5%, 영국은 5.5% 상승한 반면 우리나라는 -0.3%(전국 아파트 기준)로 그 상승폭이 매우 낮은 수준이다. 더욱이 1997년부터 2005년 1/4분기까지의 누적 상승률을 보면 미국 73%, 프랑스 87%, 영국 154%인데 비해 우리나라는 47%(전국 아파트 기준)에 불과하다. 저금리에 따라 적당한 투자처가 마땅하지 않고 주택구입에 대한 대출 부담도 크지 않아 수요자들의 주택시장 진입속도가 빨라지고 있어 가격 상승이 나타나고 있는 셈이다. 현재의 상황은 "강둑이 무너져 내려서 마을전체에 물이 차고 있는데 자기 집 안방에 흘러 들어오는 물만 퍼내는 격"이다. 이러한 상황임에도 불구하고 정부는 시장 내적요인들의 해결에만 치중하고 있어 정책적 실효성을 거두기 어렵다. 이는 결국 주택시장의 문제를 국토교통부만 나서서 해결하기는 어렵다는 의미로 받아 들여져야 한다. 주택시장문제는 거시경제 측면에서 접근이 되지 않으면 단기적 효과 내지는 근본적 처방이 되지 못하는 상황에서 악순환만 반복되는 구조적 모순에 빠질 수 있다.

이런 맥락에서 과거 주택가격 급등기와 비교하면 좀더 명확하게 알 수 있다. 1970년대와 1980년대 말의 주택가격 급등 원인은 당시 중동 특수와 3저 호황 등에 의한 무역수지 흑자로 통화와 시중 유동성이 급팽창한 점과 절대적인 주택부족 때문이다. 이에 따라 전국적으로 주택가격이 상승하였고, 정부는 공급확대와 수요억제정책을 동시에 추진하였다. 하지만 최근의 주택가격 상승은 앞서 언급했지만 과거와는 다른 상황에서 이루어지고 있다. 과거와 같은 유동성이라 하더라도 현재는 아직 아무도 경험해 보지 못한 초저금리에 따른 과잉유동성이다.

따라서 정부정책이 과거 1970~1980년대 말의 상황처럼 이루어져서는 곤란한 것이다. 결국 특정지역의 주택가격 급등이 문제가 되고 있지만 이를 단순히 투기적인 가수요 때문으로만 보고 이를 제거하기 위한 정책적 목표를 세우는 것은 시장의 원인을 제대로 파악하지 못하고 있다는 것으로 보인다(이건영 외, 2005: 94~96). 1990년대 후반기 외환위기를 극복하는 과정 속에서 소득의 격차는 다소 완화되는 듯하였으나 2004년 이후 격차는 더욱 확대되었다. 즉, 소득, 계층 간, 부동산, 주식시장, 사회계층별 지역적 주택점유 형태 등의 양극화는 사회적인 층화현상을 보여주고 있기 때문이다. 특히 이러한 사회적 층화현상 중 주택분야에서 사회적 양극화 현상이 가장 심각한 수준이다.

양극화 현상은 곧 자산의 불평등을 의미하고 자산은 소득을 재생산 하므로 소득의 격차를 심화시키고 저소득층 및 소외계층의 심리적인 박탈감과 사회적 통합에도 조해시키는 요인이 된다. 결국 소득의 격차는 사회적 분화현상으로 빈부격차로 나타난다. 이러한 기본적인 구조는 우리나라의 현상만이 아닌 서구의 선진국도 같은 현상으로 나타나는데 주택의 접근방법인 가치관이 주택을 사용(use) 한다는 개념이 아닌 하나의 경제적 부(富)의 형성을 위한 재산 증식 수단으로 소유(own) 개념으로 인식하는 경향은 부동산의 편중으로 이어져 가격을 계속 급등 시킬 수밖에 없는 실정이다.

과거 1995년 국토연구원 조사에 의하면 상위계층의 5%가 땅의 공시지가 기준으로 50%를 갖고 있으며 하위계층의 50%는 2.6%의 땅을 보유한 것으로 나타나 가진 자와 못가진 자의 격차는 실로 충격적이라고 할 수 있다. 지난

2~3년 동안 부동산 시장의 변화 가운데 가장 대표적인 특징은 주택시장의 양극화 현상이다, 이런 현상은 이른바 강남지역의 재건축아파트와 고급아파트가

〈표 13-25〉 최근 상황과 과거 주택가격 급등기 비교

구분		1970년대 말	1980년대 말	현재
배경		· 도시화에 따른 주택부족 · 중화학 공업 설비투자 급증, 중동특수 등 · 총량적 주택부족	· 3저 호황과 국제수지 흑자 → 자발전 · 장기간의 주택공급 지연 · 총량적 주택부족	· 저금리 · 재건축 붐 · 국지적 주택부족 (양질 주거환경 선호) ※ 국토균형개발을 위한 전국개발사업추진
가격상승범위		· 전국적 상승	· 전국적 상승	· 국지적 상승
정부 대책	상승기	· 세제강화 (양도세율 강화) · 거래제한 (토지거래허가 · 신고제) · 공급확대	· 세제강화 (토지공개념 제도) · 거래제한 (등기의무화, 비업무용 부동산 취득 금지) · 신속한 공급확대 (200만 호 건설)	· 세제강화 (보유세 강화, 종합부동산세) · 거래제한 (주택거래 신고제) · 대출규제 (LTV1)하향조정 등) · 재건축 규제강화 (수요억제와 공급억제) ※ 공급확대에 소극적
	하락기	· 세제완화 (양도세율 인하, 취등록세 감면) · 자금지원 확대 (주택자금)	· 규제완화 (비업무용 토지) · 자금지원확대 ※ 부동산 실명제 도입	-
주택 보급률	전국	71.2%(1980년)	72.4%(1990년)	102%(2008년)
	서울	56.1%(1980년)	57.9%(1990년)	89%(2008년)
	수도권	60.2%(1980년)	63.3%(1990년)	94%(2008년)
결과		· 상승률 둔화 · 임금상승, 노사분규	· 가격하락 · 경제 불안과 고비용 경제구조 초래	?

* 1980년과 1990년의 주택보급률은 센서스 자료이고, 2003년은 추정치임.
  LTV는 Loan To Value의 약자임.
자료: 이건영 외 (2005)

가격급등을 주도하였다.

즉, 주택가격이 오르는 지역과 오르지 않는 지역을 보면 주택시장의 양극화 현상의 특징은 주택의 유형별, 중대형별 인기지역의 수급부족 등을 중심으로 가격의 격차가 확대되고 있다. 또한 주택건설·공급업체 간의 대형 브랜드업체와 중소형 업체간, 수도권 업체와 지방의 지역업체 간에 있어서도 사업성 및 브랜드도 주택시장에 격차를 보이고 있다.

과거 주택가격 상승을 주도하는 지역의 파급은 '서울 강남 > 행정도시, 기업도시, 혁신도시의 주변지역 > 광역권 신도시 > 서울 강북 > 수도권 > 전국'으로 이어지는 것이 추세였다. 이런 경향을 구체적으로 살펴보면 주택가격의 급등 중심축이 서울 강남지역에 출발하며 한강 이북지역보다 한강 이남지역에 분포되고 있음을 알 수 있다. 주택의 수요계층이 세금 중과에 대한 부담으로 다주택을 보유하는 것 보다 중대형 아파트와 특정지역을 편중해서 선호하면서 지역적인 양극화와 평형대별 가격 차이가 더욱 확대되면서 주택시장의 차별성이 갈수록 두드러졌다. 이는 강남지역과 강북지역의 상대적 비교평가에서 나타난 결과로 강남지역의 경우 같은 지역에서 같은 지역 내의 단지에서 같은 지역 같은 동(棟) 층수에서도 가격의 격차가 수천만 원대에서 억대까지 차이를 보였다.

이와 같은 여러 가지 양극화 현상은 수요계층의 주택소유 욕구와 지역의 패턴은 주로 교육환경, 문화시설, 교통환경으로 둘러싸여 있는데 주택시장의 양극화 지역 주변 환경은 총체적으로 강남의 8학군 이전 수요, 중산층 중심의 아파트 집중화, 역세권 중심과 비역세권 중심의 차별화, 녹지공간 구조 등은 간접적인 영향을 미치고, 직접적인 영향은 주택이 투자가치로 재산증식 수단의 대상이 되고 있다는 것 이다. 투자의 대상은 주로 개발지 등 부동산시장의 급등지역에서 주로 작용되는데 여기에는 투기적 요인이 개입되어 부동산시장은 물론 경제적 발전까지 저해시키는 요인이 되고 있다.

지가의 상승은 결국 기업가의 부담으로 이어지고 장기적인 경제불황은 결국 중산층의 붕괴로 상위계층과 하위계층의 증가로 나타나게 되어 더욱 양극화 현상은 심화된다. 최근 우리나라의 경제는 고유가, 금리상승, 원화강세, 수출 감소 등으로 어려움을 겪는 가운데 민간소비의 위축, 기업의 투자설비 축소, 무역수지 악화 등 경제하락으로 이어져 버블세븐(서울 강남, 서초, 송파, 구의, 목동, 분당, 평촌, 용인)이라는 신조어까지 등장하게 되었다. 이 지역은 집값이 2006년 5월 기준 같은 해 20% 이상 급등한 지역으로 전국 평균 상승률의 3배를 상회하였다. 정부의 집값안정 대책에 비수기까지 겹치며 약세이지만 언제 다시 상승지역으로 전환될지 조금은 지켜볼 필요가 있다. 문제는 여기에서 그치는 것이 아니라 상대적으로 버블세븐 지역에 포함되지 않는 지역에서는 주민들이 형평성 및 심리적 허탈감 해소의 차원에서 아파트 단지를 중심으로 부녀회의 가격 올리기 담합 활동이 주무부처인 과거 건설교통부에 140여 건이 접수되어 부동산시장 교란행위 규제를 위해 정부는 '공인중개사의 업무와 부동산거래신고에 관한 법률'을 개정하여 '집값 담합'을 시도하다 적발된 부녀회 회원에 대해서 형사처벌 추진방안을 검토하는 것으로 알려져 있다.

한편 참여정부의 전국 균형발전을 위한 행정중심 복합도시, 혁신도시, 기업도시 등의 개발계획으로 배후도시 주변 지가 상승지역과 비상승지역 간 명암이 엇갈리고 민심도 싸늘해 지역 간 공동체 붕괴마저 나타났다. 지금까지 양극화 현상의 직접적인 영향은 재테크에 의한 투기적 수요자에 의한 시장의 왜곡현상이라면 각종 규제정책에 의한 양극화의 격은 줄어들 것이고 시장원리에 의한 양극화가 이루어졌다면 주택시장의 규제는 다시 위축으로 나타나 또 다른 모습의 양극화는 심화될 것이다.

주택의 양극화 현상은 주택분야에만 한정되는 것은 아니다. 여기서 파생된 부산물은 다시 특정의 사회계급 내지 상류계층을 형성시키고 더 나아가 신분 과시적 현상을 만들어 사회적 계층 간 위화감을 형성시키고 있다. 주택의 성격은 사적재산이면서 사회재의 기능도 가지고 있다. 정부의 주택정책이 주거환경개선, 주거안정이라면 주택의 사회재적 특성을 감안하여 지속적인 건설공급은 지금의 주택시장을 함께 아우를 수 있는 주택형태의 혼합, 점유형태의 혼합, 지역적 유형의 다양한 혼합은 사회적 통합으로 이어져 주택시장의 양극화는 어느 정도 감소할 것으로 보인다. 위에서 강북지역의 담합행위가 강남지역의 주택시장과 대결해서 마법의 상자를 이겨낼 방법은 사실상 없다.

그럼에도 불구하고 우리지역의 재산은 우리가 지키고, 강남과 대비해 가치 실현이 되도록 하기 위함인데 집 없는 서민들의 입장에서 보면 양쪽 모두 이해할 수 없는 노릇이다. 상승하는 전세자금 마련에도 어렵고 정당한 노력의 대가에 의해서가 아니라 정책의 실패로 인한 불로소득이라는 점에 분노하고 있음에도 이에는 전혀 괘념치 않고 빈익빈, 부익부의 양극화 간극만 커졌다. 또한 편중된 대출의 금융권 책임도 있다.

　즉, 대출자금이 강남에 편중된 현상을 보이는 것도 부동산가격을 노린 투기적 요인에 작용된 것으로 보이며 금융권도 주택의 양극화 현상에 일조한 것으로 보여질 수밖에 없다. 부동산종합대책(2005년 8월 31일)은 과열된 주택경기와 갈수록 심화되는 주택의 양극화 해소를 완화시키기 위해 부동산의 규제정책으로 주택, 토지, 세제 부문 등을 주요내용으로 한다. 특히 버블세븐 논쟁 이후 강남 주택시장의 규제가 거듭되면서 집값을 잡기 위해 규제되었던 정책들이 전국 주택시장만 얼어붙게 만들고 있다. 향후 3~4년 뒤 수급 불균형에 따른 집값 불안정이 야기되어 오히려 현재의 주택 양극화를 완화시키지 못하고 더욱 확대되지 않을까 우려된다.

　최근(2013) 주택동향은 아파트가격이 계속 하락하고 전세가격이 급등하고 저금리정책으로 고령사회로의 진입에 따른 사회적 패턴이 바뀜에 따라 전세에서 월세 위주로 바뀌는 추세다. 아파트 가격하락은 금융권에도 영향을 미쳐 구입자들의 분양가에도 미치지 못하고 밑돌아 융자상환에도 어려움을 겪고 있다. 집 없는 서민들은 갈수록 더욱 어려워지고 있다. 주택 보급률의 경우 전국적으로 102%, 서울 89%, 수도권 94%로 계속 확대되고 있으나 수도권 중심의 공급량은 아직 모자란 형편이며, 아직도 선진국의 주택 보급률에 미치지 못하고 있다.

참고문헌

강영환 (1992), 《지방 대목들의 지식체계분석을 통한 전통주거문화의 연구》, 대한건축학회 논문집.

_____ (1999), 《한국의 건축문화재(경남편)》, 기문당.

_____ (2000), 《집으로 보는 우리문화 이야기》, 웅진닷컴.

_____ (2004), 《새로 쓴 한국 주거문화와 역사》, 기문당.

강인호·한필원 (2004), 《주거의 문화적 의미》, 세진사.

강혜경·최동숙 외 (2003), 《공동주택관리론》, 신정.

경실련 도시개혁센터 (2000), 《더불어 사는 주거 만들기》, 보성각.

경향신문 (1981. 9. 8)

공동주택연구회 (1999), 《한국 공동주택계획의 역사》, 세진사.

공영주 (2001), 《민간임대주택사업 활성화 방안에 관한 연구》, 건국대학교.

국립제주박물관 (2003), 《한국인의 사상과 예술》, 서경.

국사편찬위원회 (2002), 《한국사 1》, 국사편찬위원회.

_____ (2005), 《고등학교 국사》, 교학사.

국토연구원 (2001), 《국토》, 국토연구원.

국토해양부 (2012), 《임대주택업무편람》.

금장태 (2004), 《현대 한국유교와 전통》, 서울대학교 출판부.

김광언 (2000), 《한국의 집지킴이》, 다락방.

_____ (2003), 《풍수지리(집과마을)》, 대원사.

김광중 외 (2001), 《서울 20세기 공간변천사》, 서울시정개발연구원.

김근용 (2002), 《주택사업 유형별 지원정책 평가에 관한 연구》, 국토연구원.

김기석 (1997), 《집을 찾아 떠나는 여행》, 살림.

김남응 (2004), 《구들이야기 온돌이야기》, 단국대학교 출판부.

김동욱 (2001), 《조선시대 건축의 이해》, 서울대학교 출판부.

김두규 (2005), 《복을 부르는 풍수기행》, 동아일보사.

김상희·박수빈 (2001), 《도시와 주거문화》, 경남대학교 출판부.

김선문 (2000), 《우리건축을 찾아서2》, 발언.

김성진 (1994), 《박정희 시대》, 조선일보사.

김영돈 (1999), 《제주 성읍 마을》, 대원사.

김용민·류해웅 외 (2003), 《부동산정책론》, 형설출판사.

김용창 (2004), 《한국의 토지 주택정책》, 부연사.

김정아 (1992), 《한국근대건축개론》, 대건사.

김태일 (2005), 《제주건축의 맥》, 제주대학교 출판부.

김현구 (2002), 《백제는 일본의 기원인가》, 창작과 비평사.

김형선 (2005), 《부동산정책론》, 부연사.

김호철 (2004), 《도시 및 주거환경정비론》, 지샘.

김홍식 (1987), 《민족건축론》, 한길사.

노무지 (1992), 《분류 한국사》, 정훈출판사.

대한건축학회 (2003a), 《주거론》, 기문당.

_____ (2003b), 《한국 건축사》, 기문당.

대한주택공사 (1979), 《대한주택공사 20년사》.

_____ (1992), 《대한주택공사 30년사》.

_____ (1996), 《재건축사업의 문제점과 개선방안에 관한 연구》.

_____ (2002), 《주택통계 편람》.

대한지방행정공제회 (2000), 〈도시문제〉 4월호.

리화선 (1995), 《조선건축사》, 민족문화.

문화재청 (2005), 《한국의 전통가옥 기록화 보고서(창녕 하병수 가옥)》.

민경현 (1998), 《숲과 돌과 물의 문화》, 예경.

박경립 (1999), 《한국의 건축문화재(강원편)》, 기문당.

박광준·안홍순 외 (1998), 《주택보장과 주택정책》, 세종출판사.

박길용 (1930.9), "유행성의 소위 문화주택", 〈조선일보〉.

박상근 (1999), 《알기 쉬운 생거지 풍수건축 여행》, 기문당.

박시익 (2005), 《한국의 풍수지리와 건축》, 일빛.

박종률 (1994), 《전통주택 건조과정 가운데 지관의 역할과 양택간법》, 울산대 석사학위논문.

발레리 즐레조 (2004), 《한국의 아파트 연구》, 최창집 옮김, 아연출판부.

674

배도식 (1993), 《한국민속의 현재》, 집문당.

배순석·천현숙 외 (2005), 《주거환경개선사업의 원주민 재정착 제고방안 연구》, 국토연구원.

백영흠·안옥희 (2003), 《한국 주거역사와 문화》, 기문당.

백형모 (2003), 《호남의 풍수》, 동학사.

서　현 (2004), 《건축, 음악처럼 듣고 미술처럼 보다》.

서울대학교 박물관 (1997), 《발굴유물도록》.

서울시정개발연구원 (2002), 《2001년도 연구결과 요약집》, 서울시정개발연구원.

서울특별시 (2004), 《알기 쉬운 아파트 관리 (2004)》.

서울특별시 공무원 교육원 (1996), 《주택행정의 문제점과 개선방안》,

서울특별시사편찬위원회 (1977), 《서울 600년사 (제 1권)》.

_____ (1978), 《서울 600년사 (제 2권)》.

_____ (1979), 《서울 600년사 (제 3권)》.

_____ (1995a), 《서울 600년사 (문화사적편)》.

_____ (1995b), 《서울 600년사 (민속편)》.

_____ (1995c), 《서울 600년사 (제 4권)》.

_____ (1995d), 《서울 600년사 (제 5권)》.

_____ (1996), 《서울 600년사 (제 6권)》.

_____ (1997), 《서울행정사》.

_____ (1999), 《서울주택사》.

서희석 (2005), 《땅의 정책사》.

설영상 (1999), 《명당 만들기》, 물병자리.

손세관 (2004), 《도시주거 형성의 역사》, 열화당.

손영식 (2001), 《전통 과학 건축》, 대원사.

손정목 (1996), 《일제 강점기 도시사회상 연구》, 일지사.

송　률 (1993), 《한국근대건축의 발전과정에 관한 연구》, 서울대 박사학위논문.

송인호 (1990), 《도시형 한옥의 유형연구》, 서울대 박사학위논문.

순천대학교박물관 (2001), 《낙안과 낙안읍성》, 순천시.

신경주·안옥희 (1999), 《신주거관리학》, 신정.

신영숙 (2004), 《주거와 문화》, 신광출판사.

신영훈 (1983), 《한국의 살림집》, 열화당.

_____ (2000), 《한옥의 향기》, 대원사.

_____ (2006), 《우리가 알아야 할 우리 한옥》, 현암사.

신영훈·이상해·김도경 (2001), 《우리 건축 100년》, 현암사.

신정일 (2004), 《다시 쓰는 택리지 1, 2》, 휴머니스트.

안문석 (2001), 《정부와 기업 그리고 시민사회》, 박영사.

안재호 (1990), 《울주 검단리 유적 발굴조사개보》, 제14회 한국고고학전국대회 발표요지.

안창모 (1996), 《한국 현대 건축 50년》, 재원.

양재섭 (2001. 1), 《서울 도심부 주거실태와 주거확보방향 연구》, 서울시정개발연구원.

오영교 (2004), 《강원의 동족마을》, 집문당.

_____ (2005), 《조선 후기 사회사 연구》, 혜안.

오홍석 (2003), 《삶과 죽음의 공간양식》, 줌, 북메이트.

옥한석 (2003), 《강원의 풍수와 인물》, 집문당.

유홍준 (2006), 《나의 문화유산 답사기 1》, 창작과 비평사.

윤용만·서종국 외 (1999), 《토지와 주택의 불평등》, 해남.

윤원태 (2004a), 《전통 황토집 건축 이론과 실무》, 컬처라인.

_____ (2004b), 《한국의 전통 초가》, 재원.

윤일성 (2002), 《도시개발과 도시불평등》, 한울아카데미.

윤장섭 (1997), 《한국건축사론》, 기문당.

_____ (2002), 《한국의 건축》, 서울대학교 출판부.

_____ (2004), 《신판 한국건축사》, 동명사.

윤혜정·장성수 (2003), 《주거와 주택》, 다락방.

이 심 (2003), 《한옥의 재발견》, 주택문화사.

이건영 외 (2005), 《주택문제의 해법》, 삼성경제연구소.

이광로 (1986), 《가회동 한옥보존지구 실측조사 보고서》, 무애건축연구실.

이규목 (1992), 《도시와 상징》, 일지사.

이규환 (1933), 《도시행정론》, 록원출판사.

이근호·조준호 외 (2001), 《경기북부지역 집성촌의 분포와 입지조건》, 북악사론.

이래영 (2001), 《21C 한국부동산의 변화》, 신광문화사.

_____ (2002), 《부동산학개론》, 법문사.

이상경 (2001), 《용적률 규제강화가 재건축 사업에 미치는 영향 연구》, 서울시정개발연구원.

이상영 (2002), 《아파트의 경제학》, 박영률출판사.

이연숙 (2004), 《한국인의 삶과 미래주택》, 연세대학교 출판부.

이영재 (2004), 《주거와 문화》, 서우.

이왕기 (1999), 《한국의 건축문화재 (충남편)》, 기문당.

이용한 (2002), 《사라져가는 이 땅의 서정과 풍경》, 웅진닷컴.

이재인·조병수 (2000), 《한국의 기와문화》, 태학사.

이종석 (2002), 《문화정체성 확립을 위한 정책 방안 연구》, 한국문화정책개발원.

이중근 (2003), 《임대주택정책의 효과에 관한 연구》, 고려대학교 박사학위논문.

_____ (2004), 《임대주택 정책론》, 나남출판.

이중환 (2004), 《택리지》, 을유문화사.

이중희 (1997), 《주택경제론》.

이태교 (2001), 《토지정책론》, 법문사.

이해준 (2001), 《역사속의 전라도》, 다지리.

이현종 (1980), 《한국개항장 연구》, 일조각.

인병선 (2003), 《우리 짚풀문화》, 현암사.

임상훈・이시웅・최율 (2004), 《생태 마을론》, 고원.

임서환 (2005), 《주택정책 반세기》, 기문당.

임창복 (1991), 《일제시대 한국인건축가에 의한 주거근대화에 관한 연구》, 대한건축학회 논문.

장경호 (1993), 《한국의 전통건축》, 문예출판사.

_____ (2000a), 《안압지발굴조사보고서》, 문화재관리국.

_____ (2000b), 《한국의 전통건축》, 문예출판사.

장보웅 (1996), 《대한민국의 지역적 전개》, 보진재.

장영민 (1998), 《조선시대 원주거주 사마시 급제가와 양반사회》, 조선사회연구회.

장영훈 (2000), 《생활풍수강론》, 기문당.

전기성 (1995) 《주택개량재개발논문집》, 한국행정법제연구소.

전라북도연구원 (1988), 《도시주택난의 해소와 도시행정의 과제》, 내무부 지방행정연수대회
　　　발표문.

정석종 (1983), 《조선후기사회변동연구》, 일조각.

정준현・백영흠・손광제 (2002), 《주거와 환경》, 대구대학교 출판부.

제 29차 세계지리조직위원회 (2001), 《한국지리》, 교학사.

조동걸 (1997), 《현대사연구의 반성과 과제》, 한국정신문화연구원.

조동걸 (1998), 《한국근현대사의 이해와 논리》, 지식산업사.

조동걸 (2000), 《현대 한국사학사》, 나남출판.

조동원 외 공역 (2005), 《고려도경》, 황소자리.

조선일보 (1998. 5. 9)

_____ (2000. 6. 5)

조용헌 (2005), 《5백년 내력의 명문가 이야기》, 푸른역사.

조주현 (2003), 《부동산학원론》, 건국대학교 출판부.

조항근 (1982), 《국사 대사전 上, 下》, 한국출판사.

주강현 (2005), 《우리문화의 수수께끼》, 한겨레신문사.

주거학연구회 (2004), 《안팎에서 본 주거문화》, 교문사.

주남철 (1980), 《한국주택연구》, 일지사.

_____ (1999), 《서울특별시사편찬위원회 (서울건축사)》, 동강기획.

_____ (2000), 《한국의 전통민가》, 아르케.

_____ (2002), 《한국 건축사》, 고려대학교 출판부.

_____ (2003), 《한국의 문과 창호》, 대원사.

_____ (2003), 《한국주택건축》, 일지사.

_____ (2004), 《한국의 목조건축》, 서울대학교 출판부.

중앙일보 (1999. 4. 14)

천득염 외 (2004), 《남도전통주거론》, 경인문화사.

천득염·전봉희 (2002), 《한국의 건축문화재 (전남편)》, 기문당.

천현숙·윤정숙 (2001), 《아파트 주거문화의 진단과 대책》, 국토연구원.

최근희 (1996), 《서울의 도시개발정책과 공간구조》, 서울학연구소.

최기락·이유종 외 (2005), 《부동산공법》, 한국법학교육원.

최상일 (2002), 《우리의 소리를 찾아서 2》, 돌베게.

최성호 (2004), 《한옥으로 다시 읽는 집 이야기》, 전우문화사.

최영주 (2003), 《신 한국풍수》, 동학사.

최영택 (1989), 《한민족 문화원류의 원천 구들》, 고려서적.

최원석 (2004), 《한국의 풍수와 비보》, 민속원.

최준식 (2004), 《신 서울기행》, 열매출판사.

최진옥 (1998), 《조선시대 생원·진사 연구》, 집문당.

최창조 (1999), 《한국의 자생풍수》, 민음사.

통계청 (2001), 《2000 인구주택 총조사 보고서》.

_____ (2010), 《인구주택총조사》.

하성규 (2001), 《주택정책론》, 박영사.

하성규 외 (2000), 《주택·도시·공공성》, 박영사.

한겨레 (2000. 5. 21)

한국감정원 (2013), 《전국주택가격동향조사》.

한국건축가협의회 (1994), 《한국의 현대건축 (1876-1990)》, 기문당.

한국문화정책개발원 (2002), 《문화정체성 확립을 위한 정책방안연구》.

한국사특강편찬위원회 (2006), 《한국사 특강》, 서울대학교 출판부.

한국역사연구회 (2004), 《삼국시대 사람들은 어떻게 살았을까》.

한국일보 (2000. 5. 23)

한국주거학회 (2003), 《한국주거학회논문집》, 한림원.

한국토지공사 (2000), 《김해장유지구 아랫덕정유적 복원공사 기본설계 및 실시설계보고서》.

한근배 (1997), 《도시 재개발 계획》, 태림문화사.

한영우 (2005), 《다시 찾는 우리 역사》, 경세원.

한옥공간연구회 (2004), 《한옥의 공간문화》, 교문사.

한인호 (1998), 《조선 중세 건축유적연구》, 한국문화사.

한창균 (1994), 《구석기시대의 사회와 문화》, 한국사.

한필원 (2004), 《한국의 전통마을을 가다 1, 2》, 북로드.

홍대형 (2001), 《한국의 건축문화재(서울편)》, 기문당.

홍승재 (2005), 《한국의 건축문화재(전북편)》, 기문당.

황의수 (2004), 《조선 기와》, 대원사, 2004.

황훈영 (1965), 《숭례문수리보고서》, 서울시교육위원회.

_____ (2005), 《우리 조상들은 얼마나 과학적으로 살았을까》, 청년사.

광주광역시 광산구청, 문화관광팀 홈페이지

삼성문화재단 (http://www.sfoc.org/cnil/cultureni/2001/05)

서울특별시 문화국관광과

부여군청 문화관광과

안동시청 문화관광과

찾아보기

(용어)

ㅂ

찾아보기
(인명)